INGRID BERGMAN

Donald Spoto

INGRID BERGMAN

Document

PRESSES
DE LA CITÉ

Titre original : *Notorious : The Life of Ingrid Bergman*
Traduit par Jean Charles Provost

© Donald Spoto, 1997.
© Presses de la Cité, 1997, pour la traduction française.
ISBN 2-258-04804-4

A Teresa Wright,
Tippi Hedren
et Robert Anderson,
avec ma gratitude et mon affection.

Rien n'est plus apte à communiquer
Une telle félicité à ton art
Que des amis fidèles.

REMERCIEMENTS

Ma gratitude va tout d'abord à Ingrid Bergman, que j'ai connue pendant les sept dernières années de sa vie. Avant le printemps 1975, je l'avais déjà brièvement rencontrée. Mais ce n'est qu'à cette époque qu'elle m'accorda une série d'entretiens enregistrés. J'écrivais alors mon premier livre, *L'Art d'Alfred Hitchcock*. Nos conversations ne se limitèrent pas à son travail avec Hitchcock, et elle s'exprima abondamment sur un grand nombre de sujets. Cette ouverture d'esprit marqua nos entretiens postérieurs dans d'autres villes, que ce soit dans des circonstances mondaines ou professionnelles.

Mais je ne pensais pas du tout rédiger sa biographie. Plus de dix ans après sa mort, les enregistrements de nos conversations étaient rangés et toutes mes notes dûment classées. Pour toujours, pensais-je. Mais plus je parlais à ceux qui l'avaient connue et qui avaient travaillé avec elle, plus il était évident que l'histoire de sa vie constituait un extraordinaire sujet de livre. C'est ainsi que je me suis mis au travail.

Le premier mari d'Ingrid Bergman, le docteur Petter A. Lindstrom, m'a accueilli chez lui et m'a accordé un entretien prolongé. Par la suite, il m'a donné accès sans restriction (et avec droit de citer) à plus de deux mille pages de lettres, de correspondances et de documents privés qui jettent un éclairage inédit sur la jeunesse d'Ingrid et la douzaine d'années de son mariage avec Petter. Je lui suis reconnaissant de cette extraordinaire coopération.

Pia Lindstrom, la fille d'Ingrid et de Petter, est une journaliste et critique d'art très appréciée. Nous avons fait connaissance en 1983, lors de la publication de mon livre *La Face cachée d'un génie : la vie d'Alfred Hitchcock*. J'étais son invité dans le cadre d'une émission de télévision à New York. Depuis ce jour-là, elle m'a toujours impressionné par l'acuité de son point de vue sur l'époque où, à peine adolescente, elle se trouvait au centre d'une frénésie médiatique internationale. Durant la préparation de cette biographie de sa mère, Pia Lindstrom m'a fourni une aide dont l'importance est visible partout. Je la remercie pour ses remarques et pour sa confiance.

Je n'ai jamais eu l'occasion de rencontrer le second mari d'Ingrid, Roberto Rossellini, qui est mort en 1977. Mais Lars Schmidt, son troisième mari, a été très coopératif dès les premières étapes de mon travail. Il m'a accueilli à Dannholmen, l'île privée où il vivait avec Ingrid ; à Choisel, leur résidence à la campagne, en France ; et dans ses bureaux parisiens. Je veux aussi remercier Yanne Noorup, qui vit avec lui aujourd'hui, pour sa chaleur et son hospitalité.

Dès le début de mes recherches, W.H. Dietrich m'a fourni une aide capitale. On le connaît souvent sous son seul patronyme, c'est donc ainsi qu'il est cité dans ce livre. Dietrich a produit une œuvre picturale qui a fait de lui un artiste éminemment respecté dans le monde entier. Comme Ingrid, il a quitté la Suède pour Hollywood. Au cours de nos conversations, il m'a donné des détails importants sur cette période, sur son amitié avec Ingrid et Petter Lindstrom, sur la Suède des années trente et le Hollywood des années quarante (à l'époque où il était artiste à la Paramount). Il m'a également permis de lire et de citer ses remarquables mémoires — une de ces œuvres en chantier. Dietrich et sa femme Patty m'ont accueilli chez eux à plusieurs reprises dans le désert californien. Je leur suis reconnaissant pour ce qu'ils ont apporté, en paroles et en affection, à ma vie et mon travail. Je reviendrai plus loin sur un autre membre de la famille, Greg Dietrich.

Åke Sandler, fils de l'ancien Premier ministre suédois, est historien, professeur et écrivain. Il a bien connu les Lindstrom. Dès les premières semaines de mon travail, il m'a communiqué des documents capitaux et donné des réponses franches et détaillées à des questions délicates. Sa femme Jane et lui n'ont jamais cessé de soutenir et d'encourager ce projet.

Bien entendu, une montagne de matériaux importants n'était disponible qu'en suédois... jusqu'à ce que j'aie la chance de rencontrer la traductrice idéale en la personne de Gunvor Dollis. Non seulement elle a trouvé les mots qu'il fallait pour restituer une langue difficile dans un anglais compréhensible, mais elle a trouvé le ton juste correspondant aux rythmes particuliers de la poésie, du théâtre, des comptes rendus, des lettres et des essais. Cordiale et prompte, avec un sens aigu du temps et du lieu, elle m'a fourni un soutien littéraire appréciable.

Pour le biographe moderne, les entretiens constituent un matériau capital. Les personnes qui suivent nous ont offert leur temps, avec joie et générosité, et nous ont décrit ce qui était essentiel dans leurs relations à Ingrid Bergman. Ce livre aurait beaucoup perdu sans les contributions de Larry Adler, Robert Anderson, Pierre Barillet, Kate Barrett, Laurinda Barrett, feue Katharine (Kay)

Brown, Gene Corman, le baron Göran von Essen, Sir John Gielgud, O.M., Guy Green, Signe Hasso, Arthur Hill, dame Wendy Hiller, le regretté Sir Alfred Hitchcock, Griffith James, Margaret Johnstone, Ted Kotcheff, Arthur Laurents, Roger Lobb, Tanya Lopert, Sidney Lumet, Lasse Lundberg, Elliot Martin, Gregory Peck, Jenia Reissar, feue Ann Todd, Paavo Turtiainen, Stephen Weiss et Teresa Wright.

D'autres m'ont aidé à mettre au jour des éléments importants de la vie d'Ingrid Bergman. Je veux remercier, pour leur assistance et leur courtoisie, le docteur Graham Waring, Rick Carl, Roland Oberlin, Gene Feldman et Suzette Winter.

Élisabeth Halvarsson-Stapen, au service des Affaires culturelles du Bureau suédois d'Information (New York), m'a fourni des introductions importantes auprès de collègues en Suède.

À Stockholm, je n'aurais pu mener mes recherches à bien sans l'amabilité et la générosité de nombreuses personnes.

Au Svensk Filmindustri (l'Institut suédois du Cinéma), j'ai travaillé avec l'aide de Margareta Nordström, chef du service Documentation ; Ann-Kristin Westerberg, chef du service Droits d'auteurs ; Elisabet Helge, chef de la Photothèque ; Maria Stenmark, bibliothécaire ; et Catharina Stackelberg, du service Production.

Aux Archives municipales de Stockholm, Göran Blomberg m'a fourni une documentation importante et facilité l'accès aux dossiers administratifs et familiaux.

Aux Archives nationales suédoises (Stockholm), Toni Fridh m'a apporté une aide similaire.

Les dossiers scolaires, les archives relatives aux diplômes et les généalogies suédoises sont conservés avec un soin méticuleux à la Bibliothèque royale nationale à Stockholm. Le personnel a localisé pour moi de nombreux documents précieux et m'en a fourni des copies dans des délais très courts.

Ingrid Bergman a été l'élève de l'École du Théâtre royal de Stockholm. On y conserve des archives détaillées et une fascinante documentation historique qui m'ont permis de poursuivre mes recherches et de comprendre non seulement l'époque d'Ingrid, mais l'histoire étonnante de cette vénérable institution. J'y ai été accueilli et aidé par Eva Hagman, Dag Kronlund, Britt-Marie Lindvall et Bengt Persson.

La comédienne, professeur et écrivain Ingrid Luterkort m'a rejoint à l'École du Théâtre royal dans le seul but de m'aider. Elle y a été étudiante à la même époque qu'Ingrid. Notre conversation, ses souvenirs et les documents qu'elle m'a fournis m'ont donc été d'une aide inappréciable sur cette période.

Uno Myggan Ericson m'a procuré des documents indispensables.

Il était toujours disponible pour répondre aux questions importantes et m'orienter dans la bonne direction.

Au Bureau international des Magazines (IMS Bildbyrå), à Stockholm, Helena Westerberg m'a aidé à trouver des photographies importantes et rares.

Eva-Maria Thornlund, directeur commercial chez Dagens Nyheter/Presstext (Stockholm), m'a permis de consulter des collections complètes de coupures de la presse suédoise concernant la vie et la carrière d'Ingrid Bergman.

Pour leur visite guidée, savante et détaillée, de Stockholm, au cours de laquelle ils ont évoqué avec précision la ville telle qu'elle existait à l'époque d'Ingrid Bergman et de ses parents, je remercie Stefan et Birgitta Nilson. Plus tard, durant l'écriture du livre, ils m'ont répondu avec promptitude lorsque je désirais certains documents.

Un des grands moments de mon séjour à Stockholm a été ma rencontre avec un membre très apprécié de la famille royale suédoise, Son Altesse Royale la princesse Lilian. Elle aussi a connu Ingrid, et elle m'a fait part de ses impressions. Je veux exprimer ici mon admiration pour sa bonne humeur, sa compassion et sa gentillesse.

Dans plusieurs de mes précédents livres, j'ai mentionné l'aide généreuse de mon ami Laurence Evans, « doyen » hautement respecté des agents londoniens et mine d'érudition inestimable sur l'histoire du théâtre et du cinéma. C'est lui qui représentait Ingrid Bergman en Grande-Bretagne et en Europe. J'ai donc profité une fois de plus de son assistance. C'est grâce à lui que j'ai eu accès à certains matériaux très importants, et que j'ai pu localiser et m'entretenir avec plusieurs des figures de premier plan citées dans le livre. Sa femme Mary, qui fut une grande amie d'Ingrid, m'a également apporté son aide et ses encouragements. Leur témoignage conjoint a enrichi ma compréhension de mon sujet, de même que leur amitié enrichit ma vie.

Le personnel des bureaux d'état-civil de Somerset House et de St. Catharine's House (Londres) m'a aidé à retrouver la trace des testaments, certificats de mariage et autres documents légaux relatifs à la vie d'Ingrid Bergman en Grande-Bretagne.

Au British Film Institute (Londres), David Sharp m'a orienté vers certaines sections importantes de la bibliothèque — vers des éléments que, sans son aide, j'aurais peut-être manqués. De la même façon, au British Theatre Museum, à Covent Garden, Jonathan Gray m'a donné accès à une riche documentation sur la production théâtrale d'Ingrid Bergman.

Chez Warner Chappell Plays, Michael Callahan m'a été très utile pour trouver un exemplaire de la pièce de N.C. Hunter, *Waters of the Moon*.

Ingrid Bergman a été « importée » de Suède aux États-Unis, sous contrat, par le fameux producteur David O. Selznick. On sait que celui-ci conservait presque tous les documents relatifs à ses nombreuses productions. Les immenses « Archives Selznick » (des milliers de cartons) sont conservées dans les vastes locaux, soigneusement entretenus, du Humanities Research Center de l'Université du Texas, à Austin. J'y ai été reçu par Charles Bell, qui m'a permis de m'immerger dans ces documents. Nous avons découvert quantité d'éléments inédits. J'ai pu en disposer grâce à la générosité du personnel, avec l'aimable autorisation de Daniel M. Selznick, qui a toujours apporté un soutien amical à ma personne et à mon travail.

Stacey Behlmer, Sam Gill, Linda Mehr et toute l'équipe de la Margart Herrick Library, à l'Academy of Motion Pictures Arts and Sciences (AMPAS), à Beverly Hills, se sont rendus disponibles pour m'offrir comme d'habitude leur prompte et amicale assistance.

À la bibliothèque de l'American Film Institute (Los Angeles), Gladys Irvis et Alan Braun — ce n'est pas non plus la première fois ! — m'ont prêté leur temps et leur attention durant mon séjour en leurs murs. Grâce à eux, une quantité considérable de documents inconnus a fait surface dans les archives de Charles K. Feldman, qui fut pendant plusieurs années l'agent d'Ingrid Bergman.

Je suis également reconnaissant aux équipes des bibliothèques publiques de New York, sur la 42ᵉ Rue et à la Performing Arts Division du Lincoln Center.

Mary Corliss, directrice de la Photothèque du Museum of Moderne Art (MoMA) de New York, est connue de tous ceux qui écrivent et étudient l'histoire et l'esthétique du cinéma. Depuis plus de vingt ans, elle a été pour moi un guide infaillible dans le labyrinthe de la recherche photographique.

Dans le même domaine, je veux remercier Allen Reuben de Culver Pictures, à New York, qui a trouvé des photos rares d'Ingrid Bergman au travail et en famille.

Mary Engel, qui gère les collections de sa regrettée tante, la photographe Ruth Orkin, m'a gracieusement autorisé à utiliser la photo de Robert Capa.

Pour la cinquième fois, j'ai la chance d'être édité par la plus remarquable et la plus fine des équipes, chez HarperCollins Publishers, New York et Londres.

Tout écrivain doit rêver de jouir des conseils, de l'enthousiasme et du soutien permanent de Gladys Justin Carr, vice-présidente et *associate publisher*. Pertinente et de bonne humeur, elle est toujours prête à vous orienter dans la bonne direction et à vous donner le conseil approprié. Et elle dispose d'une équipe de premier ordre — Cynthia Barrett, Elissa Altman et Deirdre O'Brien — qui m'offre plus d'aide quotidienne enjouée que je ne saurais le dire. Jack McKeown, vice-président du groupe, et toute la grande famille HarperCollins nous soutiennent, moi et mon travail, depuis des années. Un grand coup de chapeau à tous, ainsi qu'à l'équipe du bureau londonien. Mon éditeur anglais, Richard Johnson, supervise les choses avec beaucoup de gentillesse et de compétence. Il a fourni à cet ouvrage des contributions décisives.

Il y a plusieurs années, mon agent en France, Mary Kling, m'a présenté aux Presses de la Cité. Renaud Bombard y est un éditeur prudent et doué de discernement, et un ami fidèle. Je veux lui témoigner, ainsi qu'à Sophie Thiébaut, responsable des relations publiques, ma plus sincère gratitude pour présenter mon travail aux lecteurs français.

Voici le tour de mon agent principal. Quiconque s'est promené dans mon œuvre durant ces dix-neuf dernières années sait que le plus agréable de mes devoirs est de chercher de nouvelles façons de dire ce que je dois à Elaine Markson. Mais comment faire ? Piller un dictionnaire des synonymes pour aligner les superlatifs ne suffirait pas à exprimer ma reconnaissance à un si dévoué représentant. Je dirai seulement que ma carrière doit tout à sa fidélité, à ses conseils éclairés, à ses jugements avisés. Tout comme ma vie doit énormément à sa loyauté et à son affection. Celles d'une amie parmi les plus chères.

Dans les bureaux de l'Agence Elaine Markson, j'ai le bonheur de jouir de l'aimable assistance de Geri Thoma, Sally Wofford-Girand, Sara DeNobrega, Elizabeth Sheinkman, Kai Ping Lin et Tasha Blaine. Je les salue pour leurs innombrables gentillesses et leur aide dans la gestion de mes intérêts divers.

Nous travaillons ensemble depuis quatre ans, nous sommes amis depuis dix ans. J'ai le plaisir d'exprimer ma gratitude à mon directeur de recherches et assistant personnel, Greg Dietrich.

Il n'est pas exagéré d'affirmer que *Ingrid Bergman* n'aurait pas vu le jour sans sa précieuse collaboration, tant Greg possède une prompte intelligence, un humour vif, un jugement sûr et une pensée créative. Le détail de ses apports occuperait un livre en soi. Je dois donc résumer. Greg m'a facilité l'accès à quelques importants « personnages secondaires » de la vie et la carrière d'Ingrid Bergman. Il a préparé avec minutie nos nombreux voyages d'études, et il a pris sa part du fardeau à chaque étape de notre travail en Amérique, en Grande-Bretagne et en Europe. Il a lu des pièces et des scénarios, il a visionné des films, il a réuni des documents obscurs et condensé une tonne de matériaux culturels et historiques. Mais Greg est avant tout un ami incomparable et dévoué.

Sur la page de dédicace de ce livre figurent trois noms célèbres. C'est un grand plaisir pour moi de donner quelques détails sur ce trio d'éminentes personnalités. Je les connais tous les trois depuis 1974. Chacun d'eux a agrémenté ma vie de sa profonde et sincère amitié.

J'ai fait la connaissance de Teresa Wright lors d'un entretien pour *L'Art d'Alfred Hitchcock*, (elle tient le rôle principal d'un des chefs-d'œuvre de Hitch, *L'Ombre d'un doute*). Quiconque connaît un peu l'histoire d'Hollywood, de Broadway et de la télévision peut citer ses préférés parmi les succès innombrables de Teresa Wright, au long d'une carrière impressionnante qui traverse plus de cinquante années et continue, au moment où j'écris ces lignes, de lui valoir de nouveaux lauriers. C'est une amie plus précieuse que l'or.

Tippi Hedren a aussi une importance majeure dans l'opus hitchcockien. Nous avons fait connaissance lorsqu'elle m'accorda des entretiens pour parler des *Oiseaux* et de *Pas de printemps pour Marnie*, et nous sommes vite devenus des confidents et d'excellents amis. C'est une dame courageuse, bonne et généreuse. Que l'on pense par exemple à ses efforts inlassables dans sa chère Réserve Shambala, au profit des animaux et des droits des animaux. Tippi et moi avons énormément partagé durant ces vingt-trois dernières années, et j'attends beaucoup de l'avenir.

Robert Anderson est un écrivain américain de premier plan. Dans une œuvre qui compte un grand nombre de contributions capitales au théâtre et au cinéma, j'ai mes préférés (*I Never Sang for My Father* et *The Nun's Story*, par exemple). Mais il est difficile de choisir, tant sa bibliographie est longue et prestigieuse. J'admirais son œuvre depuis des années, et je n'avais pas imaginé que je le rencontrerais un jour. Je m'attendais encore moins à ce qu'il m'offre son amitié. Pour ce qui concerne le présent ouvrage, j'ajoute — avec une immense gratitude — que c'est Bob qui m'a présenté à Ingrid Bergman. Il occupe aussi un rôle de premier plan dans son histoire, et je lui suis à jamais redevable pour sa confiance infinie.

La Providence se révèle par la présence dans notre vie de largesses imméritées. Me voici, jouissant de l'amour et du dévouement de ces gens qui me sont extraordinairement chers. Comme le prouvent leur fidélité et ces longues pages de remerciements, ma vie est vraiment bénie.

D.S., Beverly Hills (Californie), Noël 1996

Chapitre premier
1915-1929

Un enfant unique n'a jamais douze ans.

Enid Bagnold, *The Chalk Garden*

À Stockholm, cela a été une belle journée sans nuages. C'est l'été, et les longs rayons du soleil vespéral resplendissant font miroiter le Nybroviken, un bras de la mer Baltique. Les façades des immeubles résidentiels construits au XIXe siècle face au port scintillent sous la lumière oblique. Tout en haut de l'un d'eux, au 3, Strandvägen, ce dimanche 29 août 1915 — au moment précis où la cloche d'une église proche sonne onze heures et quart —, une sage-femme fait irruption dans le salon où un homme anxieux fixe le calme de la baie par les fenêtres du sixième étage. La mère et l'enfant se portent parfaitement bien, il n'y a aucune raison de s'inquiéter. Puis elle retourne à son devoir. Une demi-heure plus tard, le mari est autorisé à se rendre auprès de sa femme et de sa petite fille. Justus Samuel Bergman et Frieda Adler Bergman, quarante-quatre et trente ans, décident immédiatement que l'enfant s'appellera Ingrid, en hommage à la princesse royale de Suède, alors âgée de deux ans.

En bas, le long du quai, les vapeurs débarquent les familles qui rentrent d'une croisière d'un jour ; les Suédois se mêlent facilement à leurs voisins danois, norvégiens et finnois, et seule la Grande Guerre qui fait rage en Europe empêche l'afflux normal de touristes allemands. Dans les parcs avoisinant l'Opéra et le Théâtre royal de Stockholm, des jeunes femmes se font offrir par leurs cavaliers un verre de vin d'été ou une tasse de chocolat chaud. Des voisins s'arrêtent pour échanger des nouvelles. Des orchestres élégants, dans les cafés, et de modestes musiciens de rues jouent des valses et des célèbres chansons populaires de la campagne. Tout Strandvägen, ce boulevard bordé d'arbres, de belles boutiques et de majestueux immeubles bourgeois, résonne des échanges polis et guindés, du froissement des robes de soie et du claquement des bottes de cuir.

Dans la journée, les promeneurs déambulent dans les galeries d'art et les boutiques distinguées. Le soir, ils fréquentent les salons de thé et les rôtisseries à la mode. C'est le point culminant des vacances d'été. Stockholm — cette ville de 400 000 habitants, capitale d'un pays qui en compte cinq millions et demi — prend son temps.

Sa bonne humeur en fait une exception en Europe : la Suède affiche en effet une stricte neutralité politique. Mais pas son impartialité commerciale. L'Allemagne lui vend en effet son charbon contre de l'acier, de la pâte à papier et des roulements à billes. Cela choque les Alliés, dont les blocus provoqueront de graves pénuries aux dépens des pauvres du royaume. Cette injustice contribuera plus tard à inciter le peuple suédois à se doter d'un gouvernement socialiste.

En dépit des manœuvres des hommes politiques, qui expriment des inclinations diverses pour les nations belligérantes, la vie quotidienne est dominée par le ton docile et sans prétention défini par le roi Gustaf V, figure de proue sans pouvoir réel mais aimé de tous, et père de l'adorable petite princesse Ingrid. Les membres de sa famille et lui-même vont régulièrement à l'opéra et au théâtre, qui offrent des représentations saisonnières continues, ci et là, depuis 1788. Traditionnellement, l'État suédois peut se targuer de soutenir la culture — pièces de théâtre, concerts et expositions se déplaçant dans les villages aussi bien qu'à Stockholm et Göteborg. Et comme la liberté de la presse est garantie depuis 1766, les sujets controversés et l'expérimentation artistique ne se heurtent jamais à la censure.

Parmi les pièces les plus sujettes à polémique montées durant la Première Guerre mondiale, on trouve celles du plus grand dramaturge suédois, August Strindberg, mort en 1912. Son œuvre comprend d'austères descriptions de souffrances intimes et d'adroites évocations des problèmes sociaux. Le public citadin, de plus en plus nombreux, est séduit à la fois par son extrême naturalisme et son symbolisme provocant. À la même époque, la prolifique romancière Selma Lagerlöf (qui fut en 1909 la première femme à recevoir le prix Nobel) attire un public encore plus large avec les dilemmes moraux qui forment la trame de ses romances lyriques.

Mais l'art de divertissement le plus populaire est bel et bien le prospère cinéma suédois.

Très récemment encore, le Danemark était en tête des pays européens pour le volume de sa production cinématographique (une invention vieille de vingt ans à peine) et l'importation de musiciens pour accompagner les bandes muettes dans des salles de projection de fortune. La technique a rapidement progressé dans les laboratoires de Copenhague, au service de l'imagination créative de met-

18

teurs en scène comme Viggo Larsen et Benjamin Christensen, et du talent de comédiens comme la belle Asta Nielsen, qui était autant une inspiratrice de la mode qu'une héroïne tragique. Ces talents ont produit une série de mélodrames à succès et posé les fondations du *star system* européen. Puis, en 1912, l'homme d'affaires suédois Charles Magnusson recrute trois associés. L'entreprise qu'ils fondent à Stockholm produira un nombre étonnant de films d'auteur de haute qualité qui seront autant de passionnants divertissements.

En quatre ans, la Suède prend la tête de la production de films, en quantité et en qualité. Libérés de la concurrence des studios en crise des pays en guerre, les films suédois s'exportent en masse et rapportent autant de bénéfices financiers que de succès critique. Le responsable n'est autre que Magnusson, dont le génie est aussi de reconnaître le talent d'autrui. Les trois hommes qu'il a réunis autour de lui sont le metteur en scène de théâtre russo-finnois Mauritz Stiller, l'acteur-directeur suédois Victor Sjöström et l'opérateur Julius Jaenzon. Ils prennent le contrôle de la Svenska Bio, une firme quelconque qui ne va pas tarder à gagner une réputation internationale.

Entre 1912 et 1916, Sjöström et Stiller tournent chacun trente longs métrages — remarquables par leur manière d'exprimer les émotions humaines, quoique baignant dans cette terreur respectueuse de la nature typique de la Suède. Et comme le jeu dramatique n'est pas tourné en ridicule par des acteurs venus du théâtre — ce qui sera le cas en Angleterre, par exemple, pendant plusieurs générations —, de bons comédiens comme Gösta Ekman, Karin Molander et Lars Hanson apparaissent dans autant de films que de pièces. Magnusson décide d'élargir sa société de production en la dotant d'une chaîne de salles de cinéma. Le 30 décembre 1915, il ouvre le Röda Kvarn [la Grange Rouge], un établissement qui, plus de quatre-vingts ans plus tard, est toujours florissant. En un an, des salles similaires apparaissent dans tous les quartiers de Stockholm. Pour la première fois peut-être, on doit ressortir des films des années précédentes pour satisfaire les foules de spectateurs.

Le scénario et la mise en scène de Sjöström pour *Ingeborg Holm* (1913), par exemple, ont été couverts d'éloges dans toute l'Europe. Il s'agit de l'histoire réaliste et émouvante d'une veuve indigente à qui on enlève ses enfants, et qui se retrouve finalement à l'asile de fous. La grande Hilda Borgström tient le rôle-titre avec une retenue remarquable et suscite auprès du public des réactions bien plus intenses que les grossiers cabotinages qui prévalent par exemple dans les « primitifs » américains de l'époque. Les fortes préoccupations morales de Sjöström (qui tendent plus vers la rédemption et le pardon que vers la diatribe politique et sociale) sont encore plus évidentes dans son adaptation de *Terje Vigen* (1917) dont il tient le rôle principal, celui d'un homme traumatisé par la guerre. Ou encore dans *La Charrette fantôme* (1921), où une Mort encapuchonnée et armée d'une faux montre à un goujat agonisant les conséquences de ses actes, ce qui lui permet d'en demander pardon.

Par son contenu et son style, l'œuvre de Mauritz Stiller est très différente. Mais elle obtient autant de succès, durant cet âge d'or du cinéma suédois, que celle de Sjöström. Stiller écrit et met en scène une série d'élégantes satires sociales (où il interprète souvent un rôle important, à l'instar de Sjöström), comme *Lorsque la belle-mère gouverne*, *Amour et journalisme* et *Leur premier-né* (tous réalisés entre 1914 et 1918). Mais il réalise aussi des films à grand spectacle d'après les romans de Selma Lagerlöf. Julius Jaenzon, le directeur de la photographie de Stiller et de Sjöström, est autant capable d'éclairer les traits d'un visage délicat que de restituer la violence d'une tempête en mer ou d'une avalanche. Il n'est pas exagéré d'affirmer que Sjöström et Stiller jouent un rôle de premier plan, au sein de la poignée de cinéastes des débuts qui nourrissent leurs scénarios d'une touchante et identifiable humanité. Parallèlement, ils réfutent le cliché qui voit dans le cinéma suédois une succession de récits uniformément sombres et lugubres baignant dans la culpabilité luthérienne nordique.

Le cinéma constitue donc, dans la trépidante Stockholm de 1915, un moyen d'expression culturelle extrêmement populaire et rarement dénué d'intérêt esthétique. Il n'est pas surprenant que son succès s'accompagne d'une diffusion massive d'appareils photo et de caméras à usage privé. Cette industrie est d'ailleurs stimulée par la sortie des propres *home movies* de Jaenzon — suite de séquences où l'on voit sa femme et ses enfants se détendre au bord de la mer ou dans le jardin familial. Bien avant l'invention des Brownie et autres Polaroïd, les gens qui peuvent se le permettre économisent pour s'offrir leur propre caméra.

À cet égard, le père d'Ingrid Bergman est un privilégié. Né en mai 1871 dans le district méridional du Kronoberg, Justus Bergman est le fils de Johan Petter Bergman, organiste, professeur et musicologue réputé qui inculqua à ses quatorze enfants sa passion pour la musique. Justus, le treizième, veut être artiste. Il quitte le domicile familial à quinze ans, trouve un emploi de vendeur dans un magasin et se lève tôt chaque matin pour s'installer devant son chevalet. Il fait la connaissance du peintre Anders Zorn, qui accepte de lui donner des leçons gratuitement à condition que le garçon subvienne à ses propres besoins. Mais Justus, fin 1889, est sans le sou. Il émigre à Chicago, où vivent la sœur de sa mère et plusieurs de ses frères et sœurs. Il trouve bientôt un emploi de décorateur dans un groupe hôtelier. À l'époque, c'est un grand et beau jeune homme, avec un air doux et des yeux bleu clair, quelque peu débraillé mais séduisant. Il meurt d'envie d'être artiste peintre ou chanteur d'opéra et espère encore y parvenir.

Au bout de dix ans, Justus revient à Stockholm et lance une affaire de commerce de tableaux. Cela lui permet à peine de survivre. Il se dit qu'il pourrait être agent pour artistes peintres. Il reçoit alors les conseils avisés de son cousin Karl Nygren, professeur de chant réputé. Il prend des cours particuliers de peinture et de chant. D'octobre 1903 à mars 1906, grâce à Nygren, il a l'occasion de diriger une chorale en tournée aux États-Unis. Il visite ainsi les communautés suédoises du Minnesota, du Wisconsin, de l'Illinois et du Maine. Mais ces aventures excitantes ne nourrissent pas leur homme. Il lui faudra compter de temps à autre sur l'hospitalité de son frère et de sa belle-sœur Otto et Hulda (qui élèvent déjà plusieurs enfants, dans leur appartement surpeuplé de Stockholm) ou de sa sœur célibataire, la pieuse et fragile Ellen Bergman, qui souffre d'une maladie de cœur congénitale.

Justus aurait pu continuer à jouer à l'esthète désargenté. Mais en 1906, à l'âge de trente-cinq ans, il décide d'épouser une jolie fille bien en chair de vingt-deux ans, une Allemande nommée Frieda Adler. Il a fait sa connaissance six ans plus tôt, alors qu'elle était en vacances à Stockholm avec ses parents. Ils sont de Kiel, près de Hambourg. C'est là que Frieda est née, en septembre 1884. Elle a seize ans lorsqu'elle vient en Suède pour la première fois. Un après-midi, alors qu'elle se promène dans un parc, elle rencontre un jeune artiste peintre nommé Justus Bergman. Il tombe immédiatement sous le charme de sa gentillesse, de ses fascinants yeux sombres — presque hypnotiques — et de son bon sens. Leur idylle fleurit avec les lilas de ce printemps 1900. Justus, qui parle allemand, enseigne à Frieda des rudiments de suédois. Mais les parents de la jeune fille sont intraitables. Il n'est pas question qu'elle épouse un *artiste manqué* sans argent ni situation. Elle doit faire un « bon mariage », comme ses sœurs aînées Elsa et Luna l'ont fait avant elle. C'est ainsi que Justus, après les tournées de la chorale, décroche un emploi dans une fabrique et consacre toute son énergie à gagner un salaire respectable. Son assiduité impressionne les Adler au point que lorsqu'il se rend à Kiel pour la quatrième fois, au printemps 1907, ils acceptent de lui donner leur fille en mariage. Ils doivent bien admettre que sept ans de cour prouvent qu'il ne s'agit pas d'une simple passade. Après tout, Justus possède désormais un compte d'épargne impressionnant.

Des années plus tard, en lisant les lettres échangées durant ces longues fiançailles, Ingrid aura l'impression que ses parents incarnaient des contraires absolus. Sa mère, dit-elle, était « typiquement allemande, méthodique et ordonnée, avec beaucoup de sens pratique. Papa, lui, montrait toutes les caractéristiques de l'artiste bohème. C'est lui qui fit tous les compromis que son mariage exigeait. Il est devenu homme d'affaires contre sa véritable nature [1] ». Elle est persuadée que son renoncement l'a mené à « beaucoup regretter les choses qu'il n'a pas pu faire [2] ». Une femme qui travailla pour Justus le qualifiera plus prosaïquement de « rêveur [3] ».

Les jeunes mariés rentrent à Stockholm. Justus trouve un emploi dans un magasin qui vend du matériel aux artistes et aux photographes. Il ne renonce pas pour autant à ses velléités créatives non plus qu'à sa prétention d'être un véritable artiste. Au dire d'un journaliste, « c'est un personnage bien connu des rues de Stockholm, un type soigné et agréable, facile à repérer dans la foule grâce à son grand chapeau d'artiste [4] ». Frieda pose pour lui, patiemment, à plusieurs reprises. Il s'accompagne souvent au piano et roucoule des airs charmants, suédois ou allemands.

En 1908, Frieda accouche d'un enfant mort-né. Quatre ans plus tard, elle met au monde un bébé prématuré qui ne vivra qu'une semaine. Mais c'est un esprit discipliné, habitué à réprimer ses émotions. Elle semble aussi sagement pragmatique que son mari est romanesque et lyrique. Alors que Justus broie du noir pendant des semaines, elle ne s'autorise ni apitoiement sur soi-même ni deuil prolongé. Toujours à l'ouvrage, Frieda remplit les tâches auxquelles sa mère l'a formée. Elle tient sa maison méticuleusement, s'occupe de la comptabilité domestique et, fin cordon-bleu, prépare pour Justus et elle des plats allemands riches et copieux. Mais tandis qu'il se maintient à un poids raisonnable pour sa carcasse d'un mètre quatre-vingt-huit, elle devient de plus en plus corpulente, au point que chacune de ses crises de maux d'estomac — une simple dyspepsie, apparemment, due à son indulgence excessive pour la cuisine — exige plusieurs jours d'un régime spartiate.

À l'époque de la naissance d'Ingrid, les affaires de Justus Bergman sont bonnes. Il a ouvert sa propre affaire sur Strandvägen : un magasin de photo, pour satisfaire la mode qui s'est emparée des habitants de Stockholm. L'amateur fortuné y trouve aussi de coûteuses caméras de cinéma. Justus, qui apporte chez lui les nouveaux appareils, collectionne avec ferveur les albums bourrés de photos et les boîtes contenant des centaines de mètres de film de sa femme, de ses frères et sœurs, ainsi que des documents sur la vie du port. Lorsqu'il est nommé directeur général de la Konstindustri, une firme qui produit divers accessoires pour les artistes, les photographes et les compagnies d'enregistrement, les Bergman disposent de matériel de cinéma encore plus perfectionné. « Nous n'étions pas riches, racontera Ingrid, mais nous vivions confortablement [5]. » Elle ajoute que son père pouvait se permettre de satisfaire ses hobbies et ses goûts artistiques. Les billets d'une saison d'opéra pour sa femme et lui ne pesaient pas plus lourd sur le budget familial qu'une caméra dernier modèle.

Toute sa vie, Ingrid gardera des photographies encadrées d'elle-même et de sa famille. Des années plus tard, elle retrouvera quatorze minutes de *home movies* — les seuls fragments à avoir survécu à la désintégration, due à l'extrême fragilité des pellicules des débuts. Le sujet favori de la cliquetante et ronronnante caméra paternelle n'est autre que la petite Ingrid, que l'on voit partout, dans une variété de costumes, y compris en bébé. Grâce à son père, elle fut peut-être l'enfant le plus photographié de Suède. À l'occasion de son premier anniversaire, elle se tient debout devant la caméra de Papa. Très à l'aise, elle sourit et agite joyeusement les mains. À Noël 1917, Justus la photographie avec Frieda sur les marches du Théâtre royal, qui se trouve à deux pas de chez eux.

Dans les premiers jours de 1918, le bonheur routinier de la famille Bergman est brutalement interrompu. Frieda, en proie à de la fièvre et à des nausées, doit garder le lit. Tout d'abord, personne ne s'imagine qu'il puisse s'agir d'autre chose que d'une nouvelle attaque de ses « aigreurs d'estomac » — diagnostic habituel pour un mal qui est presque devenu chronique, surtout après les repas abondants d'une période de fêtes. Mais le 12 janvier, elle entre dans une agonie définitive. Pour ne pas en infliger le spectacle à la petite fille, on envoie Ingrid chez son oncle Otto et sa tante Hulda.

L'état de Frieda empire d'heure en heure. Son visage jaunit, elle est en proie à des vomissements insupportables. Elle souffre de douleurs dans le haut de l'abdomen, si violentes qu'un médecin ayant diagnostiqué une maladie de la vésicule à un stade avancé la presse de se faire hospitaliser. Tandis qu'on organise son transport en clinique, Frieda sombre dans le coma. Le jeudi 18 janvier, sa respiration est superficielle et irrégulière. Frieda Bergman meurt après une journée de lutte terrible — le vendredi, à dix heures du soir —, sans avoir repris conscience. Elle avait trente-trois ans.

« De ma mère je n'ai aucun souvenir, dit Ingrid. Mon père m'a filmée sur ses genoux quand j'avais un an et deux ans. À trois, il m'a photographiée alors que je mettais des fleurs sur sa tombe[6]. » Cette scène du cimetière, brève et étrange, a survécu sur film. Pour Justus, il s'agit peut-être d'une manière de se servir de son hobby pour sortir de plusieurs mois de grave dépression. Mais son passe-temps eut une autre conséquence, non moins singulière. Ingrid passera sa jeunesse entourée par les photographies de sa mère, qui restera dans sa mémoire comme une image monochrome. Une femme présente, autrement dit, par son absence. Lorsqu'elle aura l'âge d'entrer à l'école, Ingrid réalisera combien elle est différente des autres enfants. Il manque quelqu'un. Quelqu'un qui, dans le cours normal des choses, devrait être là. Plus les membres de sa famille essaient de lui donner cet élément manquant — l'amour maternel —, plus l'absence en est évidente.

En cet été de 1918, Papa continue son cinématographe. Pour son troisième anniversaire, on place un minuscule violon entre les mains d'Ingrid. Spontanément, elle imite un virtuose. Mais son regard est fixé droit sur la caméra, pas sur l'instrument. Lors de la fête organisée pour ses quatre ans, Ingrid — fillette pleine d'entrain aux cheveux couleur de miel et aux vifs yeux bleus — saisit les lunettes et le chapeau cloche de grand-maman Adler et se livre à une cocasse imitation d'une douairière allemande. Les jours d'été, on la photographie en train de jeter des miettes de pain aux oiseaux ou de croquer des friandises à Berzelius Park, à quelque distance de Strandvägen. Par un bel après-midi d'hiver, Justus la filme à l'extérieur, adorable, engoncée dans un gros manteau, souriant sous sa jolie casquette de laine. C'est ainsi qu'une étoile naît, et commence à briller.

« Quand j'ai grandi, raconte-t-elle, il m'encourageait à me déguiser et à improviser de petites parodies [7]. » À la fois acteur et metteur en scène, son père la rejoint parfois devant la caméra. Mais cette petite fille a besoin de quelqu'un pour compenser la perte de sa mère. À la fin du printemps 1918, sa tante Ellen emménage à l'appartement. Cette vieille fille trapue de quarante-neuf ans a consacré sa vie à des parents malades ou dérangés, et à des causes charitables dans les paroisses luthériennes. Mais cette année-là, ses problèmes cardiaques l'ont forcée à écourter les plus fatigants de ses devoirs pieux. Généreuse jusqu'au sacrifice, elle va se vouer au service de son frère et de sa nièce et leur faire la couture, la cuisine et le ménage.

Rien de très étonnant à ce qu'Ingrid donne du « Maman » à sa tante Ellen. Mais cela cause quelque embarras à cette dernière, lors d'une réunion de fidèles où chacun croit savoir que Mlle Bergman est célibataire. L'autre déconvenue d'Ellen vient des bouffonneries et pantomimes auxquelles se livrent Justus et Ingrid devant leurs caméras. Pour se divertir, et distraire quiconque veut bien l'écouter, Ingrid invente une galerie de personnages amusants et de camarades imaginaires — une sainte, une sorcière, un méchant, un parent, un enfant, un âne ou une tortue. Ellen Bergman trouve à ces farces un parfum d'art dramatique, et l'art dramatique est l'œuvre des âmes impies. Une bonne vie, à ses yeux, est une vie sérieuse. Pas une vie d'imitation et de mensonge.

Ingrid passe l'essentiel de l'été 1918 (et une partie de chaque été des dix-huit années suivantes) avec ses grands-parents Adler, en Allemagne. Justus la conduit à Hambourg ou à Kiel, séjourne un jour ou deux, puis il embrasse sa fille, salue ses beaux-parents et se rend à Paris, Londres ou Copenhague. Sans doute ne vise-t-il qu'au bonheur d'Ingrid, qu'il veut voir entourée d'une famille élargie. Mais chaque été, lorsqu'elle arrive chez ses grands-parents, la fillette se sent abandonnée et malheureuse. Autant son père est un homme simple, épicurien, autant la maison Adler est un temple teuton dédié à l'ordre et à la propriété. Ingrid souffre de la discipline qu'on y fait régner, des contraintes auxquelles on soumet ses jeux d'enfant, et de la bizarrerie d'un régime si différent de la vie sur Strandvägen.

Elle est plus proche de ses tantes maternelles, Elsa et Luna. Toutes deux ont fait un bon mariage. Mais la vie de Luna a été brisée par la perte de son mari, tué à la guerre. Elsa, qu'Ingrid a pris l'habitude d'appeler tante Mutti (« tante Mammy »), est la non-conformiste du clan Adler. Son mari est un homme d'affaires français qui, dès qu'il a entendu parler des terres riches et de la main-d'œuvre bon marché des Caraïbes, a reniflé l'odeur des sacs de café et des tonnes d'argent à gagner. À l'époque où Ingrid passe ses vacances en Allemagne, ce personnage brille par son absence. Il gère ses plantations en Haïti et à la Jamaïque, et se compromet avec des femmes exotiques. Elsa, pendant ce temps, vit dans le luxe, à l'abri des murs de sa propriété près de Hambourg, servie par une armée de domestiques qu'elle mène tambour battant. Personne ne s'étonne d'apprendre la fin définitive de son mariage après que l'aîné de ses deux garçons, parti un été travailler avec son père en Haïti, est mort de la typhoïde.

C'est ainsi que Mutti Adler devient, après tante Ellen, la seconde mère de substitution d'Ingrid. Elle le restera durant une vingtaine d'années. Elle lui apprend à bien parler allemand, l'encourage à lire, à apprendre et à réciter de courts poèmes dramatiques allemands et à chanter des lieder allemands — ce qui ne manque pas de ravir son père, lorsqu'il la récupère à la fin de l'été. Le retour à Stockholm implique bien entendu le passage à des activités plus calmes et moins colorées, avec Ellen, tandis que Justus se consacre de plus en plus à son travail et à sa vie mondaine. Pendant les premières années de sa vie, Ingrid Bergman reçoit donc simultanément une double éducation. D'une part, elle est gâtée par sa tante allemande qui l'encourage à jouer la comédie. D'autre part, ces faveurs sont décriées par la tante suédoise dès qu'elle se retrouve à Strandvägen.

Un peu avant les sept ans d'Ingrid, la vie de Justus va se trouver chamboulée. Pour soulager Ellen d'une partie des tâches domestiques, Justus a engagé une jeune fille dynamique, Greta Danielsson, qui doit venir travailler plusieurs jours par semaine. Au bout d'un mois, elle vient chaque jour. Bientôt, elle est là chaque nuit, partageant le lit et la table de Justus. C'est l'été 1922. Justus a cinquante et un ans, Greta en a dix-huit.

Ingrid a désormais devant elle une troisième figure maternelle, beaucoup plus jeune que les autres. Elle jouit d'un foyer confortable, possède de beaux habits et mange à sa faim. Mais son père mis à part, elle ne connaît qu'un embrouillamini de relations incertaines et antinomiques. Ellen est attentive et affectueuse, mais elle est aussi austère et dénuée d'humour qu'une nonne cloîtrée. Mutti récite des vers, et sonne pour réclamer une autre tasse de cacao et une tranche de biscuit. Greta est là pour souper, tient la main de Justus et glousse sans raison apparente.

Tante Ellen, que cette union emplit de honte, ne tarde pas à regagner son minuscule appartement, trois pâtés de maisons plus loin. Mais elle revient le dimanche matin pour arracher Ingrid à l'oisiveté de son lit douillet. Et l'embarque pour assister au service du temple Hedvig Eleonora de l'Église nationale luthérienne. Un portrait sombre et terrifiant du Christ en croix surplombe l'autel. Un autre, où on le voit livré à la mort par Ponce Pilate, est accroché sous la galerie de l'orgue.

Chaque dimanche, le révérend Erik Bergman monte en chaire — sa famille n'a aucun lien avec celle d'Ingrid. En juillet 1918, sa femme Karin a donné le jour à un garçon, Ingmar. Celui-ci découvrira très tôt les merveilles du cinéma, et grandira sous l'influence de la vie paroissiale. À la grande satisfaction de la tante Ellen, les sermons du révérend Bergman soulignent (si l'on en croit son fils) « les principes concrets qui définissent les liens entre parents et enfants, et les liens avec Dieu [8] ». C'est-à-dire l'honneur, la pudeur et l'obéissance, et le respect d'un code moral strict qui attire l'attention sur le péché et la culpabilité, la contrition et le repentir.

Durant une partie de son enfance — surtout après qu'elle a été confirmée par le pasteur Bergman, et le plus souvent en compagnie de sa tante Ellen — ce discours ésotérique aura pour effet prévisible d'inculquer à Ingrid un sentiment de terreur religieuse. Mais son père ne s'intéresse pas à ces choses-là, et ne fait rien, chez lui, pour les renforcer. Avec Justus et Greta, bien au contraire, tout semble s'orienter vers le plaisir, les loisirs sont organisés selon l'humeur du moment, rien n'est jamais strict. Autrement dit, on n'insiste pas beaucoup sur les références aux austères valeurs luthériennes. C'est ainsi, par exemple, que Greta emmène Ingrid au cinéma. Le meilleur moyen, aux yeux de femmes comme la tante Ellen, de préparer la fillette à entrer au bordel.

En 1922, par exemple, elles voient deux fois le nouveau film de Victor Sjöström, *L'Épreuve du feu*. Il raconte l'histoire d'une femme accusée, au Moyen Âge, d'avoir assassiné son mari. Avant de mourir sur le bûcher, elle entend des voix célestes. En proie à l'extase, elle aperçoit son défunt époux qui vient la chercher pour l'emmener au paradis.

Dans la salle de cinéma, l'orchestre noie Greta et Ingrid sous des vagues de musique sirupeuse. Elles écarquillent les yeux devant les images teintées, devant la superposition de plans qui permet de montrer en même temps le regard extatique de l'héroïne et les flammes qui la dévorent. Il est évident que l'histoire est une variation sur l'un des thèmes les plus populaires de l'année : le procès et la mort de Jeanne d'Arc. Celle-ci a été récemment canonisée et symbolise le pieux dessein national à la fin de la guerre. Les images de la sainte, sans parler des pièces de théâtre, des films, des sermons, des livres et des brochures qui lui sont consacrés, prolifèrent à travers l'Europe tout au long des années vingt. Ce culte atteindra son sommet en 1929, avec le chef-d'œuvre de Carl Dreyer, *La Passion de Jeanne d'Arc*. La petite paysanne morte en 1431 à l'âge de dix-neuf ans est présentée à toutes les jeunes chrétiennes comme un modèle de foi, de courage et de persévérance.

« Depuis l'époque où j'étais petite fille, dit Ingrid, elle a toujours été ma plus grande héroïne [9]. » Elle ajoute bientôt Jeanne d'Arc à sa galerie de personnages. « Je lui réservais une place particulière dans mon cœur. Au lieu de collectionner des timbres ou des papillons, je me suis mise à chercher les objets en rapport à elle, et à amasser livres, médailles et statues la représentant [10]. » Une telle fascination est facile à comprendre. Les récits de la vie de Jeanne insistent sur sa solitude, sa conviction de posséder une vocation intérieure, puis sur son assurance dans son affrontement aux autres, en dépit de sa pudeur. « Elle est devenue le personnage que je préférais jouer. C'était une enfant timide, elle aussi, mais avec beaucoup de dignité et de courage [11]. » Le début de cette vénération coïncide avec sa brève période d'assiduité, sous la houlette de sa tante, à l'église du quartier. Sa fascination pour Jeanne d'Arc durera toute sa vie. Mais elle cessera de fréquenter l'église.

Son affection pour la sainte se renforce dès ses premiers jours d'école. Le 1er septembre 1922 (trois jours après son septième anniversaire), elle entre en première année au lycée de jeunes filles du 13, Kommendörsgatan, à quinze minutes de marche de chez elle. Ingrid et dix-neuf autres petites filles font la connaissance d'Ebba Högberg, leur professeur principal, qui leur explique la tradition de l'école et leur donne leur emploi du temps. Le lycée dispense les cours de la première année aux classes préparatoires à l'université. En 1922-1923, il accueille 385 élèves, dont 238 en école primaire.

« Notre principale mission, lit-on dans la brochure publiée cette année-là par le lycée, ne consiste pas seulement à donner aux élèves des cours théoriques, mais aussi à former leur personnalité. C'est peut-être à cela que pensait le fondateur de notre école, le docteur Gustaf Sjöberg, lorsqu'il lui donna le nom de l'institution grecque traditionnelle. Le Lycée antique, en effet, se donnait pour objectif de doter les jeunes gens d'un corps et d'un esprit sains, mais également de leur transmettre l'enseignement des grands philosophes et moralistes, et leur juste conception de la vie [12]. » À cette fin, on impose aux élèves de première année un programme chargé : récitations quotidiennes d'histoire religieuse, suédois, allemand (où Ingrid excelle), histoire du pays depuis 1389 et géographie scandinave (où elle est beaucoup moins bonne), arithmétique, écriture, dessin, chant, couture et éducation physique.

Le lycée est un immeuble de cinq étages de style néoclassique, avec des dizaines de petites cellules en guise de salles de classe, où l'on s'efforce d'appliquer les fermes résolutions de ses fondateurs et de ses responsables. Les filles sont assises sur des bancs durs et inconfortables et n'ont pour travailler que la lumière que dispensent avec parcimonie des ampoules jaune pâle. Ingrid passera dix années scolaires — de l'automne 1922 au printemps 1933 — dans cette atmosphère, aussi éloignée de la belle propriété de la tante Mutti en Allemagne que du confort rassurant du foyer paternel. Les années passant, son programme s'élargit pour inclure la biologie, la chimie, le français et la cuisine. C'est dans cette matière qu'elle est la moins brillante. Elle devient une virtuose de l'aiguille à tricoter, mais aussi simple soit le menu qu'on lui assigne, l'art de la cuisine la dépasse complètement. Elle s'en sort en français et en allemand, tandis que les sciences l'ennuient : elle échoue parfois. Ses bulletins d'école élémentaire montrent qu'Ingrid Bergman passe régulièrement dans la classe supérieure. Afin d'éviter toute compétition malsaine, le lycée ne décerne pas de notes aux élèves, pas plus qu'il ne distribue des prix.

Les années d'école se succèdent, mais Ingrid n'est pas une enfant heureuse. « Je me souviens parfaitement qu'après les cours, je restais devant l'école, à regarder les mamans qui venaient chercher leurs filles. Il me semblait que toutes ces mères étaient très belles, toutes parfumées et vêtues avec élégance, avec leurs chapeaux de fantaisie. Je me contentais de rester là, je les regardais s'en aller ensemble. Puis je rentrais chez moi, toute seule[13]. »

En 1924, un peu avant le neuvième anniversaire de sa fille, Justus abandonne l'appartement de Strandvägen pour emménager dans un logement plus grand sur Ulrikagatan, une rue agréable située près d'un parc. Désormais, Ingrid doit prendre le tramway pour se rendre au lycée.

Un après-midi, son père reçoit ce qu'il considère comme une excellente nouvelle. On lui confie la direction d'une chorale mixte d'amateurs — « The Swedes », les bien-nommés —, le temps d'une tournée dans trois villes des États-Unis.

Pour Ingrid, c'est une véritable catastrophe. Elle craint que son père ne revienne pas, que la traversée de l'océan tourne au désastre, ou bien qu'il l'abandonne. Quant à Greta, il lui est impossible d'accompagner Justus, car un monsieur veuf peut difficilement représenter la Suède à l'étranger s'il est suivi de sa jeune maîtresse. À son départ, début 1925, Ingrid se sent plus solitaire que jamais.

Deux semaines plus tard, Greta trouve un emploi à l'autre bout de la ville. En partant, elle déclare à Ingrid qu'elle deviendra peut-être un jour actrice de cinéma. En l'absence de son père, Ingrid s'installe chez son oncle Otto et sa tante Hulda et leurs cinq enfants Bill, Bengt, Bo, Britt et Margit.

Rivalisant avec ses cousins (âgés de huit à vingt et un ans) pour gagner l'attention des adultes, Ingrid enrichit encore son répertoire de personnages et adapte des fragments de poésie suédoise appris à l'école. Un jour, par exemple, elle s'enveloppe d'un châle de vieille dame et d'un tablier sale. Armée d'un balai de paille, elle entre dans la pièce où la famille est réunie. Elle déclame un poème de Gustav Fröding et se transforme en une mystérieuse servante, perdue dans une rêverie sur un beau soldat qui pourrait avoir joué un rôle dans son passé.

Les garçons la taquinent sans pitié. « Comment veux-tu être actrice, alors que tu es si maladroite[14] ? » Et de lui faire remarquer qu'elle est plutôt grande pour son âge et qu'elle montre une certaine gaucherie. « En tant qu'actrice, je ne suis pas moi », réplique-t-elle avec un manque de logique défiant toute objection. Plus tard, elle dira de ces premières exhibitions : « Je n'ai pas choisi l'art dramatique. C'est lui qui m'a choisie. »

Tandis qu'elle continue ses représentations, pendant l'absence de son père, l'étonnement de l'oncle Otto le cède bientôt à une franche désapprobation. « Mon oncle ne se moquait pas de moi. Il se mettait en colère. Pieux jusqu'au fanatisme, il croyait que le théâtre était l'œuvre du Malin. » Mais peut-être Otto considère-t-il que le travail en général est diabolique. « Il n'a jamais vraiment eu de travail rémunéré régulier, racontera le premier mari d'Ingrid. Il semble qu'il ait vécu en grande partie sur les revenus du magasin de photo de Justus[15]. »

À la surprise générale, la tante Ellen prend la défense de sa nièce, au moins à deux reprises. Ingrid n'est pas mauvaise, proteste-t-elle. Elle a simplement un don pour les récitations innocentes. Après tout, peut-être ce talent pourra-t-il servir la vraie religion. Elle pourrait, en grandissant, devenir missionnaire. Le monde en a bien besoin, de missionnaires, surtout en cet « âge du jazz » qui voit la musique américaine et des films choquants se répandre en Europe. Ingrid écoute poliment. Elle a appris depuis longtemps à ne pas répondre aux imprécations de sa tante Ellen.

À l'école, les réactions ne sont pas aussi dévotes, et beaucoup moins dures. Un jour, en cinquième année, Ingrid impressionne ses camarades avec une lecture de vers de « Sveaborg », extrait des *Récits de l'enseigne Stål* de Johan Ludvig Runeberg. Selon une des élèves, elle y met « un tel pathos que toute la classe en est restée toute tremblante, les larmes aux yeux[16] ». Elle interprète d'autres poèmes, comme la « Chanson des vents » du *Songe* de Strindberg :

29

« Les vents soufflent, sifflent, hou, hou, hou... » Les élèves peuvent presque sentir le gémissement funèbre du vent d'hiver traverser la classe. Au printemps 1925, personne ne s'étonne de voir Ingrid gagner un prix dans un concours de récitation. Sten Selander, un des juges, déclare en lui remettant son certificat que « Mlle Bergman ira certainement très loin [17] ».

Fin août 1925, au moment où Ingrid rentre de son séjour estival chez sa tante Mutti à Hambourg, Justus débarque à Stockholm. De tous les cadeaux qu'il rapporte à sa fille, celui qui la fascine le plus est une orange séchée de Californie. Elle la conservera des années. « C'était mon premier contact avec l'Amérique. Je trouvais cela merveilleux [18]. » Peu après, ils emménagent au dernier étage d'un immeuble élégant du quartier des affaires, au 34, Birger Jarlsgatan.

Le voyage de Papa a encore renforcé sa passion pour la musique. Pendant l'automne, il continue à travailler le piano et à prendre des leçons de direction d'orchestre. Il offre à sa fille des cours particuliers de chant. Tu as dix ans, lui dit-il, et ton avenir est tout tracé. Tu seras une grande cantatrice. « Il m'emmenait à l'opéra, racontera-t-elle, mais je m'y ennuyais [19]. » On la voit, dans un des *home movies* de Papa, une partition à la main. Elle chante, Justus l'accompagne au piano. Elle sourit à la caméra sans beaucoup d'enthousiasme. Son regard semble implorer une délivrance. À l'époque, elle est prête à tout pour faire plaisir à son père : elle se tient tranquille.

En revanche, elle ne peut réprimer sa joie lorsqu'il l'emmène pour la première fois au Théâtre royal, à l'automne 1926, deux mois après son anniversaire. Elle a emprunté une robe à une de ses cousines — rouge cerise, la couleur préférée de Justus — et l'a fait repasser trois fois, dans l'après-midi, par sa tante Ellen.

Aussi loin que remontent ses souvenirs, l'image du quartier de Strandvägen est dominée par ce théâtre construit en 1908, qui est certainement un des hommages architecturaux les plus élégants et les plus éloquents jamais élevés à la gloire de l'art dramatique. Papa et Greta lui ont montré le grand escalier de marbre, les figures allégoriques des arts, les frises de Dionysos et de la Commedia dell'arte, les statues de la Tragédie et de la Comédie. Pendant des années, Ingrid a observé de sa fenêtre les dames et les messieurs qui venaient, en habit de soirée, assister aux premières. Aujourd'hui, elle y pénètre enfin ! Elle lève les yeux vers la fresque de plafond réalisée par le peintre Carl Larsson. C'est *La Naissance du théâtre*, chef-d'œuvre d'art nouveau où une jeune fille vêtue de voiles légers reçoit une couronne de laurier des mains d'un personnage masculin. Celui-ci symbolise la critique. De l'autre main, il brandit un autre moyen de rétribution : une épée meurtrière.

Cette soirée d'automne aura une importance décisive dans la vie d'Ingrid. On joue *Patrasket* de Hjalmar Bergman, un romancier et dramaturge contemporain, dont l'œuvre exprime un désespoir amer sur la vie et le destin des hommes (il n'a aucun lien familial avec Justus ni avec le pasteur Bergman). La pièce raconte l'histoire d'une famille qui a besoin de l'aide d'un riche parent juif. Elle est présentée comme une comédie, quoiqu'il y eût peu de raisons de rire d'une histoire fondée sur la vénalité et l'hypocrisie. Mais peu importent le contenu et l'antisémitisme sous-jacent de la pièce : la petite Ingrid, à onze ans, découvre le théâtre.

> « Les yeux me sortaient de la tête. Voilà que, sur cette scène, il y avait des adultes qui faisaient ce que je faisais moi-même à la maison juste pour le plaisir ! Et pour ça, on les payait ! C'est ainsi qu'ils gagnaient leur vie ! J'étais tout simplement incapable de comprendre comment ces acteurs pouvaient se comporter comme moi-même, inventer un monde de faux-semblants, et appeler cela du travail ! À la première pause, je me suis tournée vers mon père — et la salle entière a dû m'entendre tant j'étais excitée — pour lui dire : Papa, c'est ça que je veux faire ! [20] »

À partir de ce soir-là, ses improvisations devant la famille seront plus décidées que jamais. Justus l'emmène voir une pièce après l'autre, en espérant qu'elle finira par se désintéresser du théâtre et se consacrer sérieusement à la musique. Ils vont voir plusieurs pièces avec le grand Gösta Ekman. Au lycée, Ingrid continue d'impressionner professeurs et camarades par sa mémoire. Après avoir vu une pièce intitulée *L'Ascenseur vert*, par exemple, elle est capable de réciter presque mot pour mot des extraits de la tirade finale du personnage principal : les lamentations d'un garçon ivre évoquant son amour perdu. « Tessi, Tessi, ma petite reine des fées du matin... » Il ne fait aucun doute que l'interprétation est meilleure que le texte.

1927. Dès qu'elles sont laissées sans surveillance, les filles du lycée comptent sur Ingrid pour les distraire. Un jour, elle se lance dans un monologue, mais le retour imprévu du professeur, Ester Sund, entraîne l'exclusion de tout le groupe pour la journée. Qu'importe ! Les filles suivent Ingrid au parc Humlegården, où elle mène la scène à son terme : la mort d'un vieillard malade. Peut-être les passants s'alarment-ils du spectacle de ces vingt-cinq filles de douze ans agglutinées autour d'une de leurs camarades, qui feint l'agonie sur un banc public. En tout cas, son succès la satisfait et l'amuse. Jouer est une source de plaisir sans mélange.

Elle adore surprendre ses professeurs et ses camarades. Elle déclame un poème tragique, et quelques jours plus tard, ce sont des scènes extraites d'une farce. Elle joue la mort de Jeanne d'Arc ; la semaine suivante, elle improvise sur un personnage de femme qui a forcé sur le champagne et ne trouve plus la clé pour entrer chez elle. « Ingrid avait beaucoup d'humour, raconte une de ses anciennes condisciples. C'était une des filles les plus drôles de l'école. Comme la plupart d'entre nous, elle n'était pas très studieuse. Mais nous nous arrangions toujours pour passer dans la classe supérieure[21]. »

Cette année-là, les filles lisent en cours l'histoire de Tristan et Iseult. « C'était pathétique, au regard de mes rêves romanesques de jeune fille, dit Ingrid. L'amour véritable, c'était un rêve précieux pour une fille aussi peu séduisante que moi[22]. » Elle exagère, bien entendu. Mais elle est beaucoup plus grande que ses camarades, ce qui est source, à cet âge, d'un sentiment désagréable. En 1928, à treize ans, Ingrid a atteint sa taille adulte : un mètre soixante-quinze. Alors que les autres filles pensent à leur première paire de talons hauts, elle se sent condamnée à porter des semelles plates ordinaires.

« Je détestais l'école, dit-elle, parce que j'étais plus grande que les autres, et puis j'étais gauche et timide. Je n'étais pas muette, mais je ne parlais que lorsque je ne pouvais faire autrement. Si je connaissais la réponse à une question, par exemple, et qu'on m'interrogeait, le simple fait de me lever de ma chaise devant toute la classe me faisait rougir. L'école, c'était l'enfer. Et puis j'étais seule[23]. » Et à propos des récitations de poèmes et de théâtre : « Je jouais tous les rôles. Je n'ai jamais voulu jouer avec les autres, et je me demandais toujours : que puis-je faire toute seule ? Alors je lisais des poèmes drôles, ou des poèmes tristes, et je les adaptais. » La biographie de très nombreux acteurs révèle l'existence de la même conjonction : une personnalité fondamentalement solitaire qui s'épanouit sur scène ou à l'écran, là où peut s'affirmer un ego hésitant. Pour certains d'entre eux, le fait de jouer des rôles — c'est-à-dire d'assumer d'autres identités — est un moyen d'explorer des possibilités qui, sans cela, ne seraient jamais réalisées (ou risqueraient fort de ne jamais l'être). Jouir de l'approbation du public sera de la première importance, pour Ingrid. Pourquoi n'en serait-il pas ainsi, dès lors qu'un talent aussi considérable est à tout moment en train de se perfectionner ? Mais si les applaudissements se font attendre, ou si le critique agite son épée plutôt que la couronne de laurier, elle passe simplement à un autre rôle. Une seule fois dans sa vie, Ingrid réagira publiquement à un jugement négatif sur une de ses prestations. À son grand désespoir, cela se passera à Stockholm, des années plus tard.

Le soir de Noël 1928, Justus emmène sa fille dîner au Berns' Salonger. Ce restaurant de grande classe fondé en 1863 est une véritable institution — musiciens en habit de soirée, petits salons privés, et la fameuse « Röda Rummet », cette Chambre Rouge richement aménagée avec ses sièges rembourrés et ses tables polies, son plafond gothique bas et ses fenêtres ornées de vitraux. C'est dans cette salle que se réunissaient artistes et intellectuels dans les années 1880-1900. Ils parlaient politique et esthétique. Ils sirotaient du café, buvaient du vin et de la bière, fumaient, discutaient et griffonnaient des notes. L'atmosphère inspira un de ses clients réguliers, August Strindberg, qui publia une satire portant le nom de *Chambre rouge*. Ingrid et son père y prennent une coupe de champagne, et elle lit les sentences édifiantes gravées dans le bois : « On ne fait jamais assez de bien... Les plus grandes victoires sont celles qu'on remporte sur soi-même... L'honneur est le plus bel arbre de la forêt. » Puis ils descendent à la salle de restaurant, où l'orchestre joue des airs de danse, et ils commandent un dîner de fête avec du rôti d'élan.

Quelques jours plus tard, alors qu'une vague de froid marque le début de 1929, Justus est cloué au lit par un mal mystérieux. Une semaine passe, et son état ne s'améliore pas. Pâle, en proie à une violente transpiration, il consulte un médecin, qui lui prescrit une série d'examens. Avant même de recevoir les résultats, le pauvre homme peut à peine garder ses aliments. Il perd du poids. Sa sœur Ellen, touchée par la grippe, est incapable de l'aider. Ingrid reprend contact avec Greta Danielsson, qui accepte de revenir pour lui offrir son aide. Au bout de quelques jours, durant lesquels tous trois ont soigneusement évité de parler du diagnostic, Justus peut s'asseoir avec sa fille et son ancienne maîtresse. Il a un cancer de l'estomac, et les perspectives ne sont pas encourageantes. Greta fond en larmes. Ingrid reste muette de douleur.

« Je ne veux pas qu'à son âge Ingrid voie son père mourir à petit feu, dit Justus à son ami, le fleuriste Gunnar Spångberg. Et Dieu sait combien de temps ça prendra. » Il prend des dispositions pour aller consulter un spécialiste en Bavière, accompagné par Greta. « Peut-être qu'il pourra me guérir. Sinon, je reviendrai dans une boîte[24]. »

Ce ne sera ni l'un ni l'autre. Au lieu de quoi, et au grand dam de sa famille, Justus reste jusqu'à la fin un non-conformiste. Greta et lui passent le printemps dans un faubourg calme de Munich. Elle lui prépare des infusions et des potages légers. Lorsque ses forces le lui permettent, il installe son chevalet et s'assied dans le jardin pour peindre quelques fleurs sauvages. « Puis il est revenu à la maison, raconte Ingrid. Il était maigre à faire peur. » C'est la première fois qu'elle ne passe pas l'été chez Mutti, qui a repris son nom de jeune fille et s'est donné un nouveau compagnon à demeure, en la personne d'un beau et prospère négociant allemand. Mutti fait le voyage d'Allemagne, et s'aliène le clan Bergman en refusant de se joindre au chœur de ceux qui exigent que Greta quitte la maison de Justus. « Greta a bien le droit d'être là, dit-elle à Otto et Ellen.

Je vous en prie, laissez-la venir[25]. » Dont acte. On ne résiste pas à Frau Adler.

Juin et juillet, cette année-là, sont exceptionnellement chauds. Les jours rallongent, et le tourment de Justus Bergman se change en une épouvantable nuit de souffrance. Jusqu'à l'hiver précédent, jusqu'à ce que cette soudaine maladie vienne barrer la route à son instinct vital, il a toujours joui d'une parfaite santé. Désormais, il est si faible qu'il peut à peine chuchoter, et il ne peut rien avaler que quelques gouttes d'eau. Greta le baigne avec des compresses fraîches. Sans tenir compte de ses protestations, Ingrid dort quelques heures l'après-midi et passe ses nuits à son chevet. Elle lui tient la main. Dans ce qui est peut-être, à ce jour, sa plus brillante interprétation, elle fredonne ses chansons préférées et répète doucement ce qu'elle sait être une chimère. S'il pouvait tenir jusqu'au bout de cet interminable été, s'il pouvait avaler un peu de soupe, s'il pouvait trouver un meilleur médecin, s'il pouvait seulement...

Le 28 juillet vers minuit, Justus respire de plus en plus difficilement. Quatre heures plus tard, alors qu'Ingrid et Greta sont à son chevet, il tourne lentement la tête vers elles, et les regarde avec tendresse. Justus Samuel Bergman meurt le 29 juillet 1929, à trois heures cinquante-cinq du matin. Il a cinquante-huit ans. Dans un mois, Ingrid en aura quatorze.

Les journaux du lendemain publient, sous la signature d'Ingrid, un avis de décès rédigé par Ellen et Otto. « Mon père a trépassé dans la paix et la sérénité. Il est pleuré par sa fille, sa famille, et tous ceux qui, depuis de nombreuses années, ont été ses amis et ses collaborateurs. Obsèques au cimetière du nord, samedi 3 août, à quatre heures[26]. »

Pendant des mois, Ingrid va se renfermer sur elle-même, au point qu'on s'inquiète pour sa santé. Elle ne donne plus de représentations impromptues à la famille, plus de récitations ni de divertissements, et elle n'intervient pas dans les conversations. Greta, qui lui tient compagnie jusqu'à la rentrée des classes de septembre, est incapable de l'intéresser à quoi que ce soit — ni à des films ni à la pièce qu'elles vont voir à l'automne. Pendant un temps, Ingrid essaie de peindre. Mais lorsqu'elle barbouille la toile, la tristesse l'empêche de travailler, de réfléchir ou de se souvenir, et le pinceau de son père lui tombe des mains. « Cette année-là, je n'imaginais pas comment je pourrais continuer à vivre, dit-elle. Eh bien, j'ai continué. Nous continuons tous[27]. » Mais jusqu'à la fin de sa vie, elle sera souvent sujette à de soudains accès de tristesse. « Je me souviens que quand j'étais petite, racontera sa fille aînée, Pia, elle souffrait de la perte de sa mère et de son père[28]. »

L'héritage de Justus s'élève à presque un demi-million de couronnes[29]. Un quart de ce montant, garanti en actions de la firme dont il a été directeur général, est placé en fidéicommis pour Ingrid, et des petites sommes sont allouées à des amis et aux membres de sa famille.

À la mi-septembre, ceux-ci ferment l'appartement de Papa. On installe Ingrid chez sa tante Ellen, dans le logement sombre sis au 6, Nybergsgatan. C'est tout près, et le quartier lui est familier. Il va en être de même, durant l'année qui vient, du destin tragique qui a fait d'Ingrid Bergman une orpheline de quatorze ans, incapable de croire à la perpétuation de toute affection humaine.

Chapitre deux

1929-1936

Il y a toujours un moment de l'enfance
où la porte s'ouvre pour laisser entrer le futur.

Graham Greene, *La Puissance et la Gloire*

Pendant l'année scolaire 1929-1930, Ingrid n'a pas beaucoup le temps de penser à son chagrin, surtout quand c'est l'heure des cours de physique, de chimie, de maths et — le pire de tout — de cuisine. En effet, ses professeurs sont partisans de l'austère conception suédoise de la responsabilité. Comme sa tante Ellen qui s'efforce de la convaincre, apparemment sans succès, de l'importance de la religion. Mais Ellen Bergman, au début de 1930, est dans l'incapacité de se rendre à l'église. Elle souffre de problèmes respiratoires chroniques, et les six étages menant à son appartement constituent une épreuve dangereuse. Son médecin lui a conseillé d'éviter, si elle ne veut pas aggraver ses insuffisances cardiaques, les allers et retours dans les escaliers.

Le problème de la tante Ellen est beaucoup plus grave qu'une simple arythmie. Par un après-midi de printemps, après avoir lu sa bible, elle est prise de vertiges — au point de perdre connaissance en se levant de son fauteuil. Ingrid, qui vient de rentrer du lycée, la réconforte avec une tasse de thé bien fort. À Pâques, la crise survient. Une nuit, à trois heures du matin, Ellen appelle Ingrid. Elle suffoque. « Je me sens vraiment mal, dit-elle, le visage terreux, en cherchant sa respiration et en se griffant la poitrine. Veux-tu appeler Otto ? » Ingrid téléphone à son oncle, qui vit à deux pas de là. Otto annonce qu'on arrive sur-le-champ.

« Lis-moi la Bible, dit Ellen en haletant. Lis-moi la Bible ! » Ingrid choisit un psaume, mais l'état de la malade s'aggrave brusquement. « Je vais mourir, murmure-t-elle. Oh, pourquoi n'arrivent-ils pas, mais pourquoi n'arrivent-ils pas ? » Elle fait un signe, fiévreusement : « La clé... la clé ! » Ingrid comprend ce qu'elle veut dire. Pour éviter de devoir emprunter les escaliers, Ellen a l'habitude de jeter la clé par la fenêtre, sur le trottoir, afin que les visiteurs puissent ouvrir la porte d'entrée de l'immeuble. Ingrid avait oublié.

Elle jette la clé et regagne la chambre à coucher. Elle prend sa tante dans ses bras. Quelques instants plus tard, Ellen lui agrippe le bras, le regard fou de douleur. Puis elle lâche un long soupir, sa tête tombe contre la poitrine d'Ingrid. Elle est morte[1].

Ingrid Bergman n'a pas quinze ans, mais elle a déjà connu une série de drames familiaux qui la laissent dans un brouillard de chagrin et de confusion. Ses proches raconteront que, pendant des mois, elle a l'air de ne penser à rien, le regard vide, la voix sèche et sans expression. Elle parvient à tuer les quelques semaines d'école qui la séparent de la fin du trimestre en effectuant les tâches indispensables, et en essayant d'installer au mieux sa chambre à son nouveau domicile. Un de plus. Elle emménage en effet chez Otto et Hulda, au second étage du 43, Artillerigatan, à quelques pas du Strandvägen. Il est facile de comprendre pourquoi elle se fait « distante, froide, soupçonneuse à l'égard de tout le monde[2] », selon ses propres mots, renfermée sur elle-même, en proie à la peur que tous ceux à qui elle s'attache lui soient brutalement enlevés.

Contrairement à ses cousins, Ingrid n'a pas besoin de partager sa chambre. L'avoué de son père donne à Otto une partie de sa succession, ainsi que les revenus du magasin de Justus, toujours en activité sur Strandvägen. En échange du prix de sa pension, Ingrid possède donc sa propre chambre. Elle est ensoleillée, et assez spacieuse pour accueillir le piano de ses parents, ainsi que le bureau et les tableaux de son père. La tante Hulda, une femme aux yeux noirs qui semble avoir la cinquantaine alors qu'elle a dix ans de moins, s'occupe maintenant d'une maisonnée de huit personnes et supervise le magasin de photo. Otto bricole ses inventions, certain de faire breveter un jour l'appareil génial qui permettra à tout le monde de vivre dans une grande maison à la campagne.

À l'automne 1931, à seize ans, Ingrid est connue au lycée comme la fille qui se transforme à vue lorsqu'elle récite un poème ou déclame une tirade dramatique. Elle a un but, désormais. Elle a décidé de se consacrer « absolument au théâtre (...) pour être la nouvelle Sarah Bernhardt. J'ai rêvé, dit-elle, que je pourrais peut-être jouer un jour avec Gösta Ekman[3]. » Ses cours, par conséquent, ne sont plus qu'un long pensum.

« Je ne pensais qu'à mon travail, à mon ambition de jouer et à mon désir de voyager et de découvrir de nouvelles choses[4]... »

« Je suppose que le théâtre a été pour moi une sorte de refuge. Les gens solitaires, qui ont du mal à se retrouver, font souvent du théâtre, car on y porte des masques. Cela vous aide à vous libérer de vos peurs. Les mots que vous prononcez sur scène ne sont pas les vôtres, et vous feignez d'être un autre que vous-même. C'est une fuite[5]. »

Elle franchit la première étape vers la réalisation de son rêve en janvier 1932, une semaine après avoir revu Greta Danielsson. Celle-ci a perdu du poids et teint ses cheveux en blond, elle étudie la diction et l'art dramatique. Elle a trouvé un emploi intermittent de figurante. Par une froide journée d'hiver, elle emmène Ingrid avec elle aux studios de la Svensk Filmindustri, où elles sont engagées toutes les deux pour une scène de foule du film *Landskamp*. Leur nom n'apparaît pas au générique, bien sûr, et il est impossible de les identifier sur l'écran. (Le film sort en mars). Mais Ingrid n'est aucunement déçue. Elle considère à juste titre qu'elle a fait ses débuts. Par-dessus le marché, elle est surprise d'être payée « dix couronnes pour passer l'une des plus belles journées de [sa] vie[6] ».

L'expérience a été suffisamment excitante pour qu'Ingrid soit plus impatiente que jamais d'en finir avec le lycée. Désireuse de jouer pour de bon, elle se renseigne sur l'École du Théâtre royal qui dispense un programme d'enseignement très structuré à quelques lauréats choisis parmi plusieurs dizaines de candidats. Le fait d'y être admis n'implique pas qu'on réussira. Mais l'entrée au Dramaten — c'est le nom qu'on donne à la fois au Théâtre et à l'école — signifie qu'on recevra une formation de première qualité dans un des cours de théâtre les plus prestigieux d'Europe. Parmi les anciens élèves, on trouve la vedette de théâtre et de cinéma Lars Hanson, qui a travaillé à Hollywood et partagé l'affiche avec Lillian Gish. Une jeune coiffeuse du nom de Greta Gustafsson a elle aussi étudié au Dramaten. Elle est partie à Hollywood et a changé son nom en Greta Garbo. Signe Hasso, qui a mené une carrière importante en Suède et à Hollywood, est contemporaine d'Ingrid. Viveca Lindfors est arrivée quelques années plus tard, et mènera une carrière magnifique en Amérique. Mai Zetterling, Max von Sydow et Bibi Andersson étudieront eux aussi au Dramaten.

C'est en 1787 que Gustaf III a décidé que le Théâtre royal devait enseigner la danse, le chant et l'art dramatique à de jeunes artistes. Depuis lors, des comédiens et des chanteurs professionnels dispensent des cours à des débutants. Leurs élèves ont l'opportunité de monter sur scène comme figurants, et même de se voir confier de temps en temps des petits rôles parlants. En 1908, lorsque l'École s'installe dans une demi-douzaine de salles du Théâtre royal qui vient d'être refait, les matières étudiées incluent la diction, le décor de scène, le maintien, la danse et l'escrime — ainsi que le français, l'allemand, et l'histoire du théâtre et de la littérature.

Comme ces cours se concentrent sur l'art dramatique et que ses camarades seront de futurs collègues, Ingrid aborde l'examen d'entrée dans un état d'esprit nouveau pour elle. Une semaine après la fin de l'année scolaire, le 2 juin 1933, elle choisit ses sujets pour les trois auditions devant les jurés du Dramaten. Le Bulletin annuel du lycée (on affiche désormais des notes pour les élèves qui achèvent l'école secondaire) révèle qu'Ingrid Bergman a des « A » en maintien, assiduité, attention et sens de l'organisation ; des « A- » en histoire religieuse et langue et littérature suédoises ; des « B+ » en allemand, histoire, géographie et histoire de l'art ; et des « B » en mathématiques, physique, chimie, économie domestique, soins de santé, couture, dessin, chant et gymnastique.

À la maison, elle commence à préparer le concours d'entrée à l'École de théâtre. L'oncle Otto n'en pense pas le plus grand bien. Il déclare qu'elle ferait bien de prévoir une solution de rechange. Tu es trop grande, dit-il, aussi gracieuse qu'une oie, et la vertu d'une fille ne résiste pas aux mœurs dissolues du théâtre. Mais une partie non négligeable de ses revenus vient du fidéicommis de sa nièce. À contrecœur, il l'autorise donc à tenter sa chance. Ingrid a choisi un extrait de *L'Aiglon* de Rostand, un fragment du *Songe* de Strindberg, et une scène qu'elle a confectionnée à partir d'une comédie champêtre hongroise.

En août, ils sont quarante-neuf débutants à se présenter à la première audition devant les jurés du Théâtre royal. Sept d'entre eux seront choisis pour la session de cours gratuits qui s'ouvre en septembre. À l'appel de son nom, Ingrid s'avance sur la scène et commence à déclamer l'extrait de Rostand. Mais elle n'a pas le temps d'aller très loin. Un des jurés lui fait signe de s'en aller. Ils en ont assez entendu. C'est le pire moment de son existence, dira-t-elle. Elle erre jusqu'au soir dans les environs du port, honteuse de retourner chez elle.

Quand elle se décide à rentrer, elle apprend qu'un de ses cousins a pris un message au téléphone. Elle a réussi l'audition. Elle est convoquée le lendemain pour la seconde épreuve. Les jurés l'ont interrompue parce qu'ils n'ont pas eu besoin de plus de quelques secondes pour être convaincus de son talent et de ses capacités.

C'est ainsi que le pire moment de sa vie est devenu le meilleur. Les jours suivants, ses deux mois de préparation vont porter leurs fruits. Elle présente son interprétation de Strindberg puis, contraste éblouissant, un numéro comique où elle incarne une robuste paysanne qui saute par-dessus les torrents à la poursuite de son amant. Elle est admise dans la classe de septembre. « Bien qu'elle ait un peu trop l'air campagnard, remarque un des professeurs, elle est très naturelle. C'est le genre à ne pas avoir besoin de maquillage, ni au physique ni au mental[7]. » La formule a l'air intéressante, mais pas vraiment claire.

À l'automne 1933, une grande partie de la planète est touchée par une terrible crise économique. Mais pour les Suédois, le pire est passé. Les exportations d'acier, de machines à coudre, d'instruments médicaux et dentaires, de poêles, de dynamite et de papier rapportent beaucoup d'argent. En outre, cette année-là, le tourisme atteint un chiffre record. Le développement du téléphone, la multiplication des automobiles et l'expansion du réseau routier rapprochent les villages des grandes villes. Les sociaux-démocrates au pouvoir mettent en œuvre une série de programmes médicaux, éducatifs et de retraites, au bénéfice de tous les citoyens suédois, quel que soit leur âge. (La politique de redressement du président Roosevelt s'inspirera de ces programmes, qui font l'objet d'études approfondies de la part de fonctionnaires américains dépêchés en Suède.)

À Stockholm, un vent de liberté et d'expérimentation souffle sur les arts comme sur le commerce et l'industrie, et le quotidien semble plein de promesses. « Les rues étaient pleines de gens bien habillés, raconte W.H. Dietrich, qui fait alors ses débuts dans cette ville. Les magasins prospéraient, et le théâtre marchait très fort. La csardas hongroise, avec ses violons tsiganes, était très à la mode, et vous aviez l'impression que partout où vous alliez, vous aviez un restaurant où l'on vendait du goulasch [8]. » Le marché du travail de Budapest, moins favorable qu'en Suède, a attiré de nombreux immigrants. Cela explique en partie que la musique, la danse et la cuisine d'Europe centrale sont à la mode cette année-là. Ingrid se rappellera elle aussi cette soudaine profusion de cafés hongrois et de modes tchèques. Leur exotisme attire surtout les jeunes gens avides de styles cosmopolites plus colorés que ce qu'autorise la solide simplicité suédoise.

Mais Ingrid et ses condisciples n'ont pas beaucoup de temps à consacrer aux cafés et aux bistrots à la mode. Au Dramaten, les cours sont dispensés six jours par semaine. Le soir, après avoir pris une heure pour dîner, les étudiants s'installent au balcon supérieur. La saison 1933-1934 leur offre un riche programme international. Ils voient notamment *Maître Olof* de Strindberg, *Le deuil sied à Électre* et *Le Désir sous les ormes* de O'Neill, *Un oiseau sur la main* de John Drinkwater, *Amphitryon 38* de Jean Giraudoux, le *Médée* d'Euripide, *Trop beau pour être vrai* de Shaw, des pièces de Hauptmann, Sheridan, Aristophane, Labiche et Pirandello, et *Les Cent Jours*, une pièce de Benito Mussolini sur Napoléon. En revanche, il leur est interdit d'assister aux répétitions, pendant lesquelles les portes de la salle sont fermées à clé — mais il suffit d'une épingle à cheveux, racontera Ingrid, pour franchir l'obstacle. Le dimanche est consacré aux lectures imposées, aux exercices de mémorisation et à l'étude de scènes. Pour faire ses devoirs, Ingrid aime s'asseoir près de l'eau, sur un banc du Strandvägen ou sur les rives plus calmes de Djurgården.

Le travail est rude. Il y a les conférences sur l'histoire du théâtre, par le grave professeur Stig Torsslow — qui témoignera de sa détermination et de son « énergie méthodique[9] ». Il y a l'escrime, avec le petit et agile Robert Påhlman. Il y a la voix et la diction, avec la fière et élégante Karin Alexandersson, que Strindberg a dirigée. Et puis l'étude de scènes avec la grande Hilda Borgström, la vedette de *Ingeborg Holm*. Plus tard dans la journée, les étudiants filent dans une loge inoccupée. Ils se changent pour la classe de mouvement avec le danseur Valbörg Franchi. Puis le maintien (comment s'asseoir, se lever, entrer dans une pièce et en sortir) et les exercices de danse rythmique avec l'élégante Ruth Kylberg et la sévère Jeanna Falk. Et enfin, peut-être le plus mémorable, le cours de gestuelle de la redoutable Anna Pettersson-Norrie.

À soixante-treize ans, avec son pince-nez, ses cheveux blond platine et sa poitrine généreuse, l'aristocratique Mme Pettersson-Norrie est un personnage de caricature. Mais personne n'ose se moquer d'elle. Sérieuse comme un pape, elle peut être aussi meurtrière qu'un bourreau. Tour à tour chaleureuse et glacée, elle exige des étudiants des positions et des expressions excessives. Elle est convaincue que c'est la meilleure technique pour surmonter sa timidité. Tout ce qui est exagéré, dit-elle, pourra être adouci. Mais pour l'immédiat : « Jeune homme, faites-moi voir votre main en l'air ! » ou « Pourquoi ne jetez-vous pas ces bras, bien écartés sur cette ligne, mon cher ? » Malgré toutes ses idiosyncrasies, Anna Pettersson-Norrie est un précieux professeur — pas tellement pour apprendre à faire des grands gestes, mais parce qu'elle enseigne à Ingrid l'importance de la présence : comment écouter un autre comédien, comment se trouver à l'intérieur d'une scène, sans simplement faire irruption avec une action irréfléchie ou dénuée de motif pour distraire le public ou — quelle horreur ! — voler la scène.

Trois mois après son entrée au Dramaten, Ingrid a gagné l'admiration de ses camarades et de ses professeurs. Toute l'école, apparemment (dix-huit étudiants en tout, dans les trois années), connaît son assurance et ses aptitudes. « Elle avait un immense talent naturel, tous ses professeurs étaient d'accord là-dessus, dit Rudolf Wendbladh, futur directeur artistique de l'école. Cette fille bien en chair, impulsive, savait exactement ce qu'elle voulait[10]. »

Le futur comédien Gunnar Björnstrand est dans la classe d'Ingrid, en 1933. Il remarque son assurance sur scène et en classe (mais pas dans la vie courante). « Peut-être n'était-ce pas le cas en profondeur, mais elle donnait une impression de stabilité. Elle irradiait toujours une santé, une force et une vitalité phénoménales. Elle avait une volonté de fer et une mémoire incroyable. Apprendre des dialogues, pour elle, c'était aussi simple que de claquer des doigts[11]. » Son camarade Frank Sundstrom témoignera qu'elle a des idées très arrêtées sur son travail, à une époque où les femmes ne sont pas supposées avoir des idées. Selon une autre condisciple, Ingrid Luterkort, « c'était une vraie beauté. Mais elle était très sûre d'elle... Elle savait qu'elle possédait quelque chose de particulier [12] ».

Le talent d'Ingrid Bergman ne passe pas inaperçu de l'acteur et metteur en scène Alf Sjöberg, qui prend, à l'automne 1933, une décision sans précédent : il lui donne un rôle dans la pièce de Sigfrid Siwertz, *Un crime*, qu'il est en train de monter avec un des plus grands acteurs suédois, Edvin Adolphson. La tradition veut que seuls les meilleurs étudiants de dernière année aient le privilège d'obtenir un rôle parlant dans une œuvre du répertoire. Or, Ingrid est en première année. La décision de Sjöberg suscite des polémiques et vaudra à Ingrid quelques rancunes personnelles : une étudiante, au mépris des convenances, l'aborde un jour dans la rue et la frappe avec son livre. Sjöberg sent les pressions qu'on exerce sur lui, et Ingrid doit abandonner les répétitions.

L'incident aurait déprimé n'importe quel autre novice de dix-huit ans, peut-être au point de lui faire quitter le Dramaten. Mais Ingrid a trop envie de réussir. Et c'est tant mieux, car Sjöberg réussit en avril dans ses efforts pour faire progresser sa carrière. Cette fois, il la place (avec d'autres filles de première année) dans une scène de groupe de la comédie classique de Richard Sheridan, *Les Rivaux*, dont il donne dix-neuf représentations de la mi-mai à début juin 1934. Edvin Adolphson en tient le rôle principal. Ingrid est consternée : elle n'a pas une seule ligne de dialogue. « Elle en était très malheureuse, racontera Ingrid Luterkort. Peut-être parce que ses débuts sur scène ne marquaient aucun progrès sur ses débuts à l'écran. Dans *Landskamp*, déjà, elle était figurante, et non identifiable. »

Durant des années, on prétendra qu'Alf Sjöberg a été le premier amour d'Ingrid Bergman — sans doute parce qu'il a défendu sa cause à l'école avec tant d'obstination. En fait, ce rôle sera tenu par Edvin Adolphson, un homme d'une beauté saisissante qui est capable, lorsque son rôle l'exige, de faire montre d'un sex-appeal irrésistible. Avec ses traits marqués, ses cheveux et ses yeux noirs, et sa superbe présence, il intimide les hommes et réduit les femmes à merci.

Adolphson, à quarante et un ans, est marié et père de famille. Mais il est séduit par cette ingénue de dix-huit ans, expressive et débordante de vie, qu'il a remarquée aux premières répétitions d'*Un crime*. Ingrid trouve son port éblouissant et son autorité irrésistible, et elle est flattée par l'intérêt qu'il lui montre. À l'issue d'une répétition des *Rivaux*, par un après-midi pluvieux, Adolphson invite Ingrid et une de ses amies à prendre une tasse de café. Le dimanche suivant, il parvient à s'éclipser quelques heures pour rencontrer Ingrid en tête à tête. Ils se promènent dans les rues étroites de la vieille ville, et leur chemin les conduit vers la garçonnière d'un vieil ami d'Edvin, opportunément absent pour le week-end.

Ingrid, vive et passionnée, ne tombe pas dans le piège tendu à tous ceux qui nourrissent des espoirs romanesques irréalistes. D'abord, elle prend très au sérieux le fait qu'Edvin est marié, et que cette vedette peut avoir envie de courtiser une jeune comédienne consentante sans désirer une publicité humiliante. En d'autres termes, elle sait qu'il ne s'agit pour l'un et l'autre que d'une passade. Elle n'en attend rien de plus que ce qu'elle lui offre : une tendre initiation à l'intimité sexuelle, et la possibilité de passer du temps avec un acteur distingué et sensible qui connaît bien la littérature et l'art de la scène, et qui est prêt à lui donner autant d'encouragements que de caresses. Certes, leur aventure doit être menée dans la plus grande discrétion, mais rien n'indique qu'ils n'en ont pas gardé un souvenir ému. Et cette histoire d'amour, comme toujours dans la vie d'Ingrid Bergman, débouchera sur une cordiale amitié.

Ses rendez-vous occasionnels du printemps et de l'été pourraient se prolonger sans complication, n'était la présence grandissante d'un rival qui n'est pas insensible à la concurrence. La cousine Margit, une des filles d'Otto, veut exprimer sa gratitude à son jeune dentiste, le docteur Lindstrom, pour les soins qu'il lui a administrés. Elle l'invite à dîner un dimanche de novembre 1933, un peu après que la famille a emménagé dans un appartement au 37, Skeppargatan, à dix minutes du Dramaten. « À l'époque, racontera Ingrid, je le considérais pratiquement comme un vieillard. Mais j'étais encore un peu gauche, et pas très à l'aise en société [13]. » « J'étais très flattée que ma compagnie ne l'ennuie pas. Il avait une auto et vivait dans un bel appartement. Tout cela me faisait forte impression [14]. » Lindstrom a vingt-six ans, soit huit de plus qu'Ingrid. Il est blond, il a les yeux bleus et mesure un mètre quatre-vingt-huit. Il n'a rien à envier à Edvin Adolphson pour la beauté, le charme et l'assurance. C'est aussi un exemple de réussite professionnelle.

Petter Aron Lindstrom est né le 1er mars 1907 à Stöde, un village d'une région sauvage du nord-est de la Suède. Il est le fils d'Alfred Lindstrom, paysagiste architectural au service du comté et de la très cultivée Brita Lisa Söderberg. Son second prénom est celui d'un oncle dévoué. Depuis l'enfance, on l'appelle Aron, ou bien, dans la tradition suédoise, Petter Aron. À vingt ans, il était diplômé de l'école dentaire de l'université de Heidelberg. Quatre ans plus tard, à Leipzig, on lui décernait un diplôme supérieur en recherche en dentisterie. Au printemps 1934, Petter dispose d'une chaire et d'une pratique active en cabinet, et poursuit des études supérieures de médecine. Cet homme de science doué et prospère montre par ailleurs quelques talents culturels et sportifs. Très à l'aise sur une piste de ski ou un ring, c'est un marcheur insatiable et un excellent nageur, et il est infatigable sur les pistes de danse. Mais il ne s'inté-resse pas beaucoup au théâtre ni au cinéma.

Au début de l'année, Petter est invité à accompagner Ingrid, avec Margit et son petit ami, à une soirée dansante au Grand Hotel. « J'aime vos cheveux, lui dit-il ce soir-là. Quelle belle voix vous avez[15]. » Après un tel aveu, les choses vont aller vite. Ironiquement, c'est peut-être parce que sa confiance en soi a été renforcée par Edvin Adolphson qu'Ingrid est capable d'accepter les chastes avances de ce jeune dentiste très convenable.

L'oncle Otto et la tante Hulda ignorent tout de la liaison avec Adolphson. Mais ils approuvent l'amitié qui se développe entre leur nièce et le jeune et séduisant dentiste. Il a une profession stable et honorable, il est le charme incarné, et il fait tout pour se rendre agréable. Ingrid se met à lui demander son avis sur tout, et à se fier à son jugement dans certains domaines comme la santé et l'alimen-tation. Alors que sa liaison avec Edvin est incertaine et furtive, Pet-ter représente la stabilité, et ils peuvent se voir sans se cacher. En outre, une bonne part d'elle-même a toujours besoin d'approbation et de conseils paternels (dont Edvin lui offre aussi un substitut). Or, une bonne part de Petter est paternel et directif. « Pour une orpheline comme Ingrid, dit Bertil Lagerström, qui la fréquente à l'époque, Lindstrom représentait certainement la véritable sécuri-té[16]. » Surtout, pourrait-on dire, grâce à son assurance et à sa déter-mination. Il n'est pas le premier professeur éloquent et persuasif à déployer ses talents à l'extérieur des salles de classe, où il est parfois « très craint de ses étudiants », s'il faut en croire une de ses dis-ciples, Alice Logardt-Timander[17]. Il a tendance à dominer partout.

« Cela n'a pas été le coup de foudre, dira Ingrid. Mais quelque chose est né, qui est devenu très important pour lui et moi, et bien-tôt indispensable. » Peut-être avec une pensée pour Edvin, elle ajoute : « Et même si j'aimais bien les jeunes gens du théâtre, je sentais que je pouvais plus compter sur le bon sens [de Lind-strom]. » Au début de l'été 1934, ils se voient beaucoup. Le samedi soir, ils vont dîner et danser. Le dimanche après-midi, ils flânent le long du port et dans les calmes clairières de la luxuriante île de Djurgården. (Cette ancienne réserve de chasse de la famille royale sera bientôt transformée en parc d'attractions semblable au Tivoli de Copenhague.) Ils prennent un brunch, ou le thé de l'après-midi au Hasselbacken, un endroit élégant à la clientèle jeune et joyeuse, où un orchestre de danse se produit à la fin de l'après-midi et le soir. D'autres fois, ils emportent un pique-nique et marchent dans les bois. Petter remplit de briques son sac à dos — il prétend que c'est très bon pour les muscles, quand on marche. Elle ne voit plus Edvin que toutes les deux semaines. « Elle me disait qu'avant de me connaître, elle n'avait jamais pu parler d'elle-même à quiconque, raconte Petter. Je l'écoutais. J'appris qu'elle avait eu une enfance très difficile et qu'elle n'avait personne à qui se confier. J'avais pitié d'elle, et je voulais l'aider... Et je l'aimais bien, évidemment[18]. » Mais il ne sait rien des rendez-vous clandestins avec Adolphson, et il est trop dévoué à sa propre carrière pour se passionner vraiment pour Ingrid. « Il lui a fallu longtemps pour se rendre compte qu'il était amoureux de moi, écrira-t-elle dans ses mémoires. Tomber amoureux d'une actrice ne devait pas du tout cadrer avec ses projets. (...) Il est tombé amoureux de moi presque sans s'en rendre compte[19]. »

Pendant les vacances d'été de 1934, Ingrid n'accompagne pas ses camarades de l'école de théâtre qui vont faire une tournée en Russie. Edvin Adolphson, qui connaît désormais l'existence de son séduisant rival, s'adapte le mieux possible pour prolonger sa confortable liaison avec Ingrid. Sa stratégie, censément irrésistible pour une jeune actrice, est très simple. Il doit tourner une comédie pendant l'été. Il fait obtenir à Ingrid le seul rôle féminin de son âge, qu'il amplifie d'ailleurs en y travaillant de concert avec le scénariste Gösta Stevens. En même temps, il n'est que trop heureux de tenir lui-même le rôle du jeune premier[20].

Le film s'intitule *Le Comte du pont au moine* (allusion à un quartier pittoresque du vieux Stockholm). Il s'inspire vaguement d'une pièce de Sigfried et Arthur Fischer qui doit beaucoup à l'inventivité comique du réalisateur français René Clair (notamment dans *Sous les toits de Paris* et *Le Million*). Le 12 juillet, Ingrid commence le travail pour lequel elle touchera un peu plus de cent cinquante dollars. Alors que le plan de travail prévoit pour elle douze jours de tournage, elle est là tous les jours pendant six semaines — et pas seulement pour le plaisir de voir Edvin au travail. Elle veut que le directeur de la photo, Åke Dahlquist, lui en apprenne le plus possible sur l'art de faire un film, depuis les objectifs et l'éclairage jusqu'aux trucages et à la diffusion. En digne fille de son père, elle n'a jamais cessé d'enregistrer les événements familiaux avec un petit appareil photo. Maintenant, elle est impatiente de regarder toutes sortes de plans, et de tirer de ses nouveaux collègues tout ce qu'ils savent du cinéma.

Le Comte du pont au moine est une comédie attachante, sur des gens douteux. Elle doit composer le personnage d'Elsa, fringante femme de chambre dans l'hôtel minable que dirige son horrible vieille tante, et souvent fréquenté par des sympathiques trafiquants qui ont la police à leurs trousses. Arrive un mystérieux étranger, Åke (Edvin Adolphson), qu'on prend à tort pour le voleur de bijoux qui pille le voisinage et donne mauvaise réputation aux trafiquants. Le véritable coupable est finalement démasqué et Åke, qui s'avère être un journaliste, scelle son idylle avec Elsa en l'épousant.

Les débuts d'Ingrid sont impressionnants, et Edvin est ravi pour eux deux. Lorsqu'elle rencontre le bel étranger qui l'intrigue tant, elle exprime la peur, la curiosité et une sorte de fascination érotique. Aucune exagération, aucune grimace excessive ou tentative de détournement de scène... Au lieu de quoi — surtout lorsqu'elle chante, en s'accompagnant au piano, l'air désinvolte de « Les liens de l'amour sont des chaînes dorées » — Ingrid compose un portrait naturel et raffiné d'une fille amoureuse qui veut croire que son amant est honnête. Soigneusement photographiée par Adolphson et éclairée par Dahlquist qui tirent avantage de sa peau et de ses cheveux clairs en opposition aux traits sombres et séduisants d'Adolphson, Ingrid sourit avec naturel, irradie un charme ingénu. Elle est à tout moment à la hauteur des vétérans qui composent le reste de la distribution.

Des années plus tard, certains historiens donneront une impression erronée de son travail dans ses films suédois des années trente, et sous-estimeront l'importance de ses succès en Europe avant son départ en Amérique. Le public et la presse remarquent dans *Le Comte du pont au moine* la présence de cette séduisante nouvelle venue. Deux comptes rendus publiés lors de la sortie du film, en janvier 1935, résument les réactions des critiques. « Pour ses débuts au cinéma, Ingrid Bergman montre un grand talent et une belle assurance [21] », écrit l'un. Le second l'encense, parlant d'une « rafraîchissante et directe jeune personne, qui constitue un vrai atout pour le film [22] ». Dès ses débuts, elle séduit le public par sa vivacité naturelle, par la souplesse et la lucidité avec lesquelles elle passe d'une émotion à l'autre. On dirait qu'il y a toujours chez elle une vie intérieure, qui provoque les réactions extérieures de son personnage. Mais il y a aussi quelque chose d'hésitant dans son expression des émotions. En d'autres termes, on sent qu'on a affaire à un être réel, et non à un pourvoyeur de sentiments feints.

Très vite, elle prend une décision. Le 20 août, juste avant qu'on ne distribue aux étudiants du Dramaten leurs affectations pour la prochaine année scolaire, Ingrid se présente au bureau du nouveau directeur, Olof Molander, pour lui annoncer son départ de l'école. Elle lui explique qu'elle vient de terminer un film, qu'elle en a entamé un second, et qu'elle a signé un contrat pour le troisième — le réalisateur n'était autre que le propre frère du directeur, le célèbre et respecté Gustav Molander. « Il lui a sans doute fallu pas mal d'audace, et pas mal de cran, dira Lindstrom. Olof Molander était furieux. Il lui a dit qu'elle était en train de ruiner une carrière très prometteuse. Mais elle n'a pas cédé d'un pouce [23]. » Rudolf Wendbladh, le futur directeur artistique de l'école, est aussi peu perspicace que les autres. « Quel dommage ! s'écrie-t-il. Pensez quelle bonne actrice elle aurait pu être ! [24] » Il ne s'est jamais rétracté.

Ingrid retourne aux studios de la Svensk Filmindustri. Cette fois, il s'agit d'un mélodrame de série, *Lames de l'océan*. Son personnage est très différent de l'immature et amoureuse Elsa. Elle incarne la fille d'un pauvre pêcheur, Karin, qui a été violée et engrossée par un prêtre lascif. L'homme a quitté la ville. Littéralement frappé par la foudre, il revient après sa convalescence. Il est ému par le courage de la fille qui se consacre à son enfant, en dépit de l'ostracisme dont elle est victime. Il avoue publiquement son crime et décide de renoncer à l'Église. Il emmène Karin et l'enfant vers une nouvelle vie, dans une ferme.

Pour la première fois, Ingrid connaît les rigueurs du tournage en extérieur, où elle apprend encore plus sur l'art de faire des films. Sur la petite île de Prästgrund, au large des côtes septentrionales de la Suède, règne l'odeur pénétrante du poisson pourri. Mais ce n'est pas le plus important.

« Dans l'île, je me sentais comme une prima donna, écrit-elle dans son journal. Pour la première fois, des gens me demandaient un autographe. Avec tous les compliments qu'on m'a faits, il faut que je fasse attention à garder la tête froide. J'espère seulement avoir été bonne dans toutes les scènes. Pendant qu'on répète, je trouve ça bon, mais ensuite, pendant la prise de vues, c'est un peu différent. Une chose qui me fait très plaisir, c'est que Sten Lindgren, l'acteur qui joue mon prêtre amant, estime que nos scènes d'amour sont si passionnées que peut-être elles ne passeront pas la censure[25]. »

Ces plans ambigus ne seront pas expurgés. Pas plus, hélas, que le scénario, trop fait et qui tombe à plat. Ingrid met en valeur — ce n'est pas la dernière fois — du matériel sans intérêt (écrit par le réalisateur Ivar Johansson) et compose un personnage plutôt sinistre et monocorde, mais aussi crédible et sympathique, sans la moindre trace de sentimentalité. « Elle est magnifique ! s'exclame un critique à la sortie du film (un mois après celle du *Comte du pont au moine*). Son jeu est bien équilibré et délicat. Elle-même est gracieuse et authentique[26]. »

Sur les plateaux de cinéma de Stockholm, on ne parle que de cette aimable ingénue de dix-neuf ans qui apprend vite son texte, ne se plaint jamais du nombre des prises ni de la dureté des extérieurs, et qui trouve tout intéressant. « Comme [Lindstrom] était toujours là, derrière moi, dit-elle, j'allais de l'avant, entièrement confiante. Même quand je ne le voyais pas pendant quelque temps, je savais qu'il était toujours là pour me fournir son aide et ses conseils[27]. » Otto et Hulda eux-mêmes sont impressionnés par le succès de leur nièce.

Avant qu'elle ne se lance dans son troisième film, en novembre 1934, la compagnie ajoute à son contrat un salaire annuel garanti de cinq cents dollars et la promesse d'une augmentation de 20 % par an. C'est peu, comparé aux revenus de professionnels chevronnés comme Edvin Adolphson ou Karin Swanström, mais Ingrid se préoccupe plus de travail bien fait et de progrès que de gagner un salaire royal. Elle répète souvent que l'art dramatique enrichit rarement les comédiens, et la course à la fortune ne sera jamais un enjeu dans ses négociations avec les studios. Aussi longtemps qu'elle mène une vie raisonnablement confortable et qu'on lui propose des rôles variés (ses employeurs successifs n'y manqueront pas), elle s'en remet au destin pour les questions d'argent. Son raisonnement est simple : si elle est bonne, on la paiera bien. Elle recherche la perfection, pas la richesse. Par ailleurs, elle considère la popularité comme un signe de l'approbation du public, et cela, elle en est avide.

L'année s'achève avec un film de Gustav Molander. *Les Swedenhielm* est une comédie sur une famille excentrique, d'après une histoire de Hjalmar Bergman. Dans le monde entier, des comédies sur fond de crise économique proposent des histoires de familles riches brusquement réduites à l'indigence, mais se débrouillant tant bien que mal avec le sourire. On trouve aussi des récits improbables où des pauvres heureux de leur sort soutiennent des riches en proie aux pires ennuis. Les Swedenhielm ont un autre type de problème. Papa est un savant qui convoite le prix Nobel. Ses trois enfants, qui ne sont adultes qu'en apparence, ne s'intéressent qu'aux à-côtés qu'ils pourraient en tirer. Fantasques, suffisants et vaniteux, ils finissent par apprendre le sens des vraies valeurs grâce à leur gouvernante (un personnage comique et touchant interprété par Karin Swanström). Papa, à l'instar de Job, voit son désir exaucé après avoir compris — la leçon est douloureuse — qu'il a trop longtemps négligé l'honneur de sa famille. Tout le monde — y compris Astrid (Ingrid), une fille riche qui soutient un des rejetons du savant — finit par apprendre ce que sont les vraies responsabilités, et devient riche par la même occasion.

Le rôle d'Ingrid est mineur, mais son vrai bonheur réside dans la réalisation d'un rêve d'adolescence : jouer avec Gösta Ekman, qu'elle a tant aimé sur scène et à l'écran. « C'était comme s'il était mon père, remarque-t-elle d'un ton plaintif. Il m'inspirait d'une façon très mystique. Je l'adore plus que jamais[28]. » Ekman, lui, est impressionné par le professionnalisme d'Ingrid, et lui promet qu'ils retravailleront ensemble un jour. « Vous avez vraiment beaucoup de talent, lui dit-il. Vous m'aidez à jouer parce que votre visage et vos expressions reflètent chaque mot que je prononce. De nos jours, c'est très rare[29]. » Et comme le font observer les critiques, les scènes d'Ingrid avec la co-vedette, Håkan Westergren, mêlent l'ardeur de la fille amoureuse et l'angoisse de la femme qui risque de perdre son homme.

« Je trouvais merveilleux de travailler avec Gustav [Molander]. Il m'a surtout enseigné à jouer *en dessous*, à être absolument sincère et naturelle. Il ne faut pas faire le malin, disait-il. Sois toujours toi-même, et apprends ton texte ! Sur le plateau, il me donnait un grand sentiment de sécurité. Il ne s'occupait pas de mille choses à la fois comme tant de metteurs en scène que je connais. Il concentrait toujours son attention sur *vous* [30]. »

Mais si elle est reconnaissante et coopérative, Ingrid s'impatiente souvent pour des détails. Un jour, sur le tournage des *Swedenhielm*, des problèmes de caméra obligent à multiplier les prises. Molander finit par la libérer. Mais le directeur de la photo la rappelle : « Ne partez pas, Ingrid ! On prépare la lumière pour la prochaine scène. Restez sur vos marques. — Il fait trop chaud, ici, rétorque-t-elle. Et je dois me reposer un peu [31]. »

Début 1935, Ingrid est partagée entre l'espoir et l'angoisse. Elle attend et craint tout à la fois sa première *première* — la soirée de lancement du *Comte du pont au moine*, qui a lieu le 21 janvier au cinéma Skandia. « Je suis à la fois assurée et inquiète, confie-t-elle à son journal. Je ne suis pas sûre de toute la publicité qui a été faite. J'espère que le public me trouvera à la hauteur. Que diraient Maman et Papa s'ils me voyaient ici, dans ma solitude ? Je me languis de pouvoir me glisser dans les bras de quelqu'un et y trouver protection, amour et réconfort [32]. »

Tout cela lui est offert par Lindstrom, qui prend une semaine de vacances d'hiver. Ils vont faire du ski en Norvège. Il ne s'accorde que très rarement un congé : concentré sur sa carrière, il tend à négliger sa vie privée. Mais ce n'est peut-être pas le plus important. Dévoué à sa science et à ses patients, il a l'ambition de tirer le maximum de ses capacités — autant pour guérir les pauvres que pour soigner sa réputation. C'est lui qui apprendra à Ingrid Bergman, autant que ses professeurs et ses metteurs en scène, la primauté du travail. Jouer sera une vocation pour elle, comme la médecine pour lui. Plus qu'un simple travail, c'est une aspiration à un art élevé et digne. Pas seulement un chemin vers la fortune et la gloire.

« Elle n'est pas très intelligente, mais elle est spéciale [33] », dit-il. Peut-être ne tient-il compte que de son éducation guindée et de son inexpérience du monde. Peut-être aussi se réfère-t-il à la candeur juvénile et l'aisance avec lesquelles elle rit et exprime ses opinions. Mais il a tort. Elle possède une vive intelligence, une grande facilité à apprendre les langues, et est capable de mémoriser des scénarios complexes en un temps record. Cette année-là, un journal remarque que « la maison des parents de Lindstrom, à Stöde, est devenue le second foyer de l'orpheline Ingrid Bergman [34] ».

Plus le jeune couple se resserre, plus Lindstrom devient le protecteur, le gardien et le conseiller d'une Ingrid consentante. Selon un ami journaliste, « [à l'époque] il lui donne régulièrement des bons conseils, et pas un seul plan avec Ingrid ne sort des laboratoires sans avoir été préalablement accepté par le dentiste esthète[35]. » C'est certainement exagéré, car ni l'un ni l'autre n'ont la moindre influence sur le montage final des films. Ingrid est une simple actrice sous contrat, et de telles décisions sont prises au plus haut niveau. Et en tout cas, l'opinion d'un « galant » aurait eu encore moins d'importance que celle d'un époux légitime. Tout de même, l'affirmation toujours répétée de Lindstrom, selon laquelle il n'aurait pas eu la moindre influence sur les décisions professionnelles d'Ingrid, est contredite par les faits.

Il est certain qu'elle lui demande son avis, et il est non moins certain qu'il le lui donne. En outre, Lindstrom fait preuve d'un remarquable sens des affaires, alors qu'Ingrid est consciente de ses faiblesses dans ce domaine. Les protestations ultérieures de Lindstrom sur sa méfiance et sa non-implication dans la carrière de l'actrice font fi de son dévouement permanent à son égard, en Suède puis aux États-Unis. « Depuis le début, explique l'amie d'Ingrid, l'échotière Marianne Höök, Ingrid a toujours été une femme forte à la recherche d'un homme encore plus fort[36]. » C'est le cas, précisément, de Petter Aron Lindstrom.

En 1935, au bonheur de sa vie privée, s'ajoute celui de faire du bon travail. Après avoir joué avec son idole Gösta Ekman, Ingrid continue de progresser rapidement. On la voit dans des films avec Lars Hanson, Victor Sjöström et, à nouveau, avec Edvin Adolphson et Karin Swanström. Dans *La Nuit de Walpurgis* de Gustaf Edgren, sa force de conviction empêche son personnage de secrétaire-et-amante-fidèle de sombrer dans le cliché. Le film, assez audacieux pour l'époque, ne sortira aux États-Unis qu'en janvier 1941, non sans que la censure y effectue de nombreuses coupes. C'est l'histoire d'une femme (Karin Carlsson) qui décide d'avorter car elle a peur que sa grossesse ne gâche sa beauté. Son geste scandalise son mari (Lars Hanson), déjà attiré par sa secrétaire Lena (Ingrid Bergman), fille d'un puissant patron de presse à la moralité élevée (Victor Sjöström). Ingrid est au sommet de sa beauté juvénile, que Martin Bodin photographie avec amour. Dans des scènes où se conjuguent l'amour et les conflits, elle montre combien elle a appris de Molander l'art de jouer avec retenue et de mettre sa sincérité en avant.

Son assurance est plus grande, aussi. Un matin, en arrivant sur le plateau, elle croise Karin Swanström, qui n'a rien à y faire — sauf qu'elle continue d'assurer les fonctions d'agent de casting pour le studio. « Quel horrible chapeau, mademoiselle Bergman ! s'exclame-t-elle en l'observant à travers son face-à-main. Vous n'allez pas le porter pour tourner cette scène, n'est-ce pas ? » Ingrid la détrompe. « D'ailleurs, vous êtes la seule à ne pas l'aimer ! — Ce n'est pas la question, dit l'autre. Ici, c'est moi qui prends les déci-

51

sions. Nous allons vous trouver un autre chapeau. — Mais c'est moi qui joue le personnage. Cela me donne le droit d'avoir une opinion. »

Selon un témoin, Karin Swanström en laissa tomber son face-à-main, tandis qu'Ingrid poursuivait son chemin en arborant fièrement son chapeau[37].

Elle doit parfois affronter des situations beaucoup plus délicates. Un des cadres du studio, au courant de sa liaison avec Adolphson, décide de tenter sa chance. Il informe Ingrid qu'elle doit assister à une rencontre avec la presse organisée à Gothenburg pour la promotion de *La Nuit de Walpurgis*. Dans le train, au moment de se mettre au lit, elle entend frapper à la porte de son compartiment. Elle ouvre. C'est le producteur, vêtu d'une longue chemise de nuit, avec une bouteille de champagne.

« Je crois que le moment est venu de nous tutoyer, annonce-t-il en souriant. — Pas question », lui rétorque Ingrid. Elle lui adresse un sourire encore plus large et lui claque la porte au nez[38].

Le film suivant s'intitule *Du côté du soleil*. L'histoire est assez mince, mais Ingrid compose avec ses deux partenaires masculins, Hanson et Adolphson, un triangle infiniment séduisant. Sur le plateau comme au quotidien, elle n'est pas moins chaleureuse avec Adolphson qu'avec les autres membres de l'équipe. Mais même si elle le considère toujours comme un allié et un ami, elle est trop engagée avec Lindstrom pour continuer à accepter ses invitations. On ignore comment Edvin Adolphson réagit à la fin de leur liaison. Mais il ne manquera jamais de l'estime et de la compagnie d'admiratrices.

Avec ce nouveau film, la cote d'Ingrid auprès des critiques suédois continue de grimper. Il sort en février 1936. C'est le cinquième en moins d'un an. « Ingrid Bergman est d'une beauté aveuglante, et elle est puissamment inspirée, écrit un journaliste enamouré. Elle prononce la moindre réplique à la perfection[39]. » Un autre ajoute : « Ingrid Bergman a mûri, comme comédienne et comme femme. On ne peut que s'incliner devant sa beauté et son talent[40]. » Lorsque le film sort à New York, l'été suivant, Ingrid est pour la première fois l'objet de comptes rendus dans la presse américaine. Et ils lui sont favorables. *Variety* parle d'une actrice qui « mérite une place à Hollywood[41] ». Le critique du *New York Times* trouve le film ennuyeux, mais loue son « charme naturel [qui] rend tout cela digne d'intérêt. Mlle Bergman domine la scène[42] ».

Aucun film de Greta Garbo ne sort aux États-Unis cette année-là, et la carrière de Marlene Dietrich, depuis la fin de son étroite association avec Josef von Sternberg, entre dans une phase incertaine. C'est pourquoi le public new-yorkais fait la queue au Cinéma de Paris pour découvrir la nouvelle beauté suédoise « dont l'étoile [ce sont les derniers mots de la critique du *Times*] s'est élevée si rapidement dans le firmament du cinéma scandinave ».

Début 1936, Mlle Bergman et le docteur Lindstrom fêtent leurs deux années de fiançailles officieuses. Lorsque l'oncle Otto meurt subitement le 12 mars, la gentillesse de Petter le rapproche encore d'Ingrid.

« Je me rappelle combien il a été prévenant. Sa bonté et sa considération m'ont profondément touchée. J'ai découvert que ce n'était pas exceptionnel chez lui. Il était très généreux, toujours prêt à aider. Des gens de tout âge venaient lui demander conseil, ou simplement pleurer sur son épaule. Tout le monde était heureux de voir que j'avais trouvé un homme aussi admirable. Et j'étais heureuse, moi aussi [43]. »

Le moment est venu de présenter Petter à la tante Mutti. Ils embarquent pour l'Allemagne. Frau Adler est dûment impressionnée par les références du docteur Lindstrom, par ses manières et son allure, son charme et son excellent allemand. Elle encourage le rapprochement de sa nièce — cette *Kindernatur*, comme elle dit, cette enfant spontanée, naturelle — avec ce jeune érudit dont la personnalité peut équilibrer la sienne.

Mais dès leur arrivée, Lindstrom s'inquiète. Frau Adler est devenue « une fervente nazie ». « Son amant fabrique maintenant des uniformes pour la SS. Chez Mutti, les saluts nazis et les Heil Hitler ! ne sont pas seulement banals, ils sont au centre de tout. Et Ingrid, pour ne pas déplaire à sa tante et éviter les problèmes, prend l'habitude de saluer avec le bras tendu [44]. » Pour le moment, Lindstrom ne dit rien, même s'il refuse de feindre l'enthousiasme. Son inquiétude redouble lorsque Frau Adler lui annonce qu'il doit abandonner son second prénom. « Dans notre famille, lui dit-elle, personne ne peut porter un nom juif comme Aron. » Drôle d'idée, en l'occurrence, chez quelqu'un qui porte un nom juif allemand : Adler... Mais peut-être sa relation à son amant suffit-elle à établir son dévouement au Reich.

Ce n'est pas tout. Au dîner, ce soir-là, l'amant de Mutti déclare que Herr Goebbels, ministre de la Propagande et à ce titre grand patron de l'industrie cinématographique allemande, est un admirateur d'Ingrid. Puisqu'elle est la fille d'une Allemande, elle peut s'attendre à devenir une grande star du cinéma allemand. Tintements des coupes de champagne, vœux de bonne chance... Puis l'amant de la tante claque des talons et exécute le salut nazi.

Chapitre trois
1936-1938

Mariage : communauté réunissant un maître,
une maîtresse et deux esclaves.
C'est-à-dire en tout deux personnes.

Ambrose Bierce, *Le Dictionnaire du diable*

« Ingrid n'était certainement pas nazie. Elle ne s'intéressait pas le moins du monde à la politique, et elle connaissait à peine les fondements du nazisme. Mais elle passait beaucoup de temps avec sa tante qui, elle, était une nazie fanatique[1]. » En Suède, Ingrid ne manifeste aucun intérêt pour ce genre de débat, comme en témoignent certains de ses condisciples du Dramaten. « Nous étions ignorants des choses de la politique, à l'époque », dit l'actrice Lilli Bjornstrand[2]. Et Irma Christensson : « Pas une seule fois, je n'ai entendu Ingrid émettre le moindre commentaire favorable au nazisme ou à Hitler. Mais aucun de nous ne parlait politique. Nous étions des artistes, et à ce titre nous nous sentions au-dessus de la politique[3]. » C'est pour faire plaisir à sa tante et promouvoir son éventuelle carrière allemande qu'Ingrid adopte le salut nazi et le cri « Heil Hitler ! », comme on s'attend à la voir faire chez Mutti Adler. Elle ignore la profonde signification de ces gestes, et l'interprétation qu'on pourrait en faire. Elle ne se préoccupe que de sa carrière. Les discours politiques et les politiciens l'ennuient, qu'ils soient de Suède, d'Allemagne, d'Amérique ou d'ailleurs. Elle est fière des racines allemandes de sa mère et tient à montrer sa gratitude à sa tante. Elle a donc envie d'être une bonne Allemande en Allemagne, tout comme elle est une bonne Suédoise en Suède. « Autour d'elle, tout le monde saluait le nom d'Hitler à tout propos, y compris au téléphone, raconte Petter. Elle n'y voyait rien de mal. » Plus tard, il lui reprochera pourtant ces comportements crypto-nazis, ce qui provoquera chez Ingrid un conflit intime majeur : elle sera déchirée par le désir de plaire à la fois à sa famille et à Lindstrom, alors qu'elle ne se préoccupe véritablement que de sa carrière. On vient de semer les germes d'un profond sentiment de culpabilité auquel elle devra faire face plus tard — car pour le moment, elle refuse de reconnaître la terrible menace que le monde entier est en train de découvrir.

Petter et Ingrid rentrent à Stockholm et, le 28 mars 1936, elle s'attaque au film qui va changer sa vie à jamais. Gustav Molander et son scénariste Gösta Stevens ont un script original intitulé *Intermezzo*. Le partenaire masculin d'Ingrid sera Gösta Ekman, qui est ravi de travailler à nouveau avec elle.

L'histoire est simple, et Molander sait que le public la trouvera irrésistible. Le personnage principal d'*Intermezzo* — dont la partition comprend une mélodie pour violon dont le succès, soixante ans plus tard, ne s'est pas démenti — est un violoniste de concert, Holger Brandt (Gösta Ekman), qui passe sa vie en tournées. Pour sa femme et ses enfants, il est devenu un étranger. Alors qu'il rentre chez lui pour célébrer l'anniversaire de sa fille, il fait la connaissance de son professeur de piano, l'adorable et très douée Anita Hoffman (Ingrid Bergman). Un soir, par hasard, ils se voient à un concert, et Holger lui offre un dîner au champagne. Agité, mal dans sa peau, il est sans doute en proie à ce qu'on appellera plus tard le démon de midi (il a vingt ans de plus qu'elle). Il s'éprend d'elle sur-le-champ, et entreprend de la séduire. Flânant dans le port après souper, ils regardent les morceaux de banquise qui se détachent avant de dériver vers la mer. Molander et Stevens ont écrit la scène dans l'esprit du naturalisme romantique allemand. Images et dialogues suggèrent la disparition (« fonte ») du refoulé et l'imminence de l'explosion du printemps.

Holger. — Ces glaces vont rejoindre la mer... Quel merveilleux voyage !

Anita. — Mais dans les profondeurs, au-dessous, il fait si sombre, et si froid.

Holger. — C'est le danger qui donne son attrait au voyage.

Anita. — Elle fondra bien avant de parvenir à la mer.

Holger. — Précisément. C'est cela qui est magnifique. Juste dériver au gré du courant... Emportée par le torrent du printemps. Ne plus faire qu'un avec la mer ! Se fondre dans la vie elle-même... Prendre la vie d'assaut !

Anita. — Prendre la vie d'assaut !

Holger. — La vie vous fait peur ?

Anita. — Non... Ce soir, je pourrais faire... N'importe quoi.

Le « n'importe quoi » n'aura pas lieu le soir même. Mais Holger et Anita sont bientôt amants. Elle accepte de mettre sa propre carrière en sourdine pour le suivre dans ses tournées et l'accompagner au piano. La femme de Holger demande le divorce. Au même moment, Anita apprend qu'elle a gagné un concours qui peut faire progresser sa carrière. Elle réalise que Holger a désespérément besoin de sa femme et de ses enfants. « Il croit qu'il m'aime encore, déclare-t-elle à l'impresario de Holger. C'est peut-être vrai. À sa manière. Mais ce ne sera qu'un *intermezzo* dans sa vie. »

Très peu d'actrices seraient capables de s'orienter dans le labyrinthe des dialogues tarabiscotés du film, ou de rendre vraisemblables les clichés romanesques auxquels est confronté le personnage d'Anita. Mais Ingrid le compose avec un tel naturel qu'elle donne peu à peu l'impression que cette femme est à la fois folle amoureuse et terrifiée à l'idée qu'on puisse l'abandonner.

Ingrid résume en une seconde l'état d'esprit du personnage — déchiré entre son besoin d'amour et sa décision de laisser partir son amant. Alors qu'elle embrasse Holger pour la dernière fois, elle regarde par-dessus son épaule et croise le regard de l'impresario qui hoche la tête comme pour dire : « Vous faites ce qu'il fallait faire. » Mais son regard triste, entendu, exprime autre chose : « L'*intermezzo* est fini. » L'identification d'Ingrid à son personnage impose au film une structure émotionnelle très subtile. Durant le premier tiers, Anita tombe amoureuse de Holger, en qui elle voit le professeur dévoué et le père d'une petite fille (le père qui lui manque, précisément). Ses sentiments glissent ensuite du professeur-père au musicien-père, puis de la figure paternelle à l'amant.

« Elle se déplaçait avec une maîtrise de soi et une grâce infinies, dira Gustav Molander. Elle disait son texte à la perfection. La première fois que je l'ai vue, j'ai été frappé par sa beauté radieuse. Les compliments, elle savait les apprécier, elle savait les accepter. Mais jamais ils n'ont altéré les trois caractéristiques fondamentalement originales de son art : la vérité, le naturel et l'imagination. J'ai créé *Intermezzo* pour elle, mais je ne suis pas responsable de son succès. C'est Ingrid qui, grâce à son talent, a fait de ce film une réussite. En fait, personne ne l'a découverte, personne ne l'a lancée. Elle s'est découverte elle-même[4]. »

Le tournage est éreintant pour tout le monde. Comme Ekman se produit le soir au théâtre, on doit répéter dans la journée et tourner de minuit à l'aube. « À cinq heures du matin, j'étais vraiment fatigué, raconte Molander. Mais Ingrid était là, toujours prête, toujours impatiente de tourner le plan prévu. Si j'avais un problème avec le scénario, par exemple, je lui en faisais part. Elle réfléchissait un instant puis elle jouait la scène d'une façon qui résolvait totalement le problème. Son intuition et son imagination ne lui ont jamais fait défaut[5]. »

De bout en bout, l'interprétation d'Ingrid Bergman est irrésistible. Cinquante ans plus tard, elle semble encore remarquablement naturelle. C'est là que réside le secret des personnages qu'elle

57

composera tout au long de sa vie. Ingrid semble n'avoir aucune véritable technique de jeu, et sa préparation ne s'appuie ni sur une approche intellectuelle ni sur une analyse critique de son personnage. Elle ne se lance jamais dans des débats érudits ou prétentieux sur la psychologie de l'art dramatique.

Au contraire, elle envisage toujours ses rôles sans la moindre affectation. Elle rentre tranquillement chez elle, apprend son texte et revient travailler. Elle a compris, tout simplement. Cela lui suffit pour construire pleinement son personnage. Il est certain qu'elle bénéficie des conseils de metteurs en scène sensibles et de son travail avec de bons comédiens. Mais, dès l'origine d'un projet, elle montre une compréhension subtile de la femme qu'elle doit incarner. La grandeur de ses réussites n'est pas le fait d'une analyse théorique ou d'un examen psychologique mais d'un don, très rare, de compréhension attentive et imaginative.

Dans *Intermezzo*, Ingrid lance à son personnage le défi écrasant auquel elle devra répondre toute sa vie : le conflit entre la carrière et la vie privée. Autrement dit, son portrait d'Anita est efficace, précisément parce qu'il emprunte, même inconsciemment, à la propre expérience de l'actrice. Le dévouement d'Ingrid à son art, même à l'âge de vingt ans, repose non seulement sur sa confiance en ses dons, mais sur la conviction (elle-même fondée sur l'expérience qu'elle a vécue avec la mort de ses parents, de la tante Ellen puis de l'oncle Otto) que les relations personnelles ne peuvent être qu'éphémères. Comme Anita, Ingrid ne peut compter que sur les compensations que lui vaut son talent. « Je me languis de pouvoir me glisser dans les bras de quelqu'un et y trouver protection, amour et réconfort », écrit-elle. Mais c'est sa réussite artistique qui donne à sa vie ses amarres les plus solides. Ingrid est réaliste, jamais cynique.

L'improbable idéalisme moral du dernier plan d'*Intermezzo*, où Holger se retrouve dans les bras d'une épouse qui pardonne, est gentiment contredit par le gros plan précédent, sur le visage d'Ingrid derrière la vitre d'un train qui s'en va. Mais elle retourne le cliché à son avantage. Son regard est fixé sur quelque chose qui se trouve au-delà de l'horizon, et ce qu'on nous montre n'est pas l'image du noble sacrifice ou de l'apitoiement sur soi. Elle exprime au contraire la seule émotion adulte possible : l'image d'une femme dont l'intégrité et l'avenir résident dans la reconnaissance, inévitable, de son moi le plus authentique. C'est cette émotion voilée qui emporte l'adhésion du public et le touche profondément. Les critiques s'accordent à nouveau à penser que la jeune actrice est parfaite. « Ingrid Bergman ajoute une nouvelle victoire à son palmarès », lira-t-on dans un compte rendu typique[6].

Après la fin du tournage, le 19 juin, Gustav Molander lui envoie un bouquet et un message : « Grâce à vous mon film est plus élevé, plus propre, plus beau. » Pour ce qui concerne Gösta Ekman, Ingrid écrit dans son journal : « Je sais qu'il est marié et qu'il a vingt ans de plus que moi[7]. Je sais qu'il a un fils de mon âge, également né en août. Un jour, j'ai même pensé que si je pouvais épouser son fils, ce serait merveilleux[8]. » De toute évidence, elle a trouvé en lui (comme déjà en Edvin Adolphson) un autre père et mentor à qui donner son amour et sa confiance — un homme qui l'aime aussi, apparemment. Mais leurs rapports semblent rester platoniques. Ekman est souvent malade, fatigué. *Intermezzo* sera son dernier film : il meurt en janvier 1938, juste après son quarante-septième anniversaire.

Dès la fin d'*Intermezzo*, Ingrid et Petter retournent chez Frau Adler, en Allemagne. Ils annoncent leurs fiançailles. Le 7 juillet, ils se rendent à l'église où les parents d'Ingrid se sont mariés. Au cours d'une paisible cérémonie, Petter lui offre sa bague de fiançailles. Puis il rentre à Stockholm reprendre son travail. Ingrid prolonge son séjour auprès de sa tante, à Hambourg, un peu plus de trois mois. Elle en profite pour perfectionner son allemand. Elle l'écrit à Petter avec enthousiasme. Elle prend aussi des cours pour améliorer son anglais. Une actrice, explique-t-elle, ne connaît jamais trop de langues. Petter la presse de ne pas devenir « trop allemande », de ne pas oublier qu'elle doit toujours rester une bonne Suédoise. Balivernes, rétorque Mutti lorsque Ingrid lui lit sa lettre. Frieda Adler Bergman était allemande, Ingrid est donc autant allemande que suédoise. Mais elle continue à se considérer avant tout comme une actrice. Fi de la politique et des relations internationales !

Elle pourrait se donner un modèle en la personne de la Suédoise Zarah Leander, qui émigre en Allemagne à l'automne 1936. Immédiatement, on la façonne pour remplacer Marlene Dietrich (qui a rejoint les États-Unis en 1930) et Greta Garbo (qui refuse obstinément toutes les propositions de travail en Allemagne). Leander deviendra une des grandes stars officielles du Troisième Reich. Elle possède à la fois la mélancolie rêveuse et l'accent scandinave « exotique » de Garbo, l'ambiguïté sexuelle de Dietrich, ainsi que la franchise égrillarde et les formes de Mae West. Elle joue aussi bien les chanteuses et les courtisanes que les épouses fidèles et les maîtresses délaissées. On la « lance » à grand renfort de campagnes de publicité et de conférences de presse. Le studio allemand a même accédé à ses exigences en lui accordant un droit de regard sur les scénarios, et en l'autorisant à déposer 53 % de son salaire en couronnes suédoises dans une banque de Stockholm. Aucun autre comédien travaillant à l'UFA, allemand ou étranger, ne jouit de tels privilèges.

Ingrid rentre à Stockholm à l'automne. Le 15 janvier 1937, elle remonte sur les planches, dans une adaptation d'une pièce du Français Pierre Chaine, *L'Heure H*. Il s'agit d'une satire assez faible sur des communistes qui préparent un sabotage dans une usine. Ingrid y tient un petit rôle. Selon un critique, elle est « jolie et agréable à regarder, [et] promet d'excellentes interprétations à l'avenir ». La pièce est représentée 128 fois.

Début mai, elle reprend la routine du cinéma. Gustav Molander (son champion et son mentor, comme Griffith pour Lillian Gish, Stiller pour Greta Garbo et Sternberg pour Marlene Dietrich) lui confie un premier rôle : celui d'une sémillante actrice dans un film intitulé *Dollar*. Il s'agit d'une comédie vaudevillesque où trois couples flirtent sans vergogne dans un festival de sottise. Peut-être *Dollar* lorgne-t-il du côté de l'énergie et des jeux sexuels sophistiqués que l'on trouve chez Ernst Lubitsch, Clare Booth Luce, voire Noël Coward. Au bout du compte, ce n'est qu'une histoire verbeuse sur des gens auxquels il est difficile de s'intéresser. Après tout, la *screwball comedy* n'a jamais été le point fort du cinéma suédois. *Dollar* ne vaut que pour l'intuition évidente d'Ingrid pour le rythme burlesque, et pour les gestes et regards hilarants qui, chaque jour, surprennent ses partenaires.

Elle est étonnante, par exemple, lorsqu'elle ménage exactement la pause nécessaire, après un gag, avant de comprendre à quel point elle a besoin de son mari obsédé par ses affaires. « Je me sens parfois si pauvre que je mendie volontiers de petits mensonges. » La tirade mélancolique qu'elle adresse à son amie est encore plus touchante, parce que dite sobrement au milieu d'un film plutôt étourdissant. Comme si Ingrid parlait d'elle-même.

« On croit qu'on s'amuse, qu'on est amoureux, qu'on est aimé. Comme des bougies à une soirée. On regarde les flammes comme un aveugle, et on oublie qu'elles vont bientôt disparaître. Les certitudes disparaissent l'une après l'autre... Jusqu'au moment, enfin, où il ne reste plus que la certitude en soi, et la mort. »

Dans le montage final, Ingrid s'impose comme la véritable vedette du film, au point que Molander fait placer son nom en tête d'affiche. Au-dessus de celui d'Edvin Adolphson. « Grâce à son formidable tempo burlesque et à sa magnifique interprétation, écrit un vétéran de la critique, Ingrid Bergman les éclipse tous[9]. »

Cinq jours après la fin du tournage de *Dollar*, un événement va éclipser encore un peu plus ses collègues, et faire la une des journaux du 11 juillet. La vedette la plus célèbre et la plus admirée du cinéma suédois épouse un respectable dentiste et médecin. Dans l'espoir que la cérémonie ne sera pas perturbée par le cirque des reporters, Ingrid et Petter choisissent l'église de la paroisse éloignée de Stöde, et n'invitent que leurs parents et amis. Mais la presse a été prévenue par un habitant fasciné. Reporters et photographes établissent leur siège, et les images du couple sortant de l'église seront reproduites dans le monde entier. Il n'est pas exagéré de dire que le mariage Bergman-Lindstrom est un événement mondain à peine moins commenté, dans toute l'Europe, que celui de Son Altesse Royale (et ex-Majesté) le duc de Windsor avec l'Américaine divorcée Wallis Warfield Simpson.

« Mon amant ! écrit Ingrid à Petter après la noce. Mon chéri ! Tu es tout ce que je possède sur cette terre. Comme je t'adore ! J'ai l'impression d'exploser de bonheur. (...) J'écris cette petite carte dans mon lit, sur notre premier avis de mariage. Je t'appartiens, de toutes les façons. Je me languis de toi sans cesse, je ne suis heureuse qu'à tes côtés. Viens et reste avec moi. Je t'aime pour l'éternité. À toi, pour toujours, Ingrid [10]. » Elle n'est pas vraiment du genre glacée, comme dira quelqu'un. Et son attitude suggère que Petter ne la déçoit pas. Mais il serait erroné de croire qu'elle vit entièrement sous l'emprise d'une fantaisie romanesque.

> « Avant le mariage, un certain nombre de questions me tracassaient. Mon travail était tout. Je l'aimais beaucoup et je me demandais ce que le mariage pourrait y changer. Je ne disposais d'aucune réponse simple, mais j'étais sûre d'une chose... Je ne voulais pas perdre Petter [11]. »

Il est certain que Lindstrom, à trente ans, est prêt à s'installer enfin avec la femme qu'il courtise depuis quatre ans. En premier lieu, ce sont des gens extrêmement sociaux, qui aiment prendre du bon temps dès que leurs obligations professionnelles leur en laissent le loisir. Ils adorent tous les deux la danse et les clubs, les sports d'hiver, les soirées et les parties de chasse entre amis. Ces plaisirs sont rares, mais ils en saisissent la moindre occasion. Et en privé, ils jouissent mutuellement de leur bonne humeur et leur énergie illimitée.

Fondamentalement, Petter est un homme sérieux qui a du mal à supporter les sots. Et pour l'essentiel, il considère la vie mondaine des gens de théâtre comme une sottise. « Mon père, dira Pia Lindstrom, représentait la stabilité, le savoir. Quelqu'un qui semblait intelligent et compétent [12]... » Quelqu'un, autrement dit, qui place la vie académique au-dessus de tout.

Petter a-t-il eu, avant son mariage, des hésitations comparables à celles d'Ingrid ? On le dirait. En juin, il demande à une de ses amies, plus âgée que lui, s'il doit prendre le risque d'épouser une jeune et belle comédienne. Ne serait-ce pas une désastreuse mésalliance de personnalités et de goûts ? L'amie rencontre Ingrid, puis donne sa réponse. « Oui, avec une femme comme celle-ci, tu peux y aller, vraiment. » Il y va donc, en dépit des risques liés à la vie, à l'insécurité et à l'ego des acteurs. « Quand mon mari m'a épousée, dira Ingrid, il savait qu'il aurait sur les bras une actrice égocentrique[13]. » Il n'est pas impossible que son dévouement à son métier devienne source de rivalité entre eux — comme, sans doute, le dévouement de Petter au sien. Ils se demandent si leurs carrières respectives ne risquent pas de compromettre leur engagement mutuel.

Par ailleurs, Ingrid aime s'amuser, elle est désinvolte, moins guindée que son époux si sérieux, et elle a huit ans de moins que lui. Pour ce qui est des questions plus essentielles, elle est franche : « Eh bien, oui, peut-être était-il un prolongement de mon père. Sans doute étais-je à la recherche d'un deuxième père. Petter me faisait répéter, m'aidait à m'organiser. (...) J'avais toujours été dirigée par des hommes. Mon père, puis mon oncle Otto, puis mes metteurs en scène. Et enfin par Petter, qui exerçait sur moi un contrôle très rigoureux. Au lieu de m'apprendre à être indépendante, à agir par moi-même, il me liait les mains par sa gentillesse, en faisant tout pour moi, en prenant toutes les décisions à ma place. Mais je dois admettre que c'était un peu de ma faute : au début, je lui demandais tout le temps son avis, des conseils, et je me reposais totalement sur lui[14]. »

Sur ce point, bien entendu, le couple Lindstrom n'a rien d'extraordinaire.

Au début, les choses se passent plutôt en douceur. Après un voyage en auto en Norvège et en Angleterre, les jeunes mariés s'installent dans l'appartement de Lindstrom à Stockholm, dans le quartier qu'Ingrid connaît depuis toujours. Situé au 14, Grev Magnigatan, c'est un beau penthouse avec une grande terrasse à l'ouest — certainement le logement le plus élégant qu'elle ait occupé depuis celui que son père avait sur Strandvägen. Les Lindstrom y accueillent leurs amis du monde du cinéma et du théâtre, de la médecine et de la presse. Le reporter Barbro « Bang » Alvin leur rend souvent visite, ainsi que le dessinateur humoristique Einar Nerman et quelques confrères de Petter. Quand cela arrive, les Lindstrom engagent une cuisinière. Pour garder sa maison propre et ordonnée, Ingrid n'hésite pas à frotter et récurer, mais elle est toujours aussi pitoyable dans une cuisine, et refuse obstinément d'apprendre quoi que ce soit qui touche aux glacières, aux fours et aux réchauds. Les mots « préparer à dîner », chez eux, signifient qu'on s'habille pour se rendre au restaurant.

Le 2 octobre, Ingrid entame le tournage de son huitième film (le cinquième sous la direction de Gustav Molander) : *Une seule nuit*. Dès la lecture du scénario, elle comprend qu'il est « complètement débile[15] ». Mais pour faire plaisir à Molander (et pour obtenir le rôle beaucoup plus intéressant qui doit suivre), elle lui propose un marché. Le fécond Gösta Stevens vient de dessiner les grandes lignes d'un nouveau script, *Un visage de femme*, d'après une pièce française : l'histoire d'une femme dont le visage et la personnalité ont été horriblement déformés à la suite d'un incendie. Ingrid accepte de faire *Une seule nuit* avec Molander, à condition qu'il persuade les patrons du studio, peu enthousiastes à cette idée, de l'autoriser à jouer dans le film suivant. L'affaire est conclue. Molander obtient en outre que, dans les deux cas, le nom d'Ingrid figurera en tête d'affiche.

Une seule nuit est un film curieux, qui défie toutes les attentes du public. Eva Beckman (Ingrid Bergman) est docteur en philosophie, pianiste de talent, grande sportive et pupille d'un riche aristocrate. Ingrid n'a jamais été aussi richement habillée. Elle n'a jamais été photographiée de manière aussi éclatante. Son partenaire masculin n'est autre qu'Edvin Adolphson. Waldemar, un aboyeur de cirque, s'avère être le fils illégitime de l'aristocrate. Mais dès qu'on lui permet de retrouver son statut légitime, il estime qu'Eva, trop froide à son goût — voire frigide —, n'apprécie pas à sa juste valeur sa nature enflammée. Conscient de ne pas être à sa place, rejeté au plan sentimental, il retourne à son existence et sa maîtresse de jadis. Eva reste seule avec son piano et ses livres de philosophie. C'est la version « professeur à demeure » du personnage d'Anita Hoffman.

Molander et son équipe savent certainement comment s'y prendre pour captiver les spectateurs avec l'image étincelante d'un couple *glamour*. Mais le scénariste Gösta Stevens a autre chose en tête : il veut faire le portrait d'une femme qui idéalise l'amour au point que l'idée du sexe lui répugne. Une brûlante scène d'amour s'interrompt brutalement, par exemple, lorsque les baisers de Waldemar provoquent chez Eva une crise de larmes et de reproches irrités. Cinquante ans plus tard, il est difficile de savoir précisément ce que représentent ces personnages. *Une seule nuit* n'est-il qu'un plaidoyer pour la chasteté pré-maritale (et une variante de *La Nuit de Walpurgis*) ou une réflexion psychanalytique (homosexualité féminine latente, pathologie de la frigidité) ? Eva Beckman doit-elle être louée en tant que gardienne de son destin, de sa vertu et de sa classe ? Ou doit-on la blâmer de n'être point Lady Chatterley ? En tout cas, Ingrid Bergman est trop adorable pour le bien du film.

Stevens et Molander s'efforcent de raconter une histoire réfutant les faciles happy ends des comédies américaines des années trente (comme *New York-Miami* et *Mon homme Godfrey*) qui prétendent que l'eau de rose est la panacée universelle et que les différences sociales et culturelles sont emportées par le torrent de l'amour véritable. Mais leur thèse ne fonctionne pas. Ingrid fait pourtant de son mieux, et parvient presque à nous persuader de l'existence du personnage confus qu'elle interprète. Et Adolphson est fascinant

— il est encore l'idole du public féminin, très beau dans le costume de l'aboyeur ou sous la cravate blanche de l'aristocrate. Ingrid et lui, qui ne sont plus amants à la ville, apprécient de pouvoir travailler ensemble, et scellent une amitié qui ne se démentira jamais. Sachant leur humour et leur bienveillance mutuelle, il est facile d'imaginer que leurs dialogues affectés et leur scène d'amour avortée les amusent, plutôt qu'ils ne les embarrassent.

Le tournage prend fin le 20 décembre. Ingrid dispose d'un mois de répit avant de commencer *Un visage de femme*. Deux jours avant Noël, Petter lui annonce qu'une surcharge de travail compromet leur projet d'aller skier en Norvège — outre sa clientèle privée, il est maître de conférences en sciences dentaires à l'Institut Karolinska. Son cadeau de Noël — un luxueux manteau de fourrure — et la promesse qu'ils passeront de longues vacances ensemble l'été suivant lui font oublier sa déception.

Mais les nouvelles de sa carrière sont encore plus excitantes. Un sondage montre que le public suédois place Ingrid Bergman au premier rang des actrices pour l'année 1937. 15 208 personnes ont voté pour elle, contre 10 949 pour Garbo, dont la cote décline régulièrement depuis qu'elle est partie à Hollywood.

Par ailleurs, *Intermezzo* sort à New York le soir de Noël. La popularité d'Ingrid est telle qu'on doit modifier les programmes de la période des fêtes, de façon à multiplier les séances. « La sincérité du jeu des acteurs, surtout de la part de la jeune et charmante Ingrid Bergman, lit-on dans le *New York Times*, confirme la bonne réputation qu'elle s'est forgée dans son pays et à l'étranger [16]. » Résumant l'opinion unanime de la critique américaine, *Variety* la qualifie ainsi : « Une actrice talentueuse et belle dont l'étoile est destinée à briller à Hollywood [17]. » C'est pour bientôt... Mais le voyage sera retardé par un détour par l'Allemagne.

D'autres artistes ont été courtisés pour gagner les plateaux de l'UFA (Universum Film-Aktiengesellschaft). Vastes, équipés des dispositifs techniques les plus perfectionnés, ils sont situés aux studios de Neubabelsberg, dans la banlieue de Berlin. Entre 1917 et 1933, l'UFA a produit quelques chefs-d'œuvre du cinéma mondial. Parmi les metteurs en scène qui ont travaillé là, on trouve les noms d'Ernst Lubitsch, Fritz Lang, Alfred Hitchcock, Erich Pommer, Robert Wiene, Josef von Sternberg, Murnau et Pabst. En 1937, la grande vedette du studio n'est autre que Zarah Leander.

Depuis l'avènement du Troisième Reich, la situation a évolué. Comme il est interdit d'employer des juifs, un nombre incalculable de scénaristes, réalisateurs, décorateurs et acteurs de talent ont dû quitter le studio. En juillet 1933, il a été décrété que seuls les citoyens allemands et les individus pouvant prouver leur ascendance allemande étaient autorisés à travailler dans le cinéma allemand. Mais Goebbels va s'empresser de modifier la loi et permettre aux artistes « non aryens » de travailler lorsque les intérêts politiques ou financiers du studio sont en jeu. C'est le début d'une série de concessions que le ministre de la Propagande va devoir accorder à l'industrie cinématographique. Il est facile de déclarer les juifs hors-la-loi. Il est beaucoup plus difficile de contrôler les idiosyncrasies d'une profession tout entière. À l'UFA, on critique ouvertement les nazis, et la censure imposée à la production est constamment décriée. Jusqu'aux claquements de talons et aux « Heil Hitler ! », que l'on trouve vulgaires et que l'on ignore. Goebbels et compagnie, qui ont besoin de beaucoup de monde pour faire tourner le cinéma allemand, doivent tolérer ces entorses à ce qui constitue partout ailleurs la règle absolue.

En outre, l'Allemagne nazie essaie de se constituer une écurie de comédiens internationaux. D'où la réaction empressée qu'on réserve à la tante Mutti et son amant, qui parlent un jour de leur Ingrid chérie (connue comme une vedette suédoise) à quelqu'un de l'UFA, et qui organisent une projection privée d'un de ses films. « L'idée de passer contrat avec elle prit tournure dès que Goebbels et ses acolytes virent un de ses films suédois, rapporte un correspondant suédois à Berlin, le 30 novembre 1937. On avait rarement vu une actrice au jeu aussi spontané. Ils l'ont trouvée aussi bonne actrice que son allure est charmante [18]. »

Chaque année, en Suède, le travail d'Ingrid est défini par un simple amendement à son contrat avec la Svensk Filmindustri. Mais Petter décide que, pour un film en Allemagne, les négociations doivent être menées avec le plus grand soin. Au début de 1938, il fait venir son ami l'impresario Helmer Enwall pour qu'il se charge des détails. Un peu plus tard, Ingrid signe un contrat qui l'engage à tourner deux films à Berlin — dont un dès le printemps 1938. Le communiqué de presse international de l'UFA précise : « Ce contrat va permettre à la carrière d'Ingrid Bergman de connaître un nouveau développement artistique [19]. »

Le véritable bouleversement de sa carrière et sa vie se joue à des milliers de kilomètres de là, mais elle l'ignore encore. David O. Selznick, comme beaucoup de producteurs hollywoodiens, possède un bureau à New York. Deux femmes connaissant bien leur affaire, Katharine Brown et son assistante Elsa Neuberger, ont pour mission de chercher des pièces, de bloquer des droits littéraires, de visionner les films étrangers et de repérer les nouveaux talents que Selznick pourrait ajouter à son tableau de service.

Un après-midi de janvier, un jeune garçon d'ascenseur suédois déclare à Elsa que ses parents viennent d'aller voir *Intermezzo*. « Je sais que vous êtes toujours à la recherche de nouvelles acquisitions.

Mes parents sont fous de ce film et de la jolie fille qui joue dedans. Vous devriez peut-être y aller voir[20]. »

Le reste, comme on dit, appartient à l'Histoire. Elsa voit *Intermezzo* au Cinéma de Paris, à Manhattan. Elle fait un rapport enthousiaste à Kay Brown, qui voit le film à son tour. Impressionnée, celle-ci câble immédiatement à Selznick. Elle lui suggère d'acheter les droits d'*Intermezzo* pour en faire une version américaine — peut-être même avec Bergman. Un peu plus tard, elle lui expédie les critiques publiées dans la presse, quelques photos et une copie du film (après des négociations très difficiles avec le distributeur new-yorkais de la Svensk Filmindustri). Mais Selznick est débordé par la pré-production d'*Autant en emporte le vent*. Il confie à quelques-uns de ses hommes de confiance le soin de visionner *Intermezzo*.

« Quelques-uns d'entre nous ont visionné le film, raconte le directeur de production Klune. Nous ne savions pas exactement ce que nous regardions, mais nous étions fascinés, bien que ce fût du suédois sous-titré anglais. C'était une sorte de drame romanesque à l'eau de rose. Mais nous étions tous impressionnés par Ingrid Bergman. Nous avons dit à Selznick que nous pensions tous qu'elle était excellente, sensationnelle, et qu'il fallait s'arranger par tous les moyens pour l'avoir chez nous[21]. »

Selznick leur répond qu'il leur a demandé de visionner le film pour savoir s'il est possible d'en tourner un remake, pas pour y chercher une nouvelle star. « Oui, bien sûr, rétorque Klune. Mais faites le remake avec elle. » Selznick regarde alors la moitié du film. Cela lui plaît. Il se dit qu'il pourrait en acheter les droits et engager les comédiens pour une somme modeste. Il procède souvent de la sorte avec des films étrangers. Mais il est occupé vingt-quatre heures sur vingt-quatre par *Autant en emporte le vent* et l'adaptation d'un autre roman populaire, *Rebecca* — ce qui n'est possible que grâce à son tempérament suractif et à l'usage d'amphétamines (Benzédrine). C'est pourquoi les discussions sur une version américaine d'*Intermezzo* et l'engagement d'Ingrid Bergman ne trouvent pas de place sur son agenda durant les premiers mois de 1938. Kay Brown continue de lui adresser des rappels polis au sujet de cette Mlle Bergman, qui reçoit déjà des offres de Londres et d'autres producteurs d'Hollywood.

Mlle Bergman a une vie bien remplie, en ce début d'année. Elle se réjouit surtout d'aller travailler à l'UFA. Mais avant son départ pour Berlin, prévu pour le printemps, elle va composer un de ses personnages les plus intenses et les plus complexes : Anna Holm, dans *Un visage de femme*. Pendant la préparation du film, dont le tournage commence le 18 janvier, elle apprend qu'elle est enceinte. Pour célébrer l'événement, Petter Lindstrom et elle s'offrent un dîner au champagne et quelques tours de danse au Café Royal du Grand Hotel.

Le personnage d'Anna constituerait un défi pour nombre d'actrices accomplies. Il aurait été facile de le représenter comme un cliché romanesque. Au lieu de quoi, Ingrid dessine des contours et des ombres qui humanisent un rôle tour à tour grotesque et peu vraisemblable. Ce faisant, elle écarte à jamais les derniers doutes qui peuvent subsister sur son talent de comédienne. Défigurée pendant son enfance dans l'incendie qui tua ses parents alcooliques, Anna a hérité du caractère débauché de sa famille. Cette femme dénuée de conscience et d'humanité vit au centre d'une bande de filous. Mais le jour où un chirurgien plasticien (le mari d'une victime de ses chantages) lui rend sa beauté, elle commence à subir une lente transformation spirituelle. Elle risque sa vie pour sauver l'enfant dont elle est devenue la gouvernante, et gagne ainsi sa rédemption.

Petter lui-même aide sa femme à régler un problème de maquillage. « Il a fait une trouvaille brillante, écrira-t-elle. [Il a inventé] un appareil extraordinaire qui, placé dans ma bouche, déformait complètement ma joue. Ensuite, avec de la colle — avec du maquillage ordinaire on ne pouvait pas obtenir l'effet souhaité — on me tirait l'œil vers le bas. J'étais vraiment hideuse [22]. »

Comme c'est souvent le cas dans les collaborations de Molander et Stevens, l'action d'*Un visage de femme* est inutilement compliquée et souvent refoulée par des épisodes redondants et atténués. Mais le film est à la fois effroyable (la description du Mal) et poignant (la découverte du désir enfoui depuis si longtemps dans l'âme d'une femme aigrie).

On sait qu'au cinéma on tourne rarement les scènes dans leur ordre chronologique. Les cinéastes dépendent de l'emploi du temps des acteurs, et il est impératif de tourner à la suite tous les plans se déroulant dans le même décor (studio ou extérieur), quelle que soit leur place dans le scénario. Il y a aussi le caractère imprévisible de la météo et les limites imposées du budget. Il n'est pas rare de tourner une scène de fin dès le premier jour, pour revenir en arrière le lendemain, etc. Toutes ces contraintes, en bousculant la chronologie, ont toujours imposé le même défi aux acteurs : composer un personnage cohérent à partir de petits fragments de scènes. Une journée de travail peut être une suite incohérente de changements brutaux et déroutants dans les émotions recherchées. Plus d'un acteur de cinéma s'est brisé les reins sur ces récifs-là.

Ces contraintes produisent parfois des miracles artistiques. Il arrive souvent que le public se désintéresse d'un personnage, voire d'un film tout entier. Un spectateur peut être tenté d'expliquer pourquoi un film l'a ennuyé par cette question délicate de la cohérence, ou par une erreur ou une incompétence passagères des acteurs. La continuité peut être parfaite en termes de raccords de plans. La cohérence des émotions du personnage est un tout autre problème.

À cet égard, Ingrid se trompera rarement. Son portrait subtil d'Anna Holm est un excellent exemple de son aptitude à composer un personnage par fragments et donc à représenter différents moments de la vie d'une femme comme autant de vecteurs autonomes — des microcosmes — d'une identité globale. Quand elle incarne la virago haineuse qui déteste le monde entier, elle semble cracher ses phrases, mûrissant sa vengeance contre une femme à qui elle ne reproche rien d'autre que ses charmes : « Ne possède-t-elle pas tout ce qu'une femme peut désirer ? N'est-elle pas aimée, admirée, adorée ? N'est-elle pas belle ? Eh bien... alors ! Ne doit-elle pas payer pour cela ? » Ce motif réapparaît un peu plus tard. Elle exècre un enfant (à qui elle envisage même de faire du mal) pour une raison très simple : « Tu as tout ! Tu es gâté ! Tu as tout ce que tu veux, et tu t'en tires avec tout ce que tu peux ! » Mais le visage baigné de larmes de cet enfant qui a autant besoin d'une mère que d'Anna (sa nouvelle gouvernante) provoque la première fissure dans le cœur de pierre de cette femme, dont le visage a été réparé et dont la guérison spirituelle peut enfin commencer.

Ingrid dresse un portrait grossier et viril de la criminelle Anna, avant d'adoucir peu à peu le personnage : lorsqu'elle retrouve enfin sa beauté physique, elle rend acceptable le fait que c'est aussi un symbole de sa transformation intérieure. *Un visage de femme* devient ainsi, grâce à sa parfaite compréhension du personnage, grâce à la subtilité de ses regards et de ses réactions, un petit joyau, un drame dans la tradition du *Cottage enchanté*, la pièce inoubliable de l'Anglais Arthur Wing Pinero. La logique profonde commune à ces deux œuvres est moins celle du rajeunissement extérieur que d'une transformation spirituelle [23].

La grossesse d'Ingrid oblige à hâter la production de son film allemand. Dès la conclusion d'*Un visage de femme*, le 29 mars, elle gagne l'Allemagne et les studios de l'UFA. On l'installe dans une confortable maison de location en banlieue, avec les trois Allemandes qui vont jouer avec elle dans *Les Quatre Camarades*. Prévu initialement pour fin mai, le tournage commence durant la deuxième semaine d'avril.

L'estime traditionnelle des Suédois pour l'Allemagne, son goût de l'ordre social, ses hauts faits culturels et sa tradition luthérienne est fort compromise depuis la prise du pouvoir par Hitler en 1933. Avant et pendant la Seconde Guerre mondiale, cette sympathie soulève de sérieux problèmes éthiques. De nombreux Suédois rejettent l'antisémitisme et s'opposent à la volonté affichée du Reich d'étendre son empire au-delà des frontières allemandes. Un groupe de personnalités, menées par le roi, un archevêque et un universitaire, pensent même pouvoir persuader Hitler de modifier sa position. Mais leur rencontre avec le Führer est inutile. D'abord, il exprime son mépris pour la neutralité de la Suède. Puis il promet de l'aider en lui achetant du matériel dont il a besoin pour la « défense » de l'Allemagne. Au moins deux grands industriels suédois de l'armement feront des affaires considérables avec le Troisième Reich. En 1937, par exemple, la Suède exporte en Allemagne vingt cargaisons de minerai de fer. Mais la collusion apparente entre les deux pays cache une réalité plus complexe. Même lorsqu'elle autorise les troupes allemandes à passer sur son territoire pour pénétrer en Norvège, des Norvégiens et des Danois fuyant les persécutions nazies trouvent refuge en Suède. En d'autres termes, des sympathies opposées se manifestent en tous domaines.

C'est parfaitement clair dès 1933, lorsque le parlement suédois interdit le port des insignes politiques, prohibant de facto la présence en public de nazis en uniforme. Le gouvernement ne garde pas non plus le silence lorsqu'on découvre que l'Allemagne intercepte et censure le courrier qui circule entre les deux pays. En 1934, la police suédoise ferme un local nazi établi dans un hôtel de Stockholm, au motif justifié qu'il s'agit d'une « institution de nature à troubler l'ordre public [24] ». En l'occurrence, le directeur de l'hôtel est lui-même un nazi fanatique. Un an plus tard, onze nazis sont arrêtés en vertu de la loi contre les groupes paramilitaires. L'opposition au nazisme affichée par le parlement suédois et l'exemple moral montré par la famille royale (qui appelle publiquement à aider les juifs allemands) contribuent à prévenir les Suédois des dangers du national-socialisme — et de la menace qui pèse sur leur propre sécurité [25].

Ingrid peut difficilement ignorer tout cela. Elle est très franche à propos de sa décision de travailler en Allemagne.

« J'ai accepté l'offre des Allemands parce que je parlais leur langue. Je n'avais pas du tout l'intention de rester en Allemagne. J'avais les yeux fixés sur Hollywood, bien sûr, mais il fallait attendre que l'occasion se présente. Je ne m'étais jamais intéressée à la politique, et je ne savais pas ce que je faisais [26]. »
« Si j'avais eu la moindre notion de politique, j'aurais eu assez de présence d'esprit pour ne pas aller tourner un film en Allemagne en 1938 [27]. »
Pourtant, ajoute-t-elle de manière significative, « on sentait que quelque chose était dans l'air [à l'époque du tournage des *Quatre Camarades*], et il régnait une peur incroyable. Mais cela ne m'intéressait pas, je n'étais là que pour faire un film [28] ». On peut comprendre qu'elle nourrira plus tard un sentiment de culpabilité

pour cette passivité vis-à-vis des terribles événements qui se déroulent à l'époque[29].

Comble d'ironie, *Les Quatre Camarades* est un échec lamentable. Cette histoire de quatre jeunes femmes qui n'ont pas de chance avec leur agence de publicité se veut une comédie sentimentale — un genre qui convient encore moins au tempérament allemand qu'au suédois. Hypocrite à l'égard du sexe, le film blâme aussi toute forme de pensée indépendante chez les femmes — deux questions résolument taboues pour les censeurs nazis en poste à l'UFA. Tous les matins, pendant plusieurs semaines, Ingrid est malade. À l'écran, elle a presque tout le temps l'air vague et égaré, comme si les dialogues lui donnaient autant la nausée que les épreuves normales de la grossesse.

Elle est aussi perturbée par la bizarre obsession du metteur en scène, Carl Froelich, qui l'interrompt sans cesse au milieu des plans, à la plus légère erreur de prononciation. Mais tout le monde sait que je viens de Suède, réplique-t-elle — et en outre, j'ai bien *joué* cette scène. L'allemand est plus important, insiste Froelich. Il faut refaire la prise.

Le tournage s'achève fin mai. Ingrid est enceinte de cinq mois. Petter la rejoint à Berlin. Ils se rendent à Paris tous les deux en voiture, puis s'en vont prendre un peu de vacances à Monte Carlo. Début juillet, ils sont de retour à Stockholm, où Ingrid prépare l'arrivée du bébé et réfléchit à son avenir. Une fois de plus, Petter est à pied d'œuvre, avec Helmer Enwall. « Je lui ai demandé de chercher si un studio, en Angleterre ou aux États-Unis, pouvait proposer du travail à Ingrid[30] », raconte-t-il. « Enwall a reçu une offre de Londres, et trois autres sont venues d'Hollywood. Mais les conditions financières étaient peu intéressantes[31]. » Les discussions n'aboutissent pas. Ingrid signe avec l'UFA pour tourner deux autres films l'année suivante.

Le 20 septembre 1938, Ingrid accouche d'une fille, Friedel Pia. Le premier prénom est celui de la mère d'Ingrid. Le second est une combinaison des initiales de ses parents : Petter, Ingrid, Aron[32]. L'enfant sera baptisée par le révérend Bergman, toujours en activité dans sa paroisse.

Le lendemain de l'accouchement, Ingrid reçoit à la clinique quelqu'un avec qui Petter et elle ont pris rendez-vous deux semaines plus tôt. Cultivée, intelligente, Jenia Reissar travaille pour David O. Selznick. Elle fait plus ou moins le même travail, à Londres et dans le reste de l'Europe, que Kay Brown à New York. D'origine russe, Jenia a d'abord étudié la médecine à Londres, mais c'est un domaine où les femmes ne sont pas encore les bienvenues. Elle a donc décidé de placer son talent au service de l'art. David Selznick a eu la sagesse de reconnaître sa vivacité et l'utilité de ses relations mondaines en Grande-Bretagne.

Jenia a reçu un câble de Selznick l'enjoignant de se rendre à Stockholm, d'acheter les droits d'*Intermezzo* et d'engager Bergman et Molander pour en faire un remake. « Les Lindstrom étaient des gens très agréables en affaires, racontera-t-elle, très raisonnables et honnêtes. S'ils disaient quelque chose, c'était fait... Ils ne revenaient pas sur leur parole [33]. » Mais dans l'excitation qui suit la naissance du bébé, on ne veut faire aucune promesse pour l'immédiat, et les discussions sont reportées de quelques jours. Molander, quant à lui, décline l'offre de Selznick. Il ne parle pas anglais, et n'a aucune envie d'abandonner sa famille en Suède pour affronter les aléas du cinéma hollywoodien.

Quelques jours plus tard, Ingrid invite Jenia Reissar chez elle. Elle lui déclare qu'elle est enthousiaste à l'idée de partir à Hollywood, où d'autres Suédois ont eu tant de succès. Ses neuf films suédois en ont fait une des actrices les plus en vue et les plus populaires de son pays. Mais elle n'est pas du genre à se complaire dans l'autosatisfaction. Elle sait aussi que les scénarios comme celui d'*Un visage de femme* sont exceptionnels. Aussi charmants soient-ils, *Dollar* et *Une seule nuit* offrent un intérêt artistique très discutable. Travailler en Amérique, se dit-elle, lui permettra au moins d'élargir son expérience.

La proposition devient encore plus excitante quand Jenia lui annonce que Selznick engagera sans doute Leslie Howard, qui tourne actuellement *Autant en emporte le vent*, pour le rôle principal d'*Intermezzo*. « Rien que pour cela, j'irai à Hollywood ! » s'écrie Ingrid.

« Son mari n'était pas très satisfait des conditions financières », racontera Jenia. Au bout d'un moment, Ingrid lui annonce que malgré son enthousiasme, elle ne veut pas laisser son bébé si vite. Aucun problème, lui dit Jenia, qui a pour instructions d'être souple sur les questions de calendrier. Puis elle lui soumet le contrat type de sept ans.

« Elle n'a pas signé immédiatement. Nous nous sommes vus plusieurs fois. Son mari et elle voulaient des éclaircissements sur chaque terme du contrat, et elle posait beaucoup de questions sur les conditions de travail aux États-Unis et sur Selznick comme producteur. » C'est alors que Lindstrom soulève le point de friction le plus délicat. « Il s'opposait à ce qu'elle signe un contrat à long terme avec options, et il contestait la clause selon laquelle Ingrid pouvait être congédiée en cas de grossesse. J'ai donc modifié le contrat en conséquence, et nous nous sommes entendus sur un accord pour un seul film. Si elle se plaisait à Hollywood, Selznick et elle pourraient discuter de nouvelles conditions après *Intermezzo*. »

À la mi-octobre, Jenia dispose de la nouvelle version du contrat.

Ne manque que la signature d'Ingrid. « Je pensais qu'à ce stade, il serait facile de l'obtenir... Il fallait l'accord de son mari, car c'était lui qui soulevait tous ces problèmes. » Les discussions se poursuivent encore quelques jours. À ce moment-là, Selznick — qui craint à tort qu'Ingrid ne soit en train de gagner du temps et de risquer d'être supplanté par un autre producteur — a ordonné à Kay Brown de partir à Stockholm « et de ne pas revenir sans avoir signé un contrat avec Mlle Bergman ». Les négociations sont complexes, et Petter insiste pour demander leur avis à Helmer Enwall et à son avoué, Cyril Holm.

Petter aurait peut-être retardé encore un peu la signature du contrat, s'il avait deviné la tempête qui fait rage sous le crâne de Selznick. « Un frisson glacial m'a parcouru, écrit celui-ci à Kay Brown, quand j'ai compris que nous nous trompions peut-être en traitant avec elle. Peut-être que la fille que nous cherchons est Gosta [sic] Stevens. Vous feriez bien de vérifier[34]. » Puis Selznick hésite, interminablement, sur l'opportunité de faire jouer Ingrid dans le remake d'*Intermezzo*. Pendant plusieurs semaines, à l'automne, il caresse l'idée d'en donner la vedette à Loretta Young et Charles Boyer. Mais il tient toujours à avoir Bergman sous contrat. Il charge Kay Brown de mener à bien les ultimes négociations. Jenia Reissar, qui a très efficacement préparé le terrain, regagne son bureau londonien.

Katharine Brown est née en 1902. Diplômée du Wellesley College en 1924, elle a travaillé dans une école de théâtre du New Hampshire. Lorsque Joseph P. Kennedy, un des sponsors de l'école, achète la FBO[35], une compagnie de production et de distribution de films, elle accepte un poste au service rédaction et scénario. Elle a vingt-quatre ans. Un peu plus tard, la FBO fusionne avec la Radio-Keith-Orpheum pour créer la RKO. Kennedy charge Kay de repérer et d'acheter les droits littéraires qui peuvent intéresser son nouveau studio. (Une de ses premières acquisitions sera *Cimarron*[36].)

En 1935, elle est engagée par David Selznick qui lui confie la direction de son bureau new-yorkais. Kay sera à l'origine de quelques-unes des plus grosses affaires de l'histoire du cinéma. En 1936, elle lit avant publication le roman de Margaret Mitchell, *Autant en emporte le vent*, et persuade Selznick (qui n'imagine pas qu'on puisse en faire un film à succès) d'en acheter les droits d'adaptation pour 50 000 dollars, c'est-à-dire le prix le plus élevé jamais payé pour un livre. Un an plus tard, c'est elle qui le convainc de négocier les services du cinéaste le plus populaire d'Angleterre, un certain Alfred Hitchcock, dont les films seront des succès financiers dans le monde entier.

Kay, qui a deux petites filles, tient à ce qu'Ingrid mesure l'impact que peut avoir sur sa famille un tournant aussi important dans sa carrière, et qu'elle soit certaine de sa décision. Mais Ingrid, forte de l'approbation de Petter, est confiante. En outre, comme le dit son mari, « elle n'aimait pas vraiment la Suède », ce qu'elle admettra plus tard. « Je suis heureuse d'être née en Suède, car cela implique une éducation rigoureuse... Du moins était-ce le cas de mon temps. Mais je ne pourrais pas vivre là-bas, même si j'avais encore vingt ans. Psychologiquement, la Suède est trop éloignée du reste du monde. On a l'impression d'être confiné sur une île[37]. »

Fin 1938, elle a donné son accord. Elle ira aux États-Unis au printemps pour y tourner un remake d'*Intermezzo*. Elle touchera la coquette somme de 2 500 dollars par semaine — un des plus gros salaires de l'époque, et le double de celui de Vivien Leigh pour *Autant en emporte le vent*. Si elle (ou le film) n'a pas de succès, elle pourra retourner en Suède ou en Allemagne.

« C'est vraiment Petter Lindstrom qui a tout supervisé. C'est lui qui a convaincu Ingrid d'accepter la proposition de Selznick, raconte l'actrice suédoise Signe Hasso [qui se produira aussi aux États-Unis avec beaucoup de succès, sur scène et à l'écran, avant de devenir écrivain]. C'est à lui que revient le mérite du voyage de sa femme en Amérique. Il l'a énormément aidée dans sa carrière, et il a toujours exercé beaucoup d'influence sur elle[38]. » Ingrid le confirme d'ailleurs : « [Il] m'entraînait et m'aidait à m'organiser[39] », ou encore : « S'il n'avait pas été là, je ne serais jamais allée à Hollywood[40]. » Avant le départ, Petter l'encourage à parler anglais le plus possible. Elle est aidée en cela par la présence de Kay, qui fait trois fois le voyage de New York pour conclure les négociations, puis pour l'accompagner aux États-Unis. À l'approche du départ, les Lindstrom se disent que puisque Ingrid ne sera absente que quelques mois, il serait plus prudent de laisser Pia en Suède pour ne pas lui infliger la longue traversée en paquebot. Petter engage une nurse.

À chacune de leurs discussions, Kay est impressionnée par le naturel d'Ingrid, sa franchise, sa chaleur et sa bonne humeur, et sa conviction qu'il est plus important d'affiner son talent que de créer une fausse impression de glamour de vedette de cinéma — notion qui varie fortement, elle le sait, au gré du temps et des modes. Ingrid, quant à elle, admire la belle, élégante et brillante Kay, son aînée de treize ans, et elle lui fait confiance. Kay est capable d'envisager les choses sous tous les points de vue, professionnels ou personnels, et, sans aucune affectation ni dureté excessive, elle se comporte comme une mère à l'égard d'Ingrid : elle lui prodigue conseils et encouragements, lui offre sa protection. Laurence Evans, le futur agent londonien d'Ingrid, résume assez justement le personnage : « Kay Brown était une femme tout à fait remarquable, avec une intelligence et une personnalité très vives. Elle avait aussi un sens inné de l'autorité, ce qui plaisait beaucoup à Ingrid, bien entendu, surtout à cette étape de sa carrière[41]. »

Ingrid est à la fois électrisée à l'idée de travailler en Amérique, et nerveuse quant au résultat. « La Suède me semblait trop petite, et je sentais que je devais partir dans un pays plus grand[42]. » « Mais j'étais morte de peur à l'idée que Hollywood puisse ne pas m'aimer[43]. »

Chapitre quatre

1939

Demain, je vais découvrir Sunset Boulevard.

Henry Miller, *Soirée à Hollywood*

Le jeudi 20 avril 1939 au matin, le *Queen Mary* accoste à New York. Ingrid se trouve à bord avec Kay, qui a fait l'aller et retour pour aider sa nouvelle amie à préparer sa traversée. Après s'être installée (aux frais de Selznick) dans une chambre de l'hôtel Chatham, Ingrid décrète qu'elle n'a pas de temps à perdre : elle doit perfectionner son anglais et se familiariser avec la vie américaine. Elle veut prendre ses repas dans des snacks et des restaurants typiques. Elle veut lire les journaux, écouter la radio et parcourir des bandes dessinées. Et surtout, elle veut aller au théâtre.

Ses premiers repas sont monotones. Un verre de vin, un steak ou un hamburger, toujours suivis de café fort. Et sa première découverte excitante : les crèmes glacées américaines. Elle prend l'habitude de passer chez Schrafft's, Child's, Louis Sherry ou à l'Automat, où elle commande deux boules de vanille, une double portion de caramel chaud et une montagne de crème fouettée. (« Je n'étais jamais malade : je prenais du poids, c'est tout[1]. ») Les glaces resteront jusqu'à la fin de ses jours un de ses péchés mignons. Elle n'y renoncera qu'avant d'attaquer un nouveau film, lorsqu'il faudra perdre rapidement quelques kilos.

Elle découvre aussi les cocktails américains, et montre très vite un goût prononcé pour les martinis, les rhums, les whisky sours... Pratiquement tout ce qui se présente. « Quand je suis arrivée en Amérique et que j'ai vu tous ces noms, les stingers, les daiquiris, j'ai simplement commencé par les A, et j'ai essayé tout l'alphabet ![2] » Ingrid est solide, heureusement, et elle supporte bien l'alcool. Elle boira beaucoup durant toute sa vie. Mais elle sera toujours capable d'arrêter pour suivre un régime, et ne sera jamais alcoolique. Elle est trop disciplinée et trop fière pour être l'esclave d'un quelconque vice.

Quant à perfectionner son anglais... Ingrid est trop remuante pour rester en place avec des journaux, qu'elle lit rarement de toute façon. Kay admet que le théâtre est une bonne solution. Au bout d'une semaine, elle a vu *Abe Lincoln in Illinois, The Little Foxes, The Philadelphia Story et No Time For Comedy*[3]. Mais elle n'a fait aucun progrès dans sa compréhension de la langue courante. Quand Kay parle lentement, clairement, en employant des phrases simples, tout va bien. Mais Ingrid est paralysée par le rythme du langage parlé, par les accents dialectaux et par tout ce qui diffère d'une simple phrase affirmative. Kay réalise que la situation exige des mesures immédiates, car le tournage d'*Intermezzo* [*La Rançon du bonheur*[4]] doit démarrer en mai. Elle télégraphie à Selznick. Le producteur lui répond qu'Ingrid disposera d'un répétiteur dès son arrivée à Hollywood.

Elle y est le samedi 6 mai dans l'après-midi. Kay l'accompagne. Elles ont pris le train de New York jusqu'à Pasadena. Un chauffeur les attend à l'arrivée, qui les conduit à la résidence de David Selznick sur Summit Drive, à Beverly Hills. Avec sa piscine, son immense salle à manger, ses innombrables salons, sa bibliothèque et sa salle de projection, la demeure de Selznick défie l'imagination d'une actrice suédoise qui s'est toujours satisfaite, jusqu'alors, d'un appartement douillet. Ingrid a déjà vu un tel luxe dans les films et les magazines américains, mais elle est trop sensée pour croire qu'il y a un rapport entre la qualité du travail et ses à-côtés.

On lui présente sur-le-champ Irene Selznick — épouse de David et fille de Louis B. Mayer, le nabab de la MGM —, qui est en train d'écouter le Derby du Kentucky. Son mari se trouve à Culver City, où il travaille sur *Autant en emporte le vent*. Surprise par le peu de bagages qu'Ingrid transporte avec elle — elle n'a même pas les habituelles malles de voyage des vedettes de cinéma —, Irene la conduit à l'appartement réservé aux invités, qu'elle doit occuper dans l'immédiat. Ingrid est stupéfaite de découvrir une immense suite de trois pièces, avec bain et salon privés.

Irene Selznick l'invite à dîner avec quelques amis au Beachcomber, un restaurant dont le décor recrée l'atmosphère du Pacifique Sud. Kay n'est pas invitée. Elle n'est qu'une employée, et à ce titre n'est pas considérée comme un membre à part entière de la grande famille hollywoodienne. Sont présents, en revanche, Miriam Hopkins, Richard Barthelmess et Grace Moore. Ingrid, embarrassée par leur conversation trépidante, reste littéralement sans voix en leur présence. Mais après avoir avalé un daiquiri meurtrier du Beachcomber (on le sert dans une noix de coco de céramique surmontée d'un minuscule parasol rose), elle risque une plaisanterie sur sa taille. Dès cet instant, tout le monde est définitivement conquis.

Même si sa connaissance de l'anglais est limitée, Ingrid est remarquablement douée pour communiquer. Elle sait exprimer ce qu'elle ressent d'un simple coup d'œil, une expression subtile mais directe, une économie de geste... Tout cet alliage, peut-on dire, qui fait que ses sentiments sont immédiatement visibles à l'écran. « Elle était incroyablement naturelle, dit Irene [qui est pourtant rarement émue par les stars de son mari]. Simple et directe, elle avait un style totalement nouveau. En fait, elle ne ressemblait à aucune des actrices que j'avais rencontrées. Au départ, j'avais l'intention d'être accueillante, rien de plus. Mais je l'ai prise sous mon aile, et j'ai essayé de l'initier à Hollywood[5]. »

Après le dîner au Beachcomber, le groupe se rend à la salle de projection chez Miriam Hopkins. À une heure du matin, quelqu'un tapote l'épaule d'Ingrid. Selznick vient enfin de les rejoindre, lui dit-on. Il l'attend dans la cuisine. Penché au-dessus de la table, il engloutit les restes du réfrigérateur de Miriam Hopkins. Myope comme une taupe, gras, souffrant d'hypertension, aussi bavard que le suggère la lecture de ses mémos, Selznick louche dans sa direction à travers les verres épais de ses lunettes. Il s'alarme en la voyant aussi grande. Un mètre soixante-quinze. Il lâche un mot de bienvenue, puis grommelle : « Bon Dieu ! Enlevez vos chaussures[6] ! »

« Ça ne changera rien, lui répond froidement Ingrid. Je porte des talons plats. » Le producteur pique sa fourchette dans un morceau d'agneau froid et attrape une bouteille de whisky.

David O. Selznick est un des hommes les plus puissants d'Hollywood. À trente-sept ans, il a derrière lui une longue carrière de producteur prospère à la RKO, à la Paramount et à la Metro-Goldwyn-Mayer, où son beau-père, Louis B. Mayer, lui avait confié un fauteuil de vice-président responsable de la production. Jusqu'en 1939, Selznick a produit des dizaines de gros succès, dont *What Price Hollywood ?*, *Héritage*, *King Kong*, *Les Quatre Filles du docteur March*, *Les Invités de huit heures*, *David Copperfield*, *Anna Karénine* et *Une étoile est née*. La sortie d'*Autant en emporte le vent* est imminente, et le tournage de *Rebecca* est pour bientôt. *La Rançon du bonheur* sera son cinquante-cinquième film.

Fort du soutien financier de la famille Whitney, Selznick a créé son propre studio, non seulement pour se donner les moyens d'étendre son empire, mais aussi pour pouvoir superviser jusqu'au moindre détail chacun des films qu'il produit. Des dizaines de milliers de mémos et de câbles, dictés jour et nuit tout au long de sa carrière, témoignent de son zèle. Sensuel, paternaliste, cet homme à la vive intelligence et aux appétits voraces n'est jamais à court d'idées, dont beaucoup lui viennent durant les longues nuits de poker, agrémentées de whisky et de cachets. Il se mêle de la production sous tous ses aspects, du choix des acteurs à leur coiffure et leur maquillage en passant par la publicité. Il peut aussi mener à la folie ses collaborateurs et acteurs sous contrat, tant il exige de leur temps, de leur énergie et de leur attention.

La première rencontre Bergman-Selznick se poursuit, devant l'agneau froid et le whisky. Il trouve que son nom est trop allemand. Si l'on vous rebaptisait Berryman ? « Bergman est parfait, je l'aime comme cela, réplique-t-elle. Si j'échoue en Amérique, je pourrai retourner en Suède, et je serai toujours Ingrid Bergman[7]. »

Il y a aussi un problème avec ces sourcils... Beaucoup trop épais. Selznick se ressert un peu de whisky. Et vos dents ont besoin d'être arrangées, c'est évident. Il y aura du boulot avec le maquillage, et... Est-ce qu'il reste des patates dans le frigo de Miriam ? Du pain, du beurre ?

Ingrid l'interrompt. Elle parle d'un ton tranquille et décidé. « Je crois que vous avez commis une grosse erreur, monsieur Selznick. Je pensais que vous m'aviez vue dans *Intermezzo*, que vous aviez aimé mon travail et que vous aviez envoyé Kay Brown me chercher en Suède. Maintenant que vous me voyez, vous voulez tout changer. Alors je ferais mieux de ne pas tourner le film avec vous. N'en parlons plus. Cela n'a aucune importance. Oublions tout cela. Je prends le prochain train, et je rentre chez moi[8]. » David Selznick n'a pas l'habitude qu'on lui résiste. Il arrête de mastiquer et de siroter. Il a trouvé à qui parler. Il se rend compte qu'elle a parfaitement raison.

« Il m'a dit qu'il trouvait cela formidable. C'était la meilleure approche publicitaire. Il travailla l'idée d'une fille naturelle à qui on n'avait rien changé. Il ordonna aux gens du maquillage de ne pas toucher à mes sourcils, et même si je devais me maquiller un peu devant les caméras — la chaleur des projecteurs faisait virer ma peau au rouge —, tout était conçu pour que j'aie l'air naturelle, non maquillée. C'est ainsi que je suis devenue l'archétype de la star "naturelle". C'était le bon moment, car tout était devenu très artificiel au cinéma — tous ces sourcils épilés et redessinés, tout ce rouge à lèvres épais et ces ridicules coiffures gonflées. J'avais l'air très simple, le vent soulevait mes cheveux, et je jouais de sorte que chacun pouvait reconnaître "la fille d'à côté"[9]. »

Tout à coup, Selznick est de son côté. Quelle brillante idée ! s'exclame-t-il. Son vrai nom, son vrai visage, ses vrais cheveux et ses vraies dents. À Hollywood, tout cela est devenu aussi rare que la neige.

Son courage d'affronter Selznick, elle l'a dit, découle d'une conviction très simple : si Hollywood ne l'aime pas, ou ne l'accepte pas, elle retourne travailler en Suède ou en Allemagne. Elle a vu assez de films américains pour savoir que les coiffures et le maquillage de la plupart des actrices n'ont plus grand-chose à voir avec la vie normale. Bien sûr, elle commençait à se sentir à l'étroit dans le cinéma suédois, et elle apprécie les énormes capacités techniques et les budgets apparemment illimités de l'industrie américaine. En outre, elle sait que de nombreux étrangers ont mené une brillante carrière aux États-Unis, et que le public américain montre une tendresse particulière pour les Allemandes et les Scandinaves — Greta Garbo, Marlene Dietrich, Hedy Lamarr, Ilona Massey, Anna Sten...

Mais elle est assez futée pour savoir que le glamour peut être un handicap (les femmes les plus belles sont rarement citées en exemple pour leur talent). Elle sait aussi que le simple artifice ne lui vaudrait qu'une popularité éphémère (jusqu'à l'âge de vingt-cinq ans, avec beaucoup de chance), et que seul un talent soutenu par de bons scénarios peut lui assurer une longue carrière. Et enfin, elle nourrit l'espoir de remonter un jour sur les planches.

Le théâtre n'est qu'une partie de l'univers qu'elle a décidé de se construire. Dans les mois qui ont suivi la naissance de Pia, elle se rendait plusieurs fois par semaine dans les cinémas de Stockholm, elle a vu tout ce qu'elle pouvait voir, et elle a compris les possibilités incroyables du cinéma international. Son passage en Allemagne n'a pas satisfait son désir d'expérimenter de nouvelles techniques et de nouvelles possibilités. Elle se sentait à l'étroit en Suède (« On y est confiné, comme sur une île »), mais il se peut aussi que son ennui se nourrisse d'un soupçon : que ses satisfactions les plus profondes ne viendront ni de son mariage ni de sa maternité, mais de son travail. Sa personnalité a été façonnée par deux faits qui expliquent sa remarquable autonomie : la série de décès familiaux, et sa confiance inébranlable en son talent. À vingt-trois ans, elle vient de parcourir des milliers de kilomètres pour s'immerger dans une culture où elle ne dispose d'aucun repère. Elle n'a que la force intérieure et le sang-froid naturel qui permettent à ses dons extraordinaires de se manifester. D'où le fait qu'elle ne semble pas souffrir du mal du pays, ni douter d'elle-même. Elle n'aura pas de mal à apprendre les adjectifs et les verbes anglais. Elle a déjà l'audace et l'énergie.

Une semaine après son arrivée, Selznick donne une soirée en son honneur. Il a invité une vingtaine de personnes, dont Tyrone Power, Loretta Young, Errol Flynn, Claudette Colbert, Gary Cooper, Joan Bennett, Cary Grant, Spencer Tracy, Charles Boyer, Clark Gable et Ann Sheridan, que la Warner Bros a lancée comme la « Oomph Girl » [la Fille qui a du chien]. Personne n'est capable d'expliquer à Ingrid ce néologisme qui ne figure dans aucun dictionnaire anglo-suédois. Elle désespère de jamais comprendre « oomph », de jamais être capable de maîtriser l'américain. Mais les secours ne sont pas loin. Quelques jours plus tard, on lui présente Ruth Roberts, son répétiteur et professeur de langue. Cette femme calme et pénétrante enseigne l'anglais à de nombreux immigrants. Ruth — qui est la sœur du scénariste et metteur en scène George Seaton — sera le professeur d'Ingrid durant toute sa carrière, ainsi que son amie et confidente sur les tournages.

À la mi-mai, Selznick lui loue une maison. C'est une charmante villa de style espagnol au 260, South Camden Drive, Beverly Hills. Une fois de plus, il est choqué par sa réaction. C'est une dépense inutile, dit-elle. Une caravane meublée est mise à sa disposition par le studio : elle y serait parfaitement bien. Irene lui souffle discrètement que cela ne conviendrait pas du tout à son nouveau statut de vedette de Selznick.

Le quartier n'a rien de commun avec Summit Drive, sur les hauteurs de Sunset Boulevard, là où les résidences avec piscine, bungalow d'amis, courts de tennis et quartiers des domestiques occupent souvent plusieurs hectares. Sa demeure provisoire se trouve à deux blocs au sud de Wilshire Boulevard, sur un bout de terrain sans piscine. Rien de très prestigieux. C'est tout de même plus opulent que tout ce qu'elle a jamais vu. Elle adore le charme et l'exotisme de l'endroit : le petit toit de tuile, les murs de stuc pâle et les poutres apparentes, les portiques cintrés, les luxuriantes plantations de yuccas, de cactus, de citronniers, d'oliviers et d'eucalyptus, l'arôme douceâtre du jasmin qui fleurit la nuit. Tout cela met en valeur la maison de quatre chambres à coucher où Ingrid s'installe avec la femme que Selznick a engagée pour lui servir de cuisinière, de chauffeur et d'assistante personnelle.

Son contrat avec Selznick International Pictures — qui sera modifié plus tard en sa faveur — prévoit qu'Ingrid recevra 2 500 dollars par semaine pendant le tournage de *La Rançon du bonheur*. Selznick a ajouté une clause prévoyant qu'elle pourrait être engagée par la suite pour tourner deux films par an. La deuxième année, elle toucherait 2 812,50 dollars par semaine avec une garantie de seize semaines de travail. Les augmentations annuelles amèneraient ce montant, la sixième année, à 5 000 dollars par semaine. En 1946, avec un programme de seize semaines de travail, Ingrid serait assurée d'un minimum de 80 000 dollars... Si elle est satisfaite des résultats de *La Rançon du bonheur*.

Entre 1939 et 1946, en fait, Ingrid Bergman touchera de Selznick un montant brut de plus de 750 000 dollars. Cela fera d'elle une des femmes les mieux payées d'Hollywood (avec Irene Dunne), sinon une des femmes les plus riches du pays. Bien qu'elle soit déclarée comme « résidente étrangère », ces revenus sont imposables. À l'époque, cette tranche est taxée à 90 %. Sa rémunération réelle nette s'élève à environ 20 000 dollars par an.

Début mai, pendant trois jours, on la soumet à des bouts d'essai muets. Le directeur de la photo Harry Stradling et le réalisateur

William Wyler (« emprunté » par Selznick au producteur Samuel Goldwyn pour le tournage de *La Rançon du bonheur*) doivent procéder à des réglages lumière sur ses cheveux, son léger maquillage et son teint naturel. Le mercredi 24 mai, Wyler commence les répétitions. Jusqu'au samedi, le travail se poursuit sans accroc. Le lundi suivant, Wyler — un professionnel méticuleux, connu pour tourner de multiples prises — informe Selznick qu'il abandonne le film. Il lui est impossible de s'engager à l'achever en six semaines, et il prétexte un engagement antérieur vis-à-vis de Goldwyn. La vérité, c'est que le scénario n'est pas du tout à son goût.

Selznick n'est pas trop affecté par l'incident. Le budget d'*Autant en emporte le vent* atteint déjà des sommets inimaginables (quatre millions de dollars), et même si *La Rançon du bonheur* est programmé comme un projet bon marché, la réputation de Wyler de multiplier les prises est une promesse de désastre. Peu importe si *L'Insoumise* a valu un second Oscar à Bette Davis, ou si *Les Hauts de Hurlevent* a été un des plus gros succès commerciaux de l'année[10]. À l'origine, Selznick avait l'intention de confier la direction du film à l'acteur-réalisateur d'origine russe Gregory Ratoff, un de ses partenaires de jeu (qui lui doit d'ailleurs une coquette somme perdue au poker). Le jeudi 1er juin, il « emprunte » Ratoff à Darryl Zanuck, patron de la 20th Century-Fox, où il est sous contrat. Aboyant ses ordres avec son lourd accent mi-slave mi-yiddish qui le rend souvent incompréhensible, le nouveau venu se conduit comme un véritable tyran à l'égard de tous — sauf d'Ingrid, qu'il adore.

Elle est troublée, tout d'abord, par cette soudaine redistribution des tâches. Mais elle comprend bientôt que *La Rançon du bonheur* n'est pas le film de Ratoff. Selznick, aussi empressé de gagner du temps et de faire des économies que de rééditer le succès de la version suédoise, fait projeter l'original sur le plateau, scène par scène. À la surprise (et au grand déplaisir) de la plupart des gens concernés, il est omniprésent, et contrôle le moindre plan de *La Rançon du bonheur* sans cesser de superviser *Autant en emporte le vent*. Ratoff n'est guère plus, même à ses propres yeux, qu'un assistant du producteur. « Il était d'humeur fantasque, raconte Ingrid, mais c'était aussi un homme très aimable et très gentil. Il avait un accent très drôle. Il venait vers moi, par exemple, et me disait : Vous ne dites pas vos dialogues comme il faut. Écoutez-moi, répétez comme ceci... Ruth se précipitait : Pour l'amour de Dieu, Ingrid ! Ne l'écoutez pas ! C'est *moi* qu'il faut écouter[11] ! » Tout cela embarrasse Ingrid, on s'en doute. Elle craint que, quoi qu'elle dise, personne n'y comprendra rien. Il n'y a aucune raison de s'inquiéter, lui dit Selznick. Tout ce qui est inintelligible sera doublé en studio après le tournage.

Si la diction d'Ingrid peut être corrigée, on ne peut modifier son allure après qu'elle a été fixée sur pellicule. Quatre jours après l'arrivée de Ratoff, Selznick est convaincu que Harry Stradling (qui a déjà travaillé avec beaucoup de succès à Hollywood, en France et en Angleterre) est inapte à photographier les débuts américains de l'actrice.

« Il n'est rien en ce qui concerne la réalisation matérielle du film, écrit-il dans un mémo d'avertissement à Stradling, qui se puisse comparer en importance à la photographie de Mlle Bergman. Et si nous ne pouvons réussir la photo de façon à ce qu'elle ait l'air vraiment divine, le film se cassera la figure. Il est bien possible que nous n'en sachions pas encore assez sur les angles sous lesquels il faut la photographier ou sur la façon de l'éclairer. Nous devons certainement être capables de saisir le charme étrange — mélange de beauté excitante et de grande pureté — qu'elle avait dans la version suédoise du film. Il serait vraiment choquant qu'un quelconque opérateur d'un petit studio de Stockholm se révèle capable de faire avec elle un travail bien meilleur que le nôtre [12]. »

(Il est difficile, en revoyant ce qui a été conservé du travail de Stradling, de comprendre ce qui inquiétait Selznick. L'opérateur a reçu pour instructions de faire en sorte qu'Ingrid ait l'air naturel. Il n'a rien fait d'autre.)

À l'exception de sa taille — dont on peut compenser l'effet en ajustant les angles de prises de vues et la position relative de partenaires plus petits qu'elle —, Ingrid ne pose pas de problèmes majeurs à la caméra. Mais la rumeur selon laquelle elle aurait tourné *La Rançon du bonheur* sans maquillage est une légende forgée par Selznick. Il devait étayer sa campagne de publicité sur la petite paysanne suédoise si belle qu'elle peut se passer des services des maquilleurs. La vérité, c'est qu'elle a un teint très pâle, et les éclairages violents produisent sur sa peau une rougeur luisante qu'il faut camoufler avec les poudres appropriées.

Pour ce qui concerne Stradling, Selznick est hors de lui. Il a vu ce qu'il voulait voir durant la deuxième semaine de rushes quotidiens : une série de désastres visuels qui menacent de couler le film. Stradling est renvoyé. Selznick le remplace par Gregg Toland (qui a fait la photo des *Hauts de Hurlevent* pour Wyler et Goldwyn) [13]. Mais c'est au tour d'Ingrid de s'inquiéter. « Elle a eu les larmes aux yeux, s'étonne Selznick dans un mémo à son directeur de la publicité William Hebert. Elle a voulu savoir si cela ne nuirait pas à sa carrière [d'être remplacé], parce que, somme toute, c'était un très bon opérateur, et qu'il importait peu qu'elle soit photographiée un peu moins bien — elle aurait préféré cela plutôt que de le blesser [14]. »

Selznick n'est pas homme à se laisser impressionner (surtout par les comédiens). Et pourtant : Ingrid, écrit-il à Hebert, est « l'actrice la plus consciencieuse avec qui j'aie jamais travaillé ». Il explique comment elle soumet totalement son existence aux besoins de la production. « Elle ne quitte pratiquement jamais le studio. Pas une seule fois, elle n'a exprimé le désir de partir à six heures. Au contraire, elle est très mécontente si l'équipe ne travaille pas jusqu'à minuit [15]. »

Il n'est pas au bout de ses surprises. Ingrid se préoccupe même des dépenses occasionnées par ses costumes. Lorsqu'on doit renoncer à une robe qui ne lui va pas, elle interroge les costumières. Ne pourrait-on y ajouter un col, en changer la couleur ou la coupe pour éviter le gaspillage ? En outre, elle est si contente de sa petite loge (les suites les plus spacieuses ont été attribuées aux quatre stars d'*Autant en emporte le vent*) qu'elle suggère à Selznick de renoncer à la maison de Camden Drive, et d'économiser un peu d'argent en logeant au studio.

« Tout cela est totalement dénué d'affectation », écrit Selznick. Il y voit le fondement d'une campagne qui serait tout bénéfice pour lui. Il faudrait que « sa douceur naturelle, ses égards, sa droiture, deviennent une sorte de légende (...) surtout si l'on considère le nombre croissant d'extravagances que les stars nous contraignent à accepter [16]. » Ingrid veut être une actrice sérieuse, elle veut réussir. Les signes extérieurs du vedettariat ne constituent pas son véritable objectif. « Je suis très terre à terre, dira-t-elle d'un ton las, des années plus tard, lorsqu'on lui demandera quelle place elle occupe parmi les stars. Je tiens à rester sur le sol. Je fais mon boulot, voilà tout [17]. »

C'est précisément ce que fait Toland, qui fournit à Selznick ce que celui-ci lui demande : une Ingrid Bergman « naturelle », quoique subtilement reconstruite grâce aux ressources dont disposent les professionnels — ombres et contrastes, éclairages directs et indirects, angles de prises de vues et distances calculés au millimètre près. Il est certain qu'à plusieurs reprises, dans ce film, un réalisme étonnant s'empare du cadre. La scène de canotage (qui n'existe pas dans la version suédoise), par exemple, où le vent fait voler les cheveux d'Ingrid. Mais rien n'est plus naturel que le jeu de la comédienne.

Le film n'améliore pas beaucoup les lourdeurs romanesques de l'original. Tout en maintenant l'intrigue dans son décor suédois et en reproduisant beaucoup de plans généraux de la version de Molander, Selznick et son acteur, l'Anglais Leslie Howard (qui est producteur associé) y insufflent l'esprit britannique — des tasses de thé, des manières, des décors et des accents britanniques. *La Rançon du bonheur* n'est guère plus qu'une variation morale de l'histoire piquante du père de famille qui s'offre une aventure avec une femme beaucoup plus jeune que lui. Le film souffre des intrusions constantes et de l'ingérence de Selznick. « Il passait son temps

à nous noyer sous les mémos, dit Ingrid. Il nous envoyait des rema-
niements auxquels nous répondions : ces scènes sont déjà tournées,
pour l'amour du ciel ! Il était impossible. Il était incapable de se
décider. Nous avons tourné maintes fois mon entrée... Je suis incapable de me rappeler combien de fois je l'ai faite et refaite. Il tenait
à ce que mon entrée dans le cinéma américain provoque un véritable choc [18]. »

En outre — comme s'il tenait à inventer l'équivalent visuel de
l'adverbe —, Selznick exige qu'on multiplie les scènes avec la fillette
(exagérément adorable) du violoniste égocentrique interprété par
Leslie Howard, et son chien (terriblement affectueux). Le public
américain, en effet, a toujours trouvé irrésistibles les petites filles
et les chiots. Selznick décide également de donner plus d'importance à l'épouse (Edna Best) qui réagit aux écarts de son mari avec
une noblesse d'âme et une patience admirables. Et il donne à son
scénariste, George O'Neil, des idées de scènes d'un ennui mortel,
avec des domestiques et des amis dévoués. Le film est une véritable
accumulation de clichés sucrés. Seule Ingrid s'élève un peu au-dessus du niveau de la mignardise et fait en sorte qu'il mérite qu'on
s'en souvienne.

Elle est crédible dans toutes ses scènes. Ses silences, aussi bien
que les mots qu'elle prononce, expriment les sentiments d'une
jeune femme amoureuse. Ses gestes semblent naturels et francs,
ses réactions et son rythme sont ceux d'un personnage réel. Ce n'est
pas la construction enjolivée que pourrait en donner une actrice
médiocre. Encore plus que dans la version suédoise, Ingrid
compose une Anita qui naît à la vie à chaque instant, une femme
dont le personnage n'émerge que lorsqu'elle balance entre les sommets du ravissement et les profondeurs de la culpabilité. Et elle
ajoute à son interprétation ce je-ne-sais-quoi d'hésitant qui lui
donne précisément son charme universel : les spectatrices s'identi-
fient à sa vulnérabilité, tandis que les hommes soutiennent son
désir de triompher de son indécision et de vivre sans renoncer à
ses passions ni à son métier.

Ingrid découvre la manière dont on travaille à Hollywood. Elle
est surprise de voir à quel point « il est beaucoup plus facile de
faire des films [ici] qu'en Europe [19] ». « Il y a plus de monde sur le
plateau, plus de costumes, plus de doublures (en Suède, nous n'en
avions pas), plus de maquilleurs et d'électriciens. En Suède, il y
avait en moyenne une douzaine de personnes sur le plateau. En
Amérique, ils sont cinquante. L'autre différence c'est qu'ici, les
choses sont un peu plus brillantes, et les plateaux plus coûteux [20]. »
Très vite, elle s'initie à la réalisation sous tous ses aspects esthé-
tiques et techniques.

Le tournage s'achève fin juillet. Elle travaille quelques jours au doublage de quelques fragments de dialogue inaudibles. Le 3 août, Selznick lui fait faire des essais de couleur dans le décor de la chambre à coucher de Rhett Butler, le héros d'*Autant en emporte le vent*. Il lui promet que lorsque *La Rançon du bonheur* et elle-même auront connu le succès (il semble n'en point douter), il lui offrira un nouveau contrat et un rôle en vedette dans un film en Technicolor. Son rêve, lui dit-elle, est d'incarner Jeanne d'Arc. Il lui accorde que le personnage lui conviendrait parfaitement. Le lendemain après-midi, après une ultime prise de sa première apparition dans *La Rançon du bonheur*, Ingrid prend le train pour New York, d'où elle embarque immédiatement pour Stockholm.

Petter a insisté pour qu'elle soit de retour au plus tard fin août, si elle veut honorer sa promesse de tourner un autre film en Allemagne. Elle a refusé tant de scénarios de l'UFA, dit-il, qu'il ne serait pas sage d'en rejeter un de plus. Il confirme ce point de vue dans un mémorandum envoyé le 29 juin au vice-président de Selznick International, Daniel O'Shea. Mais le 28 juillet, aussi habile que n'importe quel agent, il écrit à Kay Brown : « J'ai câblé à l'UFA que ma femme avait décidé d'annuler sur-le-champ son contrat [ce qui est faux]... Mais je n'ai pas précisé si l'annulation s'appliquait aux deux films qu'elle devait tourner, ou seulement à l'un des deux [21] ! » Cette lettre est un moyen de suggérer que Selznick et Hollywood ne sont pas les seuls à lui faire des propositions. Autrement dit, il fait monter les enchères.

En fait, Petter négocie directement avec Carl Froelich, le réalisateur des *Quatre Camarades*. Le 19 juillet, il écrit à Kay Brown : « Je suis rassuré par le fait que l'ancien metteur en scène de ma femme en Allemagne, M. Froelich, soit devenu un homme très influent dans le cinéma allemand, en qualité de président des intérêts allemands combinés. (...) Elle fera son possible pour accepter sans conditions le scénario qu'on lui propose maintenant. Et ma femme devrait être à Berlin [dès que possible]. » Quatre jours plus tard, il ajoute qu'il est « toujours en train de négocier avec l'UFA », et qu'Ingrid « devrait veiller à ne pas abuser de la patience de l'UFA ».

Ingrid laisse son mari s'occuper de tous ces problèmes. D'une part, elle comprend qu'elle ne doit pas s'impliquer trop directement dans les négociations. D'autre part, qui serait plus digne de confiance que son propre époux, qui assure désormais le rôle central d'impresario et d'agent ? Kay découvre un autre acquis de Petter : « Je suppose que quand le docteur Lindstrom a si vivement annulé le film allemand [d'Ingrid], les gens de l'UFA ont décidé d'amender le contrat de Mlle Bergman et de lui permettre de sortir [du pays] la plus grande partie de son argent allemand [22]. » Exactement ce qu'avait obtenu Zarah Leander.

« Quel séjour merveilleux j'ai fait à Hollywood ! écrit Ingrid à Ruth Roberts le 4 août, dans le Super Chief qui l'emmène à New York. Tant de gens si gentils. Si tu retournes au studio, je t'en prie, salue tout le monde [23]. »

« J'espérais de tout cœur avoir fait du bon travail, dira-t-elle, et que David aurait encore envie de faire appel à moi. J'avais adoré mon expérience à Hollywood, et j'adorais les gens avec qui j'avais travaillé. J'avais follement envie d'y retourner, mais je devais penser à mon bébé et aux études de Petter. Tout semblait très compliqué [24]. » Ça l'est, en effet. Mais elle reçoit une réponse à ses prières, sur le *Queen Mary*, au milieu de l'Atlantique. « Chère Ingrid. Tu es une personne merveilleuse, et tu as réchauffé nos vies à tous. Amuse-toi bien, mais reviens vite ! Ton patron [25]. » Quand il lira ces mots, Petter expédiera illico un autre câble à Kay. Je suis en train de négocier un accord pour un film en Angleterre, prétendra-t-il. Il faudra que l'offre de Selznick, quelle qu'elle soit, en tienne compte [26].

Le samedi 19 août au soir, Petter accueille Ingrid à son arrivée à Cherbourg. Ils se rendent directement à Stockholm, où il a loué la Villa Sunnanlid, une vieille maison, peu moderne mais très agréable, sur l'île Djurgården. Ingrid accorde un entretien à un journaliste. Elle admet qu'elle est en retard pour tourner son nouveau film à l'UFA — elle doit tenir le rôle de Charlotte Corday —, mais son agent (c'est-à-dire Petter) lui a obtenu un sursis, et elle doit se rendre à Berlin en octobre. Entre-temps, elle aspire à retrouver sa famille. Pia, qui a à peine un an, pleurniche en présence de sa mère qu'elle ne connaît pas. Petter lui réserve un accueil plus cordial. Mais elle se rendra compte, des années plus tard, que les quatre mois passés loin l'un de l'autre ont mis en évidence de sérieuses différences de personnalité et de points de vue. Ingrid admettra que son mariage « ne s'est jamais remis » de cette première séparation [27]. L'éloignement leur a fait prendre la mesure de leurs divergences de goûts et de caractère, au point que les incompatibilités prendront le dessus. En outre, chacun d'eux est engagé dans une carrière difficile et exigeante, et tandis que Petter affecte de savoir ce qui est bon pour sa femme, elle ne parvient pas à se débarrasser du sentiment qu'il la traite avec condescendance. Par ailleurs, elle est parfaitement incapable — serait-ce dans une simple conversation — de le rejoindre sur son terrain.

Au cœur du problème, se trouve le désir d'Ingrid d'être libre de travailler là où l'occasion se présente. Aspiration qui entre en conflit avec la stabilité de son mariage, la maternité et la libre disposition de son temps. Dans les premières années de sa vie, après tout, elle a connu une série de bouleversements : les décès dans sa famille, les déménagements successifs, la solitude dont souffrent les gens ambitieux et imaginatifs. Tout cela a fait de la jeune Ingrid quelqu'un de très autonome. Mais en même temps, elle a besoin de dépendre d'un homme. Depuis qu'elle connaît Petter, elle se repose entièrement sur ses conseils.

Bien sûr, elle a également compté sur Kay et Irene pour ses relations professionnelles ou mondaines à Hollywood, et sur David Selznick pour le travail. Mais dès que *La Rançon du bonheur* est sur les rails, Ingrid se retrouve livrée à elle-même. Ses rapports avec tout un chacun, du réalisateur à l'ingénieur du son, de Ruth Roberts à sa femme de chambre, lui montrent qu'elle est capable de gérer des relations normales (même en anglais) sans sombrer dans les humiliations et l'embarras. Elle a compris qu'on admire son talent, et que ses capacités lui permettent de se forger de solides opinions personnelles et de prendre les décisions qui doivent être prises. En tout cas, pour ce qui concerne ses rôles et la manière de les interpréter.

Trois jours plus tard, les troupes allemandes entrent en Pologne. Le surlendemain, la France et la Grande-Bretagne déclarent la guerre à l'Allemagne. La Suède est neutre, même si personne ne peut dire combien de temps cela durera, et tout reste incertain dans le domaine des relations diplomatiques et commerciales avec l'Allemagne. Aucun Suédois sensé ne veut travailler dans un pays en guerre, et le programme de production de l'UFA est momentanément gelé. « Mon film allemand est annulé », écrit Ingrid à Selznick le 29 septembre, sans allusion à la guerre [28]. Mais elle ne manque pas de perspectives d'avenir. Son mari et Helmer Enwall lui ont décroché un rôle dans un film suédois. Le 6 octobre, *La Rançon du bonheur* sort aux États-Unis, et Selznick lui transmet les nouvelles qu'ils avaient tant espérées : la presse et le public acclament Ingrid Bergman, en qui chacun voit une nouvelle star.

« Ingrid Bergman, qui vient de Suède, est une femme adorable et une comédienne raffinée », lit-on dans le *New York Times* qui célèbre « sa fraîcheur, sa simplicité et sa dignité naturelle. (...) Son jeu dramatique est étonnamment mûr, quoique singulièrement libre des traits stylistiques — maniérismes, postures, inflexions — qui sont l'argument de vente des actrices plus âgées. (...) Il y a chez Mlle Bergman une incandescence, une lueur spirituelle qui nous permet de penser que Selznick vient de mettre la main sur une nouvelle grande dame de l'écran [29]. »

Selznick lui lit les critiques dans une longue, parfois confuse conversation transatlantique : un mode de communication encore rare et coûteux à la fin des années trente :

« David O. Selznick a eu l'excellente idée de garder la ravissante jeune première de la version suédoise. Elle s'appelle Ingrid Bergman, et sa présence est le principal intérêt de ce film. Elle montre une assurance et une dignité naturelles, aussi bien qu'un talent excitant. (...) À peine maquillée, mais grâce à l'intensité de son jeu dramatique, elle compose un personnage si vivant et si crédible qu'il s'impose comme le centre du récit. (...) Il s'agit à mon avis de la nouvelle recrue la plus douée et la plus séduisante que les studios aient fait venir de l'étranger depuis des mois [30]. »

« Grande, belle, formidable actrice, Ingrid Bergman est une nouvelle venue sur les écrans américains, qui mérite tout le bien qu'on peut en dire [31]. »

« Elle est belle, talentueuse, convaincante... Une personnalité chaleureuse, et un superbe atout pour Hollywood [32]. »

« C'est la plus belle nouvelle venue à Hollywood, toutes origines confondues, depuis longtemps. Il serait parfaitement injuste de parler d'une nouvelle Garbo, sous prétexte qu'elle vient de Suède. C'est une combinaison d'une beauté exceptionnelle, de fraîcheur, de vitalité et de talent aussi rare qu'une plante tropicale en fleur [33]. »

L'un après l'autre, les critiques extasiés continuent sur ce ton. « Je vous l'avais bien dit », répète David O. Selznick. On a tiré des copies supplémentaires pour pouvoir projeter le film dans un plus grand nombre de salles, et les files d'attente s'allongent partout où l'on peut découvrir la nouvelle star de Selznick. Vivien Leigh a travaillé beaucoup plus longtemps (et dans des conditions autrement plus contraignantes) sur *Autant en emporte le vent*, mais ce film n'est pas encore sorti. Ingrid Bergman constitue donc, à ce jour, la nouvelle la plus incandescente de l'année [34].

« J'ai pleuré toute la journée, à Stockholm, racontera-t-elle. Pendant le tournage du film, j'avais vu quelques rushes. David, Gregory Ratoff et d'autres disaient que j'étais bonne, mais je ne les croyais pas. C'est peut-être très vilain de ma part, mais je n'ai été convaincue et satisfaite que le jour où j'ai appris que le public était content [35]. » Le 9 octobre, avec l'accord de Petter mentionné dans une lettre à Selznick, Ingrid signe l'option pour une seconde année de travail avec Selznick International, à dater du mois d'avril. Un peu hésitante, elle remarque qu'elle est liée à son producteur, quoi qu'il fasse : il peut la faire tourner dans des films produits par lui, la « prêter » à d'autres studios (quel que soit le prix hebdomadaire qu'il parviendrait à négocier, étant entendu qu'elle touchera toujours le salaire que lui promet son contrat) ou la contraindre à l'inactivité dans l'attente d'un projet.

Quant aux bénéfices que Selznick dégage en la « prêtant », Ingrid est très prosaïque : « Je ne me suis jamais plainte de ce qu'il me vende si cher à d'autres studios sans que je voie la couleur de l'argent. On a essayé de me faire réagir contre cela. Je répondais que j'avais signé un contrat, et que s'il pouvait tirer 250 000 dollars en plus de mes 50 000 dollars, ce n'était que justice parce qu'il était malin, et que ce n'était pas mon cas [36] ! » Il y a tout de même une chose qu'elle ne supporte pas : l'oisiveté.

En échange de son salaire, Selznick peut exiger qu'elle tourne deux films par an. Mais elle a le droit de se produire une fois par an dans une pièce de théâtre — avec l'accord préalable de Selznick. Il a aussi le droit de la « vendre » pour des pièces radiophoniques. Ayant bien compris tout ceci, Ingrid se prépare à retourner à Hollywood au début de 1940.

Mais elle va d'abord tourner *Une nuit de juin*, qui démarre à Stockholm le 18 octobre. Le titre est délibérément ironique : ce film de Per Lindberg (sur un scénario de Ragnar Hylten-Cavallius) est une des mises en accusation de l'exploitation sexuelle et de la cruauté mentale les plus amères de l'histoire du cinéma. *Une nuit de juin* élargit aussi l'éventail de la galerie de personnages d'Ingrid. Avec le recul, il faut bien convenir que sa prestation mérite d'être placée au plus haut niveau de son jeu.

Kerstin Nordback est une femme d'esprit indépendant, qui vit dans une petite ville de Suède. Elle est liée à Nils, un homme violent et grossier qui manque de la tuer d'un coup de fusil le jour où elle décide de le quitter. Sauvée grâce à une opération chirurgicale délicate, elle témoigne au procès et plaide l'indulgence pour son ancien amant, affirmant qu'elle doit assumer sa part de responsabilités. « Je ne cherchais qu'une aventure... » Cet aveu courageux ne lui vaut que l'opprobre général. Elle change son nom en Sara et part à Stockholm. Là, elle prend un emploi dans une pharmacie et cohabite dans une pension de famille (variante des *Quatre Camarades)* avec trois autres petites employées qui ont vécu elles aussi des déboires avec les hommes.

À ce point, les intentions du films sont claires : toutes les femmes qu'elle rencontre ont été les victimes de la brutale oppression sexuelle des hommes. Même Stefan, l'aimable docteur interprété par Carl Strom, exploite son infirmière pour la satisfaction de ses besoins érotiques. Lorsqu'il entend parler de l'histoire de Sara, l'idée de faire sa connaissance en vient à l'obséder. Un peu plus tard, à la suite de la réapparition de Nils et de sa passion violente renouvelée, Kerstin est victime d'une crise cardiaque. C'est Stefan qui la soignera. Sa déclaration d'amour est si abrupte qu'elle y succombe. Le finale — ils s'éloignent dans une campagne que la floraison de juin fait étinceler — suggère que Kerstin, après avoir été une première fois déçue, a redécouvert la possibilité de connaître l'amour. Mais les autres femmes, dont la vie se solde pour le moment par un échec, doivent s'efforcer de trouver à leur tour l'homme idéal — d'où le vœu formulé à la fin du film, lors de la traditionnelle nuit de juin.

Ingrid compose un personnage attendrissant dont les blessures témoignent de la cruauté de l'exploitation sexuelle. *Une nuit de juin* (dont la réalisation, en 1939, était impensable aux États-Unis) est à cet égard d'une implacable honnêteté émotionnelle. Alors qu'elle espère trouver l'amour, Kerstin comprend bien vite — comme Ingrid le suggère par un mouvement de sourcil, une légère grimace, une hésitation sur un mot — la perfidie lubrique sous les avances amoureuses.

Une séquence, un peu avant la fin du film, résume bien l'égoïsme destructeur qui se dissimule derrière les brutaux tripotages sexuels des hommes. Ici, même un médecin bien élevé montre la passion débridée des personnages masculins ivres de la sexualité qui les domine.

Stefan (Strom). — J'ai tellement pensé à vous.

Kerstin (Bergman). — Ah ? Mais on se connaît à peine !

Stefan. — Je vous ai vue partout.

Kerstin. — C'est l'effet de votre imagination, et d'un rêve insistant... Voilà ce qui se passe.

[Ingrid marque une pause et tourne légèrement la tête, pour que l'on sente que Kerstin sait elle aussi ce que sont l'imagination et le rêve.]

Stefan. — Parfois vous croisez quelqu'un, et il se passe quelque chose. Il devient quelqu'un d'autre... Ne prenez pas cet air sceptique. Vous suscitez chez les hommes des pensées étranges et dangereuses. Votre petit cœur... Vous y pensez ?

Kerstin. — Oui, c'est devenu une habitude. Je n'y fais même plus attention. J'ai une cicatrice. [Son ton est sage et mélancolique. Elle apprécie l'ironie, mais elle ne peut échapper à la situation de dépendance.]

Stefan. — Je veux vous embrasser.

Kerstin. — Non... non, pas aujourd'hui.

Stefan. — Dites-le... Dites que vous voulez de moi.

Kerstin. — Mais vous ne savez rien de moi. J'ai provoqué un tel gâchis...

Stefan. — Et moi ? Je sais que vous stimulez mon imagination. Cela me suffit.

Carl Strom apporte à ce médecin borné, quoique plein de bonne volonté, le mélange approprié de compassion et d'illusion adolescente prolongée. Ingrid doit assurer le rôle complexe de Kerstin, auquel elle insuffle un profond sentiment de tragédie, transcendant le cliché de la femme déchue en portrait d'une âme injustement diffamée, torturée par la culpabilité, à la merci des journalistes cruels et des soupirants pitoyables. Cinquante ans plus tard, la scène de tribunal, les séquences avec le docteur dans la pharmacie et le finale du film montrent qu'elle a compris d'instinct, à vingt-quatre ans, l'étendue et la complexité des émotions fausses qui, dans le monde adulte, passent pour des sentiments. Per Lindberg, qui se refuse à la surdiriger, a l'intelligence de lui accorder la liberté de chercher le cœur de son personnage. Il est peut-être étonné de découvrir avec elle, à l'instar du public, que Kerstin ne disposera pas d'une base de départ tant qu'elle ne risquera pas le tout pour le tout. Bien entendu, il s'agit là du véritable propos de cette belle *Nuit de juin*.

Le tournage s'achève le 5 décembre. Ingrid reçoit un câble de Selznick. Il veut savoir quand elle a l'intention de revenir à Hollywood. La réponse de Petter est toute prête. Il s'est engagé dans l'armée suédoise pour plusieurs mois, à partir de janvier, en qualité de réalisateur de documentaires. Il va superviser la production de plusieurs courts métrages importants sur les progrès réalisés dans le domaine de la chirurgie dentaire. Ingrid et lui partagent l'inquiétude générale quant à la stratégie internationale de la Suède et à la possibilité qu'elle entre dans la guerre. Pia et Ingrid seront certainement plus à l'abri en Amérique. Petter lui-même les y rejoindra plus tard.

« Laisser Petter derrière moi était une décision très difficile, racontera Ingrid. Mais c'est lui qui a pris la décision finale, comme toujours [37]. » Il accompagne sa femme, sa fille et la nounou jusqu'à Gênes. Le 2 janvier 1940, il les regarde monter à bord du paquebot italien *Rex*, en route pour New York.

Chapitre cinq

1940

Fi de cette vie tranquille ! Je veux travailler.

Shakespeare, *Henry IV*

Dans les semaines qui précèdent le retour d'Ingrid en Amérique, David Selznick atténue l'angoisse qu'elle entretient à l'idée de travailler à Hollywood : il lui promet de réaliser son rêve et de produire un film sur sa chère Jeanne d'Arc. Exaltée par cette nouvelle, elle débarque à New York le 12 janvier. Son arrivée est dûment signalée le lendemain matin à la une du *New York Times*, qui a repéré quelques noms connus sur la liste des passagers du *Rex*. Mais Kay Brown, sur instructions de son patron, lui demande de ne souffler mot de Jeanne. Selznick annoncera lui-même son projet en temps utile... Mais rien n'arrive. Ni Jeanne d'Arc, ni proposition d'un film de remplacement.

« J'étais timide, mais un fauve rugissait en moi, qui refusait de se taire et de se tenir tranquille [1] », dira Ingrid. En janvier et février, elle ne cesse de harceler Selznick pour qu'il la remette au travail : c'est la seule réalité tangible de son existence. Elle est incapable de rester en place, comme le producteur va vite s'en rendre compte. « L'absence de travail me rendait folle », dira-t-elle [2]. L'oisiveté lui est intolérable, et sa fréquentation assidue des théâtres ne fait qu'accroître son appétit de travail.

Comme ce sera si souvent le cas durant les dix années suivantes, l'inactivité produit de l'anxiété, qui génère à son tour un appétit d'un autre genre — une boulimie de toutes sortes de plats qui font grossir, telles les crèmes glacées. En quelques mois, Ingrid prend huit kilos. Elle essaie de s'en débarrasser en se promenant dans Central Park ou en ramant sur l'étang, en arpentant les marchés aux puces de Harlem le dimanche après-midi, et en explorant jusqu'au dernier les stands de l'Exposition internationale. Dans la rue, il arrive que des spectateurs de *La Rançon du bonheur* la reconnaissent. Elle accepte volontiers de donner des autographes, mais la flatterie la déconcerte. Un jour, Kay et elle sont importunées par un garçon de onze ans qui les suit sur deux pâtés de maisons. Il bondit même dans leur taxi et continue de réclamer des autographes, jusqu'au moment où Kay l'expédie d'un coup de pied sur le trottoir. « Oh, il est peut-être blessé, s'écrie Ingrid en contemplant le garçon [qui n'a rien], tandis que Kay ordonne au chauffeur d'accélérer. — Le blesser, ce n'est rien, dit Kay avec un clin d'œil. Je l'ai tué. Mais je n'ai pas utilisé un fusil. Il n'y a donc rien d'illégal. Tu vas aimer l'Amérique... C'est un grand pays[3]. »

Consciente de son désir de reprendre le travail, Kay assiège Selznick de câbles et de coups de fil depuis son appartement de Park Avenue, où l'actrice, Pia et la bonne se sont provisoirement installées. Le producteur se décide à faire venir sa nouvelle vedette à Hollywood pour le 22 janvier. Elle doit rejoindre les acteurs qui préparent une adaptation radiophonique de *La Rançon du bonheur*. Ingrid laisse sa fille à Kay et embarque dans le train, non sans avoir attendu l'arrivée d'une nouvelle bonne. La jeune Suédoise qu'elle a amenée d'Europe a de très mauvaises fréquentations, s'adonne à la drogue et sombre régulièrement dans une sorte d'hébétude. Ingrid l'a congédiée, et Kay a engagé une robuste remplaçante, suédoise elle aussi.

En Californie, Selznick annonce à Ingrid que le projet de film sur Jeanne d'Arc est remis *sine die*. Cinq cents ans plus tôt, Anglais et Français ont conspiré pour envoyer la Pucelle au bûcher. Mais la situation a changé. Aujourd'hui, l'Angleterre et la France sont alliées contre l'Allemagne. Selon la logique de l'époque, les scénarios hollywoodiens doivent observer une stricte neutralité à l'égard des nations européennes — même s'il s'agit d'une histoire vieille de cinq cents ans. Ingrid apprendra plus tard que Selznick a d'autres motifs, moins avouables, d'agir comme il le fait. Il doit partager les revenus d'*Autant en emporte le vent* avec son beau-père, Louis B. Mayer. En échange de Clark Gable, la MGM a obtenu en effet les droits de distribution du film et la moitié des bénéfices. En outre, *Rebecca* n'est pas encore sorti. Un film sur la Pucelle ne peut être qu'une grosse production, et les comptables de Selznick lui recommandent la prudence.

S'il n'est pas question pour l'instant de consacrer un film à sainte Jeanne d'Arc, Selznick orchestre très soigneusement la publicité de sainte Ingrid de Stockholm. Ingrid donne à Bosley Crowther, le critique de cinéma du *New York Times*, le seul entretien qu'elle accordera à New York, en janvier. La veille de son départ pour Hollywood, ce journal publie un article intitulé « The Lady From Sweden » [La dame venue de Suède].

« Imaginez la fiancée d'un Viking, fraîchement lavée au savon parfumé, dégustant des pêches à la crème dans un bol en porcelaine de Saxe, le premier beau jour du printemps au sommet

94

d'une falaise escarpée, et vous aurez une idée assez juste d'Ingrid Bergman. (...) On a envie d'affirmer publiquement qu'on n'a jamais rencontré une star qui souffre la moindre comparaison avec cette incroyable nouvelle venue de Suède [4]. »

« C'est la vraie fille rêvée de Scandinavie, poursuit Crowther dithyrambique, le produit le plus naturel et le plus authentique que notre industrie cinématographique (à qui il arrive de se tromper) ait jamais importé sur nos rivages — la légendaire Garbo y compris. » Puis il s'abandonne à un véritable délire sur le naturel de l'actrice et son sourire de petite fille, sa bonne humeur et sa simplicité, et se pâme devant sa beauté qu'il détaille avec dévotion — « cheveux brun clair, yeux bleu pâle, teint clair qui irradie la santé, silhouette robuste et athlétique. » Il rapporte aussi qu'elle veut jouer toute une variété de personnages, « y compris la comédie, et une femme déchue. »

La campagne de presse de Selznick va se poursuivre pendant deux ans. Elle crée un thème récurrent du journalisme américain, qui reflète et alimente à la fois la liaison amoureuse que le pays entretient avec Ingrid Bergman. « Déjeuner avec elle, soupire le reporter Thornton Delehanty avec un engouement de collégien, c'est comme si l'on s'asseyait une heure pour bavarder avec une belle orchidée supérieurement intelligente [5]. » Un autre déclare qu'elle est « aussi pure que de la neige de Suède fraîchement tombée ». Orchidées, chutes de neige, pêches à la crème, savon parfumé et porcelaine de Saxe... Tel est le pouvoir du charme d'Ingrid, que même les écrivains new-yorkais les plus blasés trempent leurs plumes dans la pourpre, pour composer des métaphores idolâtres et outrageusement exagérées et s'embarquer dans de ridicules comparaisons.

Tous les récits, jusqu'au plus sobre et au plus pénétrant, sont pareillement élogieux. « La première fois que je l'ai vue, c'était sur le plateau de *La Rançon du bonheur* [6] », raconte l'écrivain et professeur d'université Åke Sandler, fils du Premier ministre suédois et lui-même immigré. Il a rendu visite à Ingrid au studio de Selznick à Culver City en compagnie de Walter Danielson, le vice-consul de Suède, et il a écrit un élégant portrait d'elle pour la presse de la communauté suédoise aux États-Unis. « J'ai rarement vu un visage aussi innocent, dit-il. Elle irradiait vraiment une sorte de pureté, elle était extrêmement charmante et obligeante. J'ai compris pourquoi Petter était tombé amoureux d'elle. » Certes, toute cette vénération est bienvenue, mais Ingrid est inquiète. Est-ce que ces éloges, si soudains, si extravagants, ne peuvent pas s'inverser aussi vite sous l'effet d'un caprice de journaliste, ou d'un mot malheureux qu'elle pourrait lâcher en public ? Eh bien, lui dit Selznick, il suffit de faire attention. Surveille-toi, respecte les règles, et fais ce que je te dis. Elle lui promet d'essayer.

Fin janvier, Ingrid est de retour à New York avec Pia, la bonne, Kay et Jim Barrett. Kate et Laurinda, les filles de Kay, qui ont l'âge d'entrer à l'école primaire, ont adopté sur-le-champ la petite Pia. Mais si les enfants sont heureux, Ingrid souffre de plus en plus de l'oisiveté. Kay apprend que Vinton Freedley — qui a produit notamment, à Broadway, plusieurs comédies musicales de Gershwin — s'apprête à reprendre *Liliom*, la fantaisie sentimentale de Ferenc Molnár. Elle y voit l'occasion de guérir Ingrid de l'ennui qui la menace.

La pièce de Molnár est très connue du grand public depuis que Rodgers et Hammerstein en ont donné une adaptation musicale, en 1945, sous le titre *Carrousel*. C'est l'histoire d'un bonimenteur de foire paresseux et velléitaire, et célèbre pour ses talents de séducteur. Il épouse la douce Julie, dont il est amoureux. Mais il la brutalise et abuse d'elle. Quand elle est enceinte, il commet un crime pour de l'argent et se suicide pour ne pas être arrêté par la police. Il comparaît devant le tribunal du ciel et se repent. Après une période de purgatoire, on l'autorise à revenir sur terre afin d'y commettre la bonne action qui pourra le racheter.

Julie est un des personnages les plus émouvants de la littérature européenne moderne, comme Kay l'explique à Selznick dans un long mémorandum. Il n'y a aucun mal, dit-elle, à prêter une de ses jeunes vedettes à Broadway, entre deux tournages, et Ingrid serait ravie de se remettre au travail. À contrecœur, Selznick se laisse convaincre. La pièce ne sera représentée que durant six semaines, et lui-même touchera une partie des bénéfices. Kay contacte immédiatement Freedley et le metteur en scène Benno Schneider, et Ingrid prend rendez-vous pour une lecture du rôle. À cause de son accent suédois, on engage une répétitrice new-yorkaise qui travaillera avec elle quatre heures par jour. Comme l'action se déroule en Hongrie, son accent ne compromettra pas la pièce, à condition qu'elle parle distinctement.

Freedley est ravi de la proposition de Kay. À l'issue d'une audition étonnante, Ingrid signe son contrat. Après deux semaines de répétitions, elle pense qu'il serait honnête de rappeler à Freedley qu'elle a une expérience très limitée du théâtre. Mais elle lui promet de maîtriser les techniques de scène avant le jour de la première.

« De quoi parlez-vous ? » lui demande Freedley, en énumérant les pièces d'Ibsen, d'O'Neill et de tant d'autres qu'elle est supposée avoir interprétées.

« Non, répond calmement Ingrid, vous vous trompez. Ça, c'était Signe Hasso. »

Freedley comprend soudain son erreur. Furieux, il se tourne vers Kay.

« Eh bien, réplique celle-ci sans se démonter, est-ce que nous étions supposées savoir ce que vous vouliez ? Signe est en Califor-nie pour le moment, et vous avez demandé Ingrid. »

Elle insiste. Freedley est seul responsable de sa méprise. De plus, il est trop tard pour rectifier la situation[7].

Molnár est tout aussi sceptique quand il fait la connaissance d'In-grid (dont la taille et la silhouette dodue doivent être camouflées sous des jupons et des tabliers). Son partenaire, l'acteur Burgess-Meredith, mesure dix centimètres de moins qu'elle. « Pourquoi ne jouez-vous pas le rôle de Liliom ? » demande-t-il à Ingrid d'un air sarcastique, avant de tourner les talons, écœuré. Beaucoup de débutants, surtout s'ils briguent un rôle important dans une langue qui n'est pas la leur, seraient intimidés, au point de démissionner. Mais pas Ingrid. Elle a un peu peur, mais elle ne doute pas un instant de ses aptitudes. Et puis elle considère que le rôle de Julie peut lui valoir les faveurs du monde du théâtre new-yorkais, et rani-mer l'intérêt (apparemment refroidi) que lui porte Selznick.

Producteurs, comédiens, metteur en scène et techniciens travail-lent d'arrache-pied aux répétitions. La première a lieu le 25 mars au 44th Street Theatre. Personne n'a la moindre idée de l'impression que fera Ingrid. Dès le premier soir, son adresse au cadavre de Liliom laisse le public muet de stupeur — chaque phrase est parfai-tement scandée, les pauses sont naturelles, l'ensemble couvre un large champ d'émotions tendres.

« Dors, Liliom, dors, dit-elle en berçant doucement la tête de Meredith. Je ne te l'ai jamais dit... Mais je vais te le dire, mainte-nant... Espèce de mauvais garçon... Coléreux, brutal, malheureux, misérable garçon... Mon pauvre chéri... Dors en paix, Liliom. Per-sonne ne peut comprendre ce que je ressens. Je ne peux même pas te l'expliquer, pas même à toi... Ce que je ressens. Tu te contenterais de me rire au nez. Mais tu ne peux pas m'entendre. »

La voix d'Ingrid exprime le mélange de tendresse et de reproche qu'exige son personnage, puis elle devient mordante sous l'effet du chagrin, comme si elle se trouvait au-delà des larmes. Enfin, lors-qu'elle fait la lecture de la Bible, la voix se fait ondoyante, le ton limpide. Nombre de spectateurs ont les larmes aux yeux en écou-tant les versets de l'Évangile selon saint Matthieu, où Jésus exhorte à pardonner à ses ennemis.

« Le personnage de Julie nous donne l'occasion de découvrir une jeune comédienne extraordinairement douée et capable, écrit Brooks Atkinson dans le *New York Times*. (...) Elle s'exprime avec un léger accent. Sa silhouette et ses manières sont très belles, ses yeux expressifs et sa bouche délicate, et elle possède une voix agréable qu'on entend bien et qu'elle sait moduler. Par-dessus le marché, elle semble exercer un contrôle absolu sur son personnage. (...) Mlle Bergman donne totalement vie à son personnage, et l'éclaire de l'intérieur en la dotant d'une beauté lumineuse[8]. »

Atkinson, qui d'habitude ne se laisse pas impressionner par le talent des débutants, revient à la charge quelques jours plus tard : « Ingrid Bergman, qui fait ses débuts sur les planches en anglais, joue avec un charme incomparable. Physiquement, elle est très belle, et elle gratifie [son personnage] d'une vive et palpitante grâce. On hésite à louer trop fort une actrice sur sa première apparition, mais le temps viendra où il sera difficile de louer Mlle Bergman comme elle le mérite. Il y a quelque chose de merveilleusement enflammant dans la manière dont elle illumine le personnage de Julie[9]. »

L'écrivain Ernest Lehman, qui rédige des critiques de théâtre pour le *Hollywood Reporter* et le magazine *Dance* (dix ans plus tard, il sera un des scénaristes les plus distingués d'Hollywood), résume parfaitement l'enthousiasme général : « Mlle Bergman a remporté un triomphe éclatant grâce à sa personnalité magnétique, à sa beauté et à sa fraîcheur, autant qu'à sa forte et splendide interprétation[10]. »

Pendant la période des représentations de *Liliom*, Ingrid se lie d'amitié avec ses collègues et des membres de la presse new-yorkaise, chez qui elle provoque un état de bavarde adoration, rien qu'en étant elle-même et en disant ce qu'elle pense. À l'époque, les journalistes ne reçoivent la plupart du temps que des déclarations préparées par les agents des acteurs et les studios. Lorsque les vedettes s'expriment en public, leurs mots sont soigneusement pesés et absurdement polis. À cet égard, Ingrid est fidèle à elle-même. « Vous pouvez noter ceci : j'adore New York, dit-elle un jour à un reporter du *Journal-American*. J'adore les drugstores. Et les bus à étages. À Stockholm, il n'y a rien de tel[11]. » Jusque-là, rien d'extraordinaire. Mais elle poursuit : « Il n'y a que deux choses désagréables, à New York. Le métro va beaucoup trop vite, et ils vous ferment les portières au nez. Et l'air n'est pas bon. L'atmosphère est pleine d'essence des voitures, au point que ça pue ! » En 1940, simplement, les vedettes ne s'expriment pas avec une telle franchise. Où qu'elles aillent, elles respirent une bienveillance infinie, propagent la bonne parole d'un monde parfait et enjoué et évitent à tout prix d'entrer en polémique (sans parler d'exprimer des opinions personnelles). À plusieurs milliers de kilomètres de là, à Culver City, David Selznick s'énerve en agitant le *Journal-American* et expédie un long mémo à son directeur de publicité. Il le presse d'ordonner à Mlle Bergman d'être un peu plus discrète dans l'expression de ses idées sur la vie urbaine. Comment réagirait-il, se demande Ingrid en apprenant cela, si quelqu'un lui parlait de ma rencontre avec Maxwell Anderson ? Elle a fait la connaissance du dramaturge, en effet, lors d'une soirée donnée par Burgess Meredith. Elle lui a parlé de Jeanne d'Arc avec une telle passion qu'Anderson, évidemment sous le charme, lui a promis de lui écrire une pièce sur la Pucelle. Et contrairement à Selznick, il tiendra parole[12].

Les représentations de *Liliom* s'achèvent avant la fin du mois de mai. Kay ouvre sa villa d'été d'Amagansett, à Long Island, au bord de la mer. Elle y installe ses deux filles avec Ingrid, Pia et la bonne. « Elles faisaient partie de la famille, racontera Laurinda. C'est l'image que j'avais gardée d'Ingrid et de Pia en grandissant. Mais mon souvenir le plus précis, c'est les glaces... Elles étaient folles des crèmes glacées, qui devaient être très rares en Suède à l'époque[13]. »

La famille s'élargit avec l'arrivée de Petter, début juin, qui les rejoint pour les vacances. Ingrid va l'accueillir à l'aéroport. Ils confient Pia à la nounou et aux filles de Kay, et passent quelques jours dans une chambre d'hôtel qui surplombe Central Park. « Regarde cette ville, dit-elle à son mari en lui montrant les arbres, les fiacres et les promeneurs loin au-dessous d'eux. C'est la ville la plus passionnante du monde[14] ! » Mais Petter ne voit que la poussière et la saleté de New York. Il marche un peu sans ses souliers, puis se lamente : « Non, mais tu as vu mes chaussettes ? Même les tapis sont dégueulasses. » Il trouve Amagansett beaucoup plus à son goût. « Il faisait toutes sortes d'acrobaties, raconte Laurinda. Il traversait la pelouse sur les mains, et nous emmenait en promenade sur son dos. » Sa sœur Kate se souviendra aussi que les trois petites filles s'habillent de costumes scandinaves et vendent aux voisins des petits jouets suédois qu'elles ont confectionnés sous la houlette d'Ingrid.

Trois semaines plus tard, Petter retourne en Suède. Il doit prendre les mesures nécessaires pour installer définitivement les siens aux États-Unis. Il tient à les maintenir à l'écart de la guerre qui fait rage en Europe, et il veut obtenir son diplôme de médecin dans une université américaine prestigieuse, comme Harvard, Yale ou Columbia.

Une fois de plus, ces brèves retrouvailles ont mis en évidence les fissures juste sous la façade. Engagés dans leurs carrières respectives, de caractères plus dissemblables que jamais, Petter et Ingrid se comportent comme des amis polis, dont le seul lien est leur adoration commune pour leur petite fille. Ingrid n'a jamais aimé entrer dans le détail des situations désagréables. Elle dira simplement, à propos de la visite de Petter : « Dans l'ensemble, c'était plutôt raté[15]. »

Outre l'oisiveté, Ingrid Bergman souffre d'une autre frustration : la solitude. Malgré ses progrès spectaculaires en anglais, elle reste une intruse dans une société qui considère — même si elle se veut un *melting-pot* universel — qu'une étrangère ne peut être qu'un être exotique à la moralité douteuse, ou une espionne potentielle. Cela nous aidera peut-être à comprendre pourquoi Ingrid, à qui son travail vaut quantité d'admirateurs, et qui est l'invitée obligée de tant de soirées mondaines, ne se fera aucune amitié durable (à l'exception de Kay), malgré tous ses efforts.

Ingrid Bergman a vingt-cinq ans à la fin de l'été. Elle montre en société un charme pétillant, un vif sens de l'humour et un goût prononcé pour le gin tonic, le scotch et les bons vins. Elle a aussi une conscience accrue de son aura érotique. Mais en dépit de tout cela, elle craint que sa carrière ne soit à jamais dans l'impasse. Toujours consciente d'elle-même et de ses penchants, elle comprend que ses débordements alimentaires ne sont qu'un refuge. « Je prends du poids parce que je m'apitoie sur moi-même, écrit-elle à Ruth Roberts le 2 septembre. Alors, je dois lui donner une petite glace. [Comme beaucoup d'actrices, dont Bette Davis, Marlene Dietrich et Marilyn Monroe, Ingrid parle souvent de son « moi » d'actrice à la troisième personne.] Je me regarde toujours avec beaucoup de détachement, comme si j'observais une étrangère dont je serais responsable. En faisant cela, je puis être critique [16]. » Elle comprend qu'il existe une distinction entre la personne privée et le personnage public. Cette année-là, Ingrid Bergman, actrice sans travail, a quelque peu besoin d'être dorlotée.

Comme elle accepte les témoignages d'amitié et l'hospitalité de nombreuses connaissances, elle n'échappe pas aux rumeurs sur sa vie amoureuse. De toute évidence, s'il faut en croire les commérages, une femme aussi belle qui a affronté les dangers du monde du théâtre new-yorkais doit avoir eu quantité de prétendants. Mais si c'est le cas, elle et eux sont toujours restés très discrets.

Aux premières fraîcheurs de l'automne 1940, Ingrid commence à trouver insupportable la vie à New York : « Mon Dieu, si seulement je pouvais tourner *Jeanne*, plutôt que de tromper honteusement mon oisiveté en mangeant des glaces, confie-t-elle à Ruth Roberts. Jouer, de grâce, jouer [17] ! »

Au moins Selznick entend-il son appel. Gregory Ratoff doit tourner un film pour Columbia Pictures : *La Famille Stoddard*, d'après un roman de Charles Bonner (une gouvernante française s'occupe d'un veuf et de ses fils depuis une dizaine d'années. Papa finit par prendre conscience de son amour pour elle, longtemps refoulé. Les divers conflits familiaux seront résolus par la grâce du happy-end hollywoodien). Ratoff supplie Selznick de lui prêter Ingrid. Début octobre, elle se rend donc en Californie. Pia l'accompagne, mais sans sa bonne : elle a décidé que l'Amérique ne lui convenait pas et, guerre mondiale ou pas, est repartie pour la Suède.

Avec l'aide des gens de Selznick Pictures, Ingrid trouve un appartement modeste mais très lumineux sur Shirley Place, à la limite ouest de Beverly Hills — un emplacement commode, à égale distance des studios Selznick, de la Metro et de la Columbia. Ils lui procurent aussi une cuisinière-gouvernante, une perle du nom de Mabel qui entre à son service pour le deuxième anniversaire de Pia. Elle gagne les bonnes grâces de la fillette en lui préparant un gâteau de Savoie sur lequel elle pique deux bougies roses. Quelques jours plus tard, pour les besoins de *La Famille Stoddard*, Ingrid se retrouve ficelée dans des corsets et des robes du début du siècle, et affublée d'une perruque inconfortable.

Bien qu'elle emploie quelques cinéastes prestigieux, comme Frank Capra, la Columbia est considérée à l'époque comme un studio de deuxième catégorie — le cousin pauvre de la Metro, la Paramount, la Warner Bros et la Fox. Mais Ingrid se soucie moins de prestige que de reprendre le travail. « Je suis une des rares actrices qui pensent vraiment que le cinéma est une chose fantastique (et je t'assure, je ne pense pas à l'argent). Un bon rôle à l'écran, à mon avis, c'est tout aussi valable [que sur scène] [18]. » Forte de cette idée, elle parvient à rendre crédible un script bourré de clichés. « Elle a survécu à *La Famille Stoddard*, dit Kay Brown pince-sans-rire. Et quiconque est capable de s'en tirer avec un tel navet peut s'attendre à un brillant avenir [19]. »

Le jeu d'Ingrid, dans ce film sirupeux tourné à la va-vite, montre exactement où son talent prend racine. On voit à quel point elle comprend instinctivement les subtilités du métier d'actrice de cinéma. Elle joue le rôle d'Émilie, la gouvernante qu'on a fait venir de France pour élever les quatre fils d'Adam Stoddard (Warner Baxter) après la mort de leur mère (Fay Wray). Ingrid dote son personnage d'une sorte de pudeur latine qui empêche son affabilité de devenir trop sucrée. Ses demi-sourires compatissants devant la folie des hommes, ses regards entendus sur la psychologie humaine, son insistance pour que le réalisateur la laisse jouer avec un maximum de retenue des scènes fondées sur des sentiments de pacotille : tout cela rend émouvant un personnage qui aurait pu être une insupportable sainte nitouche.

Avec l'accord empressé de Ratoff, elle utilise la moindre occasion d'humaniser Émilie, par exemple en faisant ajouter des scènes où on la voit jouer au basket-ball et faire de la gymnastique avec les garçons. Ces séquences sont autant d'instants de grâce dans un scénario ampoulé et sombre dont les dialogues s'écrivent au jour le jour. Fay Wray résumera en ces termes le sentiment de ses partenaires : « Ingrid possède une qualité qui est à la fois d'ordre spirituel et physique. Elle semble absolument réelle, on ne dirait pas du tout qu'elle interprète un personnage [20]. » Lors de la sortie du film, en 1941, l'opinion générale est qu'Ingrid Bergman a mis un talent considérable au service d'un film médiocre. « Elle est absolument crédible et attachante, lit-on par exemple, et un talent aussi magni-

fique pour jouer la comédie mérite une bien meilleure occasion »
que *La Famille Stoddard*[21].

Ce n'est certainement pas *La Proie du mort* qui lui offrira l'occasion attendue. Elle commence à le tourner moins de vingt-quatre heures après avoir achevé *La Famille Stoddard*. Christopher Isherwood et Robert Thoeren ont concocté un scénario invraisemblable et sans humour à partir d'un roman de James Hilton, dont l'œuvre a déjà inspiré les films à succès *Horizons perdus* et *Au revoir, Mr. Chips*. La Metro, à qui Selznick a prêté Ingrid pour l'occasion, s'imagine à tort remporter un nouveau triomphe, d'autant que l'acteur principal n'est autre que Robert Montgomery, une des plus grandes stars du studio. Sans doute Ingrid a-t-elle essayé, après avoir lu le script, de modérer leur enthousiasme. Le film décrit un personnage psychopathe et schizophrène (Montgomery dans une variante de ce qu'il faisait déjà dans *La Force des ténèbres*) qui terrorise sa femme (Ingrid Bergman) et exploite la loyauté d'un de ses vieux amis (George Sanders). *La Proie du mort* est presque comique à force d'invraisemblance...

Ingrid parvient à supporter ce script décevant, car elle trouve une fois de plus les mécanismes dramatiques qui lui permettent de modeler un personnage irrésistible, à partir de ce qui n'était sur le papier qu'un tissu de clichés. Elle incarne Stella Bergen, la dame de compagnie d'une femme âgée, qui devient la maîtresse du domaine et l'épouse du dément (vague réminiscence de son personnage dans *La Famille Stoddard*). Elle en dresse un portrait tout en nuances, en soulignant le délicat équilibre entre l'assurance et la terreur.

Elle ne supporte pas, en revanche, la grossièreté ni les glapissements du metteur en scène, un homme autoritaire qui se pavane sur le plateau en bottes et culotte courte, hurlant ses ordres comme un adjudant de compagnie. W.S. Van Dyke a réalisé soixante-seize films en vingt ans. Il est très demandé à l'époque... sauf par les acteurs, qui l'appellent « Woody-Un-Coup » parce qu'il les autorise rarement à refaire une prise. Ses films coûtent souvent moins cher que prévu, ce qui lui vaut la sympathie des nababs comme Louis B. Mayer. « Dégagez-moi ce truc ! » vocifère-t-il, puis : « Il faut que ce film avance ! » « Je veux que cette scène soit mise en place dans cinq minutes ! » Le tournage de *La Proie du mort* est pour Ingrid un cauchemar de vulgarité et d'amateurisme. Elle ne l'accepte pas plus qu'elle ne tolère l'indifférence et la désinvolture du cinéaste vis-à-vis des subtilités de son personnage. On a demandé à Van Dyke de reprendre le film qu'un autre avait commencé, et il considère sa mission comme une simple routine — en finir avec ce film idiot pour que Mayer soit content. Et que les acteurs aillent se faire voir.

Ingrid n'a qu'un recours : s'adresser à Selznick. Que peut-elle contre un homme comme Van Dyke ? Il ne s'intéresse pas à son interprétation. Ingrid craint que le résultat ne la favorise pas et n'encourage pas Selznick à lui chercher de nouveaux films. Celui-ci hésite à intervenir. Il lui tapote la main et la renvoie à la Metro avec la promesse de grandes choses pour plus tard. Après *La Proie du mort*.

Le lendemain, Van Dyke — qui n'est pas sans ressembler à un boxeur en colère — commence avec ses manières habituelles, grondant, piétinant, courant d'un coin à l'autre du plateau, agressant et humiliant tout un chacun. Soudain, Ingrid n'en peut plus. Pour la première fois, il est évident qu'elle a bel et bien un fauve en elle. Cette force, précisément, qui l'a aidée à développer sa confiance colossale en son art.

« Pourquoi n'êtes-vous pas dans l'armée, avec ces manières de marcher au pas et de hurler ? » crie-t-elle, indignée. Sa voix porte assez haut pour que tout le monde sur le plateau se taise immédiatement. « Vous ignorez tout des sentiments des gens ! Il est clair que vous êtes incapable de diriger une femme ! Rien ne vous intéresse, sinon *finir ce film*, quel que soit le résultat ! Vous ne nous donnez absolument pas l'occasion de jouer. » Personne n'a jamais osé défier ainsi le terrible Van Dyke... Mais Ingrid n'a pas fini. « Vous devriez prendre des patins à roulettes, pour aller encore plus vite d'un endroit à l'autre ! »

Eh bien, dit Van Dyke, votre conduite va vous faire fiche à la porte. Parfait, réplique-t-elle. Et elle s'éloigne pour parler à George Sanders, qui déteste autant qu'elle ce tournage. Mais un peu plus tard, à la surprise générale, le metteur en scène se glisse discrètement dans la loge d'Ingrid. Il lui présente ses excuses, affirme qu'elle fait un travail remarquable et lui promet de se montrer à l'avenir un peu plus humain. L'incident vaudra à Ingrid la reconnaissance de tous ceux qui travaillent sur *La Proie du mort*. Van Dyke n'aura pas beaucoup de temps pour s'amender. Il tournera encore quelques films sans intérêt particulier et s'éteindra en 1943, à l'âge de cinquante-quatre ans, le souvenir de « cette jeune Suédoise » aiguillonnant encore sa mémoire. Comme Selznick un peu plus tôt, il a trouvé à qui parler.

Cette jeune Suédoise, qui s'affirme comme une actrice de premier ordre dans tout ce qu'elle entreprend, travaille en fait dans le même studio que sa plus illustre compatriote. Greta Garbo, qui a dix ans de plus qu'elle, tourne *La Femme aux deux visages* (qui sera son dernier film). Ingrid essaie en vain d'obtenir un rendez-vous de sa collègue qui reste seule, indifférente. Le fait de parler la même langue maternelle ne signifie rien pour Garbo. Elle repousse toutes les tentatives amicales d'Ingrid.

« Ça me paraît inconcevable, écrit celle-ci. C'était la femme la plus belle, la plus douée qu'on puisse imaginer, elle avait trente-cinq ans, et du jour au lendemain elle a arrêté de travailler. Comment a-t-elle pu, durant toutes ces années, se lever chaque matin avec la perspective d'une journée sans but ? Quand on a des enfants, des petits-enfants, c'est différent, bien sûr. Mais quand on est seule...[22] » Ingrid, pour sa part, n'imagine pas qu'elle pourrait cesser à jamais le travail — quelle que soit la qualité des sujets qu'on lui propose, pour la scène ou pour l'écran : « Peu importe quelle sorte de rôles on me donne, importants ou pas. Pour autant qu'un rôle ait du sens et que le personnage soit un être humain, j'essaierai[23]. »

Son franc-parler et son absence totale d'hypocrisie et d'artifice font un contraste absolu, comme le remarque la presse hollywoodienne, avec l'attitude de repli du sphinx Garbo. On n'a jamais vu cette dernière, par exemple, sauter sur le pare-chocs de sa voiture, pour le redresser après une collision. « C'est la chose la plus incroyable que j'aie vue de ma vie, raconte le flic du studio qui est venu à la rescousse. C'était bien la première fois que je voyais une star qui ne craignait pas de se salir les mains, ou qui n'engueulait pas le type d'en face pour avoir laissé sa voiture dans son chemin[24]. »

Petter arrive aux États-Unis juste à temps pour Noël, épuisé par le voyage qui l'a mené de Stockholm à Berlin et Lisbonne puis, sur un cargo portugais, à New York. Ingrid et Pia sont venues l'accueillir. Il est impatient de prendre des nouvelles de la carrière de sa femme. Il veut aussi poursuivre la sienne aux États-Unis, ce qui l'oblige à s'inscrire dans une école de médecine pour préparer le diplôme américain approprié.

La période de fêtes est surtout égayée par les soirées élégantes de Kay Brown, qui culminent à la nuit du Nouvel An. Petter demande conseil à Kay pour sa candidature aux écoles de médecine. Ingrid, elle, s'ennuie de nouveau à mourir. De sa suite à l'hôtel Carlyle, elle écrit à Selznick, déplorant l'immense tristesse que lui vaut l'absence de travail. « Je me sens comme un cheval de course, déclare-t-elle à un journaliste. Je suis capable de travailler nuit et jour sans avoir besoin de sommeil. À Hollywood, je fais rire tout le monde parce que j'arrive au studio en avance sur l'horaire[25] ! »

Pendant ce temps, Petter prend la mesure de ses choix. Sa course à la réussite (qui n'a rien à envier à celle d'Ingrid) ne fait que souligner ce qu'ils ont découvert récemment. Depuis deux ans, ils vivent presque toujours loin de l'autre. Il s'agissait, pour leurs carrières respectives, d'une période critique. Mais peut-être est-ce trop exiger de leur mariage qu'il supporte à la fois cet éloignement prolongé et le fait que chacun d'eux a évolué de son côté, au plan sentimental et professionnel. Peu importe qu'ils soient tentés de se soutenir mutuellement et d'élever Pia ensemble. Ils se rendent compte que leurs centres d'intérêt ne sont pas seuls à diverger. Leurs goûts diffèrent en tout, ou presque. Pour commencer, Ingrid dit toujours ce qu'elle pense. Elle donne son avis, sans mâcher ses mots, sur quasiment n'importe quel sujet. Au fur et à mesure qu'elle s'américanise, elle s'affirme peu à peu comme une femme d'expérience, cosmopolite et ouverte. Petter, en revanche, continue de se comporter comme le classique petit-bourgeois suédois, qui se distingue par une gravité excessive et une confiance trop grande dans sa froide intelligence. Il serait trop facile de décrire Ingrid comme une artiste créative et Petter comme un timide homme de science. Mais ces étiquettes, même si elles sont loin de suffire, en disent long sur leurs talents respectifs.

Au cœur de leur différend, il y a une conviction de Petter, qui s'imagine que les dons d'Ingrid — quelle que soit la manière dont on les mesure — ne la gratifient pas d'une grande intelligence, ni du bon sens, ni de la capacité à prendre les bonnes décisions. Sa plus grosse erreur de calcul est de croire que cette jeune femme adorable n'a pas la tête sur les épaules. Autrement dit, il présume que le désir de sa femme de bénéficier des conseils d'un homme témoigne d'un manque de maturité et d'esprit de décision. Il estime qu'il doit superviser la carrière de sa femme avec la même énergie qu'il consacre à la sienne. Et Ingrid l'y autorise. C'est précisément l'erreur — mais personne ne peut le prévoir — qui finira par les éloigner définitivement l'un de l'autre.

Dans le cadre de son travail, Ingrid Bergman est capable de montrer une remarquable capacité de jugement sur un personnage, une production, la cohérence d'un récit et les qualités d'un scénario. Jamais encline à l'analyse ou à la réflexion théorique, elle se fie à son intuition. Dans sa vie privée, en revanche, elle s'abandonne facilement et se soumet aux conseils d'un mari persuasif et puissant. Ce dont elle n'a pas conscience, c'est qu'elle est loin d'avoir autant besoin de Petter Lindstrom qu'il aimerait qu'elle ait besoin de lui.

Chapitre six

1941

Rien n'est aussi bon qu'on avait pu le croire.

George Eliot, *Silas Marner*

Les Lindstrom reviennent de New York à Beverly Hills le 22 janvier. Ingrid dépouille les bulletins et journaux professionnels, à la recherche d'informations sur les castings à Broadway et Hollywood. Une nouvelle l'intéresse particulièrement, à propos d'un récent roman d'Ernest Hemingway qu'elle a lu à New York, *Pour qui sonne le glas*. La Paramount s'est empressée d'acheter les droits d'adaptation cinématographique de cette improbable histoire d'amour sur fond de guerre d'Espagne. Hollywood est livrée aux spéculations, pour le nom de l'actrice qui tiendra le rôle de Maria, l'ardente jeune héroïne espagnole. Le premier rôle masculin doit être tenu par Gary Cooper, que le romancier a choisi pour incarner Robert Jordan, le laconique et idéaliste héros américain. (Cooper a déjà joué dans une précédente adaptation d'Hemingway, *L'Adieu aux armes*, en 1932.) Avant de partir quelques jours aux sports d'hiver avec Petter, Ingrid se précipite chez Selznick et lui demande de la prêter à la Paramount : il faut qu'on lui donne le rôle de Maria. Elle anticipe ses objections. Oui, je sais que je n'ai ni l'air ni l'accent espagnols. Mais ne peut-on remédier à ces détails avec le maquillage, l'éclairage, et une bonne coupe de cheveux ? N'a-t-on pas applaudi ses interprétations d'une gouvernante française et d'une réfugiée allemande ? Elle avoue que ce n'est pas seulement l'histoire qui la fascine. Elle veut tourner avec Gary Cooper.

Selznick l'écoute en silence. Il ne lui dit pas qu'il a déjà pensé à elle pour ce rôle. Il a demandé à son frère, l'agent Myron Selznick, de se rendre à la Paramount et d'essayer de savoir où en est le casting. Et il a appelé Hemingway pour le sonder à propos d'Ingrid Bergman. Écoute, dit-il simplement en attrapant un verre d'eau et un cachet de remontant, le mieux est d'attendre de voir ce qui va se passer, non ?

Le 25 janvier, Ingrid et Petter partent pour la station de sports d'hiver de June Lake, près de la frontière entre la Californie et le Nevada. Selznick, un œil fixé sur la Paramount, a donné son feu vert pour la publication d'un reportage photo dans *Life* (« Ingrid Bergman prend un peu de vacances loin d'Hollywood »), et pendant que les Lindstrom posent en souriant sur les pistes et se livrent à des batailles de boules de neige, il complote quasiment jour et nuit depuis son bureau de Culver City. Ingrid ne se doute pas que l'article de *Life* fait partie de la stratégie de campagne de Selznick.

Il écrit à Kay Brown : « Pour vous tenir au courant de la situation concernant Ingrid et *Pour qui sonne le glas* : j'ai coincé Hemingway aujourd'hui, et il m'a dit nettement et franchement qu'il aimerait qu'elle joue le rôle. Il l'a également dit à la presse aujourd'hui. Néanmoins, il m'a dit aussi qu'à la Paramount on la considérait comme une actrice de bois, dénuée de talent, etc. Inutile de dire que j'ai riposté à ces diverses accusations. Myron s'en occupe très activement. J'ai également contrôlé personnellement une campagne publicitaire destinée à placer sournoisement la Paramount dans une situation telle qu'ils seront presque obligés de la faire travailler. Vous en verrez des échos de temps en temps. Soit dit en passant, Ingrid ne se trouvait pas ici aujourd'hui, sinon je lui aurais fait rencontrer Hemingway. Mais nous nous sommes arrangés pour qu'elle aille le voir à San Francisco avant qu'il ne parte en Chine. Si elle lui plaît, je lui demande de dire rapidement leur fait à la Paramount à son sujet. Si Ingrid n'obtient pas le rôle, ça ne sera pas faute d'une campagne systématique [1] ! »

Au même moment, Ingrid s'apprête à faire la connaissance d'Hemingway. Dans la nuit du 30 au 31, Petter et elle se rendent en voiture de June Lake à Reno, où ils prennent l'avion du matin pour San Francisco. L'après-midi même, le couple, accompagné d'un autre photographe de *Life*, se rend au restaurant Chez Jack, sur Sacramento Street, où ils rencontrent l'écrivain et sa nouvelle épouse, la journaliste Martha Gelhorn. Autour de salades et de quelques bouteilles de vin blanc, ils discutent de *Pour qui sonne le glas*, dont Hemingway leur décrit les personnages et les thèmes avec force grands gestes et bravades de pochard.

Soudain, d'un geste curieusement violent, il tend le bras et saisit une poignée des longs cheveux châtain clair d'Ingrid. Tout ceci va devoir disparaître, semble-t-il dire, si vous tenez à jouer le rôle de Maria. Dans le livre, elle a « des cheveux blonds coupés ras, comme un garçon ».

Ce goût de la confusion des genres est une des obsessions d'Hemingway. Nombre de femmes présentes dans son œuvre et sa vie, de Lady Brett Ashley dans *Le soleil se lève aussi* à ses épouses successives, ont été des androgynes aux cheveux courts. D'où son amitié pour l'ambiguë Marlene Dietrich, par exemple, qui a toujours porté en sa présence les costumes masculins qui ont fait son image de marque. Une fois de plus, il est persuadé qu'Ingrid — censément amoureuse de son vieil ami Gary Cooper — sera beaucoup plus attachante en garçonne.

Le repas se prolonge jusqu'au moment où le personnel doit dresser les tables pour le dîner. En sortant, Hemingway donne à Ingrid un exemplaire de son roman dédicacé « à Ingrid Bergman, la Maria de ce livre ». Malgré cela, et en dépit des roulements de tambour de Selznick, la Paramount annonce que les premiers essais pour le rôle de Maria auront lieu dans les dix jours. L'actrice pressentie est Betty Field, qui vient d'interpréter une adaptation du roman de John Steinbeck, *Des souris et des hommes*. Le studio ne semble pas pressé de rendre publique la liste complète des acteurs. S'inspirant de la manière dont Selznick avait intégré dans sa stratégie publicitaire sa quête d'une parfaite Scarlett O'Hara, en 1938, la Paramount gagne du temps avant de prendre sa décision finale pour Maria. Cela permet notamment à Dudley Nichols d'essayer de transformer le roman tentaculaire d'Hemingway en un scénario filmable. Ingrid, après une brève période d'exaltation, se retrouve une fois de plus oisive.

Mais Selznick l'a rassurée dès son retour à Beverly Hills. Il lui a arrangé un autre film avec la Metro. Il s'agit cette fois d'un rôle sentimental dans un film à gros budget de Victor Fleming, le réalisateur d'*Autant en emporte le vent* et du *Magicien d'Oz*. Ingrid est pressentie pour incarner la douce et innocente, loyale et amoureuse fiancée de Spencer Tracy dans *Docteur Jekyll et Mister Hyde*. Le célèbre roman de Robert Louis Stevenson (dont on saura plus tard qu'il se fonde sur les expériences atroces de l'auteur avec certaines drogues dures) retrace l'histoire d'un homme victime d'un dédoublement de la personnalité. Depuis sa publication en 1885, il a été porté maintes fois à la scène et à l'écran : parmi ses interprètes les plus fameux, on trouve les noms de Richard Mansfield, Daniel Bandman, John Barrymore et Fredric March. Spencer Tracy a cédé aux arguments de son vieux complice Victor Fleming (qui l'a déjà dirigé dans *Capitaines Courageux* et *Pilote d'essai)* et considère le film comme une saisissante opportunité. Il est connu en effet pour tenir des rôles moins inquiétants, plus attachants. La surprise devrait être l'élément le plus important de sa défense du personnage.

Ingrid n'accepte pas sans rechigner la tâche qu'on veut lui confier. En étudiant le rôle de Beatrix, elle sent son ennui et son exaspération croître à chaque page. Tout d'abord, le personnage manque totalement de profondeur. La fiancée de Henry Jekyll, amoureuse de lui et inconsciente des sinistres conséquences de ses expériences, est bien pâle en comparaison d'Ivy, la prostituée cockney qui désire le médecin — et sera victime des mauvais traitements de son alter ego Mister Hyde, qui finira par la tuer.

Les personnages qu'Ingrid a incarnés jusqu'alors aux États-Unis sont loin d'être aussi variés que ceux de sa carrière suédoise. Dans sa langue maternelle, elle a tenu des rôles comiques, dramatiques, tragiques et sentimentaux, tandis que Selznick ne lui a pas beaucoup laissé le choix. Elle s'est toujours efforcée de donner une version personnelle de chacun de ses rôles et de trouver la vérité de ses personnages, mais son répertoire américain fait montre d'une ennuyeuse monotonie. Dans *La Rançon du bonheur*, *La Famille Stoddard* et *La Proie du mort*, toutes les femmes qu'elle a incarnées, compagne ou gouvernante, montraient un admirable esprit de sacrifice. Elle aspire à composer un autre type de personnage... Y compris, comme elle l'a dit à Bosley Crowther, une femme déchue.

Selznick et Fleming repoussent cette hypothèse — le producteur parce qu'il ne veut pas ternir l'image de sa vedette, le réalisateur parce qu'il doute de sa capacité à interpréter une entraîneuse de bar qui finit mal. En outre, le rôle qu'elle convoite est destiné à la pin-up de service à la Metro — Lana Turner, qui a tout juste vingt et un ans, et qu'on est en train de façonner pour en faire une star sexy.

Mais Ingrid maintient la pression, jusqu'à ce que Fleming accepte de lui faire faire un essai pour le rôle d'Ivy. Le 20 février, il est bien obligé d'avouer à Selznick qu'Ingrid l'a étonné. Dans la scène qu'on lui a fait répéter (Ivy, reconnaissante au docteur Jekyll de l'avoir secourue lors d'une dispute dans la rue, tente de le séduire en ôtant lentement son corsage sous prétexte d'un examen médical), il émanait d'elle un mélange rare de sophistication érotique et d'innocence pathétique. Donnons à Lana Turner un rôle moins difficile, dit Fleming à Selznick et Louis B. Mayer : ainsi, Spencer Tracy et Ingrid Bergman apparaîtront l'un et l'autre dans des rôles aux antipodes de ce qu'ils font d'habitude.

Ainsi sera fait. En attendant le début du tournage, prévu fin février, Ingrid essaie des robes victoriennes. Le scénariste John Lee Mahin doit rebaptiser son personnage Ivy Petersen pour justifier son accent cockney au son quelque peu suédois. « Non seulement Ingrid joue un rôle essentiel pour rendre Hyde plausible, déclare Spencer Tracy, mais personne ne saura que je joue dans le film ! C'est dire à quel point elle est bonne[2] ! »

Il n'exagère pas. Ivy apparaît vingt minutes après le début du film. Tout d'abord, on l'entend hurler hors champ : elle est agressée par un passant dans une ruelle londonienne, puis Jekyll vient à son aide. Feignant d'avoir une cheville foulée, elle saute au cou du docteur avec un sourire prudent exprimant à la fois l'innocence et la coquetterie. Un peu plus tard, Jekyll l'accompagne chez elle, et elle lui joue sa grande scène de séduction — déroule son bas, ôte sa veste et son corsage, comme s'il s'agissait de sa nuit de noces. Jekyll est fasciné, mais réservé. Elle lui offre une de ses jarretelles — comme en paiement de sa bonté — et murmure : « C'est loin d'être suffisant, je crois. » Le décor est mis en place pour qu'elle reçoive finalement beaucoup plus que ce à quoi elle s'attend.

Grâce au scénario pénétrant de Mahin et à la mise en scène soignée de Fleming, jamais peut-être ce récit d'un dérèglement mental n'avait été si adroitement dépeint en relation avec le simple désir sexuel. La première transformation de Jekyll en Hyde donne lieu à une scène d'hallucinations où l'on voit Tracy en train de cravacher deux chevaux — un blanc et un noir — auxquels se substituent les images discrètement dévêtues d'Ingrid Bergman (le noir) et de Lana Turner (le blanc). Jekyll-Hyde débouche une bouteille... le bouchon se transforme en la tête d'Ingrid, que l'on voit étendue tout de suite après sur un sol constitué de vagues. « C'est sans doute Fleming qui a imaginé cela », dira Ingrid des années plus tard[3], consciente de la fascination du cinéaste pour les symboles sexuels freudiens. C'est la première fois qu'Ingrid Bergman incarne dans un film américain un personnage franchement sensuel.

À la grande satisfaction de Fleming, elle introduit elle-même l'image du bouchon qui saute dans une autre séquence où l'on voit Ivy tenir le bar, chanter et flirter au Palais des Frivolités. À la fois fascinée et apeurée, attirée et rebutée par Hyde, elle tente de se donner un air dur et indépendant, mais elle est très nerveuse, sur ses gardes. Trébuchant sur les syllabes, détournant le regard, puis de nouveau incapable de résister à celui de son antagoniste, Ingrid atteint une profondeur qui dépasse les intentions du script. « Je me suis mise à aimer cette fille », dira-t-elle après le tournage. Cette empathie avec son personnage lui permet de disparaître totalement derrière lui.

Hyde complimente Ivy pour son chant — Ingrid interprète elle-même le joyeux « You Should See Me Dance the Polka » [Tu devrais me voir danser la polka] — tandis que Fleming, à cet instant précis, a la bonne idée de faire un gros plan sur son regard lascif. Alors, dans un plan remarquable, Ingrid offre à son metteur en scène quelque chose d'aussi inattendu que mystérieux : pour faire comprendre à la fois qu'elle apprécie la flatterie et qu'elle a peur, elle dilate ses narines.

Hyde. — Mais d'où vient cette voix ravissante ?

Ivy *(ravie, mais mal à l'aise)*. — Je ne sais pas, monsieur. *[Elle pose la bouteille de champagne et tente de quitter prestement la table.]* Une demi-livre, monsieur.

Hyde *(comme s'il essayait de l'hypnotiser de sa voix basse, menaçante, mais sensuelle)*. — Une demi-livre ?

Ivy *(les lèvres légèrement retroussées par le dégoût, mais feignant l'indifférence).* — Oui, monsieur. *[Elle veut s'en aller, mais il la retient.]* Eh bien, je prendrai juste une gorgée de champagne... Vous savez, je ne peux pas rester trop longtemps.

Hyde *(s'approchant d'elle).* — D'où vous vient cette si jolie voix ?

Ivy *(avec un regard intense qui suggère qu'elle reconnaît à moitié le bon docteur Jekyll).* — Oh... Je... je ne sais pas.

Hyde *(embrassant du regard sa gorge, ses seins, son buste).* — C'est peut-être ce joli endroit où elle prend sa source ?

[Comme la jument dans la scène d'hallucinations, Ingrid ouvre à demi la bouche, ses narines se dilatent à nouveau.]

Dès lors, la tragédie devient inéluctable, et évolue très vite vers la séquestration de la pauvre Ivy. Hyde ne l'entretiendra que pour pouvoir la brutaliser et la torturer au point de la rendre presque folle. L'horreur de l'asservissement sexuel, qui n'a peut-être jamais été montré de manière aussi terrifiante au cinéma, s'installe à l'instant où il l'emmène en fiacre :

Hyde *(exalté).* — Ta place est chez les immortels ! Suis-moi sur l'Olympe ! Boire le nectar en compagnie des dieux ! Entonner les chants antiques du plaisir et faire honte à Diane et Athéna !

[Ivy ne comprend pas ces références à la mythologie. Elle veut croire à la protection de cet homme, même si elle est perturbée par la brutalité de son amour.]

Hyde. — Il ne faut pas avoir peur de moi, Ivy. Lorsqu'un botaniste trouve une fleur rare, il crie victoire, n'est-ce pas ?

Ivy *(acquiesçant lentement, bien que son expression suggère qu'elle ne comprend rien).* — Vous êtes botaniste ?

Hyde *(se penchant en avant pour l'embrasser).* — Vous aimez qu'un homme qui voit une fille sache ce qu'il veut, non ?

[Le bruit des sabots des chevaux, réminiscence du cauchemar, est un peu plus fort.]

Ivy *(frissonnante, sa voix se brisant dans un sanglot angoissé).* — Oh... Je ne sais pas de quoi vous parlez !

Hyde *(méprisant).* — Oh ! Elle ne sait pas de quoi je parle !

Nous ne sommes pas loin du cœur de ce film extraordinaire. Plan sur Ivy, maintenue dans une situation d'isolement claustrophobique par son mentor assassin, réduite par les coups d'un homme qu'elle doit toujours appeler « Monsieur », qui exige qu'elle lui lise à haute voix des extraits du *Paradis perdu*, ou qui lui offre une soirée de liberté... mais revient sur sa parole. Bergman compose un personnage en proie à une terreur extrême, un être déchirant, victime de sa propre force de séduction. Sa vie avec Hyde est devenue un long emprisonnement, fétide et affreux, un cycle grotesque de souffrance, au moment même où elle aspire désespérément à un contact humain.

112

Les réactions d'Ivy (bouche sèche, yeux écarquillés), parfaitement appropriées pour un personnage qui est à tout moment pris au dépourvu, sont imaginées au fur et à mesure. Il n'existe peut-être pas de représentation de l'angoisse, dans toute la filmographie d'Ingrid Bergman, plus poignante que la scène où son amant démoniaque la force à chanter une nouvelle fois « You Should See Me Dance the Polka ». Ivy n'est plus la serveuse insouciante qui laissait flotter joyeusement la mélodie. Elle essaie de chanter, d'une voix tremblante, déformée par la terreur et le remords — mais elle a perdu à jamais la liberté de la danse. Épinglée sur le mur par un monstre vicieux, elle semble près d'éclater en sanglots lorsqu'il fait un bond en arrière et s'empare de morceaux de fruits pourris qu'il lui jette haineusement au visage et sur le corps.

Dès lors, le chemin n'est plus long qui la mènera à la mort. Ingrid restitue avec une telle force la vie intérieure d'Ivy, son aspiration à survivre, que la scène où elle reconnaît le docteur Jekyll (à qui elle parvient à rendre brièvement visite, en quête de soins médicaux) exprime un désespoir presque insupportable. Cinquante ans plus tard, il est impossible de regarder sans broncher sa dernière scène — là où elle comprend que Hyde n'est autre que le docteur Jekyll. Consciente du fait que c'est son propre repentir, sa quête de liberté et son envie de repartir de zéro qui ont provoqué sa destruction, Ivy est un vivant mélange de désir et de désespoir.

Victor Fleming est muet d'admiration, mais il loue surtout Spencer Tracy. Selznick n'étonne personne en rappelant qu'il avait prévu que le film serait un triomphe. Seule Ingrid reste aussi modeste que d'habitude : « Je suis un peu surprise qu'il soit si réussi[4]. » Le jeu de Tracy est impeccable dans son genre, mais le public est émerveillé par le martyre hagard de sa modeste et surprenante partenaire.

« Pour ce film j'aurais payé n'importe quel prix, écrit-elle dans son journal. Ai-je jamais été aussi heureuse dans mon travail ? Aurai-je jamais un plus beau rôle que celui de la petite Ivy Petersen, un meilleur metteur en scène que Victor Fleming, un meilleur partenaire que Spencer Tracy et un meilleur chef-opérateur que Joe Ruttenberg ? Je n'ai jamais été plus heureuse. Je ne me suis jamais donnée aussi complètement. Pour la première fois j'ai brisé la cage où j'étais enfermée, j'ai ouvert un volet sur le monde extérieur. J'ai touché certaines choses dont j'espérais qu'elles étaient là sans jamais oser les montrer. Je suis si contente de ce film. C'est comme si je volais. Je ne me sens plus attachée. Je puis voler toujours plus haut parce que les barreaux de ma cage sont brisés[5]. »

Quelle est donc la raison de ce bonheur, de cette envolée vers des hauteurs inaccessibles, si loin de la cage où elle était enfermée ? C'est très simple. Ingrid Bergman est amoureuse.

Mais pas comme beaucoup l'ont cru. Comme c'était peut-être inévitable, des rumeurs ont commencé à circuler durant le tournage. À l'époque de la sortie du film (en août), Hollywood s'imagine que la passion que Tracy voue à Ingrid à l'écran s'est réalisée dans la vie. Les commères peuvent parler : aucun des collaborateurs du film n'accréditera jamais ces ragots. Billy Grady, un responsable de la Metro chargé de superviser la production de *Docteur Jekyll et Mister Hyde*, savait que Tracy adorait Ingrid. « Mais Spence était trop discret, et il savait qu'il n'aurait jamais cette fille. Il a établi avec elle des relations agréables, professionnelles[6]. » Des années plus tard, l'acteur donnera des détails : « La seule chose qu'Ingrid et moi avons faite ensemble, c'est manger des hamburgers dans un drive-in à Beverly Hills[7]. »

En fait, Ingrid doit son bonheur grandissant à un engouement qui ne lui est pas payé de retour : « À la fin du tournage, j'étais très amoureuse de Victor Fleming. L'ennui, c'est que ce n'était pas réciproque. Pour lui je n'étais rien d'autre qu'une des nombreuses actrices avec qui il avait travaillé[8]. » Ingrid a vingt-cinq ans, l'objet de ses désirs en a cinquante-huit. Comme Edvin Adolphson et Petter Lindstrom, il est à la fois le père, le mentor, le protecteur et l'amoureux. Sur le tournage de *Docteur Jekyll et Mister Hyde*, il s'est mis à l'appeler « Ange » — ce qu'elle a pris pour une déclaration d'amour.

Victor Fleming est un dur à cuire, un passionné de courses automobiles. Il est peu cultivé. Mais il possède une arrogance extraordinaire, un beau visage taillé à coups de serpe et une réputation de don Juan. Si un chat ou un chien du voisinage trouble son sommeil, par exemple, il attrape un fusil et le réduit au silence d'un seul coup. Fleming protège son indépendance de vieux garçon, et reste inaccessible au plan sentimental, sauf pour quelques camarades de beuverie comme Clark Gable, Spencer Tracy ou John Lee Mahin. Il a exclu le mot « amour » de sa vie conjugale. Témoignage supplémentaire de son joyeux opportunisme : jusqu'à ce qu'elle tombe enceinte, un an plus tard, sa femme ne sera pas autorisée à vivre chez lui.

L'infortunée Mme Fleming est souvent victime des manœuvres sadiques de son mari. D'après leur fille Victoria, il la traite « comme le chat traite la souris[9] ». Aux avant-premières, elle doit s'asseoir dix rangées derrière son mari et sa vedette féminine du moment. Quand sa femme l'agace, il a de curieuses façons de montrer son irritation. Au dîner, par exemple, un de ses numéros favoris consiste à attraper une mouche, à l'assaisonner, la fourrer dans sa bouche et mâcher bruyamment. Si la pauvre femme fond en larmes et quitte la table, Fleming considère que son coup a réussi. En un mot, il n'est pas toujours charmant... Ce qui n'empêche pas un certain nombre de femmes de le trouver irrésistible. Sa vie se complique souvent d'une foule de liaisons simultanées.

Comparé à Edvin Adolphson ou Petter Lindstrom, Victor Fleming peut sembler un « amant » atypique pour Ingrid, même si elle ignore tout de sa vie privée. En outre, il se comporte toujours avec elle en parfait gentleman. Depuis qu'elle a auditionné pour le rôle d'Ivy, Fleming estime son travail, et lui accorde toute sa sollicitude. Et ses attentions paternelles dans les difficultés du tournage équilibrent la grossière indifférence de Petter vis-à-vis de ce qu'il considère comme un navet à deux sous. À plusieurs reprises, Ingrid a surpris Victor en train de débiter des histoires grivoises aux techniciens du film. Mais lorsqu'il la dirige au long d'une scène, il se montre raffiné. Ingrid est fascinée par cet homme qui représente pour elle un genre nouveau de mâle américain.

Il n'est pas interdit de penser, alors qu'elle découvre la rudesse de son langage et de son mode de vie, que Fleming l'émoustille précisément parce que sa conduite est aux antipodes de celle de son mari. Il la tient, sa jeune comédienne, et il est le patron. Mais il est inaccessible, et selon les règles bizarres de l'amour romanesque, l'attraction est souvent proportionnelle à l'éloignement. Il est certain que, pour Ingrid, la perversité avec laquelle Fleming dirige le film est aussi excitante que sa majestueuse autorité, ce qui vaut au cinéaste sa reconnaissance éternelle. « Il m'a fait faire des choses différentes de ce que j'avais fait auparavant, déclarera-t-elle trente ans plus tard. Les gens disaient qu'on ne me reconnaissait pas, dans *Docteur Jekyll et Mister Hyde*. Mais qu'est-ce qu'un acteur peut souhaiter de mieux [10] ? » Ingrid Bergman entretiendra une amitié très forte avec Victor Fleming jusqu'à ce que les choses, quelques années plus tard, prennent un tour radicalement différent.

Ses amis en témoigneront : durant toute cette période, l'amour la stimule. Même si sa présence sur le plateau n'est pas requise, même si elle a travaillé tard la nuit précédente, Ingrid arrive à sept heures du matin pour regarder Fleming diriger les autres comédiens. En outre, elle prépare très soigneusement ses propres scènes, étudiant les mœurs et coutumes des femmes de l'époque victorienne à travers un large éventail social. « Elle donnait toujours l'impression d'éclater de santé et d'énergie, raconte Ruth Roberts [qui l'aide toujours à perfectionner son accent et sa diction]. Un jour, elle m'a obligée à veiller toute la nuit avec elle, parce qu'elle voulait avoir les traits tirés le lendemain pour les besoins d'une scène de *Docteur Jekyll et Mister Hyde*. Au matin, elle était plus resplendissante que jamais. C'est moi qui avais l'air d'avoir passé une nuit en enfer [11] ! »

Avant même que Fleming et son monteur aient mis la dernière main à *Docteur Jekyll et Mister Hyde*, le bruit se répand à Hollywood qu'Ingrid Bergman y a fait un travail sensationnel. Un certain nombre de réalisateurs qui ont observé ses progrès dans ses trois films précédents sont impatients de voir celui-ci. Personne ne l'est plus que l'Anglais Alfred Hitchcock, récemment immigré lui aussi et sous contrat avec David Selznick. Son premier film américain, *Rebecca*, reçoit au printemps l'Oscar du meilleur film de 1940. La statuette, bien entendu, revient à son producteur, qui « prête » Hitchcock à différents studios (United Artists, RKO, Universal et Fox), ce qui lui rapporte des bénéfices encore plus colossaux que les appointements d'Ingrid. Hitchcock ne peut pas, lui non plus, se lancer dans un projet sans l'accord de Selznick. Les deux hommes se réunissent régulièrement pour échanger des idées de scénario.

« Hitch m'a parlé d'une histoire qui me semble très intéressante, et plutôt érotique, écrit Selznick le 2 avril à Val Newton, responsable des scénarios de sa compagnie sur la côte Ouest. Il pensait qu'elle serait formidable pour Bergman — et je crois qu'il pourrait la diriger. Il dit que Joan Harrison [de l'équipe des assistants et scénaristes personnels d'Hitchcock] a toute l'histoire, basée sur le récit authentique d'un couple qui a été kidnappé par des bandits chinois — dans notre film, je pense qu'ils seraient japonais !... La jeune épouse d'un attaché militaire, ou quelque chose dans le genre, et un ami proche. Ils ont été enchaînés par les Chinois après leur enlèvement, et sont restés attachés l'un à l'autre pendant six mois.

« Je comprends l'intérêt d'Hitchcock pour cela, et je ne suis même pas sûr que cela pourrait donner quelque chose de très intéressant. Il est évident que ce dont nous avons besoin avant tout, c'est la combinaison d'un véhicule pour Ingrid et d'un scénario qui conviendrait au style de Hitch. Voulez-vous prendre contact avec Mlle Harrison et m'affranchir là-dessus ? »

Pendant plusieurs mois, tout en travaillant sur d'autres films, Hitchcock et deux scénaristes essaient de concocter un scénario à partir de cette idée de base. Ils finissent par la trouver sans intérêt et l'abandonnent prudemment. Mais le désir du cinéaste de diriger Ingrid ne fait que croître. Pendant plus de deux ans, son équipe écume les bibliothèques et les archives des départements scénarios, à la recherche d'un sujet que Selznick pourrait approuver. Pour s'assurer qu'Ingrid a envie de travailler avec lui, Hitchcock invite plusieurs fois les Lindstrom à des dîners entre intimes dans sa maison douillette et sans prétention de Bel Air, le quartier huppé de Los Angeles. Le réalisateur y règne en maître — aussi corpulent que bien élevé, infiniment spirituel, alternant les histoires grivoises et les récits de crimes épouvantables avec les recettes détaillées des soufflés les plus délicats.

Alfred Hitchcock, à quarante et un ans, est le plus cordial et le plus exubérant des hôtes — très vilain garçon, parfois, avec ses blagues grossières conçues pour choquer les dames, mais toujours fascinant narrateur doué d'un esprit aussi limpide que le cristal. Ingrid n'en perd pas un mot — pour elle, aucun doute : elle veut travailler avec lui. Petter lui-même doit convenir que Hitchcock a une mémoire prodigieuse et une imagination constamment en éveil, et qu'Ingrid ferait du bon travail sous sa direction.

Après le dîner, Hitch et sa femme Alma roulent le tapis du salon et installent le phonographe, et la maison de Bellagio Road se transforme en salle de bal improvisée. En ce domaine, personne n'est plus actif que Petter, qui fait tournoyer Ingrid au rythme des jitterbugs, des sambas, des polkas et des rumbas. Il apprécie autant le plaisir de la danse que l'exercice qu'elle procure, et il dépense tellement d'énergie qu'il apporte toujours deux ou trois chemises pour pouvoir en changer dans le courant de la soirée. Les autres invités — parmi lesquels Joan Fontaine, Cary Grant, George Sanders, Teresa Wright, et leurs compagnons respectifs — ont du mal à se montrer à la hauteur. Ils s'émerveillent de voir qu'Ingrid n'a besoin que d'un peu d'eau froide (fi du maquillage) pour se rafraîchir et retrouver une allure radieuse après les danses les plus énergiques.

Au printemps 1941, Petter n'a pourtant pas beaucoup de temps à consacrer à la danse. Impatient d'obtenir le diplôme américain qui lui permettra de pratiquer la médecine, il accepte volontiers l'aide de Kay Brown et David Selznick, et les contacts qu'ils peuvent lui fournir. « Voici le résultat des démarches que vous avez entamées pour moi, écrit-il à Selznick, de New York, le 18 avril. Kay m'a obtenu un rendez-vous à Yale. Elle a consenti des efforts admirables pour m'aider, et j'ai pu appeler le doyen de l'Université de Columbia [12]. » Son choix s'arrête finalement sur l'université de Rochester, où l'on accorde plus de crédit qu'ailleurs à ses références suédoises. Il y recevra son diplôme de docteur en médecine au bout de seize mois (au lieu des deux ans d'internat exigés par n'importe quelle autre université américaine). Ce programme expéditif a été rendu possible par le doyen de Rochester, le docteur Alan Valentine — un ami de Selznick et de John Hay Whitney, qui l'ont contacté au nom de Lindstrom. « Merci pour votre aide précieuse », écrira-t-il à Selznick après son admission officielle à Rochester [13].

Ce nouveau développement signifie que Petter va devoir résider plus d'un an dans le nord de l'État de New York. Il décide aussitôt que Pia, qui a presque trois ans, serait beaucoup mieux à Rochester avec lui et sa nounou, qu'avec Ingrid à Beverly Hills. « Ma mère se retrouvait toujours placée devant le même dilemme, dira Pia. Rester avec ses enfants ou poursuivre sa carrière. Celle-ci ne pouvait progresser qu'à Hollywood, mais on avait jugé qu'il valait mieux que je fusse avec mon père, qui étudiait à l'école de médecine de

Rochester. Ma mère me rendait visite de temps en temps, mais la plupart du temps elle était en Californie. Pour elle, la vie de famille n'a jamais eu la même réalité que ce qui se passait sur le plateau de tournage. Quand elle ne travaillait pas, elle avait l'impression de perdre son temps [14]. »

Ingrid doit partir en tournée, durant l'été 1941, avec une pièce de théâtre, et Petter se dit que seuls Dieu et Selznick savent ce qui suivra — en fait, Dieu seul le sait. Avant la rentrée universitaire de l'automne 1941, Petter, Pia et Mabel emménagent dans une maison sans caractère au 985, South Avenue, Rochester, à vingt minutes à pied de l'école de médecine. Ingrid leur rendra visite lorsque ses obligations le lui permettront.

Vu le retard apporté à la production de *Pour qui sonne le glas* et l'absence de projet convenable dans l'immédiat, Selznick décide de laisser Ingrid exercer ses talents sur les planches. Cela lui a déjà valu, l'année précédente, un succès inattendu. Les tournées d'été constituent l'occasion idéale, se dit-il. Il fait en sorte que sa vedette se déplace à travers le pays en fonction des sorties locales de *Docteur Jekyll et Mister Hyde*, ce qui lui rapportera à la fois des entrées et de la publicité. La pièce qu'Ingrid et Kay lui ont proposée est un drame qu'Eugene O'Neill a écrit en 1920, et qui semble parfait pour succéder aux mésaventures d'Ivy Petersen. Le rôle, se dit-on — celui-là même que Garbo a choisi pour son premier film parlant, en 1930 — pourrait fortement valoriser Ingrid. Selznick accepte donc d'étendre son empire à ce qu'on appelle le « circuit des chapeaux de paille » du théâtre d'été. Dirigée par John Houseman, la pièce sera représentée à Santa Barbara, San Francisco et Maplewood (New Jersey).

Anna Christie raconte l'histoire d'une femme qui découvre l'amour dans un monde qu'elle croyait sans amour. Chris Christopherson, un ancien capitaine de marine qui en est venu à haïr la mer, commande maintenant un simple caboteur à charbon. Il apprend que sa fille Anna, qu'il a abandonnée quinze ans plus tôt, en Suède, vient du Minnesota pour lui rendre visite. Il ignore qu'elle est devenue prostituée après avoir été violée et doit affronter le fait qu'elle a souffert de son abandon. Persuadée qu'elle sera à jamais privée d'amour, Anna rejette tout d'abord celui du matelot Mat Burke. Elle essaiera finalement de prendre un nouveau départ, sans se faire d'illusions, en sa compagnie. Chris fera de même : il entreprendra son premier véritable voyage en mer depuis des années. Mais l'océan contrôle le destin de tous, suggère l'auteur...

O'Neill décrit Anna comme une grande blonde de vingt ans, « belle à la manière des Vikings. Mais sa santé est déjà délabrée, et l'on voit tout de suite qu'elle exerce le plus vieux métier du monde [15] ». Ingrid ne parvient guère à paraître ravagée, aucun fond de teint ne pouvant dissimuler tout à fait l'éclat de ses traits, ni l'impression de santé et d'équilibre qui émane d'elle. « C'était un plaisir de travailler avec Ingrid, raconte Houseman. Elle était ardente, passionnée, bien préparée, et elle m'a donné tout ce que je voulais — sauf le sentiment qu'Anna était malade, corrompue, déchue. On avait toujours l'impression que sous sa jupe d'époque, elle portait du linge amidonné et parfumé [16]. »

« Je me reconnais dans Anna Christie, une Suédoise saine et forte, déclare Ingrid à un journaliste, comme pour répondre aux remarques de Houseman. Je n'en fais pas une femme trop égarée, ni trop sinistre — malade, amère, oui —, ce n'est qu'une fille de la campagne qui tourne mal lorsqu'elle vient à la ville. Je pense vraiment que dans la fameuse scène où elle jure sur la croix qu'elle n'aimera plus jamais un autre homme [en tant que prostituée] et qu'elle va se racheter, il faut la croire. Penser qu'elle peut revenir en arrière n'aurait aucun sens [17]. » Il n'est pas interdit d'interpréter le texte de cette façon. Le public trouvera cela à son goût. Mais cette interprétation prive tout de même la pièce d'un peu de son piquant.

Le 30 juillet, lorsqu'elle apparaît sur la scène du Lobero Theater de Santa Barbara (*Anna Christie* y restera jusqu'au 2 août), sa crédibilité en putain déchue se pose de manière aiguë. Elle se laisse tomber sur une chaise, d'un air las, au bar de Johnny le curé, avant de prononcer la célèbre réplique : « Donnez-moi un whisky, avec de la bière. Et ne soyez pas radin, jeune homme [18]. » Le public éclate de rire. [Lana Turner, Tony Martin, George Raft, Samuel Goldwyn, Alfred Hitchcock et Olivia de Havilland sont dans la salle, au milieu d'une foule en surnombre.] « Ils devaient s'attendre à ce que je demande un verre de lait, racontera Ingrid avec amusement. Heureusement, j'ai tenu le coup. Et le spectacle aussi [19]. »

Dans les trois villes où la pièce est montrée en août et septembre, les spectateurs trouvent son personnage irrésistible. Son impatience naturelle et son tempérament nerveux trouvent leur pendant dans la grossièreté d'Anna. Elle donne à son personnage une certaine sérénité, qui vient de quelque chose vers quoi elle a toujours tendu. En cela aussi, insiste-t-elle, l'actrice et son personnage sont proches. Toutes les deux recherchent la considération d'autrui, même si c'est de manière romanesque. Certaines phrases recèlent aussi une émotion éminemment personnelle. « Ma mère ? Je me souviens pas d'elle du tout. Comment elle était ? » ou « Les gosses des autres (...) les entendre pleurer et brailler du matin au soir, rester enfermée, pour une gosse qui a envie de sortir et de voir le monde [20]... »

Mais surtout, les dernières répliques d'Anna laissent les spectateurs bouche bée : « En voilà assez de la tristesse », dit-elle à Mat avec une gaieté un peu forcée qui laisse passer une note d'espoir.

« Maintenant, pour toi et moi, tout est arrangé, non ? » Elle remplit leurs verres de bière. « Allons ! Je bois à la mer, je la prends comme elle est ! Sois chic et bois à sa santé ! Allons[21] ! » Cette longue pièce d'O'Neill, à la construction si complexe, n'avait jamais exprimé une possibilité aussi évidente de rédemption. « En forgeant une interprétation poétique du drame d'O'Neill, dit un critique, elle lui a donné une nouvelle vie. Ce faisant, elle s'est fait une place dans l'histoire du théâtre américain[22]. »

Pendant ce temps, dans tout le pays, la foule se presse devant les salles de cinéma. *Docteur Jekyll et Mister Hyde* est sorti le 13 août, et les délires sur la performance d'Ingrid dépassent l'entendement. Depuis son retour aux États-Unis, vingt mois plus tôt, on l'a vue dans deux pièces et trois films. Pour n'importe quelle actrice, ce serait un exploit. Mais cela ne satisfait pas Ingrid Bergman : elle considère chacun de ses accomplissements comme un défi, qui la contraint à s'améliorer avec le projet suivant. Son existence se définit par une activité débordante, tandis que le quotidien l'ennuie, l'irrite et l'éloigne de sa famille, de ses amis et d'elle-même. Les personnages qu'elle interprète lui apprennent à connaître les femmes. Les scénarios qu'elle lit enrichissent son imagination et éveillent son intelligence naturelle.

Durant les représentations au Curran Theater, à San Francisco, Ingrid reçoit de Carlotta Monterey O'Neill une invitation à déjeuner avec le dramaturge à Tao House, la maison qu'il occupe sur une falaise surplombant l'océan. « Il m'a emmenée dans son bureau. Neuf pièces de théâtre traînaient çà et là. Il s'apprêtait à faire sa fameuse saga, un siècle et demi de l'histoire d'une famille américaine — un cycle sur le développement de l'Amérique, surtout sur sa cupidité, sur la manière dont la cupidité ruine notre vie[23]. » O'Neill lui déclare qu'il voudrait qu'elle se joigne à une troupe de répertoire dont les comédiens échangeraient leurs rôles, d'une ville à l'autre. Mais lorsqu'elle comprend que ce projet exige un engagement de six ans, la discussion tourne court. Ingrid n'a pas le droit d'ignorer ses obligations envers Selznick. D'ailleurs, elle n'en a pas l'intention.

À vingt-six ans, Ingrid Bergman est devenue une femme qui ne se satisfait pas de futilités. En d'autres termes, elle constitue le meilleur exemple de l'actrice comme personnalité créative. Elle ne se contente pas de « jouer » des rôles. Plutôt, ses rôles la poussent à se pencher avec une attention plus profonde sur la vie elle-même. Sa timidité naturelle, son refus de sembler prétentieuse ou suffisante, son absence de fourberie lui interdisent de discuter de son art selon une rhétorique ampoulée, et de pérorer sur les subtilités de la vie d'artiste. Elle ne supporte pas la glose, d'où qu'elle vienne. Ingrid Bergman a un travail à faire. Elle a cela en commun avec la

Duse et Sarah Bernhardt, dont elle dévore les biographies alors qu'elle se morfond dans l'oisiveté, en attendant le bon plaisir de Selznick.

« C'était d'un ennui insupportable, dit-elle de son séjour à Rochester à l'automne 1941, je n'avais rien à faire[24]. » Il n'est pas difficile de comprendre les raisons de sa déception et de son ennui. Les devoirs de maîtresse de maison ne suffisent pas à satisfaire son talent et ses désirs, et elle ne voit personne d'autre que les collègues de Petter. « Quand ils venaient à la maison, il n'y avait d'autre sujet de conversation que la médecine. C'était normal, sans doute, mais pour moi ce n'était pas facile. » « Depuis que nous sommes mariés [plus de quatre ans], avoue-t-elle à Ruth Roberts, nous n'avons passé ensemble qu'une douzaine de mois[25]. »

Quant à ses responsabilités maternelles... Elle s'intéresse trop à sa carrière, tout simplement, pour la sacrifier aux joies incertaines du métier de mère. Elle aime sa fille, bien sûr, et lorsqu'elle se trouve avec elle à Rochester, elle lui accorde toute l'attention qu'elle mérite (et qu'elle réclame). Mais non seulement elle s'ennuie très vite, mais elle se sent inutile. Mabel a été formée à la perfection par Petter, qui trouve toujours à redire sur les méthodes et le style d'Ingrid. Maman aspire donc plus que jamais à se remettre au travail. On peut se demander si cette situation est vraiment différente de celle de nombreuses femmes douées qui ont eu des enfants mais ne souhaitent pas consacrer leur existence à la routine quotidienne.

En outre, Ingrid elle-même n'a jamais joui de la présence d'une mère attentive, et n'en a donc jamais su l'importance. Greta Danielsson représentait la grande sœur, mais sans la stabilité nécessaire chez une mère de remplacement. Tante Ellen est morte six mois seulement après avoir commencé à s'occuper d'Ingrid. Et Kay, après tout, travaille pour le même patron qu'elle et mène sa propre vie de mère et d'épouse. Dans sa vie comme dans son art, Ingrid compose chacun de ses rôles selon son intuition, sans jamais se conformer à un modèle existant. Il est évident que Pia Lindstrom (dont le témoignage est crucial pour qui veut comprendre les qualités d'Ingrid en tant que mère) atteint l'âge adulte en proie à des sentiments confus à l'égard d'Ingrid. Mais elle comprend que « s'il est merveilleux d'avoir un parent près de soi, on peut grandir sans que ce soit le cas à tout instant. Je crois que nous, ses enfants, nous avons compris les choses qu'elle devait affronter — les forces agissantes dans sa vie, la vocation à assumer, son besoin de se trouver une famille sur le plateau de tournage[26] ».

Mais il n'y a pas de vocation à assumer, ni sur scène ni à Hollywood, de septembre 1941 au printemps suivant. Déjà contrariée par son oisiveté, Ingrid est harcelée par les bonnes gens de Rochester, qui cherchent jour et nuit à violer l'intimité de leur star locale.

The Times-Union et *The Democrat & Chronicle* rapportent que des gens se rassemblent devant chez elle et lui téléphonent sans cesse. « J'ai une fille, plutôt jolie. Voudriez-vous la rencontrer, mademoiselle Bergman, et me dire si elle est assez bien pour passer une audition ?... » « Mademoiselle Bergman, j'ai un ami... Je me demande si... » « Mademoiselle Bergman, pouvons-nous venir vous demander un autographe ? C'est pour ma cousine... » La compagnie du téléphone leur accorde un numéro confidentiel. Mais des étrangers se permettent de sonner à leur porte, et la police de Rochester doit patrouiller plusieurs fois par jour autour de la maison. « C'est très joli et très confortable, ici, écrit-elle à Selznick le 29 septembre. Comme en prison. »

Elle se rend de plus en plus fréquemment à New York — pour visiter des musées, aller au théâtre ou se rendre à l'appartement de Kay à Manhattan, sur la 86e Rue Est. Lorsqu'elle se trouve à Rochester, son ennui la pousse à satisfaire sa gourmandise : crème glacée, knäckebröd et fromage de chèvre. « Je crois que j'ai tout essayé pour arrêter de manger. (...) Mais ça ne m'a pas aidée[27]. » Ce qu'il y a de mieux à Rochester, dira-t-elle, c'est la gare, qui lui est si utile pour s'enfuir.

Elle essaie d'organiser ses journées, explique-t-elle à ses amis, comme une écolière. Le matin, elle écrit son courrier, emmène Pia en promenade, joue du piano, tient son album d'extraits de presse, prend sa leçon d'anglais. Au piano et en anglais, elle est très forte, maintenant. Son répertoire musical s'est enrichi de quelques préludes de Chopin, et sa maîtrise de la langue est impressionnante, son vocabulaire varié, ses lettres sans fautes et étonnamment élégantes.

« Seuls la lecture et le tricot me sauvent la vie, écrit-elle à Ruth. Je suis en train de tricoter des pulls et des jupes pour la poupée de Pia. C'est une enfant extraordinaire. Je lui ai dit que pour Noël nous allions débarrasser les jouets qu'elle n'aimait pas ou dont elle pensait qu'ils feraient plaisir à d'autres enfants. Mais c'était elle qui devait les choisir, parce qu'ils étaient à elle, et que moi je n'avais rien à dire. Je t'assure, Ruth, j'ai failli pleurer. Je l'ai regardée trier soigneusement ses jouets pendant une heure. Elle était si mignonne. Elle a mis de côté de très jolies choses en disant : Je ne crois pas que je joue beaucoup avec ça. En revanche, elle a gardé pour elle une vieille poupée très, très sale. Elle est sale, c'est vrai, m'a-t-elle dit, mais elle a toujours été une bonne fille. Tu penses si je me suis tue ! Tout cela à trois ans[28] ! »

Noël n'est qu'un bref sursis avant de reprendre son rythme d'escargot. « Le fait d'avoir un foyer, un mari et une fille devrait suffire à n'importe quelle femme — je veux dire, nous sommes là pour cela, n'est-ce pas ? demande-t-elle d'un ton plaintif à Ruth Roberts.

Mais je continue à penser que chaque jour est un jour perdu. Comme si je ne vivais qu'à moitié. L'autre moitié est enfermée dans un sac et suffoque. Que vais-je faire ? Si seulement j'entrevoyais une lueur [29]. »

Chapitre sept

1942

L'amour est comme la toux, il ne passe pas inaperçu.

George Herbert, *Jacula Prudentum*

Pendant presque neuf mois, de début septembre 1941 à fin mai 1942, le tricot est la principale activité d'Ingrid Bergman. Mon Dieu, confie-t-elle à Kay Brown et Ruth Roberts, je vais bientôt pouvoir offrir des pull-overs à tous les soldats de la terre. Tranquillement installée à Rochester, elle accueille les dames de la ville pour le thé, et les collègues de son mari à dîner. Sa vie culturelle est réduite au minimum et sa carrière est apparemment dans l'impasse. Ingrid est à bout de patience. Elle ne s'est jamais sentie aussi inutile.

Aucune bonne nouvelle ne vient de David Selznick. Il a pensé en faire une nonne dans une adaptation du roman d'A.J. Cronin, *Les Clés du royaume*. Il a changé d'avis, et annoncé qu'elle jouerait dans un film intitulé *She Walks in Beauty*, d'après *Les Ailes de la colombe* de Henry James. Puis le projet est tombé dans l'oubli. John Houseman suggère à Selznick d'associer Alfred Hitchcock et Ingrid sur une adaptation de *Lettre d'une inconnue* de Stefan Zweig. Sur les conseils avisés de Kay Brown, Selznick lui fait remarquer qu'Hitchcock ne s'intéresse pas à ce genre d'histoires. Quelques années plus tard, Houseman produira lui-même le film d'après Zweig.

Selznick a mené campagne afin qu'Ingrid obtienne le rôle de Maria dans *Pour qui sonne le glas*. Mais il apprend au début de l'année que ses espoirs sont anéantis. Pour satisfaire Hemingway et donner le rôle principal à Gary Cooper, la Paramount a dû payer une fortune pour emprunter le comédien à Samuel Goldwyn. Elle est donc encline à confier le rôle de Maria à une actrice sous contrat chez elle. Ce sera Vera Zorina, une danseuse et comédienne d'origine norvégienne qui a joué dans quelques comédies musicales de second plan. Elle achève alors un engagement à Broadway. Olivia de Havilland, sa sœur Joan Fontaine, Susan Hayward et une vingtaine d'autres candidates ont auditionné pour le rôle. La Paramount, dans un souci d'économie, le donne à Vera Zorina. Une belle fille, dont on espère qu'elle fera du bon travail.

Lorsque Ingrid apprend la nouvelle, elle écrit à Selznick, en proie au découragement. « En ce moment je suis déprimée, profondément déprimée. Depuis ton télégramme de janvier 1940 à propos de *Jeanne d'Arc*, tu ne cesses d'ajourner et de changer tes plans. (...) Je ne supporte pas d'être inactive. En ces jours [de guerre] plus que jamais, je ressens la nécessité de travailler, d'*accomplir* quelque chose. Je me sens très triste[1]. »

Irene Selznick sait à quel point l'oisiveté pèse à Ingrid : « La plupart des gens n'ont pas besoin de travailleur dur pour être heureux. Pour Ingrid, c'était une nécessité[2]. » En fait, durant cet hiver sombre et inactif, Ingrid n'est pas loin de sombrer dans la dépression. Même les jours de soleil, elle reste assise sans énergie, demande à Mabel d'aller promener Pia à sa place, et énerve Petter avec ses bouderies maussades. Fin mars, les Lindstrom rencontrent l'agent Charles K. Feldman. Petter vérifie les références de sa firme, puis Ingrid signe un contrat avec l'agence Feldman-Blum d'Hollywood. Mais sa carrière est entièrement soumise à Selznick, et Feldman ne peut assurer qu'un rôle de manager et de conseiller. Petter continue d'approuver les reconductions annuelles du contrat avec Selznick. Il conseille sa femme pour les questions de garde-robe, de régime, de comportement et d'élocution, et examine minutieusement les rôles que la radio lui propose.

Il prend l'habitude de se conduire comme son agent *de facto*, ce qui ne manque pas de créer des frictions avec Selznick et Feldman. Le 10 avril, par exemple, Ingrid doit aller à New York enregistrer une dramatique radio. Selznick refuse de lui en donner la permission. Il a une bonne raison à cela, comme il l'écrit dans un mémo adressé à son vice-président et directeur général, Dan O'Shea. « Petter refuse de [nous] céder la moitié des 1 750 dollars[3] », qui revient de droit à Selznick International. Petter avance qu'il a décroché l'engagement à la radio sans l'aide de personne et que Selznick n'a donc aucune raison d'en toucher une part. En outre, dit-il à O'Shea, « en septembre au plus tard, nous devrons prendre des décisions car Ingrid a envie de retourner au théâtre[4] » — suggérant ainsi que Selznick en sera informé après coup. Avec ce nouvel épisode, l'écheveau des relations Bergman-Selznick-Lindstrom commence à être vraiment embrouillé. Mais Selznick sait qu'il doit calmer Petter pour rester dans les bonnes grâces d'Ingrid. Il promet de lui verser cinq cents dollars, le prix de la licence médicale de Californie pour Petter Lindstrom[5].

Le 24 avril 1942, enfin, Selznick annonce à Ingrid qu'il a un film pour elle. Il le fait pour plusieurs raisons. D'une part, l'affaire risque de lui rapporter gros — 125 000 dollars de la Warner Bros, dont il ne versera à Ingrid, selon les termes de son contrat, que 35 000 dollars. D'autre part, il y a toujours un risque que la Suède s'allie à l'Allemagne et l'Italie. Il estime qu'il est plus prudent d'utiliser Ingrid avant qu'Hollywood ne rechigne à l'idée de faire travailler une actrice suédoise qui n'a entamé aucune démarche pour se faire naturaliser.

Il prête Ingrid Bergman à Hal Wallis, producteur à la Warner. En retour, ce studio lui prêtera une de ses actrices sous contrat, Olivia de Havilland, pour un film de Selznick. « Ça s'appelle *Casablanca*, et je ne sais absolument pas de quoi il s'agit », écrit Ingrid à Ruth Roberts. Elle n'est pas la seule. À chaque étape de son développement, les collaborateurs de ce film seront dans l'ignorance de sa logique « politique » et dramatique. Le 2 mai, Ingrid laisse Petter et Pia à Rochester et regagne Hollywood. Elle n'y a pas mis les pieds depuis un an. Les assistants de Selznick lui ont trouvé un petit appartement confortable au 413, South Spalding Drive, à Beverly Hills, dans le même complexe modeste que son ancien logement de Shirley Place, à deux pas de là.

Casablanca, avec *Autant en emporte le vent* et *Citizen Kane*, fait partie des films qui ont suscité le plus de commentaires. Chacun d'eux a été une entreprise incertaine, lancé sous des auspices douteux, et mené à son terme sans que personne ne sache quels en seraient les débouchés. La réalisation de *Casablanca*, qui est peut-être le film le plus célèbre d'Ingrid Bergman, sera une des expériences les plus éprouvantes et les plus frustrantes de son existence. Ce film, qui deviendra un classique en dépit de tout, est improvisé au jour le jour par de nombreux artistes, et il devra son succès à cette sorte de bonne fortune qui se manifeste parfois à Hollywood.

Le problème majeur n'est pas tant le choix des comédiens que l'écriture du script. Les archives de production de la Warner montrent clairement que ce sont les frères Julius et Philip Epstein qui ont le plus travaillé sur le scénario. Howard Koch est aussi crédité, tandis qu'un certain nombre d'écrivains dont le nom n'apparaît pas au générique y ont apporté des contributions importantes : Willy Kline, Aeneas McKenzie, Casey Robinson et Lenore Coffee, notamment. Le metteur en scène, le producteur et certains acteurs sont intervenus sur les dialogues. Contrairement à l'idée qu'on se fait souvent du cinéma, ce cas de figure n'est pas rare.

La genèse de *Casablanca* mérite d'être retracée brièvement. En 1938, un professeur new-yorkais du nom de Murray Burnett, voyageant en France, est allé dans une boîte de nuit, La Belle Aurore, dont l'ambiance musicale et l'atmosphère lui ont rappelé un spectacle de Broadway intitulé *Everybody's Welcome*. Cette comédie musicale comprenait notamment une chanson de Herman Hupfeld, « As Time Goes By ». À l'été 1940, Burnett et son coauteur

Joan Alison ont achevé l'écriture d'une pièce, *Everybody Comes to Rick's*. Elle est inédite à la fin de l'année suivante lorsque Hal Wallis, de la Warner, en achète les droits d'adaptation pour 20 000 dollars (le plus gros montant jamais déboursé pour une pièce jamais montée).

Attentif au succès remporté un peu plus tôt par Charles Boyer et Hedy Lamarr dans le mélodrame exotique *Casbah* [6], Wallis donne le texte de la pièce aux scénaristes Julius et Philip Epstein. Le projet est rebaptisé *Casablanca*. Début 1942, on annonce que les rôles principaux seront tenus par Ronald Reagan, Ann Sheridan et Dennis Morgan.

Fin avril, Wallis et Warner ont reçu un troisième état du script. Michael Curtiz, le réalisateur d'origine hongroise, est chargé de la mise en scène. Il a collaboré jadis, en Suède, avec Victor Sjöström et Mauritz Stiller, et il mène à Hollywood une carrière prolifique (au point de tourner parfois cinq films par an).

Mais les problèmes de script ne sont pas résolus. Début mai, à la lecture du quatrième état, Ingrid est très inquiète. Selznick lui promet que la version définitive fera d'elle une héroïne romanesque inoubliable. Rien ne peut lui arriver de mieux que donner la réplique à Humphrey Bogart (qui est désormais pressenti pour le rôle principal). En outre — que pourrait-elle demander de plus ? —, elle sera sensationnelle, photographiée par le chef-opérateur Arthur Edeson, dans les costumes élégants et avantageux d'Orry-Kelly. Mais Ingrid est encore incapable de saisir la logique nébuleuse de l'histoire. Elle ne peut donner vie à un personnage qu'elle ne comprend pas. C'est alors qu'il va se passer une chose extraordinaire.

Les 22 et 23 mai, Ingrid exige de rencontrer en privé Wallis, Curtiz, Warner et Selznick, à qui elle pose un certain nombre de questions sur *Casablanca*. Qui est cette Ilsa Lund, exactement ? Quels sont les antécédents sentimentaux d'une femme qui peut aimer avec une telle passion deux hommes si différents ? Jusqu'à quel point ressent-elle le conflit entre l'amour et le devoir ? Que signifie telle réplique, au regard de telle autre qui apparaît quelques pages plus loin ? Comment telle scène est-elle compatible avec telle autre ? S'il faut en croire les archives du studio, c'est l'insistance d'Ingrid qui a permis aux scénaristes, au producteur et au metteur en scène de lancer l'écriture du scénario dans sa phase décisive. Les auteurs n'ont pas fini de le taper, lorsque le tournage débute au studio de la Warner, le 25 mai.

Au centre de *Casablanca*, on trouve les relations d'un émigré américain énigmatique, Rick Blaine (Humphrey Bogart) avec Ilsa Lund (Ingrid Bergman). Ils ont été amants, jadis. Ilsa est mariée, désormais, avec le résistant antinazi Victor Laszlo (Paul Henreid, qui a rompu en 1936 le contrat lucratif qui le liait à l'UFA). Autour d'eux, s'agite un embrouillamini d'espions et de collaborateurs, d'officiers allemands et de fonctionnaires vichystes avec, au premier plan, le préfet de police de Casablanca, Louis Renault (Claude Rains).

« Personne ne savait où ce film allait nous conduire, raconte Ingrid. Deux fois par jour, le matin et l'après-midi, on nous donnait des nouvelles pages de dialogues. Il fallait se hâter d'en mémoriser des fragments et de redéfinir notre personnage, par-dessus le marché ! À chaque fois que je demandais à Curtiz qui était mon personnage, ce qu'il ressentait, ce qu'il faisait, il me répondait : Eh bien, nous n'en sommes pas vraiment sûrs... Tournons cette scène, et nous verrons bien demain ! Je vous jure, c'était vraiment impossible[7] ! »

Durant l'été chaud de 1942, la réalisation de *Casablanca* avance donc par à-coups. Acteurs et techniciens multiplient les heures supplémentaires, travaillent avec efficacité et obstination. Ingrid — dont l'interprétation sera bel et bien inoubliable — est malheureuse pendant tout le tournage. Personne n'imagine que le film va devenir une des œuvres les plus populaires et les plus durables de l'histoire du cinéma américain.

La fin idéaliste où Rick sacrifie son amour pour Ilsa, la persuade de partir avec son mari et de combattre pour la liberté, ne s'est imposée qu'à la fin du tournage. À la demande de Curtiz, Wallis et Jack Warner, les scénaristes ont préparé une autre fin qui devait être tournée plus tard, et dans laquelle Ilsa reste avec Rick. Mais tout le monde trouve la première excellente, au point que la nouvelle est laissée de côté. La principale raison en est la réplique finale de Bogart à Rains (une idée de Hal Wallis) : « Louis, je crois que c'est le début d'une belle amitié », enregistrée deux semaines après qu'on a congédié les acteurs. Quant aux mots les plus célèbres du film — « Il te regarde, mon petit » —, Bogart les a introduits en cours de tournage : il a emprunté la phrase à Ruth Roberts qui, à l'heure du déjeuner, donnait à Ingrid une leçon d'argot et de poker.

Le compositeur Max Steiner, lui, fait une proposition qui, si elle avait été prise en compte, aurait peut-être compromis le succès du film. Après le tournage, il presse Wallis d'abandonner la chanson « As Time Goes By ». Mais il faudrait pour cela refaire toutes les scènes où elle est jouée ou chantée, car elle représente un lien sentimental entre Rick et Ilsa. D'autre part, Ingrid a démarré le tournage d'un nouveau film juste après la fin de *Casablanca*. Il est extrêmement difficile de la faire revenir pour tourner de nouvelles scènes. On conservera donc « As Time Goes By ». D'innombrables zélateurs de *Casablanca* le répètent depuis un demi-siècle : la solution proposée par Steiner aurait été une catastrophe.

Ingrid Bergman exprime un mélange complexe d'émotions — amour ravivé, vulnérabilité, sens de l'honneur et insécurité — et apporte au film un sentiment de fragilité qui, en ces temps de guerre, parle directement au cœur du public. Son image en sera à jamais transformée, même si le tournage ne lui offre aucune satisfaction et ne lui laisse aucun souvenir agréable. Ilsa est toute de braises étouffées — désir contre devoir, cœur contre raison. Depuis 1942, des générations de spectateurs n'ont aucun mal à admettre que cette femme mérite qu'une personnalité morale comme Henreid se batte pour elle, mais aussi qu'un bagarreur cynique comme Bogart, au cœur froid et indomptable, soit à jamais incapable de l'oublier.

Casablanca offre à Ingrid Bergman son premier rôle de grande amoureuse. Peut-être même son premier grand rôle. Mais elle en gardera toujours un souvenir pénible, d'autant plus qu'avec les années, il deviendra le film-culte auquel on l'identifiera : elle ne se fiera donc jamais à cette image, et elle ne reviendra jamais à l'iconographie, trop jolie, d'Ilsa Lund.

Une fois de plus, Ingrid triomphe contre toute attente, et son interprétation est appréciée comme elle le mérite. Pendant les deux premiers tiers du film, elle confère à Ilsa une sérénité extraordinaire, et donne à ses hésitations amoureuses toute leur intensité dramatique. Il y a dans *Casablanca* beaucoup de gros plans prolongés sur Ingrid, mais ils ne ralentissent en rien le rythme ni n'en diminuent la force émotionnelle. Son « amie » la caméra (comme elle l'appelle toujours) saisit la moindre nuance, et contrairement à beaucoup de simples acteurs, elle parvient à *suggérer* des sentiments mêlés — le tissu d'émotions propre à la vie intérieure de tout être humain.

Dans le dernier tiers, surtout, Ilsa est en proie à une passion intense, raffinée, qui tente de s'exprimer dans cette confusion de sentiments. Dans la scène où elle essaie d'obtenir de Rick les visas de transit qui permettraient à Laszlo et elle-même de quitter Casablanca, Michael Curtiz cadre presque exclusivement Ingrid. Elle sait exactement où il faut placer les pauses et les tremblements émus pour exprimer les variations de sentiments d'Ilsa qui passe des menaces à l'aveu de son amour.

Ilsa. — Vous voulez vous apitoyer sur vous-même, n'est-ce pas ? Les enjeux sont si élevés, et vous ne pensez qu'à vos propres sentiments. Une femme vous blesse. Vous vous vengez sur le monde entier. Vous êtes... Vous êtes lâche et faible. [*Elle ne voulait pas dire cela. Ses yeux s'emplissent de larmes.*] Non, non, Richard... Pardonnez-moi. Pardonnez-moi... Mais vous êtes notre dernier espoir. [*Sa voix n'est plus qu'un murmure.*] Si vous refusez de nous aider, Victor Laszlo mourra à Casablanca.

Rick. — Et alors ? Moi aussi, je vais mourir à Casablanca. C'est le bon endroit pour cela. Maintenant, si vous...

Ilsa *(elle l'interrompt, et pointe brusquement un revolver sur lui)*.
— Très bien... J'ai essayé de vous raisonner. J'ai tout essayé. Maintenant, je veux ces lettres. Allez me les chercher.

Rick. — Ce n'est pas la peine. Je les ai apportées, elles sont ici.

Ilsa *(les larmes aux yeux)*. — Posez-les sur la table.

Rick. — Si Laszlo et la Cause ont une telle importance pour vous, rien ne vous arrêtera. [*Il se dirige vers elle.*] Très bien. Je vais vous simplifier la tâche. Allez-y, tirez. Vous me rendrez service.

Ilsa *(tremblante)*. — Richard, j'ai essayé de rester à l'écart. Je pensais ne jamais vous revoir. Que vous étiez sorti de ma vie. [*Ils s'étreignent.*] Le jour où vous avez quitté Paris... Si vous saviez ce que j'ai traversé... Si vous saviez combien je vous aimais... Combien je vous aime encore. [*Ils s'embrassent.*]

Sur le papier, la scène est un véritable « fatras de sentiments » (pour reprendre un mot de Ben Hecht à un autre sujet). Mais la crédibilité absolue d'Ingrid — toute poésie frémissante, face à la prose granitique de Bogart — lui permet de fonctionner parfaitement.

Quelles que soient les idylles qui se développent sur l'écran, aucune amitié particulière n'encourage ni ne rapproche les acteurs pendant le tournage. « Dans *Casablanca*, j'embrasse Bogart, racontera Ingrid, mais je ne l'ai jamais vraiment connu. Il sortait de sa loge, tournait la scène et disparaissait. C'était très bizarre, très distant [8]. » Beaucoup plus tard, elle apprendra que la femme de Bogart, l'actrice excentrique Mayo Methot, était d'une jalousie maladive à l'égard de son mari qu'elle menaçait des pires violences s'il lui arrivait de se lier d'amitié avec une de ses partenaires. Bogart, cette incarnation du machisme indépendant et sûr de soi, se soumet. Sans doute n'a-t-il pas besoin de se faire violence. Il confie à certains de ses collègues (comme le fit Spencer Tracy) qu'il a l'impression qu'Ingrid est en train de voler le film à ses partenaires.

Du 14 juin au 4 juillet, Petter laisse Pia à Rochester avec Mabel, et vient passer ses vacances à Hollywood. Il se rend directement au plateau de la Warner. À la surprise générale, il apporte dix bobines de film de 16 mm, avec des scènes de vie de famille qu'il a tournées à Rochester. Il s'agit pour l'essentiel des singeries de Pia, une mignonne petite charmeuse de presque quatre ans. Ravie, Ingrid invite le soir même quelques-uns de ses collègues, acteurs et techniciens, à une séance de projection impromptue.

Malgré toutes les difficultés du tournage, *Casablanca* va connaître un succès immédiat, qu'il doit sans doute en partie au contexte historique. Le 8 novembre, les forces alliées débarquent à Casablanca. Les agents de publicité de Jack Warner persuadent immédiatement celui-ci de précipiter la sortie new-yorkaise du film. Après une avant-première à guichets fermés, toutes les salles où il est programmé affichent complet jusqu'à la fin de l'année. Quand le président Roosevelt revient de la Conférence de Casablanca (janvier 1943), le triomphe du film est assuré. Parfaitement synchrone avec les gros titres de l'actualité internationale, il est à l'affiche, à la mi-février, dans deux cents salles américaines. Roosevelt lui-même apprécie le film. Il en fait venir une copie, qu'il projette à ses invités lors de la soirée du Nouvel An organisée dans sa propre *casablanca* de Pennsylvania Avenue.

Des files interminables s'allongent devant les cinémas du pays. Peut-être était-ce inévitable : bien que truffée d'erreurs historiques, logiques et psychologiques, cette histoire irrésistible d'amour et de grandeur d'âme reçoit huit nominations aux Oscars (Ingrid n'est pas dans le lot). Il est couronné trois fois : meilleur film, meilleur metteur en scène, meilleur scénario. Un demi-siècle plus tard, il est toujours considéré comme un des films les plus populaires de tous les temps, moins pour son à-propos historique que parce qu'il s'agit d'un divertissement haut de gamme. Ingrid Bergman, pour sa part, ne comprendra jamais pourquoi. Lorsqu'on la complimente pour son interprétation, elle sourit patiemment : « Eh bien, ce fut une expérience très étrange. Croyez-moi, nous n'étions jamais certains de ce qui se passait[9]... »

Fin juillet, pendant une pause, Paul Henreid remarque qu'Ingrid a l'air mélancolique. Elle lui explique qu'elle n'attend rien de l'avenir. Selznick la laisse trop souvent sans travail, elle ne supporte pas l'oisiveté, et en dépit d'une campagne musclée, le rôle de la Maria de *Pour qui sonne le glas* lui a échappé au profit de Vera Zorina. Elle croit sincèrement que le rôle lui aurait mieux convenu. « Elle n'était pas le moins du monde obsédée par sa propre beauté, dira Henreid. Elle n'était obsédée que par le désir de faire le meilleur travail possible dans le métier qui était le sien[10]. »

Au moment où se déroule cette conversation, on a commencé le tournage de *Pour qui sonne le glas*, au nord de la Californie. Ingrid ignore que le glas sonne déjà, sinistre, sur une production qui connaît autant de problèmes que *Casablanca* — mais qui aura beaucoup moins de succès que le film de Curtiz.

En premier lieu, il y a des problèmes avec le réalisateur. Même quand tout va pour le mieux, Sam Wood n'est pas l'homme le plus délicat du monde. C'est un technicien, qui s'intéresse plus aux chevaux qu'au travail avec les comédiens. Mais il vient de diriger Gary Cooper dans *Vainqueur du destin*, c'est un vieil ami de l'acteur, et il n'est donc pas question de le faire remplacer. En outre, ni le réalisateur ni la star masculine n'aiment beaucoup Vera Zorina. Cette femme à la beauté exceptionnelle est beaucoup trop raffinée, autant pour le rôle de Maria que pour supporter les rigueurs du tournage dans les montagnes de Californie. Cooper et Wood font savoir au directeur de production de la Paramount, B.G. De Sylva, qu'ils sont d'accord avec Hemingway et Selznick. Il leur faut Ingrid Bergman. Zorina doit s'en aller.

La situation est plutôt délicate. Sam Wood (qui n'en pensait pas un mot) lui a déjà dit que ses essais étaient magnifiques, et que la scène qu'elle a tournée montre qu'elle est une comédienne remarquable. Ce faux-fuyant destiné à la flatter et à l'encourager se retourne maintenant contre elle, car la pauvre femme y a cru. Vera Zorina est l'épouse du chorégraphe George Balanchine, et elle a une formation de ballerine. Elle est sous contrat à la Paramount, n'a aucun grand rôle à son actif, et, jusqu'à ce que Wood intervienne en sa faveur, elle était terrifiée à l'idée de jouer dans une grosse production comme *Pour qui sonne le glas*. Son renvoi est d'autant plus accablant que la flagornerie du cinéaste l'a autorisée à nourrir des espoirs irréalistes. De fait, elle pourrait allumer des cierges pour avoir été éloignée d'un film qui se révélera une des œuvres les plus ennuyeuses du cinéma américain.

Fin juillet, *Pour qui sonne le glas* a déjà plusieurs semaines de retard. Gary Cooper et Sam Wood (qui est aux ordres) attendent tranquillement qu'Ingrid soit disponible. Trois jours avant le bouclage de *Casablanca*, De Sylva convoque Vera Zorina dans son bureau. Cooper et Wood, prétend-il, lui ont donné un ultimatum. Ou bien il la remplace par Ingrid Bergman, ou bien ils abandonnent le film. Toute sa vie, Vera Zorina estimera qu'elle a été trahie, furieuse contre ce qu'elle appelle l'« ultimatum impitoyable manigancé par David O. Selznick[11] ».

Mais ce n'est pas la vérité, et personne n'a le courage de lui parler franchement. Le scénario est beaucoup trop long. Les problèmes qui en découlent s'accentuent de jour en jour. Vera n'est pas capable de projeter une aura suffisamment forte pour se montrer à la hauteur de Gary Cooper, et personne, comme *Life* le souligne avec une rare ironie, « ne peut faire d'elle autre chose qu'une excellente danseuse de ballet[12] ». Hemingway, qui exerce en coulisse une influence majeure, n'est pas surpris. Ingrid a été son premier choix, après tout.

De Sylva ne veut pas prendre le risque de perdre Gary Cooper, Sam Wood et l'appui d'Hemingway, voire l'argent qu'il a déjà investi dans le film. Il appelle Selznick. Ingrid accepterait-elle de se couper les cheveux ? Le 31 juillet, Selznick pose la question à sa protégée, pour la forme. S'il le fallait, je me couperais *la tête* ! s'écrie-t-elle. Impatiente d'en finir avec *Casablanca*, elle ignore tout des problèmes futurs, qui seront bien pires. Selznick est impatient, lui aussi. Il conclut rapidement l'affaire avec la Paramount, qui lui verse 150 000 dollars pour le « prêt » d'Ingrid. Celle-ci en recevra 34 895 (avec une prime pour heures supplémentaires).

Le 5 août, Ingrid et Ruth Roberts arrivent à Sonora, près de la Stanislaus National Forest, sur les contreforts de la Sierra Nevada. Le 6, Ruth écrit à Dan O'Shea : Ingrid a l'air magnifique, et « prête à éclater de bonheur ». Elle attend avec impatience de tenir le rôle de ses rêves, de se couper les cheveux et de les teindre, et de donner à sa peau claire une couleur olivâtre. C'est son premier film en couleurs. Elle se réjouit surtout d'apprendre... et de travailler avec Gary Cooper, dont elle admire tant le jeu naturel.

Ingrid ne sait rien — et c'est tant mieux — des problèmes que Petter est en train de créer au même moment. Le service juridique de Selznick a envoyé par erreur à Rochester les documents qu'elle doit signer pour officialiser son « détachement » à la Paramount. Petter formule un certain nombre d'objections, ce qui donne lieu à un échange épistolaire et télégraphique entre Rochester et Culver City. Sans consulter Charles Feldman, Petter négocie au nom d'Ingrid, exigeant des primes plus élevées, plus de temps libre et des privilèges qu'elle-même n'a jamais réclamés et que Selznick trouve inacceptables. « La seule chose qui se dresse entre Ingrid et le bonheur, entre Ingrid et le succès, c'est votre tentative incroyable de la diriger », écrit Selznick à Lindstrom dans une lettre datée du 16 août.

Deux semaines plus tard, Petter écrit à O'Shea : « Je regrette de vous avoir promis de vous renvoyer le contrat en toute hâte. (...) Je ne peux pas demander à Ingrid de signer un contrat que je n'ai vu qu'une demi-heure. (...) J'aimerais vous appeler ce soir [13]. » Furieux, Selznick se plaint auprès de Feldman : « Lindstrom est encore en train de nous jouer des tours, il essaie de tirer profit du fait que sa femme vaudra plus cher après *Pour qui sonne le glas*. (...) S'il persiste dans cette attitude, s'il essaie de se montrer plus malin que les amis et les producteurs de sa femme, et ses agents, c'est Ingrid qui finira par payer la note [14]. » Sa confiance en son mari, son désir de le laisser s'occuper de tout, jusqu'à ses finances personnelles, ont déjà valu à Ingrid quelques désagréments : « Elle n'osait même pas s'acheter une robe sans son accord », raconte son ami le producteur français Michel Bernheim [15].

« Personnellement, j'aurais dit au docteur Lindstrom de tenter le coup [16] », déclare Selznick à son chef de la publicité, Whitney Bolton. (Celui-ci se plaint du fait que Petter donne son avis à tout propos sur la manière dont ils gèrent les intérêts d'Ingrid.) Selznick a une raison personnelle de détester les méthodes de Petter. Lors de son voyage à Hollywood en juin, Lindstrom lui a parlé de manière bien peu diplomatique. « David semble mal à l'aise avec moi, écrit-il à Irene Selznick. Je lui ai dit que ses plus gros atouts

134

sont sa femme et son beau-père. Il l'a mal pris, évidemment. » Son franc-parler ne fera pas de Selznick son allié.

Mais dans l'immédiat, ces incidents ne parviennent pas aux oreilles d'Ingrid, et Selznick fait tout pour cela. Il sait qu'elle a suffisamment à faire, là-haut, dans la Sierra Nevada, et elle doit y rester de début août à fin septembre. Selon l'aspect considéré, la vie peut y être rude ou infiniment agréable. Comme si souvent, Ingrid fait de nécessité vertu dans le premier cas, et elle en profite au maximum dans l'autre.

D'abord, les conditions de logement sont telles que peu de vedettes s'en accommoderaient sans se plaindre. Ruth et Ingrid occupent un petit pavillon d'été loué par la Paramount, au bord de la rivière Stanislaus. Des truites pittoresques nagent dans les rapides, juste au pied de leur véranda. Lorsqu'elles ont le temps, les deux femmes en attrapent une pour Gary Cooper ou Sam Wood. Mais on est loin du confort des bungalows d'Hollywood. Il y a très peu d'eau, pas d'électricité, de chauffage ni de téléphone. Le directeur de production craignait la mauvaise humeur de son actrice principale. Il est surpris de voir qu'Ingrid apprécie cette vie simple et rustique. Son personnage a pour toute garde-robe quelques chemises d'homme, de vieux pantalons et des chaussures en semelles de corde, et cela lui suffit, même hors tournage. C'est une expérience nouvelle, qu'elle prend avec bonne humeur, sans faire de caprices. « J'adore être au soleil, écrit-elle à Irene Selznick le 23 août, et je suis beaucoup plus heureuse lorsque je fais de l'escalade ou du cheval que si je restais assise dans un fauteuil confortable au fond d'une loge. »

Mais il y a les rigueurs du tournage. Le décorateur William Cameron Menzies (qui a déjà travaillé sur *Autant en emporte le vent*, *Notre village*, *Crimes sans châtiment* et *Vainqueur du destin*) cherche à retrouver ce qui se rapproche le plus de la rude terre d'Espagne. En résumé, cela signifie qu'acteurs et techniciens doivent parcourir quelque vingt-cinq kilomètres de montagne, dans les rochers de granit escarpés, à 2 500 ou 2 800 mètres d'altitude. Toute l'équipe est sur place au petit matin, par des températures glaciales. On travaille jusque sous le soleil de l'après-midi. Le soir venu, on se réchauffe avec des chopes de café, puis on s'entasse dans les voitures et l'on reprend la route du village. Ingrid savoure chaque instant de ces journées.

Non qu'elle ait l'impression de travailler sur un chef-d'œuvre. Le moins futé des assistants comprend très vite que ce film, avec ses dialogues et ses gros plans interminables, est assommant, vide d'émotion, et saigne le roman d'Hemingway de tout ce qu'il contient de chair, de sang et d'amour — sans parler de son point de vue politique, pourtant essentiel. Nous sommes en 1942, et Hollywood ne doit prendre aucun risque. Le film ne contient aucune condamnation du fascisme espagnol, aucune allusion à Franco et aux forces franquistes, manifeste un soutien très discret aux guérilleros, et seuls de rares gestes très convenables suggèrent la liaison passionnée mais incertaine entre Robert Jordan, le combattant de la liberté, et Maria, l'innocente petite paysanne. (Cinquante ans plus tard, pour la version vidéo, on a restauré quelques scènes coupées. Cela n'ajoute pas grand-chose au film, dont le sujet n'est plus d'actualité, et dont l'histoire d'amour est toujours aussi timorée.)

Mais le code de censure de l'industrie cinématographique n'est pas seul responsable du fait que ce film soit aussi édulcoré. Sam Wood manque cruellement de sens du rythme, et les acteurs — sauf son ami Gary Cooper — ne l'intéressent pas. L'interprétation de Cooper est exceptionnelle. Ingrid semble avoir allumé quelque flamme chez cet homme d'ordinaire si impassible. Il est apparemment ému par elle comme ce fut rarement le cas avec d'autres partenaires. Des sourires et des gloussements suggèrent qu'il l'apprécie, et une lueur d'émotion (décidément inhabituelle chez lui) éclaire leurs scènes d'amour. Lorsqu'on revoit ses films aujourd'hui, il est évident qu'il doit son succès à son jeu distant et à ses traits joliment ciselés. Autant de qualités qu'on confond souvent avec le talent. Mais Gary Cooper sera toujours Gary Cooper. Grand sur sa selle, mais à court de génie dramatique.

Wood a la chance de profiter de ces rares moments où son film s'illumine un peu. Mais sans cela, sans le talent de Bill Menzies, de Katina Paxinou et de tous les professionnels qui tiennent les rôles secondaires, il manquerait totalement de distinction. Il reçoit huit nominations aux Oscars. Seule Katina Paxinou sera récompensée (meilleur second rôle féminin). Ingrid est nommée pour l'Oscar de la meilleure actrice. Au bout du compte, *Pour qui sonne le glas* n'est guère qu'un documentaire touristique en Technicolor — très joli mais pesant — sur les montagnes de Californie, un pensum ridicule et boursouflé, capable d'endormir le suractif et gros consommateur de cachets Selznick en personne.

La production est involontairement imprégnée de l'esprit des « Pirates des Caraïbes » de Disney. Menzies cède aux exigences de Sam Wood et donne au film des couleurs lénifiantes, et chaque plan ressemble à une peinture trop jolie au regard de l'âpreté du sujet. Dans les scènes qui se déroulent en hiver, par exemple, le film est aussi attendrissant qu'un paquet de cartes de vœux. Il ne manque que le père Noël dévalant les pentes sur son traîneau. On ne peut pas dire non plus que la bande sonore « romantique » de Victor Young soit toujours opportune. Le thème principal se répète beaucoup trop souvent, et chaque temps fort de l'action est ponctué par une fâcheuse musique de fond. Dans une scène, par exemple, alors qu'un républicain brocarde Pablo, un hurlement de l'orchestre accompagne chaque coup de poing assené au traître. On se rapproche dangereusement de la satire. En dernière analyse, la guerre n'a jamais semblé aussi séduisante qu'ici, à « Paramount, Espagne ».

Même quelqu'un d'aussi ingénieux qu'Ingrid Bergman ne trouve pas matière à investir son talent. Certes, dans ses mémoires, elle se rappellera avec tendresse son travail avec Gary Cooper. Elle confiera pourtant que les mois passés sur le tournage de *Pour qui sonne le glas* restent parmi les plus frustrants et les plus décevants de sa carrière. « J'en ai détesté tous les instants », dit-elle tout net [17]. D'emblée, elle a compris que le script ne lui offrait rien sur quoi elle pourrait travailler. Même ses deux monologues dramatiques sont à côté de la plaque, et ne fournissent aucun repère permettant au public de manifester l'empathie que mérite pourtant le personnage.

Ingrid a toujours livré ses meilleures interprétations en travaillant avec des grands acteurs et des réalisateurs inspirés, qui ont créé l'atmosphère propice à son talent. Parfaite incarnation de Jordan, Gary Cooper ne lui offre rien — sinon son charme, et dans le cas présent, c'est largement insuffisant. Gary Cooper joue finalement le rôle de Gary Cooper, comme il est le seul à savoir le faire. Son incapacité à moduler sa diction rend exaspérante (autant aujourd'hui qu'en 1943) son ultime injonction, pompeuse et redondante, à sa partenaire. « Tu dois partir, parce que tu es moi et que je suis toi, et je vais là où tu vas... Tu ne comprends pas ?... Et si tu restes, je ne peux pas partir parce qu'on ne peut pas se séparer, parce que je vais seulement où tu vas, et si tu pars alors je serai libre de partir, même si je reste... Car je suis toi et tu es moi. »

L'esprit chancelle devant ce mysticisme factice, enveloppé dans ces syllogismes prétentieux que les gamins utilisent pour séduire les collégiennes, et aussi peu convaincants que les promesses des hommes politiques de diminuer les impôts. Peu importe si la logique est elle aussi gravement mise à mal. Si elle est lui et vice versa, elle devrait alors rester et mourir avec lui — parce qu'elle est lui ! En outre, Gary Cooper marmonne toute la scène comme s'il souffrait de lésions cérébrales, et non d'une jambe cassée.

Ingrid, qui a été si émouvante dans *La Nuit de Walpurgis*, *Un visage de femme*, *Docteur Jekyll et Mister Hyde* et *Casablanca*, peut sans aucun effort glisser à la surface de son personnage. En l'absence d'indications du scénario, du metteur en scène ou de son partenaire masculin, le récit (soi-disant poignant) du passé de Maria et de son incertitude sur son avenir, est un vrai casse-tête. Dans ces scènes cruciales, Ingrid Bergman exprime une angoisse superficielle (une fois n'est pas coutume) sans rapport avec la franchise brute d'une femme supposée avoir survécu à une trahison monstrueuse. Elle tourne le dos à son amie la caméra, tire sur ses cheveux et étreint un tronc d'arbre dans ses efforts pour exprimer son malaise. Mais la mise en scène agitée de ces scènes est impuissante à cacher l'absence d'émotion. Et elle le sait mieux que personne.

Il est impossible d'acquitter Sam Wood, qui n'a pas le talent nécessaire pour entraîner ses acteurs là où ils devraient aller. En revanche, le film glorifie la guerre qu'Hemingway condamne. Il faut montrer les horreurs de la guerre pour suggérer le caractère sacré de la paix. *Pour qui sonne le glas* place les deux sur le même plan. La coupe de cheveux d'Ingrid, propre et nette, et son maquillage soigné ne servent à rien, et elle semble plus scandinave que jamais — peut-être parce qu'elle est incapable de se perdre en Maria. Dans ce film en Technicolor, elle incarne avec trop d'élégance un personnage soi-disant misérable — comme les autres comédiens, d'ailleurs, dont aucun n'est espagnol. Sam Wood met en scène un pays de cocagne où les cloches du patriotisme sonnent à la volée, mais rendent un son creux. « C'était vraiment très difficile, dira Ingrid. Sam Wood criant, hurlant, furieux. La plupart du temps, il était totalement incontrôlable... Vraiment, je n'avais jamais rien vécu de tel[18]. »

Les critiques sont respectueux, mais déçus. Ingrid Bergman connaît bien son travail, insistent-ils, mais elle n'est que très fugitivement un véritable être de chair et de sang. Une fille qui a subi un viol collectif et assisté à des massacres n'a pas sa place dans une scène qui a l'air d'une publicité pour savonnettes. Pour ce qui concerne Gary Cooper, James Agee lui-même exprimera une opinion fort répandue : il est agréable à regarder, « mais généralement un peu faible[19] ».

Ingrid garde tout de même un souvenir agréable de ce film. À peine arrive-t-elle sur les lieux du tournage qu'elle tombe follement amoureuse de Gary Cooper. Toujours discrète, elle parlera surtout de son talent.

« C'était l'un des plus grands acteurs naturels, au point que vous ne saviez jamais s'il jouait. Il fallait consulter le scénario pour savoir s'il disait le texte du film, ou s'il vous parlait, tout simplement ! Il était très timide, mais très gentil. Et comme il était beau ! Regarder Gary Cooper était quelque chose de merveilleux. Je n'arrivais pas à croire que j'étais en train de travailler avec lui. Ce qui n'allait pas, c'était le bonheur que j'affichais devant les caméras. J'étais beaucoup trop heureuse pour représenter honnêtement le personnage tragique de Maria[20]. »

Ces propos suggèrent une toquade, un engouement, mais ne fournissent aucune preuve d'une liaison. C'est pourtant ce qu'on a essayé de leur faire dire après la mort de l'actrice. Sur quoi repose cette croyance assez répandue ?

On sait que Cooper, à quarante et un ans, mène une vie conjugale tumultueuse avec une femme qui refuse de divorcer, et que son existence est épicée par une série d'aventures orageuses. Il a notamment des liaisons avec quelques-unes des actrices les plus séduisantes d'Hollywood — Clara Bow, Marlene Dietrich et Lupe Velez, entre autres —, et la liste de ses conquêtes suffirait à constituer un petit annuaire du téléphone. (Patricia Neal a eu elle aussi une longue liaison avec lui, mais sa personnalité n'a rien de commun avec ces femmes plus « voraces ».)

Après la mort de Gary Cooper et d'Ingrid Bergman, les commères hollywoodiennes les moins scrupuleuses mouraient d'envie de croire qu'elle n'avait pas su résister à cet homme laconique et dégingandé, et pourvu d'une aura sensuelle qui découlait autant de son manque d'assurance apparent que de ses deux mètres de haut et de ses limpides yeux bleus. Autrement dit, les ragots croient trop souvent ce qu'ils ont envie de croire. Ce désir de scandale a lui-même induit une certitude : une liaison était possible et, par conséquent, elle avait eu lieu... Même si les personnes concernées, tout comme celles ayant collaboré aux deux films qu'elles ont tournés ensemble, n'ont jamais rien confirmé. En cette ère d'avant les magazines à sensation, les gens ne déballaient pas encore leur vie privée sur la place publique, et les liaisons éphémères n'étaient pas étalées dans les talk-shows de l'après-midi. Mais il est significatif que ni Cooper ni Bergman n'ont jamais mentionné une telle liaison à leurs amis respectifs, comme ils l'ont fait dans d'autres circonstances.

Il est possible que l'amour éclaire la Sierra Nevada, cet été-là. Et si c'est le cas, on ne doit pas y attacher trop d'importance. Peut-être même est-il probable que ces deux-là trouvent ensemble un peu de chaleur et de bien-être, contre le manque d'attraits de la production et les situations difficiles de leurs mariages respectifs. Les tendres murmures de Cooper à Bergman sur l'écran, et ses attentions ostensiblement affectueuses dès que la caméra ne tourne plus, indiquent peut-être, en effet, un bref engouement. Ingrid, à vingt-sept ans, est peu farouche, et elle est frustrée à la fois de la compagnie et de la complicité de son mari. On verra peut-être aussi un indice dans une remarque qu'elle fait à Ruth l'hiver suivant (entre ses deux films avec Cooper), alors qu'elle visite une ferme dans le Midwest : « Tu devrais voir ces fils de paysans. Si ce n'était pour Petter et Gary Cooper, je crois que ça me plairait bien d'être femme de paysan[21]. » Même de façon très allusive, Ingrid insinue que, sans son engagement envers ces deux hommes, elle pourrait envisager un changement dans sa vie — ou du moins une nouvelle aventure sentimentale.

Ingrid s'est toujours conduite de manière très romantique envers ses partenaires masculins et ses metteurs en scène. Cela fait partie de sa façon de s'y prendre avec les hommes en général. Ses aventures sentimentales sont comme des *idylles* à la française, des relations tendres et romantiques, rarement d'ordre sexuel. Qu'elle ait eu ou non une liaison avec Cooper en 1942-1943 compte moins que le fait que sa passion pour lui ait libéré quelque chose dans sa personnalité. Encore plus qu'à Victor Fleming, Ingrid a voué à Cooper une affection passionnée, et cela a considérablement renforcé sa confiance en soi et enrichi son travail. Elle lui est à jamais reconnaissante de lui avoir permis de tomber amoureuse de lui (chastement ou non). Cela l'a placée dans l'état d'esprit nécessaire pour pouvoir *être* Maria. Elle n'avait pas ressenti cela pour un homme, depuis Fleming — qui, lui, ne lui donna jamais rien en retour.

Quels que soient sa manière de l'exprimer et le temps que cela a duré, le dernier commentaire d'Ingrid doit être pris au sérieux : « Je n'ai jamais été très liée à Gary Cooper [22]. » Pour différentes raisons, les sentimentaux et les moralistes ont pu l'ignorer et faire valoir une liaison franchement sexuelle. Mais l'historien doit s'appuyer sur des arguments plus solides que les sables mouvants de la rumeur. Dans le cas présent, il n'y a aucune raison de penser qu'Ingrid Bergman et Gary Cooper ont été amants de fait, bien qu'ils l'aient certainement été en esprit. Comme dans beaucoup d'histoires de ce genre, répéter la version la plus simple suffit à lui donner la substance de la réalité.

Un événement conforte la rumeur. Pendant le tournage de *Pour qui sonne le glas*, Ingrid demande à Selznick de la prêter de nouveau à la Warner Bros : au printemps suivant, Wood et Cooper doivent réaliser un film d'après le roman d'Edna Ferber, *L'Intrigante de Saratoga*. Mais elle ignore que le cinéaste et l'acteur ont déjà placé son nom sur une liste aux côtés, notamment, de Vivien Leigh, Olivia de Havilland et Hedy Lamarr.

En octobre, toute la production se déplace aux studios hollywoodiens de la Paramount. On doit tourner des dizaines de scènes et de plans d'acteurs devant des paysages et décors en transparence. Depuis le 16 juillet, Petter échange une correspondance animée avec David Selznick et Kay Brown à propos des options contractuelles de sa femme pour l'année qui vient. Il a obtenu l'ajout de clauses avantageuses pour ses revenus futurs. De plus en plus, Petter estime qu'il est indispensable de la protéger des loups de l'industrie — au point qu'il s'apprête à se faire désigner légalement comme son avoué de fait. Le 7 novembre, Selznick est contraint de lui payer son voyage en train de Rochester à New York, ainsi que ses frais d'hôtel sur place : Petter doit rencontrer Ernest L. Scanlon, le trésorier du producteur, pour discuter du contrat d'Ingrid[23].

À l'approche des fêtes de fin d'année, Petter est d'excellente humeur. Il vient de recevoir son diplôme de l'université de Rochester avec mention (il prend effet officiellement en janvier 1943). Il décide d'inviter un petit groupe de gens de cinéma à Shirley Place, pour célébrer l'événement.

« C'était un hôte parfait, bien sûr, raconte W.H. Dietrich. [Il travaille pour la Paramount, à l'époque. C'est un des membres de la communauté suédo-américaine les plus souvent invités par les Lindstrom.] Mais il se montrait terriblement dur avec Ingrid. Elle rentrait du studio après une journée de travail, épuisée mais satisfaite, et il lui disait : Eh bien, est-ce que tu vas faire quelque chose qui en vaut la peine, maintenant ? Quelle que soit la réponse, il avait l'air de dire : Non, non, tu dois plutôt faire ci et ça... Je me demandais comment il pouvait se conduire avec elle de cette façon. Après tout, il n'était pas encore à son compte, et c'est elle qui apportait tout l'argent du ménage[24]. »

Alfred Hitchcock — qui est toujours à la recherche du projet idéal pour lequel Selznick ne pourra pas lui refuser Ingrid — abonde dans ce sens. « Les Lindstrom étaient des gens d'une fréquentation délicieuse, mais on sentait une sorte de tension cachée. On avait l'impression qu'il fallait que quelqu'un vienne au secours d'Ingrid[25]. » Au plan professionnel, ce sera Hitchcock en personne. Au plan sentimental, à sa grande consternation, ce sera quelqu'un d'autre.

Après les fêtes, Ingrid, Petter, Pia et Mabel retournent à Rochester pour fermer la maison. Petter doit continuer son internat, et chercher des postes dans les écoles de médecine de Californie.

Chapitre huit

1943

Son seul crime véritable, comme elle le comprit finalement,
était d'avoir des opinions personnelles.

Henry James, *Portrait de femme*

« Si la Suède devait être envahie par les nazis, déclare Ingrid à la presse, j'espère que le peuple américain ne se retournera pas contre les miens. Comme la Suisse, la Suède est encerclée, isolée, impuissante devant l'ennemi. Elle ne peut pas faire grand-chose. J'espère que les Américains ne l'oublieront pas, si cet événement tragique devait se produire [1]. »

Son appel est entendu par le service d'information international du ministère de la Guerre, qui s'occupe de propager la bonne parole et de faire connaître les efforts des diverses composantes du *melting pot* américain, unies dans leur combat contre l'ennemi commun. À cette fin, le documentariste Irving Lerner est chargé de réaliser un certain nombre de courts métrages en langues étrangères, destinés à l'exportation vers les pays alliés ou neutres. L'ensemble de cette mission de propagande est placé sous la direction de Robert Riskin, qui reçut jadis un Oscar pour le scénario d'une comédie de Frank Capra (*New York-Miami*).

Courant janvier, Ingrid reçoit par l'entremise de Selznick un courrier officiel de Washington. Elle doit se rendre quelques semaines plus tard dans les communautés suédoises du Minnesota. On la filmera en train de visiter les fermes et les foyers d'immigrants typiques. Puis elle enregistrera en studio (en suédois pour l'exportation, en anglais pour les archives du service) un hommage au civisme de ses compatriotes installés en Amérique. Le but de l'opération est de permettre aux Suédois de Suède et d'ailleurs d'apprécier la grandeur d'âme des *Suédois d'Amérique* (c'est le titre du film).

Le 2 février 1943, Ingrid, Pia et Mabel quittent Rochester par le train. Petter reste sur place pour finir de préparer le déménagement. Elles font une brève halte à Chicago et arrivent le lendemain dans la ville glaciale de Minneapolis (la température est proche de 20° au-dessous de zéro). Elles sont accueillies par le nouveau chef de la publicité de Selznick, Joseph H. Steele, qui va devenir un des amis les plus fidèles d'Ingrid Bergman. Cet homme grand et mince, très intelligent, est à des lieues de l'image habituelle du vulgaire « flack » hollywoodien — comme on désigne les agents de presse. Il tombe immédiatement amoureux d'Ingrid... Mais d'un amour exclusivement platonique, car il est marié, et elle n'est pas du tout attirée par lui.

Elle admire son aptitude pour les langues étrangères. Son père a été missionnaire en Turquie, et il a eu une enfance itinérante. À l'âge de six ans, il parlait turc, arabe, arménien et anglais, auxquels sont venus s'ajouter le français et l'italien. Ingrid elle-même est experte en ce domaine. En plus du suédois et de l'allemand, elle parle un anglais remarquable, et continue de pratiquer le français. Plus tard, elle parlera couramment italien. Elle apprécie également les bonnes manières de Joe, son sens moral, son dévouement et son refus de la soumettre aux exigences d'une presse et d'un public de plus en plus voraces. Elle repousse gentiment ses discrètes avances, ce qui le plonge tout d'abord dans un désespoir d'écolier éconduit. Mais il comprend bien vite qu'une longue amitié — il restera proche d'Ingrid jusqu'à la fin de sa vie — vaut bien mieux qu'une liaison éphémère. En d'autres termes, cet homme ne manque ni de maturité ni de caractère.

Le 4 février, il passe prendre Ingrid à l'hôtel Nicollet. Il la conduit jusqu'au comté de Chisago, à deux heures de route. Elle y passera plusieurs jours. On la filme avec la famille C.E. Swanson, des immigrants suédois qui, suivant les saisons, cultivent la terre, traient les vaches, tondent les moutons et filent la laine. Ingrid, habillée le plus simplement du monde, s'essaie à chacune de ces tâches. Elle déblaie à la pelle les allées enneigées et construit des bonshommes de neige pour Pia. Elle aide à lancer le foin gelé, caresse les porcelets, s'assied avec les vieilles devant les métiers à tisser. *Look* publie aussi un reportage (à la grande satisfaction de Selznick), mais Steele sent qu'Ingrid fait cela pour la bonne cause. Elle ne recherche pas le confort auquel aurait droit une vedette de cinéma, et s'intéresse aux problèmes des immigrants suédois. La dernière étape d'une tournée de quatre jours se conclut, comme par hasard, dans une ville du nom de Lindstrom, dans le Minnesota.

Le 8 février, Joe accompagne Ingrid, Pia et Mabel à Los Angeles par le train. L'actrice doit se soumettre aux essais de maquillage et de costumes pour *L'Intrigante de Saratoga*. Selznick a donné son accord pour deux raisons. Primo, parce qu'il est persuadé (comme tous ceux qui n'ont pas mis les pieds sur le tournage de *Pour qui sonne le glas)* que le travail d'Ingrid avec Sam Wood et Gary Cooper va lui valoir un immense succès. Secundo, parce qu'il est parvenu à obtenir 15 625 dollars par semaine pour une durée de huit semaines, alors qu'il ne paie à Ingrid que son salaire hebdomadaire normal de 2 250 dollars. Un film du trio Cooper-Bergman-Wood ne peut pas perdre d'argent, se dit-il. Lui, en tout cas, ne prend pas le risque de perdre un seul dollar.

De fait, à l'exception de Selznick, tout le monde sera perdant dans l'affaire. En 1943, *L'Intrigante de Saratoga* est le film le plus coûteux que la Warner ait jamais produit : quatre-vingt-seize décors, plus de onze mille accessoires, des dizaines de somptueux costumes du XIX\e siècle pour Ingrid, deux cents cascadeurs pour un accident de train d'une minute, et un assortiment de crinolines, de fiacres, de lampes à gaz et de fougères dont le film est rempli jusqu'à la nausée. Certes, il est spectaculaire. Ce sera d'ailleurs le seul argument de vente de ce navet ampoulé dont personne ne peut raisonnablement s'enorgueillir, à l'exception des couturières du studio.

Déjà, l'origine littéraire du film posait problème. Il s'agit d'un roman à l'eau de rose décousu d'Edna Ferber qui retrace les pérégrinations d'une fille illégitime, Clio Dulaine, de la Nouvelle-Orléans à Saratoga Springs. Cette séductrice revient de Paris pour venger sa famille des mauvais traitements qu'on lui a fait subir et scandaliser la bonne société de la côte Est. L'argent est son dieu, les hommes ses acolytes. Elle maltraite sa servante mulâtre (Flora Robson, le visage méchamment noirci), hurle ses ordres à son valet, un nain malfaisant nommé Cupidon (Jerry Austin), abuse d'un honnête homme (John Warburton) et finit par accepter un Texan dégingandé, Clint Marron (Gary Cooper).

Même le scénariste, le vétéran Casey Robinson (à qui l'on doit notamment les scripts de *Capitaine Blood*, *Victoire sur la nuit*, *Crimes sans châtiment* et *Une femme cherche son destin)*, est incapable de résoudre les problèmes du récit pour rendre cette bouillie digeste, ou tout simplement intéressante. Le film, finalement, semble toujours à la recherche de sa propre cohérence. *L'Intrigante de Saratoga* est un thriller, puis une comédie de mœurs, puis un mélodrame, et s'achève sur une fusillade de western.

Ingrid a harcelé Selznick pour qu'il lui obtienne le rôle. Mais lorsqu'elle achève la lecture de ce scénario de deux cents pages, la veille du tournage, elle éclate en sanglots et se jette dans les bras de Ruth Roberts. Peu importe si *Casablanca* lui vaut maintenant des critiques chaleureuses. Elle fait les comptes : un seul de ses six films américains, *Docteur Jekyll et Mister Hyde*, lui procure quelque fierté. Six fois par semaine, le cœur lourd, elle se rend en auto de sa maison de Beverly Hills aux studios de Burbank. De fin février à la mi-mai, le tournage traîne en longueur. L'idylle avec Gary

Cooper, quoi qu'il en fût, est bien évidemment terminée. Pendant le tournage, au grand désespoir de ses costumières, Ingrid prend près de cinq kilos. Il faut élargir les tournures de ses robes et ajouter plusieurs épaisseurs de soie. Elle n'a jamais été aussi corpulente à l'écran.

Pour incarner le personnage irascible et souvent hystérique de Clio, Ingrid est affublée de lourdes perruques brunes. Ses maquilleuses ont reçu pour instructions de lui appliquer une bonne couche d'eye-liner et un rouge épais bien au-dessus du bord de la lèvre. Par instants, on a l'impression (comme l'a dit Vivien Leigh à propos de Laurence Olivier dans *Macbeth*) que son maquillage apparaît à l'écran, puis ses costumes, et qu'enfin Ingrid vient en personne, plus ou moins visible sous les couches de peinture. « S'ils pensaient un peu moins à l'argent qu'ils dépensent sur les tournages, en costumes et en maquillage, et s'ils cherchaient un peu plus à composer des êtres humains réels et vraisemblables, ce serait beaucoup mieux », dira-t-elle des années plus tard[2]. Peut-être a-t-elle alors à l'esprit *L'Intrigante de Saratoga*. Aujourd'hui, son exigence d'un travail qualitatif et ses critiques des excès inutiles restent d'actualité.

Pour se distraire des rigueurs d'un tournage aussi coûteux que fastidieux, Ingrid s'offre une nouvelle caméra 8 mm et exerce ses talents de cinéaste amateur. Elle enregistre le travail de Sam Wood avec les scènes de foule et affirme sans risquer de se tromper, en privé, qu'elle pourrait faire beaucoup mieux que lui. Mais quelle que soit sa consternation, sa bienveillance pour autrui est intacte. Betty Brooks, sa doublure « lumière », doit faire des heures supplémentaires pour assurer les mises en place d'éclairages complexes. Ingrid se plaint énergiquement en son nom, jusqu'à ce qu'elle reçoive une prime substantielle en rétribution de son travail.

Ingrid accepte aussi le principe d'une réunion hebdomadaire avec Joe Steele, qu'elle voit chaque dimanche pour discuter des actions publicitaires qui pourraient intéresser Selznick. Mais elle a déjà un emploi du temps fort chargé. Le producteur écrit à Steele, le 17 mai :

« J'apprécie le fait que vous travailliez le dimanche avec Ingrid. Mais même si elle ne s'en est pas plainte, je veux que vous lui laissiez cette journée libre, sans l'interrompre pour des questions de publicité (...) jusqu'à la fin du tournage de *L'Intrigante*.

« Ingrid est si extraordinairement coopérative que nous devons nous efforcer de ne pas trop en profiter, sans quoi un jour ou l'autre même son merveilleux caractère va se raréfier [sic] et elle nous en voudra, comme c'est arrivé avec Garbo à la Metro à cause du manque de considération de leur service de relations publiques.

« Durant toutes ces années passées dans l'industrie du cinéma, je n'ai jamais vu une fille assurer un emploi du temps aussi dur qu'Ingrid depuis quelques mois. Même si elle le fait de bon gré, je crois qu'il est de notre devoir de faire en sorte qu'elle dispose au moins de ses dimanches pour se reposer et s'occuper de sa fille. (...) Sur *l'Intrigante*, c'est extraordinaire, elle a travaillé plus de dix semaines sans un seul jour de repos. (...) J'ai vraiment essayé de l'obliger à en prendre, mais elle n'a pas voulu. Le moins que nous puissions faire est de nous assurer qu'elle dispose de ses dimanches.

« Il faut aussi garder à l'esprit qu'Ingrid ne prend même pas le jour de congé mensuel que réclament habituellement nos vedettes féminines... Et certaines d'entre elles exigent même deux ou trois jours, comme vous le savez[3]. »

Elle a réclamé le rôle de Clio Dulaine, car elle pensait jouer une intrigante dépourvue de sens moral, après l'amoureuse Ilsa et l'innocente Maria. Au lieu de quoi, elle entre dans un film redondant dont les personnages sont dépourvus de la moindre épaisseur. Jack Warner lui-même le reconnaîtra lorsqu'il verra le film fini. *L'Intrigante de Saratoga* est achevé début juin 1943. On expédie des copies en Europe et dans le Pacifique pour le divertissement des soldats (la projection leur donne la possibilité, pour la première fois depuis des mois, de dormir paisiblement). Il ne connaîtra une véritable sortie commerciale que début 1946. « J'ai dans le cœur un air qui n'arrête pas de chanter », disait Ingrid en apprenant que Selznick l'autorisait à tourner ce film[4]. Même dans ses mémoires, quarante ans plus tard, elle n'en reparlera jamais — sauf pour dire qu'elle y est méconnaissable avec ces robes à volants. Il n'a pas fallu longtemps pour que l'air « qui n'arrête pas de chanter » devienne tristement plat.

Il n'est pas difficile d'imaginer Ingrid, cet été-là, en proie au désespoir. Elle a été si déprimée pendant les dernières semaines du tournage qu'elle est tombée malade pour la première fois de sa carrière (peut-être une laryngite, ce qui ne serait pas surprenant). Ses médecins l'obligent à cesser le travail pendant une bonne semaine. Gary Cooper, après avoir achevé le tournage de ses scènes, sort de sa vie. (Au même moment, Petter déménage à San Francisco : il va passer son année d'internat en chirurgie à la Stanford University.) Son absence fait qu'elle n'a même plus de cavalier pour l'accompagner aux réceptions[5]. Selznick, dès la fin de *L'Intrigante de Saratoga*, lui propose un projet de film intitulé *La Vallée du jugement*. Elle doit interpréter une femme courageuse, vertueuse, toujours prête à se sacrifier, mais si ennuyeuse... « tout le temps tellement bonne que ça vous rend malade[6] ». Pour des personnages aussi caricaturaux, Ingrid n'a qu'une réponse : « Un fusil, vite ! » Elle se contente de persuader Selznick qu'elle serait tellement malheureuse dans le rôle que, manifestement, elle ne pourrait qu'y être invraisemblable[7].

Ingrid a raison de ne pas se jeter sur de telles propositions simplement pour ne pas rester sans travail. George Cukor et Charles Boyer viennent de passer un accord avec la MGM. Ils doivent diriger et interpréter, respectivement, une nouvelle adaptation cinématographique de la pièce à suspense de Patrick Hamilton, *Angel Street*. Le studio veut en confier à Ingrid le premier rôle féminin, et négocie à cette fin avec Selznick. (Quatre ans plus tôt, Cukor avait déjà réclamé Ingrid pour *Il était une fois*, son remake américain d'*Un visage de femme*. Mais la Metro lui avait préféré Joan Crawford.) Dans un premier temps, Selznick refuse, sous prétexte que le nom de Boyer apparaît le premier au générique. Lorsque Ingrid apprend cela, elle se précipite dans son bureau, sanglotant qu'il est en train de saboter sa carrière. Elle se fiche totalement que son nom se trouve en première ou en huitième position. Le rôle est formidable, et il n'a pas le droit de faire couler ce projet avec des exigences aussi déraisonnables. Selznick cède à contrecœur — et empoche 253 750 dollars[8]. Début juillet, Ingrid se présente à la Metro pour les réunions de pré-production de *Hantise*.

La pièce a triomphé à Londres et à New York. Il en existe déjà une adaptation cinématographique en Angleterre, elle aussi couronnée de succès[9]. Columbia Pictures a acheté les droits d'en tourner un remake, avec Irene Dunne dans le rôle principal : une femme que son mari essaie de pousser à la folie, pour s'emparer des bijoux cachés par la tante qu'il a précédemment assassinée. Mais Louis B. Mayer se rue sur l'affaire avec une offre plus intéressante. Pour le rôle principal, il pense tout d'abord à Hedy Lamarr. Il achète simultanément le négatif de la version anglaise, ainsi que toutes les copies sur lesquelles il peut mettre la main. Il les fait détruire systématiquement, afin que « sa » version n'ait à craindre aucune concurrence.

Mais elle ne risque rien. *Hantise*, qui se déroule dans le Londres brumeux de l'ère victorienne (reconstitué dans les studios de Culver City), est une brillante réussite à tous points de vue. À l'opposé de *Pour qui sonne le glas* et *L'Intrigante de Saratoga*. Les scénaristes John Van Druten, Walter Reisch et John L. Balderston ont mis en place le suspense très méthodiquement, et défini les personnages avec un sens très sûr de l'économie. Cukor, spécialiste des comédies de grand style et des films légers pour premières dames d'Hollywood, dirige son équipe sans s'énerver, mais avec un souci méticuleux du détail. Boyer confère à son personnage de mari maléfique un charme mielleux à faire froid dans le dos. Joseph Cotten joue les détectives avec une agréable retenue. Quant à Angela Lansbury, qui, à dix-sept ans, fait ses débuts au cinéma, elle tire de son rôle de boniche effrontée un petit chef-d'œuvre de méchanceté et d'insolence.

Mais c'est Ingrid qui a le travail le plus délicat. Pour paraître crédible et sympathique, Paula Alquist doit être considérablement nuancée. Elle ne doit pas seulement être mélodramatique (dans son hystérie) et agaçante (dans sa fragilité). Dès le premier jour, Ingrid se rend compte qu'elle ne peut pas faire de cette femme la complice consentante de son propre martyre. Que Paula n'a rien de l'héroïne gothique victorienne anémique. Elle doit suggérer des éclairs de la jeunesse de Paula, la fille qui aimait danser et chanter, et qui tomba folle amoureuse de l'homme qui l'accompagnait au piano durant ses cours de chant. Elle doit insuffler de la souffrance à cette femme indiscutablement forte mais qui se souvient clairement de son bonheur passé. C'est à cette seule condition que sa situation est déchirante, et que son triomphe final sera retentissant.

La nature d'Ingrid, à cet égard, apporte quelque chose de courageux et significatif. Peut-être à cause des pertes qu'elle a subies durant son enfance, et le besoin subséquent de faire quelque chose de valable par elle-même, elle est devenue une femme que la simple adversité est incapable de briser. En lisant le rôle de la crédule Paula Alquist — amoureuse de l'homme qui s'est promis de la détruire —, il n'est pas impossible qu'elle y ait vu quelque chose de sa propre histoire. Comme Paula, elle a perdu sa mère durant sa petite enfance, elle était encore jeune à la mort de son père, et elle a été élevée par une tante. À l'instar de Paula encore, Ingrid a appris à chanter. Et comme son personnage, elle vient d'hériter de sa tante Hulda, la veuve de l'oncle Otto (il ne s'agit que de quelques milliers de dollars, mais cela lui vient tout de même de sa famille). Elle se retrouve en Paula. Et comme ses maquilleuses sont heureuses de laisser Ingrid ressembler à Ingrid, elle est plus libre, devant sa vieille amie la caméra, qu'elle ne l'a été depuis un an.

Toujours comme Paula, elle sait ce que c'est que d'être blessé par ceux qu'on aime — elle sait aussi ce que signifie, pour une femme, s'approcher assez du feu pour risquer de se brûler. Bien sûr, il n'y eut jamais la moindre cruauté dans les intentions ni les gestes de Petter Lindstrom ou de Gary Cooper. Mais il semble que ni l'un ni l'autre n'ont jamais compris sa complexité, son mélange de dépendance et d'autonomie, de prudence et de sentiment d'insécurité, et de confiance inébranlable en ses propres capacités. Sa totale franchise vis-à-vis de ces hommes, son besoin de jouir de leur soutien et de leur complicité, sa confiance en leurs décisions (qui la rend vulnérable) — tout cela fait partie de sa sensibilité de femme et d'artiste à l'imagination développée.

Officiellement, Ingrid est toujours prisonnière d'un mariage qui s'évanouit dans une lassitude distante et polie, et elle sort tout juste de la période de frustration sentimentale et professionnelle des films de Sam Wood avec Gary Cooper. La déception et l'éloignement peuvent créer une certaine amertume, mais elles peuvent aussi clarifier les choses, voire les ennoblir. C'est exactement ce qu'Ingrid apporte à son interprétation de Paula Alquist. *Hantise* est sa manière de s'élever au-dessus des flammes — de devenir, d'une certaine façon, un soldat victorieux. Ses amis le savent, Jeanne d'Arc n'a jamais été aussi présente dans ses pensées et dans sa conversation que cette année-là. Ingrid ne s'est jamais considérée comme une martyre (encore moins comme une sainte), mais elle comprend la terrible solitude d'une femme dont les idéaux ne sont révélés inaccessibles que sur le tard. Ce ne sera ni la première ni la dernière fois de sa vie : elle va faire fonctionner quelque chose. Non, pas seulement fonctionner : prospérer.

Dans sa préparation au rôle, Ingrid est aussi logique et précise que d'habitude. Elle lit quantité de livres et d'articles sur les hallucinations, les visions et la schizophrénie. Puis elle insiste auprès de Cukor et de la Metro pour visiter un asile psychiatrique. Elle reçoit l'autorisation de rencontrer plusieurs fois une patiente délaissée qui, malgré quelques périodes de lucidité, est sujette aux plus terribles crises de démence. Ingrid contemple les yeux de cette femme, tour à tour pleins d'espoir et voilés par la terreur, elle observe ses manières chaleureuses ou angoissées. Mais Ingrid ne veut pas se comporter en parasite. Elle lui apporte des jeux et des distractions, et restera l'amie et la confidente de cette pauvre femme jusqu'à ce qu'elle soit emportée par la tuberculose, l'année suivante.

Nourrie par tant d'apports extérieurs, l'interprétation d'Ingrid est inspirée. Loin de jouer des regards fous et des crises d'hystérie, elle se contente de laisser errer son regard, cligne des yeux, feint d'avoir la bouche sèche, s'humecte les lèvres, trébuche sur un mot. Cukor n'a aucun problème avec elle, car elle est toujours à l'écoute des réactions et des suggestions du réalisateur. Il sait quand il doit cadrer en gros plan son front sévère ou son regard vide. Quand Gregory (Charles Boyer) prétend que Paula perd la mémoire et est en proie à des visions, quelque chose dans l'attitude d'Ingrid résiste à ce diagnostic — d'autant qu'elle s'inquiète à l'idée que cela pourrait être vrai. Son cri étranglé, le soir du concert, quand elle en vient à croire qu'elle a volé la montre de son mari, est un chef-d'œuvre d'improvisation — sanglot assourdi, bref épanchement de douleur, mouvement de recul apeuré, et puis l'effondrement — terrible —, d'autant plus poignant qu'elle y a si courageusement résisté.

Plus d'un demi-siècle plus tard, cette Paula reste l'incarnation pathétique d'une femme déchirée entre la peur de la folie et la quasi-certitude qu'elle est parfaitement saine d'esprit. Dans sa dernière grande scène — pour se moquer de son tortionnaire qu'on vient d'arrêter, elle feint d'être aussi folle qu'il le souhaitait —, Ingrid fait appel à toute sa subtilité, tout son sens du naturel. Rien n'est surjoué. Rien ne semble calculé. À la fin de la scène, les applaudissements retentissent de toutes parts, sur le plateau, au-dessus des passerelles, derrière la caméra. Bon, dit-elle, « ce n'est peut-être pas trop mal ». Elle sera nommée pour l'Oscar de la meilleure actrice. *Hantise* reçoit six autres nominations — meilleur film, meilleur acteur (Charles Boyer), meilleur second rôle féminin (Angela Lansbury), meilleur scénario, meilleure photo (Joseph Ruttenberg) et meilleurs décors (Cedric Gibbons, William Ferrari, Edwin B. Willis et Paul Huldschinsky).

Les critiques, à propos d'Ingrid, font assaut de superlatifs : « Mlle Bergman est superbe, dans un rôle éprouvant pour les nerfs, lit-on dans un compte rendu typique. Son interprétation, sympathique et émouvante, ne manque pas de captiver les spectateurs [10]. » Le public est du même avis. *Hantise* installe Ingrid encore plus solidement au premier rang. Elle est en tête des sondages des magazines de cinéma, qui la désignent comme l'actrice préférée des Américains. Une de *Time*, dans sa livraison du 2 août : « Ingrid Bergman (dans le rôle de Maria). On ne sait pas pour qui sonnent les cloches d'Hollywood, mais c'est elle qui ramasse la mise. » Le magazine propose un article dithyrambique qui retrace les grandes lignes de sa vie et de sa carrière, et conclut ainsi : « Non seulement Ingrid Bergman ne compte pas un seul ennemi dans la communauté, mais les gens aiment sa façon de travailler. (...) Sa beauté si particulière vient de l'intérieur. C'est la beauté d'un individu unique. (...) C'est une femme singulièrement charmante, [toute] d'équilibre, de sincérité, de retenue, de sensibilité, de charme et de talent. » Et les compliments continuent ainsi, une page après l'autre. Même les deux échotières Hedda Hopper et Louella Parsons y vont de leur panégyrique. Personne ne pourrait survivre longtemps à un tel procès en canonisation. Ingrid, elle, s'en méfie.

Le tournage de *Hantise* (de début juillet à octobre) ne manque pas de moments de détente — malgré la tension des mises en place et des répétitions, et l'éprouvant investissement psychologique de chaque scène. Un jour, Selznick organise une réception en l'honneur d'un groupe de possibles investisseurs, et il compte sur la présence de ses vedettes. Joseph Cotten reçoit l'ordre d'escorter Ingrid. Épuisés, censés se trouver sur le plateau à la première heure le lendemain matin, ils ne sont pas d'humeur à se montrer polis et distingués pour le seul bénéfice de leur patron.

Ingrid propose de monter une farce innocente. Elle se rend avec Cotten au département costumes de la Metro. Ils trouvent une tenue de serveuse à sa taille (robe noire, tablier blanc, revers et bonnet) et un uniforme de valet pour lui. Une heure plus tard, ils se glissent dans les cuisines de Selznick, s'assurent que le major-dome ne les trahira pas, s'emparent de plateaux de hors-d'œuvre et de boissons et commencent à circuler, avec toute la déférence de rigueur, à travers l'auguste assemblée. « Cette servante ressemble étrangement à Ingrid Bergman », chuchote la sœur d'Irene Selznick, Edie Goetz[11]. Puis les deux compères passent à l'étape suivante. Ils ont prévu d'engloutir quelques coupes de champagne avec force grands gestes, sous le nez d'une foule d'invités, et de simuler une crise d'ébriété. La voix pâteuse, mais toujours courtois, Cotten apostrophe Ingrid : « Fichons le camp, Martha ! On était d'accord pour travailler une heure, pas une minute de plus. Rappelle-toi que tous nos enfants nous attendent ! » Désormais au centre des regards, Ingrid avale encore deux verres, les repose bruyamment et lâche des gloussements incontrôlables. Appelé à la rescousse, Selznick la reconnaît tout de suite. Les blagueurs, hélas, seront les seuls à apprécier la plaisanterie.

À l'automne, Ingrid a enfin le temps de reprendre son souffle. Elle passe plus de temps avec Pia, qui est maintenant une jolie petite fille de cinq ans. Elle écrit à Petter. Elle se dit qu'ils pourraient acheter une maison à Beverly Hills — avec une cour pour Pia et de l'espace pour recevoir ses amis et ses collègues —, et elle veut savoir ce qu'il en pense. Après tout, elle a gagné presque 100 000 dollars en 1943 — ce qui lui laisse, après impôts et cotisations, pas loin de 25 000 dollars. C'est sûrement assez pour payer un gros acompte sur l'achat d'une belle maison au nord de Sunset Boulevard. Petter lui répond qu'ils pourront commencer à chercher quand il viendra en vacances à Los Angeles.

Des années plus tard, Petter admettra que la distance qui les sépare (plus grande que jamais) vient autant de lui que d'Ingrid. Leur mariage est instable, dira-t-il, car « Ingrid n'était pas la seule, nous étions l'un et l'autre quelque peu obsédés par notre travail. (...) Je n'ai pas hésité à m'éloigner de la Californie du Sud lorsque cela facilitait ou faisait progresser ma carrière[12] ». Dans une lettre adressée à Ingrid, il est encore plus direct : « La vérité, c'est que je n'étais pas un mari parfait, et que j'étais trop engagé dans les exigences de ma carrière. De plus, notre mariage n'était pas idéal, même si, comme je le pense, durant les deux premières années, il régnait entre nous une confiance et une honnêteté absolues[13]. » À cet égard, son honnêteté est aussi admirable que celle de sa femme. La disparition progressive de ce qui les a unis peut difficilement être mise sur le compte du soi-disant mode de vie hollywoodien.

Mais le fait est que Petter s'occupe de plus en plus du travail d'Ingrid. En 1943, bien que le sien ne lui laisse pas beaucoup de temps ni d'énergie, il en contrôle plus que jamais le moindre détail. Cela va lui aliéner ceux qui pensent qu'une telle situation n'est pas normale. « Il savait qu'il tenait la barre, qu'il exerçait un contrôle incontesté sur la vedette la plus en vue de l'industrie du cinéma », dit Joe Steele, qui décrit Petter comme « dur et inflexible dans ses relations, [un homme] dont le désenchantement prend racine dans une méfiance démesurée à l'égard de tout et de tous [14]. »

Pour renforcer leur publicité, les studios prêtent souvent leurs stars aux stations de radio qui diffusent des versions abrégées de films à succès. Ainsi, en septembre, Selznick fait parvenir à Ingrid le scénario d'une version radio de *Casablanca*. Lors d'une visite à Petter, à San Francisco, elle l'emporte avec elle. Il le lit rapidement et, à la grande surprise d'Ingrid, il en récrit certains dialogues. « J'ai fait de mon mieux pour corriger le script », écrit-il à Dan O'Shea le 20 septembre, en lui renvoyant le scénario. On devine les haussements de sourcils dans les couloirs de Selznick International Pictures. Une star peut suggérer des changements, un agent peut faire des remarques, un manager a le droit de formuler des objections. Mais un acte aussi caractérisé dépasse largement les compétences de Petter.

Peut-être se sent-il autorisé à agir de la sorte à cause d'un marché qu'il a passé un peu plus tôt avec Selznick. Pour augmenter le maigre traitement dont il dispose pour ses études, il offre au producteur, en qualité de Suédois, ses compétences linguistiques et ses relations d'affaires. L'accord signé le 2 mai prévoit que Petter recevra cinq mille dollars par an « pour faire des résumés de fictions suédoises pouvant convenir à des films pour Mlle Bergman, pour obtenir des listes d'éditeurs de fictions suédoises, et pour acheter d'anciens films interprétés par Mlle Bergman ». Selznick et Lindstrom savent parfaitement, l'un et l'autre, qu'aucun de ces travaux ne sera réellement effectué. Les contrats de ce type ne sont pas rares à Hollywood, qui permettent aux conjoints, aux amis et aux amants des vedettes de profiter des largesses des studios [15].

À la fin de l'année, Petter prend une décision qui va stupéfier Ingrid, David Selznick, Charles Feldman, Kay Brown et tous ceux qui seront au courant. Dans une lettre à O'Shea datée du 30 décembre, il intervient à nouveau au nom de sa femme. « Considérant que vous avez versé à Ingrid la totalité des sommes dues pour le quatrième film [en dix-huit mois], je suis d'accord pour que la date du 6 janvier 1944 proposée dans le contrat soit reculée pour une période de cinq semaines. » Suit la signature qui provoque une surprise générale : « Petter Lindstrom, avoué de fait d'Ingrid Bergman [16]. » Comme Selznick et les autres vont le comprendre bientôt, Petter s'est institué représentant officiel d'Ingrid. Il ne le sait pas encore, mais cela va contribuer, plus que n'importe quelle action entreprise par Ingrid, à la fin définitive de son mariage. Une semaine plus tard, il demande à Selznick qu'on lui transmette à l'avenir toute correspondance relative aux contrats d'Ingrid, « en qualité d'avoué de fait, au 414-C, Shirley Place, Beverly Hills ». Ingrid en sera informée de la bouche de Selznick.

En décembre, Petter déclare à sa femme que puisqu'elle n'a pas de projets immédiats, après *Hantise*, elle devrait faire quelque chose pour contribuer à l'effort de guerre américain. Elle donne son accord. Il lui organise une tournée auprès des troupes stationnées dans les bases de l'Alaska. Pendant cinq semaines, à partir de fin décembre, Ingrid passe d'un avant-poste à l'autre, déclame des textes, chante des airs populaires suédois et dédicace des photos à des soldats inactifs ou convalescents.

« Comme tout le monde, elle devait endurer des températures inférieures à 20° au-dessous de zéro, raconte un ancien combattant. Elle portait l'uniforme et dormait dans un sac de couchage, souvent à même le sol. Un jour, il a fait si froid que son eau de Cologne a gelé ! Pendant les déplacements en autocar, elle ne disposait d'aucune commodité, et elle a dû se passer de bain durant plusieurs semaines. Mais Ingrid Bergman ne se plaignait jamais, et ne se lassait jamais de distraire les soldats [17]. »

« Nous dansions avec les soldats, raconte-t-elle, nous mangions avec eux et nous visitions les hôpitaux. Ils sont si reconnaissants de tout ce qu'on fait pour eux [18]. » Mais elle contracte une grosse angine de poitrine, avec beaucoup de fièvre. Le 20 janvier, on la transporte par avion jusqu'à un hôpital de Seattle. Les médecins diagnostiquent une double pneumonie. Dès qu'elle est capable de supporter le voyage, on l'expédie à Los Angeles. Elle devra garder le lit un mois. Grâce aux soins de Mabel, de Petter et de son médecin personnel, le docteur Culley, elle guérira sans autres complications.

Chapitre neuf

1944

Quand une jolie femme s'abaisse à la folie
Et découvre trop tard la trahison des hommes
Quelle magie peut apaiser sa tristesse ?
Quel art peut laver sa blessure ?

Oliver Goldsmith, « Chant »

Ingrid passe les premiers mois de 1944 dans un état d'épuisement total. Il faut souvent faire sortir de sa chambre la petite Pia, après son retour de l'école maternelle. Ses amies, comme Ruth Roberts et Kay Brown, ont besoin d'être rassurées. Sa maladie l'a éreintée, et il lui faut beaucoup de sommeil.

Chacun lui recommande de ne pas reprendre trop vite ses activités, ce qu'elle admet volontiers. Elle s'autorise son moyen de détente favori. Elle prend sa voiture et se rend au bord de la mer, soit vers la plage de Malibu, soit jusqu'aux hautes falaises de Santa Monica Palisades. Là, elle s'assied pour lire et étudier des scénarios, comme elle le faisait, jeune fille, sur un banc public de Strandvägen. Toute sa vie, la proximité de l'océan la remontera et l'apaisera.

« Les gens me disent : Vas-y doucement ! mais j'ai toujours l'impression que je dois faire quelque chose. C'est pourquoi je déteste le dimanche. Les autres attendent le dimanche avec impatience car ils font du bateau, ils jouent au poker ou ils chassent. Mais je n'ai pas de hobby. C'est le lundi que j'attends avec impatience. Cela a toujours été le cas. Je veux travailler, je ne peux pas me détendre, et je suis malheureuse quand un tournage s'achève — alors je lis des scénarios et je prends des cours tout le temps. Des cours de français, de tennis, de natation et d'équitation — pas pour la pratique, juste pour connaître quelque chose assez bien pour pouvoir faire semblant sur l'écran. Après ça ne m'intéresse plus. Je lis aussi beaucoup, des pièces, des romans et des biographies. Si on m'enlevait la scène, j'en perdrais la respiration. J'espère qu'on inscrira sur ma tombe : Elle a joué jusqu'à son dernier jour. Ci-gît une bonne actrice[1]. »

Cet hiver-là, Ingrid abandonne de plus en plus la gestion de sa vie à son mari. « Il me disait quoi faire et quoi dire, et je m'en remettais à lui pour tout. Lui ne songeait qu'à mon bien. Il prenait tout sur ses épaules. » Il rectifie également sa posture, la conseille sur sa coiffure et son maquillage, la réprimande pour ses excès culinaires. « Évidemment, ce qu'il me disait m'a été d'un très grand secours au cours des années. Petter m'a fait beaucoup de bien en me reprenant sans cesse, mais à l'époque cela m'irritait au-delà de toute expression. » Il joue plus le rôle d'un manager et d'un mentor que d'un mari, et Ingrid nourrit un ressentiment muet. D'abord, elle ne travaille pas, et elle ne voit aucune raison de suivre un régime alors qu'elle se remet d'une pneumonie.

« Petter me voulait mince, filiforme. Il se plaignait toujours de ne pas comprendre pourquoi, avec tous les régimes que je suivais, je ne perdais pas de poids. Mais ce qu'il ne savait pas, c'est que si je mangeais juste ce qu'il fallait à table — des jus de fruits, quelques feuilles de salade — j'avais dans ma chambre une boîte de biscuits dont j'allais me gaver aussitôt le repas terminé. Et au milieu de la nuit je descendais dans la cuisine et je dévorais tout ce que je trouvais dans le réfrigérateur[2]. »

Bien sûr, les histoires de femmes célèbres tourmentées ou humiliées par leur régime sont légion. Ce n'est pas là le coup de grâce porté au mariage d'Ingrid et Petter, mais bien, comme elle le dit, « toutes les petites choses » qui se sont accumulées et ont effacé leur respect mutuel et, par conséquent, leur amour. Ingrid reconnaît ses erreurs et, lorsqu'elle lui demande pardon, rappelle à son mari que lui aussi est faillible. « Je fais des erreurs ? demande-t-il. *Moi* ? Certainement pas ! Je réfléchis toujours soigneusement avant d'agir[3] ! » Petter Lindstrom est suffisamment respectable dans d'autres domaines pour qu'on lui pardonne son fameux manque d'humour.

Il lui donne si peu d'argent qu'Ingrid ne dispose pas de liquide pour acheter des vêtements lorsque l'occasion se présente. Plus d'une fois, Joe Steele est agacé quand elle doit appeler son mari pour lui demander l'autorisation d'accorder un entretien, ou lui réclamer de l'argent pour une nouvelle robe ou un tailleur. « Elle se conduisait toujours en épouse soumise, dit Selznick, se faisant l'écho de l'impression de Michel Bernheim. Lindstrom gérait les finances, et elle ne pouvait dépenser un centime pour elle ou pour la maison sans sa permission[4]. » Joe Steele le sait aussi : « C'est son mari qui s'occupait des finances[5]. » Certes, c'est le cas dans la plupart des familles américaines. Mais la plupart des familles américaines ne sont pas soutenues exclusivement par les revenus de l'épouse.

La prise en main de sa vie par Petter excède largement le domaine des contrats et des négociations avec Selznick. « Dans les interviews que je donnais, Petter me répétait souvent que je ne disais pas ce qu'il fallait, raconte-t-elle. Et quand nous rentrions d'une soirée, il arrivait qu'il me dise : Tu ne devrais pas parler autant. Tu as un visage très intelligent, laisse croire aux gens que tu l'es. Quand tu te mets à parler, tu ne dis que des insanités [6]. »

Quelle que soit sa tendance à sous-estimer son charme et son intelligence, Petter est persuadé qu'Ingrid est au moins assez séduisante pour entretenir une liaison avec tous ses partenaires masculins. « Certains m'attiraient beaucoup, et je crois que je les attirais, moi aussi, dit-elle. Mais cela n'avait rien à voir avec des aventures ou des histoires d'amour [7]. » Comme il n'existe aucune preuve du contraire et qu'Ingrid, par la suite, s'exprimera toujours sur ce sujet avec franchise, il n'y a pas de raison de mettre sa parole en doute. Mais Petter, pour des raisons bien à lui, croit ce qu'il veut croire.

Plus tard, Ingrid admettra que, malgré sa confiance en son art, elle est, à l'instar de nombreuses femmes de son époque, tout à fait intimidée par son mari. Elle a été élevée dans une culture qui repose sur l'idée de la supériorité masculine et la soumission naturelle des femmes aux plus grandes capacités des hommes. Autant d'hypothèses qu'elle ne remet jamais en question. La plupart des conflits de ses deux premiers mariages viendront de son inaptitude à faire preuve, dans sa vie privée, de la confiance en soi aiguë qu'elle manifeste au travail, et la finesse de son jugement quant à ses compétences et ses choix de carrière. « Pour être honnête, j'avais peur de lui... Il est certain que c'était insensé d'être mariée à quelqu'un dont j'avais peur [8]. »

Irene Selznick devine bien le dilemme d'Ingrid. Elle gardera de Petter l'image d'un homme rigide, sévère, qui domine la vie des Lindstrom à Hollywood comme c'était le cas, jadis, en Suède. Un jour, elle pousse Ingrid à s'offrir une nouvelle robe pour une soirée d'avant-première importante, mais elle échoue à convaincre Petter.

Pour ce qui est de ses relations à sa fille Pia, il est facile de penser qu'Ingrid est une mère exécrable parce qu'elle s'intéresse avant tout à sa carrière. « Mais quand nous étions ensemble, racontera sa fille, nous passions du bon temps à jouer à des jeux d'enfants, à faire des batailles d'oreillers, à veiller tard, à bavarder [9]. » Pia n'a aucune envie de faire le métier de sa mère. Quand quelqu'un lui demande si elle veut être actrice, elle aussi, quand elle sera grande, elle rétorque : « Je suis obligée [10] ? »

Avec le recul, elle se rappellera son enfance comme une période de relative incurie : « Ma mère était très attachée à sa carrière, et mon père était très occupé avec la sienne. Les trois quarts du temps, j'étais donc livrée à moi-même... et solitaire. Je n'ai pas de souvenirs précis de bonheur familial [11]. »

Des années plus tard, Ingrid montrera peu d'indulgence pour son attitude de l'époque : « Je me sentais coupable, mais pas assez pour arrêter de travailler [12] », dira-t-elle.

« J'étais trop jeune pour avoir des enfants. (...) Je ne parle pas d'âge réel, mais de maturité.

« J'étais si préoccupée par ma carrière, le vedettariat, Hollywood et le reste, que je ne trouvais pas le temps de me consacrer à la petite fille qui m'attendait à la maison. Toute la journée elle attendait mon retour du studio, et quand j'arrivais, souvent beaucoup plus tard que prévu, soit j'étais trop fatiguée pour bien m'occuper d'elle, soit je m'habillais en toute hâte pour me rendre à telle ou telle mondanité. Il n'y a aucun doute là-dessus, je la négligeais, et j'éprouve à ce propos le plus grand sentiment de culpabilité [13]. »

Irene Selznick estime pour sa part que ces remords sont sans fondement. « Je ne pouvais pas comprendre pourquoi Ingrid ressentait tant de culpabilité vis-à-vis de sa fille, simplement parce qu'elle travaillait. Quoi qu'elle fît, avec elle et pour elle, elle avait toujours l'impression que c'était insuffisant. Je n'ai jamais connu de femme avec une telle angoisse [14]. » En réalité, Ingrid Bergman subvient aux besoins de sa famille. Des millions de femmes, en ce temps-là et plus tard, auront peu de temps à consacrer à leurs enfants, précisément pour cette raison.

Le sentiment d'Ingrid est peut-être compréhensible, puisqu'elle-même se rappelle les manques affectifs de son enfance, et qu'elle refuse que sa fille grandisse avec les mêmes souvenirs. Mais dans certains cas, la mort d'une mère peut être plus facilement intégrée dans la vie d'un enfant, que sa présence occasionnelle, au dîner, le temps d'un ou deux plats.

Ingrid croit qu'elle délaisse sa fille, mais cette sévérité vis-à-vis d'elle-même peut avoir une autre origine : le même processus affectif qui lui fait tolérer la sévérité des jugements de Petter à son sujet. La vérité, c'est que le sort de Pia dans les années quarante n'est pas très différent de celui de beaucoup d'autres enfants (surtout à Hollywood, pourrait-on dire). Souvent privilégiés au plan matériel, les enfants sont parfois privés de l'attention de leurs parents, sans que ce soit forcément fatal et que cela cause des dommages importants. Nombre de familles peu fortunées ne sont pas aussi « unies » que dans les contes de fées, et les enfants sont souvent incroyablement débrouillards (comme c'était le cas d'Ingrid).

D'autre part, il est facile d'imaginer le ressentiment que peut nourrir à l'égard de ses enfants une mère qui doit renoncer à certaines occasions professionnelles sous prétexte qu'on « a besoin d'elle à la maison ». Il est vrai que, dans certaines familles, les parents se soumettent à cet impératif. D'autres ne peuvent s'offrir ce luxe, pour des raisons économiques. D'autres encore se portent d'autant mieux qu'ils ne sont pas en contact permanent. À la différence de nombreux autres pays, la société américaine a imposé — cela date de la Seconde Guerre mondiale — le mythe bizarre de la maman merveilleuse qui ne se soucie que de ses bambins, n'oublie jamais de les appeler pour dîner (avec le chien), et parvient à maintenir un équilibre impossible entre ses fonctions de cuisinière, de bonne, d'infirmière et d'institutrice. Ses devoirs d'épouse fidèle et satisfaisante ne sont jamais remis en cause. Tout cela est bien « normal ».

Il est vrai que c'est le cas de beaucoup de gens. Mais pour l'immense majorité, ce ne sont que sornettes tout juste dignes des manuels scolaires. Il est intéressant de remarquer que la culture américaine admet que le père soit la plupart du temps absent de la maison, qu'il subvienne aux besoins quotidiens de sa famille, qu'il soit souvent en voyage d'affaires. On admet qu'il se préoccupe exclusivement de gravir l'échelle sociale, et qu'il soit généralement incapable de consacrer du temps à ses enfants. C'est parfait, c'est « normal », aussi. On attend de la mère, en revanche, qu'elle soit experte en pâtisserie, bonne à tout faire, armée de pansements adhésifs, de verres de lait, des réponses aux questions de géographie et d'arithmétique, et d'une patience infinie pour les exigences de ses gosses.

Mais en même temps, certaines industries (comme le cinéma) disposent d'emplois corrects pour les femmes, et la société approuve qu'elles y aient accès. On peut alors se demander comment il est possible qu'une femme assume une carrière exigeante et réalise l'idéal romanesque de la mère de famille à plein temps, tablier et rouleau à pâtisserie inclus. Pendant la guerre, surtout, peu en sont capables. Dans les années quarante, par la force des choses, beaucoup de mères sont loin de leurs enfants. De nombreuses femmes de soldats combattant au front font de longues journées de travail. Beaucoup sont employées dans les usines d'aviation et les arsenaux. Et l'on trouve des Rosie la Riveuse (formule pour désigner les femmes qui contribuent à l'effort de guerre) en veux-tu en voilà dans le moindre hameau d'Amérique.

Pia Lindstrom n'est pas une enfant maltraitée. Mais il est indiscutable qu'elle souffre d'un manque d'attentions. En l'absence de frères et sœurs, les premières années de sa vie sont encore plus solitaires. Deux facteurs justifient le jugement sévère qu'Ingrid et les autres portent sur elle : la condamnation hypocrite de l'Amérique à son égard en 1949-1950, et l'apparition, dans les années cinquante, d'une classe moyenne plus aisée. À cette époque, de nombreuses mères ne sont pas obligées de travailler à l'extérieur. Elles sont libres de trimer... à domicile, où les horaires sont plus longs et la rémunération bien moindre. On peut affirmer que la suffisance de la maman toute-puissante et omnisciente est, pour l'essentiel, l'invention des auteurs de *Fun With Dick and Jane*, avec l'aide du docteur Benjamin Spock. La télévision, par-dessus tout, s'empare de l'état d'esprit du moment : Maman est la personne la plus importante dans la vie d'un enfant, et elle ne risque pas de se tromper si elle se contente d'obéir aux règles, quelles qu'elles soient. Elle ne ferait que son devoir, après tout, et, à l'instar du docteur Lindstrom, personne n'a le droit de se tromper.

Enfin, pour ce qui concerne les responsabilités d'Ingrid à l'égard des siens, il faut se rappeler qu'elle subvient à ses besoins, à ceux de son mari et de sa fille. Petter ne dispose que du traitement minimal d'étudiant en médecine et d'interne, ce qui est bien insuffisant pour entretenir une famille. Ils doivent leur confort aux seuls revenus d'Ingrid. On ne comprend donc pas pourquoi elle doit être tenue pour une mère négligente parce qu'elle est vedette de cinéma et non femme d'affaires... ou médecin.

Selznick compte sur Ingrid et Petter pour assister à la cérémonie des Oscars, le 2 mars 1944, au Grauman's Chinese Theatre d'Hollywood — notamment parce qu'elle est nommée pour son rôle dans *Pour qui sonne le glas*. Ses concurrentes sont Jean Arthur, Joan Fontaine, Greer Garson et Jennifer Jones. C'est cette dernière qui l'emporte, pour *Le Chant de Bernadette*. Ingrid se précipite pour la féliciter. « Je suis désolée, Ingrid, lui dit Jennifer Jones. C'est vous qui auriez dû gagner. » Ingrid ne veut rien savoir : « Non, Jennifer, votre Bernadette est bien meilleure que ma Maria. » Elle le sait, et elle a raison.

Ce mois-là, Petter achève son internat en chirurgie à Stanford et entame un stage de trois mois de spécialisation en oto-rhino-laryngologie au County Hospital de Los Angeles. Puis ce sera l'internat en neurochirurgie, qu'il achèvera en 1947 pour se lancer enfin dans sa véritable carrière de neurochirurgien.

Il n'oublie pas de superviser la carrière d'Ingrid. David Selznick, pour une fois, va lui adresser une de ces longues lettres dont il a le secret, afin de rectifier les opinions sévères que Petter a émises à son sujet.

Dans une lettre datée du 6 avril, Petter déplorait en effet :

(a) qu'Ingrid aurait été bien mieux chez un producteur qui lui aurait donné plus de travail (c'est-à-dire avec lequel elle aurait gagné plus d'argent) ;

(b) que Selznick ne l'a prêtée à d'autres studios que pour lui faire tourner des films médiocres ;

(c) que de nombreux changements ont été apportés aux contrats originaux de 1939 et 1940 ;

(d) que Selznick n'a toujours pas tenu sa promesse de lui faire tourner une *Jeanne d'Arc* ;

(e) que vu les circonstances, Ingrid envisage d'aller voir ailleurs après l'expiration du contrat avec Selznick, mais qu'elle « ne signera pas avec quelqu'un d'autre sans en avoir averti [Selznick] au préalable ».

S'il faut en croire Petter, Ingrid « a découvert cette lettre, et, avec son bon sens habituel, [l'a] engueulé [15] ».

Selznick lui expédie une lettre de sept pages, dans laquelle il répond aux doléances de Petter, une par une. « Vous avez tendance, commence-t-il d'un ton acide, à négliger le fait que nous connaissons beaucoup mieux que vous l'industrie du cinéma. Je n'oserais pas vous suggérer que vous seriez mieux à Stanford qu'au County Hospital, ou à Columbia plutôt qu'à Rochester. Je suppose que vous connaissez votre médecine, et que vous savez ce que vous faites. Mais vous n'êtes pas disposé à admettre que je connais mes films et que je sais ce que je fais [16]. » Selznick sait ce qui est le mieux pour Ingrid. Dan O'Shea et Ingrid le savent aussi, « au deuxième rang ». Mais Petter, dit Selznick, est un « très mauvais troisième » !

Quant à la remarque sur les films médiocres, le producteur n'a aucun mal à se défendre : il se contente de faire allusion au succès et aux bénéfices de *Docteur Jekyll et Mister Hyde*, de *Casablanca* et de *Pour qui sonne le glas* (qui, en dépit des critiques, attire des foules considérables dans tout le pays). En outre, la sortie de *Hantise* est prévue pour mai, et les perspectives sont plus qu'encourageantes.

Le troisième reproche est aussi spécieux que les autres, dit Selznick. Même si elles ont pris beaucoup de temps (généralement par la faute des atermoiements de Petter), toutes les modifications au contrat d'Ingrid ont eu pour effet d'augmenter son cachet par film et de lui accorder des primes plus importantes. Où est donc le problème ?

Quant à *Jeanne d'Arc*... C'était impossible à cause de la guerre. « Pendant un temps, l'opinion dans ce pays n'était pas très favorable aux Français. Plus tard, il y avait toujours un doute sur la question de savoir si nous n'allions pas combattre le gouvernement de Vichy. Même aujourd'hui, la situation internationale est si incertaine qu'un film glorifiant les Français aux dépens des Anglais — ou de l'Église catholique... car quelqu'un l'a brûlée vive, n'est-ce pas ! — est une chose assez peu commode à envisager. »

Enfin, Selznick est ulcéré par la menace qu'Ingrid pourrait « aller voir ailleurs ». « On dirait une cour martiale, avisant son prisonnier qu'il ne sera pas fusillé à l'aube sans en être averti au préalable. (...) Toute votre lettre me trouble, Petter, car Ingrid affirme qu'elle restera avec moi aussi longtemps qu'elle fera des films. » Il conclut sur le même ton : « Mon association avec Ingrid relève du pur plaisir, hormis votre obstination à ne pas tenir compte des compétences qu'il faut mettre en œuvre pour s'occuper d'elle. (...) Je suis absolument confiant en votre réussite... en tant que médecin. »

Cette lettre pleine de bon sens atteint son but. Le 13 mai, Petter réplique :

« Comme je le disais en décembre, nous estimons qu'Ingrid ne devrait pas se décider pour un nouveau contrat pendant un bon moment. Je voulais vous dire, cependant, que j'ai beaucoup apprécié la lecture de votre dernière lettre.

« Sans aucun doute, Ingrid tient beaucoup à faire des films avec vous. Dans l'intervalle, lorsque vous ne l'employez pas dans vos productions, nous nous efforcerons d'organiser son travail afin de savoir à quel moment elle sera disponible.

« Ingrid vous a un peu parlé de ces "films extérieurs". Pour cela même, j'ai pensé devoir préciser la date : 1er janvier 1945. Je n'avais pas en tête qu'elle signerait un contrat exclusif avec un "étranger", ni avant ni après cette date. »

Par le diable, se dit Selznick, mais où est donc Charles Feldman ? L'agent d'Ingrid n'a-t-il donc pas d'influence ? Ce n'est pas faute d'essayer, mais la réponse est nette. Non, il n'en a pas.

« Cela se résumait à une totale soumission [à Petter], dira Ingrid. Il tenait à organiser toutes mes activités, et il n'était pas dans sa nature de faire confiance à quiconque, surtout dans les négociations professionnelles. Il disait souvent qu'aucun homme n'avait jamais accordé plus de liberté à sa femme. C'était vrai. Mais j'étais toujours libre *loin* de lui, pas *avec* lui [17]. »

En d'autres circonstances, Selznick aurait peut-être essayé de régler la question de l'autorité de Petter. Mais il a simplement envie de faire plaisir à Ingrid. Alfred Hitchcock travaille avec le scénariste Ben Hecht sur un projet destiné à Ingrid Bergman et Gregory Peck, lui aussi sous contrat chez Selznick. Les deux premiers films de Peck ont fait de lui une vedette de premier plan. « J'aimerais souligner, écrit Selznick à son superviseur des scénarios, Margaret McDonell, que je désire, presque désespérément, tourner cette histoire psychologique, ou psychiatrique, avec Hitch [18]. » Selznick et Hecht, en l'occurrence, suivent l'un et l'autre une psychothérapie. Hitchcock ne s'intéresse pas à ces choses-là. Il considère que l'insistance de Selznick à utiliser le jargon psychiatrique et la théorie freudienne de l'interprétation des rêves n'est qu'un prétexte à raconter une histoire d'amour.

Le point de départ du film est un roman de Francis Beeding [19], *La Maison du docteur Edwardes* (1927). C'est une histoire bizarre de sorcellerie, de culte satanique et de meurtre, dont l'action se déroule dans un asile d'aliénés suisse. Hitchcock a acheté les droits cinématographiques de cette curiosité pour une bouchée de pain,

Avec son père, Justus Bergman (env. 1921).

Été 1923.

Au lycée de jeunes filles (1925).

À l'École du Théâtre royal
de Stockholm (1933).
Avec Ingrid Luterkort
(extrême gauche), Signe
Hasso (à la droite
d'Ingrid Bergman)
et Edvin Adolphson
(5ᵉ à partir de la droite).
*(Collection
Ingrid Luterkort.)*

Dans *Le Comte du pont au moine,*
son premier film (1934).

Dans *Larmes
de l'océan*
(1934).

Dans *Les Swedenhiem*
(1934).

Avec Victor Sjöström
dans *La Nuit de
Walpurgis*
(1935).

Avec Gösta Ekman
dans *Intermezzo*
(1936).

Photo publicitaire pour la Svensk Filmindustri
(Centre du cinéma suédois).

M. et Mme Petter A. Lindstrom, 10 juillet 1937.

Avec Edvin Adolphson dans *Une seule nuit* (1937).

Avec Anders Henrikson dans *Un visage de femme* (1938).

Publicité des studios UFA
présentant Ingrid comme
« une fille de l'Allemagne » (1938).

Dans *Une nuit de juin*
(1939).

Aux États-Unis,
une campagne de publicité
la présente comme une
« petite fermière
suédoise » (1939).

À Broadway dans *Liliom* (1940).
(Culver Pictures.)

Avec Leslie Howard dans
La Rançon du bonheur
(1939).
*(Museum of Modern
Art/Film Stills Archive.)*

Dans le rôle d'Ivy Petersen
(*Docteur Jekyll
et Mister Hyde,* 1941).
*(Avec l'aimable
autorisation
de AMPAS.)*

Avec Humphrey Bogart dans
Casablanca (1942).
(Warner Bros.)

Avec Charles Boyer dans
Hantise (1943).
(Culver Pictures.)

En Alaska
pour soutenir le moral
des troupes américaines
(1943).

Avec David O. Selznick (1944).
(IMS Bildbyra.)

Avec Gregory Peck
et Alfred Hitchcock
pendant le tournage de
*La Maison du docteur
Edwardes* (1944).
*(Museum of Modern
Art/Film Stills Archive.)*

Sur le tournage de
*La Maison du docteur
Edwardes.*

avant de la revendre à Selznick avec un profit conséquent. Il a convaincu le producteur que le roman pouvait être retravaillé : il veut en faire un thriller dans lequel une psychanalyste résout une énigme criminelle et sauve la vie du patient dont elle est tombée amoureuse.

À l'instar d'Ingrid Bergman, Hitchcock — dont *Rebecca* a rapporté un Oscar à Selznick — n'a fait qu'un film avec ce dernier avant d'être « prêté » à d'autres studios, où il a réalisé un certain nombre de succès commerciaux, dont *Correspondant 17, Soupçons, L'Ombre d'un doute* et *Lifeboat*. Hecht est journaliste, dramaturge, romancier, et très probablement le scénariste le plus productif de l'histoire d'Hollywood. La plupart de ses soixante-dix scripts ont été écrits en moins de trois semaines. Lorsqu'il est appelé à « rafistoler » ceux des autres, il est heureux de travailler sans être crédité, pour des salaires pouvant atteindre 125 000 dollars (près de dix fois le cachet normal d'un scénariste à l'époque). La liste de ses films les plus célèbres (ou de ceux sur lesquels il a travaillé incognito) comprend *Train de luxe, La Joyeuse Suicidée, Gunga Din, Les Hauts de Hurlevent, La Reine Christine* et *Autant en emporte le vent*.

La collaboration Hitchcock-Hecht est fructueuse. Ils montrent le même intérêt pour les recoins obscurs de l'esprit humain, l'un et l'autre ont envie de raconter une bonne histoire bien solide, l'un et l'autre aiment les histoires d'amour. À la lecture du dernier état du scénario — avec les modifications qu'y a apportées son psychiatre, le docteur May E. Romm —, Selznick est emballé.

Le docteur Murchison (Leo G. Carroll), directeur de l'asile Green Manors, dans le Vermont, a subi une dépression nerveuse, et doit être remplacé par le célèbre docteur Anthony Edwardes (Gregory Peck). Celui-ci tombe aussitôt amoureux de sa nouvelle collègue, le docteur Constance Petersen (Ingrid Bergman). Mais Edwardes commence bientôt à se comporter bizarrement. La vue de lignes parallèles sur des surfaces blanches déclenche immanquablement chez lui d'inexplicables crises de nerfs. Constance découvre qu'Edwardes est un imposteur, un amnésique qui est persuadé d'avoir tué le véritable Edwardes. C'est aussi l'avis de la police, qui est bientôt sur sa piste.

Constance refuse d'admettre que l'homme qu'elle aime est un assassin. Elle le cache de la police avec l'aide de son ancien professeur, le docteur Alex Brulov (Michael Chekhov). Les deux médecins essaient de démêler les rêves étranges de leur patient. Il s'avère que le jeune homme a refoulé le souvenir de la mort accidentelle de son frère, survenue quand ils étaient enfants. Ce n'est pas lui qui a assassiné Edwardes, mais le dément docteur Murchison, pour sauver son propre emploi. Lorsque Constance achève de rassembler les éléments du puzzle, Murchison se suicide. Elle est libre de convoler avec son patient, lui-même libéré de toute culpabilité, légale et mentale.

Ingrid aime bien la description du docteur Petersen (« Constance se considérait sans indulgence ni préjugés (...) Par-dessus tout, elle était fière de sa lucidité[20] »). Elle aime la générosité et le dévouement du personnage. Mais elle trouve peu vraisemblable la façon dont se combinent ses responsabilités professionnelles et son amour : « Je ne ferai pas ce film, dit-elle à Selznick. Car je ne crois pas à l'histoire d'amour. L'héroïne est une intellectuelle, et il est tout simplement impossible qu'une intellectuelle tombe aussi profondément amoureuse[21]. »

Selznick, Hitchcock et Hecht essaient de dissiper ses doutes. Après tout, dit le réalisateur, tout le monde a envie d'entendre une belle histoire d'amour. Et s'ils voulaient faire du réalisme, ils tourneraient des documentaires. L'argument est loin d'avoir autant de poids que l'art d'Hitchcock proprement dit, sa capacité à divertir tout en tissant des intrigues complexes, et son remarquable talent à « visualiser » un film tout entier en en parlant. Ingrid, bien sûr, a entendu parler de son génie. Elle a surtout apprécié *L'Ombre d'un doute*, cette œuvre dense, tendue, dont la vedette n'est autre que son amie Teresa Wright.

L'histoire d'amour et les innovations techniques qu'Hitchcock prévoit d'introduire dans *La Maison du docteur Edwardes* en constituent les véritables centres d'intérêt. Pour ce qui est du jargon psychanalytique, le cinéaste rappelle à Ingrid que le grand public dispose de très peu de références (même cinématographiques) en ce domaine. Sigmund Freud n'est mort que cinq ans plus tôt, et un langage si technique (complexe de culpabilité, complexe d'Œdipe, symbolisme du rêve) n'est pas très utilisé ni compris par la masse. Ce qui a l'air d'une solution simpliste à l'énigme posée par le scénario — par la grâce d'une interprétation prétentieuse des images oniriques —, doit être, en 1944, quelque chose de nouveau et passionnant.

Après deux heures de discussion, Ingrid est convaincue. Le 20 juin, elle se présente aux studios Selznick pour les essais de maquillage et de costumes. Le tournage démarre le 10 juillet, le jour de son septième anniversaire de mariage. Hitchcock commande en son honneur un gigantesque gâteau, que l'on apporte après la journée de travail aux acteurs et techniciens. Ingrid est certainement plus heureuse de se remettre au travail que de célébrer son mariage.

« Je me souviens que nous avons eu quelques différends sur le tournage, racontera-t-elle. Je lui disais : Je crois que je suis incapable de vous donner le type d'émotion que vous demandez. Lui me rétorquait : Eh bien, fais semblant ! C'est le meilleur conseil qu'on m'ait jamais donné. Au cours de ma carrière, de nombreux metteurs en scène m'ont donné des instructions que je trouvais tout à fait impossibles, et beaucoup de choses difficiles à faire. Et quand j'étais sur le point de me disputer avec eux, j'entendais la voix d'Hitchcock qui me disait : Eh bien, fais semblant ! Cela a épargné beaucoup de situations désagréables et de pertes de temps [22]. »

La Maison du docteur Edwardes marque le début d'une collaboration exceptionnelle qui se traduira par le tournage de trois films, et d'une amitié qui durera jusqu'à la mort du cinéaste. Leurs relations, aussi fructueuses soient-elles, sont pourtant des plus ambiguës. Hitchcock, en effet, est tombé passionnément amoureux de sa vedette. Mais il n'est pas payé de retour : elle a infiniment de respect pour son génie, et lui voue une immense tendresse en tant que mentor, figure paternelle et ami. Mais ses sentiments s'arrêtent là. Leur travail ensemble, durant plus de quatre ans, sera à la fois, pour Alfred Hitchcock, une source de joie et une épreuve pénible.

Pendant les discussions préalables à *La Maison du docteur Edwardes*, il est fasciné par elle. Mais dès le début du tournage, Hitchcock se conduit en véritable amoureux transi, ce qui explique la tendresse exceptionnelle avec laquelle il la dirige. Alors qu'Ingrid doit vivre dans un monde imaginaire pour doter ses personnages d'émotions vraisemblables, la puissance de l'œuvre maîtresse d'Hitchcock vient de son irréfutable génie de conteur visuel travaillant la matière brute de ses propres fantasmes. Durant sa longue carrière, il vivra l'emprisonnement de l'amoureux manqué et hanté : il souffrira énormément de ses amours frustrées pour certaines de ses vedettes féminines. Mais l'angoisse née de cette frustration est précisément à l'origine du grand art qui se réalise parfois dans le brasier de l'abnégation sentimentale. À cet égard, Hitchcock laissera une série de films révélateurs constituant un testament spirituel émouvant.

« Il est certain que quelque chose le travaillait, cette année-là, dit Gregory Peck (dont l'interprétation du patient vulnérable donne au film beaucoup de son attrait), mais il était difficile de savoir exactement de quoi il souffrait [23]. » Sans doute ne comprend-il pas qu'il s'agit de la passion univoque du cinéaste pour Ingrid.

Hitchcock, qui vient d'avoir quarante-cinq ans, est marié depuis 1926 à Alma Reville, sa plus proche collaboratrice. Il dépend totalement de ses conseils, de son appui et de ses soins, et n'oserait jamais envisager le divorce. Sa vie sentimentale est complexe, embrouillée et profondément refoulée, et son esprit tourmenté. Mais d'une manière ou de l'autre, ses angoisses et ses sentiments personnels donnent naissance à des histoires d'amour qui touchent des millions de gens dans le monde entier (et continueront à le faire bien après sa mort). On peut avancer une hypothèse : eût-il été apte à réaliser ses désirs, qu'il aurait peut-être été incapable de les assumer — et encore moins de les transformer en art.

Le cinéaste racontera souvent à ses amis une histoire invraisemblable, sur mesure, conçue par les méandres d'une imagination aveuglée : l'histoire d'une Ingrid hystérique refusant de quitter la chambre à coucher d'Hitchcock (à l'issue d'un dîner chez lui) tant qu'il ne lui aura pas fait l'amour. Une fable qui serait drôle si elle n'était pitoyable. Mais Hitchcock révèle ce qu'il considère comme la réalité affective (sinon littérale) de leurs rapports. Ingrid et lui (croit-il de tout son cœur) formeraient un couple parfait, si seulement... Eh bien, après tout, c'est une réplique qu'il lui fait dire dans *La Maison du docteur Edwardes* : « Nous ne sommes que des paquets d'inhibitions. »

Pendant le tournage, bien entendu, elle ne fait rien pour encourager ses avances, ce qui a l'effet contraire à ce qu'elle espère. Il prend cela pour du tact et de la prudence, et redouble d'efforts pour se l'attacher. À cette fin, il déroule pour elle les grandes lignes d'un autre film — *Les Enchaînés* — et elle s'y engage aussitôt. Selznick leur rappelle aimablement qu'ils lui sont l'un et l'autre liés par contrat, et que l'approbation des projets et le choix des acteurs relèvent de ses prérogatives. Mais il est séduit, lui aussi, par les idées d'Hitchcock.

« Hitchcock était un des rares metteurs en scène qui résistaient vraiment à Selznick, raconte Ingrid. Et ce dernier, en général, lui fichait la paix. Lorsqu'il venait sur le plateau, la caméra s'arrêtait subitement, et Hitchcock prétendait que l'opérateur était incapable de la remettre en marche. Je me demande ce qui ne va pas, disait-il à Selznick. On s'en occupe, on s'en occupe. Selznick finissait par s'en aller, et la caméra repartait comme par miracle. Voilà comment Hitchcock réglait le problème des ingérences du producteur. Je pense que Selznick a fini par comprendre qu'il s'agissait d'une astuce, mais il n'a rien dit. Il lui a fichu la paix. C'étaient deux hommes puissants, qui avaient beaucoup de respect l'un pour l'autre[24]. »

Gregory Peck va dans le même sens. « Selznick était d'avis de traiter ses acteurs comme des idoles de pacotille, mais il était un peu dur avec les réalisateurs. Hitchcock, je pense, apprit à faire comme si de rien n'était[25]. »

Sur le plateau, Hitchcock est courtois et prévenant envers Ingrid, mais jamais démonstratif en présence de tiers. S'il refuse de laisser voir ses sentiments les plus profonds, il les laisse s'exprimer (comme si souvent) dans ses scénarios. Au dernier moment, il ajoute un dialogue entre Constance et le docteur Fleurot — un collègue dont le désir, comme celui du réalisateur, reste sans réponse :

Fleurot. — Sous la surface, vous êtes une femme douce, frémissante, adorable. Je le sens à chaque fois que je m'approche de vous.

Constance. — Vous ne sentez que vos propres désirs et frémissements... Les miens, je vous assure, ne leur ressemblent en rien.

Tout au long du tournage, Hitchcock peaufinera son idée de base (une psychiatre, amoureuse d'un patient accusé d'un crime, joue au détective pour prouver son innocence). Il veut souligner toujours plus nettement le changement qui s'opère en Constance Petersen qui, de professionnelle détachée du monde, se transforme en amante passionnée. Concrètement, *La Maison du docteur Edwardes* devient l'histoire d'une double transformation : d'une part, le traitement thérapeutique auquel Ingrid soumet un homme perturbé (Peck/Hitchcock) ; d'autre part, sa propre libération, qui lui permettra d'explorer ses sentiments les plus profonds à l'égard de cet homme. À ce stade de sa carrière, Constance Petersen n'a connu d'autre affection que celle qu'elle a vouée à son mentor, le paternel docteur Brulov (une sorte de Petter Lindstrom). Elle a besoin que son patient tourmenté la libère et lui permette de vivre sa passion. C'est pourquoi les personnages interprétés par Ingrid Bergman et Gregory Peck doivent faire sauter certains blocages affectifs afin de permettre la mise en place de rapports amoureux.

Un des stratagèmes imaginés par Alfred Hitchcock pour s'assurer la fascination du public est une série d'images oniriques conçues avec le peintre surréaliste Salvador Dali. Celui-ci lui donne l'effet « à la Chirico » qu'il réclame. Mais nous ne voyons dans le film qu'une petite partie de ce qu'il a fourni. Pendant des années, Hitchcock mentionnera seulement qu'il y a aussi une statue qui « craque comme une carapace tombant en morceaux, des fourmis s'échappent des fissures, et en dessous, il y a Ingrid Bergman[26] ». Pour l'essentiel, cette séquence sera filmée, et il en existe des photographies. Mais Selznick la fera couper du montage final. Ingrid se souvient parfaitement de l'épisode.

> « C'était une séquence extraordinaire de vingt minutes, qui mériterait de figurer dans un musée. L'idée, en un mot, c'était que dans l'esprit de Gregory Peck, je me transformais en statue. Nous avons tourné la scène dans l'ordre inverse du déroulement à l'écran. On m'a mis une paille dans la bouche pour que je puisse respirer, et on a effectivement fabriqué une statue autour de moi. J'étais vêtue d'une robe drapée à la grecque, avec une couronne sur la tête, et une flèche qui avait l'air de me traverser le cou. Puis on a fait tourner les caméras. J'étais dans la statue, j'éclatais et l'action continuait. Quand on passait le film à l'envers, on avait l'impression que je me transformais en statue. C'était sensationnel, mais quelqu'un est allé voir

Selznick et lui a dit : Qu'est-ce que c'est que ces idioties ? et ils ont coupé la scène. C'était vraiment dommage. Cela aurait pu avoir l'air vraiment artistique[27]. »

Mais on ne tient pas compte de ses protestations. Elle comprend que ce qu'on abandonne sur le sol de la salle de montage est bien plus qu'un artifice. Le cou transpercé d'une flèche suggère jusqu'où peuvent aller, dans l'esprit du patient, sa fureur et son sentiment de culpabilité : il y a un rapport évident entre sa conviction qu'il est capable de tuer, et ses sentiments ambivalents à l'égard de Constance — à la fois guérisseuse et amante. La statue représente également l'image qu'il a d'elle, figure de mère-déesse (d'où le costume de Vénus/Cybèle), et les flèches évoquent la clôture garnie de pointes où se tua son frère dans leur enfance. L'image de Constance statufiée semble aussi indiquer qu'il la voit classiquement froide, affectée, distante, intouchable. Ingrid a raison de remarquer que cette séquence non intégrée dans le film aurait pu transmettre encore plus violemment les émotions paradoxalement compatibles d'amour et de haine, le désir d'être aidé et la méfiance envers ceux qui lui viennent en aide, et par-dessus tout la peur d'être mis à jour.

La force émotionnelle durable de *La Maison du docteur Edwardes* provient moins de son intrigue byzantine que de l'interprétation naturelle et sobre des deux acteurs principaux, qui décrivent l'éveil de leurs désirs méconnus avec une sorte d'ébahissement naïf. Chacun d'eux se lance dans le voyage effrayant qui mène à la connaissance de soi — et le fait que ce double voyage soit invraisemblable est justement ce qui intéresse Hitchcock. Il met en place l'environnement qui peut donner lieu à de telles performances, et des films comme celui-ci démontrent à l'envi son génie de directeur d'acteurs.

Dans la simplicité et la fragilité de Constance, dans la façon dont Ingrid tourne la tête, joint les mains et réprime un sanglot naissant, il y a tout un manuel pour cours du soir d'art dramatique. De tout ce qu'Hitchcock lui enseigne, la leçon la plus précieuse est peut-être l'importance qu'il accorde aux gros plans de son regard. Son œil glissant vers le bas, à gauche, ou à droite, exprimera la réflexion, ou l'appréhension, ou un instant de gravité et de réflexion.

Une scène, le premier soir, en fournit un bon exemple. Ingrid entre dans la chambre de Gregory Peck avec un exemplaire de son livre. Il est avachi dans un fauteuil, endormi. Lorsqu'il s'éveille, il découvre sa présence, debout devant lui. Elle avoue qu'elle n'est pas venue pour parler du livre, mais de leur attirance mutuelle, si soudaine. Le baiser et l'étreinte qui suivent sont pleins d'émotion. Mais ce sont tout de même des gestes quelque peu contenus, chargés d'angoisse. L'effet en sera adouci pour le public, car Selznick imposera l'insertion, au milieu du baiser, d'une série de portes que l'on ouvre.

La scène où Constance quitte définitivement son professeur, le docteur Brulov, est encore plus touchante. Alors qu'Ingrid, tout entière à son rôle, sanglote sur son incapacité à soulager son bien-aimé, Brulov la réconforte (juste avant que le dénouement ne vienne sauver la mise). « C'est une chose atroce, que d'aimer quelqu'un et de le perdre. Mais tu reprendras le contrôle de ta vie, et tu te remettras en route. Et n'oublie pas, il y a le plaisir intense du travail — peut-être le plus intense. » Alfred Hitchcock, comme si souvent, parle de lui-même. Il y a là une prodigieuse tendresse, et la scène devient une métaphore complète de la délicatesse des rapports qu'Ingrid entretient avec son réalisateur.

La Maison du docteur Edwardes remporte plus de succès que ses auteurs ne s'y attendaient. Alors qu'il a coûté 1 700 000 dollars, il engrange huit millions de dollars de recettes brutes en première exclusivité, ce qui en fait un des deux ou trois films les plus rentables des années quarante. Il reçoit six nominations aux Oscars : meilleurs film, réalisateur, second rôle, photographie, effets spéciaux et musique. (Seul le compositeur Miklos Rozsa remportera une statuette.) C'est le premier film américain dans lequel le nom d'Ingrid Bergman vient le premier à l'écran.

Depuis quelque temps, les Lindstrom cherchaient une maison à vendre. En juillet, peu après qu'Ingrid a commencé *La Maison du docteur Edwardes*, ils en trouvent une à leur goût au 1220, Benedict Canyon Drive, au nord de Sunset Boulevard à Beverly Hills. La maison, construite en 1920 en pierre de taille ciselée et séquoia, ressemble à un chalet de montagne. Elle se trouve au bout d'une courte allée escarpée, entourée d'une végétation luxuriante et de vieux arbres. Il y a un vaste salon-salle à manger voûté à poutres apparentes, avec une grande cheminée de pierre ; un antique bar en cuivre ; une suite de maître ; une grande cuisine rustique ; un bureau ; une petite chambre pour Pia ; et un pavillon minuscule pour les invités. On fait le projet de creuser une piscine, et d'ajouter des chambres.

« Imagine ! écrit Ingrid le 3 août [en suédois] à son beau-père resté en Suède. Nous avons emménagé hier. Comme nous sommes heureux ! Je n'ai pas fermé l'œil, je ne faisais qu'aller et venir, et caresser mes meubles et mes malles pleines à craquer. Je suis si contente. Je ne crois pas que Petter ait été aussi heureux depuis des années. Nous avons eu la chance d'acheter la maison avec une bonne partie de ses meubles, juste du genre que je voulais, et qu'il est si difficile de trouver neufs de nos jours. Mais comme je n'ai pas dormi de la nuit, on m'a reproché de n'être pas assez belle, aujourd'hui, quand il a fallu tourner des gros plans. (...) Nous installerons une piscine dès que possible, et même un court de tennis. Mais d'abord, Petter veut construire un sauna. (...)

« J'ai démarré mon nouveau film, et tout va bien. Je joue le rôle d'un médecin, et c'est encore différent des films que j'ai faits auparavant. Cela me plaît, de pouvoir jouer des rôles différents. C'est rarement le cas pour les acteurs à Hollywood. En général, ils jouent le même genre de personnages encore et encore, jusqu'à leur mort.

« Pia va bien, à présent qu'elle est débarrassée de ses amygdales. (...) Elle commencera l'école à l'automne. Je n'arrive pas à croire que nous vieillissons, nous aussi... j'ai l'impression d'avoir toujours dix-neuf ans ! Mais Petter est trop occupé. Je lui trouve l'air tellement fatigué, et il n'y a pas d'espoir de vacances avant longtemps. »

Le 10 octobre, elle lui écrit de nouveau :

« J'ai terminé mon film, *La Maison du docteur Edwardes*. Je pense qu'il sera intéressant. J'ai vraiment aimé travailler avec Alfred Hitchcock, et je suis si heureuse de jouer à nouveau dans son prochain film. Ce sera une histoire d'espionnage. (...)

« J'aimerais vraiment faire un autre film avant cela, mais il ne semble pas que quelque chose de convenable soit en train de germer. Je prépare donc une tournée à travers l'Amérique en faveur de l'emprunt de guerre et des dons de sang pour les blessés. On fait des discours interminables, et j'espère que ça n'entre pas par une oreille pour sortir par l'autre. »

La « tournée à travers l'Amérique » l'entraîne, avec Joe Steele à sa suite, dans l'Indiana, la Pennsylvanie, le Minnesota, le Wisconsin, et au Canada. Steele a l'impression qu'Ingrid est « comme un cheval de course au starting-gate, toujours pressée d'en avoir fini, à cause de son impatience congénitale [28] ». Il remarque qu'une fois de plus Petter accepte sans rechigner l'absence d'Ingrid. Il est parfaitement conscient de la raison de cette abdication : les Lindstrom ont de plus en plus de mal à vivre ensemble. En 1944, leur mariage n'a plus de raison d'être.

À chaque étape de son voyage — qu'elle effectue à sa demande —, Ingrid lit les discours préparés à Hollywood par des auteurs rétribués par le ministère de la Guerre : des commentaires redondants et pompeux qui ne lui ressemblent aucunement. À maintes reprises, elle écarte ces pages assommantes et s'adresse directement au public rassemblé sous des préaux d'école, sur des terrains de baseball et dans des salles de bal. Elle leur parle de la vie en Suède et de son bonheur de pouvoir travailler en Amérique. Puis elle fait une brève déclamation théâtrale, récite l'assortiment d'histoires et de vers qu'elle a rassemblés à leur intention : des passages de « L'oie des neiges » de Paul Gallico, des poèmes de Carl Sandburg ou un récit de Ben Hecht.

Sa voix expressive et harmonieuse, sa chaleur et sa sincérité lui rallient tous les groupes qu'elle rencontre, et sa présence amène d'importantes contributions financières. Outre les meetings, il y a les déjeuners officiels et les cocktails, les visites aux hôpitaux, les entretiens radiophoniques et les conférences de presse en faveur de l'emprunt. Elle y consacre de longues journées, puis passe à la ville suivante pour d'autres longues journées. « Mais on n'entendait jamais la moindre plainte de sa part, dit encore Steele. Rien qu'une ardeur stupéfiante, inépuisable, pour que le travail soit fait. »

À l'occasion de Thanksgiving, Ingrid et Joe retournent voir les immigrés suédois du Minnesota, dont ils ont fait la connaissance durant le tournage des *Suédois d'Amérique*. Elle est de retour chez elle avant Noël, afin de faire les achats pour Pia et préparer la décoration de la maison. Petter insistant pour qu'elle fasse des économies, elle rachète à Selznick — pour cent vingt-deux dollars soixante-dix-sept cents — une partie des costumes qu'elle portait dans *La Maison du docteur Edwardes*. Après tout, lui dit son mari, sa propre penderie n'est pas si fournie. Lui, il n'a qu'un ou deux costumes, qu'il fait durer d'une année sur l'autre.

Mais il n'est pas question de faire de telles économies lorsqu'il s'agit d'améliorer leurs conditions d'existence dans leur nouveau foyer. En moins d'un an, les Lindstrom engagent — en plus de Mabel — Mary Jackson, la nourrice de Pia, et une secrétaire à temps partiel, Doris Collup. La maison, baptisée Hillhaven Lodge par ses anciens propriétaires, a coûté 65 000 dollars. L'argent pour la payer, pour financer les annexes et entretenir le personnel domestique, provient exclusivement du salaire d'Ingrid. L'internat en neurochirurgie de Petter ne prendra fin qu'en 1947, et alors seulement pourra-t-il exercer et compter sur des revenus honorables.

Au cœur de leur nouvelle maison trône une grande table ronde appuyée contre un canapé encastré, devant la cheminée du salon. Ingrid reçoit sans façon les amis et collègues qui leur rendent visite pendant les fêtes de Noël (en général, elle porte un simple pull-over et une jupe de tweed). Après avoir accueilli les invités, elle se rend à la cuisine et prépare en hâte un plateau de biscuits et de fromage qu'elle sert avec des cocktails. Mais il faut souvent faire preuve de patience. Quoiqu'elle ait toujours beaucoup de mal à donner des ordres, son incompétence au bar et à la cuisine l'oblige à engager un extra.

En raison de ses longues journées de travail, Petter arrive en général tard dans la soirée. Mais il devient alors un hôte exemplaire. Il branche le phonographe, de la musique à la mode se répand dans la maison, et il entraîne les invités dans une séance de danse endiablée. C'est un véritable boute-en-train, et il fait belle figure. Aucune femme ne manque une occasion de se trémousser avec l'infatigable docteur Lindstrom.

Au début, la liste des invités pose quelques problèmes. Ingrid pense qu'une soirée entre amis signifie précisément « une soirée entre amis »... Elle invite donc Irene et David Selznick ; Ruth Roberts ; Alfred et Alma Hitchcock ; le cinéaste français Jean Renoir et son épouse ; l'actrice Teresa Wright et son mari ; Ben Hecht ; et quelques membres de l'équipe de *La Maison du docteur Edwardes* avec lesquels elle s'est liée d'amitié. « Impossible. C'est absolument impossible », lui dit Irene Selznick quand elle voit la liste[29]. Mêler des stars à des techniciens et des répétitrices à des patrons de studio, ça ne se fait pas, dans le monde cloisonné de l'aristocratie du cinéma. (Ingrid devrait peut-être se souvenir qu'en 1939 Kay Brown avait été exclue du dîner de bienvenue organisé le soir même où elle l'avait amenée chez Selznick.)

Autant pour le mythe de l'Amérique, société sans classes. « Quel choc ! » dira Ingrid. Quand elle en parle à Hitchcock, il se contente de sourire et lui souhaite bienvenue à Hollywood. « Dieu merci, raconte-t-elle, il y avait la bande à Hitchcock. Lui et Alma mélangeaient tous les acteurs qu'ils aimaient sans s'inquiéter si c'était ou non des vedettes[30]. » Si elle cède aux exigences d'Irene pour sa soirée de crémaillère, Ingrid fera désormais comme elle l'entend. Elle donnera des petites réceptions informelles avec buffet, auxquelles elle invitera aussi Charles Boyer, Gary Cooper, Clark Gable, Ernst Lubitsch, Gregory Peck, Joseph Cotten et leurs épouses.

Mais quel que soit le désir de Petter d'être agréable, sa volonté de diriger le monde d'Ingrid commence à affecter même l'ambiance de leurs soirées. Il accueille les invités avec effusion et se donne du mal pour s'accorder à l'état d'esprit général d'aimable camaraderie. Mais quelque chose ne va pas. Il est trop formaliste, trop directif, il formule des opinions arrêtées sur tout ce qui concerne Hollywood alors qu'après tout, il en sait si peu... Pourquoi un chirurgien aussi respectable et aussi doué devrait-il tout savoir du talent des artistes, ou du climat d'intolérance qui se répand à Hollywood ? De plus en plus souvent, raconte Steele, « Ingrid perdait tout à coup son entrain, l'atmosphère devenait pesante, l'absence d'harmonie et les divergences d'intérêts entre le docteur et les autres étaient trop évidentes. Il faisait de son mieux, vraiment, mais cela sonnait faux[31] ».

L'atmosphère n'est jamais aussi tendue que lorsque la conversation roule sur les rôles d'Ingrid ou ses obligations publicitaires. « Je ne pense pas que tu doives le faire », dit souvent Petter quand Steele évoque une apparition publique d'Ingrid, ou un événement auquel elle doit prendre part. « Oh, je n'y vois aucun mal, Petter, dit-elle d'un ton dégagé.

— Je t'ai dit que ce n'était pas bien, maintient Petter sans sourciller. Et tu ne le feras pas [32]. »

À la même époque, Ingrid doit aussi affronter son producteur. Pendant son absence, Selznick a été approché par Leo McCarey. Le célèbre metteur en scène vient de remporter un énorme succès avec une comédie religieuse, *La Route semée d'étoiles*. Il en prépare une suite, *Les Cloches de Sainte-Marie*, dont la vedette sera de nouveau Bing Crosby, dans le rôle du très dévoué père O'Malley. McCarey a très envie qu'Ingrid Bergman interprète sœur Bénédicte, le personnage féminin. Pas question, dit Selznick. Les suites n'ont jamais de succès. McCarey se dit que le meilleur moyen de toucher le cœur d'un producteur est de passer par sa vedette. Il place des publicités dans les journaux du Minnesota, au moment où Ingrid s'y trouve en tournée : « Bientôt, vous saurez tout sur les projets que Leo McCarey réserve à Ingrid Bergman [33] ! »

Dès son retour, elle appelle Selznick. Oui, lui dit-il, j'ai lu le scénario, et c'est un bon rôle. Mais je ne suis vraiment pas sûr... Ingrid appelle le bureau de McCarey à la RKO, et se fait envoyer le script. Puis elle commence à harceler Selznick. « Si tu m'empêches de le faire, je retourne en Suède [34] ! »

McCarey obtient gain de cause. Selznick empoche 175 000 dollars comptants pour la location de son actrice, et récupère les droits de deux films qu'il a produits pour la RKO une douzaine d'années plus tôt, *Héritage* et *Les Quatre Filles du docteur March*.

Ingrid commence ses recherches pour la préparation de son rôle. Elle visite un couvent de sœurs enseignantes de Los Angeles. Elle y fait la connaissance de la tante de McCarey, membre de l'ordre, qui a inspiré le personnage de sœur Bénédicte. Elle retire de ces rencontres des idées concrètes sur la manière de composer son rôle de nonne, et sur les choses qu'elle ne doit pas y mettre. Elle est ravie de voir voler en éclats tous les clichés sur le sujet. Aucune piété douceâtre, larmoyante, dans la vie de ces femmes. Ingrid y voit plutôt une dévotion tranquille, un travail dur, beaucoup de détermination et un sens de l'humour rafraîchissant. Elle est étonnée de découvrir qu'à plus d'un titre elle leur ressemble beaucoup.

Mais si les religieuses sont heureuses de leur engagement, ce n'est pas le cas d'Ingrid. À la fin de l'année, alors que son mariage connaît une débâcle totale, elle finit par demander le divorce à Petter. Mais nous n'avons jamais eu la moindre dispute, proteste-t-il. Pourquoi devrions-nous nous séparer ? Les disputes ne serviraient à rien, réplique-t-elle, puisqu'il n'y a jamais de discussion entre nous. Leur vie, la carrière d'Ingrid, l'administration de la maison et l'éducation de leur fille : tout est soumis à son autorité à lui. « Je ne discuterai donc pas, dit tristement Ingrid. Je m'en irai, c'est tout [35]. » Il la persuade qu'il serait insensé de vivre dans des domiciles séparés. Personne ne revendique leur affection, et ils sont liés, après tout, par leur dévouement à Pia.

Il est évident que la fillette a hérité la vivacité d'esprit de ses parents.

« Tu fais toujours ce que Papa désire, dit-elle un jour à sa mère.

— Bien sûr, rétorque Ingrid, étonnée de voir autant de finesse chez un enfant de sept ans. Papa est très intelligent, et c'est lui le chef de famille.

— Mais est-ce que lui, il fait toujours ce que tu désires [36] ? »

Quelques jours plus tard, Ingrid lit un magazine en croquant du chocolat. « Oh, dit Pia en montrant la friandise, est-ce que Papa est au courant ? »

Une autre fois, Ingrid déclare à sa fille que oui, bien entendu, elle peut aller au cinéma avec ses amies. « À quoi cela sert-il que toi, tu me le dises ? demande la petite d'un ton plaintif. Puisque je dois attendre la permission de Papa. » C'est ainsi que cela se passe, en effet.

« Je crois que j'attendais que quelqu'un arrive, dira Ingrid, et m'arrache à ce mariage dont je n'avais pas la force de sortir toute seule [37]. »

Chapitre dix

1945

Un amant sans indiscrétion, ce n'est pas un vrai amant.

Thomas Hardy, *La Main d'Ethelberta*

Les premières semaines de 1945 sont consacrées à de longues réunions de travail avec Leo McCarey, à qui Ingrid expose ses idées pour le rôle de sœur Bénédicte. Bing Crosby se montre parfois, tire sur sa pipe, hoche la tête de temps à autre mais parle très peu. Les essais de costumes et de maquillage ne posent bien entendu aucun problème. D'un bout à l'autre du film, Ingrid ne portera qu'un habit noir de religieuse (qui dissimulera fort à propos les légères rondeurs qu'elle doit aux fêtes de fin d'année). Les maquilleuses, qui ont souvent du mal à faire que leurs « religieuses » ne soient ni trop glamour ni trop blafardes, trouvent le teint d'Ingrid conforme à sa légende. Une légère touche de poudre et une très discrète coloration des lèvres lui donnent un air à la fois sain et naturel.

La cérémonie des Oscars se déroule le 15 mars 1945 au Grauman's Chinese Theater, sur Hollywood Boulevard. Pour cause de restrictions de temps de guerre, les statuettes ne sont pas en bronze, mais en plâtre. Aucune surprise : *La Route semée d'étoiles* de McCarey est sept fois récompensé — meilleur film, meilleur réalisateur, meilleur acteur (Bing Crosby), meilleur second rôle masculin (Barry Fitzgerald), meilleur sujet (McCarey), meilleur scénario (Frank Butler et Frank Cavett) et meilleure chanson (« Swinging on a Star » de James Van Heusen et Johnny Burke). Jennifer Jones énumère les nominations pour l'Oscar de la meilleure actrice. Ingrid Bergman s'avance, sous des applaudissements prolongés : elle est récompensée pour son rôle dans *Hantise* [1]. « Votre talent a gagné nos voix et votre charme a conquis nos cœurs », lui dit Jennifer Jones [À l'époque, les présentateurs ne récitaient pas encore des textes soigneusement préparés à leur intention.]

« Je suis profondément reconnaissante, déclare Ingrid, qui porte

175

la même robe toute simple que l'année précédente. En fait, je suis spécialement contente de l'obtenir cette fois-ci, car demain je dois travailler sur un film avec M. Crosby et M. McCarey, et si j'arrivais les mains vides, j'ai bien peur que ni l'un ni l'autre ne m'adressent plus la parole ! » Pendant des semaines, lettres, fleurs et cartes affluent à Benedict Canyon. Mais le premier message d'Ingrid est adressé à son réalisateur, George Cukor : « Je ne suis pas encore revenue de ma surprise, pour cet Oscar, écrit-elle, et quelle que soit la langue, j'ai du mal à exprimer ce que je ressens. Mais je tenais vraiment à vous dire combien je vous suis reconnaissante de votre aide et de la compréhension que vous avez montrée pour ma pauvre Paula, dans *Hantise* [2]. »

McCarey est cordial et admiratif, et Ingrid n'a pas à s'inquiéter qu'il lui adresse la parole. Pour Bing Crosby, c'est une autre affaire. Le lendemain matin, à la RKO, elle trouve son partenaire mystérieux, agréable dans le travail mais distant, toujours entouré d'une petite cour de laquais et de serviteurs. Crosby a débuté en 1922, à l'âge de dix-huit ans. Il est très vite devenu un des chanteurs de charme les plus populaires du monde, à quoi il fallut ajouter, à partir de 1930, une carrière cinématographique extrêmement féconde. Sa gentillesse dénuée de prétention est exactement ce que désire l'Amérique, surtout en temps de guerre. Avec Bob Hope et Dorothy Lamour, Crosby a déjà tourné les premières comédies de la série *En route pour...* [3] Pendant les années quarante, les sondages des magazines de cinéma l'ont placé plusieurs fois au premier rang des vedettes masculines.

Mais la vie privée de Bing Crosby est loin d'être à la hauteur de sa réputation. Il est un véritable tyran pour ses fils, et fait preuve d'un caractère bien différent de celui qu'on lui connaît. « Bing Crosby est l'un des hommes les plus charmants, les plus décontractés avec lesquels j'aie jamais travaillé, dira Ingrid. Mais je ne l'ai jamais vraiment connu... pas plus que sa femme ou ses enfants [4]. » Tel est le sentiment de la plupart des gens qui travaillent avec lui, à l'exception de ceux qui ont le privilège d'être ses partenaires au golf. Mais si le ton des *Cloches de Sainte-Marie* est exaltant, parfois drôle, le film n'est pas une bluette. La méfiance d'Ingrid à l'égard de son partenaire contribue, même involontairement, à donner du relief à son interprétation et à l'alchimie de leurs personnages respectifs.

L'histoire est simple, voire prévisible, mais elle possède une intelligence et un charme souvent absents des films dits « religieux ». Sœur Mary Bénédicte (Ingrid Bergman) accueille le nouveau pasteur de Sainte-Marie, le père O'Malley (Bing Crosby). L'école a besoin d'être rapidement remise en état. Le prêtre et la nonne s'affrontent gentiment sur leurs conceptions pédagogiques, on vient en aide à des enfants souffrant de problèmes familiaux, et l'école de Sainte-Marie est sauvée grâce à la conversion d'un homme d'affaires fortuné, grossier mais finalement bienveillant (Henry Travers). Quand sœur Bénédicte est brusquement transférée, elle pense qu'il s'agit d'une manœuvre du père O'Malley pour l'éloigner (à cause de ses méthodes). À la dernière minute, il lui annonce qu'on la déplace pour qu'elle puisse soigner son début de tuberculose. Soulagée d'apprendre qu'elle est « simplement » malade, et qu'on ne la rejette pas, sœur Bénédicte peut partir le cœur tranquille. Elle a réussi. O'Malley lui rappelle que si elle a besoin d'aide, il lui suffira de « composer le O, comme O'Malley ».

Aujourd'hui, le film est auréolé d'une sorte de snobisme un peu stupide, peut-être parce que, depuis les cyniques années soixante, tous les personnages religieux sont devenus, en Amérique, les souffre-douleur des conversations de salon. En outre, l'habit des nonnes s'est peu à peu adapté au travail dans le monde moderne, et l'on a pris l'habitude de considérer les personnages des films anciens, vêtus à la manière d'autrefois, comme de cocasses anachronismes.

Depuis toujours, Hollywood a autant de mal à représenter la chasteté que la promiscuité sexuelle. D'où l'image de la vieille fille asexuée, aimable et desséchée, qui n'apparaît que sporadiquement dans les années quarante et cinquante. Mais la bonne sœur créée par Leo McCarey et Ingrid n'est point une vierge ratatinée mais une beauté lucide, rayonnante de sérénité, de sagesse intérieure et d'un authentique esprit d'abnégation. Elle reste une exception à la règle, surtout comparée aux innombrables clichés que cinéma et télévision brasseront plus tard. La plupart des nonnes de fiction, même après cette très atypique sœur Bénédicte, sont tellement noyées dans le miel qu'elles deviennent autant de caricatures désespérément *gentilles* de femmes mûres, ou de filles idiotes coincées dans une pré-adolescence sans fin[5].

Les Cloches de Sainte-Marie, en revanche, se détourne des clichés dans la description de ses personnages ecclésiastiques et religieux. Ingrid y est si évidemment humaine, si naturelle, que McCarey s'émerveille d'entendre le texte du scénariste Dudley Nichols, si magnifique dans sa bouche. « Lorsqu'elle apparaît à l'écran et dit : Bonjour !, les gens demandent : Qui a écrit cette phrase formidable[6] ? »

À vrai dire, elle écrit elle-même plusieurs de ses répliques et propose quelques scènes qui renforcent le film et le relèvent. C'est elle, par exemple, qui a l'idée de feinter et de parer vigoureusement pendant la leçon de boxe avec l'écolier timide qui doit apprendre à se défendre. Elle se déplace vivement, presque en dansant, produit un effet comique sans basculer dans la caricature. Une autre fois, elle fait bon usage de sa voix de soprano et entonne un vieil air suédois devant les autres bonnes sœurs. Mais le chant se transforme en un gloussement gêné lorsque Crosby survient :

— Quel est ce chant, ma sœur ?

— Oh, répond-elle, le souvenir éclairant son visage d'un sourire profane, c'est juste... sur le... sur le printemps.

Son petit rire laisse supposer qu'en suédois les paroles évoquent peut-être autre chose que de ravissants bourgeons de mai. « Les brises printanières murmurent et caressent les couples d'amants... Les torrents bouillonnent, mais ils ne sont pas aussi légers que mon cœur... » Ce n'est certes pas de la grande poésie, mais rien que la sœur oserait dire en anglais.

Malgré l'attitude réservée de Crosby, Ingrid vit le tournage comme une expérience agréable. Le dernier jour, à la fin mai, elle est de si bonne humeur qu'elle prend le risque de faire une farce à son partenaire, à McCarey et à toute l'équipe. C'est la scène finale, où sœur Bénédicte apprend qu'elle est malade. Au lieu de dire simplement : « Merci, père O'Malley ! » et de se retourner avec un sourire, elle lui dit : « Merci, mon père... Oh, merci de tout mon cœur ! » Là-dessus, elle se jette au cou de Crosby et lui plante un baiser brutal sur les lèvres. Choqué, Crosby fait un mouvement en arrière, et McCarey écarquille les yeux en s'écriant : « Coupez ! Coupez ! » Le prêtre, qui fait office de conseiller technique sur le film, se précipite : « Allons, allons, mademoiselle Bergman... On ne peut pas... Non, c'est tout simplement impossible ! » Ingrid part d'un fou rire communicatif, et tout le monde comprend enfin qu'il s'agit d'une blague. On est de si joyeuse humeur qu'il faudra encore faire quatre prises : à chaque fois qu'on approche de l'instant crucial, quelqu'un s'étrangle de rire, et la prise est gâchée.

Le rôle de cette nonne sensible et généreuse élargit encore le répertoire d'Ingrid. Dans les films américains qu'elle a tournés durant ces six dernières années, elle a interprété des femmes qui sont professeur, compagne, épouse (*La Rançon du bonheur*, *La Famille Stoddard*, *La Proie du mort*), une entraîneuse victime de sévices (*Docteur Jekyll et Mister Hyde*), une femme amoureuse de deux hommes, indécise mais idéaliste (*Casablanca*), une fille violentée qui découvre l'amour au milieu du terrorisme politique (*Pour qui sonne le glas*), une aventurière sans pitié (*L'Intrigante de Saratoga*), la proie d'un voleur assassin (*Hantise*) et, enfin, le psychiatre qui libère son amant d'un morbide complexe de culpabilité (*La Maison du docteur Edwardes*). La sœur Bénédicte ajoute une nouvelle pierre à sa couronne. Fin 1945, pour la troisième année consécutive, elle est nommée pour l'Oscar. « D'une sérénité exquise... Une beauté radieuse... Lumineuse... » Les critiques ressortent leur catalogue habituel de compliments.

Elle n'apprécie pas beaucoup cette toile de fantasme romantique qui se tisse autour d'elle, surtout après la sortie des *Cloches de Sainte-Marie*. Quand elle est en voyage, des mères catholiques l'interpellent : elles veulent que leurs filles ressemblent à sœur Bénédicte. Les sondages publiés par les magazines de cinéma montrent que les non-catholiques sont aussi enthousiastes : Ingrid Bergman, quel que soit son rôle, incarne le modèle de la femme américaine. (Les lecteurs ignorent-ils qu'elle a délibérément conservé la nationalité suédoise ?) *Look* lui consacre la une quadrichrome de son édition du 18 septembre — mais avec une photo qui la montre dans son costume de religieuse. La distinction entre la femme et le personnage s'estompe peu à peu. Le public commence à penser que sainte Ingrid et Ingrid Bergman ne font qu'une.

Le public connaîtrait-il sa vie privée, au lendemain du tournage des *Cloches de Sainte-Marie*, qu'elle basculerait de son piédestal. Mais nous sommes en 1945. Même si des journalistes ou des échotiers étaient au courant, il serait impensable de rapporter qu'Ingrid Bergman — qui a donné tant de joie à un monde en guerre — ressent un tel besoin d'affection qu'elle croit devoir prendre deux amants.

« Une partie de moi est très bohème, dit-elle. L'autre partie, c'est le contraire [7]. » *Sa vie de Bohème* débute comme de juste à Paris, lorsqu'elle s'y rend toute seule, début juin (un mois après le débarquement). Vu le succès qu'elle a remporté en Alaska et pendant sa tournée pour l'emprunt de guerre, l'USO [8] a demandé à Selznick de l'autoriser à faire une autre tournée, cette fois pour distraire les troupes alliées en Europe. À Paris, elle attend les instructions pour être transférée en Allemagne, où elle doit rejoindre le comédien Jack Benny, la chanteuse Martha Tilton et le musicien Larry Adler.

On lui donne une chambre au Ritz, qui ressemble moins à un palace qu'à une maison de fous pleine de généraux et de journalistes, d'artistes, de fantaisistes et de correspondants de la presse internationale. Quelques jours après son arrivée, Ingrid rayonne au centre du tout Paris. Elle éclipse même la popularité de la formidable Marlene Dietrich qui flaire — elle, au moins, est allée sur le front — une concurrence malvenue. « C'est maintenant que vous arrivez, quand la guerre est finie [9] ! » lui dit-elle avec un sourire équivoque alors qu'Ingrid, un matin, fait son entrée dans le hall de l'hôtel.

Le photographe Robert Capa, qui se trouve également au Ritz, lui réserve un accueil plus chaleureux (Capa, né en Hongrie, est célèbre pour avoir brillamment couvert, avec beaucoup de courage, quelques-uns des épisodes les plus mouvementés de la guerre, dont le débarquement à Anzio, la traversée de la Normandie par les troupes américaines et la libération de Paris. Il s'est aussi frayé un chemin à travers l'Allemagne avec des parachutistes.) Il l'invite à un modeste dîner, ils flânent le long de la Seine, il lui parle de l'art de la photographie, prend d'elle quelques clichés. Elle tombe très vite amoureuse de lui.

Robert Capa — Andrei Friedmann de son vrai nom — n'a que deux ans de plus qu'Ingrid, mais la vie qu'il mène, le travail et l'alcool lui font payer le prix fort. Il paraît beaucoup plus âgé, et aussi beaucoup plus malheureux, en proie à une insondable tristesse. Il a émigré à New York au début de la guerre, et a exercé divers emplois de reporter photographe avant de se distinguer comme premier documentariste de l'effort allié. Cet homme sombre et tendu, aux cheveux rebelles et aux épais sourcils qui lui donnent un air menaçant, a de nombreuses liaisons et ne crache pas sur le whisky. Il possède une intelligence aiguë, et son raffinement européen impressionne les femmes. Il parle cinq langues mais prétend rêver en images, dont la plupart sont des visions de bataille qui le remplissent de dégoût. Durant la guerre d'Espagne, il a été atteint personnellement par l'horreur du conflit armé : Gerda Taro, son épouse et assistante, a été écrasée par un char. Elle est morte dans ses bras.

« Capa est merveilleux, il est fou, et il a un bel esprit », dira Ingrid à Joe Steele [10]. Elle oublie de préciser qu'il est aussi sans le sou, et déprimé, car il a tout perdu au jeu, dans les bars et dans l'entretien de ses maîtresses. À trente-deux ans, il traverse aussi une grave crise psychologique. Bien qu'il se réjouisse comme tout le monde de la fin de la guerre, il va devoir trouver un nouveau travail, et ni la photographie pour magazines ni le portrait mondain ne l'intéressent.

Pour Ingrid comme pour lui, leur idylle intervient dans des circonstances difficiles, dans une période de solitude et de vide. Elle n'a sans doute jamais eu d'amant depuis son mariage, et il représente la possibilité de s'en échapper. À l'inverse, l'humour d'Ingrid, son rire pétillant et sa franche sensualité tempèrent la neurasthénie de Capa. « C'était — c'est — ton humeur joyeuse que j'aime, lui écrira-t-il. Il y a très peu d'humeur joyeuse dans la vie d'un homme [11]. » Il est évident qu'il n'y a pas que l'humeur joyeuse d'Ingrid pour tempérer sa déprime. Leur liaison va être torride. Dans un premier temps, elle semble sans problème visible. Après tout, elle est loin de chez elle, loin d'Hollywood. Paris, à la fin de la guerre, paraît riche de promesses après tant de privations : la ville n'a pas été bombardée, et elle est toujours le refuge des amoureux. Ils sirotent du champagne au Fouquet's, où les invite souvent un officier américain qui apprécie Capa. Ils prennent des dîners dans de petits restaurants tranquilles au pied de Notre-Dame. Au Ritz, ils s'assoient dans coin du bar, se tiennent les mains, chuchotent, ou restent silencieux. Pendant presque six semaines, ils dorment ensemble chaque soir, dans la chambre de l'un ou de l'autre.

« En apparence, écrit le biographe de Capa, il était plus charmant et démonstratif que jamais. Il lui fallait exagérer ces qualités pour trouver quelque soulagement à la tristesse et au sentiment d'égarement qui le déchiraient[12]. » Cynique jusqu'au bout des doigts, Capa est, selon son ami Hal Boyle, « le mec à l'air le plus romantique de toute la presse[13] ». Dès leur première rencontre, Ingrid décide qu'elle ne peut se passer de sa présence. Prodigue et passionné, il vit l'instant présent, il ne doute pas une seconde de ses talents de séducteur, et juge Ingrid digne de chacune de ses nuits. Autrement dit, il est le genre d'homme qu'elle ne connaissait qu'à travers les scénarios et qui vient de naître à la vie réelle, comme par magie. Durant ces deux mois d'été, puis de manière sporadique pendant les deux années qui viennent, Ingrid et Capa (elle ne l'appellera jamais autrement) vivent une liaison discrète mais passionnée. Mais il devance toute discussion sur un engagement sérieux, et Ingrid ne pose pas de conditions. Elle se contente simplement du présent.

À la mi-juillet, Ingrid est enfin appelée en Allemagne. Capa doit rester en mission à Paris. Il lui promet de la retrouver à Berlin. C'est la première fois qu'elle revient dans la patrie de sa mère et de tante Mutti — dans ce pays où elle dut renoncer à son contrat avec l'UFA. Cela ne semble pas l'émouvoir beaucoup. En tout cas, elle ne le montrera pas à ses amis, ni maintenant ni plus tard. Dans une lettre qu'elle adressera à la famille de Petter après son retour aux États-Unis, en septembre, Ingrid se contente d'exprimer sa sympathie pour les victimes civiles de la guerre : « Pauvres gens, voilà ce qu'on pense quand on voit ces villes allemandes dévastées, même si on se réjouit qu'ils aient enfin reçu leur châtiment. » L'amant nazi de sa tante est mort depuis leur dernière visite. Mutti elle-même est parvenue non sans mal à émigrer à Copenhague. La nièce et la tante n'auront plus le moindre contact.

Sa première étape l'amène en Bavière, où elle fait la connaissance de ses collègues. Ingrid admire beaucoup Jack Benny. Elle interprète avec lui des duos parodiques pour les soldats. Elle chante avec Martha Tilton, et trouve en Larry Adler un soupirant aussi drôle qu'il est doué. Originaire de Baltimore, Adler est marié et il a un an de plus qu'elle. Il est mince, a des cheveux noirs, le regard vif. Adler est un génie, un compositeur brillant et un superbe interprète qui est incapable de lire la musique. Ingrid le trouve « tellement romantique, de compagnie si agréable (...) sa musique est simple mais si extraordinaire qu'elle vous réchauffe le cœur[14] ». La musique va jouer un rôle de catalyseur. Sentant qu'elle ne reverra jamais Capa, ou que celui-ci est en train, très délicatement, de mettre fin à leur relation —, Ingrid ne se montre pas insensible au charme de Larry Adler.

Les artistes sont logés dans une maison particulière de la banlieue d'Augsburg, au nord-ouest de Munich. Un jour, Adler est assis au piano, lorsque Ingrid entre dans la pièce et le félicite de la mélodie qu'il était en train d'improviser. Elle lui suggère de la consigner par écrit. Il avoue qu'il ne sait ni lire ni écrire la musique.

« Vous êtes très fier de votre ignorance, n'est-ce pas ? » lui demande-t-elle en souriant. À cause de cette franchise, racontera Adler, « je suis tout de suite tombé amoureux d'Ingrid. Encore qu'au début, je n'étais pas sûr que ce fût bien elle. Après tout, je n'avais pas vu ses films les plus récents. Ce n'est qu'au bout d'une ou deux minutes, en entendant cette voix, que j'ai compris que c'était elle, sans aucun doute [15] ».

Larry Adler va bientôt pouvoir découvrir les étapes récentes de la carrière d'Ingrid. Un officier du service spécial organise une projection de *L'Intrigante de Saratoga*, qui continue son tour d'Europe alors qu'il n'est toujours pas sorti aux États-Unis. « Ingrid, lui dit Adler à la fin, tu es une robuste Suédoise. Pas une courtisane française. Ce n'était pas un rôle pour toi ! » Elle proteste qu'il s'agit de ce qu'elle a fait de mieux, et l'évite pendant plusieurs jours. Mais le différend disparaît très vite, car Adler parvient à lui communiquer sa bonne humeur. Elle insiste pour qu'à son retour aux États-Unis il prenne un bon professeur et apprenne à écrire la musique. Adler tiendra compte de son conseil. Il étudiera avec le célèbre compositeur Ernst Toch. Toute sa vie, il mettra sa carrière au crédit d'Ingrid Bergman : « Sans elle, je n'aurais jamais composé », dira-t-il. Adler est connu aujourd'hui comme un virtuose de l'harmonica, qu'il a élevé au niveau d'un instrument de récital. Il a écrit la musique de sept films, et il est très demandé par les orchestres symphoniques du monde entier.

De la mi-juillet à la mi-août — et ensuite, à l'occasion —, une intimité s'installe. Pour la seconde fois en deux mois, après être restée si longtemps sans une compagnie masculine, Ingrid se donne à un homme. Adler est à ses côtés, il est prévenant, il appartient à l'instant qui passe. Ingrid est plus que jamais une enfant naturelle (la *Kindernatur* dont parlait sa tante Mutti), et elle s'abandonne volontiers aux joies de l'amour.

Pendant des années, nombre de ceux qui connaîtront ces liaisons simultanées d'Ingrid Bergman (et plus tard, le prélude à son mariage avec Rossellini) en feront le modèle de toute son existence. À savoir qu'il s'agit d'une femme irresponsable qui abandonne sa famille avec insouciance, donne libre cours à ses caprices charnels et cède à tous les séducteurs qui se présentent. Il arrivera que l'on pousse encore plus loin cette analyse. Cette femme est une cynique dévoreuse d'hommes, diront les ragots. Elle utilise sa célébrité et l'attirance qu'elle exerce sur les hommes pour compenser ses propres lacunes et lutter contre la solitude. Un tel portrait est grotesque, et en totale contradiction avec sa nature véritable.

En 1945, Ingrid a trente ans. Mais il est certain que sa personnalité a conservé un côté enfantin, novice. À bien des égards, elle n'est pas du tout la femme pragmatique que le public croit connaître. Au plan affectif, elle a passé sa jeunesse sur un terrain instable, plusieurs fois ébranlé par la mort de ses proches. Puis Ingrid s'est reposée totalement sur son mari pour les problèmes de la vie quotidienne, afin d'être libre de se consacrer à son art. Indifférente aux questions financières, elle en laissera volontiers la gestion (et les décisions) à n'importe quel homme en qui elle aura confiance. Ainsi, cette femme totalement vouée à son métier sera libre de faire passer tout le reste au second plan. En même temps, les mécanismes intuitifs qu'elle porte en elle, le talent qui lui permet de composer sur scène et à l'écran ses plus brillantes interprétations, tout cela lui appartient, et appartient à elle seule. Ce n'est que là-dessus qu'elle peut compter infailliblement.

À l'époque, son mari gère sa carrière (avec succès) et domine le couple. La gloire est un fardeau, mais elle porte son inconstance avec une simplicité et une élégance remarquables, et son refus d'user de faux-fuyants ou de minauder la fait aimer de tous ses collègues, comme de la presse et du public. Mais si les gens l'adorent, le culte est de leur propre initiative — elle ne fait rien, sauf du bon travail, pour susciter leur dévotion, et ses admirateurs font plus grand cas de sa beauté qu'elle-même. De l'époque d'*Un visage de femme* à la fin de sa vie, Ingrid ne craindra pas de paraître quelconque — ou pire encore — pour assurer l'authenticité d'un rôle.

Au début, le mariage lui a apporté un immense réconfort. Mais la vie conjugale, aussi merveilleuse soit-elle, ne peut satisfaire tous les besoins de l'être humain. Cette fable, Ingrid l'a vite compris, est l'apanage des scénarios de films américains. Dans le cas des Lindstrom, on peut dire que leur union a été une réussite parce qu'elle a permis à chacun d'eux de progresser. Quelques décennies plus tard, on aurait peut-être admiré leur aptitude à poursuivre des carrières autonomes avec un tel succès. Mais rien dans la culture de l'époque ni dans leurs antécédents familiaux ne permet à Petter et à Ingrid de croire à autre chose qu'à la suprématie du mâle. D'une certaine façon, elle en est consciente. D'où sa volonté d'échapper à l'ennui étouffant de l'oisiveté et du cercle où voudrait l'enfermer le statut de « maîtresse de maison ». À chaque période de sa vie, Ingrid Bergman redevient une jeune femme qui se lance à la poursuite d'une nouvelle et passionnante carrière. Chaque rôle marque un nouveau départ vers un territoire inexploré, vers la découverte de ressources intérieures inconnues.

En ce qui concerne l'amour, surtout, Ingrid fait preuve d'une singulière combinaison de romanesque et de pragmatisme. D'une part, elle veut un homme capable de tenir la barre, elle veut la sécurité que lui offre une union stable. Elle connaît la différence entre la facilité des rapports charnels et l'intimité, dans ce qu'elle a de mieux, que le sexe permet. Elle ne se donne assurément pas à n'importe qui, pas plus que sa vie n'est dominée par ses pulsions sexuelles. Elle est assez réaliste pour ne pas confondre grand amour et désir passager. Peut-être est-elle capable de séduire tout homme qu'elle convoite, et il y aura tout au long de sa vie une légion d'adorateurs prêts à lui offrir leur amour, durable ou éphémère. Mais elle est prudente. Même ses désirs érotiques restent soumis à son bon sens.

Pour comprendre ses rapports avec Capa et Adler, il faut donc admettre que cette jeune femme aux ressources exceptionnellement développées, capable de feindre l'amour sur scène ou à l'écran, en est frustrée dans la vie. Ce n'est pas le goût du sexe qui l'entraîne vers eux. Comme toujours, elle est fascinée par leurs dons créatifs. Capa, regard aigu et fatalisme d'Europe centrale, l'emporte avec son absolu désir de vivre. « Tu es devenue une industrie, lui dit-il. Tu fais ce que ton mari te dit, ce que tes producteurs te disent, ce que tout le monde te dit [16]. » C'est la femme qu'il désire, pas la vedette. Mais il n'en veut pas pour épouse. Ce sera le frein à la poursuite de leur relation.

Adler, elle le voit comme un compagnon charmant, un homme dont la musique la console et l'exalte. Avec lui, la question du mariage n'est jamais abordée. Ils savent tous les deux que leur tendresse ne peut déboucher que sur l'amitié. C'est ce qui se passera, et cette amitié survivra jusqu'à la mort d'Ingrid. Pour Adler, c'est la personne et l'artiste la moins maniérée qu'il ait jamais rencontrée. C'est aussi la plus généreuse qui soit venue divertir les troupes... même s'il a l'impression que cette mission ne lui convient pas vraiment. « Les gars réclamaient de l'humour de bande dessinée, des revues *légères*, des choses plutôt raides. Et Ingrid était là, généralement pour leur lire des poèmes et des extraits de pièces de théâtre. »

Un soir, il arrive un incident déplaisant. Ingrid interrompt brusquement sa prestation et quitte la scène en larmes : les soldats ont lâché des mugissements, puis l'ont huée grossièrement en brandissant des préservatifs. Quelques minutes plus tard, Adler montera sur scène pour les sermonner. « Dommage que vous n'ayez rien d'autre à faire avec ces trucs-là, les gars ! »

Ingrid est toujours invitée à dîner avec les officiers, mais elle n'y va pas. « Elle prenait ses repas avec de simples soldats. Elle notait leurs noms et adresses, et elle appelait leurs familles dès son retour

184

en Amérique, raconte Adler. Je l'ai vu de mes propres yeux. » Elle ne tire même pas parti de sa notoriété pour rencontrer les généraux. Elle refuse une invitation à déjeuner d'Eisenhower. « Je n'ai vraiment rien à lui dire. » Point final. Un autre exemple de son réalisme, toujours contrebalancé par son goût du romanesque : un jour, Adler et elle roulent dans la campagne allemande. Ils sont dans une voiture ouverte. Leur chauffeur néglige de s'arrêter à un barrage routier, un coup de feu éclate, et Adler sent un élancement dans le dos. Craignant d'être mortellement touché, il se laisse glisser sur le sol et demande à Ingrid de dire aux siens qu'il les a aimés jusqu'à la fin. Mais elle ne voit pas de sang, ni le moindre signe de blessure. « Arrête ces bêtises, Larry ! » Quelques secondes plus tard, elle trouve l'explication. Une balle s'est logée dans la garniture de l'auto. C'est le ressort qui, se libérant, a frappé Larry dans le dos.

Son discernement peut être très impressionnant. Ingrid Bergman connaît parfaitement les mécanismes les plus secrets de sa propre personnalité. Larry Adler en a la preuve le jour où elle lui montre le roman qu'elle vient de lire. Le personnage du livre est le portrait le plus fidèle d'elle-même qu'elle ait jamais lu — « sans flatterie aucune » —, dit-elle. Elle espère pouvoir un jour en produire et interpréter une adaptation.

Le livre s'intitule *Of Lena Geyer*. Ce gros roman très émouvant de Marcia Davenport a été publié en 1936. Il se déroule en Europe et en Amérique, des années 1870 aux années 1930. L'histoire est celle d'une pauvre émigrante venue de Bohême aux États-Unis qui deviendra, grâce à son talent et à son ambition, la plus grande cantatrice du monde. Elle sait aussi que les relations intimes sont bien plus difficiles à maîtriser que l'aria le plus délicat ou le contrat le plus élaboré. Dans chaque chapitre de ce récit haut en couleur, dramatique et poignant, Ingrid découvre des passages qui semblent s'appliquer à elle [17].

« Lena était incapable de cuisiner. (...) Elle prétendait ne pas savoir casser un œuf. (...) Mais elle prenait son travail très au sérieux, et avait une immense faculté d'autodiscipline. (...) Physiquement, c'était un grand animal, aux hanches larges, aux mouvements amples. Elle était robuste, avec une puissante musculature et des os aussi épais et carrés que ceux d'un homme. Le travail ne pourrait pas me tuer, disait-elle souvent. »

« Elle ne tenait absolument pas compte de la quantité de travail qu'elle abattait. Toute sa vie, elle dépensa une énergie foudroyante. Elle pouvait répéter toute la journée et monter en scène le soir. (...) Elle était vive et espiègle. (...) Elle montrait un goût enfantin pour les farces, les gamineries et les sottises. Elle était comme un grand coup de vent porteur de gaieté. »

« J'ai beaucoup voyagé, disait-elle, et je ne me suis jamais vue comme la citoyenne d'un pays particulier. L'art n'a pas de patrie. Les considérations de naissance et de langue ne devraient pas exercer la moindre influence sur le point de vue de l'artiste. »

« J'essaierai d'être à toi et de me consacrer à mon art, dit Lena. Mais je dois être honnête avec toi. Si je ne peux pas faire les deux, tu sais ce que je choisirai, n'est-ce pas ? »

« Elle dépendait étroitement de l'art dont elle s'est faite souveraine. »

« Elle disait ne rien connaître aux comptes. Tout ce qu'elle savait faire, c'était suivre le fil de son argent de poche. »

« Si l'on me demandait de résumer en quelques mots sa vie en Amérique, je dirais qu'elle consistait surtout à colmater le gouffre entre ce qu'elle croyait aimer et ce qu'elle aimait vraiment. »

« Ce n'est pas une question de carrière, ni d'argent, ni de quoi que ce soit, disait Lena. C'est ma vie, c'est l'art, c'est la chose pour laquelle j'ai tout abandonné sur terre. »

Ce roman remarquable sur une femme remarquable hantera Ingrid Bergman jusqu'à la fin de ses jours. L'impossibilité de susciter chez un producteur assez d'intérêt pour en faire un film, jusqu'à la fin des années cinquante, sera une de ses plus cuisantes déceptions.

La situation se complique lorsque Robert Capa arrive à Berlin en même temps que Jack Benny, Martha Tilton, Larry Adler et Ingrid. « Bien entendu, racontera Adler, c'était pénible pour tout le monde, et il y a eu quelques problèmes. Ni Capa ni moi n'ignorions comment Ingrid composait avec chacun de nous. Je pense que nous avons tous les deux essayé d'être fair-play à ce sujet. Je n'avais rien à reprocher à Ingrid. Elle avait rencontré Capa avant moi, et c'était un type très séduisant. Par ailleurs, il était célibataire et j'étais marié. » Cette situation embarrassante — mais pas les aventures — prend fin dix jours plus tard, lorsque tout le monde rentre à Paris. De là, Martha Tilton et Jack Benny s'envolent vers les États-Unis et leurs familles respectives. Adler lui-même se sentira bientôt obligé de rentrer.

Capa a maintenant Ingrid pour lui seul. Il est un amant si persuasif, semble-t-il, qu'elle commence à parler de quitter son mari. Invariablement, il change de sujet, ce qui afflige Ingrid et la déprime. Elle apprécie peut-être de jouer les femmes infidèles à l'écran mais, dans la vie réelle, ce rôle la met mal à l'aise. Dans son univers, on épouse celui qu'on aime. Elle a aimé Petter, jadis. Aujourd'hui, elle le craint, simplement. Personne n'a pu lui fournir l'échappée belle dont elle avait besoin. Et maintenant il y a Capa, indépendant, disponible, séduisant. Elle ne voit aucune raison de ne pas rester avec lui pour toujours.

Capa fait parfois preuve de légèreté. Il se vante à qui veut l'entendre qu'Ingrid Bergman est sa maîtresse, puis il ajoute vivement que c'est un secret. Du reste, dit-il, leur relation ne mène nulle part, surtout parce que son avenir à lui est incertain. Ingrid va devoir rentrer en Californie, mais qui a besoin de lui ? Elle l'a pressé de venir à Hollywood : elle est certaine de lui trouver un emploi de photographe de plateau. Cela consiste à fournir des photos de tournage et des portraits de vedettes aux magazines spécialisés et aux services de publicité des studios. Le jour où Ingrid quitte Paris pour Los Angeles, il promet d'y réfléchir.

Début septembre, Ingrid se retrouve chez elle, à Beverly Hills. Elle inscrit Pia à l'école pour la nouvelle année scolaire. Puis elle attend. Selznick doit l'appeler pour lui parler du nouveau film qu'elle doit tourner avec Hitchcock à l'automne. Personne ne fait allusion à Capa et Adler, et comme les commères d'Hollywood ne décèlent rien de suspect dans sa conduite (on n'a d'ailleurs pas envie de chercher), la vie reprend son cours familier au 1220, Benedict Canyon, monotone et sans surprises. Petter et Ingrid se voient brièvement au petit déjeuner. Elle écrit à ses beaux-parents. Comme de nombreux médecins sont au front, Petter a de très longues journées de travail, et la famille n'est que très rarement réunie au dîner. Dans ses lettres, Ingrid omet de préciser qu'elle et son mari vivent selon un arrangement tacite et poli. Ils vont au travail, ils reçoivent de temps en temps quelques amis, ils approuvent les plans de la piscine qu'on doit construire l'hiver suivant, ils veillent au bien-être de leur fille... sans jamais feindre la moindre tendresse l'un pour l'autre.

Le monde entier croit que la fructueuse carrière d'Ingrid Bergman se double d'une vie familiale exemplaire, alors qu'elle est solitaire et malheureuse. Son visage s'éclaire peut-être d'un sourire triste lorsqu'elle lit, par exemple, en conclusion d'un entretien qu'elle a donné : « Mlle Bergman ne peut être qu'une fille bien à l'écran, parce qu'elle est ainsi dans la vie [18]. » C'est déjà bien assez, mais la fable continue : « Elle ne boit pas, ne fume pas, ne sort pas tard le soir. » Précisément ce qu'elle fait sans retenue. Pour le moment, la presse chante inlassablement ses louanges, et les dithyrambes se multiplient.

Hitchcock, qui a compté les jours en attendant son retour, demande à Selznick de l'inviter à une réunion de travail sur le scénario avec lui et Ben Hecht — encore lui. Elle est ravie d'être de retour, leur dit-elle, et impatiente d'attaquer le nouveau film. Hitchcock croit la deuxième proposition, mais pas la première. Il est frappé par son air mélancolique, et remarque qu'elle n'est pas aussi exubérante que d'habitude. Dans sa confusion manifeste, il voit l'indice de problèmes sentimentaux. Il en ignore la raison précise. Ingrid le met dans la confidence, quelques jours plus tard, alors qu'ils passent tous deux un après-midi bien arrosé après une séance de travail.

Elle est amoureuse de Robert Capa, lui avoue-t-elle, tandis qu'il prépare des boissons fortes. Il doit venir à Hollywood à l'automne, mais elle n'a aucune raison d'espérer que son amour sera comblé. Elle se sent prisonnière de son mariage, de son image, voire de son propre sens du devoir et de la bienséance. Elle se sent abandonnée, à cause du refus de Capa de s'engager. Hitchcock joue un double rôle. Il est à la fois l'ami compatissant et l'amoureux plus désespéré que jamais. Bien entendu, il réprime ses sentiments, et comme toujours, il les met au service de son film. Durant les trois jours qui suivent, il demande à Hecht de l'aider à préciser le personnage d'Ingrid — une femme poussée par le devoir dans un mariage sans amour. Les premières et dernières scènes du film, insiste-t-il, doivent reposer sur le désir de cette femme de se savoir aimée, d'être enfin gratifiée d'un aveu et d'un engagement sentimentaux.

Mais par ce chaud après-midi de septembre, sa réaction immédiate est de rappeler à Ingrid la scène finale de *La Maison du docteur Edwardes*, qui oppose Constance à son mentor. « C'est une chose atroce, que d'aimer quelqu'un et de le perdre, déclame-t-il. [Ce sont les répliques du docteur Brulov, étreignant sa collègue en larmes qui craint d'avoir à jamais perdu son amant.] Mais tôt ou tard tu reprendras le contrôle de ta vie, et tu te remettras en route. Et il y a le plaisir intense du travail. Peut-être le plus intense. » Ce discours revêt à présent une tout autre signification.

Ingrid le reconnaît aussitôt, et ses yeux s'emplissent de larmes. Hitchcock tente de la réconforter avec les mots, précisément, qu'il doit utiliser pour lui-même : quel autre refuge ont-ils, ces deux amoureux, que le travail qui les attend ? Elle n'a peut-être pas Capa, mais elle a son travail. Et son travail, c'est avec Hitchcock qu'elle le fera. Le cinéaste sait trop bien que, si le travail la rapproche de lui, ce n'est pas le cas de son cœur... ou bien alors, comme si elle était sa fille, ou une amie. En un sens, ce sont deux âmes en peine.

Durant la semaine qui suit, les réunions se succèdent, auxquelles participent Hitchcock, Hecht, Selznick, Ingrid Bergman et son partenaire Cary Grant. Les séances de travail sont amicales, efficaces et professionnelles. Rarement un film de Selznick se sera présenté sous de meilleurs auspices. David Selznick, pourtant, après avoir lié par contrat tous ses principaux collaborateurs, le cédera à un autre studio et réalisera le plus gros profit de sa carrière[19]. Le 15 octobre, le tournage des *Enchaînés*, le nouveau film du trio Hitchcock-Hecht-Bergman démarre dans les studios de la RKO.

Le même jour, Petter écrit à l'avocat qu'il a engagé pour jouer les intermédiaires à propos du contrat d'Ingrid avec David Selznick, dont l'expiration est imminente. Le prétexte, c'est le retard apporté au film d'Hitchcock et l'embarras que cela provoque à New York, où le dramaturge Maxwell Anderson a quasiment achevé *Jeanne la Lorraine*. Comme il l'a promis à Ingrid cinq ans plus tôt chez Burgess Meredith, il a écrit pour elle une pièce sur la Pucelle. Anderson et les membres de sa troupe, la Playwrights Company, veulent savoir si Ingrid est disponible pour venir se produire à Broadway.

« Nous sommes très embarrassés de ne pouvoir leur dire à quel moment Mlle Bergman pourra aller à Broadway », écrit Petter. Il ajoute que Selznick ne leur a pas dit s'il lui réservait un deuxième film (ce qui est son droit), pour autant que celui d'Hitchcock soit fini avant la fin de l'année. « Nous ne nous sommes jamais opposés au fait de tourner deux films durant la période prévue par cette clause, mais nous avons calculé le montant que toucherait Mlle Bergman si elle ne tournait qu'un film. Si j'ai bonne mémoire, nous sommes arrivés à un minimum d'environ 130 000 dollars et un maximum d'environ 180 000 dollars. J'ai proposé de ramener ce salaire à 100 000 dollars plus 3 %, en cas de nouvel accord. » Par ailleurs, Petter exige que l'expiration du contrat d'Ingrid soit confirmée, sauf si un nouvel accord financier global était négocié sur-le-champ, dans la mesure où « la rémunération de Mlle Bergman est nettement inférieure à son niveau, [et que] Selznick ne l'a employée dans aucune de ses productions depuis plus de six ans [20] » (ce qui, bien entendu, est totalement faux).

Puis il change de ton — ce qui fera sans doute sourire son correspondant. « En ce qui concerne le salaire, nous ne sommes pas inquiets. Nous sommes ici pour travailler. Pour travailler dans des conditions agréables, et pas seulement pour gagner de l'argent. » Le « nous » renvoie sans doute au docteur Lindstrom, en qualité d'avoué de fait de sa cliente Ingrid Bergman. Puis il aborde enfin le problème de Charles Feldman, devenu inutile puisque lui, Petter, s'implique désormais personnellement. « Essayez de savoir combien les gens de Selznick sont prêts à payer pour régler leur dette envers Feldman. Et aussi combien Feldman pense pouvoir réclamer. Mlle Bergman paiera probablement la différence. » Il souhaite se débarrasser de Feldman pour que la gestion des intérêts d'Ingrid soit exclusivement confiée à lui-même, Petter Lindstrom.

John O'Melveny, l'avocat, transmet à Selznick une copie de la lettre de Petter. Comme on s'en doute, le producteur leur expédie une longue réponse rageuse. « Je connais depuis longtemps cette habitude du docteur Lindstrom de comprendre tout de travers, et de nier les gestes de générosité et d'amitié qui lui sont faits [21]. » Je comprends parfaitement, poursuit-il, que le seul motif de cette lettre est le refus de proroger le contrat d'Ingrid avec nous, sauf à renégocier immédiatement tous nos accords financiers.

Deux points, surtout, provoquent le courroux de Selznick. D'une part, Petter insinue qu'Ingrid aurait été asservie par son contrat. « Elle a fait exclusivement ce qu'elle a voulu, en matière d'apparitions publiques, de tournées, de films, de pièces et de tout le reste », tonne Selznick. D'autre part, « le docteur Lindstrom a l'incroyable toupet de demander des rémunérations pour un film dont Mlle Bergman elle-même a demandé l'annulation. [*The Scarlet Lily*, qui devait se tourner en Angleterre et en Palestine.] » J'ai été beaucoup trop indulgent, ajoute-t-il, lorsque Ingrid a rejeté encore deux propositions[22]. Il a droit de l'utiliser encore pour un dernier film, et il est disposé à rédiger un nouveau contrat « au double ou au triple » de sa rémunération antérieure. Mais Lindstrom a bloqué les négociations sur ces questions, et il laisse entendre, maintenant — en se servant de la pièce d'Anderson comme d'un appât simpliste —, que Selznick a failli à sa parole.

« Dans mes rapports avec les grandes vedettes et avec tous ceux qui tentent d'y attacher leurs wagons, conclut-il, j'ai rencontré beaucoup de gens irrationnels et déraisonnables. Mais je n'ai jamais rien vu de tel que la conduite du docteur Lindstrom. (...) Je vous prie de souhaiter bonne chance de ma part à Mlle Bergman dans toutes ses nouvelles associations, quelles qu'elles soient, et d'exprimer mon vœu que sa carrière se poursuive brillamment. »

Dans ces circonstances, on ne peut que se réjouir de la coïncidence qui fait que Selznick se soit dégagé des *Enchaînés*. Un contact quotidien avec Ingrid aurait été intolérable pour tous les deux. Alors que le contrat d'Ingrid vient à expiration, ils vont inéluctablement s'éloigner l'un de l'autre. Mais elle ne parlera jamais de Selznick autrement qu'en termes élogieux et chaleureux. Ils parviendront à entretenir une amitié durable. Beaucoup plus tard, lorsqu'elle se trouvera dans une situation critique et qu'on l'accusera publiquement d'être une mère indigne, le producteur lui viendra en aide.

Avant même la conclusion de *La Maison du docteur Edwardes*, un an plus tôt, Hitchcock a commencé à parler à Ben Hecht d'un film qu'il voudrait réaliser. Ingrid doit y composer un personnage qui n'est pas sans rappeler Mata-Hari : une femme qu'on aura soigneusement entraînée pour une mission d'espionnage compliquée. Elle épousera un homme qu'elle n'aime pas. Celui qu'elle aime, en revanche, feint de la repousser parce qu'il a besoin d'elle pour effectuer un travail (il s'agit de son équipier). Il faudra plus d'un an pour transformer ce sujet en un script cohérent. Même si elle s'inspire d'un récit publié en 1921 par le *Saturday Evening Post*, que Selznick avait remarqué le premier, l'histoire finale est du pur Hitchcock.

Mais elle ne pouvait être achevée avant le retour d'Ingrid, à la fin de l'été. Le récit de l'aventure Capa a donné à Hitchcock la solution à ses problèmes les plus épineux. Cela ne modifie pas la structure du scénario qu'il a développé avec Hecht, mais précise, au contraire, tout ce qui s'y trouve déjà.

Hitchcock raffole des titres de films qui tiennent en un seul mot[23]. Cette fois, il tient son titre dès le premier jour. *Notorious (Les Enchaînés)* sera un des plus grands chefs-d'œuvre du metteur en scène. Il s'agira en même temps d'un hommage au génie d'actrice d'Ingrid Bergman. Même si on se souvient d'elle pour des rôles plus incandescents, nombre de ses admirateurs tiennent celui-ci pour son interprétation la plus profondément « vécue ». Cette histoire d'une femme qui se languit d'amour, et de l'homme qui a peur d'elle — mais aussi d'un autre homme, trahi à la fois par son propre sacrifice et par l'opportunisme politique du couple — est une exploration en profondeur des méandres de l'esprit humain.

L'intrigue est simple. Mais un bref résumé révélera, au-delà des apparences, des préoccupations plus complexes. Alicia Huberman (Ingrid Bergman) est une femme à la moralité douteuse, qui montre un goût prononcé pour l'alcool. Son père a trahi son pays au profit de l'Allemagne nazie. Au lendemain de la guerre, elle est recrutée par les services secrets américains qui s'emploient à démanteler un réseau d'espions. Alicia tombe amoureuse de T.R. Devlin (Cary Grant), l'agent secret qui l'a engagée pour cette mission patriotique. Elle accepte d'épouser Alexander Sebastian (Claude Rains), une vieille connaissance qui l'aime depuis toujours. Sebastian est à la tête du groupe de nazis installés au Brésil, qui produisent de l'uranium pour fabriquer une bombe atomique. Elle est démasquée. Sebastian et sa despotique mère entreprennent de l'empoisonner lentement. Agonisante, elle est sauvée *in extremis* par Devlin, qui avoue enfin qu'il est amoureux d'elle depuis le premier jour.

Le véritable sujet des *Enchaînés* est l'histoire d'une double rédemption (thème omniprésent dans l'ensemble des cinquante-trois films d'Hitchcock). D'un côté, on a une femme que son besoin d'amour et de confiance met en situation de transcender une vie dénuée d'affection et dominée par son sentiment de culpabilité. De l'autre, un homme à qui son besoin d'aimer donne les moyens d'en finir avec une existence fondée sur un refoulement sentimental. Derrière Devlin, se cachent Hitchcock et Capa. Derrière Alicia, se trouve la véritable Ingrid Bergman.

Hitchcock et Hecht ont jugé bon de situer cette histoire dans le cadre du film d'espionnage — car, bien entendu, une des caractéristiques des espions est leur manière de manipuler la confiance de leur prochain. Ce thème sera soutenu, très ironiquement, par le motif de la boisson. Loin de représenter l'harmonie entre les hommes, via les toasts portés à la santé ou à la prospérité de chacun, boire est un acte dénué de signification sociale (il s'agit de fuir la culpabilité et le chagrin), ou bien chargé de danger. Le film s'ouvre sur une réception placée sous le signe de l'excès de whisky ; Alicia a l'habitude de camoufler au fond de son verre le rejet dont elle est victime ; l'uranium est dissimulé dans une bouteille de vin ; enfin, on se sert d'un café quotidien arrosé d'arsenic pour tuer Alicia à petit feu. La structure du film, définie par Hitchcock et Hecht jusqu'à la veille du tournage, sera méticuleusement respectée.

Mais l'impact considérable des *Enchaînés* tient moins à la rigueur de sa structure et à ses thèmes soigneusement dessinés, qu'à la simplicité de ses dialogues et à la subtilité avec laquelle Ingrid compose son personnage. Et tout repose sur l'idée qu'Hitchcock se fait de ses propres sentiments et de ceux d'Ingrid envers Capa. *Les Enchaînés* est donc dès le départ le tableau de deux intimités torturées. Cette histoire de désir apposé au devoir, de passion en butte aux faux-semblants, résume la vie de beaucoup d'hommes et de femmes ordinaires. Sa grande réussite est peut-être d'atteindre une intensité exceptionnelle en creusant profondément dans les puits d'angoisse d'Alfred Hitchcock et d'Ingrid Bergman. Sa réflexion sur l'amour et la confiance en l'autre dépasse le cliché romantique, car elle est inspirée par une situation réelle — et montre une telle sincérité que peu de spectateurs sont insensibles à son caractère universel.

D'ailleurs, l'existence du film est stupéfiante en soi — comme le fait qu'il remporte sur-le-champ un tel succès —, si l'on considère la violence de sa dénonciation d'une certaine forme de prostitution d'État. Le plan des agents fédéraux, allègrement disposés à exploiter une femme (voire à la laisser mourir) pour servir leurs desseins, ne repose-t-il pas sur le chantage sexuel ? L'indignité morale des représentants du gouvernement n'a jamais été représentée aussi clairement par le cinéma hollywoodien. D'autant plus que la fin de la guerre mondiale et la victoire des Alliés inaugurent dans la vie publique américaine une ère de chauvinisme très dangereux.

Pour aller jusqu'au bout de sa logique, Hitchcock fait ce qu'il n'a jamais fait depuis qu'il tourne des films : il donne carte blanche à son actrice. Durant la scène du dîner, après plusieurs prises du gros plan sur Ingrid, tout le monde sent que quelque chose va de travers. « C'est l'expression d'Alicia qui ne colle pas, dit-elle à Hitchcock. Tu veux lui faire exprimer la surprise beaucoup trop tôt, Hitch. Je pense que cela devrait se passer plutôt comme ceci... » Et Ingrid rejoue la scène à sa façon.

Un silence de mort règne sur le plateau. Hitchcock déteste écouter les suggestions des acteurs : il sait ce qu'il veut, dès le début. Bien avant le tournage, toutes les possibilités ont été envisagées pour chaque plan — chaque angle de caméra, chaque élément de décor, costume, accessoire, même les signaux sonores ont été prévus et figurent dans le découpage. Mais cette fois-là, une actrice a une bonne idée. À la stupéfaction générale, Hitchcock lui répond : « Je crois que tu as raison, Ingrid. » Le film est leur histoire, après tout.

Et cela se passe ainsi, tout du long. Un peu plus tôt, par exemple, Alicia apprend le suicide de son traître de père, qui a avalé une capsule de poison. Hitchcock laisse la caméra fixée sur les traits pâles d'Ingrid, vides de souvenirs. Elle parle, son visage exprime la tristesse, puis le retour de la mémoire, puis le regret d'un passé heureux et perdu, et enfin un sentiment étrange de libération :

« Je ne vois pas pourquoi je devrais me sentir si mal. Quand il m'a appris qui il était vraiment, il y a des années, tout est parti à la dérive. Je me moquais de ce qui m'arrivait. Mais je me rappelle maintenant comme il était bien, autrefois... Comme nous étions bien, tous les deux... C'est un sentiment bizarre... Comme si c'était à moi qu'il était arrivé quelque chose, et non à lui. Vous savez, je n'ai plus besoin de le haïr... Ni de me haïr moi-même. »

Ces mots résonnent quelques minutes seulement après qu'on a vu Ingrid ivre et vociférante, puis en proie à une terrible gueule de bois. Même si plusieurs semaines séparent le tournage des différentes séquences, son texte lui permet d'élaborer un ensemble complexe de sentiments et d'émotions. Sans articuler, chuchotant, la bouche sèche, montrant tous les signes du désordre mental, elle compose un personnage fondé sur la réalité : une alcoolique à la moralité douteuse qui finit par susciter la sympathie. Il serait aberrant de nier que la fragilité émotionnelle d'Ingrid libère l'expression de ses sentiments les plus profonds et contribue à la précision de son jeu.

Cary Grant lui fournit une aide inappréciable, dans un rôle remarquablement calme et inhabituel. Jusqu'alors, Grant est surtout connu pour jouer dans des comédies trépidantes. Sa carrière était en perte de vitesse, lorsque Hitchcock l'appela une seconde fois[24]. Il lui a demandé d'interpréter, à nouveau, un homme victime de sa peur pathologique des femmes — un homme capable d'embrasser, mais pas de s'engager. Au cours du tournage, Cary et Ingrid deviendront amis pour toujours. Mais ils n'ont pas de liaison, contrairement à ce que prétend la rumeur. Grant sort à peine d'un mariage tumultueux avec l'héritière Barbara Hutton. Pour l'intimité, il se tourne plutôt vers Randolph Scott, avec qui il partagera pendant plus de dix ans un bungalow au bord de la mer, à Santa Monica.

Prenons la scène à la terrasse de café, à Rio. Le dialogue est si juste qu'Hitchcock se satisfait d'une répétition et de deux prises. Les lèvres serrées, impassible, Cary Grant incarne à la perfection cet homme qui n'a que mépris glacé pour la première femme qui éveille son amour. Ingrid, elle, passe très naturellement de la douleur au défi, de l'espoir de connaître une vie nouvelle à la crainte qu'on la lui refuse. Au dernier moment, Hitchcock lui a permis d'introduire dans son texte quelques détails manifestement autobiographiques (sa haine de la cuisine), comme si elle fusionnait à dessein sa personnalité dans celle d'Alicia.

Alicia. — Je me demande si quelqu'un de l'ambassade pourrait m'aider à trouver une domestique. C'est un bel appartement et cela ne me gêne pas de faire le ménage, mais je déteste cuisiner.

Devlin. — Je leur poserai la question.

Alicia. — Et tant que vous y êtes, essayez de savoir quand je me mets au travail.

Devlin. — Bien, madame. *[Un serveur leur propose une autre tournée.]* Vous en voulez un autre ?

Alicia. — Non, merci... J'ai assez bu.

[Devlin en commande un pour lui.]

Alicia *(Elle rejette la tête en arrière, et sourit avec un orgueil presque enfantin).* — Vous avez vu ? Je ne bois presque plus... Quel changement !

Devlin *(sarcastique).* — On dit ça.

Alicia *(son sourire s'effaçant).* — Vous ne croyez pas qu'une femme soit capable de changer ?

Devlin *(plus sèchement).* — Bien sûr... C'est amusant, de changer. Pendant un temps.

Alicia. — Pendant un temps... Vous êtes un vrai salaud, Dev.

Devlin. — Parfait. Vous êtes sobre depuis huit jours. Et pour autant que je sache, vous n'avez pas fait de nouvelles conquêtes.

Alicia *(essayant de dissimuler sa douleur).* — Eh bien, c'est un résultat.

Devlin *(encore plus railleur).* — Huit jours ! Quasiment blanche !

Alicia *(presque suppliante ; elle commence à montrer ses sentiments pour lui).* — Je suis très heureuse ici. Pourquoi ne voulez-vous pas que je sois heureuse ? (...) Je joue à la petite fille pure, au cœur plein de pâquerettes et de boutons d'or.

Devlin. — Un joli rêve. Et alors ?

Alicia *(avec une brève inspiration, comme si on l'avait frappée... alors que le serveur arrive).* — Je crois que je vais prendre un autre verre. Un double !

Devlin. — Je le savais.

Alicia. — Pourquoi ne croyez-vous pas en moi, Dev... Juste un peu ? *[Elle s'apprête à répéter sa question, mais les mots se ser-*

194

rent dans sa gorge et elle marque un arrêt ; elle baisse les yeux, puis répète enfin, suppliant presque :] Pourquoi ?

La scène du dîner, un soir sur le balcon — symétrique de la scène du baiser qui a eu lieu au même endroit, mais en plein jour — révèle mieux le conflit qui oppose les deux personnages. Devlin doit apprendre à Alicia en quoi consiste sa mission : coucher avec Sebastian pour connaître les activités des nazis. Mais bien que cela aille contre son désir, il ne peut se résoudre à lui éviter cette épreuve. Il pourrait le faire facilement, en lui déclarant son amour, comme elle l'espère.

Alicia. — Eh bien, mon cher, je crois que vous devriez me dire ce qui se passe, ou bien tous ces secrets vont gâcher mon petit dîner. Allons, monsieur D, dites-moi ce qui vous assombrit ainsi ?

Devlin. — Après dîner.

Alicia. — Non, maintenant. *[Il ne répond pas.]* Écoutez, je vais vous faciliter la tâche.

Vous pouvez me dire que vous avez une femme et deux enfants adorables, et que cette folie entre nous ne peut pas continuer.

Devlin. — Une phrase que vous avez souvent entendue, je parie.

[Un éclair de douleur traverse le front d'Ingrid, elle avance sa lèvre inférieure, puis :]

Alicia. — Encore un coup au-dessous de la ceinture. Ce n'est pas juste, Dev.

Devlin. — Laissez tomber. Nous avons autre chose à discuter. Nous avons un travail à faire. Vous vous souvenez d'un certain Sebastian ?

Alicia. — Un des amis de mon père. Oui.

Devlin. — Il avait le béguin pour vous.

Alicia. — Je ne l'ai jamais encouragé.

Devlin. — Nous devons le surveiller.

Alicia *(s'asseyant) [Elle comprend soudain ce qu'on attend d'elle]*. — Allez-y. Dites-moi tout.

Devlin. — Nous le rencontrons demain. Le reste dépend de vous. Vous devez le travailler et le séduire.

Alicia *(avec une grimace)*. — Mata-Hari... qui fait l'amour pour des documents.

Devlin. — Il n'y a pas de documents. Vous le séduisez. Vous découvrez ce qui se passe chez lui, ce que son groupe mijote... Et vous nous faites un rapport.

Alicia. — Vous avez toujours su qu'on me réservait ce joli petit travail, je suppose.

Devlin. — Non, je viens de l'apprendre.

Alicia. — Leur avez-vous dit quelque chose... Que je n'étais pas compétente pour ce genre de manigances, par exemple ?

Devlin *(froidement).* — Je me disais que c'était à vous de décider. Si vous voulez vous dérober...

Alicia *(plaintive).* — Pas un mot pour cette petite dame amoureuse que vous avez quittée il y a une heure ?

Devlin. — Je vous l'ai dit. C'est la mission !

Alicia *(dissimulant sa peine sous un air las).* — Ne vous fâchez
pas, Dev. J'attendais juste une chose de rien du tout, de la part
de l'homme de mes rêves... Juste une petite remarque : « Comment osez-vous croire, messieurs, qu'on puisse réserver un sort
aussi ignoble à Alicia Huberman — à la *nouvelle* Mlle Huberman ? »

Devlin. — Ce n'est pas drôle.

Alicia. — Vous voulez que je le fasse ?

Devlin. — C'est à vous de décider.

[*Silence... Puis, d'une voix rendue sèche par la peur et le désir :*]

Alicia. — Pas un mot, hein ? Oh, chéri, dites-moi ce que vous
ne leur avez pas dit... Dites-moi que je suis comme il faut, que
je vous aime, et que je ne redeviendrai plus jamais comme
avant.

Devlin *(glacial).* — J'attends votre réponse.

Alicia *(vaincue, s'éloignant de lui).* — Quel bon copain vous
faites. Vous ne me croyez jamais. Pas un mot d'espoir, juste...
À l'égout, la petite Alicia. [*Elle se détourne. Blessée par son rejet,
elle s'empare d'une bouteille de whisky et boit un long trait.*]

Le jeu d'Ingrid provoque un étonnement de tous les instants.
Frappé par l'excellence de son travail, Hitchcock lui fait très peu
de remarques. Il la garde avec lui, chaque jour après le travail, aux
moins quelques minutes. Jamais prodigue d'éloges, il se contente
de lui offrir un verre, hausse les épaules et lui dit en souriant :
« C'était très bon, Ingrid, aujourd'hui. Très bon[25]. » En fait, c'est
toujours très bon, ils le savent parfaitement : quand ils tournent la
scène où elle rend son écharpe à Cary Grant, vestige des débuts de
leur relation ; lorsque, dans les premiers jours de son empoisonnement, elle simule une gueule de bois pour que l'homme qu'elle aime
ne soit pas tenu de rester à ses côtés contre son gré ; dans toutes
les scènes où Ingrid lâche de longs regards tristes, porteurs d'un
amour qu'on lui refuse quand elle en a le plus besoin... Il faut être
un cynique mesquin et désespéré pour refuser de voir là une des
performances d'actrice les plus mémorables de l'histoire du
cinéma. « Cette interprétation d'Ingrid Bergman est la meilleure
que j'aie vue », écrit James Agee, peu connu pour son indulgence.
Le *Film Bulletin* résume la réaction générale de la presse en louant
« la brillante création d'Ingrid Bergman qui fait d'elle, une fois de
plus, une candidate idéale à l'Oscar » [pour lequel, chose étonnante,
elle ne sera même pas proposée].

« Je ne connais vraiment pas grand-chose au travail d'acteur et je n'ai jamais rien lu à ce sujet, dira Ingrid. Pour ce qui est de ma seule année d'école, je suis sûre d'y avoir beaucoup appris sur l'usage de la voix, sur l'écoute des autres. Mais je me fonde sur l'instinct. Je ne recherche que la simplicité et l'honnêteté, car si quelque chose n'est pas simple ni honnête, cela ne touche pas les gens. C'est fichu[26]. » Et à propos d'Alicia : « J'aime interpréter des personnages dont la vie a été déréglée, voire un peu anormale — des gens qui ont été affectés par des circonstances inhabituelles, ou qui ont été élevés dans des milieux insolites[27]. »

Les Enchaînés étudie de très près la façon dont on dissimule ses sentiments — comment on regarde de côté, vers le bas, comment on fuit les regards pour masquer une émotion. À cet égard, des images ironiques répondent souvent aux dialogues. Avant la grande réception, par exemple, Sebastian présente ses excuses à Alicia pour avoir manqué de confiance en elle, et lui baise les mains en un geste de contrition. Or, elle est bel et bien indigne de sa confiance : après tout, elle trompe le mari qui lui est dévoué, et elle vient de dérober la clé du cellier afin de le trahir davantage. Elle passe ses bras autour du cou de Sebastian, et fait discrètement passer la clé de sa main gauche à sa main droite, le geste de tendresse devenant un subterfuge pour cacher la clé. Un peu plus tard, afin de libérer le chemin du cellier de la présence de Sebastian, Devlin imagine une fable pour lui suggérer que lui, Devlin, est amoureux d'Alicia — ce qui est le cas, bien entendu. L'amour (réel, cette fois) est de nouveau utilisé comme stratagème. Jamais les gestes de l'amour n'ont été chargés d'autant de complexité, jamais des marques d'engagement n'ont été encombrées d'autant de sens contradictoires, tour à tour sincères et mensongères.

Ces deux moments de tension sont reliés par un dispositif de mise en scène unique. C'est le célèbre plan à la grue où la caméra, dans un mouvement continu, passe d'une vue d'ensemble (en plongée) du grand salon de la résidence, à un gros plan de la clé qu'Ingrid Bergman tient dans sa main serrée. Ce plan extraordinaire ne relève pas seulement de la virtuosité technique du réalisateur. Il est fondamental, pour Hitchcock, de révéler deux niveaux de réalité à l'intérieur d'une même image. La *clé* qui ouvre la porte menant au danger se trouve dans cette composition impressionnante et sophistiquée. Un espace continu, autrement dit, peut renfermer une double réalité... Tout comme les bouteilles de Pauillac peuvent contenir de l'uranium. Tout comme de simples gestes d'affection peuvent prendre plusieurs significations.

Du premier au dernier plan, *Les Enchaînés* est constitué de décalages et de contrastes saisissants. La promiscuité et l'exploitation sexuelles contredisent l'aspiration au grand amour. La griserie de l'alcool s'oppose à l'empoisonnement à l'arsenic. La distinction sociale et la bienséance masquent une sauvagerie féroce. Un aimable bavardage (Ingrid et Cary sirotant du champagne en échangeant des informations, pendant la réception) peut dissimuler une connivence. Une bouteille de vin millésimé est vidée de son contenu, auquel on a substitué le composant indispensable à la confection d'une bombe.

La fin du film est remarquable. Rarement une comédienne aura été photographiée avec autant de délicatesse et de dévotion qu'Ingrid Bergman dans cette scène finale. Agonisante, Alicia est filmée dans l'ombre, en clair-obscur. Hitchcock fait en sorte qu'elle soit comme entourée de tendresse rayonnante, presque enveloppée d'un halo de désir. Il exige aussi que la scène se passe de musique, tant il est sûr de son effet. Et puis, dans ce dernier instant de légende, juste avant qu'elle ne meure, Devlin avoue enfin son amour. « Oh, vous m'aimez donc ? murmure Ingrid. Pourquoi ne me l'avez-vous pas dit plus tôt ? » Tandis que la caméra tourne autour d'eux, il lui répond : « J'étais un imbécile, je souffrais. J'étais déchiré à l'idée de ne pas vous posséder. »

Il est facile, à la vision d'un film, de faire la différence entre une distance esthétique, la simple célébration de la beauté d'un acteur, et un véritable engagement affectif. La première attitude est caractéristique de l'admiration détachée de D.W. Griffith pour Lillian Gish, par exemple, ou de F.W. Murnau pour Janet Gaynor. En revanche, c'est un véritable engagement sentimental que l'on voit à l'œuvre chez Josef von Sternberg filmant Marlene Dietrich, ou chez Alfred Hitchcock filmant Ingrid Bergman.

Tous les motifs du film se fondent dans la séquence finale — peut-être la scène d'amour la plus tendre et la plus infiniment sincère de toute la filmographie d'Alfred Hitchcock. Sortie tout droit d'un conte de fées (le Prince sauve la Belle au Bois Dormant), elle exprime le fantasme suprême de tout romantique : délivrer l'être aimé de l'étreinte de la mort. Qu'elle demeure aussi irrésistible témoigne du génie et des sentiments du réalisateur, de son scénariste et peut-être surtout de sa « petite dame amoureuse » — de toutes les actrices qu'il côtoiera au long d'une carrière de soixante années, c'est à elle qu'il aura le plus fait confiance. « Durant toute la production du film, il a été très exclusif à mon égard, raconte-t-elle. Il ne se mêlait pas aux gens. Mais nous étions bons amis, et nous avons travaillé en étroite collaboration sur *Les Enchaînés*. Il se dominait parfaitement, il savait ce qu'il devait être et ce que je devais être. Les choses les plus épouvantables pour nous deux arrivaient parfois, mais il gardait son calme. Je ne l'ai jamais entendu hausser le ton, crier, hurler ou se montrer cruel avec quiconque, jamais [28]. »

La fin de 1945 est marquée par la fête donnée sur le plateau des *Enchaînés* — non pas un banal repas de fin d'année, mais un véritable banquet organisé par Hitchcock en l'honneur de sa vedette féminine. Il y a une bonne raison à de telles extravagances. Trois films avec Ingrid Bergman sont sortis entre le 2 novembre et le 7 décembre : *La Maison du docteur Edwardes*, *L'Intrigante de Saratoga* et *Les Cloches de Sainte-Marie*, qui bat tous les records d'affluence au Radio City Music Hall. D'après une blague qui circule à l'époque de Noël, quelqu'un *aurait vu* à New York un film dans lequel Ingrid *ne joue pas*... À la fin de l'année, les trois films en question ont totalisé quelque vingt et un millions de dollars d'entrées, et Ingrid reçoit chaque semaine plus de 25 000 lettres d'admirateurs. Personne ne s'étonne de découvrir dans le magazine *Box Office* — qui consulte des critiques, des exploitants de salles, des reporters radio, des représentants de cercles féminins, de groupements de spectateurs et d'associations pédagogiques — qu'Ingrid Bergman est la comédienne la plus rentable du pays pour ses employeurs. (Le résultat sera le même l'année suivante.) Les publications en vogue, dont *Look*, suivent le mouvement et lui décernent diverses récompenses.

Les invitations se multiplient. On demande à Ingrid de remettre les honneurs à des héros de la guerre, et ainsi de se faire honneur à elle-même. L'invitation de l'American Youth for Democracy[29] lui fait particulièrement plaisir. Le 16 décembre, elle remet une médaille au lieutenant Edwina Todd, une valeureuse infirmière américaine qui a œuvré aux Philippines. L'Attorney General de Californie est également présent, ainsi que Bill Mauldin, Dore Schary, Barney Ross, Artie Shaw, Dorothy Parker et Frank Sinatra. L'événement fait beaucoup de bruit, et le lieutenant Todd, déjà citée par le gouvernement, est ravie de faire la connaissance d'Ingrid.

Mais la période des fêtes n'est pas exempte de drame. Depuis octobre, Ingrid s'arrange pour rencontrer Larry Adler de temps à autre. Elle suggère qu'ils essaient de prendre quelques jours de vacances ensemble, si Petter décidait de partir seul aux sports d'hiver. « À l'époque, racontera Adler, j'étais en psychanalyse. Mon analyste m'a dit que ce serait une catastrophe, que cela pouvait mettre fin à mon mariage. » Il a une autre raison de refuser. « Quand j'ai réfléchi à la possibilité d'épouser Ingrid, j'ai su que je ne pouvais pas passer ma vie à marcher à quatre pas derrière ma femme. Une vedette de cinéma est plus importante que n'importe quel titulaire de la Médaille d'honneur, et mon ego était trop développé pour accepter l'idée d'être M. Bergman[30]. » Leur brève idylle s'achèvera là-dessus, pour laisser la place à une amitié durable.

Et puis, comme à un signal, Robert Capa rentre en scène. Il arrive à Hollywood avant Noël et s'installe dans une chambre d'hôtel. Grâce à une intervention discrète d'Ingrid, il est bientôt engagé comme photographe de plateau sur *Les Enchaînés*. Adler vit à Los

Angeles, où il est assez connu. Mais rien de comparable avec le célèbre photographe dont l'arrivée est saluée bruyamment par le monde du cinéma. Capa est invité à toutes les soirées de fin d'année, et courtisé par les réalisateurs et les vedettes qui savent ce qu'il vaut derrière ses appareils photo. Au début, il a peu de temps à consacrer à Ingrid.

Hitchcock sait ce que risque Ingrid si l'opinion découvre le pot aux roses. À la RKO, il la présente à Capa comme s'ils ne s'étaient jamais vus. Mais durant la dernière semaine de décembre, grâce au plan de travail des *Enchaînés*, Ingrid gagne deux jours de liberté. Petter l'ignore. Deux jours de suite, au petit matin, elle quitte Benedict Canyon au volant de son Oldsmobile. Au lieu de prendre à l'est, vers le studio, elle tourne à droite et fonce dans les méandres de Sunset Boulevard, jusqu'à la mer, tout au bout. Puis elle remonte vers le nord, en prenant la Pacific Coast Highway. À Malibu, elle s'assied sur la plage. Elle lit des scénarios, profite de l'air de la mer et contemple les vagues. L'après-midi, elle rejoint Robert Capa au 18, Malibu Road — dans la villa de bord de mer de son ami l'écrivain Irwin Shaw, qui leur abandonne les lieux jusqu'au soir.

Chapitre onze

1946-1947

Je dispose de peu de temps.
Si peu de temps que je ne peux pas perdre une nuit ni un jour,
pas même une demi-heure.

Maxwell Anderson, *Jeanne la Lorraine*

Le 16 janvier 1946, Ingrid reçoit un étrange télégramme d'un certain Gerald L.K. Smith. L'homme est un cinglé d'extrême droite, violemment antisémite, qui défend l'idée que Hollywood encourage la prise du pouvoir en Amérique par les communistes. Cet ancien sympathisant nazi fait partie des nombreux personnages qui vont tenter d'imposer, durant des années, une théorie délirante : tous les gens qui travaillent dans le domaine culturel (et donc suspects d'être des agitateurs d'extrême gauche) doivent être considérés, jusqu'à ce qu'ils prouvent leur innocence, comme coupables de sédition, de trahison, ou au moins de dangereuses activités anti-américaines.

« Il paraît que vous avez participé le 16 décembre dernier à une manifestation organisée par l'American Youth for Democracy, à l'hôtel Ambassador de Los Angeles, avec Frank Sinatra et d'autres. Au même moment, J. Edgar Hoover, s'adressant à l'Organisation de la Jeunesse catholique de New York, affirmait que l'American Youth for Democracy est l'organisation qui a succédé à la Ligue des Jeunes Communistes, et qu'il est évident qu'elle organise une campagne visant à ébranler notre gouvernement américain. Est-ce que vous êtes allée à ce banquet en connaissance de cause, ou avez-vous été la victime innocente des manipulations du comité organisateur ? »

Ingrid déchire le télégramme, et s'abstient d'y répondre. Mais deux semaines plus tard, Smith se présente devant la toute nouvelle Commission des Activités anti-américaines pour réclamer l'ouverture d'une enquête sur la vie privée et les activités professionnelles de Walter Winchell, Eddie Cantor, Frank Sinatra, Orson Welles,

Ingrid Bergman et des dizaines d'autres. On ne l'écoute pas, et sa demande tombera dans l'oubli. Mais d'aucuns commencent à s'interroger, à Hollywood, sur la probité de certaines personnalités étrangères vivant en Amérique, des célébrités qui gagnent beaucoup d'argent sans pour autant adopter la citoyenneté américaine. C'est le cas d'Ingrid Bergman. Celle-ci, toujours fière d'être suédoise, n'a jamais pensé à prêter allégeance à la bannière étoilée. Depuis le début de sa carrière hollywoodienne, elle a toujours pensé qu'elle retournerait un jour en Europe.

Maintenant que les « années Selznick » sont derrière elle, elle est libre d'accepter des propositions d'autres producteurs. Après le tournage des *Enchaînés*, fin février 1946, elle fait la connaissance de David Lewis. Il dirige Enterprise Pictures, une nouvelle compagnie de production indépendante, qui vient d'acheter les droits d'un roman à succès de Erich Maria Remarque, *Arc de Triomphe*. Lewis Milestone, qui a remporté l'Oscar du meilleur réalisateur pour *À l'Ouest rien de nouveau* (d'après le même Remarque), a accepté d'en tirer un scénario et de réaliser le film. Il est assuré d'obtenir Charles Boyer et Charles Laughton. Tout le monde est persuadé que leur participation garantira le succès du film, et Ingrid signe un contrat. Petter négocie un accord qui lui promet la somme incroyable de 175 000 dollars plus 25 % des bénéfices nets. Milestone, Harry Brown et l'ami de Capa, Irwin Shaw (qui est associé dans Enterprise Pictures) se mettent au travail sur le script. Le début du tournage est fixé au mois de juin, car Ingrid doit être à New York en octobre pour les répétitions de *Jeanne la Lorraine*.

Entre-temps, avant que l'équipe des *Enchaînés* ne se disperse, on a organisé la traditionnelle fête de fin de tournage. Ingrid est profondément émue par l'hommage que lui rend Cary Grant. Il a beaucoup aimé travailler avec elle, lui dit-il en confidence, et il apprécie encore plus son amitié. Il a le sentiment que grâce à son expérience avec Hitchcock et Ingrid, de nouvelles perspectives vont s'offrir à lui. C'est pourquoi il a chipé un accessoire du film, et pas n'importe lequel : la clé du cellier de Sebastian, qu'ils se passent et se repassent dans *Les Enchaînés*. Il promet à Ingrid de la garder comme un précieux souvenir. Des années plus tard, cette clé jouera deux fois le rôle d'un talisman dans la vie de Cary, d'Ingrid et de Hitch.

Ingrid engage Joe Steele pour s'occuper des relations publiques de son nouveau film et lui servir d'attaché de presse. Petter, Pia et elle vont aux sports d'hiver dans le Nevada. Puis, début avril, elle part à New York avec Joe. Ils prennent des suites à l'hôtel Saint Moritz. Le motif officiel du voyage est de rencontrer Maxwell Anderson et les producteurs de *Jeanne la Lorraine*.

« Hollywood était étouffant, racontera-t-elle. C'était vraiment le royaume des commérages. Tout le monde ne parlait que de chiffres d'entrées et d'argent, et cela finissait par être assommant. J'ai eu des rôles intéressants, bien entendu. J'ai eu pour partenaires les plus grands acteurs. J'ai travaillé avec les meilleurs metteurs en scène. Je n'avais pas à me plaindre. Mais dès qu'un film était fini, je me précipitais à New York : là-bas, je savais que j'allais me trouver avec des gens authentiques [les gens de théâtre]. C'était une tout autre vie. À Hollywood, il n'y en avait que pour les films, les films, les films. J'aime le cinéma, bien sûr, mais il faut prendre le temps de parler d'autre chose... et de rencontrer d'autres gens. C'est pourquoi je suis allée à New York, et j'ai travaillé au théâtre [1]. »

Ingrid a une autre raison de faire le voyage vers l'est, en plein hiver. Bob Capa s'est lassé d'Hollywood, et il est retourné à Manhattan.

Joe est un parfait ange gardien, mais quand il s'agit de Capa, il ne peut rien faire. Il est mort d'inquiétude à l'idée que la presse apprenne qu'elle quitte l'hôtel, plusieurs soirs par semaine, pour rejoindre son amant. Ingrid et Bob s'installent dans les coins discrets des bars de Greenwich Village, où ils boivent en écoutant du jazz. Ils se serrent l'un contre l'autre, au fond du balcon des cinémas du West Side. Parfois ils flânent sur la Cinquième Avenue jusqu'à quatre heures du matin.

Ils parviennent à échapper aux commérages, ce qu'Ingrid considère comme un signe de l'approbation divine. Il s'agit sans doute de l'épisode le plus romanesque de son existence, mais l'essentiel se passe dans son imagination, comme s'il s'agissait d'un rôle irrésistible dans le meilleur film qu'elle ait jamais tourné. Capa tient à elle, mais il tient encore plus à sa liberté, et il insiste sur le fait qu'il n'est pas un homme qu'on épouse : il tient à rester le photographe indépendant qui sillonne le monde à la recherche de sujets. Un soir où ils ont bu pas mal de whisky, il déclare à Ingrid qu'elle devrait s'intéresser un peu plus à sa propre vie. Elle finira par y venir. Mais pendant la plus grande partie de 1946, ni l'un ni l'autre ne se décident à mettre fin à leur aventure.

Ingrid fera part à Hitchcock de cette fâcheuse conversation. Sept ans plus tard, alors qu'elle sera depuis longtemps loin de lui (et d'Hollywood), le cinéaste fera de sa liaison avec Capa le point de départ des relations entre James Stewart (un photographe freelance qui parcourt le monde) et Grace Kelly (une belle fille en vue) dans *Fenêtre sur cour*. (Cet aspect est absent de la nouvelle de Cornell Woolrich dont Hitchcock a acheté les droits.)

Lors des réunions de travail avec Maxwell Anderson, Ingrid découvre que *Jeanne la Lorraine* emprunte la structure « la pièce dans la pièce ». L'histoire de Jeanne est mise en scène comme si elle était montée par une troupe de comédiens, le rôle de la Pucelle étant tenu par une « actrice », Mary Grey, qui dialogue à la fois avec les personnages historiques et avec ses camarades comédiens. Ce concept intéressant donne à Anderson toute latitude pour développer les réflexions morales qui l'intéressent. Il peut examiner la question du compromis — dans la bataille livrée par Jeanne au xve siècle, et dans le combat esthétique que mènent les artistes cinq cents ans plus tard. Le point essentiel est mis en évidence à la fin, lorsque Mary Grey-Jeanne d'Arc comprend que les compromis sont acceptables sur des questions matérielles sans importance — et avec l'aide de gens rien moins qu'admirables — à condition que la foi véritable et l'héroïsme finissent par triompher dans le domaine spirituel.

Au printemps, Ingrid passe beaucoup de temps avec Kay Brown. Celle-ci est devenue un des agents les plus importants et les plus respectés de New York et d'Hollywood. La liste de ses clients est impressionnante, qui comprend notamment Montgomery Clift, Lillian Hellman, Fredric March, Arthur Miller et Samuel Taylor. Elle gère aussi les engagements aux États-Unis d'Alec Guinness, John Gielgud, Rex Harrison, Laurence Olivier et Ralph Richardson, entre autres. Sans consulter Petter, Ingrid décide de rejoindre l'écurie de Kay. Leurs relations d'affaires resteront sans objet pendant des années. Mais l'amitié des deux femmes se trouve à jamais renforcée, et Ingrid rend fréquemment visite à la famille de Kay. Un jour, elle offre son aide pour le traditionnel nettoyage de printemps. Jim Barrett, le mari de Kay, s'exclame alors avec stupéfaction : « Qu'est-ce qui nous arrive ? La femme la plus belle du monde est en train de laver nos escaliers[2]. »

Durant toute cette période, Capa reste le plus fidèle compagnon et mentor d'Ingrid. Elle lit les livres qu'il lui conseille, voit les pièces qu'il lui recommande, assiste aux concerts qu'il choisit pour eux deux et, pour la première fois de sa vie, s'intéresse aux affaires du monde. D'une certaine manière, Capa joue le rôle d'un mari de remplacement. Elle s'en rend compte, non sans un certain malaise. À l'époque, dira Capa à Joe Steele, elle est « ficelée par un million de nœuds. Pour une femme adulte, elle est si naïve que c'en est gênant. Elle a peur de laisser les choses avancer. Elle n'a pas la moindre idée de ce qui se passe[3] ». Mais le pire, conclut Capa, c'est qu'elle ne connaît rien au cinéma, hormis ce que Hollywood a produit depuis sept ans. Lui, il a vu des films européens toute sa vie, et il continue à en voir, y compris dans les rares salles « art et essai » de Manhattan. Si vous voulez faire plaisir à Ingrid, dit-il à Steele, emmenez-la voir *Rome, ville ouverte* — un film italien très fort, que je tiens pour un chef-d'œuvre.

Le lendemain après-midi, Joe et Ingrid vont voir le film en question au World Theater, sur la 49ᵉ Rue Ouest. À l'issue de la projection, Ingrid est émue au point de ne pouvoir parler. L'histoire est simple et la réalisation totalement dénuée de glamour et d'artifice, mais la force du film est énorme, en effet. Un chef de la Résistance italienne, Manfredi (Marcello Pagliero) se réfugie chez Pina (Anna Magnani). Elle est tuée par les Allemands, et Manfredi est caché par sa maîtresse (Maria Michi). Mais cette dernière le trahit. Manfredi est arrêté, en même temps qu'un prêtre qui est lui aussi un héros de la Résistance. Les deux hommes mourront sans livrer d'informations qui mettraient leurs amis en danger.

Préparé en secret, tourné à l'origine comme un documentaire muet (la bande-son a été ajoutée après coup), *Rome, ville ouverte* est un hommage à la lutte de la Résistance italienne contre le fascisme. Ce film tourné après la mort de Mussolini présente un tableau réaliste de la misère qui régnait à Rome sous l'occupation nazie. Il marque, par ailleurs, la renaissance du cinéma italien.

Ce soir-là, Ingrid demande à Capa de lui parler du réalisateur de *Rome, ville ouverte*, Roberto Rossellini. C'est le génie du cinéma italien moderne, lui dit-il. Non, il n'a jamais tourné hors d'Italie. Pourquoi cette question ? « Parce que ce film ressemble à la vie réelle, répond-elle. Je voudrais qu'on se souvienne de moi pour un seul grand film artistique, plutôt que pour tous mes succès conçus pour faire de l'argent. Pourquoi Roberto Rossellini ne viendrait-il pas à Hollywood tourner un film comme celui-là, avec quelqu'un comme moi, par exemple[4] ? » Ce n'est pas aussi simple, lui explique Capa. Pour commencer, qu'est-ce qui te fait dire que le public américain s'intéresserait à ce néoréalisme austère ?

Mais Rossellini doit être un homme extraordinairement merveilleux, poursuit Ingrid. Peut-être, réplique Capa, mais un homme et son œuvre sont deux choses différentes. Ce n'est certainement pas le cas, dit Ingrid, son film est trop magnifique. À partir de ce jour, elle va effectivement amalgamer l'homme et son œuvre : « Je suis tombée amoureuse de Roberto avant de faire sa connaissance[5] ! » « Je suis tombée amoureuse de lui rien qu'en voyant son film[6] ! » C'est ainsi que ça se passa, en effet. Tout comme des millions de personnes sont tombées amoureuses d'Ingrid sans la connaître.

Rome, ville ouverte la hante pendant des jours et des jours. Elle ne manque pas une occasion d'évoquer les images simples de ce drame émouvant, interprété par des amateurs que Rossellini a recrutés dans les rues de Rome (à l'exception de deux ou trois acteurs professionnels). Ce faisant, le cinéaste obéissait à des motifs moins artistiques qu'économiques, mais sa préférence pour les acteurs non professionnels renforce son idée selon laquelle il faut éviter à tout prix les « interprétations », que le cinéma a pour fonction de représenter le réel, pas la fiction. Les histoires l'attirent beaucoup moins que les représentations brutes de la nature humaine. Le drame ne l'intéresse que s'il éclaire quelque chose de l'âme des personnages. Et les acteurs ne l'intéressent aucunement. Mais pour ses meilleurs films (et *Rome, ville ouverte* est sans doute le meilleur de tous), il a besoin de bons scénaristes : ici, il a disposé de Sergio Amidei et du débutant Federico Fellini.

Les films de Rossellini ne sont pas à proprement parler des documentaires, mais visuellement ils en sont très proches. Les passants anonymes de Rome, ses avenues, ses allées et ses monuments, le grondement des camions modernes à travers la vieille cité — tout devient personnage de l'histoire. Il est évident que Rossellini ne cherche pas à faire du divertissement facile pour une consommation de masse, et le scénario de *Rome, ville ouverte* n'est qu'un prétexte pour reproduire le visage de ses malheureux concitoyens. Et ceux-là, qui sont si présents à l'écran, Ingrid est incapable de les oublier. Elle a souvent dit que son propre jeu d'actrice se fondait sur « la simplicité et l'honnêteté ». C'est précisément ce qu'elle a vu à l'œuvre dans *Rome, ville ouverte*.

Fin mai, elle regagne Los Angeles pour démarrer le tournage d'*Arc de Triomphe*. Cette fois, le transport est assuré par Howard Hughes. Le producteur, qui tient le manche à balai de son avion personnel, monte en chandelle au-dessus du Grand Canyon pour impressionner Ingrid. Mais elle s'assoupit (c'est une manière d'ignorer les propositions répétées de Hughes de passer une soirée en tête à tête avec elle), et le splendide panorama est laissé à l'appréciation des autres passagers — Joe Steele, Alfred Hitchcock et Cary Grant.

« Au début du tournage, elle pesait dix kilos de trop, racontera David Lewis. J'ai dû supplier son mari de placer un cadenas sur leur réfrigérateur ! » Si elle se contente de fromage blanc, sur le plateau, pour déjeuner, Ingrid admet volontiers qu'elle met le garde-manger à rude épreuve dès qu'elle rentre chez elle.

Comble d'ironie, son sentiment d'insécurité et son angoisse — dont sa boulimie compulsive est encore une fois le symptôme — s'aggravent lorsque Capa décide de la rejoindre à Hollywood. Sans le sou, comme d'habitude, il lui demande de le faire engager comme photographe de plateau sur *Arc de Triomphe*, ce qu'elle obtient sans difficulté. Presque chaque soir, après le tournage, il rejoint Ingrid, Boyer, Milestone et quelques autres pour boire des cocktails. Et comme d'habitude, il en boit trop.

Durant l'été, tandis que le film avance peu à peu, Ingrid commence à se lasser de sa froideur maussade — sans parler de ses gueules de bois. Personne ne sait le rythme ni le lieu de leurs rencontres intimes. Il est certain que son emploi du temps, dans les studios qu'Enterprise loue à Culver City, est suffisamment serré pour l'empêcher de se rendre trop souvent à la planque d'Irwin

Shaw à Malibu. Et elle répugne à se montrer trop souvent à l'hôtel de Capa[7]. Il est fréquent que les chasseurs d'hôtel et les réceptionnistes soient rémunérés pour fournir des potins aux échotiers, et elle ne veut pas prendre le risque d'affronter les conséquences d'une indiscrétion.

Petter n'ignore pas que son mariage est irrémédiablement compromis. « Il faisait les choses les plus incroyables, racontera David Lewis. Si Ingrid rentrait à huit heures, par exemple, il avait dîné avec Pia à sept heures et demie. Mais si elle devait rentrer à six heures, il mangeait avec sa fille à cinq heures et demie. Je ne sais pas... Peut-être essayait-il de s'attacher l'enfant, pour le cas où il arriverait quelque chose. Mais il ne faut pas chercher de vilain dans cette histoire. Leurs vies avaient pris des chemins si divergents qu'il n'y avait plus aucun moyen de les faire se rapprocher[8]. »

Une fois de plus, Ingrid se réfugie dans le travail. Elle sublime son émoi sentimental dans *Arc de Triomphe*, et confère à cette œuvre sombre et claustrophobique une intensité parfois effrayante. Le film suit de très près le roman de Remarque, qui se déroule en Europe à la veille de la Seconde Guerre mondiale. Il s'agit d'une transposition à peine déguisée de la liaison tourmentée de l'écrivain avec Marlene Dietrich : l'histoire d'amour d'un chirurgien autrichien réfugié, Ravic (Charles Boyer), avec une chanteuse de cabaret mi-italienne, mi-roumaine, Jeanne Madou. Leurs rapports s'aigrissent lorsqu'il refuse de l'épouser. Ombres de Robert Capa et d'Ingrid Bergman... Ravic est apatride, il exerce clandestinement la médecine, et il est plusieurs fois déporté. Pendant une de ses absences, elle prend un nouvel amant, un homme futile qui lui tire dessus dans une crise de jalousie. Ravic, qui n'a jamais pu admettre la violence de sa propre passion pour cette femme, est appelé à son chevet. Mais la médecine est impuissante à la sauver. Jeanne meurt devant lui, après qu'ils se sont avoué leur amour. Il va être à nouveau déporté, mais cette fois il accepte son destin.

Comme le roman, le film baigne dans une atmosphère pesamment sinistre (la première demi-heure se déroule de nuit, sous la pluie). Il en émane aussi, en dépit de son rythme torpide, un certain charme mélancolique. Charles Boyer, sombre et fiévreux, incarne le personnage de Ravic avec émotion et ironie. Il se montre tour à tour obsessionnel, sympathique, amer, suffisant et repentant. Jeanne (Ingrid) en est le parfait contraire — désorientée, vulnérable, presque pathétique dans son désir d'être aimée, mais habile manipulatrice dans ses opérations de séduction. La scène de sa mort est très impressionnante. Ingrid évite tous les clichés des films romantiques. Simulant la paralysie, elle se contente de respirer faiblement et laisse vaguer son regard, comme si elle avait entrevu les frontières d'un pays lointain. « Ti amo... ti amo... ti amo... » murmure-t-elle à Boyer, avant de lui demander un ultime baiser. On remarque à peine l'instant de la mort.

Arc de Triomphe ne sortira qu'après deux ans de rafistolage en salle de montage. C'est un échec retentissant. Comme d'habitude, on applaudit Ingrid pour sa scrupuleuse composition d'une femme désespérée. Mais le film est éreinté par la critique, et le public s'ennuie. Enterprise Pictures, qui a perdu la totalité des quatre millions de dollars qu'elle a investis, va disparaître de la mémoire des historiens d'Hollywood. « Lorsqu'elle était dirigée par Lindstrom, dira Milestone, Ingrid a fait plusieurs mauvais films, dont un réalisé par moi-même[9]. » Boyer résume toute l'affaire en déclarant que le film était à l'origine un navet de quatre heures, mais qu'il est devenu, grâce à un montage minutieux, un navet de deux heures.

En cette période d'après-guerre, le public n'a pas envie qu'on le ramène à la veille du conflit. Il est aussi déçu par le dénouement doublement tragique pour les amants du film — la mort pour l'une, la déportation pour l'autre. Et il n'a pu accepter qu'on lui présente une liaison aussi névrotique comme le symbole d'un monde sur le point d'exploser. C'est la fidélité excessive de Milestone aux amants maudits de Remarque — mais aussi la longueur exagérée du film — qui lui vaut son insuccès. Comme Ingrid ne cessera de le répéter, rien ne peut offrir un contraste plus absolu avec *Rome, ville ouverte*.

Le tournage d'*Arc de Triomphe* devait durer dix semaines. Il se prolonge plus de seize semaines. Une sorte de frénésie s'installe sur le plateau : Ingrid doit achever toutes ses scènes pour pouvoir regagner New York dans les temps et commencer les répétitions, dans la peau d'une autre Jeanne. Petter s'apprête à rendre visite à sa famille, en Suède. Enterprise Pictures donne une soirée d'adieu en l'honneur d'Ingrid. Lewis Milestone remarque ce soir-là la tension qui règne dans le couple Lindstrom.

Milestone admire le zèle de Petter pour sa carrière médicale. « Mais [il] avait certaines idées démodées, très européennes, dit-il. Il se comportait comme l'homme qui avait donné son nom à une pauvre orpheline [mais elle ne l'a jamais utilisé, comme Milestone doit le savoir], et qui s'attend à ce qu'elle lui soit reconnaissante jusqu'à la fin de ses jours. Il y avait tout le temps des allusions — il était le bon citoyen qui avait secouru la petite enfant abandonnée. Il ne lui a jamais permis de l'oublier. Mais combien de temps peut-on fonctionner sur la gratitude[10] ? » Plus très longtemps, semble-t-il. Quelques jours avant leur départ pour New York et Stockholm, Ingrid propose une nouvelle fois à Petter de divorcer. Une nouvelle fois, il en repousse l'idée. Elle n'insiste pas. Peut-être parce que sa liaison avec Capa est trop précaire et semble n'avoir pas d'avenir. Peut-être aussi parce qu'elle est incapable, comme Petter ne manque jamais de le lui rappeler, de gérer seule ses affaires professionnelles.

Le 1er octobre, Ingrid emménage dans la suite 2606 de Hampshire House, sur Central Park South. Quatre jours plus tard, elle se rend à la première répétition de *Jeanne la Lorraine* au Alvin Theater, sur la 52e Rue Ouest. « Je jouais Jeanne, enfin. Je me suis jetée à corps perdu dans mon rôle. J'ai oublié ma solitude... Si ma vie professionnelle était excitante et bien remplie, en effet, ma vie privée était solitaire et vide[11]. »

Depuis l'âge de sept ans, Ingrid Bergman voue un véritable culte à la Pucelle d'Orléans et, pour préparer le rôle qu'elle convoite depuis si longtemps, elle a lu tout ce qu'elle a pu trouver sur le sujet. Cela a encore renforcé son identification à la petite bergère morte à dix-neuf ans. « Ce n'était qu'une paysanne, dit-elle, qui n'a pas très bien compris ce qui lui arrivait. Mais elle est restée fidèle à ses voix, fidèle à la mystérieuse vocation qui s'est éveillée en elle. Comme elle a affronté tous ces hommes beaucoup plus savants qu'elle ! Et quel courage devant la mort ! Elle avait tellement de bon sens[12]. » Il s'agit là, précisément, des qualités qu'Ingrid veut elle-même approfondir chez elle : simplicité dans l'art et dans la vie, fidélité à sa vocation, volonté et bravoure.

Mais elle n'a aucune prétention à la sainteté, pas plus qu'elle n'a envie de s'attarder à la définir. En revanche, elle fait pression sur Max Anderson : semblable à Mary Grey, elle le supplie de rester fidèle à la véritable histoire de Jeanne, de ne pas trop en faire l'interprète de ses propres idées politiques. Anderson l'écoute, apporte des modifications lorsque ses remarques sont judicieuses, mais il reste ferme quand c'est nécessaire.

Une semaine après l'arrivée d'Ingrid, Bob Capa fait son apparition à New York. Jusqu'au retour de Suède de Petter, prévu pour fin octobre, Ingrid et lui essaient d'entretenir la flamme de leur ardeur finissante. Elle décide cette fois que la meilleure façon d'éviter toute publicité malencontreuse est de se montrer au grand jour avec lui. Elle a raison. Puisqu'on les voit ensemble, attablés ostensiblement au Café Society, la boîte de nuit à la mode de Sheridan Square, les journalistes sont convaincus que la comédienne et le photographe ne peuvent être que bons amis. Le couple ne sera jamais mentionné par les échotiers. En outre, aux yeux d'une immense majorité d'Américains, Ingrid est au-dessus de tout soupçon, ni plus ni moins que la sainte qu'elle va bientôt incarner sur scène.

La pièce d'Anderson est conçue pour une mise en scène très simple, avec un minimum d'accessoires et sans décors complexes, afin que l'action puisse circuler sans changer de scène, du lieu de répétition à l'estrade où les « acteurs » se produisent. Aussi « minimaliste » soit le concept, le travail du metteur en scène (Margo Jones, une femme qui n'a aucune expérience en la matière) ne satisfait ni l'auteur ni ses producteurs. Elle est remplacée le soir de la première par un des acteurs, Sam Wanamaker, et Alan Anderson (le fils de Maxwell). La situation s'améliore tout de suite. Mais Ingrid est choquée de voir Margo Jones renvoyée aussi sommairement.

Fin octobre, la compagnie va être confrontée à un problème beaucoup plus sérieux. Elle se trouve à Washington, où elle doit donner une série de représentations avant la sortie new-yorkaise, au Lisner Auditorium de l'université George Washington. Plusieurs jours avant la première, une manifestation se déroule devant le théâtre. Des représentants de la Conférence du Sud pour le Bien-Être public et de la Commission des Anciens Combattants américains protestent contre l'interdiction de vendre des tickets aux Noirs. Petter, qui a accompagné sa femme depuis New York, interroge Joe Steele. À Washington, en effet, l'accès aux théâtres est réservé aux Blancs. « C'est ainsi depuis des années, dit Max Anderson, nous ne pouvons rien y faire [13]. » Ingrid, elle, dit simplement : « Je suis ici pour jouer Jeanne d'Arc, et je n'ai rien à faire des règlements de théâtre. »

Craignant une contre-publicité qui pourrait être aussi néfaste à Ingrid qu'à la pièce, Steele la persuade de dénoncer publiquement ce règlement discriminatoire. Les agences de presse diffuseront une histoire édifiante :

« Ingrid Bergman a déclaré ce soir qu'elle n'aurait pas accepté de jouer dans la première [de *Jeanne la Lorraine*] mardi, si elle avait su que les Noirs n'ont pas le droit d'assister aux représentations.

« Elle prétend ne savoir que depuis dix jours que l'université George Washington avait réaffirmé sa politique de non-admission des Noirs. (...) Mais il était trop tard pour remettre ses engagements en question.

« Je déplore toute forme de discrimination sociale, a-t-elle déclaré dans une conférence de presse. Et cela se passe jusque dans la capitale fédérale !

« Je ne savais vraiment pas qu'il y avait des endroits aux États-Unis — des endroits de culture, qui sont universels — où certains n'ont pas le droit de se rendre [14]. »

Il faudra encore presque vingt ans avant que les États-Unis légifèrent pour imposer l'égalité des droits sans considération de race. Mais Steele a été assez futé pour persuader Ingrid que son indifférence pouvait nuire à son image. C'est cet argument qui l'a convaincue, plus que l'injustice de la situation. Larry Adler se rappelle une anecdote, lors d'une grève des techniciens, à Hollywood, pendant le tournage des *Enchaînés*. Ingrid avait franchi un piquet de grève, contribuant ainsi à démoraliser une délégation de travailleurs. « Larry, je suis une comédienne, lui avait-elle répondu alors qu'il la critiquait. Je n'ai rien à voir avec la grève. Mon devoir consiste à faire ce film. » Des années plus tard, Adler et Lindstrom exprimeront le même étonnement devant son absence totale d'intérêt pour les questions sociales dépassant de la simple politique. (Toujours loyal, dans ses mémoires, Steele mettra cela sur le compte de sa supériorité morale vis-à-vis de chacun d'eux. Prudemment, elle fera de même dans les entretiens qui sont à la base de son autobiographie.)

Le soir de la première à Washington, Capa est en route vers la Turquie où un travail l'attend. Il envoie à Ingrid une rose blanche. « Ma rose blanche reste à mes côtés [15] », lui télégraphie-t-elle. Il s'est fort éloigné d'elle, maintenant — y compris en pensée. Comme beaucoup d'amants qui craignent que leur éloignement progressif ne provoque un conflit, il commence à s'inquiéter. « Londres est calme et vide, écrit-il à Ingrid une semaine plus tard. Mais l'Europe est si réelle, si rafraîchissante, après les États-Unis. À chaque fois que j'entre dans un bar, ou au théâtre, à chaque fois que je me promène dans les rues noyées dans la brume, je voudrais te voir à mes côtés [16]. » Mais il n'a jamais voulu qu'elle soit plus qu'une maîtresse, et elle refuse de renoncer à sa carrière pour l'accompagner autour du monde : cela laisse des traces. Leur liaison est condamnée. Personne ne peut prévoir les circonstances précises de son dénouement.

Le 18 novembre, la première de *Jeanne la Lorraine* a lieu à l'Alvin Theater, à New York. La pièce s'inscrit dans une remarquable saison théâtrale qui comprend soixante-dix-neuf nouveautés : quarante-six nouvelles pièces (dont *State of the Union*, *Born Yesterday* et *The Iceman Cometh*), treize comédies musicales (dont *Call Me Mister* et *Annie Get Your Gun*), deux revues, sept one-man-shows ou spectacles de déclamation, et onze reprises de classiques.

Les critiques new-yorkais sont littéralement à genoux devant Ingrid. « Elle appartient à l'élite du royaume des chimères [17] » est un exemple typique de ce qu'on lit dans la presse. « Le splendide talent de Mlle Bergman ne fait aucun doute, écrit Brooks Atkinson. Depuis *Liliom*, ses dons se sont multipliés, renforcés, et Mlle Bergman a apporté au théâtre une âme d'une rare pureté et une incomparable magnificence. (...) Elle incarne cette jeune fille incroyablement séduisante avec fierté, grâce, et un sourire singulièrement lumineux (...) Son apparition est un événement théâtral majeur » [18]. (...) Il continue de divaguer ainsi dans deux articles exaltés et interminables, plaçant définitivement Ingrid au niveau d'une Katharine Cornell et d'une Helen Hayes. Même le *New Yorker* décolle : « Une performance peut-être incomparable dans le théâtre d'aujourd'hui [19]. »

Pour bien comprendre le triomphe qu'elle remporte cette année-là, il faut se rappeler qu'Ingrid Bergman a pris des risques énormes. Le public new-yorkais raffiné, même s'il a toujours réservé un bon accueil à ses films, est extrêmement difficile à l'égard de l'« authenticité » du « vrai » art dramatique (c'est-à-dire le théâtre). Habituée à livrer à la caméra de brefs fragments de texte — le cinéma n'exige qu'on n'apprenne à chaque prise que quelques phrases par cœur —, elle doit retenir un rôle tout entier, y compris des tirades longues et difficiles, dans une langue qui n'est pas la sienne. Huit fois par semaine (et elle ne dispose pas de ces micros portatifs qui seront si utiles aux acteurs de théâtre quelques décennies plus tard), Ingrid doit déclamer la prose poétique d'Anderson, en jouant sans cesse de la couleur de sa voix.

Mais c'est bien plus qu'un simple travail. Pour elle, c'est la réalisation d'un vieux rêve. « J'ai toujours voulu jouer le rôle de Jeanne, déclare Mary Grey par sa bouche. [Anderson a ajouté cette réplique au dernier moment, quand il a compris à quel point Mary et Ingrid se confondent.] Je l'ai étudiée toute ma vie, et j'ai lu tout ce que je trouvais sur elle. Elle a beaucoup d'importance pour moi. Elle m'a fait comprendre que les choses les plus importantes, dans ce monde, sont apportées par la foi — que les dirigeants qui comptent sont les rêveurs et les gens qui ont des visions. Les gens réalistes et raisonnables sont incapables d'initier quoi que ce soit. » Le public de l'Alvin, soir après soir, écoute en silence, religieusement, s'égrener les phrases de son monologue final :

« Je crois que mes visions sont bonnes. [Il est probable qu'en prononçant ces mots, elle pense à sa propre vocation.] Je sais qu'elles sont bonnes, mais je suis incapable de les défendre. On me traîne au tribunal, on me demande de prouver ce que je crois, mais comment puis-je prouver que mes visions sont bonnes, qu'elles ne sont pas le mal ? Je me demande si j'ai toujours été honnête, car lorsque j'allais parmi les hommes, je jouais un rôle. (...) Lorsque je parlais avec ma propre voix, personne n'écoutait, personne ne m'entendait... Mais aurait-il été honnête d'utiliser des méthodes qui n'étaient pas miennes ? Je sais qu'il ne peut pas y avoir de réponse. »

Le dilemme de Jeanne d'Arc trouve une résonance dans celui d'Ingrid Bergman. Sa vie traverse des bouleversements radicaux alors même qu'elle endure, de novembre 1946 à mai 1947, la monotone succession de 199 représentations de *Jeanne la Lorraine*. Durant la réception organisée à l'hôtel Astor à l'issue de la première, elle s'éclipse plusieurs fois pour fuir la foule des invités et des admirateurs. Kay et Ruth partent à sa recherche, et reviennent rassurer Petter et Joe : elle va bien, elle viendra retrouver l'assemblée dans un instant. Elles omettent de préciser qu'elles l'ont retrouvée en larmes, dans les toilettes pour dames, prostrée dans un fauteuil.

Jeanne la Lorraine, qui s'impose rapidement comme un des succès de la saison, aurait pu garder l'affiche bien au-delà des six mois prévus. Mais le bonheur de cette expérience merveilleuse n'est pas sans mélange. La fatigue physique et psychologique des huit séances hebdomadaires, les complications dues à la maladie, aux intrigues sentimentales, les doutes quant à son avenir à Hollywood et à son mariage — tout cela génère une angoisse nerveuse qui ne lâche pas Ingrid de toute l'année. Selon Ruth, Joe et Kay, elle semble incapable de tenir en place.

Elle y est bien forcée, au moins durant une brève période. L'hiver 1947 est un des plus rigoureux que les États-Unis aient jamais connus, et une grave épidémie de grippe frappe des millions de personnes. Ingrid est solide, mais pas immunisée. En janvier, elle tousse un peu. C'est le prologue à un rhume accompagné d'une forte fièvre, puis d'une grosse laryngite. Plusieurs soirées doivent être annulées. Un jour, à la fin du mois, elle frissonne au fond de son lit, lorsqu'on lui passe un appel du consul de Suède. À Stockholm, le roi vient de lui décerner la plus haute distinction nationale. Elle est décorée de l'ordre *Litteris et artibus*, pour « [son] talent exceptionnel et la dignité avec laquelle elle représente l'art suédois aux États-Unis [20] ».

La même année, les récompenses se multiplient : le prix de la Drama League et le prix Antoinette Perry (Tony) de la meilleure interprétation féminine de l'année ; le prix d'interprétation au festival de Venise (pour *La Maison du docteur Edwardes*, dont la sortie en Europe a été retardée jusqu'à la fin de la guerre) ; et de nombreux prix décernés par des magazines, des journaux, des associations civiles et religieuses. Il n'est pas exagéré d'avancer qu'aux États-Unis, cette année-là, Ingrid Bergman est la célébrité la moins controversée et la plus chérie du public. En fait, le monde occidental tout entier s'empresse d'ajouter son nom à la liste de ses idoles.

Depuis la fin de la guerre, les États-Unis traversent une période d'autosatisfaction troublante. Une terrible épidémie de fatuité morale rivalise avec la grippe pour contaminer le plus grand nombre possible de citoyens. Les chiens de garde de la moralité publique rôdent partout — des ecclésiastiques ayant perdu le sens de la foi et des politiciens qui n'ont rien à voir avec des hommes d'État —, impatients d'insinuer, de dénoncer, de condamner, de détruire. Les accusations de sédition et trahison sont jetées en pâture à l'opinion publique. Des protestations outragées se multiplient à la radio et dans les journaux à chaque fois qu'une célébrité divorce, qu'on la voit éméchée au restaurant ou qu'elle s'exprime sur un sujet autre que la mode vestimentaire. L'esprit puritain, qui en Amérique n'est jamais enfoui bien loin sous la surface des choses, montre les crocs. Les gens « riches et célèbres » constituent toujours une cible commode. Si l'opinion publique avait vent, en 1947, de la vie privée d'Ingrid Bergman, son étoile pâlirait sans doute très vite. Peut-être même serait-elle boutée hors du pays.

Mais les puritains ont aussi besoin de personnages vertueux pour pouvoir les adorer (une génération future appellera cela des « modèles de rôles »). On considère, à l'époque, qu'Ingrid Bergman est à même de remplir cette fonction. Une des nombreuses requêtes qu'on lui adresse cette année-là mérite d'être citée en exemple.

Un prêtre de Philadelphie débarque à New York, s'arrange pour localiser Joe Steele et lui demande d'intervenir. Il voudrait que Mlle Bergman pose pour le buste de sainte Jeanne d'Arc que l'on doit placer à l'entrée de l'église de sa paroisse. Sans consulter Ingrid, Joe répond aimablement qu'après tout, elle est comédienne. Cette démarche lui semble donc... eh bien, peut-être un peu déplacée ? En apprenant cela, Ingrid est plus horrifiée qu'amusée. Supposez que je sois un jour victime d'une dénonciation publique, qu'il y ait simplement la moindre rumeur de scandale ! Elle ne supporte pas l'idée qu'un buste de Jeanne d'Arc soit arraché à son piédestal et réduit en miettes, dans une église de Philadelphie.

De décembre à début janvier, la présence occasionnelle de Robert Capa dans la vie de la sainte laïque de l'Amérique aurait pu fournir à l'ennemi assez de munitions pour la détruire. À plusieurs reprises, il l'accompagne du théâtre à sa suite d'hôtel, d'où il s'éclipse juste avant l'aube. Mais tous leurs rendez-vous ne sont pas édéniques. « Il sait qu'un chapitre se termine, écrit Ingrid à Ruth. Nous buvons nos dernières bouteilles de champagne. Je supprime de ma vie un élément très cher, mais nous apprenons et nous effectuons l'opération proprement, de sorte que les deux patients puissent l'un et l'autre continuer à vivre heureux[21]. »

Pour ce qui concerne le véritable médecin, les choses sont loin d'être aussi claires. Un peu après sa dernière nuit d'amour avec Ingrid, Capa tombe sur Petter. Les circonstances diffèrent suivant le narrateur. Selon que l'on écoute le mari, la femme ou l'amant, il existe au moins huit versions du moment et de l'endroit où les deux hommes se sont croisés. Selon le scénario le plus probable, il s'agit d'une rencontre fortuite à Sun Valley, où Capa et Lindstrom sont venus skier quelques jours. Un jour, sur la piste, Capa offre à Lindstrom de lui donner quelques conseils sur son style de descente. Lindstrom décline. L'autre déclare qu'Ingrid a vraiment besoin de vacances, elle aussi... À New York, dit-il, il l'a trouvée très pâle, très fatiguée.

Cette petite gaffe suffit. Petter a tout compris, ou presque. Le soir, il appelle Ingrid. Elle admet calmement la vérité. C'est au tour de Petter de réclamer le divorce. Elle refuse sur-le-champ, et déclare à son mari ce que Capa ne lui a pas encore dit : leur liaison appartient au passé. Ingrid n'a pas envie de perdre à la fois son amant et son mari, et avec eux tout ce qui lui reste de sécurité. Sans parler des risques qu'une procédure ferait courir à sa carrière : Petter ne manquerait pas de justifier sa demande de divorce en dénonçant son adultère.

Quelques jours après sa conversation avec Petter (qui lui a fait promettre fidélité), Ingrid pénètre dans sa loge... et tombe sur Victor Fleming. Depuis la fin de *Docteur Jekyll et Mister Hyde*, six ans plus tôt, elle ne l'a rencontré que très rarement, à des soirées ou autres manifestations du monde du cinéma. Son engouement pour lui s'est dissipé, bien sûr, mais pas le souvenir qu'elle a de son talent et de son aptitude à prendre les choses en main.

Mais la situation a changé, pour de bon. Fleming vient d'assister à la représentation. Il la serre dans ses bras. Tu as été brillante, lui dit-il sans relâcher son étreinte. Tu es belle, radieuse, lumineuse, parfumée... Tous les mots font mouche, comme ceux d'une critique de film. Tu es *vraiment* Jeanne d'Arc, et je veux t'immortaliser sur l'écran. Je veux te mettre en scène en Jeanne d'Arc. C'est trop beau pour être vrai, réplique Ingrid. Est-ce vraiment possible ?

Ils doivent faire en sorte que cela devienne possible... Et il faut faire vite. Fleming se souvient du surnom affectueux qu'il lui donnait jadis : « Ange ». Mais il le prononce aujourd'hui avec de la passion dans la voix. David Selznick, dit-il, a laissé entendre qu'il va enfin tourner son film à grand spectacle sur Jeanne. D'autres producteurs en parlent à leur tour. Fleming et Ingrid Bergman doivent être les premiers sur la ligne de départ. Au dîner, ce soir-là, Fleming lui expose ses projets, et Ingrid sent renaître sa tendresse. Leurs retrouvailles n'évoquent rien de moins que les avances de Jekyll-Hyde à Ivy, au Palais des Frivolités : une scène avec beaucoup de champagne, riche en promesses, pleine de danger et d'excitation. Ingrid sait parfaitement comment Hollywood peut saboter l'histoire toute simple de cette fille qui est devenue sainte malgré elle. Elle meurt d'envie de l'interpréter à l'écran. Mais elle est aussi vulnérable et très seule, et elle se méfie un peu de l'insistance de Fleming.

Bien entendu, elle consulte d'abord son mari. Petter expédie promptement à Fleming une lettre aimable où il le presse d'agir vite. Il a déjà rejeté une offre de la Paramount, prétend-il, et il discute d'un film sur Jeanne d'Arc avec le metteur en scène William Wyler. La lettre obtient l'effet recherché. D'abord, Fleming fait une proposition que Petter ne peut pas refuser. Ingrid travaillera sous la bannière de Sierra Films, une nouvelle compagnie de production où elle sera associée au producteur indépendant Walter Wanger et à Fleming lui-même. En plus de son salaire de 175 000 dollars, *les Lindstrom* (et non *Ingrid Bergman*) recevront une part importante des bénéfices dégagés par le film[22]. « Il fallait qu'elle rapporte près de neuf millions de dollars avant que je récupère un centime, dira Ingrid plus tard, en calculant ses pertes. Eh bien, cela avait belle allure sur le papier, et j'aurais pu, avec ça, m'offrir un bel enterrement[23] ! » Fleming déclare qu'il installe ses quartiers dans la suite qu'il a louée à Hampshire House, pour pouvoir s'attaquer immédiatement à la pré-production avec Ingrid. Petter propose de sauter dans un avion et de passer un week-end à New York pour discuter du détail des contrats.

Avec la hâte d'un jeune et fougueux amant, Fleming diffuse un communiqué de presse. Avant même la signature des contrats, il annonce la mise en chantier d'un film adapté de *Jeanne la Lorraine*, avec Ingrid Bergman en vedette. En fait, il n'a pas encore acheté les droits de la pièce de Maxwell Anderson. Mais sa précipitation obtient elle aussi l'effet recherché. Vu le succès qu'Ingrid a remporté à New York et la publicité qui en découle dans tout le pays, leurs concurrents hollywoodiens abandonnent sur-le-champ leurs projets de films sur Jeanne d'Arc.

Fleming a très vite cédé. Ingrid passe bientôt toutes ses nuits avec lui. Son vieux rêve se trouve réalisé. Il a soixante-quatre ans et elle en a trente et un, mais il la couve avec une sorte de férocité possessive et la persuade que lui seul est capable — lui qui a obtenu d'elle une si brillante interprétation d'Ivy — de l'immortaliser sous les traits de sa Jeanne adorée. Il est le seul, insiste-t-il, à avoir compris la relation entre Ingrid et la Pucelle qui, fidèle à ses voix, a rompu avec le monde entier pour ne pas trahir sa vocation. Fleming l'éduque comme un père, et la vénère comme un premier amour.

Le jour, il travaille avec des chercheurs, des décorateurs et des accessoiristes. Ingrid passe de temps en temps pour les observer, mais le plus souvent elle se promène en ville, visite les galeries d'art, flâne dans les musées, dépense son argent de poche en alimentant sa garde-robe, et répète pour les drames radiophoniques dominicaux auxquels on l'invite à participer. Après les représentations, elle regagne la suite 2606 et appelle immédiatement Victor, huit étages plus haut. Ils se retrouvent quelques instants plus tard dans la chambre de l'un ou de l'autre, et prennent un dîner froid et du champagne avant d'aller se coucher.

Kay Brown voit beaucoup son amie. « Ingrid change, dit-elle. Elle change vite. Elle s'éloigne de tout ce qu'elle était. Et elle le sait. Elle le dit elle-même[24]. » Ingrid exige de la vie beaucoup plus que la maison de Benedict Canyon et un ou deux films par an. *Jeanne la Lorraine* a été un entracte important, mais elle n'a aucune garantie de trouver du travail au théâtre.

Elle ne sait pas par quoi remplacer le théâtre, ni ce qu'elle pourrait faire à Hollywood après *Jeanne d'Arc*. Peut-être devrait-elle retourner travailler en Europe ? Non, car depuis la guerre, l'économie y est dans un état effroyable. Où et comment vivrait-elle ? Comme tous les gens qui « changent vite », elle est au centre d'un nœud de contradictions. Elle a déjà rompu les amarres avec les rivages confortables qu'elle connaissait, mais elle n'a en vue aucune terre rassurante. Elle aspire à la liberté, mais elle a encore besoin de la sécurité et de l'autorité d'un homme fort. D'où son attachement à Victor Fleming.

Mais il y a dans cette liaison quelque chose de nouveau, qui n'a peut-être pas échappé à Kay. Sans qu'il soit question de froideur ni de calcul, l'attitude d'Ingrid vis-à-vis de ses amants s'est modifiée. Le fait de s'éloigner de chez elle et d'Hollywood lui a donné du recul, et son expérience avec trois hommes en moins de deux ans lui a donné une confiance en elle qu'elle n'avait jamais connue auparavant. Capa, Adler et Fleming ont été les guides qui lui ont permis de connaître de nouveaux aspects de sa vie créative. Elle a éprouvé avec chacun d'eux un sentiment de nouveauté — cette impression de s'enrichir qu'on ressent en compagnie d'un homme qui a des idées. Désormais, c'est la qualité qu'elle appréciera le plus chez ses futurs maris et compagnons, et ses amis.

Son père a été le premier homme de ce genre, bien sûr, mais sa mort a privé Ingrid de la seule relation solide et stable qu'elle ait eue avant de connaître Petter. La perte de ses parents, de sa tante Ellen, de l'oncle Otto, l'étrange tante Mutti que la guerre mondiale a forcément éloignée d'elle — tout a conspiré à lui faire croire qu'aucune relation humaine ne dure bien longtemps, et qu'on ne peut se fier à personne. Timide et maladroite, elle s'est réfugiée dans le succès que le public réserve à ses meilleurs rôles. Ses liaisons sont comme des séquences dans le film de sa vie. Elles sont précieuses sur le moment, mais il est impossible de croire qu'elles vont durer. Peut-être, finalement, n'exige-t-elle rien de plus de ces aventures, et pas seulement parce qu'elle place son art au premier plan. À l'inverse, elle place son art au premier plan parce qu'à un moment crucial de sa jeunesse, elle a été trahie. Après tout, dès leur première rencontre, Petter l'a confortée dans l'idée qu'il fallait accorder la priorité au devoir.

Dans ses relations intimes avec les hommes, Ingrid Bergman n'est ni puritaine ni dépravée. Ce n'est pas, semble-t-il, le désir de sexe qui la motive. Elle est mue par la recherche de liens plus profonds. Toute sa vie, elle a montré sa dépendance, son caractère enfantin, sa fraîcheur. Elle a toujours éprouvé un sentiment de nouveauté, d'impatience à l'égard du lendemain, de son prochain film, de sa prochaine pièce, de son prochain voyage. (« Nous ne devons jamais essayer de retrouver les choses, ni de les recréer, dit Lena Geyer dans le roman de Marcia Davenport. Tout doit aller de l'avant. Toute expérience doit être nouvelle, doit marquer un nouveau départ. ») Ingrid semble-t-elle parfois renfermée, distante ? C'est une réaction naturelle de la part de quelqu'un qui déteste le culte artificiel des admirateurs qui ignorent qui elle est vraiment.

Jamais Ingrid ne perd son humour, jamais elle n'est injuste. Jamais, tout au long de sa vie, elle ne montrera la moindre rancœur, la moindre amertume. Bien sûr, son agitation permanente, sa vigilance constante quant aux moyens de développer son imagination et, par conséquent, ses dons, l'éloignent parfois des gens qu'elle aime.

Son attitude suggère que pour elle, le sexe est parfait pour ce qu'il est, mais qu'il n'est pas très utile — il s'en faut de beaucoup — pour favoriser l'établissement de rapports durables. Autrement dit, il ne faut pas trop en attendre. Elle a très vite compris que sa beauté et sa personnalité extravertie attirent les hommes en grand nombre, et qu'elle pourrait exploiter son charme à n'importe quelle fin. Mais ce n'est pas dans sa nature. Elle est stimulée avant tout par l'esprit et l'intelligence. Les hommes qui n'ont à lui offrir que leur orgueil ou leur affectation sexuelle tombent bien vite en disgrâce. Mais elle a aussi besoin d'être réconfortée et chérie, et lorsqu'elle trouve un homme brillant, sensible et énergique, capable de lui offrir *aussi* quelque consolation charnelle... Eh bien, c'est parfait ! Mais à partir de 1947 quelque chose a changé. La passion prend le pas sur le sexe. Elle signifie la liberté d'apprendre, de réussir sans limites. Peu d'hommes ont envie de lui montrer ce chemin.

Il serait donc facile de considérer ses relations avec Capa, Adler et Fleming comme des prétextes légers, détachés, aux plaisirs de la chair. Alors qu'au contraire, ses liaisons sentimentales n'apparaissent qu'aux moments les plus solitaires de son existence, et qu'elle s'y abandonne complètement.

C'est ainsi que se poursuit sa liaison avec Fleming... jusqu'au soir, très tard, où Petter fait irruption à Hampshire House sans prévenir. Il frappe à sa porte, ne reçoit pas de réponse. Sur une intuition, il retourne à la réception, d'où il appelle la suite de Fleming. « C'est Petter. Puis-je parler à Ingrid ? » Elle lui répond au téléphone, et quitte la chambre de Fleming[25]. On ignore tout des explications qu'elle donne à son mari. Le lendemain après-midi, après sa réunion de travail avec Fleming, Petter repart pour Los Angeles — comme son rival, d'ailleurs, qui doit mettre sur pied sa compagnie de production en Californie.

Dans le train qui l'emmène vers l'Ouest, Victor écrit à Ingrid :
« ... pour te dire avec l'audace d'un amant que je t'aime, pour te

crier à travers les kilomètres et les heures de ténèbres que je t'aime, que tu submerges mon esprit comme les vagues qui roulent sur le sable. Que cela t'intéresse ou non, ces choses, je te les dis avec amour. Je suis jusqu'à la dévotion — ton fou — MOI. »

Puis, d'Hollywood :

« Ange... Ange... Pourquoi n'ai-je pas une ligne de quatre ou cinq mille kilomètres avec une canne et un bon moulinet ? Mais il vaut mieux que j'arrête avant de me mettre à te dire que je t'aime, de te dire, Ange, je t'aime, oui, oui, oui, c'est MOI [26]. »

Elle est son ange, en effet. Mais parfois, pour jouer, il l'appelle aussi « ma sorcière », comme disaient les ennemis de Jeanne d'Arc. Surnom approprié, dit-il, car elle l'a séduit, elle lui a jeté un sort, il est à jamais son esclave.

Elle lui téléphone, il écrit encore : « Quel bonheur d'entendre ta voix ! Quel taciturne, quel idiot me voilà devenu ! Que c'est triste pour toi ! Quand tu raccroches, le "clic" de l'appareil m'atteint comme une balle... » Il reviendra deux fois à New York, à chaque fois pour trois semaines, pendant la période d'exploitation de *Jeanne*. Les dernières semaines sont épuisantes, et Ingrid sent qu'elle perd son enthousiasme. « Je suis très fatiguée, écrit-elle à Ruth. Trop de monde. J'ai trop mangé, j'ai trop bu, ces temps derniers. C'est peut-être ça qui tue les sentiments. Mais il ne me reste plus que trois semaines. Ensuite je retournerai dans ma cage, je m'installerai au soleil, j'obéirai à Petter, je serai sobre, et je paraîtrai dix-huit ans [27]. »

La pièce pourrait se prolonger encore au moins un an. Mais on fixe la clôture au samedi 10 mai, car le contrat d'Ingrid prévoit une saison de six mois. Elle n'est pas fâchée d'atteindre la fin de ses 199 représentations. Elle est épuisée, elle souffre d'une angine chronique provoquée par la poussière des coulisses et le tabac (elle n'a jamais autant fumé). Une fois de plus, Petter lui a obtenu des conditions de rémunération excellentes (mille dollars par semaine plus 15 % des recettes brutes). Depuis octobre, elle a gagné un total de 129 082 dollars. À une époque où 5 000 dollars constituent un salaire annuel plus que respectable, aux États-Unis, cette somme dépasse ses espérances.

Le dernier jour, entre la matinée et la séance du soir, plusieurs centaines d'admirateurs se rassemblent devant le théâtre. Chaque mercredi et samedi, depuis des mois, l'Alvin Gang (c'est ainsi que les plus fanatiques d'entre eux se sont baptisés) prend la tête d'une multitude de fidèles. Ils veulent l'acclamer et la remercier d'avoir honoré New York de sa présence, ils espèrent un dernier contact avec elle, un autographe, un sourire. Ce soir-là, Ingrid demande à Joe de les faire entrer dans le théâtre. Assise sur la scène, les cheveux défaits, vêtue d'un peignoir bordeaux, elle remercie la foule et répond aux questions. Lorsque enfin elle se lève — elle doit aller prendre une collation dans sa loge avant la dernière séance —, ils la gratifient d'une longue ovation debout.

En fin de soirée, Ingrid donne une petite fête au Hampshire House pour les comédiens et techniciens de la pièce. Elle s'est cotisée avec la Playwrights Company pour accorder une prime de cent dollars à chacun de ses collègues, et offrir à ses deux partenaires masculins (Sam Wanamaker et Romney Brent) des étuis à cigarettes d'argent ciselé. Aucun membre de la troupe ne se souvient d'un spectacle de Broadway qui se soit conclu de manière aussi chaleureuse.

Le lendemain, Ingrid s'envole pour Beverly Hills. Petter lui apprend que les négociations vont bon train pour le projet qui suivra *Jeanne d'Arc*. Et d'autres encore, pour la suite.

Depuis 1944, la compagnie de Selznick possédait les droits d'un roman de Helen Simpson, *Les Amants du Capricorne*. Il y a là un personnage en or pour Ingrid, qui voudrait bien qu'on en fasse un film. Début 1947, Alfred Hitchcock, qui s'est lui aussi libéré de Selznick, lui a racheté les droits (avec ceux d'une pièce inédite adaptée du livre). Il compte en faire la première production de Transatlantic Pictures, la compagnie qu'il vient de créer avec son vieil ami le producteur et nabab des médias anglais, Sidney Bernstein. « J'ai réalisé *Les Amants du Capricorne* pour faire plaisir à mon amie Ingrid Bergman, dira-t-il. J'étais à la recherche d'un sujet qui lui convienne, plutôt qu'à moi[28]. » Même réprimée, attiédie, sa dévotion à l'égard d'Ingrid n'a pas diminué.

Mais le passage du roman au scénario s'avère beaucoup plus long que prévu, au point que Hitchcock tournera d'abord l'adaptation d'une pièce de Patrick Hamilton, *La Corde*. *Les Amants du Capricorne* ne verra le jour qu'en 1948, en Angleterre. Selon les accords passés par Hitchcock avec Bernstein, Transatlantic Films doit faire son premier film en Angleterre puis, pour des raisons fiscales, une fois sur deux aux États-Unis et en Grande-Bretagne.

Petter a veillé autant à ses intérêts qu'à ceux de sa femme. Le 27 mai, ils signent l'accord qu'il a négocié avec Transatlantic : lui *et* Ingrid recevront conjointement 200 000 dollars et 41,66 % des bénéfices du film. En outre, Petter signe un contrat séparé, comme responsable de la publicité et des relations publiques lors de la sortie du film en Scandinavie et dans les autres pays d'Europe. En paiement de ses efforts, il touchera un quart des bénéfices réalisés en Suède — plus bien entendu un budget pour ses déplacements.

Une belle promotion. Mais Petter, bien entendu, n'a pas l'intention d'interrompre sa carrière médicale, ni de se reconvertir dans la publicité. En 1947, pour la première fois depuis son arrivée aux États-Unis, il a des revenus personnels. En plus d'une part dans une clientèle privée, il travaille désormais au service de neurologie de trois hôpitaux, Los Angeles County General Hospital, Cedars of

Lebanon et Harbor General. Mais comme il l'avouera à Pia : « Jusqu'en 1949, la plupart de nos revenus venaient des cachets de ta mère [29]. » Il s'agit en fait de la *totalité* de leurs revenus, à l'exception de petites sommes allouées aux internes (environ soixante-cinq dollars par semaine). La raison de son insistance à signer un contrat d'« agent publicitaire » avec Hitchcock — qui n'a pas le choix, s'il veut avoir Ingrid dans son film — est très simple. Le cinéaste lui paiera ses voyages, l'été suivant, lorsqu'il rendra visite à sa femme sur le tournage en Angleterre, et qu'il en profitera pour aller voir sa famille en Suède. (Il a également promis de visiter plusieurs services de neurologie, en Angleterre et en Scandinavie, durant l'été 1948.)

Le tournage de *Jeanne d'Arc* ne démarre pas avant septembre. Ingrid a du mal à supporter la routine de la vie quotidienne à Benedict Canyon. Sa nervosité leur est bientôt intolérable à tous les deux.

« J'avais une fille adorable et un mari charmant. Petter et moi n'étions plus amoureux l'un de l'autre. Mais c'est le cas dans beaucoup de couples mariés, et ils tiennent le coup. J'avais une belle maison, une piscine. Je me souviens qu'un jour, j'étais assise au bord de la piscine, et j'ai soudain éclaté en sanglots. Pourquoi donc étais-je si malheureuse ? J'avais le succès, la sécurité... Mais ce n'était pas suffisant. J'explosais de l'intérieur [30]. »

Les raisons de son malaise s'éclairent peu à peu. « Je m'ennuyais. J'avais l'impression d'être à la fin de ma croissance. Je cherchais quelque chose, sans savoir quoi [31]. » Durant ses voyages en Alaska et en Europe, et après son succès à New York, Ingrid a compris qu'elle n'était pas « aussi vulnérable que chez [elle] — qu'[elle] pouvait s'exprimer librement et que les gens [l']écoutaient ». Elle a envie de voyager dans le monde entier, elle veut travailler dans différents pays et élargir ses talents. Très bien, lui dit Petter. Est-ce qu'un mari a déjà accordé autant de liberté à sa femme ? C'est exact, elle l'admet volontiers, mais la liberté signifiait être loin de chez soi. Dans l'immédiat, elle n'a rien d'autre à faire que d'attendre le tournage de *Jeanne d'Arc*.

Il commence finalement le 16 septembre, dans les vieux studios Hal Roach, à Culver City, à deux pas de chez Selznick. Conçu à l'origine comme un testament spirituel, *Jeanne d'Arc* est devenu un film à grand spectacle, une production très lourde. Son budget dépasse d'un million de dollars celui d'*Autant en emporte le vent*.

Il a fallu d'abord se débarrasser du dispositif de mise en scène théâtrale qui soutenait l'idéologie de la pièce. Cela fait, il ne resta que la simple approche historique. Le script de Maxwell Anderson, achevé par Andrew Solt, est devenu une sorte de western médiéval avec la Pucelle d'Orléans en Calamity Jane catholique, combattant les Anglais en guise d'Indiens. La production a démesurément gonflé : on a du mal à y retrouver l'adaptation d'une pièce austère d'Anderson. Ingrid, affublée d'un maquillage trop sombre supposé atténuer sa douceur scandinave, a plutôt l'air de la Maria de *Pour qui sonne le glas*, transplantée là par erreur. On a disposé dans le décor 71 canons, 500 arbalètes, 110 chevaux et 150 armures. Mais fi de la vraisemblance historique : Ingrid découvre les rushes avec une inquiétude croissante. « Elles sont magnifiques, dit-elle en visionnant les dernières scènes. Mais tout le reste doit être refait [32]. » Sauf que personne n'a envie d'avancer encore 4 600 000 dollars.

Inutile d'attendre la fin du tournage pour savoir que tout le monde est dans le pétrin. Les patrons de la RKO — qui doit, par contrat, distribuer le film — ont le droit de faire des « suggestions ». Ils ne s'en privent pas, ajoutant leurs conseils à ceux des multiples collaborateurs qui l'ont fait avant eux. N'importe quel observateur un peu critique peut constater que *Jeanne d'Arc* est devenu un pensum extrêmement coûteux.

Ingrid, elle, est aussi brillante que d'habitude. « Elle est increvable, dit Fleming, résumant le sentiment de ses trois opérateurs. On n'avait jamais vu un tel personnage devant une caméra. On peut la photographier sous n'importe quel angle, dans n'importe quelle position. Cela ne fait aucune différence... Il est inutile d'essayer de la protéger [contre une photo peu flatteuse]. Vous pouvez vous occuper des autres acteurs. Ingrid est comme une statue de Notre Dame. On ne peut plus la quitter les yeux [33] ! »

C'est le cas des spectateurs qui affluent en masse pour voir Ingrid Bergman en Jeanne d'Arc. Ils en ont pour leur argent. Il aurait été facile de faire comme tant d'actrices, qui traduisent la foi d'un personnage par de vagues regards dévots. Au lieu de quoi, Ingrid lui confère une sorte de translucidité — la lumière semble la traverser plutôt qu'elle l'éclaire — en dotant la Pucelle d'une bonté extraordinaire. Elle n'en fait pas une sainte de plâtre, mais une femme très évidemment humaine, désorientée, qui sait que les voies du Seigneur sont parfois bien impénétrables. Il est peu probable qu'un seul des spectateurs oublie jamais la scène finale du bûcher.

Ingrid s'inquiète des différents aspects de la production. Combiné avec le malaise qui règne dans son foyer, cela la pousse à rester au studio de plus en plus tard, après les heures normales de tournage. « Je dois toucher à tout, dit-elle. Je ne peux pas faire autrement [34]. » Selon Laurence Stallings (coscénariste de *What Price Glory ?* avec Maxwell Anderson, il a écrit les scènes de bataille de *Jeanne d'Arc*), « elle abordait son travail avec la plus profonde humilité, le plus grand désir de faire ce qu'il fallait [35] ». À la fin de la journée, elle reste pour discuter de l'avancement du travail, après avoir rempli son verre de bourbon, sans oublier celui de Fleming et de ses collègues.

Pour faire de cette bataille et de ce procès une irrésistible tragédie, tout le monde travaille bien au-delà des heures normales. Le 31 octobre, par exemple, Ingrid et Fleming se séparent à près de neuf heures du soir. Mais elle ne rentre pas chez elle. Elle se rend au département maquillage, se façonne un visage d'un vert maladif parsemé de verrues, puis enfile une perruque noire à faire peur et un costume ajusté à la hâte. Une demi-heure plus tard, la « Sorcière » fait irruption chez Fleming, à Beverly Hills. Elle tourne autour de lui sur son balai et disparaît avec un gloussement inquiétant — non sans avoir lâché des sacs de friandises sur les genoux des filles de Victor, complètement ahuries. Le lendemain, Fleming lui fait parvenir un message. Dans n'importe quel costume, lui dit-il, elle sera toujours son Ange.

Mais les soirées se déroulent généralement dans l'intimité. Un soir — une fois de trop — elle prévient Petter qu'elle doit passer la nuit chez Ruth Roberts pour répéter son texte du lendemain. « Ruth a été très surprise de me voir arriver à son appartement, racontera Petter. Tout d'abord, elle a prétendu qu'Ingrid s'était enfermée dans une pièce pour travailler. J'ai fouillé l'appartement [36]. » Mais Ingrid n'est pas là, et Ruth doit finir par avouer qu'elle est sortie passer la nuit avec un ami. « Quelques jours plus tard, continue Petter, la femme de Fleming est venue me voir. Vous devez m'aider ! s'est-elle écriée. Il faut absolument que mon mari en finisse avec cette liaison [37] ! »

« Je n'ai jamais été parfait, et notre mariage était rien moins qu'idyllique, admet Lindstrom. Une de mes erreurs a été de ne pas lancer la procédure de divorce, comme je le lui avais proposé en 1947 [après avoir rencontré la femme de Fleming]. Elle m'a imploré, en me promettant qu'elle allait changer [38]... » C'est alors qu'Ingrid suggère qu'ils pourraient avoir un autre enfant, l'été suivant, après le tournage du nouveau film avec Hitchcock. Petter donne son accord — peut-être à la surprise d'Ingrid. « Nous avons décidé d'agrandir la maison dans la perspective d'un élargissement de la famille, dira-t-elle. Je voulais un autre enfant, car j'avais le sentiment que ma vie serait plus pleine, mieux réalisée. Je me disais que c'était là, peut-être, que résidait le remède à mon agitation [39]. » « Mais à chaque fois qu'un ouvrier donnait un coup de marteau sur le toit, c'était comme s'il m'enfonçait un clou dans la tête [40]. » Pia, entre-temps, espère toujours passer plus de temps avec sa mère. À cet égard, on peut penser que l'idée d'Ingrid d'avoir un second enfant est peut-être sa fantaisie la plus grotesque.

Petter pourrait facilement attaquer Ingrid pour obtenir le divorce — l'adultère étant notoire, désormais. Pourquoi ne le fait-il pas ? Pourquoi reste-t-il un mari si complaisant ? Il fournit lui-même la réponse. « Je vivais avec elle à cause de ses revenus [41]. »

Chapitre douze
1948

Cette affaire devra être éclaircie de l'intérieur.

Agatha Christie, *la Mystérieuse Affaire de Styles*

Peu après le jour de l'an, Alfred et Alma Hitchcock invitent les Lindstrom à une réception dans leur maison de Bel-Air, cette enclave tranquille et bien protégée entre Beverly Hills et le quartier de Brentwood à Los Angeles. Hitchcock, qui connaît les infortunes personnelles d'Ingrid et sa déception à propos de *Jeanne d'Arc*, lui témoigne sa sympathie, car il a lui-même bien des problèmes. Il a commencé le tournage de *La Corde*, dont la mise en scène est fondée sur un défi technique inédit. Le film se composera exclusivement de plans-séquences de dix minutes, tournés en temps réel, sans aucune interruption ni effet de montage. Cette technique pose des difficultés inouïes et pousse littéralement les acteurs et techniciens à la révolte. (James Stewart, par exemple, rompant avec sa placidité habituelle, se plaint qu'on fasse répéter la caméra, et pas les acteurs.) Hitchcock et Ingrid ne sont pas très heureux, ce soir-là. Mais les efforts de Hitch pour donner le change n'en sont que plus touchants. Plus que jamais amoureux d'Ingrid, il met toute son énergie dans des plans pour leur voyage en Angleterre, où ils tourneront *Les Amants du Capricorne* l'été suivant.

En ce mois de janvier 1948, à en croire ses proches, Hitchcock est exagérément taciturne, et ses sentiments les plus profonds, comme d'habitude, trouvent leur expression dans son œuvre. « Ah, oui, Ingrid Bergman ! dit un personnage de *La Corde* dans une scène qu'il tournera la semaine suivante. Le genre "vierge"... Je crois qu'elle est simplement délicieuse ! »

Quelques jours plus tard, Hitchcock l'invite à déjeuner. Il lui fait part des grandes lignes des *Amants du Capricorne*, et lui donne un exemplaire du roman et du premier traitement du scénario par Hume Cronyn. Tandis qu'elle feuillette les deux textes, il la prévient qu'il y a des différences importantes entre la version littéraire et ses propositions pour le film.

L'action se déroule en Australie en 1831. Charles Adare (Michael Wilding), le cousin du gouverneur, arrive d'Angleterre. Il fait la connaissance de Sam Flusky, un ancien forçat (Joseph Cotten). Ce dernier, condamné à l'exil pour meurtre — à l'époque, l'Australie est une colonie pénitentiaire de l'Empire britannique — est marié à la riche Lady Henrietta Considine (Ingrid Bergman) qui a sombré dans l'alcoolisme, pour des raisons peu claires. Adare s'intéresse à l'étrange famille Flusky, placée sous l'autorité d'une gouvernante jalouse et négligée, Millie (Margaret Leighton), elle-même amoureuse du maître de maison.

Pour compliquer encore la situation, Adare essaie de guérir Henrietta, et tombe amoureux d'elle. Flusky, dont la jalousie est exacerbée par la conduite « à la Iago » de Millie, le blesse d'un coup de pistolet. Le sentiment de culpabilité névrotique d'Henrietta atteint un point de rupture. Elle avoue à Adare que c'est elle (et non son mari) qui est responsable de la mort de son frère, crime dont Sam a assumé la responsabilité et qui lui a valu sept ans de bagne. Adare décide de renoncer à conquérir son amour, et de la laisser à l'affection de Sam (dont le dévouement pour sa femme est payé de retour). Juste avant qu'Adare ne s'en aille, on découvre que Millie a commencé à empoisonner lentement Henrietta. Après avoir démasqué la gouvernante, il peut quitter les Flusky, qui vont peut-être connaître enfin le bonheur.

Dès qu'Hitchcock commence à lui exposer ses idées, Ingrid est surprise par les similitudes évidentes entre *Les Amants du Capricorne* et les deux premiers films qu'elle a tournés avec lui. De *La Maison du docteur Edwardes*, on retrouve le motif du secret et du transfert de culpabilité venue de l'enfance, qui crée chez l'adulte une névrose paralysante. Aux *Enchaînés*, on a emprunté le personnage de la femme alcoolique et l'empoisonnement. Les trois récits contiennent une histoire d'amour très forte, un sentiment déterminant de remords, et un désir violent de faire acte de contrition avant que ne s'abatte un châtiment terrible. Henrietta Flusky est un peu mélodramatique, mais son personnage est auréolé d'un certain mystère. Il exprime une variété d'émotions qui offrent à Ingrid plusieurs scènes très fortes, et l'occasion d'interpréter une femme qui se trouve aux antipodes de Jeanne d'Arc.

En mars, à des fins publicitaires, elle doit aller en France pour faire des séances de photographie à Reims, à Rouen et dans divers décors de la vie de Jeanne. Elle emporte le scénario des *Amants du Capricorne* pour le lire durant le voyage. À son retour à Beverly Hills, elle reçoit un cadeau d'un de ses hôtes français, un prêtre érudit qui lui a servi de guide et d'intermédiaire vis-à-vis de la presse. Il s'agit d'une statuette de bois, très ancienne, de la Vierge. Mais le colis a été endommagé durant le voyage. Une note des services de la douane donne le détail : « Vierge arrivée à Hollywood — légèrement abîmée — perdu la tête. » Remarque amusée d'Ingrid : « Eh bien, c'est l'effet que vous fait Hollywood [1] ! »

Entre la France et la Californie, elle fait deux étapes. Fin mars, elle s'arrête à New York. Elle voit quelques pièces de théâtre et rend visite à Irene Selznick, qui triomphe alors comme productrice d'*Un tramway nommé Désir* de Tennessee Williams. Un soir, Ingrid aperçoit un nom familier sur la marquise d'une salle de cinéma : *Paisa*, le nouveau film de Roberto Rossellini, est sorti aux États-Unis. Le lendemain après-midi, elle assiste à une projection. Il y a une demi-douzaine de spectateurs dans la salle. À la fin de la séance, elle est stupéfaite de l'indifférence du public.

Une fois de plus, elle est impressionnée par la force du réalisme de Rossellini. *Paisa* a été tourné en 1946, juste après *Rome, ville ouverte*. Il se compose de six épisodes sur l'héroïsme et la dignité du peuple italien, pendant et après la guerre. Chaque segment privilégie la beauté intérieure du personnage sur son apparence, son idéalisme sur son égoïsme. Aux yeux d'Ingrid (qui a connu les rigueurs de la production à la suédoise puis, à Hollywood, le respect attentif du moindre détail visuel), le réalisme et la simplicité des récits de Rossellini constituent à la fois un reproche et une incitation à changer.

Deux ans plus tôt, dans *Rome, ville ouverte*, elle a été émue aux larmes par la scène où Anna Magnani persuade son amant de garder sa foi en ses idéaux, en croyant à son amour pour lui. Elle a décrit à ses proches, dans le moindre détail, cette autre scène où Magnani se fait tuer parce qu'elle court derrière le camion de police qui emmène son amant. C'est exactement l'opposé, disait-elle, du finale aseptisé de *Pour qui sonne le glas*. De la même façon, le courage du chef de la Résistance et du prêtre de *Rome, ville ouverte*, qui affrontent la torture et la mort plutôt que de mettre en danger la vie de leurs camarades, contredisent la fin sentimentale opposant Ingrid à Bing Crosby dans *Les Cloches de Sainte-Marie*. Elle n'a rien contre Leo McCarey : son histoire est fidèle à sa forme. Mais Rossellini lui a montré des gens de tous les jours, affrontant des dilemmes qui ne peuvent pas être résolus par un clin d'œil ou un cliché.

En voyant *Paisa*, Ingrid est plus que jamais convaincue que Rossellini, qui a toujours soumis son récit au choix des comédiens et ne s'est jamais abaissé à la fascination du glamour, est la clé qui pourrait l'aider à se libérer de ses frustrations. Elle a travaillé avec succès dans trois pays — pourquoi pas un quatrième ? Elle a appris l'allemand et l'anglais — pourquoi pas l'italien ? Ce jour-là, à New York, Ingrid ne tient pas compte du rythme languissant du film et de l'interprétation bien peu expressive (il s'agit la plupart du temps d'hommes et de femmes que le cinéaste a recrutés dans les rues de Rome). Mais elle voit immédiatement où veut en venir Rossellini. Montrer la supériorité de l'honneur sur l'intérêt personnel. Le personnage de Carmela, la paysanne dont le martyre restera ignoré, ou celui de Harriet, l'infirmière héroïque, émeuvent profondément cette comédienne dévouée à Jeanne d'Arc. Pour la première fois, elle voit ce qu'un maître peut accomplir lorsqu'il n'est pas lié aux contraintes de l'industrie du loisir hollywoodienne.

Indiscutablement, *Rome, ville ouverte* est bien meilleur que *Paisa*. Mais ce dernier film (auquel a collaboré Fellini, de nouveau) possède des moments de grandeur qui puisent leur force dans l'intimité de l'image et de l'émotion, et dans les portraits complexes, ambigus mais toujours honnêtes de ses personnages. Ainsi de Francesca, la jeune fille que les dures nécessités de la vie ont menée à la prostitution. Elle retrouve par hasard celui qui l'a aimée, mais il ne la reconnaît pas et s'en va sans savoir qui elle est. Cette histoire d'innocence perdue que l'on aspire à retrouver touche Ingrid — à qui son mariage et ses liaisons n'ont jamais apporté un véritable sentiment de sécurité — au profond d'elle-même. Seul son travail le lui a apporté. Mais le destin imminent de son film sur Jeanne d'Arc suggère que même sa carrière a pris une mauvaise direction.

Ce soir-là, elle s'en ouvre à Irene Selznick. Son salut, lui dit-elle, réside dans un tournant radical de sa carrière. Elle a toujours misé sur l'intuition, comme les acteurs non professionnels de Rossellini. Sur scène et devant les caméras, elle a toujours cherché à paraître naturelle. Est-ce qu'elle ne conviendrait pas parfaitement pour un film de Rossellini ? En outre, sa notoriété internationale ne pourrait-elle pas aider le cinéaste italien à élargir son audience ?

Ingrid ignore sans doute un aspect essentiel de la méthode de Rossellini, que le cinéaste résume mieux que personne : « Pour choisir les acteurs de *Paisa*, je commençais par m'installer avec mon opérateur au milieu du quartier où s'était déroulé l'épisode que je voulais raconter. Les badauds, les passants se rassemblaient autour de nous, et je choisissais mes acteurs parmi la foule. Nous nous adaptions aux circonstances et aux comédiens que nous avions choisis. » Puis vient le plus important : « Les dialogues, les intonations, étaient déterminés par nos acteurs non professionnels. Je ne finissais jamais un scénario avant d'être sur les lieux. » La vérité, c'est que l'histoire et le script restent inachevés jusqu'après le tournage. Rossellini se base sur une sorte d'inspiration capricieuse qui opère au doublage et au montage. Son scénariste, Fellini, fait de même. Mais on remarquera qu'il mettra en œuvre, dans ses propres réalisations, un talent plus aigu, plus précis que Rossellini. Il montrera un plus grand respect pour la narration, et montrera que la vérité psychologique et spirituelle exige souvent des envols d'imagination visuelle capables de transcender le simple réalisme.

Grâce à Irene Selznick, Ingrid va découvrir une énorme contradiction chez Roberto Rossellini. Bien qu'il veuille se passer presque totalement des comédiens, il admet de plus en plus qu'il a besoin d'eux. En fait, il est en pleines négociations avec David Selznick. Il a aussi écrit à Jennifer Jones, qui s'apprête à devenir la seconde Mme Selznick, et qui est aussi « sa » vedette sous contrat : « Félicitations pour votre merveilleuse performance dans *Duel au soleil*. En espérant travailler avec vous dès que possible. » Rossellini n'a pas vu ce film de King Vidor, et comme il ne s'est jamais intéressé aux actrices hollywoodiennes, il ne connaît Jennifer Jones ni d'Ève ni d'Adam. Mais il a d'excellents conseillers — comme son avocat, un homme cultivé nommé Ercole Graziadei [2], et un agent au nom tout aussi pittoresque : Arabella Le Maitre. Mais si leurs patronymes évoquent des personnages de l'opéra du XIXᵉ siècle, leurs intérêts sont beaucoup plus modernes.

Rossellini et Selznick ont d'abord discuté d'une éventuelle version néoréaliste de *Jeanne d'Arc*, avec Jennifer Jones dans le rôle-titre. (Son interprétation de sainte Bernadette lui a valu un Oscar.) La réalisation du film d'Ingrid les a contraints à y renoncer. Mais les deux hommes ont laissé la porte ouverte à d'autres projets. Avant la fin du dîner, Ingrid déclare à son amie que sa décision est prise : elle écrira une lettre toute simple à Rossellini dès qu'elle aura trouvé son adresse.

Irene se la procure, et la lui envoie quelques jours plus tard. Ingrid se trouve à Washington. Le 5 avril, en effet, le président Truman doit lui remettre le prix du Women's National Press Club pour sa remarquable carrière sur les planches. Après quelques mots de remerciements, Ingrid fait remarquer, non sans courage — elle est très clairement sous l'influence de Rossellini —, que la production de bons films, aux États-Unis, est entravée par la censure (tous ses films depuis *Intermezzo* se sont trouvés dans le collimateur du Code Hays), par les pressions de l'État (les sbires de J. Edgar Hoover sont tombés sur Hitchcock à bras raccourcis pour *Les Enchaînés*, parce qu'on y fabrique une bombe, et à cause de la choquante amoralité des agents secrets américains), et par la demande de distractions superficielles dans l'Amérique de l'après-guerre. Ce n'est pas un climat favorable à un travail sérieux, conclut-elle. Elle suscite quelques applaudissements polis.

Au mois d'avril, *Arc de Triomphe* sort enfin. Dans une critique qui reflète le ton général, on peut lire ceci : « Mlle Bergman et M. Boyer sont très bien. Mais ils ne sont que les acteurs d'un film dispendieux, interminable et surtout ennuyeux [3]. » L'échec critique et financier du film finit de convaincre Ingrid que son avenir n'est plus là. Elle fait lire à Petter la lettre qu'elle veut expédier à Rossellini :

« Cher Monsieur,

« J'ai vu vos films *Rome, ville ouverte* et *Paisa*, et je les ai beaucoup aimés. Si vous avez besoin d'une actrice suédoise qui parle très bien l'anglais, qui n'a pas oublié son allemand, qui n'est pas très compréhensible en français, et qui, en italien, ne sait dire que « Ti amo », je suis prête à venir faire un film avec vous.

« Ingrid Bergman[4]. »

Petter est satisfait. Peut-être pourraient-ils convaincre Rossellini de venir en Amérique. Peut-être pourraient-ils être les premiers à l'introduire à Hollywood. Petter pourrait sûrement élaborer un accord — peut-être même avec David Selznick — pour un film Rossellini-Bergman. Il presse sa femme de poster sa lettre dès que possible. Dont acte, le 30 avril. C'est ainsi que Petter Lindstrom est en partie à l'origine d'une situation qui va provoquer un scandale international et réduire en cendres son propre mariage.

Rossellini reçoit la lettre fatidique le 8 mai — le jour de son quarante-deuxième anniversaire. Frappé par cette coïncidence qui ne peut que lui porter chance, il répond par télégramme. L'idée de travailler avec Ingrid, dont il ne connaît que très vaguement la carrière, ne lui est jamais venue. Mais il suit les conseils de ses collaborateurs, qui le persuadent que la meilleure façon d'obtenir un soutien financier américain est d'engager une vedette hollywoodienne.

« Chère Mme Bergman,

« C'est avec une grande émotion que j'ai reçu votre lettre, dont le hasard a voulu qu'elle arrive le jour de mon anniversaire, et qui constitue mon plus beau cadeau. Croyez-moi, je rêvais de tourner un film avec vous, et je vais dès maintenant faire tout ce qui m'est possible. Je vous écrirai une lettre pour vous soumettre mes idées. Avec mon admiration, recevez, je vous prie, l'expression de ma gratitude et de mes meilleurs sentiments.

« Roberto Rossellini[5]. »

Par un renversement de situation ironique, Rossellini va tout de suite essayer d'utiliser le prestige d'Ingrid pour conclure un accord avec Selznick. Ce dernier aurait aimé signer un nouveau contrat avec elle, mais il n'est pas convaincu par les idées assez vagues que les représentants de Rossellini font circuler à Hollywood. Cinq jours après avoir reçu la lettre d'Ingrid, le cinéaste rencontre Jenia Reissar à Milan. Comme il ne connaît pas l'anglais et qu'elle ignore l'italien, ils parlent français.

« Rossellini dit qu'il est très impatient d'avoir Bergman, écrira

Jenia à son patron. Et que cela se ferait bien entendu dans le cadre d'un accord avec [Selznick]. Je l'ai prévenu que nous avions eu des problèmes avec elle, et qu'elle pourrait refuser de travailler pour nous.

Voici ce qu'il m'a dit : il va lui annoncer qu'il veut faire un film avec elle, qu'il a un sujet pour elle, et des associés avec lesquels il peut travailler en Italie. Sans mentionner Selznick ! Elle n'a pas besoin de savoir de qui il s'agit. Si elle n'aime pas le scénario, ou si elle est trop gourmande... eh bien, l'affaire sera réglée ! Il m'a demandé quel genre de salaire elle reçoit d'habitude. Je lui ai répondu que je l'ignore, mais qu'elle est très chère.

D'après lui, elle devra comprendre qu'il est incapable de la payer au tarif hollywoodien, et que si elle demande trop d'argent, il n'y aura pas de film[6]. »

Rossellini espère qu'une de ces trois hypothèses sera la bonne :

(a) Selznick finance le projet dans sa totalité ;

(b) Selznick se contente d'assurer la distribution du film aux États-Unis, et Rossellini devra trouver en Europe l'argent pour le faire ;

(c) Selznick lui prête certains de ses comédiens sous contrat. En tout cas, il n'a aucune intention de sortir beaucoup d'argent pour de simples acteurs.

« Je signerai tout ce que vous voulez », dit-il à Jenia Reissar. Comme tout le monde le saura bientôt, une telle promesse ne lui coûte rien : il a l'habitude de ne point respecter ses engagements. « C'est un homme instable et irresponsable, écrit Jenia à Selznick[7]. » Quant à son « rêve » de faire un film avec Ingrid, il n'y a pensé qu'en rédigeant son télégramme.

Depuis le début, Rossellini est simplement à la recherche d'un financement américain pour un film. Sans savoir lequel, ni avec quels acteurs. Mais il considère que tout est bon pour parvenir à ses fins. Il serait ravi que le premier film soit un « véhicule » pour la protégée de Selznick, Jennifer Jones. Rossellini n'a posé qu'une condition. Sa maîtresse, Anna Magnani, doit apparaître dans le film qui résultera de leurs négociations. Elle m'a fait une furieuse scène de jalousie, dit-il, à l'idée que je puisse discuter avec Selznick en son absence. « Mais il prétend que cette femme est folle, rapporte Jenia Reissar, qu'elle n'a connu le succès que très tard dans sa vie [elle a quarante ans !] et qu'elle ne comprend rien aux affaires. » La lettre d'admiratrice d'Ingrid Bergman est une carte maîtresse à laquelle il ne s'attendait pas.

Le 15 mai, Ingrid reçoit une longue lettre de Rossellini. Il lui soumet, de nouveau avec l'aide d'un traducteur, les grandes lignes de son idée de film. Persuadé qu'un scénario lui laisserait trop peu de liberté, il n'en utilise pas. Pour Ingrid, cela devrait être un premier signal d'alarme. Mais elle poursuit sa lecture, fascinée.

Un peu plus tôt, dans la région de Rome, Rossellini a visité un camp de réfugiés d'Europe centrale et de l'Est. Il est parvenu à parler à une femme venue de Lettonie, seule, découragée. C'est cette rencontre qui lui a donné son idée de film.

Il veut simplement raconter l'histoire d'une femme dont le personnage s'inspire de cette réfugiée. Désespérée, Karin Bjorsen épouse un pêcheur de l'archipel des Éoliennes. Elle le suit à Stromboli, une île dominée par un volcan en activité. Sur ce rocher stérile de feu, de cendre et de terre desséchée, cette femme venue d'ailleurs est plus solitaire que jamais. Mais Karin espère avoir enfin trouvé son sauveur en l'étranger qui l'a prise pour femme. Elle décide de rester. Ils découvrent peu à peu qu'ils n'ont rien de commun. « L'homme qui est à ses côtés et l'aime avec fureur est comme un animal, continue Rossellini. Même le dieu que les gens adorent lui paraît différent du sien. Entre les innombrables saints qu'ils vénèrent et l'austère dieu luthérien qu'elle priait, enfant, (...) il n'y a pas de comparaison possible [8]. »

Karin est bientôt enceinte. Elle tente de se révolter contre sa vie aride et solitaire, mais il n'y a pas d'échappatoire. Alors qu'elle escalade péniblement le volcan — avec l'intention de se jeter dans le cratère bouillonnant —, elle s'écroule en invoquant le nom de Dieu. C'est ce qui la sauvera. Le miracle qu'elle appelait de ses vœux a lieu, dans la liberté soudaine qui s'empare de son âme. Elle s'abandonne enfin à sa nouvelle existence, au moment où elle-même s'apprête à donner la vie. Elle redescend au village et accepte de continuer à vivre dans ce qui sera désormais sa *terre de Dieu* [9].

« Je sens qu'avec vous à côté de moi, conclut Rossellini, je serai capable de donner vie à une créature humaine qui, à la suite d'amères et pénibles expériences, finit par trouver la paix et par se libérer de tout égoïsme. (...) Vous serait-il possible de venir en Europe ? Puis-je vous inviter en Italie, où nous pourrions discuter de tout cela à loisir ? (...) Veuillez croire à mon enthousiasme. » La lettre est signée « Votre Roberto Rossellini [10] ». Ce qu'il est, en quelque sorte, dès ce jour-là.

Dans le combat que mène Karin, Ingrid Bergman reconnaît un peu de sa propre histoire. Sa réponse ne se fait pas attendre : elle ira à Londres l'été suivant. Son mari et elle pourraient facilement rencontrer Rossellini. Pourraient-ils se voir à mi-chemin, à Paris, fin août ? Rossellini n'y voit aucun inconvénient. Durant l'été, il doit achever un film sur la côte, près d'Amalfi, et il pourrait la rejoindre sans perdre de temps, dans une de ses voitures de sport. C'est avec cette image éminemment romantique à l'esprit qu'Ingrid arrive à Londres, le 21 juin, pour commencer le tournage des *Amants du Capricorne*.

À cause des grèves sauvages qui se multiplient depuis la fin de la guerre, mais aussi des problèmes de scénario et des exigences d'Hitchcock vis-à-vis de ses techniciens, le tournage ne démarrera qu'un mois plus tard. L'oisiveté laisse des traces. « Je vais avoir des ennuis, écrit Ingrid à Ruth Roberts. Je fume tout le temps. Je bois plus que jamais. J'ai pris au moins cinq kilos [11]. » Elle perdra sans mal les kilos superflus, car elle a pris l'habitude d'observer un régime très strict avant chaque tournage. En outre, elle doit porter dans ce film-ci des costumes « d'époque » avantageux, capables de camoufler les traces de ses excès.

Mais depuis 1946, le tabac et l'alcool constituent un problème sérieux : ces mauvaises habitudes contribueront à la rendre très malade. Il est étonnant que sa diction n'en soit pas affectée. Ingrid ne développera jamais ce symptôme classique, la « voix de whisky », qui trahit si souvent le fumeur et buveur invétéré. Elle doit peut-être à son extraordinaire robustesse de pouvoir consommer de l'alcool à hautes doses sans perdre d'énergie. De même qu'elle ne manquera jamais le travail à cause d'une gueule de bois.

Ingrid n'a jamais été alcoolique. Elle ne boit jamais par besoin ou par force, jamais avant la fin de sa journée de travail. Les effets de la boisson n'ont jamais compromis son travail de comédienne. Mais il est certain qu'elle apprécie le rituel des cocktails de l'après-midi, et elle montre une capacité d'absorption qui n'a d'égale que son amour de la vie. On doit aussi rappeler que l'importance des dégâts occasionnés par le tabac et l'abus d'alcool ne sera vraiment connue (des chercheurs et, par conséquent, du public) que plusieurs dizaines d'années plus tard. En 1949, aux États-Unis comme presque partout ailleurs, ce ne sont que des produits de luxe que consomment la plupart des jeunes gens. Des signes extérieurs d'appartenance à un monde bien élevé.

Après les essayages de costumes et les tests de maquillage, Ingrid est libre de faire du lèche-vitrines, d'aller au théâtre, de dîner avec ses producteurs (Hitchcock et Bernstein) et leurs femmes, et de mieux faire la connaissance de sa nouvelle amie, l'actrice anglaise Ann Todd. Cette dernière a travaillé elle aussi pour Hitchcock et Selznick — l'année précédente, à Hollywood, elle a joué dans *Le Procès Paradine*. À l'époque, Ann est l'épouse du réalisateur David Lean. Les deux femmes font de fréquentes excursions dans le grand Londres — elles se promènent dans les parcs, visitent les musées, vont à Kew Gardens et à l'Observatoire de Greenwich.

Quelques années plus tôt, le producteur et metteur en scène Gabriel Pascal, à qui George Bernard Shaw a déjà confié l'adaptation cinématographique de *Pygmalion* et de *Major Barbara*, a approché Ingrid pour lui proposer le premier rôle d'un film inspiré de *Candida*, de Shaw. Leurs plannings n'ont pas pu s'accorder, et le projet a été abandonné. Mais le dramaturge, qui a lu dans la presse quotidienne les échos des expéditions d'Ingrid Bergman dans les boutiques et de ses déplacements mondains, a émis le désir de faire sa connaissance. C'est ainsi que par un torride après-midi de juillet, Pascal accompagne Ingrid à la maison de campagne de Shaw, à Ayot St. Lawrence.

À quatre-vingt-treize ans, l'écrivain est plus vif, plus querelleur et plus sensible que jamais à la beauté féminine. Cet homme impressionnant, avec sa crinière blanche et sa longue barbe, vient accueillir Ingrid à la grille. Sur-le-champ, il lui demande pourquoi elle n'a pas joué sa pièce, *Sainte Jeanne*, à New York.

« Parce que je ne l'aimais pas, dit-elle en souriant [12].

— Que voulez-vous dire ? Mais c'est un chef-d'œuvre !

— Oui, mais votre Jeanne n'est pas la vraie », poursuit Ingrid tandis qu'ils se dirigent vers la maison.

Puis elle entreprend de lui faire un exposé sur le sujet. Vous savez, lui dit-elle sans la moindre arrogance, il se fait que j'en connais beaucoup plus que vous sur le sujet.

Shaw est désarmé par sa franchise, et il apprécie son refus de se laisser impressionner.

« Personne n'a jamais osé me dire qu'il n'aimait pas mon travail ! Quelle autre de mes pièces avez-vous jouée ?

— Mais, monsieur Shaw... Je n'en ai joué aucune. »

La gouvernante leur sert le thé. Shaw lâche un soupir et observe Ingrid d'un air sombre. « Eh bien, ma chère petite, je peux vous dire que vous n'avez même pas débuté. » Il faudra attendre de nombreuses années, bien après la mort de Shaw survenue en 1950, pour voir Ingrid « débuter » enfin.

Le 19 juillet, après de nombreux retards, le tournage des *Amants du Capricorne* démarre enfin. Jusqu'au dernier moment, la question des accents a provoqué beaucoup de discussions. Est-ce que tout le monde est capable d'imiter l'intonation des personnages, pour la plupart des émigrés d'origine irlandaise ? Comment changer les inflexions heurtées d'Ingrid, le débit traînant de Virginien de Joseph Cotten, les intonations anglaises trop convenables de Michael Wilding ? Comment pourraient-ils tous « sonner » irlandais ?

Le premier jour, on tourne l'entrée en scène d'Ingrid (qui a lieu, en réalité, vingt-cinq minutes après le début du film). Elle est brillante, parfaite. La scène dure quatre minutes. Lady Henrietta, pâle et neurasthénique, pieds nus, pénètre d'une démarche incertaine dans la salle à manger et salue les invités de son mari — cheveux ébouriffés, habits en désordre, regard brumeux sous l'effet de l'alcool. Dans son échange avec Wilding — elle évoque leur rencontre en Irlande, jadis, lorsqu'ils étaient enfants —, Ingrid parvient à restituer un accent irlandais tout à fait acceptable, audible mais légèrement indistinct. Sa voix suggère l'effort de cette femme pour dissimuler l'effet de la boisson. Lorsque Hitchcock crie : « Coupez ! », de vifs applaudissements retentissent sur le plateau.

Mais à part cela, on n'entendra pas beaucoup l'accent irlandais. Cotten est incapable de s'affranchir de son ton de monsieur du Sud, et la répétitrice d'Ingrid tombe malade. Il en résulte que, durant la plus grande partie du film, chaque membre de ce *casting* international s'exprime fièrement selon son origine. À la sortie du film, personne ne s'en formalisera. On déplorera des problèmes autrement plus graves.

Au soir de cette première journée de tournage, Ingrid écrit à Petter. Elle le presse d'amener Pia en Angleterre par bateau. La fillette doit avoir le temps d'apprécier le voyage et de se rendre compte à quel point l'Amérique et l'Europe sont éloignées l'une de l'autre. Elle veut que Pia voie disparaître la statue de la Liberté, et qu'elle voie émerger de la brume les falaises blanches de Douvres. La traversée permettrait aussi à Petter de se détendre un peu. Elle le prie d'apporter du savon en paillettes, des bas de Nylon, des mouchoirs en papier... et de la viande en conserve, car il est presque impossible d'en trouver. Depuis la fin de la guerre, la Grande-Bretagne manque en effet cruellement de certains produits de première nécessité — même pour les vedettes de cinéma.

Le travail en Technicolor, dans les studios d'Elstree, près de Londres, est une réussite. En revanche, Hitchcock a dû renoncer presque totalement aux plans-séquences de dix minutes qui l'obsèdent depuis un an, même s'il tourne encore des plans très complexes de six, huit, voire neuf minutes. Cette technique n'est pas sans provoquer quelques tiraillements entre Ingrid et lui.

« Il adorait tous ces trucs de caméra, raconte-t-elle. Mais ces plans ultra-longs, ces mouvements d'appareil étaient exténuants pour tout le monde. Nous répétions des journées entières, puis on pouvait enfin passer au maquillage et faire un essai d'une prise d'une bobine. Les six premières minutes étaient parfaites, par exemple, et puis quelque chose clochait. Il fallait refaire toute la bobine. Hitch y tenait absolument.

« Les accessoiristes devaient déplacer tous les meubles au fur et à mesure des déplacements de la caméra d'avant en arrière, ou de tel côté à tel autre... et les cloisons s'envolaient dans les hauteurs quand nous avancions, pour que l'énorme caméra Technicolor puisse nous suivre. Il y avait de quoi devenir fou ! La chaise ou la table dont un acteur avait besoin apparaissait une minute à peine avant le signal. Le sol était couvert de chiffres. Chaque acteur, chaque meuble devait se trouver à la seconde indiquée sur le chiffre approprié.

« Quel cauchemar ! C'est la première fois que j'ai craqué sur un plateau, que j'ai éclaté en sanglots. Je pense que Hitch faisait tout cela pour se prouver qu'il en était capable. C'était un défi qu'il se lançait à lui-même, pour montrer à toute la profession qu'il pouvait mettre au point et accomplir quelque chose d'aussi difficile [13]. »

Des années plus tard, elle admettra que les méthodes tortueuses d'Hitchcock obtiennent parfois un résultat remarquable. « La scène la plus splendide du film est celle de ma longue confession dans la salle à manger, celle où la caméra ne me lâche pas... Elle me suit pendant tout le temps où je me lève de ma chaise, je marche à travers la pièce, je me penche au-dessus de la table, et je reviens m'asseoir [14]. » Mais pendant les répétitions, elle est loin d'être aussi calme.

« Ce jour-là, racontera Hitchcock, elle s'est mise dans un état épouvantable. Elle m'a littéralement passé un savon [15]. » Il essaie d'abord la vieille méthode qui suffit d'habitude pour calmer un acteur et lui redonner le sourire : « Ce n'est qu'un film, Ingrid ! » lui dit-il doucement. Il sait que pour elle comme pour lui, dans le plan général de la vie et de la mort, il ne s'agit en effet *que d'un film*... Or, *il s'agit d'un film*, ce qui a la plus haute importance pour tous les deux... Cette fois, pourtant, son ironie tranquille ne la calme pas. Elle continue à discuter, à prétendre qu'il lui demande l'impossible. « Alors, dit Hitchcock, j'ai fait ce que je fais toujours quand les gens commencent à discuter. J'ai tourné les talons et je suis rentré chez moi. Le lendemain, Ingrid m'a dit : C'est d'accord, Hitch ! On le fait à ta manière. Et je lui ai répondu : Ce n'est pas ma manière, Ingrid. C'est la *bonne* manière ! »

Et il a raison. Ce jour-là, après les répétitions, Ingrid prononce son monologue de neuf minutes comme si c'était un aria de Richard Strauss. Le sourire aux lèvres, Henrietta évoque doucement les souvenirs heureux de sa jeunesse. Plus déterminée, elle raconte son mariage avec Sam Flusky, le garçon d'écurie, contre la volonté de sa famille noble. Elle lève le ton jusqu'au point culminant — le récit du meurtre de son frère. Elle redescend à la coda : l'expression larmoyante de sa loyauté et de sa gratitude à l'égard de son mari qui a tant souffert, et qui lui est resté fidèle par-delà les années. Personne — même pas les inconditionnels d'Hitchcock — ne tiendra le film pour un chef-d'œuvre. Mais la grande scène d'Ingrid sera étudiée par maints acteurs de cinéma, débutants ou chevronnés.

À la mi-août, Petter et Pia sont à Londres, en touristes. Le week-end, Ingrid se joint à leurs excursions. Par égard pour leur fille, ils semblent avoir signé une trêve inconfortable. La réunion prévue avec Rossellini dépend du plan de tournage d'Hitchcock. Ingrid lui dit que Petter projette de l'emmener à Paris pour son anniversaire. Pour Hitchcock, c'est une raison suffisante. Il adapte son planning en conséquence. La rencontre Rossellini-Bergman-Lindstrom doit se dérouler à l'heure du déjeuner à l'hôtel George V, le samedi 28 août. Ingrid se dit que c'est de bon augure. Elle aura trente-trois ans le lendemain.

Petter, lui, a quelques appréhensions. Tout l'été, il a reçu des coups de fil et des lettres du bureau de Selznick le mettant en garde contre Rossellini, qui a la réputation d'être extrêmement difficile à manier. Ingrid considère qu'il s'agit d'arguments typiques d'hommes d'affaires hollywoodiens. Elle veut faire un film avec ce grand cinéaste, point final. Si Selznick ne peut pas s'y associer, ils iront chez Samuel Goldwyn, ou Howard Hughes, ou n'importe quel autre patron de studio. « Ma mère se comparait parfois à un train qui dévale une pente, raconte Pia. Quand elle avait pris une décision, rien ni personne ne pouvait l'arrêter. Elle avait une volonté de fer[16]. » C'est une période où personne n'est autorisé à se mettre en travers de son chemin. Y compris Petter.

La réunion aura bien lieu au George V. Non au déjeuner comme prévu, mais à l'occasion d'un long dîner servi dans la suite du distributeur de films Ilya Lopert. Très obligeamment, celui-ci a mis un interprète à leur disposition. Rossellini est mieux préparé qu'aucun de ses acteurs non professionnels. Son allure n'a rien de remarquable. Il porte un costume sombre froissé beaucoup trop grand pour lui. La raison, dit-il à Ingrid, c'est qu'il s'est mis définitivement au régime. Je sais ce que c'est, lui dit-elle en éclatant de rire. Ils mangent de bon cœur, et les réticences de Rossellini s'évanouissent. Il lui raconte à nouveau l'histoire de *Stromboli*, alternant les gestes et les descriptions théâtraux avec des mines solennelles et graves.

« Allons-nous faire le film... oui ou non ? » demande-t-il après avoir achevé son histoire, l'air soudain peu sûr de lui[17].

Il sort une rose du bouquet posé sur la table, et commence à en arracher les pétales un à un :

« On fait le film, on ne le fait pas. On le fait, on ne le fait pas...

— Je serais flattée d'y avoir un rôle[18] », lui dit Ingrid en ignorant le regard aigu de Petter, qui se met à discuter de problèmes financiers avec Lopert. Ces questions n'intéressent aucunement Rossellini et Ingrid, qui préfèrent parler vin et nourriture, évoquer Hitchcock et Renoir, discourir sur la musique, l'art et l'histoire...

Elle lui fait part une fois de plus de son admiration pour les deux seuls films de lui qu'elle connaît. Avec de grands gestes, passionnément, il lui parle des conditions dans lesquelles il les a réalisés — toujours dans l'humilité et la simplicité. Il parle avec autorité, il a des opinions claires et bien arrêtées sur tous les sujets. Sa vie, c'est de faire des films. Des films d'un nouveau genre, dit-il, qui parlent un langage fondé sur la réalité visuelle. Ingrid a prétendu « être tombée amoureuse de lui » quand elle a vu ses films à New York. Mais c'est cette soirée qui marque la véritable naissance de sa flamme. La réunion se poursuit au-delà de minuit. On est le 29, c'est l'anniversaire d'Ingrid. Lopert ouvre une bouteille de champagne. Le regard sombre, intense de Roberto restera posé sur elle jusqu'à l'heure des adieux. La main d'Ingrid tremble lorsqu'elle trinque avec lui, en réponse à son toast.

Roberto a eu du mal à quitter Amalfi, où il tourne *La Machine à tuer les méchants*. Anna Magnani le retrouve tous les week-ends, et il n'a pu s'esquiver qu'au prix d'un vrai casse-tête. Au moment où l'on discutait des arrangements pour la réunion parisienne, il est allé voir le concierge de son hôtel : « J'attends un câble. Vous ne me le donnerez que si je vous le demande. *Capice* [19] ? » Compris. Le soir même, Roberto dîne avec des membres de son équipe, lorsque le concierge s'approche de lui et lui annonce, d'une voix parfaitement neutre et respectueuse : « Signor Rossellini, si vous voulez bien me demander le câble que je n'ai pas le droit de vous donner avant que vous me l'ayez demandé... Eh bien, je vous le donnerai. » Fort heureusement, la Magnani ne se trouve pas à table à ce moment-là. Dans le cas contraire, on aurait pu déplorer de la vaisselle cassée.

Impétueuse, souvent violente, Anna Magnani a la pittoresque habitude, lorsqu'elle est en proie à une crise de jalousie, de renverser un plat de pâtes fumantes sur la tête de Roberto. Celui-ci, dont tout le monde connaît la passion pour les courses de voitures, est aussi prodigue et inconsidéré avec les femmes. Cet été-là, cinq au moins partagent ses faveurs : Anna Magnani, sa maîtresse en titre depuis 1944 ; Marilyn Buferd (Miss America 1946, qui joue dans *La Machine à tuer les méchants*) ; Roswita Schmidt, une danseuse de cabaret allemande (ils ont plus ou moins rompu, mais il l'appelle encore pour une partie de plaisir occasionnelle) ; une blonde hongroise nommée Ava ; et, de temps en temps, l'épouse dont il est séparé, Marcella de Marchis (leurs relations, bizarrement, reposent sur une sorte de fidélité sentimentale). Quand Ingrid fait la connaissance de Roberto, elle ne sait rien de ce harem.

Roberto Rossellini a neuf ans de plus qu'Ingrid. Né le 8 mai 1906 à Rome, il est l'aîné des quatre fils d'un architecte qui a construit, dans la capitale italienne, les cinémas Corso et Barberini. Il lui a aussi appris à bricoler toutes sortes d'instruments, notamment les projecteurs de cinéma et les caméras. Roberto a été élevé dans un milieu plutôt intellectuel, et effrontément gâté par son père. Un soir, par exemple, il rentre à la maison et lui demande de l'argent pour régler le taxi qui attend à la porte. « Pas de problème ! » lui dit Rossellini senior en sortant son portefeuille. « Mais d'où viens-tu ? — De Naples », rétorque Roberto sans ciller. Papa éclate de rire

238

et lui donne de quoi payer ce trajet de plus de deux cent cinquante kilomètres [20].

Le jeune Roberto interrompt ses études. Il assure une série de petits emplois de monteur, et consacre au cinéma tous ses instants de liberté. Fasciné par les avions et les voitures de sport, il a une réputation de séducteur. Ses traits agréables et son charme lui permettent de s'introduire dans certains cercles chics ou... plus douteux. Parmi ses premiers béguins figure une jolie Française, Titi Michelle, qu'il a suivie à travers la moitié de l'Europe avant d'accepter l'idée qu'elle ne voulait pas de lui. Certains prétendent qu'après cela il n'a plus jamais essuyé le moindre refus.

Il a près de vingt ans, lorsque survient un événement bizarre. Pour des raisons qui ne seront jamais éclaircies, ses parents le placent dans un hôpital psychiatrique près de Naples. Le document officiel (qui sera traduit en anglais lorsqu'il sollicitera en vain un visa américain, en 1946 et 1948) précise seulement que « ses parents ont souhaité l'éloigner de ce qu'ils considéraient à l'époque comme une passion juvénile dangereuse, et défavorablement considérée par eux [21]. [sic] » Ce chef-d'œuvre de périphrase a été interprété de diverses façons : Rossellini fréquente un groupe de jeunes toxicomanes ; Rossellini conduit ses voitures de sport avec un peu trop d'enthousiasme ; Rossellini est tombé amoureux d'une femme indésirable. Dans chacune de ces hypothèses, l'hospitalisation forcée aurait été une réponse disproportionnée à son « crime ». Or, rien dans la personnalité de ses parents ne suggère qu'ils pouvaient faire enfermer leur fils sans une raison majeure. D'aucuns affirmeront (dont Jenia Reissar, qui l'a fort bien connu) que Roberto a souffert d'une sorte de dépression nerveuse. Cela lui vaudrait, toute sa vie, des accès d'une maladie mentale bénigne. Quoi qu'il en soit, il réapparaît à Rome moins d'un an plus tard, où il va entretenir une liaison torride avec Liliana Castagnola, une chanteuse de variétés de deuxième ordre, mais très accommodante.

Dès l'origine, son rapport au cinéma est inextricablement lié à ses exploits amoureux. Fin 1931, juste après la mort de son père, il fait la connaissance d'une jeune actrice d'origine russe, Assia Norris (qui est promise à une belle carrière dans le cinéma italien). La fille, plutôt vieux jeu, refuse de céder à ses avances. « Eh bien, marions-nous ! » lui dit-il. En deux temps trois mouvements, on organise une cérémonie religieuse — avec archevêque, prêtres, chœur et organiste — suivie d'un splendide dîner habillé. Les Rossellini consomment dûment leur union, et commencent à vivre le plus maritalement du monde. Moins d'un an plus tard, ils comprennent leur erreur. Roberto jette déjà son bonnet par-dessus les moulins, et Assia a rencontré un autre homme, qui convient beaucoup mieux à son caractère et à ses idéaux. Lorsqu'ils mettent la question sur le tapis, il se contente de hausser les épaules.

« Eh bien, épouse-le !

— Mais je suis déjà mariée ! s'écrie-t-elle.

— Non, ma chère, pas du tout, dit-il froidement. Tout cela était du cinéma. Rien que des acteurs et des figurants, tous ceux qui étaient là. Tu es parfaitement libre de t'en aller[22] ! »

Plus tard, on mettra l'épisode sur le compte de l'extravagance de la jeunesse. Il révèle tout de même une façon plutôt cavalière — voire impudemment théâtrale — de diriger sa vie et celle d'autrui.

Assia Norris ayant disparu de son existence, Roberto retrouve Liliana Castagnola. Il la couvre de bijoux, au point de dilapider son héritage. Et puis, un accident terrible : on retrouve le corps de la chanteuse, morte d'une overdose. Il n'est peut-être pas étonnant que ses films se soient intéressés de plus en plus aux gens ordinaires et aux situations de la vie ordinaire, tant sa propre existence en était éloignée. Rossellini était littéralement un homme *extraordinaire*.

En 1936, il épouse Marcella de Marchis, qui descend d'une vieille famille de la noblesse. Elle lui donne deux fils, Marco et Renzo. Roberto, après avoir travaillé comme technicien du son, monteur, superviseur de scénarios et assistant-réalisateur, a bientôt l'occasion de passer à la mise en scène. Avant 1941, il a produit une demi-douzaine de courts métrages et collaboré à un film supervisé par Vittorio Mussolini, le fils du Duce. Il dirige quatre films sous le régime fasciste, tout en étant membre du parti démocrate chrétien — par un tour d'opportunisme politique qui lui aliénera une partie de ses amis et de la critique. Ses convictions humanistes et antifascistes ne font de doute pour personne quand le monde découvre *Rome, ville ouverte*, qu'il a commencé à tourner en secret en janvier 1945. Le film marque la naissance du mouvement qu'on connaîtra sous le nom de néoréalisme. Dès 1946, il propulse Roberto sous le feu des projecteurs.

Sa vie privée, entre-temps, pourrait fournir la matière d'un feuilleton à succès. *Rome, ville ouverte* est financé en partie par sa femme, en partie par Roswita Schmidt, qui vend ses bijoux pour lui. Le 14 août 1946, son fils Marco meurt brusquement d'une péritonite à l'âge de huit ans. À la même époque, le fils naturel d'Anna Magnani est atteint de paralysie infantile. Sa tumultueuse liaison avec Roberto dure depuis 1939, et bien que l'enfant ne soit pas le sien, il a tendance à jouer le rôle de père adoptif. En 1948, Anna occupe le centre de son existence. Elle a exigé et obtenu que Roswita soit « exilée » à Capri, où Rossellini l'entretiendra pendant des années dans un demi-confort. Les interprétations magistrales de Magnani dans *Rome, ville ouverte*, *La Voix humaine* et *Le Miracle* l'ont aidé à devenir un des metteurs en scène les plus célèbres d'Europe. Un peu plus tard, Marcella entame pour la seconde fois des procédures pour faire annuler son mariage. À l'époque, en Italie, le divorce est interdit.

Dire que les méthodes de travail de Roberto sont peu conventionnelles relève de la litote. Il lui prend l'envie d'aller à la pêche, par exemple, alors que tout est prêt pour tourner. Il disparaît pendant des heures, voire la journée entière. À son retour, il attend de ses collaborateurs qu'ils travaillent sans se plaindre, vingt heures d'affilée, pour rattraper le temps perdu. Si un comédien amateur est incapable de suivre ses instructions, Roberto peut s'abandonner à une crise de rage — ce qui est singulièrement en contradiction avec la sensibilité et la générosité qu'on lui connaît. Son caractère imprévisible rend nerveux acteurs et techniciens, et alimente la rumeur selon laquelle son charme et sa créativité dissimulent un esprit instable.

Il peut être prodigieusement actif, et lâcher des idées comme autant de fusées d'artifice. Il peut aussi rester oisif et nonchalant pendant des mois. Il ne reprend le travail que lorsqu'il est à court d'argent — ce qui constitue en fait sa situation normale. Roberto peut être charmant, et il est indiscutable qu'il ne manque pas d'intuition. Mais c'est surtout un homme paresseux et brouillon, et cela lui vaudra des ennuis.

« Vous savez que Roberto est mon ami, écrit [son agent] Arabella Le Maitre à Jenia Reissar, et je ne veux pas médire de lui. J'ai parlé à des gens qui ont travaillé avec lui sur son dernier film. Tout le monde est absolument dégoûté. Imaginez qu'il n'a pas fini le film lui-même. Il a quitté Majori et demandé à Amidei [son scénariste] de le finir à sa place ! C'était un désordre absolu. On pouvait à peine travailler dans la journée, simplement parce qu'il devait aller à la pêche ! Les gens qui le connaissent bien, y compris les membres de sa famille, savent qu'il ne changera jamais. S'il signe un contrat avec M. Selznick, j'ai bien peur que celui-ci ne soit dans de beaux draps ! Il est possible qu'il change, et qu'il réorganise sa vie, mais j'ai pensé qu'il était de mon devoir de vous dire ce que je savais, et de vous mettre en garde. »

La lettre est datée du 16 septembre, à l'époque où Arabella croit encore à la possibilité d'un accord entre Selznick, Rossellini et Ingrid. Elle montre à quel point les rapports avec son client sont délicats. Ercole Graziadei, l'avoué de Roberto, est lui-même conscient des difficultés qu'il y a à traiter avec lui. Il prévient lui aussi Jenia Reissar, dans un courrier daté du 21 septembre. « Graziadei considère que [Roberto] n'est pas un homme d'affaires sérieux », écrit Jenia à Selznick, le même jour. Au bout du monde, à Culver City, Selznick a peut-être remercié les dieux pour ces mises en garde — et fait pour l'occasion un mauvais jeu de mots sur le nom de l'avoué. En tout cas, l'accord tombera à l'eau.

Lorsque Rossellini fait la connaissance d'Ingrid, en août 1948, sa véritable compagne du moment est Marilyn Buferd. Ils sortent ensemble depuis juillet. Après son retour de Paris, Marilyn se lasse très vite d'entendre Roberto parler sans cesse d'Ingrid Bergman et des projets qu'il concocte à son intention. Selon lui, il ne fait aucun doute qu'il a étourdi Ingrid de son pouvoir de séduction. Et il a diablement raison. « De toutes les femmes du monde, dit-il à Marilyn, les Suédoises sont les plus faciles à impressionner, parce que leurs maris sont glacés. L'amour qu'ils leur offrent n'est qu'une pommade analgésique, au lieu d'un tonique[23]. »

Dès le lundi matin (le lendemain de son anniversaire), en proie à une excitation à peine contenue, Ingrid retrouve Londres et le tournage d'Hitchcock. Celui-ci l'accueille gentiment. Comment s'est passé le week-end ? lui demande-t-on. « Oh, rien de particulier, dit-elle en rougissant, j'ai juste fait la connaissance d'un réalisateur italien[24]. » Tout le monde, bien entendu, sait ce qui s'est passé. Et personne n'est plus inquiet qu'Alfred Hitchcock. « Lorsque c'est arrivé finalement, il n'a jamais pu admettre qu'elle s'en aille avec Rossellini, dit Arthur Laurents [le scénariste de *La Corde*, qui est resté proche des Hitchcock]. Et sa rancune ne venait pas uniquement de ce qu'il adorait Bergman. C'était lié au fait qu'elle était partie avec un autre metteur en scène[25]. »

Fin septembre, après la fin du tournage des *Amants du Capricorne*, les Lindstrom partent tous les trois se reposer en Suède. Ingrid y retourne pour la première fois depuis neuf ans. À leur descente d'avion, ils sont pris d'assaut par une horde de photographes, et les chasseurs d'autographes se précipitent. Gustav Molander, qui a dirigé Ingrid dans six films, est là pour l'accueillir, en compagnie de Victor Sjöström et d'une délégation du cinéma suédois. On lui offre des fleurs. Elle en tire une de chaque bouquet pour Molander. Quand on l'interroge sur la rumeur selon laquelle elle ferait un film avec Rossellini, Ingrid répond, très diplomate : « Je l'aime bien. En fait, je lui ai écrit pour lui dire que j'aimerais travailler avec lui. Nous nous verrons pour discuter de certains projets, mais il ne parle pas anglais, et je ne parle pas italien[26] ! » Elle ne dit pas un mot de la réunion.

Toute la famille passe une semaine au Grand Hôtel de Stockholm, flâne le long du canal, fréquente les restaurants et les salons de thé favoris d'Ingrid. La presse rend compte de la moindre de leurs sorties, rapporte en détail la couleur de ses souliers, la longueur de ses cheveux, la durée de chacune de leurs promenades. Les grands journaux parlent d'Ingrid et Petter, sans la moindre ironie, comme d'une reine et son prince consort. Le 12 octobre, ils retrouvent un peu de calme auprès de la famille de Petter, à Stöde. Ingrid emmène Pia faire de longues promenades à pied dans la campagne, et ils se régalent des prunes de concours de son beau-père — une variété rare qui a rendu célèbre ce magicien ès vergers.

Fin octobre, les Lindstrom sont de retour à Beverly Hills. Ingrid reçoit un coup de fil de Walter Wanger. Elle doit prendre l'avion pour New York, où Victor Fleming l'attend pour la première de *Jeanne d'Arc*. Elle s'envole sans attendre. Elle passe une soirée en tête à tête avec Victor, mais tous deux savent parfaitement que leur aventure est terminée. Lorsqu'elle lui déclare qu'elle espère pouvoir rester son amie, il lui répond qu'il n'est pas très bon à cela.

Appuyé par un gros battage publicitaire, *Jeanne d'Arc* sort en salles le 11 novembre. Grâce aux comptes rendus favorables à Ingrid, les files d'attente s'allongent devant les cinémas, en dépit du froid exceptionnel de l'automne et des critiques hostiles au film. « Impossible de résister à sa bonté, lit-on dans un article. Elle possède un don peu commun pour rendre la vertu intéressante, et elle est véritablement lumineuse[27]. » Mais le film est éreinté : « chef-d'œuvre d'archaïsmes cinématographiques, ni véritable drame ni reconstitution historique, [dont] le thème spirituel est du niveau de la leçon de catéchisme. Ce devrait être édifiant. Ce n'est que prétentieux et superficiel[28]. »

Ingrid n'aime pas être la seule à récolter des bons points. « Je sais bien que les gens qui font la queue au cinéma ne lisent pas les critiques, déclare-t-elle à un éditorialiste. Mais moi, je me préoccupe de ce qu'ils disent[29]. » Elle a consacré plus de travail, plus de soin, d'énergie et d'amour à ce rôle qu'à n'importe quel autre. Personne ne connaît mieux qu'elle les problèmes rencontrés sur le tournage, ni les défauts du film, et personne n'est plus amère devant son échec. Mais nonobstant le verdict de la critique, le film génère un chiffre d'affaires qui dépasse largement les investissements. Début 1949, il reçoit sept citations aux Oscars. Pour la quatrième fois de sa carrière, Ingrid est proposée pour l'Oscar de la meilleure actrice. Seuls les directeurs de la photo et la costumière repartiront avec une statuette.

Comme d'habitude, son succès personnel ne lui monte pas à la tête. Au contraire, elle est plus inquiète que jamais : après dix années et quatorze films aux États-Unis, il semble qu'elle ne convienne plus à Hollywood. 1948 s'achève, elle regarde en arrière, vers *Arc de Triomphe*, *Jeanne d'Arc* et *Les Amants du Capricorne*. Chacun de ces films constitue une déception personnelle, et elle le savait au moment même où elle les faisait. Le dernier ne sortira qu'en septembre 1949. Comme les deux précédents, il n'aura pas les faveurs de la critique, mais lui vaudra beaucoup de lauriers. Plus que jamais, elle est déçue par l'impossibilité de trouver quelqu'un qui accepte d'adapter *Of Lena Geyer* à l'écran.

« Je suis morte de peur à l'idée qu'Hollywood puisse ne pas m'aimer », disait-elle presque dix ans plus tôt, en quittant la Suède. Elle va bientôt se rendre compte à quel point son inquiétude était fondée. Mais on va la rejeter à cause de sa vie privée, non à cause de son talent. Cela, elle ne pouvait pas le prévoir.

Durant l'automne, Ingrid s'accroche à la pensée qu'elle pourrait faire un film en Italie avec Roberto, l'année suivante. Rossellini affirme que le tournage pourrait être bouclé en moins de deux mois, et qu'Ingrid y parlerait la langue qu'elle veut, puisque, de toute façon, le film serait post-synchronisé. Depuis qu'elle est rentrée en Californie, il lui envoie lettre sur lettre. Il lui fait part des dernières idées qui lui sont venues pour *Stromboli*, lui demande pardon pour son radotage et signe : « Votre dévoué Roberto. »

Le 20 novembre, par exemple, il écrit qu'il est au travail, que le script compte quelques bonnes pages, d'autres plutôt mauvaises, que demain d'autres seront meilleures. En fait, il n'y a pas le moindre script. Comme d'habitude, il se contente de très vagues idées sans rien coucher sur le papier. Le 4 décembre, Ingrid fait allusion à cette soirée à Paris, où il feignait d'arracher les pétales d'une fleur (« On fait le film, on ne le fait pas... ») :

« Cher monsieur Rossellini,

« À partir d'aujourd'hui, vous n'avez plus de fleurs à effeuiller. Maintenant c'est moi qui dis : bon script, mauvais script, bon script, mauvais... Cela n'a aucune importance ! Je suis si heureuse.

« Ingrid Bergman [30]. »

À l'approche de Noël, Ingrid se lance dans les préparatifs habituels. Pia, dix ans, veut une bicyclette. Petter donne à Ingrid l'argent nécessaire pour lui en acheter une. Mère et fille se rendent dans un magasin pour admirer les décors de Noël et rendre visite à Santa Claus. Le regard de Pia est attiré par une énorme vache empaillée, vêtue d'un tablier et arborant un sourire maternel. Il s'agit d'Elsie Borden, une publicité géante pour une compagnie laitière. La fillette décrète que c'est Elsie qu'elle veut, pas le vélo. Ridicule, réplique Petter quand Ingrid lui en parle. Une vache empaillée pour soixante-quinze dollars ? Non, ce n'est pas bien. Le vélo fera l'affaire. Le matin de Noël, Pia recevra sa bicyclette et devra renoncer à accueillir Elsie Borden dans sa chambre de petite fille.

À la maison, les vacances de fin d'année sont plus sinistres que jamais. Ingrid parle toujours — avec un peu moins d'enthousiasme, il est vrai — d'avoir un autre enfant. Elle souhaite que ce soit un garçon, qu'ils pourraient appeler Pelle. Ingrid et Petter célèbrent la fin des travaux dans la nouvelle chambre d'enfant avec un copieux dîner au Skandia, le fameux restaurant nordique de Sunset Boulevard.

Mais la soirée — peut-être est-ce un présage — va très mal se terminer. Quelques heures après leur retour du restaurant, Petter tombe malade. Il est victime d'un sévère empoisonnement alimentaire et il va souffrir pendant presque un an de graves maux d'estomac (peut-être aggravés par le stress). « Mes problèmes physiques n'ont fait qu'exaspérer mes étranges problèmes conjugaux [31] », dira-t-il.

Un peu après le Nouvel An, la santé de Petter passera au second plan. À la veille de son soixante-sixième anniversaire, Victor Fleming, en vacances dans l'Arizona avec sa femme et ses filles, vient de succomber à une crise cardiaque. Gros fumeur, buveur incorrigible au tempérament colérique, le metteur en scène de *Docteur Jekyll et Mister Hyde* et de *Jeanne d'Arc* avait fait fi, pendant des années, de tous les signaux d'alarme. Ingrid va rester longtemps inconsolable.

Le jour des obsèques, un télégramme parvient à Benedict Canyon Drive. Après plusieurs réponses négatives, Roberto Rossellini a enfin reçu son visa d'entrée aux États-Unis. Il est en route pour New York, où il doit recevoir un prix. Pourrait-il pousser jusqu'à Hollywood pour reprendre les discussions sur leur film ?

Petter pense que c'est une excellente idée. Il suggère même qu'Ingrid l'invite à loger chez eux. Une telle disposition ne manquera pas d'attirer l'attention et le respect de producteurs comme Samuel Goldwyn ou Howard Hughes. Plus précisément, la visite de Rossellini à leur domicile privé montrera qu'Ingrid prend son avenir en main, et qu'elle discute — avec le cinéaste étranger le plus en vue du moment — d'un projet contrôlé par son mari et elle-même. À Hollywood, ajoute Petter, on ne les regardera plus jamais du même œil.

Chapitre treize
1949

Helmer. — Tu es avant tout épouse et mère.
Nora. — Je ne crois plus à cela.
Je crois que je suis avant tout un être humain, au même titre que toi.

Henrik Ibsen, *Une maison de poupée* [1]

« Depuis longtemps, bien plus longtemps peut-être que j'aie voulu me l'avouer, quelque chose en moi était mort. Je n'ai jamais su exactement ce que c'était. Quelque chose manquait, dans mon travail, dans ma vie privée... Dans ma vie, tout simplement. Mais quoi que ce fût, ce manque n'était pas assez fort pour entraîner des changements. Jusqu'à Roberto [2]. »

Le changement va intervenir au moment précis où Roberto arrive, provoquant un tohu-bohu typiquement hollywoodien. Le lundi 17 janvier, dix jours après les obsèques de Victor Fleming, il descend du train à Los Angeles. C'est l'anniversaire de ma seconde naissance, dit-il d'un ton grave aux journalistes venus l'accueillir. Le tournage de *Rome, ville ouverte* avait démarré un 17 janvier. Il se hâte de rallier Benedict Canyon, puis la réception donnée chez le réalisateur Billy Wilder.

Toute la soirée, Ingrid l'observe avec attention. Elle comprend soudain qu'Hollywood ne l'impressionne pas, et cela pourrait nuire à leurs efforts pour se procurer des appuis financiers. « J'étais en proie à une nervosité incontrôlable, raconte-t-elle. J'étais incapable de dire un mot. J'essayais d'allumer une cigarette, mais ma main tremblait si fort que la flamme s'éteignait [3]. » Malgré la présence d'un interprète — et le fait que beaucoup d'invités sont polyglottes —, Roberto ne fait que hocher la tête en souriant. Il ignore les producteurs importants, néglige de complimenter les vedettes, dédaigne d'une manière générale les rituels qui régissent la vie mondaine hollywoodienne. « Je n'ai pas besoin de stars dans mes films, dit-il. Mais je n'ai rien contre Mlle Bergman, même si c'est une star [4]. »

Le résultat, c'est que les invités de Wilder croiront ce qu'ils ont envie de croire. Comme il est timide, ce Rossellini, il est vraiment *impressionné* par toutes ces attentions ! « La vérité, dira sa fille Isabella, c'est que mon père, depuis toujours, détestait violemment Hollywood[5] ! »

En d'autres termes, il a besoin de l'argent d'Hollywood, mais il n'aime pas ses habitants et pense qu'ils ne méritent pas son respect. Une semaine plus tard, il déclare qu'Hollywood, à son avis, n'est pas si terrible qu'on veut bien le dire. Cette ville l'inspire très peu, tout simplement. « Cet endroit est parfait... Comme une usine de saucisses qui produit de bonnes saucisses. Mais je vais tout de même retourner en Italie. Là-bas, je suis libre[6]. »

Avec les Lindstrom, il déploie tout son charme latin. « Il était tellement chaleureux, tellement ouvert, avec son anglais hésitant ! raconte Ingrid. En sa compagnie, je ne me sentais jamais timide, ni mal à l'aise, ni seule. Il était facile de lui parler, et il était très intéressant de l'écouter. Mais surtout, il était vivant, et grâce à lui je me sentais vivante[7]. »

Et que ressent Roberto à son égard, outre son désir d'utiliser son talent, de se servir d'elle pour obtenir un financement en Amérique et élargir l'audience de son prochain film ? Ses passions ne sont jamais longues à se déclarer. Une semaine après son arrivée à Los Angeles, il déclare qu'il est, à sa manière, très amoureux d'elle. « Roberto avait envie de séduire Ingrid, dit son ami Sergio Amidei, mais c'était plus par amour que pour faire un film avec elle. Car il était totalement amoureux d'elle. Il y avait aussi un peu de vanité en jeu[8]. » Sans doute même y a-t-il plus que cela. N'a-t-il pas déclaré que les Suédoises sont les femmes les plus faciles à impressionner ?

Cataloguer Rossellini comme un séducteur intrigant, poussé par les motifs les plus abjects, serait excessif, et invérifiable. Il n'est pas insensible à ce point. Mais sa vie amoureuse est plus que déréglée... C'est un véritable tissu d'aventures plutôt pathétiques, qui reposent pour moitié sur de l'indifférence. Il est difficile de ne pas voir à l'œuvre, alors qu'il tente d'approcher Ingrid, un mélange de motivations très différentes. Il a besoin d'argent. Il cherche une confirmation de son prestige. Il aspire à être connu dans le monde entier, par le nouveau public de l'après-guerre. Ingrid Bergman est indiscutablement une des deux ou trois vedettes possédant la plus grande valeur « commerciale ». Il serait un imbécile de ne pas se rendre compte qu'elle est aussi une grande artiste.

C'est aussi le cas d'Anna Magnani, bien sûr. Mais Roberto en a assez de sa manière de vivre sa vie réelle comme un mélodrame permanent. Pour elle, tout semble relever d'un très mauvais opéra vériste. Tout n'est que violence et sanglots, reproches et menaces, duos d'amour fou et effusions hystériques de chagrin. Avant de partir en Amérique pour y recevoir le prix de l'Association de la critique new-yorkaise et retrouver Ingrid, il l'a abandonnée fort cavalièrement — comme un personnage de vieux mélodrame. Il est allé chez elle, et lui a proposé de sortir deux de ses chiens. Passé le coin de la rue, il a confié les bêtes à un portier d'hôtel qu'il a chargé de les ramener à leur maîtresse. Le lendemain, sans repasser chez elle ni lui faire part de ses projets, il quittait l'Italie.

Une sortie peut-être indigne de lui, car il avait déjà un nouveau projet pour elle, un film intitulé *Aria di Roma*, qu'il devait tourner cette année. « Nous avions passé des mois à préparer le tournage de ce film, racontera Anna à un critique américain. [Tout ce qu'elle affirme est vérifiable dans la presse italienne de l'époque.] L'histoire était prête, les comédiens étaient choisis, le contrat avec le producteur était signé. Puis, brusquement, Roberto est parti aux États-Unis, vers Ingrid Bergman ! En tant que femme, je ne lui reproche pas de m'avoir traitée comme il l'a fait. Mais je lui en veux de m'avoir insultée, en tant qu'artiste[9]. »

Contrairement à Petter Lindstrom, toujours logique et prévisible (pour le meilleur et pour le pire), Roberto Rossellini est un homme aux multiples personnalités. On a pu expliquer un peu légèrement (voire excuser) trop de choses dans sa vie et dans ses relations à Ingrid Bergman, à la lumière de son prétendu « génie ». Cela reposait sur une hypothèse pour le moins discutable.

À un moment précis de l'histoire du cinéma italien, Rossellini a fait de nécessité vertu. Avec des moyens autrement plus limités que ceux du cinéma traditionnel, il a tourné *Rome, ville ouverte* et *Paisa*, et imposé une nouvelle idée — le néoréalisme — comme s'il s'agissait d'une méthode appliquée brillamment par un théoricien rigoureux. (La réflexion théorique fondamentale, en fait, a déjà été formulée par Cesare Zavattini, scénariste et collaborateur régulier de Vittorio De Sica.) Mais il est important de remarquer que c'est Federico Fellini qui a fourni le sujet, le croquis des personnages et la plupart des dialogues de *Rome, ville ouverte*. Rossellini sait où placer sa caméra, lorsqu'il a la chance de disposer d'artistes comme la Magnani, Fellini et les autres. Mais il n'y a pas grand-chose à faire, comme il l'a lui-même répété. La caméra doit se contenter d'observer humblement.

Après *Rome, ville ouverte*, des problèmes sont apparus. *Paisa* contient des moments splendides, et ce film constitue un hommage convenable à la supériorité de l'esprit humain. Mais si les bonnes intentions suffisaient à faire du grand art, tous les saints seraient des artistes de premier plan. *Paisa* souffre d'un excès d'idées et d'un manque de ce qu'on pourrait appeler l'économie artistique. Puis ce fut *Allemagne année zéro*, un tableau des horreurs de la guerre, une peinture dure et brutale de la décadence de Berlin après 1945, dont l'effroyable noirceur a pu passer pour de la profondeur.

Dans *La Voix humaine*, Magnani met à nouveau son talent au service de Rossellini, mais il s'agit d'une simple interprétation de la pièce de Cocteau. *Le Miracle*, encore, doit tout à Magnani, ainsi qu'à Fellini (acteur et scénariste) et Tullio Pinelli, qui collabore à l'écriture. Passons sous silence *La Machine à tuer les méchants*. Rossellini l'a abandonné en chemin. Ce n'est pas lui qui nous contredira.

Avant sa rencontre avec Ingrid, voilà donc à quoi se résume (hors quelques courts métrages et collaborations des débuts) ce que les historiens appelleront l'*œuvre* rossellinienne. Production respectable, bien sûr. Mais même si l'on considère la remarquable quantité de travail qu'il a accomplie durant sa vie, il est clair qu'il n'a jamais montré l'imagination poétique d'un Fellini ni le lyrisme humaniste d'un De Sica. C'est une chose admirable que d'avoir donné naissance à une ou deux œuvres brillantes. Cela ne justifie peut-être pas l'admiration grandiloquente de ses partisans les plus fervents [10].

Ces remarques sont importantes, au regard de l'arrivée hâtive de Rossellini à Hollywood et de la cour un peu mielleuse qu'il adresse à Ingrid Bergman. Pendant plus de deux mois, ils passent ensemble une bonne partie de leurs journées — ils écoutent de la musique, ils mêlent leur anglais et leur français (Roberto enseigne des rudiments d'italien à Ingrid), ils vont déjeuner à Malibu, dînent sans se cacher — pourquoi le feraient-ils ? —, même lorsque l'emploi du temps de Petter l'empêche de se joindre à eux. Et ils parlent de *Stromboli*.

Les motivations de l'être humain ne sont jamais totalement innocentes. Il est sûr que Roberto représente pour Ingrid un passeport pour la liberté, et la promesse d'une nouvelle étape dans sa carrière. Au moins au début, il est aussi un mentor captivant, et il pourrait être un père dévoué et attentif — pour elle comme pour sa progéniture. Mais il est rare que les gens soient poussés uniquement par un dévouement désintéressé. Si l'on admet cela — si l'on ne s'attend pas à les voir feindre un amour héroïque, féerique et pur, sans considération de leurs intérêts respectifs —, on peut comprendre l'ardeur qui porte Ingrid vers Roberto, on peut compatir à leurs faiblesses et à leurs désirs respectifs, tout en sachant qu'ils empruntent un chemin tortueux qui ne peut les mener qu'à un cul-de-sac.

Dès le début, il y a un problème majeur. Elle ne connaît absolument rien de ses humeurs et de ses caprices, du désordre absolu qu'il crée autour de lui pour pouvoir mener sa vie sans temps morts. « Il avait besoin d'orages, dit son amie Liana Ferri. S'il n'y avait pas d'ouragan, s'il n'était pas en train de livrer bataille ou de dresser des barricades, il s'ennuyait — c'est tout. » Roberto se lance dans un projet, une amitié, une idée, montre un enthousiasme fou... Le lendemain il a tout oublié. « C'était un être impossible à comprendre, poursuit Liana Ferri, parce que deux minutes après vous avoir donné le plus beau témoignage d'amitié, il était capable de ne plus vous reconnaître[11]. » Ingrid ne sait rien de tout cela.

Un de ses amis, en revanche, en connaît un bout sur Rossellini : Leo McCarey. Il l'invite un jour à déjeuner, pendant que Roberto visite un musée avec le centre culturel italien. « Tu es en train de tomber amoureuse de lui pour la seule raison qu'il est l'exact opposé de Lindstrom, Ingrid, lui dit-il. Va à Vienne ! Tu en trouveras, là-bas, des types qui t'offriront des fleurs et du baisemain, et tu verras que ton Roberto ne leur arrive pas à la cheville[12]. » Mais elle reste sourde à ses conseils.

Roberto, toujours amoureux transi, peut être brillant et audacieux. À d'autres moments, il est roublard, irresponsable. Il est incapable de méchanceté, il est toujours excessif, et il se considère comme le meilleur amant du monde, qui bénit le vide de l'existence d'autrui par la simple force de sa présence. Ingrid, par conséquent, est à la fois le défi et le prix à remporter. Elle est passionnée et intelligente, vive, spontanée et drôle. Et elle appartient à Petter, un homme qui semble ne pas apprécier l'importance de ces qualités — un homme qui ne voit que ses défauts, et exprime rarement de l'admiration pour ce que fait sa femme.

Petter Lindstrom aura laissé plus de deux mille pages — lettres à Ingrid, aux membres de sa famille, aux amis et à la presse ; réflexions jetées sur le papier pour être publiées (ou dans la perspective d'un futur livre de souvenirs) ; notes et documents personnels sur sa vie avec Ingrid, où il tente de décrire son « côté » de l'histoire en 1949 et 1950. On y chercherait en vain un seul mot montrant son admiration pour la sensibilité et le talent de la femme qu'il a épousée une douzaine d'années plus tôt (sans doute pour d'excellentes raisons). « Pas mal » est le compliment le plus fort qu'il ait eu pour le travail d'Ingrid durant les années en question. Quand Roberto Rossellini fait son apparition, et lui raconte une histoire de révélation spirituelle qu'elle serait la seule à pouvoir réaliser, que peut-elle faire, sinon sauter sur l'occasion ? Que peut-elle faire, sinon lier sa destinée à la sienne ? Elle est incapable d'imaginer qu'elle pourrait être déçue. Elle se donne tout entière au présent.

Ce qu'on attend de moi, se dit-elle, c'est que je soutienne les besoins de Rossellini — ce qui signifie à ce moment-là qu'elle doit l'aider à trouver un généreux producteur. Samuel Goldwyn a exprimé depuis longtemps son désir de faire un film avec elle. À sa demande, il accepte de les recevoir tous les deux. Il essaie de suivre les grandes lignes de *Stromboli*. Puis il déclare qu'il serait très heureux de soutenir ce film — à condition que Rossellini lui soumette un script détaillé et un plan de tournage, comme le veut la règle.

« Oh, mais il n'aura pas de script, même lorsque nous commencerons à tourner, répond doucement Ingrid, pour prévenir une réponse plus brutale de Roberto. Mais il sait exactement ce qu'il va faire, quels comédiens il va utiliser et quels dialogues il va leur faire dire. Je m'en suis rendu compte dans nos conversations[13]. » Goldwyn décide de laisser provisoirement cette question de côté, et demande à visionner un film de Rossellini. Bonne idée, dit Ingrid, persuadée que cela le convaincra. Goldwyn organise une projection chez lui, à laquelle il invite quelques amis. Rossellini lui-même a choisi le programme : *Allemagne année zéro*, le film cruel et noir qu'il a tourné dans les rues de Berlin après *Paisa*. À la fin de la projection, Goldwyn et ses invités sont absolument déprimés. Le producteur retire immédiatement son offre de financer le prochain film de Rossellini.

Quand Howard Hughes, le nouveau patron de la RKO, entend parler du projet, il s'empresse de leur faire une proposition. Ingrid et Petter toucheraient 175 000 dollars, Rossellini 150 000 dollars, et Hughes lui-même garderait les droits sur l'exploitation du film aux États-Unis et une partie des bénéfices à l'étranger. Il n'est pas très excité par l'histoire plutôt austère que lui raconte Ingrid. Mais il a toujours le béguin pour elle, et leur accord stipule qu'elle reviendra à Hollywood après *Stromboli* pour tourner un second film pour la RKO — avec un arrangement plus raisonnable et des costumes plus excitants. En d'autres termes, un projet beaucoup plus convenable pour celle qu'il considère comme sa nouvelle associée.

La nouvelle de l'accord, annoncée par la presse internationale, parvient à Anna Magnani. Elle part immédiatement à l'attaque. Elle annonce qu'elle va produire et interpréter un film où il sera question d'une femme isolée sur une île volcanique. Sans mentionner *Stromboli* ni ses auteurs, elle affirme que son *Volcano* sera fini et prêt à sortir en salles avant la fin de l'année. L'irascible Magnani ne tarde pas à comprendre qu'elle est définitivement supplantée par Ingrid. Mais elle ne prononcera jamais un mot désobligeant à l'égard de son ancien amant ou de sa rivale. Vu la situation, et la brutalité avec laquelle Rossellini l'a abandonnée, elle aura toujours une attitude irréprochable. Contre toute probabilité, les deux femmes ne se rencontreront jamais, pendant tout le temps qu'elles passeront à Rome.

Pour célébrer le contrat avec la RKO et remercier Petter de son hospitalité, Roberto décide d'acheter quelques cadeaux pour les Lindstrom et pour son fils. Mais il doit emprunter de l'argent... à Petter, qui lui donne trois cents dollars. Ingrid et lui vont ensemble faire les emplettes. Il achète des cravates pour Petter et un sac à main pour elle, avant de repérer le cadeau idéal pour Pia. Un gros animal empaillé... une vache avec un tablier et un grand sourire. Oh, non ! dit Ingrid. Mais Roberto, comme toujours, n'en fait qu'à sa tête. Le soir même, Pia est aux anges. Elle peut enfin accueillir Elsie dans sa chambre. L'histoire ne dit pas comment réagit Petter.

Le 28 février, Roberto part à Rome afin de préparer *Stromboli* et l'arrivée d'Ingrid. Petter et elle sont allés faire du ski à Aspen pendant quelques jours. Ils décident de se retrouver en Italie fin mai, après le tournage.

« Je dirais que nos relations, à l'époque, était parfaitement heureuses, au plan affectif et conjugal [14] », dira-t-il lors de son divorce, à la surprise de ceux qui avaient bien connu le couple. En tout cas, c'est ce que croient le public et la presse américains, qui adorent encore Ingrid : « Aussi saine qu'une girl-scout, mère et épouse heureuse, elle peut jouer une sainte. (...) La vie de famille de Bergman est un modèle de félicité conjugale, [et] les Lindstrom n'ont jamais été entachés par le moindre scandale [15]. » À quoi Ingrid répond, prudemment : « Je ne comprends pas pourquoi les gens s'imaginent que je suis pure et noble. Tout être humain montre des nuances de mal et de bien [16]. »

« Personne n'aurait pu se montrer à la hauteur de cette image irréelle de moi-même que les gens ont fabriquée, dira-t-elle vingt-cinq ans plus tard. Lorsqu'ils ont vu que je ne correspondais pas à cette image, ils se sont sentis trahis, et cela a provoqué une débandade. Ils ont prétendu que j'avais prévu depuis le début de tromper mon monde, que le jour où j'ai quitté mon mari et ma fille, je n'avais aucune intention de revenir — que je voulais partir en Italie pour être une star et que je me moquais de tout le reste. Mais pourquoi serais-je allée rejoindre Rossellini en Italie si je voulais être une star ? Cela aurait été la pire des solutions ! À Hollywood, on m'offrait les meilleurs scénarios et les meilleurs metteurs en scène. Tout le monde voulait travailler avec moi, en 1949 : Hitchcock, Huston, Wyler, Mankiewicz... Mais je cherchais autre chose. Je voulais élargir mes talents [17]. »

Le 11 mars, deux semaines avant la date prévue, Ingrid part pour Rome. Elle fait une escale d'une semaine à New York, où elle rend visite à Irene Selznick. Dans l'appartement de son amie, elle glisse sur le plancher fraîchement ciré et se cogne la tête contre l'arête de l'appareil de conditionnement d'air. « C'était sans doute prémonitoire ! écrira-t-elle à Irene. L'étoile déchue [18] ! » Dès son arrivée à Rome, le 20 mars, l'Amérique ne va pas la voir autrement.

Vu le scandale qui va suivre, on a pu croire qu'en quittant Beverly Hills Ingrid abandonne joyeusement son mari et sa fillette de dix ans sans aucune intention de revenir — du moins pas avant d'avoir rendu le divorce inévitable. Mais rien ne permet d'affirmer qu'elle soit capable d'une telle dureté. Elle va simplement vivre une expérience nouvelle. Elle va faire un film en Italie avec un homme qu'elle aime. Un homme avec qui elle pourrait bien avoir une liaison (peut-être déjà entamée à Beverly Hills).

Est-ce que cela durera longtemps ? Comme elle connaît mieux Roberto, maintenant, on peut penser que non. Mais elle ne vise pas si loin. « Est-ce que j'ai conscience de tenir là ma chance de trouver le bonheur ? écrit-elle un peu plus tard à une des sœurs de Petter. Je vois cela comme la grande aventure, mais qui sait comment cela finira ? Petter et moi, nous nous sommes peu à peu éloignés l'un de l'autre. Il m'a prise quand j'étais encore une petite fille, il m'a formée, il m'a tout appris. Mais je veux grandir, maintenant, et Petter ne veut pas s'envoler dans la même direction que moi. Je suis un oiseau migrateur, tu comprends. Déjà, quand j'étais petite, j'étais à la recherche de nouveautés... J'aspirais à de grandes aventures. Tout ce que j'avais, tout ce que je voyais, tout ce que j'éprouvais, n'était jamais suffisant. J'ai toujours essayé de faire sauter les choses sans intérêt pour trouver le bonheur, mais je ne savais jamais ce qui m'apporterait le bonheur et la paix. Je cherchais sans cesse, je changeais et je changeais encore. Et c'était la même chose dans mon travail. J'essayais de changer de rôle, de changer de personnage, de passer d'un studio à l'autre, de faire de nouvelles rencontres, des gens avec qui je pourrais travailler, qui pourraient m'aider à me développer et à mûrir. Et Petter savait combien j'étais impatiente.

« C'est alors que j'ai rencontré Rossellini. J'ai reconnu en lui un autre oiseau migrateur. Il a grandi comme un animal sauvage, et rien ne le satisfait jamais tout à fait. Ce qu'on dit à propos de ses femmes n'est pas exagéré, non plus. Mais maintenant il a rencontré quelqu'un qui le comprend, selon lui. Et avec lui, j'ai le monde que je voulais connaître... »

À l'époque de Fleming et de *Jeanne d'Arc*, la presse n'avait pas émis le moindre murmure. Mais Fleming n'habitait pas chez elle, ne dînait pas avec elle chaque soir, ne la dévorait pas des yeux au nez et à la barbe du tout-Hollywood. Imprimés ou non, les ragots se transforment peu à peu en rumeur. Mais en cet instant, elle ne s'intéresse qu'à la « grande aventure » de l'Italie, à Rossellini, à *Stromboli*, à la conjonction du travail et de l'amour, et aux exercices pratiques aux côtés d'un nouveau « père à la caméra ».

« Elle n'avait aucune idée de ce qui allait arriver, racontera Lars Schmidt, son troisième mari. Bien sûr, Lindstrom et elle savaient que leur mariage était fini. Mais comment auraient-ils pu régler une situation qui n'était pas encore claire à leurs yeux ? Il est absurde de prétendre qu'elle avait l'intention d'abandonner définitivement sa fille. Après tout, elle venait de tourner un film à Londres, et son mari et sa fille lui avaient rendu visite. Elle n'avait aucune raison de penser que les choses se passeraient autrement cette fois-là [19]. » Bien entendu, ils ont déjà vécu de semblables séparations. Notamment lorsqu'elle a quitté Petter et Pia pour tourner *La Rançon du bonheur* à Hollywood (en 1939), et lorsqu'elle se trouvait à Broadway (en 1946).

En outre, Ingrid est partie à Rome avec peu d'argent et une garde-robe très limitée. Comme le climat est incertain, en ce début de printemps, elle a eu la prudence d'emporter son manteau de fourrure, qu'elle ne porte que très rarement à Hollywood. « Quand elle est arrivée en Italie, elle avait tout juste de quoi se changer, dit Art Cohn, l'écrivain américain qui accompagne Rossellini ce jour-là. [Il collabore au scénario de *Stromboli*.] Elle avait peut-être gagné de l'argent en son temps, mais rien ne suggérait qu'elle en avait. Je ne pense pas qu'elle en avait [20]... » Lindstrom lui-même admet qu'au moment où Ingrid s'en va, il n'a aucune raison de penser qu'elle ne reviendra pas : « La dernière chose qu'elle a faite avant de partir, ce fut de choisir le papier peint pour la nouvelle chambre d'enfant. Nous avions décidé d'avoir un deuxième enfant [qui aurait dû être conçu un peu plus tard dans l'année] [21]. » En d'autres termes, elle pense être absente trois ou quatre mois au maximum.

L'Italie lui réserve un accueil enthousiaste. Après les privations, l'occupation par les forces alliées, l'indigence et la corruption généralisées dans la Rome de l'après-guerre, Rossellini amène avec lui la plus grande star du monde. Ingrid devient en un clin d'œil le plus beau trophée des Romains. Le butin d'une guerre romanesque. « On avait l'impression, dit Federico Fellini, qu'une marraine de conte de fées venait d'arriver à Rome. On pouvait tout attendre d'elle. Elle pouvait faire des miracles, comme un personnage de Walt Disney. C'est ce qui la rendait si fascinante [22]. »

Le 20 mars, vers minuit, Ingrid Bergman débarque à l'aéroport de Rome. Une horde de photographes et de reporters se précipite sur elle. Ils ont été prévenus par Howard Hughes, qui pense que cela vaudra au film une excellente publicité. Roberto doit jouer des coudes pour lui ouvrir un chemin, cogne quelques photographes et la pousse dans sa voiture de sport, une Cisitalia rouge. Une heure plus tard, il la présente à ses amis lors d'une réception organisée à l'hôtel Excelsior. C'est presque l'aube lorsqu'elle rejoint sa suite, voisine de celle de Roberto. Tous les frais sont au compte de la RKO.

Quatre jours plus tard, Roberto et Ingrid prennent la route vers le sud. Ils font une étape pour permettre à Ingrid de goûter le vin tonifiant de Frascati. Ils se recueillent brièvement devant les ruines de l'abbaye bombardée de Monte Cassino. Ils conduisent dans les rues étroites et encombrées de Naples et contemplent les eaux bleues de sa baie. Ils poursuivent vers le sud, jusqu'à Amalfi. Ils prennent des chambres dans l'ancien monastère devenu l'Albergo Luna Convento. Surplombant la mer, avec les jardins calmes de son cloître et sa tour du Moyen Âge transformée en salle à manger, l'établissement va leur offrir une ultime période de tranquillité. Car les mois qui viennent seront frénétiques et pleins de désagréments. Ingrid n'est pas la première à être séduite par l'auberge... et par les attentions voluptueuses de Roberto.

« Je savais que Roberto était à nouveau amoureux, dira Marilyn Buferd quelques semaines plus tard, lorsqu'elle viendra à Amalfi. Il lui offrait le même rêve qu'aux autres, mais affublé des pompons et des guirlandes de la tradition féerique. Comprenez-moi bien : il était sincère. Il y croyait lui-même dur comme fer. Mais je pouvais répéter, au mot près, ce qu'il disait à Ingrid. Et croyez-moi, c'est merveilleux. C'est une grande expérience, et même si une aventure avec Rossellini ressemble à un papillon éphémère, c'est prodigieux pour le temps que ça dure. Il aurait fallu qu'Ingrid fût de pierre, pour ne pas être saisie et emportée par le courant[23]. » En l'occurrence, Ingrid vivra avec Roberto la plus longue aventure de sa vie. Même s'il s'agira d'un bail à court terme.

Marilyn n'est pas la seule à remarquer leurs roucoulements. Un photographe les saisit dans un moment d'imprudence, les doigts entrelacés, flânant sur les remparts d'un château en ruine. Un cliché idéal pour le magazine *Life*, qui le publie fin avril. Ingrid ne s'attendait pas à ce que sa vie privée fasse tout à coup la une dans le monde entier. Mais le printemps italien d'Ingrid et Roberto rappelle trop l'été européen d'Édouard VIII, roi d'Angleterre, et de l'Américaine divorcée Wallis Simpson qu'on avait vus, en 1937, se promener et se baigner ensemble. Depuis lors, les appareils photo, les microphones, les blocs-notes et ce que l'on considère comme « le droit du public à être informé » ont rendu chimérique tout désir d'intimité.

Le 3 avril, Ingrid prend la plume — dans la chambre même où Henrik Ibsen est censé avoir écrit *Une maison de poupée*. Sur du papier à en-tête de l'Albergo, elle écrit à son mari. Une lettre-manifeste digne de la Nora de la pièce d'Ibsen, qui va clore définitivement un chapitre de sa vie.

« Cher Petter,

« La lecture de cette lettre te sera difficile, autant qu'elle est difficile à écrire. Mais je crois que c'est la seule solution. J'aimerais tout expliquer depuis le début, mais tu en sais assez. J'aimerais demander pardon, mais cela aurait l'air ridicule. Ce n'est pas tout à fait de ma faute, et puis comment pourrais-tu me pardonner de vouloir rester avec Roberto ? Je sais qu'il t'a écrit, lui aussi, et qu'il t'a dit ce qu'il y avait à dire. Il n'était pas dans mon intention de tomber amoureuse et de partir pour toujours en Italie. Connaissant nos projets, nos rêves, tu sais que je ne mens pas. Mais que puis-je faire pour changer les choses ? Tu as pu voir, à Hollywood, comme j'étais enthousiaste vis-à-vis de Roberto, et tu sais comme nous nous ressemblons, comme nous avons les mêmes désirs pour le même genre de travail, et la même conception de la vie. Je pensais pouvoir vaincre mes sentiments pour lui lorsque je le verrais dans son milieu, qui est si différent du mien. Mais il se passe exactement le contraire. Les gens, la vie, le pays, ne sont pas du tout bizarres. Ils sont ce que j'ai toujours cherché. Je n'ai pas eu le courage, à la maison, de parler de cela avec toi, tant ça me semblait incroyable, comme une aventure. Et à l'époque, je n'avais pas pris conscience de la profondeur de mes sentiments. Mon Petter, je sais que cette lettre va faire l'effet d'une bombe sur notre maison, notre Pelle, notre avenir, notre passé si plein de sacrifices de ta part. Tu vas rester seul au milieu des décombres, et je suis incapable de te venir en aide. Pauvre cher Papa, mais aussi pauvre chère Maman. »

Roberto a écrit à Petter, en effet. Il insiste sur le fait qu'il n'a pas du tout l'intention de le blesser, et le presse d'accepter un divorce à l'amiable.

Jusqu'à la fin de sa longue et féconde existence, Petter Lindstrom ne s'en remettra jamais, et sa rancune restera toujours aussi forte. Cela deviendra même une véritable obsession. Comme le dira son ami Åke Sandler presque un demi-siècle plus tard, il a le sentiment d'avoir été « trompé sous les yeux du monde entier[24] ». Son mariage était mort depuis longtemps, Ingrid et lui le savaient. Mais elle a sauté sur l'occasion qui s'offrait à elle avec une énergie à laquelle Petter ne s'attendait pas. Peut-être pour la première fois de sa vie, elle a agi de manière décisive. Petter a enfin perdu le contrôle qu'il exerçait sur elle. Le triomphe de Rossellini est à la mesure de la défaite de Lindstrom.

Le 4 avril, Ingrid et Roberto et leur équipe technique embarquent le matériel de prises de vues, des vivres et quelques produits de première nécessité sur un schooner délabré, et mettent au large en mer Tyrrhénienne. Quatre heures plus tard, le cône noir du Stromboli se dessine à travers ses vapeurs fétides. Ils aperçoivent bientôt les pentes arides et les petites masures chaulées des paysans qui nourrissent péniblement leurs familles du produit de leur pêche. Ils mènent une vie primitive, à l'écart du monde, et ils sont privés de commodités comme le tout-à-l'égout, l'électricité, les journaux et la radio. « Tout ce discours sur l'authenticité est bien joli, marmonne Harold Lewis, le directeur de production de Howard Hughes [qui se trouve avec eux sur le terrain], mais il est clair que vous dépassez la mesure[25]. » Stromboli conviendrait mieux à une colonie pénitentiaire, en effet, qu'à une équipe de tournage. Il serait impossible de travailler si Roberto n'avait prévu d'apporter son propre générateur. « J'ai eu envie de fuir le plus loin possible, dira plus tard Ingrid. Exactement comme Karin, l'héroïne du film, quand elle découvre l'endroit pour la première fois[26]. »

Au fur et à mesure du tournage improvisé, le film devient de plus en plus la métaphore de la manière dont Roberto voit ses rapports à Ingrid. Karin ressemble très fort à celle-ci, en effet : une réfugiée dont le seul espoir de rompre avec son passé vient de l'homme qui l'emmène à Stromboli. Après une période initiale de bonheur, elle se dit qu'elle a commis une erreur, qu'elle est plus que jamais déplacée. « Je suis un être civilisé, hurle Karin à son mari avant d'éclater en sanglots. J'ai l'habitude de vivre autrement ! » (Le mari est interprété par Mario Vitale, un pêcheur beau et ténébreux que Roberto a ramené de Salerne en descendant à Stromboli.) Ce n'est qu'après sa tentative de fuite et sa mystérieuse « épiphanie » qu'elle admettra que son destin est de demeurer avec l'homme qui l'a libérée.

Ingrid occupe une baraque de stuc de quatre pièces louée à l'instituteur. Quand elle veut se baigner, une assistante verse sur elle, par un trou percé dans le toit, le contenu d'un seau d'eau de mer. Les provisions viennent d'Italie par bateau. Il s'agit surtout de conserves et de pâtes, que leur préparent les femmes de l'endroit. Rossellini a recruté la plupart des acteurs et techniciens selon sa méthode habituelle qui consiste à flâner dans l'île et à choisir des gens du cru. (« Vous, tenez-vous ici, regardez par là... Vous, vous porterez ceci... Vous, emportez ceci là-bas... »)

Ingrid se sent plus seule que jamais. Elle a tenté sa chance avec Rossellini parce qu'elle voulait faire quelque chose de complètement différent. Il est sûr qu'elle y est parvenue. Elle qui a été formée et entraînée selon les méthodes précises du cinéma traditionnel, passe ici pour le vilain petit canard. Rossellini recrute n'importe où des amateurs qu'il traite comme des pros tandis qu'Ingrid, la professionnelle, est considérée comme une novice. « Va te faire pendre, avec tes films réalistes ! lui crie-t-elle un jour, quelques semaines après le début du tournage. Ces gens ne savent même pas ce que c'est qu'un dialogue ! Ils ne savent pas où ils sont ! Ils ne savent pas ce qu'ils font, et ils s'en fichent complètement ! Je ne supporterai pas de travailler un jour de plus avec toi[27] ! » Rossellini la prend à part, et fait assaut de charme et de persuasion. Un peu plus tard, Ingrid revient sur le plateau, calmée, plus impatiente que jamais de satisfaire son seigneur et maître.

« Il n'a pas besoin d'acteurs pour faire des films, dira-t-elle plus tard, plus sereinement. Il fait juste des films le plus naturellement du monde... avec des gens[28]. » Tout au long du tournage, on lui répète de ne pas « jouer », de dédramatiser le texte, et de se contenter de n'importe quel costume qui soit à sa taille.

« Je pensais avoir eu des difficultés sur le tournage d'*Arc de triomphe*, de *Jeanne d'Arc* ou des *Amants du Capricorne*, écrit-elle le 12 mai à Joe Steele. Mais cette manière de faire du cinéma réaliste, ça vous laisse littéralement mort sur le bord de la route. Comment travailler avec des amateurs quand on est aussi peu patiente que moi ! Mais pour travailler avec quelqu'un d'aussi remarquable que Roberto, il faut bien affronter de bon gré les épreuves et le mauvais temps. Il écrit les dialogues juste avant de tourner la scène. Il choisit les acteurs à peine quelques heures avant le tournage. Il déborde d'idées nouvelles. Lorsque quelque chose va de travers, sa violence est comparable à celle du volcan qui se trouve là, au-dessus de nous. Mais sa tendresse et son humour reviennent comme par enchantement un instant plus tard. Je comprends parfaitement pourquoi les gens le trouvent cinglé. Mais c'est toujours ce qu'on dit des gens qui osent être différents, et j'ai toujours aimé ces gens-là, n'est-ce pas [29] ? »

Elle a pris une décision, et elle veut en assumer les conséquences — y compris les difficultés du tournage. On ne lui a pas donné de doublure. Elle marche dans l'eau, sur des rochers pointus. Elle escalade le volcan. Elle s'y prête avec courage, bien que les vapeurs sulfureuses lui brûlent les yeux et la gorge, lui coupent le souffle et lui donnent des nausées pendant des jours.

Fin avril, les rumeurs sur une liaison sont suffisamment insistantes pour que la presse prenne le chemin de Stromboli. « Je refuse de répondre, réplique Roberto lorsqu'on lui demande incidemment s'il a l'intention d'épouser Ingrid. Ni oui ni non. Je n'ai encore rien à vous dire à ce sujet [30]. » Un démenti qui ressemble fort à une vigoureuse affirmation.

La situation va évoluer très vite. Le 29 avril, Petter Lindstrom débarque à Rome. Il prend la route de Messine, en Sicile, où il doit rencontrer Ingrid deux jours plus tard. « Je suis venu en Italie parce qu'Ingrid, dans ses lettres, ne cesse de me parler de la beauté extraordinaire de ce pays, dit-il aux reporters [qui se retiennent d'éclater de rire]. Et je suis venu pour voir ma femme et la serrer dans mes bras, ma femme à laquelle je suis uni par les liens d'une affection indissoluble [31]. » Tout va pour le mieux dans le meilleur des mondes...

Ils se retrouvent pour discuter dans une triste petite auberge, l'après-midi et le soir du 1er mai et le matin du 2. Pendant tout le temps qu'ils passent ensemble, Roberto fait les cent pas en rageant dans la salle à manger et les corridors de l'hôtel. Fou de jalousie, il fait hurler pendant des heures le moteur de sa voiture de sport sous leurs fenêtres. Craignant qu'Ingrid ne se laisse convaincre de rentrer chez elle, il lui fait parvenir un message : il menace de jeter son auto contre un arbre si elle se réconcilie avec son mari. Mais Ingrid connaît son goût du mélodrame et ignore la menace. Kay Brown, envoyée par Lew Wasserman, le grand patron de l'agence MCA, arrive à son tour sur les lieux. Elle trouve Ingrid « absente, triste, complètement désorientée[32] ».

« Il n'y aura pas de divorce, déclare Petter à la presse en gare de Messine, avant de regagner Rome. Il n'y a aucune discorde entre nous[33]. » Rien n'est plus faux, bien sûr. Mais il se dit persuadé que cette aventure passera comme les précédentes. Ingrid dépend à jamais de lui et reviendra humblement à sa véritable place.

Elle lui a dit ce qu'ils savent tous les deux depuis des années : leur mariage est fini. Elle veut divorcer pour pouvoir épouser Roberto. Ce dernier, d'ailleurs, a entamé la procédure qui mettra fin à son propre mariage. Comment Petter pourrait-il espérer qu'il en soit autrement ? Ils savent parfaitement que leur mariage n'est plus qu'un chiffon de papier. S'il leur reste un peu d'affection mutuelle, pourquoi faudrait-il qu'ils s'exposent — sans parler de leur petite Pia — à la plus fâcheuse des publicités ? Ne devraient-ils pas en finir avec ce mariage aussi vite, aussi calmement et aussi amicalement que possible, et mener chacun sa vie ?

Par égard pour Pia, surtout, n'est-ce pas de loin la meilleure solution ? Déjà, leurs noms sont cités chaque jour dans les journaux et magazines du monde entier. Si cette affaire est réglée promptement, la presse se désintéressera d'eux. Ingrid pourrait retourner à Beverly Hills dans quelques semaines, pour rassurer Pia et lui montrer qu'elle ne perd pas sa maman. Leur fille a été élevée à Hollywood, après tout, et elle sait ce qu'est un divorce. Même s'ils doivent se séparer, ils ne doivent pas imposer à la petite le spectacle de leur rancœur. Peut-être Ingrid pense-t-elle aussi à sa propre enfance. Peut-être ne veut-elle pas que la situation se répète et que sa fille soit élevée par son père seul. Elle vivra sans doute avec Roberto en Italie, c'est vrai, mais Pia pourrait passer avec elle ses vacances d'été. Le reste de l'année, la mère et la fille pourraient se rendre visite de temps en temps. Ingrid supplie Petter d'être raisonnable et compréhensif. Il est clair qu'il n'y a plus de lien conjugal entre eux. Il est aussi évident que Petter n'a aucune raison, religieuse ou morale, de s'opposer à la dissolution de son mariage.

Elle n'a pas compris à quel point Petter s'entête. D'une part, il ne veut pas subir l'humiliation de perdre Ingrid Bergman au profit d'un autre homme, au vu et au su du monde entier. Par ailleurs — Ingrid en témoignera sous serment —, il affirme qu'il ne l'aime plus. « Il ne veut plus de moi, même si je voulais revenir. Il m'a dit qu'il se réjouissait de me voir pleurer et souffrir, parce qu'ainsi je comprenais à quel point lui-même avait souffert[34]. » Il finira par accepter le divorce, bien entendu, mais il n'a pas l'intention de lui simplifier les choses. Ingrid subira seule la calomnie publique pour avoir brisé leur mariage, abandonné leur fille et causé à cette dernière l'horreur de l'infamie. Comme beaucoup de leurs amis en témoigneront, Petter monte Pia contre sa mère, en prétendant qu'Ingrid l'a abandonnée. Malheureuse et désorientée, la petite n'a aucune preuve du contraire. Au bout du compte, c'est elle qui souffrira le plus de la situation. Sa réussite future témoignera de sa remarquable force intérieure et de sa capacité (lorsque les choses dépendront d'elle) à pardonner et à chercher la réconciliation.

On aurait sans doute pu s'épargner beaucoup de souffrances. Mais il aurait fallu que Petter accepte de résoudre rapidement une situation qu'il va prolonger encore une année. Avant de se séparer, Ingrid et lui conviennent de se revoir à Londres quelques semaines plus tard. Entre-temps, Petter sera allé en Suède et aura discuté avec l'avocat Cyril Holm de la meilleure manière de conclure le divorce. Dans l'immédiat, il ne consent à rien. Il déclare seulement qu'il aimerait que l'affaire se règle hors d'Italie. Puis il ne se passe plus rien. « Si M. Lindstrom avait donné son consentement de bonne grâce lorsque Ingrid lui a demandé le divorce la première fois, dit Roberto, je suis certain que cela nous aurait épargné toutes les critiques qu'on a déversées sur nous[35]. »

« Je n'ai vu que de la mauvaise presse, dans le monde entier, écrit Ingrid à Joe Steele. Ici, nous sommes continuellement pourchassés. Il y a des photographes partout. Je suis terriblement malheureuse de savoir que Petter et Pia doivent souffrir ainsi de mes péchés. Et que les gens qui ont travaillé sur *Jeanne d'Arc* puissent en souffrir aussi. Je ne pense pas que ce sera le cas pour *Les Amants du Capricorne*, car dans ce film, je ne joue pas une sainte[36]. »

Pour ce qui concerne Petter, elle donne des détails dans une autre lettre à Joe, le 30 mai : « Je ne peux pas retourner avec lui à la maison. Dis-moi s'il est vrai [comme Petter le lui a dit] que les résultats de *Jeanne* baissent à cause du scandale. Il me semble tellement hypocrite d'aller contre ses sentiments pour des raisons commerciales ! Les gens me haïraient encore plus si je craignais que la vérité nuise à ma carrière. (...) Je ne m'inquiète pas pour moi, mais pour l'avenir de Pia, pour Petter qui se retrouve seul, et pour le travail de RR. C'est bien suffisant pour m'effrayer[37]. » Afin d'être honnête, Ingrid répond en toute liberté (naïvement, sinon avec courage) à un journaliste : « Nous avons essayé de garder cela pour nous. Nous ferons une déclaration lorsque nous serons prêts[38]. »

Bien entendu, cette phrase parvient à Hollywood quelques heures plus tard. Howard Hughes annonce que le film doit être achevé au plus vite. Impatient de tirer profit de la moindre publicité, il annonce qu'il sortira aux États-Unis sous le titre *Stromboli* (le titre italien est toujours *Terra di Dio*). Il lance une campagne dont les affiches montrent Ingrid sur fond de volcan en éruption. Le bon goût et la délicatesse ne sont pas ses points forts. Le *Time* lui-même se met de la partie avec un article intitulé « Fantaisie sur l'île Noire »[39]. Petter y est cité, affirmant que l'Italie est un beau pays, mais « trop plein de fantaisies ». Le journaliste rappelle que, dans l'Antiquité, le cratère du Stromboli était considéré comme la voie d'accès au purgatoire.

Puis deux choses vont se produire le même jour : c'est le genre de coïncidence qu'aucun scénariste n'oserait introduire dans le mélodrame le plus rebattu.

Le 6 juin, Ingrid apprend qu'elle est enceinte. Elle devrait accoucher fin janvier ou début février 1950.

Le soir même, le Stromboli entre en éruption, crachant dans le ciel cendres et fumées qui viennent se déverser sur les habitants et les visiteurs. Fort heureusement, la coulée de lave ne se répand que sur le flanc nord-ouest de l'île, à l'opposé du village.

L'éruption empêche Ingrid de retrouver Petter à Londres comme prévu. De retour en Californie, il est informé de l'éruption volcanique. La nouvelle de la grossesse d'Ingrid ne sera rendue publique que beaucoup plus tard. (Certains auront la puce à l'oreille lorsque Joe Steele et Art Cohn annonceront que le tournage l'a épuisée et qu'elle devra peut-être s'imposer une année de repos — voire *deux*.)

Petter, entre-temps, va faire en sorte qu'Ingrid sache les problèmes qu'il rencontre à cause d'elle. « Les hyènes me poursuivent d'un hôpital à l'autre pour m'interroger sur ton aventure », lui écrit-il de Los Angeles. Puis il lance une attaque indirecte. Il abat sa carte maîtresse. Pia. Il ranime le sentiment de culpabilité d'Ingrid, qui s'en veut d'avoir placé sa carrière, comme Lena Geyer, avant le reste. « Notre fille, je pense, n'a pas conscience de ce qui se passe. De ma vie, je n'ai jamais été aussi proche d'elle que ces deux dernières semaines. Je vais rattraper le temps que j'ai perdu à des choses beaucoup moins importantes. Elle se trouve à Minneapolis [pour les vacances, avec la femme de leur directeur financier]. Je vais faire de mon mieux pour lui donner un sentiment de sécurité avant que la tempête n'éclate. (...) Il y a quelque temps, tu as déclaré à *Life* que tu ne pourrais jamais être mariée à un réalisateur. Quelle sorte de liberté et d'indépendance penses-tu pouvoir obtenir, maintenant ? »

Ses remarques font mouche. Ingrid, que le remords rend presque hystérique, questionne Roberto. Est-ce qu'ils se sont mal conduits, dans leurs actes, dans leurs projets ? Va-t-elle perdre sa fille ? C'est ridicule, lui dit-il. Aucun parent ne perd un enfant qui ne veut pas être perdu. Le moment venu, dit-il, Pia comprendra.

Mais Pia ne comprendra pas, à cause précisément de la manière dont les choses vont évoluer pendant les deux années qui viennent.

Comment le pourrait-elle, en effet ? D'abord on la délaisse, puis on l'utilise à la maison, on l'utilise dans les échanges épistolaires, on l'utilise au tribunal. Cette enfant qu'on a connue charmeuse et enjouée devient, selon ses propres termes, « pitoyable... il n'y a pas d'autre mot pour cela [40] ». Elle devient le plus important des personnages secondaires du feuilleton mélodramatique qui se poursuit dans les pages des journaux et magazines du monde entier. Jusqu'à la fin de sa vie, Ingrid ne regrettera qu'une conséquence de son divorce : sa séparation prolongée d'avec sa fille, que personne ne pouvait prévoir, bien entendu. À chaque fois qu'elle envisagera de revenir aux États-Unis, les circonstances l'en empêcheront. Et quand elle voudra faire venir Pia en Europe, des obstacles se dresseront. Elle ne *souhaitait* pas être coupée si longtemps de la vie de sa fille, bien entendu. Mais cela a été le cas.

« Je pensais que les gens intelligents pouvaient divorcer et se montrer raisonnables en toutes choses, dira Ingrid. L'idée ne m'est jamais venue que je devrais affronter une telle violence, et que je pouvais perdre Pia. Je pensais qu'elle passerait une partie du temps avec moi et le reste de l'année avec son père. Je pensais que lui et moi resterions amis. Ai-je eu tort de le croire ? Est-ce qu'il n'y a pas des tas de gens qui divorcent et qui se comportent décemment l'un vis-à-vis de l'autre [41] ? »

En juin, elle constate que tout lui échappe. Le film, sa vie, et quasiment toutes ses relations avec ses proches. Désormais, elle est aussi totalement dominée par Roberto qu'elle l'a été par Petter. Mais elle n'oublie pas sa fille.

« Pia, ma chérie, notre vie va changer, lui écrit-elle durant l'été. La différence, c'est que tu seras beaucoup plus souvent avec Papa. Maman sera loin, comme c'est arrivé déjà si souvent, et elle restera loin de toi beaucoup plus longtemps que d'habitude. [Mais] cela ne veut pas dire que nous ne nous reverrons plus jamais. Tu viendras passer tes vacances avec moi. Nous nous amuserons beaucoup, et nous voyagerons toutes les deux. Tu ne dois jamais oublier que j'aime Papa et que je t'aime, et que cela ne changera jamais. Mais les gens ont parfois envie de vivre avec quelqu'un qui n'appartient pas à leur vraie famille. C'est ce qu'on appelle une séparation, un divorce. Je sais que nous avons souvent parlé de toutes tes amies dont les parents avaient divorcé. Il n'y a rien d'extraordinaire à cela, même si c'est plutôt triste. (...) Écris-moi, et je t'écrirai, et le temps passera vite, je l'espère, jusqu'à ce que nous nous retrouvions. »

Il n'empêche que la situation va engendrer beaucoup de chagrin, et que cela va durer des années. Mais ce ne sera jamais le fait de la cruauté d'Ingrid, ni d'un abandon délibéré de sa part. Depuis le début, elle espérait que sa fille pourrait lui rendre visite, et qu'elle passerait avec elle beaucoup plus de « moments de qualité » que par le passé. Mais elle a commis une terrible erreur de calcul. Des années plus tard, certaines actrices concevront des enfants hors mariage. Mais Catherine Deneuve, Vanessa Redgrave, Susan Sarandon, Madonna et tant d'autres auront obtenu le droit légitime d'être seules juges de leur vie privée, et ne subiront pas l'opprobre général. (Il faut admettre qu'elles n'abandonneront pas leurs enfants nés d'un premier mariage.) En 1949, la situation d'Ingrid est très différente. Et elle va encore empirer.

« J'aurais dû me montrer beaucoup plus discrète avec Roberto, dira-t-elle [assumant seule une responsabilité qu'elle partage avec Rossellini]. Mais je ne *savais* pas que j'appartenais au public américain, et que tout le monde avait le droit de me dire ce que je devais faire et comment je devais mener ma vie privée. Une vedette de cinéma n'est rien d'autre qu'un produit commercial. On a dit que j'avais été le modèle parfait de l'épouse et de la mère de famille. Après m'avoir vue dans *Jeanne d'Arc*, on a cru que j'étais une sainte. Ce n'est pas le cas. Je ne suis qu'un être humain. Le résultat, c'est que je me suis *toujours* sentie coupable... Toute ma vie [42]. » Remarquons qu'elle ne conteste pas la légitimité, au moins en partie, de ce sentiment de culpabilité.

Jeanne d'Arc a été traitée de sorcière et menée au bûcher dans un prompt déni de justice. Ingrid d'Hollywood est traitée de putain et sera soumise durant des années aux flammes du courroux populaire. Elle seule pouvait savoir à quel point son remords était justifié ou ce qu'elle devait à la névrose. Mais le tribunal de l'opinion publique décide pour elle, et le châtiment est très proche de la peine capitale.

Le procès s'ouvre au début du tournage de *Stromboli*. Ingrid reçoit une lettre de Joseph I. Breen. [Cet homme dirige le Motion Picture Production Code, le fameux code Hays, le chien de garde autoproclamé de la pureté morale de l'Amérique.]

« Ces derniers jours, la presse américaine a assez largement répandu une histoire selon laquelle vous seriez sur le point de divorcer, d'abandonner votre enfant, et d'épouser Roberto Rossellini.

« Il va sans dire que ces nouvelles sont la cause d'une profonde consternation chez nombre de nos compatriotes qui en sont venus à vous considérer, et comme femme et comme actrice, comme la *première* dame de l'écran. De toutes parts, je n'entends que les échos du choc que ressentent les gens à l'idée que vous ayez pu concevoir de pareils projets (...)

« Non seulement de telles histoires ne seront *pas* favorables à votre film, mais elles peuvent fort bien *détruire votre carrière en tant qu'artiste de cinéma* [43]. Elles pourraient décevoir le public américain au point qu'il décide d'ignorer vos films, et votre valeur au box-office ne manquerait pas de s'effondrer[44]. »

Walter Wanger lui-même saute dans le train du moralisme. Il envoie à Ingrid un télégramme singulièrement cinglant. Il craint en fait que la carrière commerciale de *Jeanne d'Arc* ne soit compromise par un boycott de l'Église et des ligues de vertu.

« J'ai engagé mon avenir et celui de ma famille en faisant un énorme investissement que tu risques de compromettre si tu ne te comportes pas [comme il faut]. Nous devons tous les deux un certain respect à la mémoire de Victor Fleming comme à tous les gens qui croient en nous. (...) Ne t'illusionne pas en t'imaginant que ce que tu es en train de faire est à ce point courageux ou à ce point artistique que cela puisse t'excuser[45]. »

Sans doute Ingrid rira-t-elle, plus tard, de l'hypocrisie de Wanger. Un jour, celui-ci trouve sa femme, l'actrice Joan Bennett, au lit avec son amant (et agent) Jennings Lang. Il tire un coup de revolver sur son rival et le blesse à l'aine. Mais le trio réalise immédiatement que leurs carrières risquent de souffrir dès que la nouvelle se répandra. Wanger et sa femme s'empressent donc de traîner le pauvre Lang, en sang, dans leur voiture, et de le conduire jusqu'au parking où il a laissé la sienne. Les trois comparses mettent au point un scénario très élaboré. Ils appellent la police et prétendent que Lang s'est trompé d'auto, et a tenté de pénétrer dans celle de Wanger. Celui-ci, se méprenant à son tour, aurait tiré pour protéger son bien. Lang se remettra de sa blessure et l'investissement de la famille Wanger-Bennett sera hors de danger. Ils laissent aux seuls critiques de cinéma le droit de les juger. *There's no business like show-business !*

Les lettres condamnant Ingrid arrivent par milliers, par dizaines de milliers. Elle a toujours donné l'impression d'être une épouse loyale et une bonne mère de famille, s'écrie-t-on. Comment peut-elle envisager froidement un tel changement ? « Mais alors, demande-t-elle non sans pertinence, si j'avais été une mauvaise épouse et une mauvaise mère, tout irait bien ? Est-ce que je suis punie pour avoir été une *bonne* épouse[46] ? » Mais l'heure n'est ni à la logique ni à la modération, encore moins aux amabilités. On a tiré un trait, et personne ne fera de quartier.

C'est alors qu'arrive un incident que Breen pourrait interpréter comme un signe du ciel. Les deux derniers jours du tournage, les 1er et 2 août, Roberto tourne la scène où Ingrid escalade le flanc du volcan. Elle est si incommodée par les vapeurs qu'elle tombe, et glisse sur près de cent mètres de pente rocheuse. Elle se relève avec les membres écorchés et couverts de sang. Elle s'en tire à meilleur compte qu'un technicien nommé Ludovici Muratori, si épuisé par son travail au bord du cratère qu'il s'écroule et meurt d'une crise cardiaque. N'en déplaise à Hitchcock, *Stromboli* n'est certainement pas « un film, rien qu'un film ». C'est une suite de problèmes et de catastrophes. Et le remontage imposé par la RKO avant sa sortie en salles ne change rien à l'affaire : le film n'a ni rythme, ni progression dramatique, ni force émotionnelle, ni point de vue éthique clairement défini.

La méthode qui a si bien réussi à Rossellini à l'époque de *Rome, ville ouverte* (alors qu'il disposait d'un scénario de Fellini) lui fait cruellement défaut. *Stromboli* n'est pas sujet à polémique, c'est simplement un monument d'ennui. Les bonnes intentions de l'auteur ne font aucun doute, mais les grands sujets — l'homme contre la nature, les réfugiés à la recherche de leur identité, les âmes solitaires se tournant vers Dieu — ne font pas nécessairement les drames homériques. Comme Rossellini est le maître absolu de *Stromboli* et qu'il ne fait confiance à personne, la « vision singulière » du film est singulièrement myope.

Après le tournage, Ingrid et Roberto quittent Stromboli pour Rome. Leur situation financière ne s'améliore pas pour autant. Ils trouvent un peu de confort dans le grand appartement de dix pièces de Rossellini, au 49, via Bruno Buozzi, mais ils ne disposent pas de beaucoup de trésorerie pour le superflu.

Les premiers fragments du salaire d'Ingrid pour *Stromboli* ont été versés conjointement à Petter et elle en Californie, et elle a renoncé à sa part pour subvenir aux besoins de Pia. En outre, le service des contributions américain a posé un droit de saisine sur ses revenus, car une loi fiscale très dure a été votée pour les années 1946-1948. Leur expert comptable, un personnage louche nommé John Vernon, a été accusé de détournement de fonds. Il a opportunément réglé le problème (pour ce qui le concerne, en tout cas) en se donnant la mort. Cela n'a valu aux Lindstrom aucune indulgence de la part du fisc. Rossellini fait du salaire que lui verse la RKO un usage assez mystérieux. Il doit entretenir sa mère, prétend-il, une sœur, une nièce, un fils, plusieurs animaux, un nombre indéterminé d'anciennes maîtresses et l'armée de mécaniciens qui entretiennent à longueur d'année ses voitures de sport.

Le tournage fini, sans doute sur l'insistance de Rossellini, Ingrid retrouve son énergie. Le 15 août, elle brise le silence et fait savoir à la presse, via Joe Steele, qu'elle a décidé d'interrompre sa carrière et de se consacrer à sa vie privée. Elle a chargé son avocat, dit-elle, d'entamer une procédure de divorce. Le jour même, la une du *Los Angeles Times* déploie un titre en caractères géants : « INGRID DIVORCE ET ABANDONNE LE CINÉMA », suivi d'un article sur plusieurs colonnes. Les journaux du monde entier sont moins familiers, mais personne n'étouffe l'histoire. À Hollywood, les échotières Louella Parsons et Hedda Hopper sont outrées de n'avoir pas été prévenues personnellement par Ingrid.

Marcella de Marchis accepte quant à elle d'aider Roberto à trouver des motifs d'annuler leur mariage. « Ingrid Bergman sera pour lui une épouse idéale... Elle est douce, paisible, c'est une oasis de charme. Mlle Bergman et Roberto se marieront dès qu'ils le pourront[47]. » Marcella semble sincèrement ravie de mettre fin à un mariage qui est depuis longtemps sans objet. Elle signe un document attestant qu'elle n'était pas saine d'esprit le jour où elle a épousé Roberto Rossellini. C'est suffisant pour obtenir d'une cour d'assises autrichienne l'annulation de leur mariage. Grâce à quelque appui personnel, cette décision sera entérinée en Italie. Leur fils, âgé de onze ans, sera confié à Marcella.

Le 29 août — le jour de son trente-quatrième anniversaire —, Ingrid célèbre donc la disparition d'un obstacle à son remariage. Roberto et elle sortent dîner. Dans les rues de Rome, ils sont pris d'assaut par une foule enthousiaste. Les Romains adorent les amants, de toute évidence. Leurs sympathisants les raccompagnent jusqu'à leur quartier dans un concert d'acclamations et de vieilles chansons d'amour italiennes, et manifestent leur soutien de toutes les façons possibles — sauf en jetant trois pièces de monnaie dans la fontaine.

À l'automne, Ingrid entame la longue procédure qui doit lui permettre d'obtenir le divorce à distance.

Roberto et elle engagent Monroe MacDonald, un avocat américain installé à Rome, qui leur est recommandé par certains de leurs amis. Il devra choisir à son tour un homme de loi californien avec lequel il travaillera. MacDonald, homme simple et timide qui semble détester la publicité, se rend à Los Angeles fin septembre. Il emporte une longue déclaration dictée et signée par Ingrid. Elle y retrace en détail l'histoire de sa vie et l'érosion progressive de son mariage. Tout en prenant soin de ne pas froisser Petter et de ne pas être injuste à son égard, elle affirme qu'il a trop étroitement dirigé sa vie et sa carrière, et que ce n'est que loin de lui — en Alaska, en Europe ou à New York — qu'elle a pu prendre conscience de ses propres forces et constater à quel point la distance qui les sépare s'était agrandie. Dépourvu de rancœur, exempt d'accusations, le témoignage d'Ingrid indique néanmoins que sa vie créative et affective se trouve à nouveau en Europe.

Armé de ce document, MacDonald se rend à Los Angeles. Il fait escale à New York, où il commet une erreur monstrueuse. Croyant qu'il serait de l'intérêt d'Ingrid d'avoir de son côté la presse et l'opinion publique américaines, il confie étourdiment le texte de sa « déclaration confidentielle » à l'éditorialiste Cholly Knickerbocker. Ce dernier rédige un long article qui est publié le 21 septembre, sous le titre géant « L'AVOCAT D'INGRID AUX ÉTATS-UNIS POUR RENCONTRER LINDSTROM », dans des centaines de journaux

267

américains. Il cite MacDonald : « Voici les premiers et derniers mots qu'elle m'a adressés avant de quitter Rome : Ne faites rien qui puisse blesser Petter[48]. » Comme on pouvait s'y attendre, celui-ci est furieux. À cause des accusations lancées en public par MacDonald, mais aussi de cette manière intolérable d'annoncer une procédure de divorce appartenant au domaine privé.

Le pire reste à venir. MacDonald, se délectant de toute évidence de sa gloire par procuration, va révéler sa véritable personnalité. Il accepte de recevoir l'échotière à scandale Louella Parsons. Deux jours plus tard, celle-ci ouvre sa chronique sur ce titre absurde : « INGRID OFFRE UNE FORTUNE POUR RÉCUPÉRER SA LIBERTÉ ». Elle cite MacDonald, qui rapporte des détails de conversations et de correspondances privées entre Ingrid et Petter. L'avocat outrepasse ses droits, au point de divaguer ouvertement sur le passé d'Ingrid, son évolution psychologique, le caractère sentimental de Lindstrom et diverses hypothèses sur leur avenir.

En se conduisant de manière aussi agressive, extravagante et si peu professionnelle, MacDonald court-circuite toute possibilité de règlement à l'amiable. Pris d'une colère légitime, Lindstrom interrompt toutes les négociations. Dans la presse, il voit se multiplier les récits pittoresques sur la manière dont il a détruit la vie de sa femme, à force de la dominer. Certains comptes rendus plus croustillants, pour satisfaire la demande des lecteurs, font vaguement allusion à des violences physiques, évidemment sans fondement. C'est le début d'une campagne frénétique des médias américains qui vont consacrer à l'« affaire Bergman-Lindstrom-Rossellini », de l'automne 1949 à la fin de 1950, plus de trente-huit mille articles de journaux et de magazines, éditoriaux, essais et homélies.

Lorsque Ingrid apprend l'attitude de MacDonald, elle est hors d'elle. Mais l'avocat est parvenu à obtenir la collaboration de son confrère hollywoodien Gregson Bautzer. Ce grand séducteur bronzé et athlétique, qui est sorti avec de nombreuses stars — dont Joan Crawford, Lana Turner et Ginger Rogers —, compte Howard Hughes et Louella Parsons parmi ses clients. Il reçoit pour mission de congédier immédiatement MacDonald, qui rentre chez lui en protestant qu'il a agi au mieux des intérêts de sa cliente.

Le 29 octobre, Petter a poussé son avantage en prêtant serment de citoyenneté américaine. Désormais, Ingrid est une étrangère non résidente qui poursuit en justice une fille et un mari américains. Petter lance enfin les négociations via ses propres avocats. Ceux-ci exigent :

(a) qu'Ingrid ne soit pas autorisée à rencontrer sa fille ailleurs qu'aux États-Unis ;

(b) qu'on accorde à Lindstrom 50 % de tous les revenus d'Ingrid sur *Stromboli* ;

268

(c) qu'il soit décidé expressément qu'Ingrid ne pourra revendiquer qu'un tiers de la valeur totale de la maison de Benedict Canyon et de tous leurs biens communs — part que Petter estime à cinquante mille dollars.

Lorsque ces nouvelles parviennent à Rome, Rossellini est le premier à réagir. Il s'abandonne à une de ses crises de rage dignes d'un opéra. Comme d'habitude, il est endetté jusqu'au cou. Ingrid n'a pas d'argent, et aucune perspective d'en recevoir. Leur train de vie et leurs frais professionnels sont très élevés. Enfin — ce que tout le monde ignore encore —, un bébé doit voir le jour trois mois plus tard. L'annonce de sa grossesse risquerait de susciter des appels massifs au boycott du film et d'en compromettre le succès éventuel. Le moralisme américain de l'après-guerre a ce pouvoir-là.

Inévitablement, des rumeurs sur la grossesse d'Ingrid commencent à circuler. Fin novembre, elle a de nouveau besoin de se confier à quelqu'un. Elle se tourne naturellement vers Joe Steele — l'ami plus loyal que jamais —, qui est de retour à Hollywood. On lui a conseillé d'avorter, lui écrit-elle en novembre. Mais elle a exclu d'emblée cette « pauvre et minable [49] » solution à ses problèmes. En fait, un certain nombre d'hommes d'Église proches de Rossellini, peu enclins à s'ériger en juges, lui ont offert leur amitié et leur sympathie. « Je m'en suis remise à Dieu, comme ils me le conseillent, écrit-elle à Joe. Aucun orage ne sera assez violent pour nous emporter. »

Elle doit pourtant affronter des tempêtes continuelles. Aucune n'est plus terrifiante que celle que Petter va déclencher, dissimulé derrière sa fille. Pia écrit à Ingrid qu'elle ne peut pas regarder le globe terrestre, à l'école, parce qu'elle refuse de voir l'Italie. Puis elle demande à sa mère pourquoi elle doit post-synchroniser les dialogues du film à Rome, et non à Hollywood. « Aucun film n'a jamais pris autant de temps. Il se passe décidément quelque chose de curieux [50] ! » Ingrid, bien entendu, comprend immédiatement d'où vient tout cela. Il est impossible que la fillette ait pu avoir de telles idées toute seule.

Ses amis admirent le courage dont elle fait preuve dans cette lutte sordide pour la loyauté de son enfant. Et puis son humour la maintient à flot. « Roberto va tourner un film sur saint François, écrit-elle à Joe le 5 décembre. Le Vatican est très enthousiaste et obligeant à ce sujet. Tous ces saints hommes semblent l'avoir adopté comme leur pécheur favori. Des tas de prêtres nous rendent visite, et dînent avec nous. Ma réputation de luthérienne est en pièces [51] ! » Quant à Cholly Knickerbocker, qui lui expédie un câble pour l'assurer de son amour et de son admiration — avant de lui demander des informations exclusives et un entretien téléphonique ! —, Ingrid déclare qu'elle « lui souhaite de tomber raide mort ».

À l'approche de Noël, Ingrid, enceinte de sept mois, se montre de moins en moins en public. Comme leurs salaires de *Stromboli* sont toujours bloqués à Hollywood, Roberto et elle manquent désespérément d'argent. Joe Steele décide de s'adresser à Howard Hughes. Sous le sceau de la confidence, il lui parle de la grossesse d'Ingrid et le presse de faire en sorte que le film sorte avant l'accouchement (« avant que quelqu'un n'en appelle au boycott[52] »). Hughes acquiesce.

Le lendemain matin, 12 décembre, un libraire de Beverly Hills appelle Steele : en caractères de cinq centimètres, les manchettes du *Los Angeles Examiner* annoncent la naissance imminente de l'enfant naturel d'Ingrid Bergman. Persuadé qu'un scandale ne peut que favoriser le succès commercial de *Stromboli*, Hughes a immédiatement téléphoné à Louella Parsons. Celle-ci s'est chargée d'écrire l'article, scellant ainsi avec le producteur une relation symbiotique qui se prolongera jusqu'à la fin de leur vie.

C'est ainsi qu'au moment où les boutiquiers tirent profit du mercantilisme organisé des fêtes de Noël, une femme prête à accoucher est vilipendée et diffamée d'un bout à l'autre de l'Amérique. Roberto jure et enrage, mais Ingrid garde un calme olympien. « Je n'ai pas peur, écrit-elle à Joe le 13 décembre. Je suis heureuse que toutes ces femmes des petites ou grandes villes à travers le monde, qui souffrent à cause de leurs péchés, trouvent grâce à moi un peu de courage supplémentaire[53]. » Elle est même capable de se gausser de Louella Parsons, qui prétend avoir pleuré sur sa machine à écrire en rédigeant l'article sur sa grossesse. « C'était sans doute des larmes de joie[54] », dit Ingrid.

Quelques voix isolées s'élèvent pour exprimer leur soutien et leur affection.

« Pourquoi parler de scandale, demande un vieux prêtre italien sans indulgence pour les jugements des hommes, alors que Dieu a eu la bonté de bénir leur union en leur donnant un enfant[55] ? »

« Ma très chère Ingrid, lui écrit Cary Grant, je n'ai pas la place sur ce câblogramme pour évoquer tous les amis qui t'envoient leur amour et leur affection[56]. »

Alfred Hitchcock lui envoie des vœux de Noël chaleureux, et la presse de ne pas exagérer l'importance des événements. « Après tout, rien n'est éternel. Bientôt, les gens oublieront[57]. »

Mais les gens n'oublieront pas de si tôt. « Après m'avoir tant aimée, on s'est mis à me haïr profondément[58] », dira Ingrid. Depuis dix ans, elle s'est élevée dans l'estime du public, jusqu'à ce qu'on l'identifie à sœur Bénédicte et à sainte Jeanne d'Arc. Mais l'auréole s'est transformée en nœud coulant, et aujourd'hui — quelle horreur ! — elle aime un homme qui n'est pas son mari, et s'apprête à lui donner un enfant. Ce n'est pas exactement ce qu'on attendait d'elle. Des millions d'Américains « ordinaires » l'aimaient parce qu'ils voyaient en elle un symbole de leur sécurité morale. Ils se sentent trahis, et doutent désormais d'eux-mêmes et de leur propre destinée.

En 1939, Ingrid Bergman était acclamée comme une fraîche jeune fille, « digne, gracieuse, sans prétention, et d'une nature élevée ». Elle représentait tout ce que l'Amérique aimait et cherchait à atteindre. Elle était mariée et mère de famille, mais le mot le plus souvent utilisé à son propos était « innocente », dans son acception un peu magique de « virginale ».

Dix ans plus tard, elle a montré qu'elle n'avait rien d'une nonne, qu'elle n'avait pas envie d'être un martyr sacrifié sur l'autel du cinéma. On a commencé à la regarder comme la plus immonde des pécheresses, une renégate dont « l'influence maléfique et puissante » sera condamnée non seulement dans les églises et les écoles, mais au Sénat des États-Unis.

Chapitre quatorze

1950

Mais l'opinion des gens n'est pas toujours juste, non plus :
la majorité peut se tromper aussi grossièrement que la minorité.

John Dryden, *Absalon et Achitophel*

Depuis novembre 1949, Ingrid Bergman est confinée dans son appartement. La rue Bruno Buozzi est envahie jour et nuit par les journalistes et photographes italiens, avides d'un mot ou d'une photo qu'ils pourraient vendre dans le monde entier. Après l'article de Louella Parsons annonçant la grossesse d'Ingrid, le 12 décembre, ils sont rejoints par une meute de confrères étrangers. Le 23, après minuit, elle parvient à s'esquiver pour aller enregistrer une réplique de dernière minute pour *Stromboli*, dans un studio situé à proximité. Mais le 22 janvier (c'est sa troisième sortie en trois mois), un photographe se précipite sur elle au moment où elle monte en voiture avec Roberto pour une promenade à la campagne. Dans les heures qui suivent, le cliché fera le tour du monde. « EST-ELLE ENCEINTE, OU PAS ? » hurlent les gros titres des journaux américains. Question de pure forme, qui invite les lecteurs à remarquer le gros manteau noir dont elle s'est enveloppée.

Par un heureux hasard — peut-être sont-ils encore à table —, les photographes ne sont pas sur les lieux, l'après-midi du mardi 2 février. On n'a pas vu Ingrid depuis plusieurs jours, même à sa fenêtre. Certains pensent qu'elle a quitté Rome. Peut-être même pour l'Amérique, car son divorce est de plus en plus épineux, et les ajournements se succèdent.

À trois heures de l'après-midi, elle a eu ses premières contractions. À quatre heures, le docteur Pier Luigi Guidotti, son médecin, la conduit en voiture à la clinique Villa Margherita, au nord-est de Rome, à deux pas de l'ancien palais de Mussolini. Par chance, ce déplacement passe inaperçu. Roberto les retrouve à la clinique. À sept heures, en présence des docteurs Guidotti et Giuseppe Sannicandro, Ingrid accouche d'un beau bébé. Il s'appellera Renato

273

Roberto Giusto Giuseppe : Robertino pour les intimes et, plus tard, Robin[1]. La presse romaine n'apprendra pas la nouvelle avant une heure : la plupart des journalistes sont au cinéma Fiamma pour la première de *Volcano* de William Dieterle — le rival de *Stromboli* concocté par Anna Magnani. La soirée a quelque chose de la farce — on pense à une scène délirante empruntée à un film de Fellini. Avides d'emporter des images de la Magnani, les photographes illuminent la nuit des éclairs de flashes braqués sur toutes les brunes qui apparaissent dans leur champ de vision (« La voici... Non, là-bas... Non, elle descend de voiture, *là-bas*... ») Mais la star italienne, informée on ne sait comment du départ d'Ingrid à la clinique, a dû renoncer à assister à la première, maudissant Rossellini d'être parvenu à forcer le destin et à lui souffler la vedette. La projection de *Volcano* débute à peu près au moment où Robertino pousse son premier cri. Elle est brusquement interrompue — comme par hasard, doit se dire Magnani — par l'explosion d'une lampe du projecteur. On envoie quelqu'un en chercher une neuve.

Un certain Renzo Avanzo, qui a écrit l'idée de départ de *Volcano* (c'est un cousin de Rossellini), monte sur la scène du Fiamma et se lance dans un numéro de claquettes pour meubler cet entracte malvenu. Mais les journalistes se lassent. Certains d'entre eux décident de courir à l'autre bout de la ville, où se déroule une avant-première privée de *Stromboli*. Peut-être espèrent-ils arracher des commentaires à un public trié sur le volet : une douzaine d'évêques et près de quatre cents curés, qu'on a invités à vérifier que le film propose une conclusion pieuse et édifiante (les pleurs, la conversion et la dernière prière de Karin).

Mais le cirque ne fait que commencer. À neuf heures, l'agence de presse ANSA annonce la naissance du bébé. La ville est prise de folie. Pendant deux semaines, les informations du monde entier (y compris celles qui concernent la mise au point de la bombe H) s'effacent devant l'hystérie qui règne devant la Villa Margherita, et Rome ressemble à un plateau hollywoodien. Cette frénésie s'infiltre parfois jusque dans la clinique, sous forme notamment des deux cents lettres qu'on déverse chaque jour dans la chambre d'Ingrid. Pour moitié, il s'agit de vœux amicaux qui la félicitent pour son courage. Le reste se partage entre les menaces, les obscénités et les accusations. Mais ce n'est rien, comparé aux quarante mille lettres qu'elle a reçues depuis son départ des États-Unis.

Une religieuse verrouille le portail de fer de la clinique au nez des journalistes. L'envoyé d'Associated Press lui demande crûment si elle peut jurer sur la Bible qu'on ne leur a pas menti, s'il est bien vrai qu'aucune patiente n'est inscrite sous le nom de Mlle Bergman. La sœur, ignorante ou très futée, prend la question au pied de la lettre. Non, dit-elle, nous n'avons pas ici de *signorina* Bergman. Il y a bien une *Borghese*, la petite princesse Borghese, qui a donné le jour à des jumeaux plus tôt dans la journée. Mais personne du nom de Bergman. Elle ne ment pas. Ingrid a été autorisée à s'inscrire sous un faux nom.

Pendant plusieurs heures, chacun refuse de confirmer l'information — la direction de la clinique, la famille Rossellini, les amis, les religieuses discrètes *e tutti quanti*. Risquant le tout pour le tout, la presse américaine publie des articles mentionnant les larmes de bonheur d'Ingrid, ou son rire joyeux lorsqu'on lui a montré son bébé. En fait, elle est complètement abrutie par l'anesthésie. En entendant crier le nourrisson, elle s'est un peu agitée pour demander : « Que se passe-t-il ? Quelle heure est-il ? » avant de sombrer dans un sommeil de plomb.

À minuit, journalistes et photographes entreprennent d'escalader le portail et le mur de pierre qui entoure la clinique. On fait venir la brigade anti-émeute pour mettre fin à l'invasion, mais ils n'abandonnent pas le quartier. Au matin, le directeur (qui ne dédaigne pas un peu de publicité gratuite) fait son apparition. Avec l'autorisation de Roberto, il les informe de l'heure de la naissance, du sexe et du poids du nouveau-né. Il est censé en rester là[2].

Mais l'administrateur décide d'autoriser une poignée de journalistes (« Sans appareils photo, s'il vous plaît ! ») à visiter quelques salles communes et la chapelle de son établissement. Bien entendu, on cache des appareils sous les gros manteaux d'hiver, et l'ambiance tourne au burlesque. Infirmières et nonnes indignées poursuivent les photographes qui courent comme des fous dans les couloirs de la clinique, s'introduisent dans les chambres privées qu'ils illuminent de leurs flashes comme autant de feux d'artifice. Mais personne ne pourra accéder à la suite 34, où l'intimité de la star et de son fils est protégée par la police.

À midi, le rideau tombe sur la scène de la farce. Pour autant, la pièce n'est pas terminée. Les rédactions autorisent leurs journalistes à s'installer dans l'hôtel qui se trouve de l'autre côté de la rue. Ils braquent leurs appareils sur les entrées de la clinique et balaient inlassablement la façade de l'immeuble, à l'affût d'une patiente plutôt grande, à l'air nordique, qui regarderait par la fenêtre de sa chambre. Mais Ingrid reste recluse, protégée par les stores vénitiens qu'on laissera baissés durant tout son séjour.

Pendant ce temps, on imagine toutes sortes de ruses. On offre des pots-de-vin aux religieuses (pourtant préservées de la tentation !) pour qu'elles prennent les photos interdites. Un journaliste dont la femme est enceinte tente de la faire admettre à la clinique. On les expulse sans ménagement lorsqu'on découvre qu'elle ne doit pas accoucher avant au moins sept semaines. Un photographe escalade la gouttière qui mène au balcon de la chambre d'Ingrid. Un autre parvient à payer une sage-femme qui pèsera devant lui un autre nourrisson. Le cliché fera le tour du monde avec la légende :

« Est-ce bien le petit Roberto d'Ingrid ? » Ailleurs, on publie une photo de publicité pour *Stromboli* montrant Ingrid, l'air triste, vêtue de la robe à rayures défraîchie qu'elle porte dans le film : « À la Villa Margherita, Ingrid ne sourit pas ! »

Certains journaux ressortent des photos des *Enchaînés*. On y voit Ingrid alitée, feignant la maladie alors qu'on l'empoisonne : « Ingrid se repose après ses rudes épreuves ! » D'autres utilisent des clichés plus récents. Une photo d'Ingrid arrivant à l'aéroport de Rome un an plus tôt, faisant face, l'œil inquiet, à la foule des reporters, porte une légende adaptée aux circonstances : « Ingrid, effrayée, en route pour l'hôpital. » En fait, les seuls clichés postérieurs à l'accouchement sont des photos de Roberto (donnant un coup de poing sur le nez d'un photographe) ou de son fils aîné (faisant un geste obscène, à sa sortie de la clinique, en direction des reporters).

La presse suédoise se contente d'articles sans photos, mais elle n'est pas moins venimeuse que les autres. Elle qui a toujours été avare d'éloges à l'égard d'Ingrid, ces dix dernières années, prétend aujourd'hui qu'il s'agit d'une immense actrice, perdue par un Italien dément. Un journal de Stockholm parle d'elle comme d'une « tache sur le drapeau suédois. » Mais l'influent *Expressen* réagit vivement et dénonce « l'hypocrisie qui règne à ce sujet. Ici, en Suède, l'opinion la plus répandue est qu'Ingrid assume en toute honnêteté les conséquences de ses sentiments. C'est préférable aux réactions des puritains qui exigent la propreté certifiée qui, seule, s'accorde à leur code moral hypocrite[3] ». Et ainsi de suite, chaque jour que Dieu fait, tandis qu'Ingrid Bergman s'efforce de se consacrer à sa « vie privée ».

À la mi-février, elle essuiera un ultime affront drolatique. Après avoir déclaré la naissance du bébé, Roberto prend des dispositions pour que son fils soit baptisé par son ami, le moine qui incarne François d'Assise dans son nouveau film. L'enfant est enregistré comme le fils de Roberto Rossellini et « d'une mère provisoirement inconnue ». Cette formule s'explique par la loi italienne, qui spécifie que l'enfant d'une femme mariée est supposé être celui de son époux légitime. Les Lindstrom n'étant pas encore divorcés, Petter pourrait être considéré comme le père de l'enfant, et en principe, la question de la paternité pourrait se poser. « N'est-ce pas amusant ? dira Ingrid, appréciant l'ironie de la situation. J'étais si infâme que je devenais tout à coup inconnue ! Non... *provisoirement* inconnue. Cela signifiait, je suppose, que lorsque nous serions mariés, nous pourrions leur dire qui était la vraie mère[4] ! »

Elle gardera un seul bon souvenir de toute l'aventure de la clinique. « Je n'oublierai jamais combien les religieuses et les prêtres de la Villa Margherita ont été merveilleux. Ils m'ont protégée, ils m'ont aidée. C'était pour moi un réconfort extraordinaire de savoir que les gens vraiment pieux étaient bons et compréhensifs, au moment où l'opinion publique se déchaînait contre moi[5]. » À la Villa Margherita, en effet, elle n'a jamais le sentiment d'être jugée ou rejetée par les sœurs et les ecclésiastiques, qui la traitent avec affection et respect. (Certains se verront même publiquement reprocher de fournir à la pécheresse les soins médicaux dont elle a besoin.) L'attitude des autorités religieuses américaines sera tout à fait différente.

Entre-temps, aux États-Unis, on prépare la sortie de *Stromboli*. Mais pas partout. Frank Lundsford, sénateur de Géorgie, fait voter un décret au Sénat de son État interdisant les projections publiques de tous les films de Rossellini ou d'Ingrid Bergman, au motif que ce couple « fait l'apologie de l'amour libre » et qu'il constitue donc un danger pour la société américaine. Autant pour la foi du sénateur en la force morale de ses compatriotes.

Un pasteur de Los Angeles, par exemple, passe à l'attaque dans une explosion digne du Stromboli : « Les agissements d'Ingrid Bergman sont une véritable puanteur aux narines des honnêtes gens, et une honte pour les sentiments les plus nobles de la féminité[6] [sic]. » À Philadelphie, un autre reproche à Ingrid de laisser derrière elle « la saleté et l'ordure de sa conduite immorale ». Quant au docteur Norman Vincent Peal — que tant de bons citoyens considèrent comme l'incarnation de l'indulgente et charitable piété américaine —, il fulmine qu'Ingrid s'est « disqualifiée de son art, et [qu'elle] devrait être évincée des écrans ».

Ce n'est pas tout. Dans l'Indiana, où *Stromboli* ne sortira pas, un pasteur influent dénonce la conduite d'Ingrid comme « le symptôme du déclin de la morale ». Le Conseil fédéral des Églises, dont le siège est à Cleveland, condamne la liaison Rossellini-Bergman comme une sorte d'« exhibitionnisme sexuel caractéristique de la déchéance morale de l'Ouest[7] ». Non seulement cette analyse empêche de comprendre la nature de leurs relations, mais leur accorde une influence largement exagérée. L'Armée du Salut, qui semble oublier la signification de son nom, retire de la circulation tous les enregistrements qu'Ingrid a faits au début de 1949 pour ses œuvres de bienfaisance annuelles.

Une des deux offensives les plus concertées contre Ingrid Bergman en 1950 est orchestrée par l'Église catholique américaine. En Europe, les catholiques considèrent généralement que toute cette affaire relève d'un cas de conscience personnel. Ils ont d'ailleurs, au lendemain de la guerre, d'autres chats à fouetter. En revanche, la branche américaine de cette Église va s'en prendre à Ingrid Bergman avec la plus extrême violence. Le *Boston Pilot* (qui s'exprime officiellement au nom du diocèse) écrit ceci, dans un éditorial typique de la prose que l'on trouve à foison dans les communautés catholiques : « Satan en personne est à l'œuvre ! On a tenté de faire passer pour de l'amour une liaison honteuse, abjecte, scandaleuse. (...) [Ingrid Bergman] a ouvertement et effrontément fait fi des lois de Dieu, (...) les Américains décents et respectueux de la morale doivent rester à distance de ces tenants de l'ordure morale[8]. » Le texte s'achève sur une vibrante apologie des mesures d'action civique prises en Géorgie, dans l'État de Washington et ailleurs pour faire interdire *Stromboli*.

Jusqu'à la fin de sa vie, Ingrid refusera de répondre à ses détracteurs. Elle n'exprimera jamais le moindre sentiment anticatholique ou anticlérical. C'est à se demander qui exprime le mieux l'esprit du christianisme. Très peu de gens, en 1950, considèrent qu'il est choquant de la condamner ainsi, ou que cette campagne est un symbole éclatant de la perte du sentiment religieux en Amérique. Même ceux qui professent une ambition morale plus élevée restent silencieux. Au vu de l'histoire récente des États-Unis, ce n'est pas le moment de prendre le parti des victimes non conformistes de l'arrogance moralisatrice[9].

À la même époque, les Conseils des Églises de Bellingham (Washington) et de Memphis (Tennessee) font adopter par leurs conseils municipaux respectifs une pétition visant à faire interdire *Stromboli* dans leurs villes. À Chicago, le juge fédéral Michael L. Igoe fait appliquer une loi qui limite à deux semaines l'exploitation des films à succès dans le centre des villes (afin qu'ils poursuivent leur carrière dans les faubourgs). Sa décision s'appuie sur une référence explicite à *Stromboli*. En revanche, elle ne s'applique pas au *Cendrillon* de Walt Disney que l'on peut projeter éternellement s'il continue d'attirer les foules. Cinq millions et demi de femmes, via leurs cercles et associations, réclameront le boycott des films d'Ingrid Bergman. Sous la pression de son gouvernement, qui montre un désir effréné de gagner les faveurs de l'Amérique, le Women's Club de Manille décide de condamner solennellement la projection des films d'Ingrid aux Philippines.

En revanche, il convient de signaler qu'à Rome, *Il Popolo* (le quotidien du parti démocrate chrétien) tient les critiques américaines pour « un plan prémédité d'agression meurtrière dirigé contre Mlle Bergman », et que le journal du Vatican s'abstient de publier une critique sévère de *Stromboli*. Mais un vieux dur-à-cuire, Monsignore Dino Staffa, persiste à s'acharner sur l'immoralité de Roberto et Ingrid, et ses diatribes sont assimilées (plutôt à tort) à la position officielle de l'Église catholique. Le fait est qu'en Europe, contrairement à ce qui se passe aux États-Unis, le clergé ne se mêle pas des affaires privées. Mais même en Amérique, un miracle peut avoir lieu. La Ligue nationale de vertu, patronnée par l'Église catholique, exerce une autorité morale si forte qu'elle peut d'un seul mot réduire à néant les chances de succès d'un film. Or, elle publie un communiqué inattendu : « Notre politique est de juger les films, pas les acteurs qui les interprètent [10]. » Et décrète pour conclure que *Stromboli* est un film parfaitement convenable pour être projeté en public.

Le 15 février, la RKO sort le film. En dépit d'une campagne publicitaire qui s'efforce de tirer profit de la prétendue *dolce vita* du réalisateur et de sa vedette, le film est éreinté — non parce qu'il est immoral, mais parce qu'il est « artistiquement pauvre, confus, guère exaltant et terriblement banal [11] » (un point de vue difficile à réfuter). Pour la première fois de sa vie, Ingrid a de mauvaises critiques : son interprétation « manque de profondeur [12] », son expression est « vide [13] ».

Un demi-siècle plus tard, *Stromboli* (qui n'est disponible que dans la version « remontée » par Hughes) a l'air mal construit et profondément ennuyeux. Il n'est pas certain que les instructions originales de Rossellini pour le montage, si elles avaient été suivies, auraient donné un meilleur résultat [14]. Pour ce qui est du jeu d'Ingrid, les critiques se préoccupent plus de son image que de son art. Elle parvient à maîtriser totalement la panique de son personnage. Sa performance est une véritable référence pour qui veut exprimer la frustration et lancer des anathèmes contre une société hostile.

Les premiers jours qui suivent sa sortie dans dix-neuf grandes villes, le film attire les foules. Mais il va très vite quitter l'affiche pour sombrer dans l'oubli, sauf dans quelques cinémas d'art et essai importants. Une stratégie ambiguë préside à la politique de retrait ou de maintien du film. Là où *Stromboli* ne fait pas recette, il est supprimé sous prétexte que Bergman est un personnage immoral dont il est inconvenant de montrer le travail. En revanche, lorsqu'il emplit les salles, le fait de le programmer passe pour un défi au nom de la liberté artistique. « Comment peut-on être aussi ouvertement, aussi effrontément hypocrite ? fulmine Ingrid. Et c'est *moi* qu'on accuse d'être immorale ? Mon bébé, Robertino, se joint au grand cri que je pousse contre la stupidité humaine [15]. » En quelques semaines, *Stromboli* n'est plus d'actualité.

Ce n'est pas le cas d'Ingrid. Comme Petter continue de gagner du temps en discutant les conditions du divorce, elle fait annuler son mariage au Mexique, aux motifs d'incompatibilité d'humeur, cruauté mentale et défaut d'aide financière. Elle déclare (après avoir longtemps refusé de le faire) n'avoir rien touché des derniers versements de son salaire de *Stromboli*, que Lindstrom a gardés sous prétexte qu'il en a besoin pour élever Pia. Il est vrai qu'elle lui a spontanément donné le premier acompte à cet effet. Mais Petter gagne sa vie, désormais. Le 9 février, alors qu'elle se repose toujours à la clinique, le divorce lui est accordé *in absentia*. Apprenant la nouvelle, Petter déclare qu'il conteste la validité du divorce et qu'il entamera sa propre procédure en temps utile. Cela sera beaucoup plus long qu'on ne l'imagine.

C'est alors que les politiciens entrent en scène. Le 14 mars 1950, Edwin C. Johnson, sénateur du Colorado, intervient au Sénat :

« Monsieur le Président, à présent que ce film stupide avec volcan et femme enceinte a tiré profit de l'Amérique avec la finesse habituelle, à la grande joie de la RKO et du vil Rossellini, allons-nous nous contenter de bâiller d'ennui, fort soulagés que cette affaire abominable soit finie, et puis l'oublier ? J'espère bien que non. Il faut trouver un moyen de protéger les gens à l'avenir. »

Il donne le coup de grâce, à l'aide d'une métaphore incohérente, amusante malgré lui, où il confond pirates et peaux rouges :

« Quand Rossellini le pirate d'amour est rentré à Rome avec un sourire suffisant pour conquête, ce n'était pas le scalp de Mme Lindstrom qui pendait à la ceinture du héros victorieux. C'était son âme, tout simplement. Tout ce qui reste d'elle, à présent, ce sont les deux enfants qu'elle a mis au monde. L'un est privé de mère. L'autre est un bâtard. Même à notre époque moderne et pleine de surprises, il est affligeant que la plus populaire de nos dames de cinéma — tout en étant enceinte des œuvres d'une liaison illégitime — doive jouer le rôle d'une femme facile pour pimenter une histoire idiote et sans intérêt. Pour augmenter les recettes de *Stromboli*, il fallait que sa vedette féminine fût impliquée dans un scandale personnel. (...) L'ignoble, l'innommable Rossellini bat tous les records, pour son exploitation éhontée et son mépris de l'élévation morale du bon public. »

Pour ce qui concerne Ingrid, le sénateur Johnson établit un diagnostic de schizophrénie — à moins qu'elle ne soit sous l'influence de l'hypnose. Dans les deux cas, dit-il, c'est « une partisane de l'amour libre et une apôtre de la déchéance ». Un personnage de Nathaniel Hawthorn n'aurait pas mieux dit. Johnson en vient alors au point central de sa philippique. Il veut profiter du prétexte pour faire voter un décret qui flattera l'Amérique imbue d'un sentiment tortueux de sa supériorité morale. Il exprime le vœu que le ministère du Commerce délivre des brevets officiels aux actrices, aux producteurs et aux films, en fonction de leur degré de moralité. « [Ingrid Bergman] a commis une atteinte à l'institution du mariage. Elle est aujourd'hui une des femmes les plus puissantes en ce bas monde... Elle exerce aussi, j'ai le regret de le dire, une influence maléfique encore plus puissante. » Deux semaines plus tard, Johnson parlera de Rossellini sur le même ton, affirmant (sans avancer la moindre preuve) qu'il est drogué, qu'il a collaboré avec les nazis et s'est livré au marché noir. Au moins ne le traite-t-il pas de politicard.

Tout bon Américain, d'après Johnson, doit admettre que « selon notre justice, aucun étranger coupable de turpitude ne doit être autorisé à mettre les pieds sur le sol américain. Mme Petter Lindstrom s'est délibérément bannie d'un pays qui a été si bon pour elle. Si le scandale de la dégradation morale associée à *Stromboli* peut nous permettre de restaurer la bienséance et le bon sens à Hollywood, Ingrid Bergman n'aura pas gâché sa carrière en vain. Un meilleur Hollywood peut naître de ses cendres ». Et, enfin, la chute : « Puisque ces deux étrangers sont coupables de turpitude morale, les lois régissant l'immigration sur le sol américain doivent leur interdire d'y mettre les pieds. »

Le décret ne sera jamais mis au vote, mais la liberté d'Ingrid subira un préjudice considérable. On interroge le Service d'Immigration et de Naturalisation sur la proposition visant à la placer sur liste rouge pour « turpitude morale » (conformément aux lois de 1907 sur les étrangers et l'immigration). La réponse est qu'en effet Mlle Bergman n'est pas une citoyenne américaine. Les services officiels n'en diront pas plus, mais le doute est là. Si elle tente de venir en Amérique, Ingrid prend le risque d'être retenue à l'entrée du pays, peut-être même d'être mise en détention à Ellis Island. C'est peu probable, comme l'affirment à l'époque plusieurs spécialistes. Mais nous sommes en 1950, la chasse aux sorcières est en train de balayer le pays, et aucune solution extrême n'est à exclure. Roberto et Petter lui-même admettent en outre que l'arrestation d'Ingrid serait encore plus traumatisante pour Pia. La fillette ne manquerait pas de découvrir dans les journaux la photo de sa mère, emmenée comme une vulgaire criminelle (peut-être les menottes aux poignets). Il est certain que la presse s'en délecterait comme de l'affaire du siècle. « Le pire dans toute cette histoire, réalise Ingrid, c'était de devoir faire de la peine à ma fille. Lui faire cela, alors qu'elle n'y était pour rien... J'en étais malade. De toute ma vie, je ne m'étais jamais sentie aussi moche [16]. »

La communauté hollywoodienne, cette année-là, est en butte aux pires soupçons de son histoire. La Commission des Activités anti-américaines [17] se déchaîne, détruisant la vie de cinéastes, de scénaristes, d'acteurs et de professeurs, dans sa croisade pour extirper le spectre du communisme chez de « dangereux » artistes et intellectuels. Si les félons américains ne sont pas mis hors d'état de nuire, dit-on, les Russes profiteront du sommeil des honnêtes citoyens pour s'introduire dans leurs foyers, et le pays se trouvera placé du jour au lendemain sous le contrôle des Soviets. Il serait même probable que les traîtres ont déjà entamé la réalisation d'un plan pour atomiser les esprits d'innocents Américains. D'après un groupe de citoyens très actifs (mais bien peu sensés), la paralysie de l'Amérique sera effective lorsque les communistes auront introduit du fluor dans le système de distribution d'eau potable du pays.

La paranoïa qui a saisi l'Amérique au lendemain de la guerre a plusieurs causes. Tout d'abord, la Chine s'est donné en 1949 un gouvernement communiste. La même année, Moscou a rendu publique l'explosion de sa première bombe atomique. En 1950, un conflit s'est ouvert entre les troupes communistes et les armées de soutien américaines en Corée. Et l'on a découvert, hélas, quelques cas indiscutables de trahison et d'espionnage sur le sol américain. Tout cela entretient au sein de la population une ambiance terrifiante de soupçon.

La victoire sur le fascisme en Europe et la démonstration de force sans précédent des bombes atomiques américaines, en 1945, ont permis de forger une idée informulée : il existerait une sorte de mandat divin pour protéger la « pureté » des valeurs et de la réussite américaines. En témoignent, en 1949, la paix et la prospérité qui règnent sur le pays. D'où une certaine suffisance morale, et l'intuition bizarre et implicite que Dieu lui-même est américain. D'où la cristallisation de l'orgueil et de la paranoïa.

Tout a débuté en octobre 1947, lorsque les membres de la HUAC — une commission parlementaire, qui s'est développée en toute indépendance pour enquêter sur les activités suspectes d'intellectuels américains — ont commencé à se conduire comme des croisés du Moyen Âge. Dix-neuf personnalités hollywoodiennes ont reçu l'ordre de témoigner sur leur participation à des activités communistes. Un premier groupe d'hommes, qu'on appellera « les Dix d'Hollywood », refuse de témoigner. Ils perdent aussitôt leur emploi. On leur inflige une peine de prison et une amende pour outrage au Congrès [18]. Dans un premier temps, les patrons des studios ont condamné la chasse aux sorcières. Mais dès qu'ils sont menacés de perdre le soutien des grandes banques de la côte Est, ils passent du côté de la HUAC. La fidélité des nababs va d'abord et toujours à leur porte-monnaie. (D'où, par exemple, l'hypocrisie à l'égard de l'exploitation de *Stromboli*.)

Tous ceux que l'on soupçonne d'avoir des liens avec des communistes (y compris ceux qui pourraient avoir appartenu, dans les années trente, à des groupes intellectuels critiques à l'égard de la société) sont immédiatement placés sur liste noire... Sauf s'ils collaborent avec la HUAC. Ceux qui ne s'y résoudront pas — il y a parmi eux quelques-uns des plus grands talents d'Hollywood — seront privés de travail ou contraints à l'exil. À la même époque, les studios prennent prétexte d'une grève des scénaristes pour congédier tous les employés qui refusent de se mettre au pas et de coopérer avec la HUAC.

La situation atteint un point critique avec l'ascension d'un homme de sinistre mémoire : Joseph McCarthy, quarante ans, sénateur républicain du Wisconsin, qui va lancer contre les droits constitutionnels américains un des assauts les plus violents de l'histoire du pays. Presque seul — mais fort de l'appui déterminé de millions de ses concitoyens —, McCarthy va porter la chasse aux sorcières au-delà d'Hollywood. Il affirme détenir les noms de personnalités connues, des communistes employés au plus haut niveau par le gouvernement. Il ne dévoilera jamais le contenu de ces « listes », pas plus qu'il ne fournira le moindre argument convaincant contre une seule personne. Mais son talent à tirer parti de l'inquiétude que provoque la situation en Corée et en Europe de l'Est lui permet de faire beaucoup de dégâts, et de bafouer les libertés civiques au nom du patriotisme.

McCarthy tombera en disgrâce en 1954, pour s'être attaqué au président Eisenhower, qu'il accuse d'être compromis par de prétendues sympathies communistes. Mais lorsque le Sénat décide enfin de le désavouer, ses chimères ont ruiné des vies innombrables et consacré un dangereux idéal de conformisme d'extrême droite — une notion elle-même anormale dans un pays qui est né dans la révolution, s'est fondé sur la diversité des opinions et a toujours encouragé un système d'individualisme forcené.

Les sénateurs McCarthy et Johnson et leurs semblables répètent souvent que Dieu bénit leurs entreprises. Ils savent parfaitement bien où conduisent ces entreprises, et à quel point elles sont corrompues. Dans l'industrie du spectacle, un de leurs plus dévoués partisans n'est autre que Walter Winchell, qui approuve vigoureusement, dans ses bulletins radiophoniques à l'intention de « M. et Mme Amérique », l'établissement de listes noires pour les acteurs, les scénaristes et les techniciens de radio et de télévision.

L'Amérique tout entière brûle donc de colère et de peur à l'égard d'Hollywood. Aucun auteur, producteur ou acteur qui veut qu'on lui donne du travail n'ose proposer un scénario formulant la moindre critique de la situation dans le pays. Et personne n'ose insinuer que la culture américaine est de plus en plus étouffée par une psychose paranoïaque. Au moment précis où Ingrid Bergman tombe amoureuse, puis enceinte des œuvres de Rossellini, un brouillard de conservatisme d'une densité effroyable s'étend sur la capitale du septième art.

Pour bien des Américains, les acteurs de cinéma sont des gens bizarres et immoraux, des fripouilles et des bons à rien. Les journaux ont relaté les écarts de conduite de Lana Turner, Charles Chaplin, Mickey Rooney et Errol Flynn. Comme Louella Parsons et Walter Winchell ne manquent pas de le suggérer dans leurs chroniques, les vedettes ne sont pas toujours des gens bien. Il leur arrive de boire trop et d'être arrêtés par la police. Ils habitent des maisons délirantes et organisent des réceptions où il s'en passe de belles.

Mais le pire de tout, c'est qu'ils ont l'air de divorcer et de se remarier au rythme où les honnêtes gens fêtent leur anniversaire. On a longtemps cru qu'Ingrid Bergman était au-dessus de tout cela. Mais ce n'est plus le cas. « Les gens m'ont vue dans *Jeanne d'Arc*, et ils ont décrété que j'étais une sainte, dira-t-elle. Mais ce n'est pas le cas. Je ne suis qu'une femme, un être humain comme les autres[19]. » Eh bien, ce n'est pas une excuse. Le public puritain l'accable d'un opprobre si violent qu'il est étonnant qu'elle ne sombre pas dans la dépression.

Le 24 mai, Ingrid Bergman et Roberto Rossellini se marient par procuration. À Juarez (Mexique), MM. Javier Alvarez et Arturo Trevino se présentent devant le juge Raul Orozco et prêtent serment en leur nom.

Le Mexique est le seul pays à reconnaître le divorce qu'il a accordé à Ingrid... en application des lois mexicaines. D'autre part, ni elle ni Roberto ne veulent voyager et prendre le risque d'affronter des journalistes américains. C'est pourquoi ils ont opté pour la solution, assez bizarre, mais parfaitement légale, du mariage par procuration. (Il y a un précédent : en 1945, l'actrice Merle Oberon a épousé selon cette procédure le directeur de la photo Lucien Ballard.) « Bien sûr, nous étions navrés de ne pas assister à notre propre mariage, dira Ingrid avec son humour habituel, mais cela n'ôtait rien de sa valeur, à nos yeux[20] ! » À l'heure où l'on scelle leur mariage à l'autre bout du monde, le couple s'agenouille dans une église romaine, silencieuse et obscure, qu'on a laissée ouverte pour eux ce soir-là. Ils échangent les anneaux d'or, puis les vœux mutuels, sans témoins, avant de rentrer chez eux. Ils y retrouvent quelques amis et célèbrent l'événement au champagne.

Quelques jours plus tard, les Rossellini se rendent à la maison que Roberto vient d'acheter au bord de la mer : Santa Marinella, à soixante kilomètres au nord de Rome. L'argent de la transaction — comme celui qui permet d'entretenir l'appartement de Rome, les domestiques et les voitures — provient de la vente des droits à l'étranger de ses films précédents, d'avances sur son *François d'Assise*, voire d'éventuels producteurs séduits par ses flatteries. Il lui suffit souvent d'exhiber sa belle épouse, qui ne se fait pas prier pour sourire gracieusement — *ecco !* — pour obtenir un cadeau de tel magnat des affaires, ou un prêt à fonds perdu de tel autre. Il épargne aussi de l'argent en négligeant de payer ses factures, ce qui ne laisse pas d'étonner les commerçants qui entendent ses déclarations sur l'intérêt qu'il porte aux humbles et aux pauvres. « Roberto vivait et travaillait dans un chaos créatif, dira Ingrid. Rien n'était jamais organisé[21]. »

Santa Marinella est suspendue au-dessus d'une petite crique, juste au sud du vieux port romain de Civitavecchia. En ce premier été, Ingrid supervise le travail des jardiniers qui aménagent les parterres, tandis que les ouvriers achèvent les immenses garages où Roberto rangera son écurie automobile. La maison elle-même est située sur un terrain de trois hectares et demi. Elle comporte huit pièces, elle est blanche, fraîche, et très simplement conçue. Une cheminée domine le salon douillet qui donne sur une vaste véranda surplombant la mer. La propriété comprend aussi une plage privée et un grand jardin où abondent les palmiers, les pins et les massifs de fleurs. À partir de l'été 1950, les Rossellini partageront leur temps entre leurs deux résidences. Roberto installera un studio de montage à Santa Marinella pour ne pas devoir s'éloigner de sa famille durant l'été.

Dans chacun des deux logements, des domestiques sont chargés du gros ménage. Mais on voit souvent Ingrid — toujours persuadée que son œil suédois décèle plus facilement la saleté et la poussière — en train de frotter et d'astiquer. « Laisse un peu de poussière et quelques toiles d'araignées, car voici Maman qui arrive [22] ! » est une blague récurrente dans la famille. Elle aime aussi faire les emplettes et discuter avec le poissonnier des prix et de la qualité de la pêche. Ingrid s'inquiète des finances. Elle apparaît toujours comme la Suédoise économe qui fait contrepoids au grand *signore* prodigue qu'est Roberto. Cet été-là, elle lui déclare qu'elle veut reprendre le travail, qu'ils ont besoin d'argent, et qu'elle doit faire quelque chose de sa vie. Bien sûr, lui dit-il. Mais ce doit être dans un film de moi. « Il savait que Fellini et d'autres cinéastes italiens, comme Visconti, avaient envie que je travaille pour eux. Mais Roberto refusait toujours de me donner son accord. (...) Il était très jaloux, et nous étions pour beaucoup soumis à ses humeurs. Si Roberto était préoccupé ou accablé par ses affaires, nous l'étions aussi [23]. » Mais lorsqu'il est joyeux, le soleil brille pour tout le monde.

À la Mostra de Venise, à la fin de l'été, les Rossellini donnent l'image d'un couple séduisant — elle, mince et bronzée dans une longue robe de soirée sans bretelles ; lui, très élégant en smoking blanc. Une foule débordante acclame longuement *Stromboli* et *Onze fioretti de François d'Assise*. Ingrid est devenue fort populaire. Elle ne recueille pas la moindre critique défavorable, rien que des acclamations et des encouragements. Les films de Roberto ne remportent aucun prix, mais on le salue partout comme un grand *maestro* du cinéma. Les Italiens les adorent, rapporte Tennessee Williams de retour de la péninsule. « Ingrid ne veut pas revenir aux États-Unis. À Rome, les touristes américains s'attroupent autour d'eux et leur lancent des insultes. Mais ils forment un couple heureux [24]. »

Le 1er novembre, à Los Angeles, après avoir fait durer la bataille juridique pour le règlement financier et la garde de Pia, Petter gagne enfin son divorce, pour sévices et abandon du domicile conjugal. Ingrid est sans doute atterrée, en découvrant dans les journaux certaines de ses déclarations [25].

La maison Lindstrom était heureuse, dit Petter, et leur mariage apparemment solide, avant qu'elle ne s'en aille tout à coup pour « établir certaine relation avec ce cinéaste italien ». Cela lui a fait un grand choc, dit-il. Mais lorsqu'il est allé la rejoindre en Sicile, elle avait changé d'avis à propos de cet homme. Elle allait rompre et rentrer chez elle. Ressent-il quelque amertume envers elle ? « Je ne ressens que de la compassion pour la situation délicate dans laquelle elle s'est mise. Je pense qu'elle a beaucoup de qualités, outre sa beauté, et c'est une excellente comédienne. » Mais c'était sa façon de faire, après tout... Puis il dit une chose choquante. Ingrid, affirme-t-il a travaillé « sans aucune ingérence de la part de son mari ».

Elle accepte quasiment toutes ses exigences, surtout pour faire aboutir la procédure et décider de la date de sa première visite à sa fille. Selon les termes de l'accord, Petter reçoit la maison de Benedict Canyon (payée entièrement avec le salaire d'Ingrid) et la garde de Pia. La fillette devra vivre avec lui aux États-Unis. Ingrid ne pourra l'avoir avec elle que pendant la moitié des vacances d'été, et on ne pourra pas exiger de Petter qu'il la conduise en Italie. Ingrid renonce aussi à l'argent qu'elle a gagné, et qui a été légué à sa fille en fidéicommis. Personne ne conteste le divorce. Le juge Clarke prononce le jugement par défaut.

À l'approche de Noël, Roberto annonce à Ingrid qu'il lui réserve un cadeau très particulier : une idée formidable pour un nouveau film qu'il prépare avec au moins dix scénaristes pour en tirer un scénario cohérent. L'idée lui en est venue pendant le tournage de *François d'Assise*. Si une femme semblable à François revenait sur la Terre au XXe siècle, et essayait d'y vivre *comme lui*, comment serait-elle reçue ? Comme une folle, sans doute. Roberto veut que son film parle aussi de conscience sociale, des problèmes qui se posent en Europe. Cela n'est pas sans lui créer quelques difficultés.

Un jour, ses scénaristes et lui ont enfin quelque chose à montrer à Ingrid. *Europe 51* sera l'histoire d'une riche Américaine qui vit à Rome, et dont le fils de douze ans, croyant qu'elle ne l'aime plus, se jette dans la cage d'escalier. Il meurt quelques jours plus tard. Sur les conseils d'un ami communiste qui l'engage à surmonter sa douleur en œuvrant pour les pauvres, la femme travaille d'abord en usine. Puis elle décide de se consacrer aux nécessiteux. Elle s'occupe d'une malheureuse prostituée qui meurt de tuberculose, puis d'une mère célibataire à la tête d'une ribambelle d'enfants, et aide un jeune délinquant à fuir la police. Embarrassé par ses agissements, son mari la fait enfermer dans une clinique psychiatrique. Elle y restera jusqu'à la fin de ses jours.

Eh bien, demande Roberto n'est-ce pas là une histoire formidable, pleine de signification, irrésistible ? Joyeux Noël, Ingrid !

Chapitre quinze
1951-1956

On a beaucoup moins de soucis quand on décide
non plus de faire quelque chose, mais d'être quelqu'un !

Coco Chanel

À Rome, Ingrid choisit soigneusement les cadeaux de Noël de Pia. Elle doit les expédier par avion pour qu'ils parviennent à Beverly Hills bien avant les fêtes. Elle est particulièrement fière d'une jolie montre-bracelet, très fragile, qu'elle confie à un ami en le chargeant de le remettre en mains propres à sa fille. Lorsqu'elle téléphone à Pia après le Nouvel An, elle apprend que personne ne sait où se trouve la montre. Trouvant porte close, son « livreur » a laissé le paquet dans la niche à chien. « Ainsi, les chiens peuvent savoir l'heure qu'il est ! dit-elle. Mais personne ne sait où est cette montre [1]. » Elle en expédie une autre à Pia, à grands frais, ce qui l'obligera à économiser pendant plusieurs mois sur son budget domestique.

Roberto, pendant ce temps, continue d'ignorer superbement la valeur de l'argent. Il dépense sans compter pour sa famille, pour ses amis et pour lui-même, en dépit des appels réitérés d'Ingrid qui lui conseille d'économiser. Comme elle le dit souvent, il est capable de donner sa chemise, mais aussi la chemise d'autrui. Il reçoit beaucoup, à Rome et dans la maison du bord de mer, et il ne possède jamais moins de quatre voitures de sport extrêmement coûteuses.

« Et si l'on en vendait une ? demande-t-il un jour à son secrétaire.

— Parfait. Cela nous permettrait de payer les factures pour les autres [2] ! »

On ne s'ennuie jamais. « Contrairement à ma maison à Hollywood qui était toujours vide, dit Ingrid, mon appartement romain était toujours plein de gens de styles tout à fait différents — des moines, des écrivains, des coureurs automobiles et des mendiants. J'ai beaucoup appris sur la tendresse et l'amour — des choses que je n'avais jamais rencontrées au bord de ma piscine à Hollywood. Oh, nous avions beaucoup de difficultés, en Italie. Mais les difficultés, en Italie, sont tellement intéressantes[3] ! »

Sa tendresse pour Roberto, son admiration devant son éclectisme et son ravissement pour les jeux qu'il invente pour Robertino et elle n'ont jamais fait aucun doute. Mais il est indiscutable que son mari crée des « difficultés ». Outre sa désinvolture vis-à-vis des questions financières et son incapacité chronique à se concentrer et à s'imposer la moindre discipline de travail, Roberto prend des risques comme un adolescent. Paresseux et brouillon, il pense surtout à lancer sa Ferrari à 240 kilomètres à l'heure, peu importe qui se trouve avec lui. Parfois, son mépris du savoir-vivre n'est pas sans agacer sa femme. Il n'est pas rare qu'il invite dix ou douze personnes à dîner et qu'il oublie de rentrer, laissant Ingrid jouer les hôtesses dans un salon plein d'étrangers. « Il était si italien, si brouillon, dit-elle, alors que j'étais si nordique et si précise[4] ! »

Ingrid est méthodique et organisée au travail et à la maison, ses manières sont discrètes et irréprochables, sans une once d'artifice. Elle aime flâner tranquillement au bois ou le long de la plage. « Je me détends avec ma famille, dit-elle. Roberto se détend en fonçant au volant de ses voitures de course. C'est sa façon de faire. Je me contente d'attendre qu'il rentre à la maison[5]. »

« Roberto n'est pas très facile à vivre », ajoute-t-elle. Mais elle prend son mariage très au sérieux. Il va marcher. Rossellini peut être d'une distraction et d'un égoïsme exaspérants, mais il sait comment regagner ses bonnes grâces et rattraper une bourde particulièrement agaçante : il se livre à un numéro d'imitation improvisé, il la fait rire, il lui raconte des histoires sur le passé pittoresque de sa famille, il occupe la cuisine et lui prépare un généreux plat de pâtes, puis se précipite au jardin et revient avec une brassée de fleurs. À tous points de vue, il est aux antipodes du très sérieux Petter.

Toujours aussi fiable, Lindstrom tient sa promesse de laisser Pia passer une partie de ses vacances avec sa mère, pendant l'été 1951. Craignant que les Rossellini ne tentent de kidnapper la fillette, il l'accompagne lui-même à Londres. Ingrid doit venir de Rome fin juillet pour les y retrouver. Pia passera de la maison de campagne de Sidney Bernstein (l'associé d'Hitchcock à l'époque des *Amants du Capricorne*) à la résidence londonienne de David Lean et Ann Todd, et à un hôtel de Londres. Sauf un après-midi, Petter est toujours présent lorsque Pia se trouve avec sa mère.

Les raisons d'une telle attitude s'éclairent un peu après leurs retrouvailles. Lean et sa femme les ont invités à dîner à leur résidence d'Ilchester Place, à Kensington. Ils ont préparé une chambre d'amis pour Ingrid et Pia pour quelques jours, mais ils n'ont rien prévu pour Petter. « Le docteur Lindstrom m'a déclaré, témoignera David Lean, que s'il quittait la maison, il craignait qu'on ne le laisse plus rentrer[6]. » Pire encore : il soupçonne Ingrid de vouloir faire disparaître sa fille et d'entamer une procédure en Angleterre pour prolonger son droit de garde.

On est en plein délire paranoïaque. Lean propose à Petter de lui donner la clé de la porte d'entrée. Dans ces conditions, accepterat-il de sortir ? Petter accepte. Il regagne son hôtel. Le lendemain, aux petites heures, la bonne de David Lean le trouve assis sur une chaise devant la chambre d'Ingrid et Pia, montant la garde contre un possible enlèvement. Il refuse même de prendre son petit déjeuner avant d'être certain qu'Ingrid et Pia sont en vue. L'après-midi, Ingrid émet le désir d'emmener sa fille voir *Alice au pays des merveilles* de Walt Disney dans un cinéma du West End. Petter refuse sèchement. Pour le faire changer d'avis, il faudra l'intervention d'Ann Todd : elle accompagnera Ingrid et Pia, avec sa propre fille et sa secrétaire pour faire bonne mesure, et promet que tout le monde rentrera à l'heure dite. Kate, la fille de Kay Brown, une adolescente vive et énergique, a été invitée à faire le voyage d'Amérique pour tenir compagnie à Pia. Les filles essaient de faire contre mauvaise fortune bon cœur, et de profiter de leurs vacances. Mais Pia ne gardera de son séjour que le souvenir des tensions. Cette enfant de treize ans à peine, précoce, brillante et bien élevée, est soumise à une épreuve doublement impossible : contenter son père tout en essayant de refaire connaissance avec sa mère.

Deux jours plus tard, ils se rendent à la maison de campagne de Bernstein, dans le Kent. L'atmosphère, glaciale, ne s'améliore pas. Si Ingrid et Pia veulent aller se promener, Petter les suit à cinquante pas, sans jamais les perdre de vue. Si elles s'installent pour regarder la télévision, Petter s'assied dans le couloir contigu, comme si elles pouvaient s'envoler... Comme si un avion privé les attendait dans le pré voisin pour les emmener Dieu sait où.

Au bout de trois jours, Petter annonce qu'il emmène Pia en Suède, pour y rendre visite à ses parents. Ingrid le supplie en vain de lui laisser encore un peu de temps. Petter est inflexible. Elle a gâché sa vie, lui dit-il froidement. Il devrait être titulaire depuis longtemps d'une chaire d'université, mais sa carrière a souffert des ragots qui ont circulé dans le monde entier. Il a tout fait pour elle et n'a récolté qu'ingratitude. Il la sait capable d'une infinie perversité, dit-il encore, elle n'est pas digne de confiance... D'où sa vigilance vis-à-vis de Pia, et sa décision d'abréger leur séjour. Ingrid, en larmes, ne pourra faire à sa fille que des adieux superficiels.

« Pia a été merveilleuse, écrira-t-elle à Irene Selznick, de Rome. Si calme à propos de tout cela. Si sereine. Elle parle de Roberto et du bébé sans la moindre tension. Quand on l'écoute, tout paraît simple et naturel. Elle m'aime (Dieu merci), mais peut-être qu'elle aime davantage son père parce qu'elle doit s'occuper de lui. (...) Elle n'a rien contre l'idée de venir ici, elle serait même ravie, mais elle comprend que ça ferait de la peine à Petter et elle me demande d'avoir de la patience[7]. »

Elle doit aussi être patiente avec Roberto qui n'est pas encore parvenu, début octobre, à boucler le financement d'*Europe 51*. Enfin, Carlo Ponti et Dino de Laurentis décident de s'associer à la production. Le tournage commence à Rome, par un mois d'octobre torride. Le seul intérêt du film semble être l'étude du visage d'Ingrid — d'une beauté subtile et expressive, mélancolique, triste, déterminé, amusé, apeuré... À part cela, on remarque les transitions brutales, les motivations confuses des personnages, et un mélange bizarre de piété religieuse, de conscience sociale, d'indignation politique et de simple prêchi-prêcha.

Rossellini semble ne jamais savoir s'il raconte l'histoire d'un saint François féminin que son drame personnel conduit à une sainteté altruiste, ou s'il se propose de réfléchir aux vertus de la révolution sociale. « Si tu dois blâmer quelqu'un pour le suicide de ton fils, blâme la société de l'après-guerre ! » s'exclame un personnage communiste présenté comme sympathique. Mais surtout, le film semble exhorter les Italiennes à avoir des enfants en nombre. Giulietta Masina joue le rôle d'une femme sans ressources qui vit dans une sorte de béatitude, simplement parce qu'elle s'occupe (sans aide masculine) d'une pleine maisonnée d'adorables gosses, et presse qui veut l'entendre de se multiplier jusqu'à l'épuisement.

Lorsque le film sort en salles, en 1952, le public italien lui fait bon accueil. Ailleurs dans le monde, il passe plus ou moins inaperçu, et il n'est pas difficile de comprendre pourquoi. Quoi qu'il en soit, les Rossellini ne toucheront pas une lire de bénéfice, car Roberto a déjà cédé ses droits pour payer des factures. Ce qui est paradoxal, si l'on se rappelle que certains de ses proches sont persuadés qu'il n'a fait tourner Ingrid que pour satisfaire sa cupidité. Lorsque *Europe 51* sort enfin aux États-Unis en 1954, c'est le premier film d'Ingrid Bergman qu'on y voit depuis quatre ans (depuis *Stromboli*). On y découvre Ingrid affichant une vigueur et une beauté mûries — elle avait trente-six ans à l'époque du tournage — qu'elle gardera durant des années.

Le tournage d'*Europe 51* est un véritable cauchemar. Ingrid, à qui Roberto demande d'imaginer ses dialogues au fur et à mesure, est complètement perdue. Elle essaie, bien sûr, mais les bons acteurs ont besoin de bons scénaristes... Et elle n'en a aucun. Pour tout arranger, Rome souffre d'une canicule exceptionnelle, au point que Roberto décide de tourner la nuit et de faire se reposer son équipe le jour (même si Ingrid a besoin de voir le petit Robertino dans la journée). En outre, elle va souffrir pendant plusieurs semaines d'une grosse angine. Et enfin, on doit précipiter le travail pour achever le tournage avant que la silhouette d'Ingrid ne se modifie de façon trop visible. Car elle est de nouveau enceinte. Elle confiera à ses amis que mettre au monde et élever les enfants de Rossellini constitue la plus belle expérience de ses années en Italie. Ce n'est pas le cas de ses films.

En quittant Hollywood, Ingrid plaçait beaucoup d'espoir dans cette nouvelle étape de sa carrière. Mais dès le début, il était clair qu'elle avait commis une terrible erreur de calcul en croyant pouvoir s'adapter aux méthodes de Rossellini. Le tournage de *Stromboli* a été une effroyable déception. Mais elle était enceinte, à l'époque, et Roberto était son unique source d'énergie et de soutien moral. Les autres films qu'elle a tournés avec lui n'ont pas été moins décevants. Bien avant d'atteindre quarante ans, elle s'est doucement faite à l'idée qu'elle n'exerce plus aucun contrôle sur sa carrière.

La voici donc, maintenant — sa carrière est bloquée, son talent sous-estimé et insuffisamment mis à contribution, les relations avec sa fille sont compromises, sa renommée ternie dans le monde entier —, avec pour seules occupations les devoirs de maîtresse de maison, comme n'importe quelle mère de famille bourgeoise. Mais le pire, peut-être, c'est que le mariage pour lequel elle a sacrifié tant de choses est en train de perdre de son sens très rapidement. Alors qu'ils ont besoin, plus que jamais, de remporter un succès financier, Roberto lui interdit de travailler avec un autre cinéaste, et elle ne veut pas compromettre leurs relations en lui faisant front. Autrement dit, sa situation n'est guère différente de ce qu'elle était à l'époque de Petter.

Ingrid a toujours été une artiste assoiffée de travail. Ou de voyages, lorsqu'elle n'avait pas de film en cours. Tous ses proches, au début des années cinquante, craignent que cette soudaine pause dans sa carrière ne finisse par l'éloigner de son mari. Mais même si elle est malheureuse au plan professionnel, même si les tâches maternelles sont très loin de la satisfaire, quelque chose dans son attitude a changé. Elle est déterminée, presque férocement, à réussir son mariage. Et elle est tout aussi résolue à prouver qu'elle est une bonne mère. C'est ainsi qu'elle endosse sans le moindre murmure le rôle le plus inattendu de sa vie — celui de la *signora* Rossellini —, et qu'elle s'en acquitte brillamment.

Ingrid a été formée dans l'austère tradition suédoise des années trente. Elle a réussi dans le système hollywoodien, astreignant et routinier, des années quarante. Mais rien, sauf son premier mariage, ne l'a préparée à Rossellini. Soumise pendant une douzaine d'années à un mari autoritaire, elle se trouve aujourd'hui dans une situation comparable. La première fois, elle a fui. Aujourd'hui, elle reste là où le sort l'a menée. Et personne, peut-être, n'en est plus étonné qu'elle. La seule allusion à sa frustration durant ses années italiennes sera pour mentionner le fait qu'elle a recommencé à manger beaucoup trop. Mais, « peut-être à cause des soucis et de l'anxiété permanente où je vivais alors, je n'ai pas pris un gramme. Les spaghettis ne m'ont rien fait... Je n'ai pas cessé de maigrir[8] ». Cela n'est vrai, bien entendu, qu'avant et après ses grossesses. Tandis que les jours rallongent, à l'approche du printemps, Ingrid est remarquablement forte. Cela ne manque pas de l'inquiéter... Jusqu'au jour où son médecin lui apprend qu'elle attend des jumeaux.

L'accouchement est prévu pour juin. En avril, Ingrid demande à un tribunal de Los Angeles de lui confier Pia pour l'été. Petter, qui craint l'influence de Rossellini, refuse obstinément de laisser sa fille partir en Italie. Il sera impossible et peu souhaitable, argumente-t-elle, de laisser ses nourrissons chez elle pour se rendre en Californie. En outre, son retour en Amérique provoquerait une publicité qui serait néfaste à Pia.

De tous les amis et collègues qui témoignent en sa faveur, David Selznick est le plus éloquent. Irene et lui ont rendu plusieurs fois visite aux Rossellini à Rome et à Santa Marinella. Selznick adresse au juge qui s'occupe de l'affaire une de ces lettres longues et énergiques dont il s'est fait une spécialité. Ingrid et Roberto sont les plus dévoués des parents, affirme-t-il, alors que Lindstrom reste « clairement et amèrement vindicatif, [et] un père assoiffé de vengeance[9] » qui n'a d'autre objectif que d'éloigner définitivement Pia de sa mère. Emporté par sa plaidoirie, Selznick demande combien Ingrid doit encore souffrir, combien de temps elle doit assumer le rôle de l'infortunée Madeleine, de la femme à qui l'on refuse le pardon.

Un autre témoignage en faveur d'Ingrid, beaucoup plus surprenant, est celui du juge Thurmond Clarke. C'est lui qui a prononcé le divorce favorable à Lindstrom en 1950. Il a eu l'occasion de rendre visite aux Rossellini à Santa Marinella. Clarke témoigne que Pia y trouverait un environnement à la fois sûr et aimant. « Je dirais que les Rossellini se comportent à l'égard de leurs enfants [Robertino et Renzo, de passage] avec beaucoup de douceur et de dévouement. J'ai vu ce qu'on appelle une vie familiale heureuse[10]. » Il pourrait ajouter : « joyeusement chaotique », comme il convient à Roberto. Outre le personnel domestique, la propriété de Santa Marinella abrite en effet six chiens, une vingtaine de poules en liberté, une nichée de colombes, et toutes les créatures du voisinage qui d'aventure passent par là.

Petter, lui, prépare une déclaration sous serment de vingt et une pages où il réfute la demande de son ex-femme de passer du temps avec leur fille. Comme preuve de la cruauté qu'on lui fait subir, il joint la lettre qu'Ingrid lui a écrite à l'Albergo Luna Convento, le

3 avril 1949 (« Cher Petter, la lecture de cette lettre te sera difficile... »).

Le soutien de Selznick, Clarke et des autres est inutile. La demande d'Ingrid est rejetée, car Lindstrom fournit le témoignage d'un psychiatre, Charles Sturdevant, affirmant qu'un voyage en Italie ne pourrait que nuire à l'équilibre mental de Pia. Il omet d'ajouter que Petter a lui-même déclaré à un de ses collègues que « si l'on interrogeait Pia, il [Petter] ferait en sorte qu'elle réponde qu'elle ne veut pas aller en Italie[11] ».

C'est exactement ce que déclare la fillette le 13 juin, lorsqu'elle est invitée à paraître devant le tribunal. « Je ne ressens aucun amour pour ma mère. Je l'aime bien. (...) Je ne veux pas aller en Italie. (...) Je préférerais vivre avec mon père. (...) Je ne pense pas que ma mère s'inquiète beaucoup à mon sujet[12]. » Des années plus tard, elle reviendra sur les circonstances de cette triste journée : « Mon père a gagné le droit de me garder avec lui... avec ma coopération. Il était désespéré, et j'avais le sentiment qu'il n'avait plus que moi au monde[13]. » Le juge rejette donc la demande d'Ingrid de recevoir Pia pour les vacances d'été. La jeune fille ne reverra pas sa mère avant 1957[14].

Une fois réglée cette ultime et pénible manœuvre, Petter et Pia regagnent leur nouveau foyer, à Pittsburgh. Lindstrom dirige maintenant le service de neurochirurgie de l'hôpital des anciens combattants d'Aspinwall, et un projet de recherche sur les maladies du cerveau à l'université de Pittsburgh. Il va mener une carrière florissante. En 1954, à quarante-sept ans, il épousera Agnes Rovnanek, vingt-six ans, un pédiatre de talent qui deviendra professeur externe en santé publique. Elle donnera quatre enfants à Petter. Plus de quarante ans après leur mariage, ils forment encore un couple uni.

Le 18 juin 1952, à Rome, Ingrid met au monde deux petites filles : Isabella Fiorella Elettra Giovanna et Isotta Ingrid Frieda Giuliana (qu'on appellera « la petite Ingrid »). « Je n'ai jamais compris toutes ces idioties, selon quoi Ingrid aurait été une mauvaise mère, dira Signe Hasso [qui leur rend visite pendant l'été]. Elle était une maman formidable, elle s'assurait à tout moment qu'on s'occupait de ses enfants et qu'ils ne manquaient de rien. On dit parfois que les actrices ne devraient pas avoir d'enfants, que nous sommes toujours trop occupées. Il y a un peu de vrai là-dedans, bien sûr. Mais il est tout simplement ridicule de prétendre qu'Ingrid était négligente[15]. »

L'impossibilité de retourner en Amérique pour rendre visite à sa fille — même brièvement —, pendant les quelques années qui viennent, ne viendra pas seulement de sa crainte d'être refoulée par les services d'immigration (prétexte de moins en moins crédible avec les années), ni même sa terreur d'une publicité défavorable à Pia et à elle-même.

La véritable raison, c'est Roberto lui-même, qui se révèle un mari aussi sévère et autoritaire que Petter. « Comment faire comprendre la force et la violence qu'il y avait dans la volonté de Roberto ? J'étais incapable de partir contre sa volonté[16]. » Si elle allait aux États-Unis, elle subirait à son retour une scène extrêmement violente : Roberto affirme qu'il considère un tel voyage comme un acte de trahison, qui causerait à leur mariage des dommages irréparables. Elle reste donc là, déchirée entre deux loyautés contradictoires, et tente d'oublier son angoisse en consacrant son temps et son attention à ses trois cadets.

Ingrid ne veut pas prendre ce risque, c'est pourquoi elle se soumet à la jalousie de Roberto de la même façon qu'elle a toléré la bienveillante dictature de Petter. À plusieurs reprises, durant les sept années qu'ils passeront ensemble, Roberto laissera exploser sa violence. Il a des crises de rage, racontera-t-elle, et ça donne lieu à des incidents terrifiants. Un jour, au plus fort d'une de ses colères, elle se précipite vers lui et le prend dans ses bras, essaie de le calmer avec un geste de tendresse... « Et vlan ! Il m'a repoussée contre la paroi avec une telle force que j'ai failli me retrouver en miettes. Non, on ne pouvait rien faire. C'était risquer sa vie que de s'approcher de lui[17]. »

À Hollywood, Ingrid avait peut-être tendance à considérer Pia comme un fardeau, un obstacle à une carrière en plein essor. Ironie amère : en Italie, alors que cette carrière semble au point mort et la déçoit si fort, les enfants que lui a donnés Rossellini constituent un refuge et une source d'agréables responsabilités. Le journaliste William Safire (qui est alors caporal d'aviation aux forces américaines d'occupation) rapporte à cet égard une anecdote significative. Durant toute leur conversation, Ingrid est très animée, se montre prolixe sur son travail et sa vie... jusqu'au moment où Rossellini entre dans la pièce. Elle « s'est immédiatement transformée, dit-il, (...) elle était soumise, s'en remettait à lui pour toutes les questions, terrifiée à l'idée de s'exprimer » en présence de son mari[18].

Pendant la deuxième moitié de 1952, Ingrid se consacre à ses enfants à temps plein. Roberto prépare la mise en scène, pour décembre, de l'*Othello* de Verdi, à l'opéra San Carlo de Naples. Ils assistent à la première, où ils font la connaissance de Paul Claudel et du compositeur Arthur Honegger. Ingrid possède un enregistrement de l'oratorio qu'ils ont composé en 1939, *Jeanne au bûcher*. Lorsqu'elle leur parle de son admiration, Claudel et Honegger suggèrent qu'elle l'interprète dans une tournée européenne. Le rôle de Jeanne n'est pas chanté : la musique est fournie par les chœurs et l'orchestre, tandis que Jeanne déclame un texte en vers, où elle parle de sa vie et de son procès. Roberto réalise qu'il s'agit là d'un véhicule sur mesure pour Ingrid. On établit immédiatement un planning pour monter la pièce avant la fin de l'année. Ingrid est ravie, comme on s'en doute. « C'était elle, ma sainte préférée, qui venait une fois de plus à mon aide [19]. »

Tant que durent les négociations, elle se baigne en mer et joue au ping-pong avec sa nièce Fiorella, dix-sept ans, qu'elle considère comme sa fille. Elle parle maintenant un excellent italien et travaille son français d'arrache-pied : Roberto répète sans arrêt qu'ils prendront un jour un appartement à Paris pour pouvoir y faire des films. En attendant, aussi impatiente soit-elle de se remettre au travail, elle accepte de se placer sous sa houlette.

Rossellini, qui a besoin d'argent, comme toujours, commence un nouveau film à Naples, le 5 février 1953. Le financement vient d'un industriel milanais qui a adoré *Rome, ville ouverte*. Roberto commence « sans scénario, sans ligne directrice, juste une idée sans conclusion [20] ! ». Pour donner la réplique à Ingrid, on a fait venir George Sanders qui a été, douze ans plus tôt, son partenaire dans *La Proie du mort*. Sanders se retrouve très vite au bord de la dépression nerveuse. Plus encore qu'Ingrid, il devient fou en découvrant les méthodes de Rossellini, y compris les grasses matinées dans les suites d'hôtel à Naples, à la campagne et à Capri (décor imposé qui permet à Roberto de satisfaire sa passion pour la pêche sous-marine). Tout le monde court en tous sens sans avoir grand-chose à faire — producteur, scénariste, les deux assistants et les trois enfants qui trottinent sous les pieds des adultes —, et Ingrid tente de maintenir l'ordre. Au bout de deux semaines, Sanders croit pouvoir espérer que le film va enfin démarrer. Il va attendre encore trois mois — dans une oisiveté presque totale, tandis que Roberto dort jusqu'à midi, joue aux cartes et, surtout, s'emploie à gagner du temps.

Des scènes dont le tournage est prévu à deux heures de l'après-midi sont retardées jusqu'à trois heures du matin, Roberto n'ayant pas la moindre idée de ce qu'il veut. D'autres, maintes fois ajournées, finissent par être annulées, Roberto ayant brusquement décidé de sauter dans sa Ferrari pour faire la course avec le train Naples-Rome. Sanders est si contrarié par son oisiveté forcée, par le vide du scénario et l'absence d'une véritable direction, qu'il décide de faire venir sa femme. C'est ainsi que l'ambiance, déjà chaotique, va connaître un niveau de folie jamais atteint avec l'arrivée de Zsa Zsa Gabor. Mais personne n'est vraiment soulagé — sauf Ingrid, qui se réfugie auprès de ses enfants. Au printemps, son vieux soupirant Larry Adler vient passer quelques jours avec eux : « Je voyais bien que Rossellini se fichait complètement de la réputation d'Ingrid, et encore moins de ses sentiments, dit-il. Mais elle continuait, de bon gré. Elle faisait le film, et s'occupait de ses enfants[21]. »

Voyage en Italie — c'est le titre du film — ne connaîtra aucune véritable diffusion dans les années cinquante. Cette histoire d'un couple de riches Anglais qui, lors d'un séjour en Italie, prennent conscience du vide de leur mariage, a surtout l'air d'un « documentaire touristique » en panne de dialogues. Le mari prend la décision de divorcer. Mais pendant une fête religieuse, sa femme et lui sont emportés par une foule qui crie : « Miracle ! Miracle ! » Ils réalisent enfin (sans qu'on sache jamais pourquoi) combien ils ont besoin l'un de l'autre. Fin de la soi-disant histoire. Un indice de la confusion qui règne est fourni par ce malentendu : Ingrid a toujours cru que le miracle final représentait la découverte de l'amour par le couple, ce qui signifie que « leur mariage va s'arranger[22] ». Roberto, lui, répétera jusqu'à la fin de sa vie que les personnages « se retrouvent face à face et comprennent qu'ils ne s'aiment pas[23] ».

Les critiques s'en donnent à cœur joie. Ils trouvent le film futile et ennuyeux, le scénario pauvre, la mise en scène peu professionnelle et le montage atroce. Ingrid paraît toujours nerveuse, mais sculpturale — ce qui semble approprié pour un personnage qui erre la plupart du temps dans des musées et des villas désertes. *Voyage en Italie* sera porté au pinacle, pour des raisons mystérieuses, par les tenants de la Nouvelle Vague française. Il marque en fait le triomphe d'une vacuité aussi élégante que débilitante. « Nous ne savions jamais ce que nous allions tourner le lendemain, s'exclame fièrement Roberto. Les choses se mettaient en place d'elles-mêmes[24] ! » Ce qui est parfaitement discutable.

La même année, sa collaboration avec Ingrid connaît un nouvel épisode, plus court et plus désinvolte que les précédents. Rossellini doit réaliser un segment d'un film à sketches intitulé *Nous, les femmes*. Comme d'habitude, il trouve une solution de facilité. Il installe sa caméra à Santa Marinella et filme tout un après-midi la vie quotidienne de sa femme, dans sa cuisine, ou lorsqu'elle essaie de venir à bout de la poule qui dévore ses plus belles roses. Ce sera une expérience très amusante pour Ingrid, qui invective la pauvre poule avec une gravité exagérée. Cette fois, elle obéit à la requête de Roberto d'improviser son texte. Experte en humour spontané, Ingrid marmonne, râle, puis se tourne vers la caméra, à qui elle confie avec un sourire espiègle que la seule solution est de lâcher le chien sur l'insupportable gallinacé. Robertino lui-même, à trois ans, fait dans le film une apparition surprise.

La première de *Jeanne au bûcher* mis en scène par Rossellini a lieu en novembre 1953 dans son « théâtre fétiche », le Teatro San

Carlo de Naples. Le spectacle remporte un immense succès. Comme Ingrid l'aime beaucoup et que Roberto a besoin d'argent, ils décident de prolonger à Palerme, Milan, Paris, Barcelone, Londres et Stockholm. Ingrid est bientôt capable d'en dire le texte en cinq langues. Honegger la complimente : « Vous le dites si simplement ! » Claudel ajoute en souriant : « Toutes celles qui jouent ce rôle adoptent un ton exagérément dramatique, et suivent la musique. Pas vous[25]. » Ces deux vieillards lui déclarent qu'il s'agit du plus beau moment de leur vie. Ils mourront tous les deux en 1955, et Ingrid deviendra une amie proche de leurs familles.

Hors d'Italie, les comptes rendus sont loin d'être enthousiastes. Rossellini n'a pas compris l'oratorio, où la plupart de l'histoire vient des chanteurs. L'œuvre exige d'Ingrid à peine plus qu'une sérénité presque mystique. Elle n'est jamais plus impressionnante que dans les scènes du bûcher. Mais tandis que la troupe continue sa tournée, une certaine monotonie s'installe. Bientôt, sous la direction de Rossellini, ce n'est rien de plus qu'une mise en scène dramatique. Très intéressé par la projection de diapositives en arrière-plan, peut-être en référence au cinéma néoréaliste, il perd de vue le contenu intime, méditatif de l'oratorio.

Les critiques ont beaucoup de réserves sur sa mise en scène maladroite et statique, mais Ingrid a droit à des brassées de lauriers. Au milieu de la tournée, Roberto s'arrange pour filmer la pièce. Plus tard, il dira crûment : « C'était un échec total, et personne n'a jamais eu envie de voir ça. C'est tout[26]. » Ingrid essaie d'entrer dans le détail : « Le texte devait correspondre à la musique, et [Roberto] n'a pas fait assez attention à cela. Il a fait comme si l'oratorio était une musique de fond. Au théâtre, c'était parfait, mais pour le film, quelque chose a mal tourné. Le problème venait en partie de ce que la musique était préenregistrée[27]. »

Dans des lettres à ses amis, elle évoque des frais de déplacement énormes (ils emmènent avec eux leurs trois enfants et une nourrice) et mentionne le fait qu'il leur reste très peu d'argent. « Si un bon film se présente, je devrai sauter sur l'occasion pour pouvoir payer de nouveaux souliers aux enfants[28] ! » Comme c'est sans doute prévisible, des journalistes sarcastiques reprochent aux Rossellini d'errer à travers l'Europe en soumettant leurs trois petits enfants aux rigueurs du voyage. « J'ai déjà entendu ce genre de conseil, réplique Ingrid. Et je n'ai jamais emmené Pia nulle part. Cette fois, je prends mes enfants avec moi[29] ! »

Roberto refuse obstinément que sa femme travaille avec un autre metteur en scène. Mais Ingrid et Kay Brown continuent de recevoir chaque semaine des appels téléphoniques et des lettres de cinéastes européens. Pour la première fois, Ingrid décide de répondre. Elle reçoit aussi des propositions d'Hollywood. George Cukor veut savoir si elle est intéressée par une adaptation du roman de Hawthorne, *Le Faune de marbre*. Ingrid lui répond que son mari a lu le script, et qu'il trouve complètement invraisemblable la manière dont est décrit le cadre italien. Peu importe s'il est facile de le corriger pour le rendre conforme à la réalité et à l'histoire. Rossellini a dit non, point final. L'épisode révèle les premières fissures dans le couple Rossellini.

Entre-temps, Roberto lui a proposé une nouvelle de Stefan Zweig, *La Peur*. Le tournage a lieu très vite, à Munich (où sont établis les producteurs), en 1954, entre deux séries de représentations de *Jeanne au bûcher*. Avec le recul, il semble que le film soit presque réussi. Ingrid (baptisée, Irene, comme dans *Europe 51*) est l'épouse d'un savant et industriel connu. Elle a un amant, dont l'ancienne maîtresse la fait chanter. Il s'avère que son propre mari est à l'origine du chantage. Séparée de ses enfants, que le mari a envoyés vivre à la campagne, privée désormais d'amant et d'époux, elle décide de mourir. Elle s'apprête à passer à l'acte... mais son mari l'en empêche. « Je t'aime ! » s'exclame-t-elle, de manière parfaitement invraisemblable, avant de tomber dans ses bras. Fin.

Avec un scénario un peu mieux fignolé et une fin moins simpliste, *La Peur* aurait pu provoquer une sorte de renaissance dans la carrière de Rossellini. Il possède un rythme dramatique plus intéressant que n'importe lequel de ses films depuis *Rome, ville ouverte* (si l'on excepte le petit documentaire domestique *Nous, les femmes*), et les autres acteurs se montrent à la hauteur d'Ingrid. La scène centrale du téléphone est particulièrement saisissante. Sa voix frémit quand elle parle de son amour pour ses enfants, alors qu'elle suggère l'imminence de son suicide. Comme si souvent, elle se concentre sur un conflit de sentiments en exprimant le moins de choses possible. Ce talent lui est reconnu par les rares critiques qui ont le temps de voir le film : il va disparaître de la circulation sans laisser de trace. Au bout de dix jours de travail, Ingrid est convaincue qu'elle ne tournera plus jamais avec son mari, qui est en train de perdre toute confiance en soi. L'énergie créative de Rossellini s'est tarie.

L'annonce soudaine de la mort de Robert Capa, qui a sauté sur une mine en Indochine, en mai 1954, plonge Ingrid dans un abîme de chagrin. Seuls ses enfants soulagent un peu sa détresse. Elle n'a pas vu Capa depuis plusieurs années, mais elle dissimule soigneusement sa tendresse pour lui dans un coin de son cœur, comme elle le confesse à Ruth et Kay. Inutile d'essayer de pleurer sur l'épaule de Roberto. Il est jaloux de tous ceux qui l'ont précédé.

Le 2 octobre, Ingrid et Roberto, leurs enfants et un groupe réduit de serviteurs arrivent à Londres. Trois semaines plus tard, *Jeanne au bûcher* entame une série de vingt-neuf représentations au Stoll Theatre. La presse, en gros, considère que la mise en scène mélange plusieurs styles, qu'elle est statique et tarabiscotée. Ingrid reçoit des louanges respectueuses mais timides. Plusieurs critiques la trouvent inaudible, et mal à l'aise sur scène.

À Stockholm, les critiques vont être beaucoup plus fraîches. *Jeanne au bûcher* démarre sa carrière suédoise le 17 février 1955 au Konserthus. La pièce est éreintée par la presse. Un ténor de la profession, Stig Ahlgren, en profite pour s'en prendre férocement à la personnalité publique et privée de sa compatriote. « Elle voyage de par le monde et se produit pour de l'argent. Son M. Loyal n'est autre que Rossellini, qui lui a donné trois enfants et une Rolls-Royce. Elle se fait payer très cher mais elle ne le mérite pas : ce n'est pas une actrice, et encore moins une artiste [30]. » Mais il y a pire. Très souvent, on porte des attaques contre sa vie privée. Ahlgren, par exemple, se moque de ses souliers à talons plats et de la manière dont elle habille ses enfants.

Après avoir consulté Edvin Adolphson, avec qui les retrouvailles ont été très chaleureuses, Ingrid décide de contre-attaquer. À l'issue d'une représentation au profit des victimes de la poliomyélite qui vient de frapper le pays, elle est invitée à tirer les lots d'une tombola de charité. Selon le plan prévu, Adolphson se tourne vers la salle : « Ingrid Bergman aimerait s'adresser à vous. » Un murmure embarrassé parcourt l'assistance. « Quelle impression cela vous fait-il de vous retrouver en Suède, Ingrid Bergman ? » Très pâle, mais sans crainte, elle s'approche de la rampe.

« Je suis très heureuse de me retrouver chez moi et de pouvoir m'exprimer de nouveau en suédois. Mais un groupe de preux chevaliers de la presse se sont fixé pour objectif de me démolir. Hier, j'ai lu l'article de Stig Ahlgren. Partout, on m'accuse de ne rien faire d'autre que de chercher la publicité ! Mais ce n'est pas moi qui cours après la publicité ! Ce n'est pas moi qui envoie des photographes me pourchasser au théâtre et à mon hôtel. Ils me condamnent, en fait, parce que je ne les laisse pas photographier mes enfants. Puis ils me condamnent parce que je finis par me laisser fléchir et que je leur donne un peu de matière à publier. J'ai l'impression d'être la fille d'Indra, dans *Le Songe* de Strindberg, dont on dit : Si elle répond, battez-la ! Si elle refuse de répondre, battez-la tout de même !

« Je ne suis pas la première, bien sûr, à être traitée de la sorte dans mon propre pays... Garbo et d'autres ont subi le même sort. Les Suédois, je le crains, n'aiment pas que l'on soit différent. Cela me rappelle le conte d'Andersen où l'on coupe les têtes qui dépassent de la foule, pour que tout le monde soit pareil aux autres.

« Je voulais profiter de cette occasion pour m'adresser à vous directement, sans passer par la presse qui n'aurait pas manqué de déformer mes propos. Depuis six ans, d'autres m'ont continuellement calomniée, jugée et condamnée sans rien connaître de ma vie. Je voulais que vous, mes amis, qui avez soutenu notre oratorio, vous sachiez la vérité, enfin [31] ! »

Elle recule de quelques pas et s'incline vers le public, qui se lève spontanément et lui donne une ovation debout. Son interprétation dans la pièce ne lui a pas valu un tel triomphe. Mais les lettres désagréables continuent de lui parvenir dans sa suite au Grand Hotel. « Cela me désespérait, dira-t-elle à propos de cette correspondance odieuse. Une telle cruauté mentale, de la part de mes compatriotes, cela m'a fait perdre le sommeil [32]. »

La tournée s'achève au début de l'été. Les Rossellini rentrent à Rome, où les attend un message de l'actrice française Elvire Popesco, qui est chargée de production au Théâtre de Paris. Elle doit monter *La Chatte sur un toit brûlant* de Tennessee Williams, et *Thé et Sympathie* de Robert Anderson. Ingrid voudrait-elle faire sa rentrée au théâtre dans une de ces pièces ? Elle aura quarante ans en août. Il est évident qu'elle est trop âgée pour tenir le rôle de Maggie dans la pièce de Williams. En revanche, celui de la femme de professeur qui dispense « thé et sympathie » avant de s'offrir elle-même à un timide jeune premier — comme il est suggéré avec beaucoup de délicatesse dans la scène finale — semble avoir été écrit pour elle. Deborah Kerr vient de triompher à New York dans ce rôle. Ingrid devrait pouvoir en faire autant à Paris.

« Elle avait vraiment envie de le faire, raconte Robert Anderson, et j'ai tout de suite donné mon accord, bien entendu. Quand je leur ai rendu visite, Rossellini ne connaissait pas du tout ma pièce. Il s'est retiré pour nous laisser discuter [33]. » Après le départ d'Anderson, Roberto donne son avis à sa femme : « Cette pièce ne vaut rien, Ingrid ! Et si c'est *toi* qui l'interprètes, elle va tenir une semaine [34] ! » C'est ce qu'on appelle de tendres encouragements.

Rossellini ne daignera pas non plus diriger *Thé et Sympathie*, comme Anderson et Elvire Popesco le suggèrent tout d'abord pour s'assurer la présence d'Ingrid. En outre, il doit partir en Inde tourner un documentaire. Elle devra donc s'occuper des enfants. « Roberto préfère une femme qui reste à la maison en attendant son retour, dit-elle. Il me considère comme sa propriété. Mais je ne supporte plus de mener une vie aussi incertaine, au jour le jour. Si un des films que nous avons faits ensemble avait eu du succès, cela aurait peut-être été différent. Je dois reprendre le travail, et il faudra qu'il s'y habitue. Je dois faire quelque chose... Pour mon bien, et pour acheter des souliers aux enfants. Nos dettes augmentent sans cesse, et cela m'inquiète très fort. »

En 1955, des silences de plus en plus longs, de plus en plus tendus opposent Ingrid et Roberto. Il s'inquiète de l'effondrement de sa propre carrière. Mais il s'inquiète surtout de ce que la carrière

Avec Bing Crosby dans
Les Cloches de Sainte-Marie (1945).
(Museum of Modern Art/Film Stills Archive.)

Lecture de scénario avec Hitchcock (*Les Enchaînés*, 1945).
(National Film Archive.)
Avec Cary Grant et Alfred Hitchcock sur le tournage des *Enchaînés*.
(National Film Archive.)

Avec Mal Milland (épouse de Ray), Jack Hemingway
(le fils d'Ernest), Gary Cooper et Clark Gable
à Sun Valley (1948). *(IMS Bildbyra.)*

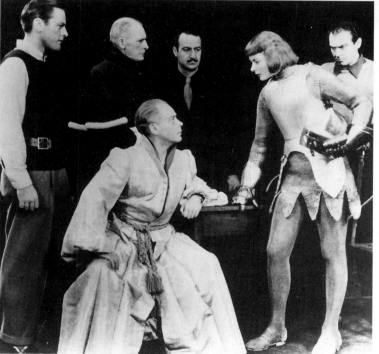

Avec
les autres comédiens
de *Jeanne la Lorraine*
(1946).
*(Museum of Modern
Art/Film Stills Archive.*

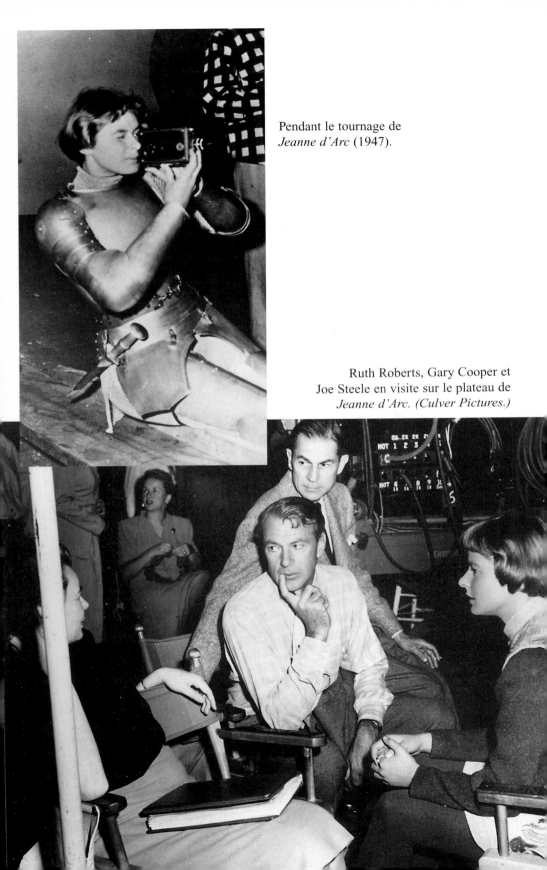

Pendant le tournage de
Jeanne d'Arc (1947).

Ruth Roberts, Gary Cooper et
Joe Steele en visite sur le plateau de
Jeanne d'Arc. (Culver Pictures.)

Avec Victor Fleming à la première de *Jeanne d'Arc. (Culver Pictures.)*

Avec Alfred Hitchcock, à Londres, pendant le tournage des
Amants du Capricorne (1948). *(National Film Archive/Stills Library.)*

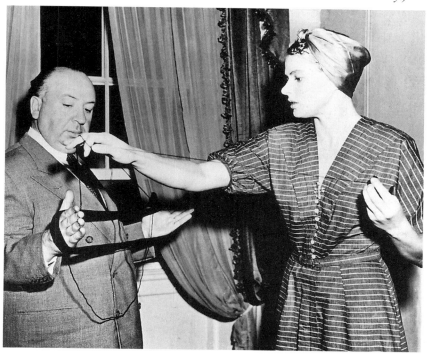

Ingrid de retour en Suède,
en octobre 1948.

Avec Mario Vitale,
sur le tournage de
Stromboli (1949).
*(Museum of Modern
Art/Film Stills Archive.)*

Robert Capa (1951).
(© *Ruth Orkin, 1951.*)

Avec Roberto Rossellini, à Rome (1951).

Avec Ettore Giannini,
dans *Europe 51* (1951).
*(Museum of Modern
Art/Film Stills Archive.)*

Petter et Pia Lindstrom
traversent l'Atlantique
pour rendre visite
à Ingrid (1951).
(IMS Bildbyra.)

Avec George Sanders dans
Voyage en Italie (1953).
*(Museum of Modern
Art/Film Stills Archive.)*

Avec les trois enfants
qu'elle a eus de Rossellini,
en Italie, vers 1955.
*(Museum of Modern
Art/Film Stills Archive.)*

Avec Helen Hayes dans
Anastasia (1956).
(Culver Pictures.)

Avec Jean-Loup Philippe
dans *Thé et Sympathie*
(Paris, 1956).
*(Collection
Robert Anderson.)*

Robert Anderson (1956).

Avec Pia,
à Paris
(1957).

Avec ses enfants,
à Santa Marinella (1957).
(IMS Bildbyra.)

Avec Lars Schmidt (1958).
(IMS Bildbyra.)

Dans *L'Auberge du sixième
bonheur* (1958).
(IMS Bildbyra.)

Dans le rôle de
Hedda Gabler (1963).

Avec Alfred Hitchcock, le soir de la première de *More Stately Mansions,*
à Los Angeles (1967).
(Photos publiées avec l'aimable autorisation de AMPAS.)

Avec le réalisateur Guy Green
et Anthony Quinn,
pendant le tournage de
Pluie de printemps (1969).
(Collection Guy Green.)

Dans le rôle de
Greta Ohlsson, dans
*Le Crime de
l'Orient-Express* (1974).
*(Photo publiée
avec l'aimable autorisation
de AMPAS.)*

Avec Ingmar Bergman
et Liv Ullman :
Sonate d'automne (1977).
*(Photo publiée
avec l'aimable autorisation
de AMPAS.)*

Dans le rôle de
Golda Meir (1981).
(Movie Star News.)

Ingrid Bergman, peu de temps
avant sa mort (1982).
(Kip Rano/Sipa/IMS Bildbyra.)

d'Ingrid pourrait connaître un nouvel essor après qu'elle se sera affranchie de son influence. « Il aimait se battre », dira Ingrid. Mathias Wiemann, son partenaire dans *La Peur*, est le premier à lui conseiller de mettre fin à son mariage. Il n'en est pas question, réplique-t-elle. Qu'adviendrait-il de lui ? Qu'adviendrait-il de ses enfants, dont n'importe quel tribunal confierait la garde à Roberto ? Elle se garde bien d'ajouter qu'elle aime toujours son mari. En réalité, l'union Bergman-Rossellini a échoué parce qu'ils ont échoué au plan artistique. Il n'a pas tenu la promesse qu'il lui avait faite, et leur lien s'est relâché... De la même manière que son mariage avec Lindstrom a échoué lorsque le « soutien » de ce dernier est devenu vide de sens, sans rapport à son art.

Un peu plus tard cet été-là, ils reçoivent la visite de Jean Renoir, le vieil ami d'Ingrid. Il est en train d'achever un scénario qu'il lui destine tout spécialement. Une fantaisie musicale. Sur la plage, en face de Santa Marinella, Ingrid va pouvoir lire un script de tournage pour un film en costumes, avec une partition musicale, des personnages, des acteurs professionnels... Un *vrai film* fondé sur un *vrai scénario*... Elle n'a pas vu cela depuis sept ans ! Elle pose le texte à côté d'elle, et réfléchit au rôle qu'on lui propose. Son regard vagabonde sur les eaux calmes de la Méditerranée, un sourire se dessine sur ses lèvres.

Elena et les hommes est une farce typiquement française. La princesse polonaise Elena Sorokowska papillonne autour des hommes dont elle aide à réaliser la vocation : un général qui aspire à devenir un aimable dictateur grâce à un coup d'État (Jean Marais) ; un jeune comte authentiquement amoureux d'elle (Mel Ferrer) ; et un vieux et riche bourgeois (Pierre Bertin). Le récit est confus et emberlificoté, et le prétexte trop léger. Ce n'est qu'une satire drolatique du chauvinisme, de la vie de province et du marivaudage. Mais il possède une vivacité enjouée, et l'humour est exactement ce dont Ingrid a besoin. Autrement dit, ce film est aux antipodes de l'iconographie que Rossellini réserve à Ingrid. À contrecœur, Roberto finit par l'autoriser à le tourner. Son voyage en Inde est différé. Il accompagnera sa femme à Paris avec les enfants.

Ingrid prend une petite suite à l'hôtel Raphaël, qui sera son foyer parisien pendant l'essentiel des années à venir. Est-ce que Rome et Santa Marinella lui manquent ? Mais ses demeures de Stockholm et de Beverly Hills lui ont-elles jamais vraiment manqué ? Quand on l'interroge là-dessus, elle répond qu'elle n'a jamais eu la nostalgie de ses anciens foyers. Chez elle, c'est là où elle se trouve au moment présent. On pourrait dire d'Ingrid Bergman ce que Marcia Davenport écrivait de Lena Geyer : « Elle était sentimentale, en effet, mais seulement pour ce qui concernait ses émotions intimes. Pas au sens où elle pourrait s'attacher, littéralement, à un lieu ou à des objets. »

Lorsque Ingrid se rend aux studios de Joinville, en banlieue parisienne, il est évident qu'elle se retrouve dans son élément. Aussi consciencieuse et diligente que d'habitude, elle apprend son rôle en français et en anglais (pour la version destinée au marché étranger). Vêtue de robes magnifiques, filmée dans un fastueux Technicolor, elle sera plus belle que jamais. Le temps et les ennuis ont laissé sur son visage l'empreinte de la maturité et de la vigueur — mais aucune dureté — et sa vivacité est soulignée par sa chaleur et son élégance. L'astucieux Renoir en a fait une princesse polonaise pour justifier son accent, qui cesse dès lors d'être gauche pour paraître charmant.

Le tournage dure de novembre 1955 à début mars 1956. Bien entendu, la presse répand la nouvelle dans le monde entier : Ingrid travaille sans Rossellini. Kay Brown passe à l'action. La 20th Century-Fox a acquis les droits d'une pièce de l'Anglais Guy Bolton, qui a obtenu un joli succès à New York en 1954. Il s'agit de l'histoire d'Anna Anderson. Cette femme a toujours prétendu être la grande-duchesse Anastasia, la fille du tsar Nicolas II qui aurait survécu au massacre des Romanov perpétré en 1918. Ingrid découvre le scénario qu'Arthur Laurents a tiré de la pièce. Le rôle-titre possède une étendue dramatique incroyable, depuis les scènes où on la voit en vagabonde crasseuse et suicidaire, jusqu'à sa transformation en une grande-duchesse tout à fait crédible, et à son triomphe final lorsqu'elle est acceptée par la bonne société internationale.

Anastasia n'est pas seulement l'histoire, fascinante et exotique, d'une séduisante héroïne. Le film pourrait aussi bien se lire comme une métaphore du destin d'Ingrid Bergman aux yeux de l'Amérique (la princesse royale devenant une Cendrillon rejetée par tous, et retour). En tout cas, elle dispose d'un bon script et d'un rôle sympathique et bien construit. Un personnage aussi merveilleux n'est sûrement pas de nature à compromettre le retour en grâce d'Ingrid Bergman auprès de l'Amérique la plus sourcilleuse. En fait, cette « Anastasia », comme beaucoup s'en doutent déjà à l'époque, contredit une réalité historique bientôt avérée : la grande-duchesse a bel et bien été assassinée en même temps que le reste de sa famille. Anna Anderson n'a été qu'un imposteur de troisième catégorie.

Spyros Skouras, le président de la Fox, avait d'abord choisi Jennifer Jones. Décision contestée par son directeur de production, Darryl Zanuck, qui est d'accord avec Kay Brown : le moment est venu d'organiser le retour d'Ingrid Bergman. Elle ne va pas seulement attirer les curieux, argumente Zanuck. L'hystérie d'il y a sept ans était sûrement exagérée, le public va l'accepter comme la grande actrice qu'elle a toujours été, et la Fox ne doit pas ménager ses efforts financiers pour soutenir ce projet. Skouras rétorque qu'Ingrid risque de couler n'importe quel projet. À l'appui de son argument, il produit les résultats d'un sondage. « Aussi longtemps que je serai censeur dans cette ville, déclare un fonctionnaire de Memphis (Tennessee), je m'opposerai à ce que les films d'Ingrid Bergman soient projetés sur les écrans de Memphis [35]. » N'est-ce pas une preuve suffisante ? demande Skouras.

Memphis ou pas, Zanuck tient bon, fort du soutien de Buddy Adler (qui produira le film à Londres et Paris) et du metteur en scène Anatole Litvak, un immigrant d'origine russe très sensible à la question de la famille impériale. Skouras finit par céder, pour ne pas prendre le risque de mécontenter ces collaborateurs de talent. À contrecœur, son conseil d'administration donne son accord. En décembre 1955, Ingrid Bergman signe le contrat pour tourner *Anastasia*, l'été suivant. Ce sera un échec absolu, décrète Roberto, qui sort de la pièce pour ne pas la voir apposer sa signature sur le contrat. « J'avais décidé que le moment était venu de l'affronter, dira-t-elle. Professionnellement parlant, je me trouvais en exil depuis plus de sept ans. Cela avait assez duré [36]. » Ce soir-là, ils se disputent violemment. Roberto menace une fois de plus de se tuer en jetant sa Ferrari contre un arbre. Ingrid se prépare une tasse de thé.

Elle passe sans transition du doublage d'*Elena et les hommes* aux essayages et aux tests de maquillage pour *Anastasia*. Le film doit se tourner de mai à août 1956, en Technicolor et CinemaScope. Le voyage en Inde de Roberto est à nouveau différé jusqu'à la fin de l'année, pour cause de mousson et de manque de fonds. Puisqu'il doit attendre, il accepte de tourner *Sea Wife*, un drame maritime sur fond de naufrage, avec Richard Burton et Joan Collins. Mais à l'issue d'une semaine de travail à la Jamaïque, il s'est aliéné les acteurs et les techniciens au point que André Hakim, le producteur, menace de lui retirer le film.

Convoqué à Londres par Hakim, Roberto y rencontre Laurence Evans, le directeur du bureau local de MCA. Evans est le plus ancien des agents londoniens. Il exerce une influence considérable, grâce à une rare combinaison d'intelligence, d'élégance d'esprit et de moralité irréprochable. C'est lui qui s'est occupé d'Ingrid à l'époque des *Amants du Capricorne*. Il s'est lié d'amitié avec elle, et l'a aidée de ses conseils. Elle vient de le contacter pour qu'il aide à détourner la publicité défavorable qu'elle doit à son mari. Avec beaucoup de tact, Evans demande à Roberto de ne pas dire un mot à la presse, et l'accompagne au Savoy où Ingrid loge également.

La réunion avec Hakim ne va rien changer. Roberto est renvoyé de *Sea Wife* [37]. Sans aucune raison, il considère le renouveau de la carrière d'Ingrid d'un air soupçonneux et rancunier. De 1950 à 1955, la vie de sa femme a été soumise à un *rallentando* continu.

Elle connaît en 1956 un très productif regain d'activité. Durant son séjour à Londres, Roberto a le sentiment curieux que les affaires d'Ingrid risquent de compromettre sa propre vie de famille. Il menace d'emmener les enfants en Italie, puis en Inde. Les enfants *lui* appartiennent, tout comme elle est *sa* propriété.

Le caractère possessif de Roberto provoque des scènes où il se montre de plus en plus grossier et de plus en plus coléreux. « Tout cela dure depuis si longtemps que je ne sais plus que croire [38] », écrit Ingrid à une de ses amies. Soudain, il exige qu'ils se séparent, et demande la garde complète des enfants. Il multiplie les menaces et les diatribes. Ingrid est terrifiée. « J'ai peur de perdre encore mes enfants. Je n'ai pas peur d'être seule, mais d'avoir fait quatre enfants et qu'ils me soient tous enlevés. » Roberto prend Robertino, Isabella et la petite Ingrid et regagne Santa Marinella — le refuge où il peut être seul avec les enfants.

Le tournage d'*Anastasia* se déroule entièrement aux studios Borehamwood, à Londres, sauf quelques scènes d'extérieur nuit qui seront réalisées à Paris. Zanuck et Adler ont tenu parole : le film dispose du budget exceptionnellement élevé de trois millions et demi de dollars, et l'on n'épargne aucune dépense pour en faire une production de première classe. « Je suis terriblement excitée à l'idée de travailler à nouveau sur un véritable plateau », dit Ingrid au premier jour de tournage. Certains s'amusent sans doute de l'allusion.

Yul Brynner joue le rôle de l'impétueux Bounine, véritable Pygmalion d'Anna Anderson... jusqu'au jour où il découvre qu'elle sait des choses que seul un Romanov peut connaître. Helen Hayes incarne l'impératrice douairière Marie, la grand-mère d'Anastasia [39]. Dans leur grande scène de retrouvailles — au début de laquelle Marie, soupçonneuse, repousse d'abord Anastasia —, les deux actrices s'affrontent avec un immense respect mutuel. Laurents a amélioré les dialogues de la pièce. Dans cette scène en particulier, les comédiennes montent peu à peu, passant de l'expression du remords aux récriminations et au plaidoyer, puis à l'amour né du désespoir.

Litvak, Brynner, Helen Hayes et les autres membres de l'équipe comprennent vite qu'Ingrid est tout bonnement remarquable. Elle incarne une femme accablée par la douleur d'être rejetée, et que des gens avides de gloire et de fortune exploitent à son corps défendant. Mais le jeu va si loin qu'Anna va lâcher des indices qui suggèrent qu'elle pourrait bien être la véritable Anastasia. Tel un papillon, l'aventurière se débarrasse de sa chrysalide de malaise et d'hésitation et devient la plus rayonnante des princesses royales. Nulle autre qu'Ingrid Bergman ne pouvait être aussi convaincante. Très peu d'actrices auraient été capables d'exprimer le combat intérieur, les sentiments ambigus de ressentiment et d'espoir douloureux qu'elle traduit dans chacune de ses scènes.

Spéculant sur la forte probabilité d'un Oscar, les représentants de Zanuck lâchent quelques allusions à la presse. Ed Sullivan, qui anime aux États-Unis un show télévisé très populaire, négocie pour expédier à Londres une équipe qui rapportera un bref entretien avec Ingrid et un reportage sur le tournage d'*Anastasia*. Avec l'accord empressé de la Fox, l'émission devrait être diffusée en août. Mais Sullivan décide de sonder d'abord son public à l'échelon national. « C'est vous qui déciderez, annonce-t-il à l'antenne le 29 juillet. Envoyez-moi un mot, et dites-moi si vous voulez qu'elle vienne à l'émission. Ou si vous ne voulez pas. Oui, dites-le-moi aussi. J'aimerais connaître votre verdict. » Persuadé « qu'[Ingrid Bergman] a assez souffert pour ses péchés, qu'elle a fait assez pénitence [!] » et que le public sera ravi de l'accueillir, il est très étonné par les résultats du sondage : 5 826 lettres sont favorables à la diffusion de l'entretien, 6 433 s'y opposent. Homme de parole dénué d'humour, Sullivan se soumet au verdict à contrecœur. Ingrid n'est pas encore la bienvenue en Amérique. Même s'il ne s'agit que de ceux, parmi la clientèle d'Ed Sullivan, qui sont assez bigots pour exprimer leur refus par écrit.

Le tournage principal d'*Anastasia* s'achève fin août 1956. On s'empresse de boucler le montage et la musique pour le sortir en salles en décembre. Ingrid retourne précipitamment à Paris, pour les lectures préliminaires et les répétitions de *Thé et Sympathie* avec le metteur en scène Jean Mercure et les comédiens Yves Vincent et Jean-Loup Philippe. Elle retrouve un Roberto boudeur, qui prépare son voyage en Inde d'un air maussade. Tout semble aller contre moi, dit-il à Ingrid qui l'interroge sur son humeur sombre. « J'ai su que notre mariage était fini, dira-t-elle, quand j'ai insisté pour aller de l'avant avec *Thé et Sympathie*. (...) En fait, je le sentais venir depuis longtemps. Si Roberto et moi sommes restés ensemble si longtemps, c'était pour le bien des enfants. Il ne voulait pas que je fasse ceci, il ne voulait pas que je fasse cela... Mais j'avais envie, pour changer, de prendre mes responsabilités[40]. »

Les répétitions avancent lentement, en partie parce que Ingrid trébuche sur certains points du texte français (dû à Roger Ferdinand). Le samedi 10 novembre, elle tombe malade. À l'entendre, ce n'est qu'une simple indigestion. Trois jours plus tard, elle ne peut ignorer les douleurs qui lui déchirent le ventre, auxquelles s'ajoutent d'autres symptômes désagréables. Le 14 novembre, on l'opère de l'appendicite à l'hôpital américain de Neuilly. Elle y reste une semaine, et en profite pour travailler son rôle.

Pendant ce temps, aux États-Unis, un autre drame se joue. La femme de Robert Anderson, Phyllis, meurt du cancer, en novembre, après cinq ans de lutte acharnée contre la maladie. Durant toute cette période, l'écrivain s'est efforcé de trouver un équilibre entre son travail et son dévouement à sa compagne. À trente-neuf ans, c'est un des auteurs pour la scène et l'écran les plus actifs et les plus prestigieux du moment. Il doit régler les formalités et les démarches de circonstance. Il sombre dans un profond chagrin qui l'aurait fait basculer dans la dépression, sans les attentions de sa famille et de ses intimes. Comme Noël n'est pas loin, Kay Brown lui suggère de se rendre à Paris, où aura lieu bientôt la première de sa pièce. Kay lui réserve une chambre à l'hôtel Raphaël.

La première de *Thé et Sympathie*, dans la plus grande salle de la capitale — le Théâtre de Paris —, vaut un triomphe retentissant à son auteur et à sa vedette féminine. À l'issue de la représentation, les douze cents spectateurs rappellent Ingrid quinze fois de suite. La presse lui adresse des critiques élogieuses. Dans les jours qui suivent, la foule s'amasse devant le théâtre, et les fans s'efforcent d'apercevoir cette femme qui n'a jamais perdu les faveurs de la Ville Lumière. Les critiques l'adorent, au point d'ignorer son accent qui lui fait parfois commettre des gaffes cocasses. C'est ainsi qu'au lieu de qualifier le jeune premier de *champion*, elle trébuche sur le mot et le traite de *champignon*. Dans la salle et sur la scène, personne ne dit mot. On étouffe les fous rires en se pressant un mouchoir sur le visage. Ingrid s'avance, fait face à la salle, une main levée, et se reprend : « C'est le *champion* de l'école ! » Cela lui gagne définitivement son public, qui lui adresse une ovation debout de trois minutes. Comment Paris ne tomberait-il pas amoureux d'une telle artiste ?

Roberto est loin d'être aussi bienveillant. Pendant la représentation, il reste en coulisses, refuse de s'asseoir dans la salle, et il n'adresse pas à sa femme le moindre mot d'encouragement ou de félicitations. À la fin du premier acte, il demande à Ingrid : « Est-ce qu'il y a encore quelqu'un dans la salle ? Tout le monde n'est pas parti [41] ? » Après le second : « Ils n'ont pas encore commencé à lancer des tomates ? » À la fin de la séance, les applaudissements font à Roberto l'effet d'une gifle. « Il était vert de rage », racontera l'actrice Simone Paris, qui joue elle aussi dans la pièce [42]. L'enthousiasme du public, la ruée des admirateurs en coulisses et la bousculade des journalistes lui sont insupportables. Le soir même, Roberto fonce sur la route de Paris à Rome, d'où il partira enfin pour l'Inde. Ses derniers mots à Ingrid auront été : « Ça ne tiendra pas une semaine. Tu vas tuer cette horrible pièce [43]. » Ingrid reçoit cette prédiction sinistre (totalement erronée en l'occurrence, car *Thé et Sympathie* tiendra à Paris neuf mois à guichets fermés) comme un coup de poignard. Elle aurait apprécié un mot gentil, de la part de cet homme dont elle tient le talent en si haute estime.

Elle va bientôt trouver à se consoler avec un autre « Robert ». Anderson est toujours noyé dans son chagrin, mais ce dernier est allégé par la performance de cette actrice. Ingrid, quant à elle, reconnaît une douleur qu'elle connaît bien. Elle décide de mettre de côté le chagrin que lui vaut l'attitude de Roberto, et de s'occuper du dramaturge durant son séjour à Paris. Toutes les circonstances sont réunies pour que ces deux êtres trouvent l'un en l'autre un peu de réconfort. Ils deviennent des amants passionnés, redoublent d'affection et se réjouissent ensemble du succès de la pièce.

Chaque soir, Anderson assiste à la représentation, ou bien il retrouve Ingrid en coulisses à la fin de la pièce. Puis ils gagnent l'hôtel Raphaël. Ils passent des journées calmes, déjeunent dans un café du bois de Boulogne, se rendent à des réceptions données en leur honneur, se blottissent l'un contre l'autre dans le froid de décembre et se hâtent en faisant du shopping rue de Rivoli. « Elle me consacrait vraiment tout son temps, racontera Anderson. Un critique qui aimait mieux Ingrid que *Thé et Sympathie* a écrit qu'elle sauvait la pièce. Alors un jour je suis passé chez Cartier. J'ai acheté un plateau à thé en argent, sur lequel j'ai fait graver : *À Ingrid, qui a sauvé une pièce et un auteur...* Cela résume parfaitement tout ce qui s'est passé. »

Ainsi vont les choses. L'un endure la terrible blessure causée par la mort d'un être bien-aimé, l'autre affronte la terrible réalité d'un mariage qui n'a plus de sens. « Il a été très proche de moi, durant cette période, écrira Ingrid. Peut-être en avais-je besoin, aussi. Je savais que c'était peut-être important pour tous les deux. » Peut-être Anderson se rend-il compte que la situation est comparable à celle qu'il décrit dans sa pièce : un homme sensible, traversant une période difficile, est aimé d'une femme qui se trouve elle-même en pleine confusion parce qu'elle rompt avec son mari. Sur scène, dans l'émouvante scène finale, Laura s'adresse à Tom avec une délicatesse qui deviendra une référence du théâtre moderne. En privé, Ingrid Bergman et Robert Anderson rivalisent de douceur et de compassion, se consolent, chacun tempère le chagrin de l'autre. Elle ne lui permet pas, par exemple, de passer des heures à sangloter sur les montagnes de lettres de condoléances auxquelles il se croit obligé de répondre. « Allons, Bob ! lui dit-elle en poussant les piles de courrier sur le côté. Sortons, allons faire quelque chose ! »

Ils achètent un roman salué par la critique : *The Nun's Story* [44] retrace l'histoire vraie d'une nonne belge qui finit par quitter le voile qu'elle porte depuis des années. La Warner Bros en a acquis les droits d'adaptation, et le producteur Henry Blanke cherche le scénariste idéal et les comédiens qui conviendraient. Kay Brown l'a recommandé à Ingrid, mais celle-ci a tout de suite compris qu'elle est vraiment trop âgée pour le personnage. Mais Bob ne serait-il pas le scénariste parfait ? Comme par hasard, cela a été une des ultimes suggestions que Phyllis a faites à son mari avant sa mort.

À Paris, Robert Anderson lit le livre. Le reste, comme on dit, appartient à l'histoire. Le scénario qu'il va tirer du roman — et qui donnera *Au risque de se perdre* de Fred Zinnemann — est un chef-d'œuvre d'adaptation pour l'écran. Cela vaudra également un de ses plus beaux rôles à Audrey Hepburn. Personne, devant leur succès, ne sera plus heureux qu'Ingrid.

Bob sait parfaitement que la manière dont ils s'activent, cet hiver-là, n'est pas seulement une manœuvre d'Ingrid pour l'occuper. Elle-même a besoin de se distraire. Rossellini, aussi fonceur que d'habitude, a provoqué un terrible scandale quelques jours après son arrivée en Inde. Jour et nuit, au travail et à dîner, on le photographie tenant la main d'une beauté exotique. Sonali Senroy Das Gupta est la coscénariste de son nouveau film et l'épouse de son producteur indien. Sur-le-champ, la presse va faire le siège d'Ingrid, la poursuit au théâtre, sonne chez elle, laisse des messages. A-t-elle des commentaires à faire sur les rumeurs qui circulent à propos de la liaison de son mari ? Avec beaucoup de dignité, elle se moque de leur audace. En privé, elle avoue à Bob qu'elle n'est pas du tout surprise. Elle voit bien que la situation est exactement l'inverse de ce qu'elle était sept ans plus tôt. Cette fois, c'est son mari qui s'est enfui à l'étranger, et qui a pris pour amante une de ses collaboratrices.

Quelle que soit sa détresse ou son humiliation, Ingrid fuit la compagnie. Noël approche. Pour oublier leur amertume, Ingrid et Bob redoublent de tendresse. Elle passe beaucoup de temps à choisir des cadeaux pour lui, ainsi que pour ses enfants, qui viennent d'arriver de Rome pour passer les fêtes avec elle. Robert se charge de trouver un sapin qu'il installe chez elle et qu'il décore avec soin.

Contrairement à Roberto devant le succès de *Thé et Sympathie*, Bob est ravi des bonnes nouvelles qu'Ingrid reçoit d'Amérique. Les avant-premières d'*Anastasia* viennent d'avoir lieu à New York et Los Angeles. Ingrid a recueilli auprès du public et de la critique un succès sans mélange. Il faut remonter plus de dix ans en arrière pour trouver à son sujet des louanges aussi exaltées. Elle est « tout simplement superbe, écrit Bosley Crowther, et son interprétation magnifique vaut bien un Oscar [45]. » Ses confrères ne sont pas moins laudatifs. En incarnant une femme qui passe de l'effondrement à la confusion sentimentale et au doute, pour finir par endosser une nouvelle identité — à la fois comme la célèbre « Anastasia » et comme une femme ordinaire capable d'amour —, Ingrid offre à son public un double plaisir. Elle est d'abord un personnage pathétique, perdu dans ses fantasmes. Puis elle est éclatante de noblesse.

Lorsqu'ils tombent à nouveau sous son charme, en 1956, le public et les critiques reconnaissent peut-être Ingrid Bergman en cette Anastasia qui lui ressemble tant — jadis déchue, mais toujours indomptable et finalement triomphante. L'Amérique n'aime rien tant que de faire un grand geste de pardon à l'égard d'une pécheresse qui a passé bien assez de temps dans l'habit de forçat. Le moment est venu pour Ingrid Bergman de renouer avec la gloire.

Chapitre seize

1957-1964

J'approche peu à peu de la période de ma vie
où le travail viendra en premier.

Käthe Kollwitz, *Journal*

Début janvier, par une fin d'après-midi, Ingrid regagne précipitamment sa suite au Raphaël après une sortie dans les boutiques. « Regarde ce que j'ai acheté ! » dit-elle d'une voix excitée à Bob Anderson qui l'attend avec le thé et les biscuits. Elle déballe un paquet à peine plus grand qu'une carte postale. Il contient une toute petite peinture à l'huile d'Auguste Renoir — le père du réalisateur d'*Elena et les hommes*. « C'est la première fois de ma vie, dit-elle, que je vois la couleur de mon argent. Alors je me suis fait une surprise. Je suis sortie m'acheter quelque chose, pour moi [1] ! » C'est une manière, ils le savent tous les deux, de marquer d'une pierre blanche sa liberté toute neuve. Une liberté qui lui aura coûté beaucoup plus cher que son Renoir. Quant à voir la couleur de son argent... il est évident qu'Ingrid vit modestement. Comment en serait-il autrement ? Elle n'a rien touché pour les films qu'elle a tournés avec Rossellini, et tout ce qu'elle possédait avant 1950 a été emporté par son divorce.

Cette semaine-là, après une représentation de *Thé et Sympathie*, Ingrid et Bob soupent dans leur suite d'hôtel lorsque le téléphone sonne. C'est Cary Grant, qui appelle d'Hollywood. Le réalisateur Stanley Donen et lui viennent de fonder une maison de production, et ils souhaitent qu'Ingrid collabore à leur premier film. Il s'agit d'une adaptation d'une comédie de Norman Krasna de 1953, intitulée *Kind Sir*. Elle a essuyé un échec à Broadway, mais ils sont sûrs que le film pourrait remporter un gros succès. Ingrid demande à Cary de patienter, le temps pour elle de consulter un expert. Elle se tourne vers Bob.

« *Kind Sir* ?
— Un désastre absolu, chuchote-t-il. Ne le fais pas.

— Mon conseiller me dit que c'est une horreur », dit-elle à Cary. Celui-ci lui demande si elle accepterait de rencontrer Donen. L'été prochain, ce serait possible ? Elle accepte.

Un soir où *Thé et Sympathie* fait relâche (une tradition parisienne qui permet aux acteurs qui travaillent d'aller voir leurs collègues qui se produisent dans d'autres pièces), Bob et Ingrid vont assister à une représentation de *La Chatte sur un toit brûlant*. Après la séance, ils rejoignent la réception donnée dans les coulisses. Ils sont l'objet des attentions d'une sorte de Viking, un grand, blond et bel homme en smoking qui leur sert du champagne. Ce serveur ne manque pas d'allure, se dit Ingrid. Elle se trompe. Il s'agit du producteur de la pièce pour l'Europe, un agent prospère du nom de Lars Schmidt.

Un peu plus tard, sur une suggestion de Kay Brown qui pense que deux Suédois à Paris doivent faire connaissance, Lars appelle Ingrid pour l'inviter à déjeuner. Elle lui répond qu'elle est désolée, mais — pour ne pas compliquer les choses — qu'elle doit « aller jouer avec ses enfants au bois de Boulogne[2] ». Quelques heures plus tard, alors que Bob et Ingrid flânent dans le parc après dîner, Lars Schmidt fait son apparition. « J'ai aperçu ce couple qui avait l'air tellement romantique, racontera-t-il... il s'agissait d'Ingrid et Bob ! En arrivant à leur hauteur, je leur ai dit : Eh bien, c'est ainsi qu'on joue au bois avec les enfants ! Ingrid a rougi, et elle m'a demandé de l'appeler. Le soir même, nous avons dîné ensemble, nous ne nous sommes plus jamais quittés ! »

Le 9 janvier, Bob Anderson doit rentrer à New York. Un peu plus tard, le même mois, un autre événement va imposer une brève interruption de *Thé et Sympathie*. L'association des critiques new-yorkais a décerné à Ingrid son prix annuel de la meilleure actrice (pour *Anastasia*), et le producteur Buddy Adler désire qu'elle vienne le recevoir en mains propres. Après tout, les nominations aux Oscars ne sont pas loin, et un peu de publicité ne va pas nuire au succès commercial d'*Anastasia*. (Un peu plus tard, pour la cinquième fois de sa carrière, Ingrid sera nommée pour l'Oscar du meilleur rôle féminin.)

Naturellement, la perspective de retourner en Amérique la rend très nerveuse. Elle s'était faite à l'idée de ne plus y aller, et encore moins d'y être livrée à la presse. C'est précisément l'objet de ce voyage. Mais son contrat prévoit qu'elle doit collaborer à la campagne de publicité d'*Anastasia*, et elle honore ses engagements. La 20th Century-Fox dédommage Mme Popesco pour la seule soirée où son théâtre restera fermé. Ingrid, en effet, retrouvera la scène du Théâtre de Paris le lendemain. C'est ainsi que le samedi 19 janvier au matin, Ingrid descend de l'avion et salue la foule d'admirateurs et l'escouade de reporters venus l'attendre à l'aéroport d'Idlewild, à New York.

C'est la première fois depuis huit ans qu'elle met les pieds aux États-Unis. Jusqu'à ce qu'elle reparte le dimanche soir, son emploi du temps est organisé par le département publicité de la Fox (qui accepte de lui laisser trois heures de liberté le samedi, car elle veut assister à une matinée théâtrale). Pour commencer, une conférence de presse est prévue à l'aéroport — un rituel auquel Ingrid se soumet avec un calme et une bonne humeur remarquables[3]. Les journalistes n'y vont pas par quatre chemins. Est-ce qu'elle a des regrets quant à la manière dont elle a mené sa vie ? Si tout était à refaire, est-ce qu'elle agirait de la même façon ? Quelle opinion a-t-elle d'elle-même ?

« J'ai eu une vie magnifique, dit-elle avec un sourire aimable. Je n'ai jamais regretté ce que j'ai fait. Je regrette les choses que je n'ai *pas* faites... J'ai eu une vie riche et pleine de choses intéressantes. Toute ma vie, j'ai fait exactement ce que je voulais, souvent sans perdre de temps. Eh bien, il m'a fallu du courage, un certain goût pour l'aventure, et un peu d'humour. (...) Ça a été assez dur, à l'époque [en 1949 et 1950], mais le temps finit toujours par tout arranger. Je pense que personne n'a le droit de s'immiscer dans votre vie privée, mais on le fait tout de même. » Elle ne tombe pas dans le piège — comme pourraient le croire ceux qui connaissent ses références littéraires — de citer *Lena Geyer* disant ceci : « Je ne regrette jamais rien. J'ai conscience de tout... Mais je dois regarder en avant ! »

Dans l'après-midi, on la dépose discrètement devant l'entrée des artistes du Mark Hellinger Theater, où elle veut voir *My Fair Lady*. La rumeur de sa présence se répand dans la salle. Après le baisser de rideau, le public lui donne une ovation debout. On la conduit rapidement au Roxy Theater, où Joan Crawford lui remet le prix du magazine *Look* pour *Anastasia*. Le soir, elle reçoit le prix de l'association des critiques lors d'un dîner-réception chez Sardi, le fameux restaurant des gens de théâtre. Elle s'entretient avec Steve Allen devant les caméras de télévision. Le dimanche matin, après avoir accordé encore plusieurs entretiens en suédois, allemand, italien et français, elle se prépare au départ. Elle a reconquis le cœur des New-Yorkais et établi un droit de propriété sur celui du pays tout entier. « Personne ne serait plus heureux que moi du retour de Mlle Bergman[4] ! » déclare l'ancien sénateur Edwin C. Johnson, qui demandait à l'Amérique, sept ans plus tôt, de l'aider dans ses efforts pour l'expulser de son territoire.

Il serait superflu de décrire en détail le séjour d'Ingrid, si ce n'était pour démentir une rumeur qui circule depuis des décennies — à savoir qu'elle aurait refusé de voir Pia. Ingrid sait parfaitement que, si elle fait venir sa fille à New York (alors étudiante à l'université du Colorado), la presse les harcèlera dès son arrivée. Et elle est sûre de craquer (peut-être ne serait-ce pas le cas de Pia). Elle aurait

313

été heureuse de passer un moment en tête à tête avec sa fille, durant son séjour de trente heures. Cela aurait certainement été mal interprété par les journalistes : une rencontre aussi brève aurait été considérée comme dérisoire, ou bien comme le signe d'une rupture entre elles. Ingrid et Pia se parleront au téléphone. C'est insuffisant pour combler le gouffre qui s'est creusé entre elles depuis six ans.

Ingrid est également incapable de trouver un peu de temps pour Robert Anderson — qui est follement amoureux d'elle, maintenant. Ils se croisent brièvement à une réception organisée par Irene Selznick avant le dîner de remise du prix. Dans une lettre qu'elle lui écrit en quittant New York (donc postée à Paris), elle explique comment elle voit leurs relations, pourquoi elle le presse de mener sa propre vie, et pourquoi elle pense qu'un certain réalisme — même si le mot semble cruel — doit présider à la conduite de leur existence.

« Cher Bob,

« Je ne peux pas attendre pour t'écrire ! L'avion vient de décoller. J'ai pleuré. Je me suis tournée vers le hublot pour que personne ne s'en aperçoive. Je suis très fatiguée, Bob, mais j'étais aussi émue par tous ces gens qui étaient venus dire au revoir, et qui sont restés là si longtemps, à attendre que nous décollions. J'ai tellement de raisons d'être reconnaissante ! J'ai dû parler à la télévision, à la radio, faire des séances photo, c'était presque aussi mortel qu'à l'arrivée. J'étais à deux doigts de craquer, de fondre en larmes devant eux.

« C'était trop dur. C'est pour cela que j'ai pensé qu'il était préférable que tu ne viennes pas à l'aéroport. Tu m'as demandé tant de fois [quand tu pourrais me retrouver, à Paris], et je t'ai dit : Attends. Non que je n'y tienne pas. Je veux que tu te prennes en main. Je ne peux pas t'aider. Maintenant, tu dois t'en sortir tout seul. Revenir à Paris, ce serait simplement se cacher avec une autre personne. Mais tu sais bien que ce serait encore pire pour toi, plus tard. Quoi que tu fasses, le moment viendra où tu devras affronter ta solitude. Je penserai à toi, demain, quand le rideau se lèvera et que je regarderai la salle.

« Bonne nuit,

« Ingrid. »

Anderson est touché par sa franchise, et il lui en est reconnaissant. Oui, c'est vrai, il est amoureux d'elle. Mais c'est arrivé très vite. Quelles que soient la force de ses sentiments et la sincérité de leur tendresse, cela s'est produit à un moment critique, *propice*, de leur vie — à un moment où l'un et l'autre en avaient besoin. Elle pourrait facilement encourager leur aventure. Mais après tout, elle est toujours à la fois Mme Rossellini et Ingrid Bergman : une femme dont la vie connaît une fois de plus des changements radicaux, au plan personnel et professionnel. Et puis, vivre avec Ingrid obligerait Anderson (qui occupe une place importante dans le théâtre américain) à voyager sans arrêt et à réorganiser complètement son existence.

S'ils renoncent à vivre ensemble, Anderson pourrait développer et multiplier son talent. Mais s'ils décident d'unir leurs destins... Ingrid craint le pire, et elle a raison. C'est encore un veuf en proie au chagrin, et il est trop tôt pour s'engager. Au fond, Ingrid et Bob sont deux êtres sensés et convenables qui ont beaucoup d'égards l'un pour l'autre, et elle tient à ce que leur amour, au-delà de la passion, survive dans l'amitié. Le fait qu'ils en soient capables témoigne de leur maturité, de leur dignité et de la profondeur véritable de leur amour et de leur respect mutuel.

Ingrid retourne à la pénible routine de *Thé et Sympathie*, qui l'occupera jusqu'à l'été 1957. Lars Schmidt l'invite plusieurs fois à déjeuner ou à dîner.

Il est né le 11 juin 1917, de Sigrid et Hugo Schmidt, lieutenant de carrière dans l'armée suédoise. Il a d'abord pensé se consacrer à la construction navale. Mais il a toujours été attiré par le théâtre. Dès 1941, il produisait des pièces — d'abord à Gothenburg, puis partout en Suède et en Europe, où il monta notamment certaines œuvres d'Arthur Miller et de Tennessee Williams. Lars Schmidt s'est établi à Paris en 1954, où il s'est imposé comme producteur grâce au succès de *La Chatte sur un toit brûlant*. Au printemps 1957, il est en train de négocier les droits européens de *My Fair Lady*. Intelligent, perspicace, spirituel et naturellement séduisant, Lars Schmidt a des amis et des admirateurs dans le monde entier. Il a un divorce derrière lui, et il a vécu un drame terrible avec la mort accidentelle de son seul enfant. Ce printemps-là, Ingrid et Lars apprécient le fait de se tenir compagnie. Mais pour le moment, Ingrid n'encourage rien d'autre que leur amitié.

Elle reçoit un formidable témoignage d'amitié le 27 mars, lorsqu'on lui décerne son second Oscar. Cary Grant le reçoit en son nom. « Chère Ingrid, si tu m'entends maintenant, ou si tu vois ces images plus tard à la télévision, je veux que tu saches que toutes les autres actrices nommées, tous les gens avec qui tu as travaillé sur *Anastasia*, et Hitch, et Leo McCarey, et tous ceux qui sont réunis ici ce soir t'envoient leurs félicitations, leur amour et leur admiration, et toutes leurs pensées affectueuses. » Deux jours plus tard, elle écrit à Cary :

« J'ai appris la nouvelle, pour l'Oscar, à six heures du matin. J'ai demandé au téléphone : Je l'ai ? La réponse était : Oui. Je me suis rendormie. Cela me semble une manière plutôt nulle de recevoir un Oscar. (...) Quelques heures plus tard, j'étais dans mon bain, quand Robertino a fait irruption avec sa radio portative. J'ai entendu mon nom, et j'ai entendu ta voix — Si tu m'entends maintenant... Je me suis écriée : Je suis ici, Cary, dans la salle de bains ! C'est à ce moment-là que j'ai vraiment reçu l'Oscar, et mes yeux se sont remplis de larmes. (...) Dans la salle de bains. Quel drôle d'endroit pour recevoir un Oscar[5] ! »

Durant les mois qui suivent, Lars et Ingrid vont passer de plus en plus de temps ensemble. Il découvre peu à peu une femme extraordinaire qui, en dépit de ses problèmes, voue une passion formidable à la vie et au travail. Aux premiers temps de leur vie commune, Lars a le sentiment que ses rapports avec Ingrid « se fondaient sur un abandon total et une générosité illimitée de sa part. Je lui fournissais la sécurité dont elle avait besoin, et elle apportait la passion et la confiance nécessaires pour que notre union fût totale ».

Quand ils se sont rencontrés, ils souffraient tous les deux de la solitude — elle après l'échec de ses deux premiers mariages, lui après un divorce et la mort de son fils. Même s'ils ne cessent de consulter, durant les deux premières années, des avocats de Rome, Paris, Londres et Stockholm (pour négocier la séparation avec Rossellini), Ingrid est sans cesse présente aux côtés de Lars — pour dépendre de lui, en fait, encore plus qu'elle dépendait jadis de Petter et de Roberto.

Ce printemps 1957 ne réserve pas que des nouvelles agréables. Le 17 mai, au milieu de la nuit, elle reçoit un coup de fil de Bombay. Roberto lui annonce qu'un scandale va bientôt éclater, mais qu'elle ne doit pas en croire un mot (cette conversation aura précisément l'effet contraire). Deux jours plus tard, la presse révèle que Rossellini, cinquante et un ans, entretient une liaison avec Sonali Das Gupta, vingt-sept ans, mère de deux enfants. Ingrid élude les questions des journalistes avec un geste de la main et un rire de dénégation, mais son jeu est peu convaincant. En Inde, les principaux intéressés nieront catégoriquement pendant plusieurs mois.

Pendant l'été, une diversion bienvenue va distraire Ingrid de ses désaccords conjugaux et, comme c'est désormais très probable, de la séparation imminente. Le 8 juillet, Pia arrive seule à Paris, de retour d'un voyage en Suède avec son père. Elle n'a pas vu Ingrid depuis les moments difficiles à Londres, six ans plus tôt, et leurs retrouvailles sont malaisées. Ingrid est particulièrement épuisée. Elle est rentrée à Paris la veille en catastrophe, après qu'Isabella (âgée de cinq ans) a dû se faire opérer d'urgence de l'appendicite. Pia n'est plus la gamine espiègle de douze ans dont elle se souvient, mais une jolie jeune fille de dix-huit. Elles ont beaucoup à apprendre l'une de l'autre. Mais leurs rencontres et leurs promenades dans les rues de Paris ne sont pas facilitées par la présence des photographes qui tournent autour d'elles comme des guêpes. Ingrid craint que cela n'exerce sur sa fille un stress insupportable. Elle oublie que Pia a hérité de sa force et de son obstination.

« Je revois cette réunion [les retrouvailles à Paris] comme un instant très excitant, racontera Pia des années plus tard. Il y avait des centaines et des centaines de gens venus tout spécialement à l'aéroport pour assister à nos retrouvailles. À part cela, c'était un peu affolant, je n'étais pas très à l'aise devant tous ces gens[6]. » Quelques jours plus tard, elles partent à Santa Marinella, où Pia doit passer l'été avec Robertino, Isabella et Ingrid. « Parfois, ajoute-t-elle, je me disais : c'est ridicule ! Qu'est-ce que je fais ici ? Qu'en penserait Papa ? Je suis sûre qu'il n'a pas apprécié... Il devait penser que c'était terrible, pour moi, d'aller en Italie et de vivre avec ces trois enfants. En tout cas, je l'ai fait, mais j'étais parfois frappée par le côté bizarre de la situation[7]. »

Chacun fait des efforts considérables, mais le lien cordial et tendre entre Ingrid et Pia, dont la presse fait des gorges chaudes, relève hélas de la fiction. Pia participe aux travaux du ménage, elle apprend l'italien avec une facilité remarquable, elle accepte de partager l'affection maternelle avec ses demi-frère et sœurs, et se comporte avec une maturité inattendue pour son âge. « Je suppose que j'avais besoin d'une famille, dira-t-elle. Cet été-là, j'en ai trouvé une, au vrai sens du terme, pour la première fois de ma vie[8]. » Mais la sensibilité de la mère et de la fille rend leurs retrouvailles d'autant plus délicates qu'elles sont placées sous le signe d'un amour tout nouveau.

Le 18 août, Pia regagne les États-Unis. Elle doit reprendre ses cours à l'université. Quelques jours après l'avoir accompagnée à l'aéroport, Ingrid y retourne pour accueillir un autre passager : Stanley Donen vient essayer de la convaincre de jouer avec Cary Grant dans son adaptation de *Kind Sir*. Sa tâche sera facile. « Je vais vous mettre à l'aise, lui dit Ingrid dès leur arrivée à l'appartement de Rossellini. Je vais le faire, votre film. J'ai lu un article à votre sujet, où l'on disait que vous avez beaucoup de talent... et Cary, de toute évidence, veut travailler avec vous. Cela me suffit. Simplement... je vous en prie, voulez-vous me dire ce qu'il y a dans ce film[9] ? »

C'est très simple. Il n'y a rien du tout, sauf Ingrid Bergman et Cary Grant, supposés être sensationnels en Technicolor. Mais Donen, bien entendu, se garde bien de le lui dire. Le personnage principal (Grant) est un séducteur qui, pour ne pas risquer de devoir épouser ses conquêtes, leur fait croire qu'il est déjà marié. Il fait la connaissance d'une actrice célèbre dont il tombe amoureux (Ingrid). Mais elle connaît la vérité. Pour le piéger, elle met au point un subterfuge semblable au sien. Il est évident qu'à la fin du film, ils convoleront en justes noces. *Beaucoup de bruit pour rien*, et les censeurs n'auront rien à redire. Dès que Donen lui a présenté le scénario sous son jour le plus séduisant, Ingrid lui confirme qu'elle a l'intention de prendre le rôle.

Elle omet de lui dire, en acceptant son offre aussi promptement, à quel point elle a besoin d'argent. Ingrid ne s'est jamais préoccupée des contributions lorsqu'elle vivait avec Lindstrom, puis avec Rossellini. Elle vient d'apprendre que le fisc français a opéré une saisie énorme sur son salaire du théâtre, et que les Italiens revendiquent eux aussi leur dû. Roberto, en Inde, est pauvre comme Job, ou peu s'en faut. Cette année, sauf son affection, il n'a rien donné à ses enfants. Et il n'envoie à leur mère que des factures à régler. Le film de Donen rapporterait à Ingrid 125 000 dollars. Comme elle est étrangère non résidente aux États-Unis, la compagnie de production américaine ne prélèvera aucune taxe — mais la France et l'Italie ponctionnent lourdement son salaire. Il lui faudra quelques années pour retrouver un équilibre financier. En 1961, elle aura déposé plusieurs centaines de milliers de dollars sur un compte en Suisse.

Le titre du film de Donen pose quelques problèmes. Comme *Kind Sir* a connu un échec retentissant à Broadway, il faut trouver autre chose. Pour des raisons évidentes (dès qu'Ingrid est dans le coup, en tout cas), on doit renoncer à *Mister and Mistress*, à *As Good as Married* et à *They're Not Married*. À l'automne, un peu avant le début du tournage à Londres, la décision définitive est prise. Le film s'intitulera *Indiscret*.

En apprenant cela, Ingrid ne peut retenir un sourire. Ce titre reflète assez justement la situation qu'elle a vécue jadis, et celle dans laquelle se trouve aujourd'hui son mari. Roberto ne sait pas encore qu'il peut facilement obtenir d'elle une déclaration de séparation. Bien qu'elle déteste autant le retour de la contre-publicité que l'idée de se lancer une fois de plus dans une bataille juridique pour la garde des enfants, elle a décidé de mettre fin à leur mariage. Décision encore renforcée le 1er octobre. Ce jour-là, en entrant dans sa suite à l'hôtel Raphaël, elle tombe sur Sonali Das Gupta en personne. Brune, exotique, adorable. La jeune femme lui tend la main. De l'autre, elle tient un bébé. Ingrid calcule mentalement depuis quand Roberto est parti, mais Sonali la rassure : le bébé n'est pas de lui. En revanche, elle est de nouveau enceinte, de Rossellini cette fois. Et elle a un autre enfant en Inde.

Me voici donc dans la situation où se trouvait Magnani il y a huit ans, se dit Ingrid. C'est elle, cette fois, que Roberto quitte pour une autre femme. Et voilà Sonali... « C'est tout de même extraordinaire, dira-t-elle, elle a laissé un enfant derrière elle, exactement comme moi [10] ! » On ne saura rien avec certitude de la rencontre des deux femmes — sauf que Sonali annonce son intention d'épouser son

318

bien-aimé Roberto, et qu'Ingrid promet de ne pas leur mettre de bâtons dans les roues.

Cinq jours plus tard, Roberto arrive à Paris — dix mois après avoir quitté en fulminant la soirée de première. Ils feignent de tendres retrouvailles à l'intention des photographes omniprésents, et se rendent au Raphaël pour discuter de leur séparation. Sa façon de prendre des nouvelles de la pièce ne lui fait pas gagner beaucoup de points : « Tu es toujours dans cette ânerie[11] ? »

Le 7 novembre, à Rome, ils signent un accord de séparation à l'amiable. Il est convenu provisoirement qu'Ingrid conserve la garde des enfants et que Roberto pourra exercer son droit de visite.

En revanche, il n'a pas le contrôle du film qu'il vient d'achever. Ses dettes sont si élevées que le gouvernement indien refuse de laisser le négatif sortir du pays. Sans hésiter une seconde, Ingrid fait un aller et retour express à Londres. Elle demande à être reçue par le Premier ministre indien, Nehru, qui rend visite à sa sœur, et entreprend de le charmer pour le bien de son mari. Moins de vingt-quatre heures plus tard, on restitue son film à Roberto.

Débute alors une nouvelle série d'imbroglios juridiques qui doivent aboutir à l'annulation du mariage d'Ingrid et Roberto. La séparation n'est qu'une mesure provisoire. Les vrais problèmes commencent maintenant :

Un. En 1957, le divorce n'existe pas en Italie. Le seul recours est de démontrer que, à cause d'un cas de force majeure, le mariage n'a jamais été légitime. Dans ce cas, l'annulation peut être prononcée.

Deux. Les trois enfants Rossellini sont de nationalité italienne.

Trois. Ingrid n'a aucune intention de priver Roberto de l'affection et de la présence de ses enfants.

Quatre. Il lui interdit de jamais se remarier, sans quoi il la fera déclarer mère indigne et priver de tous ses droits de visite.

Cinq. Si Ingrid se marie hors d'Italie après avoir obtenu le divorce dans un autre pays, elle deviendra bigame au regard de la loi italienne.

Finalement, après beaucoup de tractations et d'ergotages théoriques, l'avocat d'Ingrid, l'astucieux Ercole Graziadei, propose une solution. Ingrid, citoyenne suédoise, n'a pas fait enregistrer en Suède son divorce par procuration (d'avec Petter) avant son mariage avec Rossellini. Selon une obscure loi italienne, la Suédoise Ingrid Bergman était donc toujours la femme du docteur Lindstrom lorsqu'elle a épousé roberto... Et elle est toujours considérée comme telle par le droit italien. C'est là-dessus que repose la requête de Graziadei pour faire annuler le mariage Bergman-Rossellini : il n'a tout simplement jamais existé. Heureusement, la loi italienne accorde aux enfants un statut qui épargne leur dignité : un bébé italien n'est jamais considéré comme « illégitime » s'il a été reconnu par son père. L'argumentation de Graziadei est si ingénieuse (sinon inédite) que le juge romain saisi de l'affaire se contente de hocher la tête en guise d'approbation, et s'en va déjeuner. Un obstacle demeure tout de même. La Suède dénie sa citoyenneté à Ingrid Bergman, dès lors qu'elle a contracté un mariage par procuration en Italie avant de divorcer. Le problème ne sera résolu qu'en 1958, au prix de beaucoup d'imagination de la part des avocats. Finalement, la nationalité suédoise lui sera dûment restituée.

« Je n'étais pas vraiment accablée [par la fin de mon mariage]. J'étais malheureuse, c'est certain. Vous pensez que quelque chose va marcher, et puis ça échoue. C'est la vie. Mais j'ai une force que beaucoup de femmes n'ont pas : mon travail. Personne ne peut m'ôter cela. Si j'étais quelqu'un qui dépend de son mari, de son argent, de sa protection, ce serait totalement différent [12]. »

Elle pourrait ajouter que, pendant les années Rossellini, elle a beaucoup appris sur la vie, l'amour, l'échec et — ce n'est pas le moins — sur la façon de se laisser aller un peu de temps en temps, de plier pour ne pas être brisée sous la pression permanente qui la pousse à travailler sans cesse. Les épreuves elles-mêmes l'ont aidée à progresser : « Elle n'a jamais eu le sentiment que les années passées avec Roberto avaient été du temps perdu, dira Kay Brown. Je pense qu'elle savait qu'à maints égards elle avait grandi [13]. »

Le 10 novembre, Ingrid arrive à Londres pour le tournage d'*Indiscret*. La présence de son vieil ami Cary Grant, qui vient l'accueillir à l'aéroport et la protège de l'inévitable assaut des photographes, lui fait oublier momentanément son chagrin. Trois jours plus tard, on tourne. Il y aura une seule interruption, lorsque Ingrid insistera pour aller passer les fêtes de Noël à Rome avec ses enfants. « Elle pensait que sa famille devait être réunie pour Noël, note l'attaché de presse du film, Phil Gersdorf. Elle a emporté des tonnes de cadeaux pour les enfants [14]. »

Parlant de cette période, Signe Hasso fera remarquer qu'Ingrid est une mère plus attentive que jamais. Mais de loin, le plus souvent. C'est là que sa conception de la maternité atteint ses limites. Dès 1958, Ingrid est redevenue la grande professionnelle prospère de jadis. Elle pense qu'elle peut être une mère dévouée sans devoir rester en permanence aux côtés de ses enfants. Elle s'est épanouie grâce à son art, et elle se dit que cette partie d'elle-même a beaucoup plus à leur donner : avant tout, une joie rayonnante dans le travail et dans la vie.

Elle n'est certainement pas une mauvaise mère. Ses enfants insisteront toujours sur sa tendresse infinie. Ingrid Bergman — à la fois une épouse, une amie, une maîtresse et une artiste incomparable — est une mère d'un type différent, plus dans la tradition anglaise ou française qu'américaine. « Je ne prends pas beaucoup de plaisir à être à la maison, à être une mère tout le temps, admet-elle avec franchise. C'est parfait pour les périodes où je ne travaille pas... ce qui arrive souvent [15] ! »

Isabella parle autant pour ses frère et sœur que pour elle, lorsqu'elle déclare :

« Ça ne me dérangeait pas que ma mère ne soit pas là tous les jours [16]. » « Nous étions avec elle deux mois en été, un mois à Noël, deux semaines à Pâques, et elle s'arrangeait toujours pour passer avec nous au moins une semaine par mois. Finalement, on se voyait vraiment beaucoup [17]. » « Et quand Maman était là, elle n'avait rien d'autre à faire que s'occuper de nous. Elle venait à l'école pour s'assurer que tout allait bien. Elle n'allait jamais dîner à l'extérieur. Elle n'invitait même jamais d'ami à dîner à la maison, pour ne se consacrer qu'à nous. Elle était toute à nous [18]. »

Quant à l'idée qu'Ingrid pût être inadaptée, et sa conception originale de l'amour maternel, Isabella ajoute :

« La culpabilité qu'elle ressentait vis-à-vis de nous quatre ne venait pas tellement du fait qu'elle était actrice. Cela venait du fait qu'elle aurait pu éviter de se battre avec [Lindstrom] et mon père — et que leurs batailles étaient devenues incroyablement violentes. Elle se demandait s'il y avait quelque chose qu'elle aurait pu faire pour apaiser la colère des pères [19]. »

Le tournage d'*Indiscret* s'achève le 6 février 1958. On s'active pour pouvoir le sortir en juin. En dépit de ses discussions presque quotidiennes avec les avocats, et d'une presse de plus en plus importune qui met son inépuisable patience à rude épreuve, Ingrid se révèle — pour la première fois depuis qu'elle tourne en anglais — une remarquable actrice comique, d'une précision parfaite. Son jeu subtil, idéalement synchronisé, en accord avec le charme raffiné de Cary Grant, fournit un nouvel aspect de son registre dramatique. « Comment ose-t-il me faire la cour, alors qu'il n'est même pas marié ! » s'exclame-t-elle, et cette plaisanterie éculée n'a jamais semblé aussi drôle. De plus, elle est magnifique dans les robes du soir que Dior, Balmain et Lanvin ont dessinées pour elle.

Elle porte une de ces robes le soir où Cary Grant l'invite à dîner pour célébrer la fin du tournage. Sur la table, devant elle, il a posé sa carte et un petit paquet proprement emballé. Elle reconnaît la clé du cellier des *Enchaînés*, cet accessoire fétiche qu'il a dérobé dans l'espoir que de nouvelles portes s'ouvriraient devant lui. Tu vois, lui dit-il, le pouvoir de ce talisman a opéré, depuis douze ans. Pour qu'elle en profite à son tour, il le lui offre dans l'espoir qu'elle saura elle aussi franchir de nouvelles portes. Ingrid conservera cette clé pendant vingt et un ans, avant de la remettre à son tour à quelqu'un qui le méritera encore plus.

Une porte s'est déjà ouverte dans la vie d'Ingrid, et pas seulement au plan professionnel. Son amitié pour Lars Schmidt devient plus confiante, plus intime. Elle admire son assurance, sa compréhension du tempérament de l'acteur, et le fait qu'il ne cherche pas à exercer son autorité sur elle. Après tout, il a lui-même une carrière exigeante, et il soutient sans réserves sa volonté de poursuivre la sienne. Elle découvre qu'il connaît ses désirs avant qu'elle lui en parle, et qu'ils sont capables de communiquer d'un simple regard. « Une raison pour laquelle je l'aimais bien, dira-t-elle, c'est qu'il nous arrivait souvent de plaisanter sur nos compatriotes. En outre, c'était très amusant de tromper la presse. Ils étaient tous en train d'écrire sur la pauvre Ingrid, séduite et abandonnée... et je me retrouvais avec Lars ! Avec lui, je commençais ma troisième vie [20]. »

Lars, pour sa part, n'est pas seulement attiré par la belle et talentueuse vedette, mais par la femme chaleureuse et sincère qui sait faire plaisir et honneur à l'homme qu'elle aime. « J'admire son intuition, sa force de volonté et son sens de l'humour, déclare-t-il alors. Et par-dessus tout, nous parlons la même langue [21]. » L'amitié le cédant peu à peu à l'amour, ils commencent à évoquer ouvertement le mariage — « quand tout sera légalement possible », dit Ingrid [22]. Ce ne sera pas le cas avant décembre 1958. Dès que Rossellini apprend qu'elle a l'intention de se remarier, il tient la promesse qu'il lui a faite : il l'accuse d'indignité et se bat pour obtenir la garde complète de leurs trois enfants. La justice italienne lui donne raison. Ingrid ne conteste pas sa décision. Elle ne veut pas que les enfants subissent, comme Pia autrefois, les effets destructeurs de la publicité.

À la Fox, Adler, Skouras et consorts inondent Kay Brown de propositions. Ils veulent s'assurer la collaboration d'Ingrid sur plusieurs films, au salaire sans précédent d'un million de dollars (c'est le montant que ce studio paiera plus tard à Elizabeth Taylor pour *Cléopâtre*). À la surprise générale, Ingrid repousse leur offre, arguant qu'elle ne veut pas redevenir actrice sous contrat. Si elle peut gagner assez, en toute indépendance, pour mener une vie confortable et donner une éducation correcte à ses enfants, cela lui suffit. Elle n'a qu'un désir, cet hiver-là. « Je veux vivre avec toi, écrit-elle le 21 janvier à Lars Schmidt. Je veux trouver la paix et la tranquillité, et travailler lorsque cela m'amuse [23]. »

Lars le sait, Ingrid n'est pas une spectatrice passive du film de sa propre vie. Elle fait toujours preuve d'une admirable résolution, et en dépit de toutes les tempêtes, elle n'a jamais lâché la barre de sa carrière. Petter Lindstrom a été le producteur en charge des finances et des contrats, et Roberto Rossellini le scénariste dévoyé qui récrivait son destin. Lars Schmidt, lui, est assurément le monteur, celui qui permet à l'ordre d'apparaître enfin, qui permet au produit fini de resplendir dans toute sa perfection.

Les lettres qu'elle lui adresse cette année-là révèlent une femme passionnée, à des lieues de l'âme nordique glacée si souvent décrite par la presse. En fait, à quarante-deux ans, elle connaît l'extase d'une jeune mariée. Le 13 février, sur le trajet de Londres à Rome où l'attendent d'autres réunions avec les avocats, elle écrit :

« Je t'aime plus que tout au monde. (...) Je ne cesse de penser à nous, à toute la beauté que nous avons, grâce à Dieu. (...) Je t'imagine à mes côtés, je t'embrasse. (...) Mon bien-aimé, je te rends grâce pour ton amour, mais par-dessus tout pour ta compréhension. Il y a à peine une heure et demie que je suis loin de toi, et déjà je me languis de toi. Rien n'a jamais été plus beau que nous deux. Merci à Dieu de t'avoir fait, et de t'avoir placé sur mon chemin. Et me voici... Ta vieille dame, ton troll, ton infortune... Je suis ton fardeau, et je resterai pendue à ton cou pour l'éternité[24]. »

Début mars, Ingrid et Lars passent deux semaines en Suède où Lars doit assister à plusieurs réunions d'affaires. Il produit cette année plusieurs pièces en Europe, dont *Journal d'Anne Frank* et *Douze hommes en colère*. Il prépare également la première de *My Fair Lady* à Stockholm. Il veut aussi montrer à Ingrid sa possession la plus proche de son cœur : l'île de Dannholmen — un hectare —, à quelques milles au large de la côte ouest de la Suède, qu'il a achetée quelques années plus tôt.

Il a posé une condition à son mariage avec Ingrid. Elle doit lui promettre d'y passer ses étés en sa compagnie. Ils embarquent dans une petite vedette à Fjallbacka, un village de pêcheurs endormi, et mettent le cap — rappel de la première visite d'Ingrid à Stromboli — sur un roc stérile dans un archipel battu par les vents de la mer du Nord. Pendant leur approche, Ingrid voit que l'endroit n'a rien d'une île volcanique. En outre, aucun projet difficile ne l'y attend. Une mer bleu et blanc frappe inlassablement les rochers colorés de Dannholmen. Malgré la morsure des vents de mars, il y a dans l'air une pureté qui séduit son goût de l'austérité. Non par amour de Lars, comprendra-t-elle bientôt, mais parce que l'île satisfait son désir longtemps réprimé de solitude, de tranquillité et de simplicité.

Elle découvre, perché sur un petit promontoire, un modeste cottage à un étage avec une petite cuisine, une chambre à coucher et un confortable salon-salle à manger. On a installé un dispositif pour adoucir l'eau de mer, mais il n'y a ni électricité, ni plomberie, ni téléphone. Ingrid et Lars y ajouteront tout le confort moderne et équiperont l'espace nécessaire pour travailler et loger des invités. « Avec

Ingrid est venu le téléphone car elle voulait, bien entendu, pouvoir rester en contact avec les enfants. » Mais Dannholmen conservera son atmosphère vieillotte, presque hors du temps. Jamais Ingrid n'a aimé son foyer comme elle aime cet endroit. Elle y trouve la sérénité et la paix capables de calmer le stress qui est le prix de la célébrité. Jusqu'à la fin de sa vie, elle aimera escalader les rochers escarpés. Lorsqu'elle trouve un endroit où le granit est lisse, elle s'installe avec un livre ou un scénario, et elle apprend son texte, paisible, au bord de l'eau. Exactement comme elle s'asseyait, petite fille, sur les bancs de Strandvägen et de Djurgarden et, plus tard, à Santa Monica, Malibu et Santa Marinella, ses refuges de toujours.

Le temps a marqué ses jolis traits et creusé des rides de caractère autour de sa bouche et de ses yeux. Les contours de son visage sont désormais plus tannés, déformés, mais on ne sait trop comment, son visage est plus rayonnant que jamais. Même la maladie, plus tard, sera incapable de venir à bout de cette lumière.

Début mars, Lars présente Ingrid à sa famille, ainsi qu'à son vieil ami le baron Göran von Essen et à sa femme Marianne. Tout le monde est surpris par son naturel et son allure. Au petit matin, le lendemain d'une soirée où le champagne a coulé à flots, elle a l'air, selon les Essen, d'une rose qui vient de s'ouvrir. Rien ne vient rappeler la longue veille et ses excès, ni le manque de sommeil. « Ce n'est pas juste ! » s'exclame Marianne[25]. C'est l'opinion de beaucoup de femmes. Même la presse suédoise, qui traque Ingrid et Lars jusque chez les parents de ce dernier, est conquise... peut-être parce que son nouveau partenaire est suédois.

À la mi-mars, juste après avoir rendu visite aux enfants, Ingrid revient à Londres pour tourner un second film avec le producteur Buddy Adler, de la Fox. C'est l'histoire, comme par hasard, d'une femme qui adopte une centaine d'enfants. « J'avais juré que je ne jouerais plus de saintes ni de religieuses, et me voici en train d'interpréter une missionnaire[26] ! » Le tournage de *L'Auberge du sixième bonheur* commence en mars 1958, à Londres et au pays de Galles (pour les extérieurs « chinois »). Le film est basé sur l'histoire vraie de Gladys Aylward, une domestique qui quitte l'Angleterre pour rejoindre une mission en Chine, où la guerre sino-japonaise et les troubles sociaux compliquent gravement son travail. La séquence finale — un dangereux périple en montagne, à la tête de la troupe d'enfants qu'elle conduit vers la sécurité — restera dans toutes les mémoires grâce aux reprises de la chanson « This Old Man ».

Malgré le succès d'*Anastasia* et le courant général de sympathie en faveur d'Ingrid depuis la débâcle de son mariage avec Rossellini, Adler et ses collègues de la Fox sont un peu inquiets à l'idée de l'associer à une religion ou à une autre. C'est ainsi qu'on ne la verra jamais enseigner le catéchisme, encore moins pénétrer dans une chapelle. En dépit de ses nombreuses remarques à Adler et au réalisateur, Mark Robson, sur les inepties du script — et l'on tient compte de la plupart de ses suggestions —, elle est incapable de se faire une idée de la foi de Mlle Aylward. On lui fait même dire qu'elle n'est pas une « missionnaire accréditée ». Cette formule dénuée de sens suggère qu'elle se trouve dans la condition douteuse de la *free-lance*, capable de convertir sans credo et de prêcher sans disposer de quoi que ce soit qui ressemble au mystère de la foi.

Tel quel, ce film édulcoré, dont la version distribuée dure plus de deux heures et demie, ne s'éveille à la vie que durant le sauvetage final des enfants chinois. Cette longue séquence doit sa force au refus d'Ingrid de laisser la tendresse le céder au pathos. À part cela, avec son casting de plus de deux mille personnes, cette *Auberge* est surpeuplée, et elle a vraiment l'air, comme le dit un farceur, d'une version de « Now I Lay Me Down to Sleep » par Cecil B. DeMille.

Quels que soient ses handicaps, *L'Auberge du sixième bonheur* ne nuit en rien à la réhabilitation d'Ingrid Bergman. Le film profite en effet du goût prononcé pour les films édifiants, qui se répand à la fin des années cinquante (peut-être parce que la guerre froide menace de chauffer, et que des bruits de sabres résonnent un peu partout dans le monde). Deborah Kerr, par exemple, vient d'incarner une religieuse saisissante dans *Dieu seul le sait*, Audrey Hepburn tourne *Au risque de se perdre*, et *Ben Hur* est en préparation. Quant à Ingrid, elle a retrouvé les faveurs du public au point qu'on ignore son accent aussi facilement que sa réputation d'hier. Elle passe allègrement pour une Anglaise, de même que l'Allemand Curt Jurgens joue un officier chinois et que l'Anglais Robert Donat incarne un mandarin.

Durant l'été, après l'achèvement du film, il y a un autre type de restauration au programme. Ingrid et Lars supervisent la modernisation et la décoration d'une bâtisse vieille de trois siècles qui semble empruntée à un conte de fées. À trois kilomètres du village de Choisel, dans la vallée de Chevreuse, à une heure de Paris, se trouve une épaisse forêt pleine de vieux cèdres, de cyprès, de peupliers, de marronniers et de pins. Au plus profond de ce bois, c'est la Grange aux Moines — une maison de pierre de taille, avec des lucarnes et des tuiles pastel. À cause de son affinité avec Jeanne d'Arc, Ingrid a toujours souhaité posséder un morceau de terre française. Son vœu se réalise enfin. Elle dispose d'un endroit pour se détendre, à quelque distance du vacarme de Paris. Un endroit où ses enfants peuvent se retrouver.

Le dimanche 21 décembre 1958 au matin, au bureau d'état civil de Caxton Hall, à Londres, Ingrid et Lars échangent leurs vœux en présence de quelques amis. Puis ils passent à l'église suédoise pour la bénédiction religieuse, sablent le champagne et déjeunent à l'hôtel Connaught : avant d'être aveuglés par les flashes, ils prennent l'avion pour Paris et Choisel. Malgré toute son ingéniosité, Graziadei n'a pas encore résolu la question du divorce (ou de l'annulation, ou de la séparation) d'Ingrid avec Roberto Rossellini. Mais selon la jurisprudence de la loi anglaise — béni soit son esprit tacite et tolérant —, Lars et Ingrid sont bel et bien mariés.

La lutte pour la garde des enfants se poursuit tout au long de 1959, avec une violence intacte de la part de Roberto. Ce qui n'est pas normal, dit Ingrid, car les trois gamins seront les seuls perdants. Mais Roberto continue de batailler. Il refusera que *ses* enfants se rendent à Choisel et à Dannholmen, jusqu'au jour où les tribunaux italiens lui ordonneront de les laisser agir comme ils l'entendent. Mais cela prendra encore plusieurs années. « Je suis un Méridional, j'ai le sang chaud, déclare-t-il haineusement à un journaliste. Ingrid, elle, vient du grand Nord. Je suis plus une mère pour nos enfants qu'elle-même [27]. » Il écrit à Ingrid, sur un ton qui rappelle celui de Petter Lindstrom : « Essaie de ne pas faire d'erreurs. Il faut te montrer très prudente. Des erreurs, tu n'arrêtes pas d'en faire. (...) Au début de notre procès, j'aurais pu m'arranger pour que tu voies les enfants aussi souvent que tu en avais envie, mais maintenant tu rends les choses très difficiles [28]... »

Ce genre de déclaration, bien entendu, ne le fera pas aimer de ces enfants qu'il désire garder près de lui. Ingrid ne cherche pas à lui rendre la monnaie de sa pièce. « C'est un grand metteur en scène, et il est le père de trois de mes enfants, dit-elle lorsqu'un journaliste mentionne les emportements de Rossellini. Je ne peux nourrir ni haine ni espoir de vengeance. Ce sont des qualités peu sympathiques chez autrui, et encore moins chez moi ! Peut-être lui en ai-je fait baver, moi aussi [29]. »

« La bataille pour la garde des enfants s'est poursuivie pendant deux ans, racontera-t-elle. Et puis j'ai vu que mes enfants, à chaque fois que le téléphone sonnait, se raidissaient et demandaient : C'est l'avocat ? Alors j'ai laissé tomber. Ils sont partis en Italie, et depuis lors tout a été paisible [30]. » Pas tout à fait, quand même. Mais à partir de la fin des années soixante, Roberto et Ingrid seront capables — grâce à ses efforts à elle, exclusivement — de se rencontrer dans une ambiance moins incendiaire, voire cordiale.

Le 3 avril, c'est une ambiance très amicale qui attend Ingrid à son arrivée à Los Angeles. Lars et elle ont fait le voyage à l'invitation de l'Académie du Film. Elle n'est pas venue à Hollywood depuis dix ans et un mois. Pia, qui étudie au Mills College, à Oakland, prend une journée de congé, saute dans un avion et vient retrouver sa mère. Ils assistent aux soirées qu'organisent en leur honneur Buddy

326

Adler et Alfred Hitchcock (qui a particulièrement souffert de l'absence d'Ingrid). Le 6 avril, sur la scène du Pantages Theater, Cary Grant présente Ingrid Bergman à l'assistance. Elle est là pour remettre l'Oscar du meilleur film aux auteurs de *Gigi*, mais elle est interrompue par une longue ovation debout. « Un tel accueil réchauffe le cœur, dit-elle [Un nouveau tonnerre d'applaudissements l'empêche de continuer.] Je me sens chez moi. Je vous suis si profondément reconnaissante ! »

Jusqu'à l'automne, elle se consacre à la restauration de la Grange aux Moines, et aux interminables batailles juridiques pour la garde des enfants et la liquidation du mariage avec Rossellini. Elle s'est aussi mise en quête (conseillée par Lars) de bonnes idées pour un film — ou pour la télévision, à laquelle elle va bientôt se frotter pour la première fois. Elle est aussi très occupée par l'ameublement de leur petit appartement de l'avenue Velasquez, avec vue sur le parc Monceau, à deux pas du bureau de Lars. Ingrid, qui a quarante-deux ans en août, a le plaisir d'être sollicitée pour un rôle de composition. Elle accepte le rôle de la gouvernante du *Tour d'écrou*. Cette version télévisuelle, très condensée, du roman de Henry James doit être diffusée par la NBC le 20 octobre. Ingrid recevra l'Emmy[31] de la meilleure interprétation féminine dans une œuvre de fiction.

Elle y parvient d'autant plus facilement que le scénario de James Costigan, malaxé pour tenir dans le format télévisuel des quatre-vingt-dix minutes (moins les interruptions publicitaires), évacue complètement la géniale ambiguïté de l'œuvre originale, pour n'en retenir qu'une histoire molle et fade avec une poignée d'esprits bien peu terrifiants et deux enfants agaçants. Le jeu d'Ingrid est tendu, nerveux et agité — un style, confiera-t-elle plus tard, qui découle surtout de ses rapports conflictuels avec le jeune réalisateur, John Frankenheimer : « C'était un fou furieux, tout simplement incapable de se contrôler[32]. » Ses démonstrations d'humeur, aboyées dans la salle de contrôle, en témoignent.

« Si vous me criez dessus, réplique Ingrid dans le micro du perchiste, je suis capable d'en faire autant !

— Je ne crie pas ! s'exclame Frankenheimer en élevant encore la voix.

— D'ici, en tout cas, c'est l'impression qu'on en a[33]. »

Et ainsi de suite, jusqu'à ce que l'enregistrement soit fini, après plus de deux semaines de répétitions. « C'est la plus grande actrice du monde ! » lâche un cameraman, alors que toute l'équipe de la NBC applaudit Ingrid, après la dernière prise. « Non, corrige un de ses collègues. C'est la plus grande *femme* du monde ! » Jusqu'à la fin de sa carrière, on entendra des techniciens et des machinistes émettre ce genre de compliment — des professions, pourtant, où l'on ne se laisse pas facilement impressionner par les vedettes.

À Noël, elle se lance avec encore plus de bonheur que d'habitude dans le rite des cadeaux. D'après Laurence Evans, qui s'occupe d'elle à Londres (comme Kay Brown le fait à New York), elle se souvient des goûts de chacun. Il se rappelle l'avoir vue arriver aux bureaux de MCA avec un plateau débordant de petits paquets délicatement enveloppés, pour lui et les membres de son équipe. Le rituel se répétera chaque année. Un jour, Ingrid offre à Laurence et Mary Evans un petit arbre en argent plein de colombes en céramique. Par la suite, elle sera souvent leur invitée, à Londres et dans leur maison du Sussex. Des années plus tard, lorsque Ingrid s'installera à Londres, la confiance et l'aide de Mary Evans lui seront précieuses.

Au début de 1960, Ingrid a une raison supplémentaire d'envoyer des présents en Amérique. Pia, qui a vingt et un ans (elle est en dernière année d'université), a quitté le domicile paternel pour épouser, le 21 février, un homme au nom impressionnant : Fuller E. Callaway III. La cérémonie a eu lieu à Elko, au Nevada. Elle a été si hâtivement expédiée que les jeunes gens sont venus sans leurs témoins. Pris de court, le juge de paix a dû convaincre le geôlier municipal de jouer les garçons d'honneur. Callaway, un grand et fort beau garçon, a huit ans de plus que Pia. Il est directeur commercial dans une firme d'électronique de Palo Alto. Il est divorcé. Sauf pour ce dernier détail, Pia a marché sur les traces d'Ingrid, en jetant son dévolu, pour son premier mari, sur un bel homme avec une certaine stabilité financière et une carrière solide. Ce soir-là, à Elko, il s'est produit un incident de mauvais augure. Au moment où Callaway a mis la main à la poche pour en sortir la bague de Pia, le chien du geôlier s'est mépris sur son geste et s'est jeté sur le jeune marié.

Cela donne le ton d'un mariage qui ne va pas tarder à tourner à l'aigre. Les six premiers mois, Pia et Fuller voyagent. Ils comprennent très vite qu'ils ont commis une erreur. Ils se sépareront l'année suivante. Le divorce sera prononcé en décembre 1961 après que Pia aura accusé son mari de cruauté. Elle lui reprochera de la battre et de l'avoir poussée dans les escaliers. « Naïvement, je croyais qu'en me mariant, j'allais résoudre tous mes problèmes, dira-t-elle [allusion, peut-être, à ses relations incertaines à ses parents]. Ni Fuller ni moi n'étions prêts au mariage. Il était intelligent, hypersensible, et c'était un homme très doué. Je n'étais qu'une petite fille qui se réjouissait de connaître les dîners aux chandelles en tête à tête et de se donner en représentation. Notre mariage a tenu un an et demi [34]. » Plus tard, Callaway, accablé par ses problèmes personnels, se donnera la mort.

En février 1960, au moment précis où a lieu ce mariage malheureux, Buddy Adler et la 20ᵗʰ Century-Fox achètent les droits cinématographiques d'une pièce de Friederich Dürrenmatt. *La Visite de la vieille dame* a été montée à Broadway en 1958 par Alfred Lunt et Lynn Fontanne. Le studio n'a pas la moindre idée de la manière de traiter cette fable noire sur la cupidité des hommes. Ils ont d'abord pensé en faire un western, à la manière du freudien *Johnny Guitare* de Nicholas Ray. Mais Ingrid a supplié Adler de la lui réserver : c'est tellement différent de tous ces rôles de femmes « comme il faut » qu'on lui propose d'habitude ! Dans *La Visite de la vieille dame*, la femme la plus riche du monde ourdit un plan diabolique pour se venger de son ancien amant. La mort d'Adler, qui disparaît peu après la publication du communiqué, reculera la production du film de presque trois ans.

Entre-temps, Ingrid a le bonheur de régner sur Choisel. L'été, elle accueille ceux de leurs amis qui entreprennent le voyage à Dannholmen. Parmi eux, se trouve un jeune homme très beau et très intelligent, Stephen Weiss, qui sort avec Pia. Il deviendra un ami intime de Lars et Ingrid. Plus tard, en qualité de conseiller financier, il leur fournira une aide inestimable. Weiss comprend très vite que la carrière d'Ingrid constitue « 90 % de sa vie, et que les 10 % restants doivent s'en accommoder ». Il est certain qu'elle aime Choisel et Dannholmen. « Mais elle s'en lassait, elle commençait à s'agiter, et il fallait qu'elle parte, pour se consacrer de nouveau à son métier[35]. »

En général, Ingrid refuse de travailler l'été pour tenir sa promesse de rester à Dannholmen avec Lars. « Là-bas, elle vivait dans un monde totalement différent de celui dans lequel elle travaillait », dit leur ami Lasse Lundberg, qui habite depuis longtemps à Fjallbacka[36]. Il se souvient qu'Ingrid se mêle facilement aux villageois aussi bien qu'aux visiteurs, détourne la conversation d'elle-même, sert le café aux femmes qui apprennent la voile pendant la « Semaine des Femmes » annuelle. Elle sera même volontaire pour sauter dans un dériveur et y « faire du trapèze » pendant une bonne partie du stage. « Nous lui donnions des leçons particulières de voile, mais elle refusait tout traitement spécial et insistait pour faire partie du groupe. Ingrid était toujours méfiante vis-à-vis de la Suède et des dispositions des Suédois à son égard. Mais la Suède, pour elle, c'était Fjallbacka et Dannholmen. »

À l'automne 1960, Ingrid accepte une proposition d'Anatole Litvak, le réalisateur d'*Anastasia*. Pour son premier film depuis plus de deux ans, elle va incarner la malheureuse Paula Tessier d'*Aimez-vous Brahms ?*. Le script doux-amer et provocant de Samuel Taylor (d'après le roman de Françoise Sagan) lui donne l'occasion d'exprimer avec le ton juste les passions, les espoirs, les déceptions et la triste résignation d'une femme de quarante ans. Malheureuse avec un amant infidèle (Yves Montand), Paula cède brièvement aux avances d'un homme de quinze ans plus jeune qu'elle (Anthony Perkins).

La solitude et le désespoir romantique n'appartiennent pas à l'iconographie habituelle d'Ingrid Bergman. C'est précisément la raison pour laquelle elle a signé ce contrat : elle a envie d'essayer quelque chose de nouveau. Mais à quarante-cinq ans, elle est trop séduisante pour être vraiment crédible dans le rôle d'une femme qui souhaite désespérément attirer l'attention. Son maquilleur, John O'Gorman, doit faire le contraire de son travail normal : « Nous avons dû ajouter des ombres sous ses yeux et des rides sur son cou pour lui donner l'âge requis [37] ! »

Une actrice moins instinctive qu'Ingrid aurait peut-être réduit Paula à une caricature. Elle lui donne une mélancolie qu'elle équilibre en donnant de la force à son personnage. Le plan final où elle se regarde dans la glace rend tout commentaire inutile et nous laisse sur une image de perte profondément touchante. Ingrid restitue parfaitement un esprit de résignation sereine qui rappelle, par exemple, la noblesse et la distinction de la Maréchale dans *Le Chevalier à la rose* de Richard Strauss.

Le film est tourné à Paris durant l'automne. Il suscite immédiatement des rumeurs en rapport avec son scénario. Ingrid a une liaison avec Montand, murmure-t-on dans certains salons parisiens. Non, elle a tenté de séduire Anthony Perkins. Que nenni, ma chère, elle a bel et bien corrompu le jeune M. Perkins. En fait, il ne se passe rien durant le tournage, sauf qu'on travaille très dur.

Ces commérages seront confortés ultérieurement par Perkins lui-même, qui relate un incident survenu durant le tournage. Mlle Bergman m'a invité dans sa loge, racontera-t-il après la mort d'Ingrid, et elle m'a proposé [là, il pique un fard] de répéter nos scènes de baisers. Mais elle est allée trop loin, dit Perkins avec son rictus à la Norman Bates [38]. Au bout de quelques instants, il était parvenu à s'échapper de justesse, son honneur intact.

L'anecdote montre sans doute à quel point ce jeune homme a pris son rôle au sérieux (à vingt-huit ans, il est sans doute étonné de jouer l'amant d'Ingrid Bergman). Mais la vérité est tout autre. Perkins, nul ne l'ignore à l'époque, a autant d'amants à New York qu'à Hollywood. Cette année, son carnet d'adresses s'est étendu à Paris. Tolérante comme toujours, Ingrid estime que la vie privée de son partenaire ne la regarde pas — ni elle ni personne d'autre. Mais Litvak et elle sont très inquiets, à cause du mal qu'il s'est donné pour tourner ses premières scènes d'amour avec elle. Elle décide de lui en parler en tête à tête. Elle veut installer entre eux une atmosphère détendue et amicale. Il ne faut pas qu'à l'écran, comme c'est le cas dans la vie, Anthony Perkins soit paralysé par la terreur à l'idée de toucher une femme. Elle pense que son malaise est déplacé. Leur conversation dans sa loge et les gestes qu'ils échangent relèvent strictement du champ professionnel. Ingrid Bergman n'a aucun intérêt à essayer de séduire un jeune homosexuel.

Ou bien les remarques d'Anthony Perkins révèlent une imagination débordante. Ou bien elles indiquent son désir de transférer dans sa vie réelle le rôle de Tom de *Thé et Sympathie*, qu'il a interprété à Broadway. Il s'est peut-être dit qu'Ingrid pourrait jouer pour de bon, elle aussi, le rôle qu'*elle* a tenu dans la pièce, et lui révéler l'hétérosexualité à laquelle il aspire, sans succès. Perkins est dans une situation pathétique. Comme tant d'autres, il est terrifié par le risque que pourrait faire courir à sa carrière la révélation de son homosexualité. Pour paraphraser la fameuse réplique de la pièce de Robert Anderson : Quand il en parlera, des années plus tard (et il le fera), il ne sera pas tendre.

Mais quels que soient les motifs de la fable de Perkins, il se fait plus de mal qu'à Ingrid, qui a toujours dit que si elle voulait *vraiment* avoir une aventure avec quelqu'un de l'équipe... eh bien, Yves Montand lui a fait comprendre qu'il était disponible. Mais honni soit qui mal y pense. Ingrid Bergman est très heureuse en ménage, elle n'a aucune intention de prendre un amant, et il est fort possible qu'elle n'ait plus le moindre rapport intime avec quiconque, à l'exception de Lars Schmidt, jusqu'à la fin de ses jours. C'est là, bien entendu, que le bât blesse. En l'absence de faits pour alimenter les commérages, l'imagination tente d'y pallier.

Aimez-vous Brahms ? n'obtiendra aucun succès. Au début des années soixante, le cinéma est en train de changer en profondeur. Cette mutation s'accompagne d'une diminution spectaculaire du nombre de bons rôles pour des actrices quadragénaires. Ingrid dit souvent qu'elle aimerait passer tout de suite de quarante-cinq à cinquante ans ou plus. Il lui serait plus facile de trouver des rôles de composition. Toujours franche à propos de son âge, elle s'amuse quand on lui suggère de modifier son allure autrement qu'en changeant de coiffure ou en ajoutant un peu de rouge à lèvres. Elle veut qu'on sache qu'elle cherche avant tout à reprendre le travail sérieux au théâtre.

Après la fin du tournage à Paris, une nouvelle offre lui vient de la télévision américaine. C'est la CBS, cette fois. « Nous n'avions jamais pensé que nous pourrions travailler ensemble, raconte Lars. Mais nous sommes tombés sur cette histoire, et nous avons décidé que nous aimerions en être tous les deux [39]. » Il signe un contrat en qualité de producteur. Il s'agit d'une version de quatre-vingt-dix minutes d'une nouvelle de Stefan Zweig, adaptée par John Mortimer. Ils espèrent au moins qu'on les autorisera à tourner dans le grand casino de Monte Carlo, où se déroule la plus grande partie de l'action. Mais les négociations échouent, et toute la production doit se déplacer à New York. « Ingrid n'a fait aucun commentaire, dit Lars. Mais elle savait que ce téléfilm n'aurait jamais la qualité qu'elle avait espérée, si l'on ne le tournait pas en décor naturel [40]. »

Vingt-quatre heures de la vie d'une femme sera tourné à New York en février 1961, et diffusé un mois plus tard. Dirigé par Silvio Narizzano, c'est un sommet d'ennui. Mais Ingrid en profite pour ajouter à son répertoire un nouveau personnage saisissant : une femme âgée que l'on voit, dans un long flash-back, vivre une incartade de jeunesse avec un débauché plein d'allure, mais follement irresponsable (Rip Torn).

Ingrid porte sur ses épaules tout le poids de cette histoire bavarde, sans enjeux dramatiques et encombrée d'une morale bidon. Elle s'en sort aussi habilement que d'habitude, mais son ardeur et son allure exquise dans ses longues robes d'époque ne suffisent pas à compenser la vacuité du scénario et les maladresses de la mise en scène. « Je me trouve à une étape difficile de ma carrière, déclarera-t-elle un peu plus tard. Maintenant, si je ne trouve pas quelque chose de vraiment important, je m'assieds et j'attends le bon rôle ou le bon film [41]. » Sage décision, dit Lars. Elle a gagné le droit de choisir ses rôles. Mais, comme il dit, « son rythme était rapide et elle s'ennuyait vite ».

Il n'est pas difficile de voir quand Ingrid se trouve dans une période de grande agitation. Elle est inquiète et elle fume plus que jamais. L'été 1961, à Dannholmen, est un des plus détendus de sa vie, car ses quatre enfants viennent y passer plusieurs semaines en sa compagnie. L'auteur de théâtre Pierre Barillet, qui a travaillé avec Lars sur plusieurs pièces, y est invité pour un bref séjour qui débouchera sur une longue amitié. Il se rappellera les longues journées ensoleillées où toute la famille nage et prend des bains de soleil, pêche, lit, fait de la voile et s'abandonne avec délices à une vie simple et élémentaire.

La seule ombre au tableau est la mort de deux vieux amis d'Ingrid : Gary Cooper et Ernest Hemingway disparaissent à six semaines d'intervalle, en mai et juillet 1961. Le premier meurt du cancer, le second se suicide. « Ça fait trop mal, écrit-elle à Ruth Roberts. C'est tout de même étrange qu'ils soient partis ensemble. Ils devaient avoir arrangé ça. J'ai appris par un ami commun que, pendant leur maladie, ils se téléphonaient tout le temps, et plaisantaient : Je te battrai, tu verras, c'est moi qui y passerai le premier [42]. »

C'est à la même époque, racontera Barillet, qu'Ingrid parle à Ingmar Bergman. Le célèbre cinéaste suédois évoque depuis longtemps la possibilité d'une collaboration avec Ingrid. Cela irait contre ses habitudes. Il évite de travailler avec de grandes vedettes internationales, auxquelles il préfère le petit cercle d'acteurs et d'actrices suédois qu'il connaît, qu'il aime et à qui il fait confiance : Liv Ullman, Ingrid Thulin, Gunnel Lindblom, Max von Sydow, Bibi Andersson et Gunnar Björnstrand, entre autres. Bergman a une vague idée d'un personnage qui conviendrait à Ingrid, mais il n'a ni scénario ni intrigue. Et tous ses films viennent d'idées originales. Dans l'immédiat, ses bonnes intentions attendront, car il vient d'accepter la direction du Théâtre royal de Stockholm.

Pendant l'été, sur son île, Ingrid reçoit enfin un scénario, *La Rancune*, d'après *La Visite de la vieille dame*. Mais il y a de sérieux problèmes. Les producteurs ne veulent pas montrer Ingrid sous les traits d'une femme qui soudoie ses concitoyens pour faire assassiner son ancien amant. Ils exigent, pour le rôle masculin, quelqu'un de plus énergique que William Holden, qui tient à travailler avec Ingrid et qui est prêt, pour ce faire, à accepter un report de son salaire. Ingrid ne conteste pas ces différents points. Mais Anthony Quinn rachète les droits et devient coproducteur du film. Il décide de remplacer lui-même Holden et satisfait aux demandes de ses bailleurs de fonds qui veulent que la fin soit nettement moins noire que dans la pièce. Des années plus tard, il affirmera avec énergie que c'est Ingrid qui a rejeté l'intrigue originale, qu'elle a insisté pour adoucir le finale et exigé qu'il partage la vedette avec elle. Mais les dossiers de production indiquent que sa mémoire lui joue des tours. Il est indiscutable qu'il souhaite (inconsciemment ?) une excuse pour expliquer l'échec total de *La Rancune* — qui est tourné à Rome en 1963 et diffusé un an plus tard.

« Eh bien, me voici trop vieille pour jouer les jeunes premières, et pas assez pour jouer les vieilles dames ! dit-elle à Barillet pendant l'été 1961. Que vais-je faire ? Un film par an suffit à mon bonheur, mais ce doit être le bon. Et je ne suis pas comme tous ces jeunes acteurs qui ne rêvent que de devenir cinéastes [43]. » Elle n'a pas envie non plus de parcourir le monde pour recevoir des hommages, à l'occasion de rétrospectives qui suggèrent que sa carrière est finie. Aucune époque, peut-être, n'a autant sanctifié la jeunesse que les années soixante. Et Ingrid, qui n'a pas encore atteint la cinquantaine, sait bien que pour beaucoup de spectateurs, elle n'est qu'un vestige du passé.

À l'automne, Lars et Ingrid décident que le passé a assez duré. Elle est la seule actrice scandinave vivant à Paris, et il est le seul producteur scandinave dans ce cas. Ils décident de monter, en français, *Hedda Gabler* d'Ibsen. C'est la première fois qu'Ingrid s'attaque à un classique scandinave. Et c'est précisément parce que les plus grandes comédiennes — la Duse, Nazimova et Le Gallienne, notamment — ont joué l'horrible et sadique Hedda, que ce choix est légèrement plus risqué que celui de *Thé et Sympathie* six ans plus tôt.

Ce n'est pas seulement la langue française qu'elle va devoir maîtriser, mais les nuances d'un des personnages les plus antipathiques de l'histoire du théâtre. Durant le printemps et l'été 1962, elle étudie soigneusement le texte, son interprétation et les subtilités de la traduction qu'en a faite Gilbert Sigaux. Raymond Rouleau, le metteur en scène, la félicite pour son application. Ingrid lui répond qu'elle veut devenir une grande actrice de théâtre, et que ce sont les classiques qui l'aideront à y parvenir.

L'enregistrement pour la télévision, à Londres, d'une version courte de la même pièce (soixante-quinze minutes) va l'aider dans sa préparation. Michael Redgrave, Ralph Richardson et Trevor Howard sont ses partenaires. Cette version sera diffusée aux États-Unis par CBS, et conservée dans les archives de la télévision. Même dans cette variante ultra-courte, Ingrid parvient à restituer la grâce diabolique de Hedda, et à dissimuler son habituel sourire sous la dureté glaciale du personnage.

La première de la version scénique a lieu le 10 décembre 1962 au Théâtre Montparnasse. Ingrid va se heurter à quelques difficultés, hélas. En dépit de tous ses efforts, elle a beaucoup de mal avec le texte français, sur lequel elle trébuche, au point de perturber ses partenaires. Mais après plusieurs représentations, elle retrouve son sang-froid. Les critiques admireront ce modèle de malveillance dénuée de sens moral qu'elle compose sur scène. La pièce obtient de bons résultats, et Ingrid remporte beaucoup plus de succès dans le rôle de Hedda que dans celui de l'héroïne vindicative de Dürrenmatt. « On aime presque tout ce que fait Ingrid Bergman », écrit le critique du *Figaro*, qui loue « sa voix si particulière, son allure si artistique. Il faut la voir et l'entendre, cela constitue une véritable expérience ». *France-Soir* remarque « sa sublime arrogance... Ibsen n'a jamais été joué si magnifiquement ».

Lorsque la pièce quitte l'affiche, Lars et Ingrid entreprennent un long voyage en Orient. À Katmandou, le soi-disant Royal Palace ne tient pas les promesses de son nom. Le service d'eau ne fonctionne qu'entre quatre et six heures du matin et la nourriture est immangeable, mais les Schmidt s'en accommodent. Ils escaladent des montagnes et s'épuisent joyeusement à visiter Patan et Bhatgaon. Ils se rendent ensuite à Darjeeling et Sikkim, et de là au Laos, au Cambodge et en Malaisie. À Djakarta, le président Sukarno assiste à un dîner en leur honneur.

1964 est une des années les plus actives et les plus prospères de la carrière de Lars. Il remporte beaucoup de succès, dans toute l'Europe, en produisant des pièces comme *Comment réussir en affaires sans vraiment essayer*, *My Fair Lady*, *Annie la reine du cirque*, *Qui a peur de Virginia Woolf ?* et *Pieds nus dans le parc*. La rénovation de leurs deux maisons étant achevée, Ingrid est impatiente de se remettre au travail. En mai, après avoir accueilli Alfred Hitchcock de passage à Paris, elle se rend à Londres. Elle doit faire une apparition dans la séquence finale, d'un certain intérêt visuel, d'un film à sketches intitulé *La Rolls-Royce jaune*.

Elle joue le rôle d'une Américaine riche et égoïste, qui se trouve en vacances en Europe au début de la Seconde Guerre mondiale. Elle rencontre un patriote slave (Omar Sharif), qui combat les nazis. Agacée par les activités politiques de son ami et l'interruption forcée de son voyage luxueux à bord de l'auto qui donne son titre au film, elle prend bientôt conscience de ce qui se passe autour d'elle. Et l'amour fait son œuvre : cette paresseuse fanatique se transforme en un clin d'œil en une flamboyante Florence Nightingale. Glissant sans difficultés de la comédie (elle nourrit son chien tandis que les bombes s'écrasent dans la salle à manger de l'hôtel) à la tragédie (elle prodigue des soins aux blessés), Ingrid rend le tout parfaitement crédible. Lorsque son personnage évoque sa brève liaison — « Les cœurs ne sont jamais brisés... Ils sont juste un peu meurtris, parfois, mais ils guérissent toujours, toujours... » —, ses mots nostalgiques sonnent assez juste.

Une autre collaboration donnera lieu à des retrouvailles des plus agréables : sa participation à un film à sketches que signe, entre autres, son vieil ami le metteur en scène suédois Gustav Molander. Elle n'a pas tourné en Suède depuis vingt-cinq ans. Molander, âgé de soixante-seize ans, est presque totalement sourd. Il revient simplement à la méthode de direction calme et gestuelle dont il usait avec Ingrid trente ans plus tôt. Son interprétation d'une arriviste idiote et cupide [il s'agit d'une adaptation d'une nouvelle de Guy de Maupassant, *La Parure*] est empreinte de regret et de nostalgie. Pour une fois, les critiques suédois sont unanimes dans leur éloge du mentor vieillissant et de sa célèbre protégée.

Ingrid aimerait prolonger son séjour à Stockholm, mais elle doit faire un saut à Rome : une épidémie de grippe s'est abattue sur la maison Rossellini, plongeant Roberto dans un état proche de l'hystérie. À Noël, Ingrid assume pour de bon le rôle d'infirmière qu'elle tenait dans *La Rolls-Royce jaune*... avec l'aide, faut-il préciser, de Pia.

Munie de son diplôme universitaire, avec derrière elle un mariage avorté et un bref emploi à l'UNESCO, Pia « [se] sent un peu perdue. Je n'arrivais pas à trouver un travail qui me plaise vraiment[44] », dit-elle. Elle fait quelques tentatives au cinéma, sans succès (non qu'elle manque de talent, mais ses brèves apparitions sont coupées au montage). Elle est accueillie à bras ouverts par Ingrid et Lars à Paris, mais aussi par Roberto à Rome, où elle devient une sorte de gouvernante pour les enfants. Ils en viennent bientôt à l'aimer et à lui faire confiance comme à une grande sœur.

Peut-être parce qu'elle-même a eu une enfance solitaire, elle apprécie les tâches ordinaires de la vie de famille. Elle s'habitue aux angoisses permanentes de Roberto à propos de l'argent et au chaos d'une maisonnée qui peut abriter l'armée d'enfants issus des différents mariages du cinéaste (y compris les deux nés du premier lit de Sonali Das Gupta). Affronter le désordre et un tel assortiment de personnalités, être capable de prendre rapidement des décisions sensées, contribuera peut-être à sa réussite dans le métier qu'elle exercera plus tard à San Francisco et New York : journaliste et critique d'art pour la télévision.

À la fin de l'année, Ingrid est fatiguée, mais elle accompagne Lars à quelques-unes de ses premières et prépare les fêtes pour toute la famille. « Ingrid était l'épouse parfaite, dit Lars. Aussi parfaite qu'on pouvait le souhaiter. Elle faisait tout ce qui était en son pouvoir pour être agréable à son mari. Mais c'était aussi un oiseau migrateur, qui poursuivait inlassablement sa quête de meilleurs débouchés pour son talent. Sa passion pour l'art dramatique était sans limites, et elle était toujours prête à se lancer dans une nouvelle aventure[45]. »

Michael Redgrave, qui jouait à ses côtés dans la version télévisée de *Hedda Gabler*, en Angleterre, lui téléphone aux derniers jours de 1964. Il va lui proposer une « nouvelle aventure ». Au printemps, à Guildford, il doit monter la pièce élégiaque de Tourguéniev, *Un mois à la campagne*, et il veut lui confier le rôle de Natalia. Mais bien sûr ! dit-elle aussitôt. N'est-ce pas logique, après Molnár, O'Neill, les deux Anderson et Ibsen, de s'attaquer à un classique du théâtre russe ? Elle n'a pas joué en anglais, sur scène, depuis presque vingt ans.

Au jour de l'an 1965, Ingrid Bergman boit du champagne et étudie l'histoire du théâtre russe. Comme elle l'a toujours souhaité, elle est en train de devenir une grande actrice de théâtre. Pas uniquement une vedette de cinéma. Pas seulement à cause de la rareté des bons rôles pour des femmes de plus de dix-neuf ans. Mais sa réussite coûte cher. « Quelle que fût la profondeur de notre bonheur, dit Lars, je savais qu'Ingrid était une artiste, une star... et que sa vie, c'était son public et son travail. »

Chapitre dix-sept
1965-1970

Je ne partage pas l'opinion d'autrui. La mienne me suffit.

Tourguéniev, *Pères et fils*

Alfred Hitchcock a souvent dit que les meilleurs acteurs sont ceux qu'on ne voit pas jouer. Que le véritable talent se suffit à lui-même et que les « méthodes » disparaissent d'elles-mêmes lorsqu'il est là. « Que dois-je faire ? » lui demandent souvent des comédiens désireux de le satisfaire. « Rien du tout ! » leur dit-il. Ce qui est à la fois une réponse qui ne mène nulle part, et le meilleur conseil du monde.

À cet égard, il est bon de noter que très peu d'acteurs excellent à la fois sur scène et à l'écran — peut-être parce que les techniques de jeu sont très différentes au théâtre et au cinéma. Devant les caméras, on doit tout « atténuer » (un autre conseil que Hitchcock prodigue à ses acteurs), réduire les réactions au minimum pour faire en sorte que le plus léger mouvement de la tête ou abaissement des paupières, la plus infime modulation de la voix indiquent des émotions profondes. Au théâtre, en revanche, les outils doivent être adaptés ; car il faut que les spectateurs du second balcon connaissent les sentiments des personnages. Il est sans doute remarquable qu'Ingrid Bergman perfectionne son jeu théâtral après s'être consacrée durant tant d'années à maîtriser le travail de comédienne de cinéma (où les scènes ne sont que des assemblages de petits fragments).

Elle ne se sert d'aucune « technique » qu'elle pourrait expliquer, d'aucune « méthode » dont elle pourrait revendiquer la propriété. Toutes les discussions à ce sujet l'ennuient. Mais une chose est indiscutable : à l'instant où elle monte sur scène, on dirait qu'elle actionne une sorte d'interrupteur intérieur. Un personnage prend vie, à travers les filtres complexes de sa compréhension, à la lumière de son intuition. C'est tout à fait évident dans *Un mois à la campagne*, dans lequel elle va jouer de juin 1965 à mars 1966. La

337

pauvre Natalia, insatisfaite, tombe soudain amoureuse du précepteur de son fils — mais elle se retrouvera au bout du compte, à l'issue d'intrigues malheureuses dont elle est en grande partie responsable, encore plus seule, frustrée, abandonnée.

Comme avec *Hedda Gabler*, les choses ne vont pas comme sur des roulettes. Les critiques ne manquent pas de le faire remarquer, dès le soir de la première, à Guildford. « Je n'étais pas prête, admettra-t-elle avec sa candeur habituelle. Nous avions répété pendant quatre semaines, ce n'était pas suffisant pour moi. L'anglais n'est pas ma langue maternelle, et il est probable que je ne connaissais pas mon texte en profondeur... même si je croyais le savoir[1]. » Il lui faudra plusieurs semaines pour s'habituer à son texte et, par conséquent, à son personnage.

À la fin de l'été, elle ne dispose que d'un bref répit, car la pièce doit passer à Londres en septembre. Elle s'arrange pour faire un saut à Dannholmen. Je t'avais promis de te consacrer mes étés, dit-elle à Lars d'un ton d'excuse... Il comprend parfaitement la situation, bien entendu. Mais sa fidélité à la scène va provoquer une fracture évidente dans leur couple — non point fondée sur la rancœur, la cruauté ou l'infidélité, mais sur la passion d'Ingrid pour sa carrière. Bien sûr, Lars mène sa propre vie professionnelle. Quand il est à Paris, elle se trouve à Londres. Quand il voyage en Orient, elle est à Rome. Quand elle est à New York, il est à Copenhague.

D'où une sorte de cercle vicieux. Ingrid se consacre à son art car son mari est occupé. Les enfants sont désormais habitués aux visites sporadiques de Maman (Robertino a quinze ans, les jumelles treize). Cette situation familiale est loin d'être rare : une artiste (Ingrid pourrait aussi être diplomate, par exemple) donne tout ce qu'elle a à une carrière qui exige qu'elle se déplace souvent, et elle paie un prix extraordinairement élevé. À l'instar des gens qu'elle aime.

Son bref séjour sur l'île, en août, coïncide avec son cinquantième anniversaire. Tout d'abord, elle prie Lars de ne rien faire pour l'occasion. Puis elle décide qu'après tout, c'est une excellente raison pour organiser une fête. « Nous avions invité très peu de monde, raconte Lars, mais je ne sais trop comment, tout a changé, et la belle société internationale est venue *en masse* ! » En réponse aux toasts qu'on porte en son honneur, Ingrid déclare qu'elle mène une vie formidable. Aussi longtemps qu'elle sera en bonne santé, aussi longtemps que sa mémoire ne s'encombrera pas des souvenirs pénibles des mauvais moments du passé, elle a bien l'intention de continuer à mener une vie formidable. « J'ignore pourquoi je n'ai pas les cheveux gris, dit-elle en riant. Je ne fais rien pour rester jeune, mais je fais tout pour vieillir : je bois, je fume, je mange des pâtisseries. Peut-être qu'un jour mon visage va s'affaisser, comme dans *Horizons perdus*[2] ! »

Lorsque *Un mois à la campagne* redémarre au Cambridge Theatre, à Londres, le 23 septembre, le personnage de Natalia lui appartient complètement. Michael Redgrave estime « [qu']elle n'était pas au sommet de sa forme, mais pour la plupart des gens, y compris moi-même, cela n'avait strictement aucune importance[3] ». Vêtue de pastels vaporeux elle domine la scène de sa présence rayonnante. Durant son long monologue, le public a presque le souffle coupé : « Suis-je amoureuse de lui, ou non ? » demande-t-elle, traduisant la confusion de son personnage par une sorte d'immobilité catatonique. Puis, avec un mouvement imperceptible côté jardin : « Comment est-ce arrivé ? Ai-je été empoisonnée ? Soudain tout est brisé, dispersé, balayé. »

La folie tragique de l'égoïsme humain est presque tangible dans son ton dénué d'émotion, dans les regards quasiment vides qu'elle adresse au public : « Je n'ai qu'une excuse à te faire, dit-elle à son jeune amant. Ce qui s'est passé, je ne l'ai pas voulu. » Le silence qui suit n'est pas maladroit... Il hurle son sentiment refoulé. Ingrid donne l'impression que lorsqu'elle quitte la scène, ce n'est pas pour se retirer dans sa loge, mais pour passer dans une autre pièce de la maison de Natalia, pour retrouver la vie à laquelle on l'avait momentanément arrachée.

Son interprétation recèle une insondable tristesse. Mais les critiques londoniens ne tombent pas dans le panneau et réagissent avec fougue : « Mlle Bergman ajoute à son interprétation un léger accent comique, qui ramène à des proportions plus raisonnables le pathos exagéré de son rôle. » « Un portrait très habilement composé, et convaincant. » « Désormais, c'est sous les traits de Natalia qu'elle vivra dans ma mémoire. » « Ingrid Bergman a tempéré et approfondi son interprétation, avec ce brillant tableau d'une âme féminine entraînée dans les tourbillons de l'amour[4]. »

Début mars 1966, lorsqu'elle quitte Londres après les ultimes représentations, elle est presque aussi triste que Natalia dans sa scène finale. Le soir de la clôture, comme d'habitude, elle offre à chacun de ses partenaires un présent délicatement emballé.

Elle se précipite à Rome, d'où lui parviennent des nouvelles alarmantes de la santé d'Isabella, âgée d'à peine quatorze ans. Depuis près d'un an, on a remarqué qu'elle se tient mal : elle marche le dos légèrement voûté, comme si elle avait peur de grandir trop vite. Avec l'accord du médecin de famille, une des religieuses de son école lui a fait faire une série d'exercices. Mais quand elle a commencé à se plaindre de fortes douleurs, on a appelé Roberto. En février, la jeune fille ne marche plus qu'avec les plus grandes difficultés, et l'effort la fait pleurer de douleur. Puis, presque du jour au lendemain, elle est incapable de se redresser.

Oscar Scaglietti, un chirurgien orthopédiste de renom, établit un diagnostic de scoliose galopante aiguë. Il s'agit d'une déviation de la colonne vertébrale, qui prend peu à peu la forme d'un S. Isabella doit subir très vite une importante intervention chirurgicale, sans quoi elle pourrait ne plus jamais se tenir droite. Peut-être serait-elle définitivement incapable de marcher. Le 21 avril au matin, Ingrid la conduit au service de traumatologie de Careggi, près de Florence, dans une des cliniques les plus modernes d'Italie. Elle supportera seule le coût de l'hospitalisation et des soins complexes et onéreux qui vont s'imposer durant un an et demi. Roberto, lui, partage le fardeau moral. Durant les dix-huit mois qui ont suivi le tournage d'*Indiscret*, Ingrid lui a spontanément donné 75 % des 125 000 dollars qu'elle a reçus en salaire, pour élever leurs trois enfants.

La marche à suivre est complexe et douloureuse. Avant de pouvoir opérer, il faut placer Isabella dans un corset de plâtre qui l'enserre du cou au bassin. Elle doit subir des exercices d'élongation très douloureux : on lui tire brusquement la tête en arrière pour qu'elle ne reste pas déformée dans sa prison de plâtre. Et il est impossible de la soulager avec des anesthésiques. Trois raisons à cela. Primo, il faut que les docteurs sachent à quel moment la torsion de la colonne vertébrale est convenablement corrigée. Secundo, sa tête ne doit pas s'enfoncer dans le corset de plâtre. Tertio, il ne faut pas qu'Isabella — qui va devoir supporter ces manœuvres pendant deux ans — prenne l'habitude des stupéfiants.

Du printemps 1966 à l'été 1967, Ingrid va s'occuper exclusivement de sa fille (sauf durant deux semaines où elle se rendra à Londres pour remplir un engagement). On dirait qu'elle veut tout faire pour s'épargner la culpabilité dont elle a souffert vis-à-vis de Pia dix-sept ans plus tôt. Elle ne veut pas qu'Isabella soit seule pour endurer le supplice des exercices d'élongation. Elle est donc là chaque jour, ses larmes se mêlant à celles de sa fille. Isabella est attachée par des lanières à une grande table. Une infirmière, avec l'aide d'Ingrid, lui étire le cou jusqu'à ce qu'elle soit à deux doigts de perdre connaissance sous l'effet de la douleur. Les médecins présents se guident à ses cris. Si elle était sous sédatifs, on risquerait de forcer et de provoquer des lésions irréparables. « J'essayais d'être courageuse, dira Ingrid, mais je pleurais à chaque fois, parce qu'elle sanglotait sous l'effet de la douleur. Je ne pouvais m'en empêcher, et je ne pouvais rien faire pour l'aider[5]. » Mais son aide est bien réelle. Comme celle de Lars, d'ailleurs, qui vient souvent apporter son soutien (et qui parvient toujours à éviter de croiser Rossellini).

Isabella ira quatre fois à la clinique Careggi pour endurer ces horribles élongations. On décide enfin de la date de l'intervention à la colonne vertébrale. L'opération durera six heures. Elle sera effectuée par le docteur Alberto Ponte, sous la supervision de Scaglietti. Ce jour-là, Ingrid et Roberto font les cent pas dans une salle d'attente, fument cigarette sur cigarette, marmonnent distraitement quelques mots sur la politique, le cinéma et le temps qu'il fait. À un moment, Ingrid disparaît au fond d'un couloir. Vingt minutes plus tard, inquiet, Roberto part à sa recherche. Il la retrouve dans un petit labo. Elle a réquisitionné un évier et se lave les cheveux. Que diable es-tu en train de faire ? Tu le vois bien, lui dit-elle sous le jet. Mais pourquoi ? Il fallait que je fasse *quelque chose*, réplique-t-elle. Folle d'angoisse, elle a déjà fumé près de trois paquets de cigarettes.

L'opération est compliquée. On extrait d'abord de la jambe d'Isabella un bout d'os qu'on réduit en morceaux de la taille d'une allumette. Puis le chirurgien ouvre la colonne vertébrale enfin redressée, entreprend de soulever les disques un par un, et introduit les fragments de tibia aux endroits appropriés. Pendant trois semaines, Isabella sera en proie à des douleurs contre lesquelles personne ne peut rien faire. Pendant un an, elle va vivre dans des conditions très inconfortables. De 1966 à 1968, tandis qu'elle est confinée à l'hôpital et à la maison, dans son harnais de plâtre, sa mère est à ses côtés presque chaque jour. Ingrid fait de son mieux pour l'apaiser et la réconforter, lui baigne le visage et les pieds à l'eau de Cologne, l'aide à manger et à boire, et à faire face à tous les traumatismes de l'adolescence.

« Maman a arrêté de travailler pour moi, racontera Isabella. J'étais très touchée, parce que je savais à quel point elle aime son travail. Durant un an et demi, elle a complètement arrêté de travailler, sauf durant une période de quinze jours parce qu'elle s'était engagée à tourner *La Voix humaine* de Cocteau pour la télévision[6]. »

Ironiquement, Ingrid va nourrir *La Voix humaine* de ses propres angoisses à l'égard de sa fille. Ce « tour de force en solo » (Ingrid l'a déjà enregistré, jadis, pour en faire un disque) est filmé par les caméras de télévision, à Londres, en décembre 1966. C'est une production de David Susskind en collaboration avec Lars Schmidt. La pièce de Cocteau a déjà fait l'objet d'un film en 1948 — avec Anna Magnani, et réalisé par Roberto Rossellini. Il s'agit d'un monologue de cinquante minutes, dit par une femme qui parle au téléphone. Elle attend, elle allume une cigarette, elle écoute, elle enrage, elle fume furieusement, elle se fait séduisante, elle essaie d'admettre l'inévitable, elle écrase sa cigarette et en allume une autre, elle est résignée... La raison de tout cela, c'est que son amant la quitte pour une autre femme. L'angoisse est le nœud de la pièce — cette angoisse, précisément, qui ne quitte pas Ingrid Bergman depuis huit mois.

Les répétitions durent deux semaines. Ted Kotcheff, le réalisateur, remarque très vite son anxiété et son sentiment d'insécurité. Quand elle s'attaque au texte (dans une nouvelle traduction de David Exton), elle s'interrompt toutes les trois lignes pour se plaindre que telle phrase ne fonctionne pas, que telle autre est imprononçable, telle autre incompréhensible ou maladroite. Kotcheff est un jeune cinéaste patient, qui comprend la nature parfois fragile des comédiens. Il l'encourage calmement à continuer. Il lui promet qu'il s'occupera, avant le tournage, de tous les problèmes de script. Mais plus il la dorlote, plus elle est crispée. Jusqu'au moment où il explose. « Ingrid, cessez cette hystérie immédiatement ! Faites-moi cette répétition, et lisez le texte comme je vous l'ai demandé... Rien n'est définitif ! Pour le moment, il s'agit simplement de chronométrer... Je vous promets que nous résoudrons ces problèmes, et nous le ferons. Alors, je vous en supplie, continuez votre lecture[7] ! »

Persuadé que son éclat a définitivement compromis ses rapports avec Ingrid Bergman, Kotcheff appelle Susskind et lui annonce qu'il se retire. Le lendemain matin, le producteur le rappelle pour lui dire que toute cette histoire de démission n'a aucun sens. Il a parlé à Ingrid : elle apprécie et elle admire son metteur en scène, elle ne veut pas qu'il s'en aille, et elle a promis de tout faire pour coopérer. À partir de là, les répétitions et le filmage se poursuivent le plus aimablement du monde. Kotcheff décide de continuer le travail sans témoins, avec le moins de techniciens possible sur le plateau. Ingrid et lui travaillent dès lors dans la plus parfaite complicité.

Kotcheff imagine un subterfuge. Quelqu'un écrit le texte de l'amant censé se trouver à l'autre bout du fil. Aux répétitions, quelqu'un le lit, et Ingrid réagit à ses répliques. Dès cet instant, le réalisateur et sa comédienne s'entendent comme larrons en foire. « Si vous lui aviez laissé la bride sur le cou, dira Lars à Ted Kotcheff, elle ne vous aurait plus jamais fait confiance. Mais quand vous lui avez passé un savon, elle s'est dit : Voilà un type qui sait exactement ce qu'il fait et ce qu'il veut... Je suis en de bonnes mains ! »

Depuis la fin de l'époque Rossellini, Ingrid doit se reposer sur ses metteurs en scène (à commencer par Jean Renoir et Anatole Litvak, qui l'ont dirigée dans *Elena et les hommes* et *Anastasia*). Et la seule façon de les tester consiste à poser des questions et à se plaindre, à les importuner, à montrer son désaccord. Mais pas toujours, ni longtemps. Elle est loin du cliché de la star capricieuse et versatile qui s'imagine qu'elle occupe le centre du monde. Mais elle a la plus grande considération pour son talent et son expérience et elle veut être sûre que ses réalisateurs sont capables de tirer le meilleur d'elle-même.

Il ne s'agit pas d'un calcul pour exercer le pouvoir, et ses attaques n'ont rien de personnel. Kotcheff la décrit comme l'actrice romantique par excellence, que sa profonde sensibilité et sa sincérité mettent à l'abri de tout sentimentalisme, mais aussi « son sens de l'humour et son immense générosité — non seulement parce qu'elle donne à son personnage tout ce qu'elle possède, mais parce qu'elle le donne aussi au film ». Mais lorsqu'elle ne connaît pas son metteur en scène, elle doit trouver une manière de l'éprouver, et sa tactique n'a rien de « romantique ».

Beaucoup d'artistes, y compris parmi les meilleurs, connaissent un sentiment d'insécurité. Les acteurs dépendent de leur voix, de leur allure, de leur mémoire et de leur imagination autant que de l'opinion du public et de la critique et du jugement de pairs souvent jaloux. Ils sont parmi les plus enclins à vivre de telles angoisses. Laurence Olivier, pour ne citer qu'un nom parmi les plus grands, a souffert du trac et de l'anxiété pendant une dizaine d'années, à la fin de sa carrière, au point d'être presque incapable de travailler. Seule une force de volonté surhumaine l'a sauvé de l'effondrement total, et lui a permis de continuer à produire ses interprétations géniales. Mais il vivait dans une agonie permanente. Ingrid, elle, revient devant les caméras après une longue absence, dans ce qui ressemble un « one-woman show ». À aucun moment, l'attention ne se détourne d'elle. Et la présence de plusieurs gros producteurs, venus observer la grande dame travailler en solo, n'est pas faite pour la rassurer. Kotcheff en témoignera : elle est intimidée, désorientée.

« Si je ne dis rien, c'est que tout va bien[8] ! » lui dit-il pour la calmer, au cours de la troisième semaine. On vient de commencer à filmer. À un moment, il lui laisse entendre qu'elle surjoue un peu. Elle en convient.

« Rappelez-vous, Ted, c'est parce que je me crois encore au théâtre, et je joue pour le troisième balcon. Mais dès que je verrai la caméra...

— Oui, je sais, dit Kotcheff, vous baisserez le ton. »

En effet. Ingrid calcule le moindre mouvement, toutes les pauses, les hésitations et les silences. Lors de la dernière répétition, la totalité de son monologue ne dure que trente-cinq secondes de trop par rapport aux cinquante minutes prévues.

Elle s'en débarrasse sans mal. ABC diffuse la pièce au printemps 1967. C'est la première fois qu'Ingrid apparaît à la télévision en couleurs. Spectateurs et critiques y voient une interprétation virtuose de ce que l'on considère souvent comme un pensum assommant. Elle joue avec une intensité et un désespoir auxquels il est impossible de rester insensible. « On devrait ne faire que des pièces avec une distribution aussi réduite, dit Susskind à Lars. C'est économique. » Réponse de Lars : « Oui, mais elle coûte cher en cigarettes. Peut-être pourrait-on resserrer le budget sur ce poste-là. » Une remarque qui est lourde d'un sinistre présage.

Durant l'été 1967, après un séjour prolongé dans plusieurs cliniques de Florence et de Rome, Isabella est enfin rendue à sa famille. Le 3 juillet, on l'a débarrassée de sa prison de plâtre. Sa mère, son frère et sa sœur l'accompagnent à la villa de bord de mer de Marcella, la sœur de Roberto, où elle est entourée des plus tendres attentions. Puis elle regagne enfin Rome, le torse enchâssé, cette fois, dans un corset de plâtre plus court que les précédents, qu'elle gardera encore un an. Elle retrouve son école, et la vie quotidienne normale d'une adolescente. Roberto a enfin admis le remariage d'Ingrid. Il arrivera même qu'il invite Lars. Rassurée sur le sort de sa fille, Ingrid peut se préoccuper à nouveau de son travail. Isabella se rétablira complètement. Elle deviendra une belle fille — grande, souple et bien droite — et mènera une fructueuse carrière de modèle et d'actrice.

Avant de se concentrer à nouveau sur son travail, Ingrid doit s'offrir une petite vengeance. En 1965, sur l'insistance de Lars, elle a accepté qu'on organise une fête pour son cinquantième anniversaire. Aujourd'hui, elle prépare dans le plus grand secret celui de son mari, feignant de lui avouer qu'elle a invité quelques amis et parents pour le déjeuner qu'elle donne à Choisel. Mais elle a prévu pour le soir une autre attraction. Lars voulant montrer son théâtre à sa mère, ils prennent la route de Paris après le déjeuner. À leur arrivée, en dépit des instructions que Lars a données au directeur, la salle est plongée dans l'obscurité. Entre sa mère et sa femme, il attend quelques instants, mal à l'aise, puis il crie pour demander un assistant. Le rideau se lève, et un chœur de cent cinquante de ses amis et collègues lance le traditionnel chant d'anniversaire. Ils sont tous venus, d'un peu partout dans le monde, à l'invitation d'Ingrid. Elle a conçu pour l'occasion un luxueux dîner, avec des ornements franco-suédois et un énorme gâteau.

Depuis le début du printemps, Ingrid a un nouveau projet. Lars et elle avaient d'abord discuté de la possibilité de monter à Paris une adaptation d'*Anna Karénine*. Mais Ingrid n'était pas très sûre d'elle. Cela avait été un des plus grands succès de sa compatriote Greta Garbo, et celle-ci était toujours en vie (quoique retirée du monde, à sa manière excentrique). Après une aussi longue interruption, Ingrid est impatiente de retourner sur les planches. Mais à cinquante-deux ans, elle pense qu'elle se trouve à un âge difficile, auquel il est presque impossible de trouver de bons personnages.

Déjà, elle était trop vieille pour jouer Natalia, mais personne ne s'en était formalisé. Et maintenant ?

En mars, comme en réponse à un signal, Kay Brown l'appelle de New York. Elle a reçu une proposition du producteur de théâtre Elliot Martin, qui travaille sur une pièce inachevée d'Eugene O'Neill, *More Stately Mansions*. L'auteur avait ordonné que tous ses manuscrits incomplets soient détruits après sa mort. Mais on a retrouvé celui-ci dans une bibliothèque de l'université de Yale. Avec l'accord de sa veuve, on en avait mis en scène une version provisoire à Stockholm, en 1962. José Quintero, qui a déjà monté *Voilà le marchand de glace* et *Le Long Voyage vers la nuit*[9], en 1946 et 1957, est en train de creuser le texte avec Martin, coupant et arrangeant cette saga d'une famille de Bostoniens névrosés du siècle dernier. « Le manuscrit inachevé, tel qu'O'Neill l'avait laissé, avait plus de trois centimètres d'épaisseur, raconte Martin. En l'état, la pièce aurait duré cinq heures. C'était incomplet, imparfait, et il y avait des pages et des pages de notes d'O'Neill, de son écriture minuscule[10]. »

Elliot Martin doit inaugurer en septembre le nouveau théâtre Ahmanson (deux mille places) du Los Angeles Music Center, avec la première américaine de *More Stately Mansions*. Il souhaite ardemment qu'Ingrid Bergman se joigne aux deux excellents comédiens qu'il a déjà choisis, Colleen Dewhurst et Arthur Hill. Elle tiendrait le rôle de Deborah Harford, une épouse et mère de famille aussi avide de posséder des biens terrestres que l'âme de son prochain, et qui se réfugie dans un monde d'illusion et de folie. À l'instar de Christine Mannon dans *Le deuil sied à Électre* (autre personnage auquel Ingrid a pensé, cette année), Deborah intrigue et conspire afin d'exercer son contrôle sur son fils introverti et faible, et s'oppose à une bru aussi déterminée qu'elle. Aveuglée par ses fantasmes incestueux, mais toujours motivée par le désir de vengeance, elle occupe le centre d'un tourbillon de cupidité et de matérialisme qui contamine non seulement sa famille mais toute une société détraquée.

More Stately Mansions, qui est la suite de *A Touch of the Poet*, poursuit la saga de la famille Melody. Elle s'inscrit aussi dans le projet de cycle de neuf pièces qu'O'Neill voulait écrire, au carrefour de l'histoire sociale et familiale de l'Amérique. Plus de vingt ans auparavant, quand Ingrid jouait *Anna Christie*, le dramaturge en personne l'avait invitée à s'engager dans sa future série. Le 2 avril, lorsque Martin et Quintero arrivent à Choisel pour discuter du script avec elle, Ingrid y voit la réalisation de son destin d'actrice de théâtre. Avec l'approbation de Lars, elle accepte immédiatement de jouer le rôle pourtant si antipathique de Deborah.

En juillet, elle se rend à Dannholmen. Chaque jour, elle va s'installer sur les rochers inondés de soleil. Le bruit de la mer pour tout accompagnement, elle annote les versions successives de la pièce. Pendant ce temps, des membres du conseil d'administration de l'Ahmanson expriment leur mécontentement. Ce n'est pas le nom d'Ingrid Bergman qui fera vendre des places, disent-ils. Ne vaudrait-il pas mieux engager Jessica Tandy ? Martin et Quintero résistent. Le conseil finit par céder, à contrecœur. Chacun attend le grand retour d'Ingrid Bergman, qui n'est pas montée sur une scène américaine depuis plus de vingt ans.

Le 3 août, elle débarque à Los Angeles. Elle est accueillie par cent soixante-quinze représentants de la presse du monde entier. Comme elle sait qu'Isabella a été au centre de ses attentions, et que sa sœur jumelle mérite de passer un peu de temps en sa compagnie, elle amène avec elle la petite Ingrid Rossellini pour lui offrir un long séjour en Californie.

« À l'aéroport, raconte Elliot Martin, les journalistes lui ont posé des questions assez brutales sur les événements qui s'étaient déroulés dix-huit ans plus tôt. Mais Ingrid a des nerfs d'acier, et elle les a bien tenus en mains. Par ailleurs, ce pouvait être une femme très aimable et très douce. » Les autres comédiens, ajoute-t-il, ont travaillé de concert, dans les meilleurs termes. Ingrid, Colleen Dewhurst et Arthur Hill sont devenus d'excellents amis.

« Toute l'équipe l'adorait, raconte Hill. Ingrid se laissait guider par son instinct, pas par sa raison. À cet égard, elle a peut-être commis une erreur en prenant ce rôle, non pas parce qu'elle en était incapable, mais parce que la pièce était un véritable fouillis ! Et bien entendu, elle était un peu effrayée à l'idée de réapparaître sur scène, aux États-Unis, après plus de vingt ans. Ingrid comptait sur Ruth Roberts pour l'aider à travailler sa diction, et sur José pour lui faire des remarques [11]. »

« Mon Dieu ! s'exclame Colleen Dewhurst après quelques jours de travail avec Ingrid. Je savais qu'elle avait belle allure, mais à ce point... C'est incroyable ! Elle est mieux aujourd'hui [à cinquante-deux ans] que moi quand j'avais trente ans ! Elle boit son scotch, elle se couche tard, elle raconte des histoires drôles, et elle a toujours l'air éclatant ! Avec elle, vous recevez tout en pleine figure... Et ce n'est pas du toc [12]. »

Ingrid confesse à Lars qu'elle fait plus de remarques à Quintero que lui-même ne lui en fait. L'ambiance est beaucoup plus tendue qu'avec John Frankenheimer ou Ted Kotcheff. Pendant quelque temps, le réalisateur ne l'« adore » pas, c'est le moins qu'on puisse dire. « J'ai rendu fou ce pauvre José, je l'avoue. Tu sais à quel point je suis sûre de moi [13]. » En vérité, elle est loin d'être sûre d'elle. D'où les batailles rangées. Pendant les répétitions, elle crie à Quintero : « Vous avez tort ! » Puis lance des considérations bien senties sur la manière dont il dirige les autres comédiens. Cette attitude devient si fréquente que, finalement : « Quintero a éclaté, et il m'a engueulée d'une façon... ». Plus tard, elle admettra qu'il a eu raison.

Cette combinaison d'angoisse (à propos de la pièce) et de confiance (en son propre talent) maintient Ingrid dans un état de tension nerveuse qui se propage comme un virus à l'ensemble de l'équipe. Elle semble avoir compris trop tard ce que Hill et Colleen Dewhurst savent depuis le début. *More Stately Mansions* présente quelques problèmes que personne n'est à même de résoudre facilement. Pour autant qu'ils puissent être résolus. En revanche, une pièce d'O'Neill imparfaitement réalisée, c'est toujours mieux que la plupart de ce que l'on veut faire passer pour du « théâtre », à l'époque. Elliot Martin et José Quintero se sont attaqués à l'œuvre ultime du grand écrivain avec beaucoup de courage, et leurs acteurs vont de l'avant sans rechigner.

Le 12 septembre, à Los Angeles, la première est d'abord un désastre. Des applaudissements prolongés accompagnent l'entrée en scène d'Ingrid. Mais elle s'immobilise soudain. Elle a oublié son texte. Après quelques instants de gêne, le régisseur lui souffle la première réplique. Puis tout s'arrange. En dépit des problèmes, les trois acteurs principaux suscitent l'admiration des critiques de Los Angeles. Ingrid débite d'une voix métallique le premier monologue de la redoutable Deborah — elle-même fascinée par la malignité de son personnage.

« Deborah, dit-elle à voix haute, comme si quelqu'un se trouvait à ses côtés, je commence à croire que tu es vraiment un peu folle ! »

Ses yeux étincellent, un léger sourire se dessine sur ses lèvres.

« Tu aurais dû faire attention. Un jour, tu pourrais te perdre dans cette idiotie romantique, au point de ne pas retrouver la sortie. Eh bien, qu'il en soit ainsi ! Je me perdrais avec plaisir. Mais comme c'est stupide. Ces dialogues interminables et déments avec soi-même ! »

Elle marque un arrêt, change de position et de ton pour indiquer qu'elle vient de prendre une décision :

« Je dois trouver quelqu'un, autre que moi, en qui je puisse avoir confiance, pour pouvoir m'échapper... Quelqu'un qui soit fort, sain, équilibré... Quelqu'un qui ose aimer et vivre la vie gloutonnement, et non lire et rêver là-dessus. Ah ! Simon... Simon était tout cela, *ton* Simon ! »

Ingrid s'empare de son personnage en deux temps. Elle absorbe d'abord le cynisme tranquille avec lequel Deborah approche les gens. Puis elle évacue cette compréhension rationnelle pour exprimer un froid dédain.

Malgré ses craintes, à la première représentation, Ingrid a un geste caractéristique. Elle envoie à Elliot Martin un bouquet de fleurs et un mot : « Comme mon mari est producteur, je suis bien placée pour savoir que la seule personne qu'on oublie, un soir de première, c'est le producteur lui-même ! » Les journalistes se pressent à la réception organisée à l'issue de la première, et quiconque ayant le moindre rapport avec les vedettes est présent. Il semble que chacun veuille toucher Ingrid, comme si elle était une reine de retour d'exil. Lars et Pia sont venus, eux aussi. Ils ont assisté à la représentation et se joignent à la réception de fin de soirée.

Alfred Hitchcock n'est pas le moins ardent de ses admirateurs. Il plaisante avec elle, radieux comme un écolier devant la maîtresse d'école qu'il aime en secret. Un peu plus tard, un dîner tranquille chez l'auteur des *Enchaînés* donne l'occasion à Ingrid d'évoquer de vieux souvenirs et à Hitchcock de retrouver sa place dans le cercle de sa vie présente.

Hitch traverse une période difficile de sa longue carrière. Son dernier film, *Le Rideau déchiré*, a été éreinté par la critique. Et il entretient, depuis plus de trois ans, une blessure très profonde : sa passion destructrice pour Tippi Hedren, dont il a fait la vedette des *Oiseaux* et de *Pas de printemps pour Marnie*. Ce sont les premiers films de cet ancien mannequin, devenu l'actrice la plus accommodante du monde. Ces deux rôles lui ont valu un succès durable.

Comme Ingrid, Tippi Hedren s'est d'abord efforcée de garder avec Hitchcock des rapports amicaux. Sur le tournage de *Marnie*, fin 1963, il est devenu évident que le cinéaste désirait entretenir avec elle beaucoup plus que des relations professionnelles. Mais Tippi n'a pas cédé à ses avances. Les refoulements accumulés depuis plusieurs décennies ont fini par exploser. Hitchcock a réagi à son refus poli mais ferme par une violente colère et une profonde rancune. Mais il se fait beaucoup plus de mal qu'à Tippi. Les retrouvailles avec Ingrid, dont il admire l'esprit et l'intuition, lui remontent le moral. Elle le ramène en arrière, à une époque où il était beaucoup plus *discret*.

Après six semaines de représentations en Californie, *More Stately Mansions* se déplace à New York. La première a lieu le 31 octobre au théâtre Broadhurst. « Les Suédois supporteraient n'importe quoi du moment que ça soit du O'Neill, dit Ingrid. Les Américains, eux, viennent au théâtre avec deux martinis derrière la cravate, et ils veulent juste qu'on les divertisse [14]. » Mais cette fois, ni la presse ni le public ne se divertissent. « On rend là un bien mauvais service à O'Neill », écrit le *New York Times*, qui ajoute qu'Ingrid est « une femme si belle qu'elle est elle-même une œuvre d'art. (...) Elle semblait étrangement gauche. (...) Elle joue fortement de son charme naturel [mais] elle tire beaucoup moins du personnage qu'on ne le souhaiterait [15] ». Ses confrères trouvent la pièce obscure, assommante et soporifique, mais la plupart d'entre eux sont plus aimables à l'égard d'Ingrid. Je n'ai pas besoin qu'on soit aimable avec moi, dit-elle en découvrant les comptes rendus. Mais leur sauvagerie envers Quintero, Martin et O'Neill la rend malade.

Peu importe. La pièce gardera l'affiche seize semaines, jusqu'en mars 1968. Cela signifie qu'elle dégage des bénéfices. Ni Ingrid ni ses collègues ne regretteront cette expérience. « Elle ne se conduisait pas du tout comme une vedette », dit Arthur Hill. Il raconte qu'un matin, pendant les fêtes de Noël, les membres de l'équipe découvrent qu'Ingrid est restée tard, la veille au soir, après le travail. Elle a décoré les coulisses, les escaliers et les loges avec des dessins colorés et de joyeux petits trolls suédois.

Noël 1967 coïncide avec le soixante-cinquième anniversaire de Kay Brown. Ingrid écrit à cette occasion une « Ode à Kay » qui révèle un aspect chaleureux de sa personnalité, et son étonnante aisance à versifier en anglais :

J'ai veillé bien tard, l'autre nuit
Je cherchais des rimes en hommage à ma Kate
Mais je n'ai rien trouvé d'autre que folie
Qui rime avec Stromboli
Alors j'ai dû faire un saut chez Mme Haight[16].

J'ai connu cette miss Brown
Chez moi, dans ma ville sombre et glacée
Elle venait avec un contrat à signer
Sur la froide ligne pointillée,
Et un sourire auquel nul ne résiste.

À New York — devenue Mme James Barrett
Tu m'as dit : il faut se mettre à l'eau
Jim et toi, tous les deux
Vous m'avez mise dans le bain
Avec toi à mes côtés, j'ai tenu le coup.

Dans le monde du ciné, ça n'a pas traîné, la petite
Tu la mettais en garde contre gin et whisky
Tu lui disais comment s'habiller
Tu recueillais ses confessions
Et lui enseignais le salaire du péché

Mais sur le Stromboli, cette île fascinante,
Où tu es venue au sommet de ton style,
Dans un adorable manteau de vison

Sur un petit bateau de pêche,
Tu as échoué, Kay, en dépit de tes ruses.

Tu as continué à « vendre » ton Ingrid
Quand les choses n'allaient pas trop bien
La vie, ça ne collait pas
Le boulot, ce n'était pas ça
Ma chance semblait m'abandonner.

Quant à l'amour... Eh bien !
Alors, à la place d'un bon script
Tu m'as dégoté Lars Schmidt
Avec son île, ses chiens, Choisel.

Avec *Mansions* tu m'as trouvé un rôle
Dans ce drame où j'ai perdu mon âme
Quand j'ai dit oui, tu as crié
Tu m'as dit c'est plein de dignité !
Et tu m'as envoyé Quintero et Martin.

Après la première on est tous allés dîner
Tu as pris les devants pour me congratuler
Et la photo montre
Ce que je savais déjà
Tout va bien pour moi quand tu me tiens la main.

Je suis encore là, entre tes mains expertes
Dieu veuille que j'y reste à jamais
Des hommes ont essayé de te remplacer
Ils te poussent toujours, et se mesurent à toi
On le voit aussi sur la photo.

Ces vers de mirliton doivent cesser maintenant
Tu les as entendus, et tu as bien compris
Ce qu'ils veulent dire :
Simplement que je t'aime, Kay, ma chérie
Ma marieuse, mon ange, mon amie.

Un autre de ses amis va avoir l'occasion d'apprécier sa gentillesse. Le 25 janvier 1968, à l'issue de sa représentation, elle court chez Sardi, où l'on célèbre la première de *Je ne chante jamais pour Papa* de Robert Anderson. Celui-ci a suivi les conseils d'Ingrid qui lui recommandait, onze ans plus tôt, de vivre sa vie. Quelques mois après leur séparation à Paris, il a rencontré Teresa Wright, et l'a épousée en 1959. Teresa, qui mène de front une carrière remarquable à l'écran et à la télévision, est la vedette de sa nouvelle pièce, avec Hal Holbrook et Lillian Gish.

Au moment où Ingrid arrive chez Sardi, on attend anxieusement la sortie des premiers journaux du matin, qui doivent publier des critiques de la pièce. En l'occurrence, elles sont toutes élogieuses, sauf celle du *New York Times*. « Oh, Bob, lui dit Ingrid [qui pense à sa récente expérience avec ce journal]. Lis tes encadrés publicitaires, plutôt que les critiques ! » *Je ne chante jamais pour Papa* remportera un franc succès à Broadway. La pièce sera souvent reprise, et sera adaptée à l'écran.

Toujours en quête de projets pour Ingrid, Kay Brown passe au crible les romans que reçoit chaque semaine le service littéraire de MCA. Elle trouve une proposition du producteur et scénariste Stirling Silliphant, qui a rédigé un synopsis d'après un court roman de Rachel Maddux. *Pluie de printemps* est l'histoire d'une femme de professeur entre deux âges, qui accompagne son mari à la campagne, dans le Tennessee, où il doit profiter de son année sabbatique pour écrire un livre. Elle vit une brève aventure avec un homme tout à fait différent de ce qu'elle a connu jusqu'alors — un « primitif » interprété de manière très appropriée par Anthony Quinn. À la fin, elle rentrera en ville pour retrouver sa vie normale, moins indépendante mais beaucoup plus réaliste.

Ingrid lit le synopsis avec quelque appréhension. Ce film doit se faire en Amérique. Et elle a vraiment passé peu de temps avec Lars, en Europe, ces dernières années. « Nos vies professionnelles nous ont tenus éloignés l'un de l'autre, et nous ont conduits dans des lieux différents, dira Lars. Même si nous avons fait de notre mieux pour rester proches, il est souvent arrivé que chacun soit de son côté durant de longues périodes [17]. » Au printemps, après *More Stately Mansions*, Ingrid a essayé de jouer les mères de famille de province française. Mais la vie à Choisel s'est révélée aussi peu satisfaisante que d'habitude. Lars et Ingrid sont mariés depuis presque dix ans. Même s'il n'existe entre eux ni soupçon ni ressentiment, elle admet que « [notre] existence n'était pas vraiment celle d'un couple marié [18] ».

Elle a une autre raison d'hésiter. Elle n'aime pas le premier jet du scénario, qu'elle retourne à Silliphant avec de nombreuses remarques critiques. Elle se dit que cela mettra fin aux discussions.

Il n'en sera rien. Les rumeurs faisant état du retour d'Ingrid Bergman à Hollywood, vingt et un ans après son départ, provoquent un soudain regain d'intérêt chez d'autres producteurs. C'est le cas de Mike Frankovich. Il a acheté les droits de *Fleur de cactus*, une comédie à succès qui vient de triompher à New York, et a été représentée dans le monde entier. Tandis que Silliphant s'échine sur ses pluies printanières, Frankovich et son réalisateur, Gene Saks, font irruption à Choisel. Ils apportent le scénario que

I.A.L. Diamond a concocté à partir de *Fleur de cactus*. Le personnage que l'on destine à Ingrid est une infirmière de cabinet de dentiste, qui finit par s'épanouir comme la fleur éponyme. Saks et Frankovich lui promettent que le tournage de ses scènes pourrait être très rapide, à Hollywood, au printemps. Ils lui proposent un salaire qu'il est difficile de refuser : 800 000 dollars pour quelques semaines de travail.

Ingrid rétorque qu'elle a presque cinquante-trois ans, et que le rôle exige une actrice d'une trentaine d'années. « Je suis plutôt fière de mes rides, après tout, et je n'ai jamais essayé de cacher mon âge [19]. » Ces messieurs n'aimeraient-ils pas la soumettre d'abord à un bout d'essai pour s'assurer qu'elle est capable de donner la réplique à Walter Matthau (de cinq ans son cadet) ? En outre, elle n'a jamais mis les pieds dans une discothèque, et elle ne connaît rien aux folles danses des night-clubs modernes dont parle le scénario. N'est-ce pas là un autre problème ? Frankovich et Saks se regardent. Cette star de légende demande un bout d'essai ? Aussitôt dit... Les tests montrent qu'ils ont eu raison de s'entêter. L'affaire est conclue.

L'annonce de la participation d'Ingrid à *Fleur de cactus* est exactement l'encouragement dont avait besoin Stirling Silliphant (sans compter l'Oscar qu'il reçoit en avril pour le scénario de *Dans la chaleur de la nuit*). Durant l'été, il apporte à Dannholmen la seconde version de son script. C'est bien meilleur, lui dit Ingrid. Silliphant lui explique qu'il a l'intention de le produire lui-même. Si Ingrid se trouve aux États-Unis pour *Fleur de cactus*, il peut organiser un planning aussi expéditif pour lui permettre de tourner *Pluie de printemps* immédiatement après. Deux films en enfilade, de gros salaires, un retour triomphal à Hollywood, et la possibilité d'être de retour en Europe pour passer l'été avec Lars... Ingrid accepte.

Elle arrive à Los Angeles début 1969, et s'installe au Beverly Hills Hotel. Elle fait la connaissance de Goldie Hawn, vingt-trois ans, et de Walter Matthau. Incertaine quant à l'accueil qu'on lui réserve sur les plateaux, elle est très nerveuse lorsqu'elle se présente aux studios de la Columbia. Le premier jour, Matthau propose qu'ils déjeunent ensemble. Elle avale trois martinis avant de reprendre le travail, droite comme un I. « J'ai pu me rendre compte à quel point elle tenait l'alcool, racontera Matthau. N'est-ce pas abominable [20] ? »

Goldie Hawn a peur d'être « affreusement intimidée par Ingrid, au point d'en perdre [ses] moyens. Mais ça ne s'est pas du tout passé ainsi. Je n'avais pas l'impression de devoir rivaliser avec elle. Je sentais que c'était un privilège de me trouver dans le même film qu'elle. Elle m'a acceptée avec beaucoup de gentillesse, et m'a beaucoup appris. C'était mon premier film [21]. » Goldie remportera l'Oscar du meilleur second rôle féminin.

Quelques semaines après son retour à Hollywood, le bruit se répand que la star de jadis a repris du service. On invite Ingrid Bergman à remettre l'Oscar de la meilleure actrice lors de la grande cérémonie annuelle. Elle ouvre l'enveloppe et annonce le résultat avec un très joli gloussement. La salle éclate de rire, sans lui laisser le temps de donner le nom des deux gagnantes (Katharine Hepburn et Barbra Streisand).

Comme avec José Quintero, Ingrid a des sérieuses remarques à formuler, et elle ne craint pas de livrer le fond de sa pensée à Gene Saks. Sans doute a-t-elle hésité avant d'accepter le rôle. Mais sur le plateau, elle ne laisse rien passer. Selon Saks, Ingrid se dirige toute seule... Il arrive même qu'elle dirige son réalisateur. Très tendue, sûre de son expérience, elle va parfois trop loin. Et la diplomatie n'est pas son point fort, surtout dans cette période de sa carrière.

« Je crois que Gene Saks est très reconnaissant de tous les bons conseils que je lui donne, écrit-elle à Lars. Car — comme toujours — je me mêle de tout [22] ! » En fait, Saks la considère comme « la formidable combinaison d'une femme charmante et d'une casse-pieds », surtout lorsqu'elle s'attaque à des détails de scénario ou de mise en scène qu'il croyait réglés depuis longtemps. « Et puis elle éclatait de rire, souvent aux dépens d'elle-même, et franchement je retombais sous le charme [23] ». Les suggestions d'Ingrid ne sont jamais triviales. Elles aident à aplanir certaines difficultés d'un scénario qui a perdu, hélas, presque tout l'éclat du texte original français, signé Pierre Barillet (l'ami d'Ingrid) et Jean-Pierre Grédy.

Personne n'est surpris de la trouver aussi ravissante, dans sa blouse d'infirmière ou sous les paillettes de sa robe du soir. Elle danse comme on le fait à la fin des années soixante, avec la fièvre et la sauvagerie appropriées, et elle fait preuve d'un délicieux instinct comique qu'elle n'avait pas montré depuis ses films suédois, trente ans plus tôt... Grâce à son sens aigu de la litote, sa transformation d'iceberg scandinave en maîtresse frénétique n'est ni vulgaire ni invraisemblable.

Comme pendant les années Selznick, Ingrid passe sans transition d'un film à l'autre. Malgré de nombreux problèmes de script et de distribution, le tournage de *Pluie de printemps* peut commencer. Une semaine après les Oscars, Ingrid est à pied d'œuvre dans les Smoky Mountains, avec Anthony Quinn et Fritz Weaver. Le réalisateur, Guy Green (plus connu pour des films sensibles comme *La Marque* et *Un coin de ciel bleu*), a été le directeur de la photo de plusieurs films de David Lean. Bien qu'on ne lui ait proposé *Pluie de printemps* qu'à la dernière minute, il lui conférera beaucoup de son charme visuel et de son sens de l'économie. Ingrid tournera dans le Tennessee, à New York et à Hollywood, du 21 avril au 13 juin 1969.

Green témoignera qu'elle est « plus coopérative, plus modeste [que toutes les actrices avec lesquelles il a travaillé], toujours agréable, jamais un problème. Elle était remarquablement attentive à l'égard des autres comédiens et des techniciens, se préoccupant aussi bien des problèmes de chacun que des grincements des roues du chariot-travelling. Elle s'impliquait complètement dans le film [24] ».

Peut-être un peu trop, parfois. Bien qu'elle n'ait jamais eu la moindre ambition de diriger des films, elle se conduit bel et bien en réalisatrice, ce qui met à rude épreuve la patience d'Anthony Quinn. Un jour, dans le Tennessee, alors qu'ils tournent en extérieur, la lumière est parfaite, tout est prêt pour filmer. Mais après une brève répétition, Ingrid se tourne vers Quinn : « Tu ne vas pas jouer ça comme ça, n'est-ce pas [25] ? »

Le sang de Quinn — moitié mexicain moitié irlandais — ne fait qu'un tour. « Qui est-ce qui dirige le film, Guy ou toi ? » Il menace de tout abandonner sur-le-champ. Qu'ils le remplacent par Burt Lancaster ! Puis il se dirige vers Green. Ingrid va s'asseoir à côté de Ruth Roberts. « Le soleil est en train de baisser, dit-elle à son amie. Bientôt, ce sera trop tard, et on aura perdu une journée de travail par ma faute ! » Sa conscience professionnelle reprend le dessus. Elle se dirige vers Quinn et Green. « Je suis terriblement désolée, dit-elle. Je n'ouvrirai plus la bouche pour faire des remarques sur ton travail. Allons, reprenons le travail, il faut mettre ce film en boîte ! »

Dans une lettre à Lars, Ingrid avoue qu'elle peut en effet être « très pénible [au travail]. (...) Tony Quinn et Guy Green le disent tous les deux et ils m'aident à comprendre ce qui ne marche pas. Je n'écoute jamais, et je parle de n'importe quoi au beau milieu de la conversation des autres... Tu me connais ! Mais Tony Quinn me fait passer cette mauvaise habitude. Il me regarde sans dire un mot jusqu'à ce que je lui présente des excuses. Je suis beaucoup plus agréable, maintenant. Attends, et tu verras [26] ! » Elle est effectivement plus agréable à la fin du tournage, lorsqu'elle offre un cadeau à Tony Quinn et Guy Green : des pinceaux pour l'acteur (qui vient de se mettre à la peinture) et un élégant boîtier pour le réalisateur. Sur le couvercle, sont gravés les mots : « À l'intérieur, voyez ce qui me plaît. » Green l'ouvre, et voit son propre reflet dans un petit miroir. En toutes circonstances, Ingrid n'est jamais ingrate. Elle n'oublie jamais ce qu'elle doit à la patience de ses collègues.

Mais à ce stade de sa carrière, chaque nouveau projet la rend plus fébrile. D'abord, à cause d'une pénurie de scénarios de très grand intérêt. Ensuite, parce qu'elle sent que la distance et la lente érosion du temps sont en train de saper son mariage. Elle fume plus, il lui arrive de temps en temps de boire un peu trop — mais jamais jusqu'à la franche ébriété —, et elle a souvent l'air d'être à cran, embarrassée. Parfois, elle se sent vaguement malade. Mais en l'absence de symptômes identifiables, et vu ses autres motifs d'inquiétude, elle ignore simplement ses malaises, et va de l'avant.

Mais l'obsession de l'époque pour la culture « jeune » l'agace : « On n'écrit pas de scénarios pour des femmes de mon âge ! Me voilà, dans la cinquantaine, considérée comme une vieille femme ! Peut-être pourrai-je jouer un jour une des sorcières de *Macbeth* [27] ! » Puis elle éclate de rire. Pourtant, elle n'est pas toujours de bonne humeur.

Pluie de printemps contient de jolis moments. Mais nous sommes en 1970, et l'époque n'est pas favorable aux histoires d'amour d'adultes entre deux âges. Ingrid assure la promotion du film aux États-Unis, mais il n'est pas très bien accueilli. Elle-même ne reçoit des louanges que pour sa prestance... Très aimable, pour ce que valent les mots. Mais ils ne valent pas grand-chose. C'est ainsi, se dit-elle, que l'on traite les *vedettes de cinéma*. Moi, c'est autre chose. Une actrice sérieuse, qui travaille à un art difficile et exigeant.

Elle regagne Paris, où Lars l'attend. Elle parle avec animation de ce qu'est devenu Hollywood. Le système traditionnel des studios et des contrats à long terme a cédé la place à une industrie futile, destinée à la jeunesse et contrôlée par elle. Techniquement, dit Ingrid, Hollywood est l'endroit le mieux équipé du monde. Mais ses ressources sont au service des histoires les plus stupides et les plus inconséquentes qu'on puisse imaginer. *Casablanca* n'aurait jamais pu voir le jour en 1970. Elle a raison. Le film de Michael Curtiz ne contient ni scènes d'amour explicites, ni violence déclarée, ni poursuites en voitures, ni bande-son à base de rock'n roll. Et *Les Enchaînés* ? Hitch, aujourd'hui, serait incapable de faire admettre une idée de film aussi subtile et aussi adulte.

Mais sa vie professionnelle n'est pas la seule à changer. Sa vie privée connaît aussi des bouleversements, comme elle va en avoir la preuve le jour de son arrivée. Le plus délicatement possible, Lars lui annonce qu'il est tombé amoureux d'une jeune femme, Kristina Belfrage, qui vit et travaille à Paris. Leurs relations sont beaucoup plus sérieuses, beaucoup plus importantes qu'il ne s'y attendait. Vingt ans ont passé depuis la mort de son seul enfant, et il désire plus que jamais en avoir un autre.

Ingrid prend la nouvelle assez mal. Elle sait qu'elle est une épouse lointaine, et cela a peut-être rendu une telle situation inévitable. Ils parlent de divorce, mais ils n'y sont prêts ni l'un ni l'autre. Ingrid a soudain la sensation de vivre un remake de la fin de son mariage avec Roberto. Elle a l'impression que Kristina est une nou-

355

velle Sonali Das Gupta. Est-ce qu'elle doit payer toute sa vie ce qu'elle a fait en 1949 ?

Elle décide de donner une dernière chance à son mariage, même si cela doit prendre du temps. Tandis que Lars partage son temps entre elle et Kristina, elle attend à Choisel, presque tous les soirs, pendant plus de huit mois. Elle essaie de lire des scénarios, elle reçoit ses enfants et les quelques amis qui lui rendent visite, elle en appelle d'autres. Pour la première fois de sa vie, elle se sent inutile, non désirée. « Une partie d'elle-même disait : Oh, il faut que la vie continue ! raconte Stephen Weiss, car cette histoire avec Lars et Kristina lui rappelait son propre passé. Mais malgré sa force, elle était timide, elle avait peur, et elle avait besoin de lui... même si elle avait d'abord besoin de sa carrière. »

« Même en ces circonstances, dira Lars, Ingrid montrait sa noblesse. C'était une grande artiste et une femme très belle, douée d'une force intérieure exceptionnelle. Elle avait le courage de s'exprimer franchement dans son travail, dans sa vie familiale et dans ses rapports humains. Elle était en quête d'amour, elle en donnait et elle en recevait. Elle était heureuse, et elle riait facilement. » Mais cette année, son rire est mis en sourdine.

Un soir, Ingrid reçoit un coup de fil du producteur de théâtre londonien Hugh Beaumont, dit « Binkie ». Il projette de monter une reprise de *La Conversion du capitaine Brassbound*. Il s'agit d'une comédie mineure, assez verbeuse, que George Bernard Shaw écrivit en 1899 pour la grande Ellen Terry. Mais un personnage brillamment construit en occupe le centre : Lady Cicely Waynflete. Après Mlle Terry, des actrices de théâtre de premier plan (dont Gladys Cooper, Sybil Thorndike et Edna Best) ont triomphé dans ce rôle.

Ingrid lit la pièce. Binkie a raison, elle n'est pas très bonne. Mais quel rôle ! La seule femme dans une distribution de vingt-cinq personnages, et toutes les bonnes répliques sont pour elle. Ingrid donne son accord. Laurence Evans négocie un contrat avantageux qui lui promet 10 % des recettes brutes hebdomadaires. Au lendemain de Noël 1970, elle se prépare à gagner Londres pour répéter. Lars peut décider de poursuivre ses relations avec Kristina, ou d'y mettre fin. Cela ne regarde que lui. En tout cas, Ingrid ne peut pas se permettre d'attendre indéfiniment en broyant du noir.

Chapitre dix-huit
1971-1975

Il est curieux de voir comme un bon dîner
peut réconcilier tout le monde.

Samuel Pepys, *Journal*

« Les larmes que vous versez font de vous un être humain. Il faut leur en être reconnaissant [1] », déclare Ingrid à un journaliste, sans autre explication, à son arrivée à Londres en janvier 1971. Personne ne saura, avant des années, qu'elle fait allusion à son troisième mariage. Alors qu'elle s'installe au Connaught, elle ne montre rien de ses angoisses, toujours dissimulée derrière le masque de son élégance désinvolte et gaie. *La Conversion du capitaine Brassbound* va l'y aider.

Lady Cicely Waynflete est si charmante qu'elle n'a aucun mal à manipuler les hommes qui l'entourent. Il s'agit d'une des créations les plus fascinantes de Shaw, en dépit du fait qu'on trouve cette pièce, depuis sa création, « plutôt assommante [2] ». Cicely se trouve au Maroc avec son beau-frère. Elle y retrouve le neveu de celui-ci — le célèbre brigand « Black Paquito », alias le capitaine Brassbound —, qui a un compte à régler. Avec logique et humour, elle détourne le capitaine de son désir de vengeance et en appelle à son sens de la justice. Rusée, directe, méfiante vis-à-vis de l'amour et discrète sur les petites manies des hommes, Lady Cicely fait fi de la malveillance masculine. Avec une autorité toute maternelle, elle entraîne son monde vers un cours meilleur.

Les répétitions, en janvier, avancent bien — peut-être parce qu'Ingrid ne se fait aucune illusion, et qu'elle sait à quel point elle a besoin de la direction de Frith Banbury pour reproduire les subtilités de Shaw. Cela ne l'empêche pas de montrer parfois sa volonté. Un jour, en répétition, elle se déplace pendant la réplique de son partenaire.

« Vous ne pouvez pas faire cela, lui dit Banbury. C'est *lui* que le public doit regarder quand il parle.

— C'est *ma* réaction qui est importante, réplique-t-elle. Beaucoup plus importante que ce qu'il dit. Dans la vie, après tout, il est souvent plus intéressant de regarder la personne qui ne parle pas[3]. »

Une leçon qu'elle a apprise chez Hitchcock. Il s'avère qu'elle a raison.

La première a lieu le 18 février 1971 au Cambridge Theatre, après deux semaines de rodage à Brighton. Certains critiques montrent leur étonnement. Pourquoi reprendre cette pièce mineure de Shaw ? Pourquoi une Suédoise dans le rôle d'une aristocrate britannique ? Et pourquoi faut-il qu'Ingrid, les premiers jours, « patauge, comme toujours, sur [son] texte » (c'est elle qui le dit[4]) ? Ils ont raison. C'est loin d'être la meilleure pièce de Shaw, Ingrid n'y comprend pas grand-chose, et le rôle ne lui convient pas vraiment. Néanmoins, Beaumont connaît son public, et la pièce restera à l'affiche neuf mois. Pour ce qui est du texte, eh bien... Pour Ingrid, la première semaine est toujours une aventure.

Au repos, elle peut être tout à fait extraordinaire dans la pièce, et sa manière ambiguë de prononcer certaines répliques contribue à produire l'humour raffiné qui convient. Quand on lui annonce que tel personnage « négatif » est devenu raisonnable, elle rétorque avec un accent chantant légèrement acide : « Oh, vous pensez qu'il a changé tant que cela ? »

Durant l'été, Ingrid s'offre quelques dîners tranquilles avec Hitchcock, qui tourne *Frenzy* à Londres. Ils se livrent à des commérages, vident une bouteille de champagne, se lamentent sur l'avenir du septième art et célèbrent une amitié qui dure depuis plus de vingt-sept ans. Par ailleurs, Ingrid se fera deux nouveaux amis, durant la production de *Capitaine Brassbound* : son partenaire Joss Ackland, qui interprète le rôle-titre, et Griffith James, le régisseur et directeur de la compagnie. Le dimanche, il lui arrive souvent de se rendre chez Ackland, et de se promener en bicyclette dans Richmond Park avec ses enfants.

Le jour de la première répétition, Griff James l'a reçue avec une légère réprimande : elle avait un quart d'heure de retard. Son professionnalisme et sa franchise ont plu à Ingrid, et ils ont très vite noué des liens. Jusqu'à la fin de sa vie, elle pourra compter sur son amitié fidèle. Griff sera de toutes ses aventures théâtrales, en Angleterre et aux États-Unis.

Au milieu de l'été, Ingrid est heureuse de retrouver la paix de Dannholmen, où elle a fait venir ses enfants. « Être une bonne mère, confie-t-elle à une amie, c'est plus une question de qualité que de quantité. Comprenez-moi : est-ce que la qualité des moments que vous passez avec vos enfants n'est pas plus importante que la quantité de temps que vous passez avec eux ? Je ne vois pas très souvent mes enfants, mais quand cela arrive, je me consacre totalement à eux[5]. »

Telle est sa conception de la famille, même si elle admet qu'elle est peu conventionnelle. « J'ai voulu avoir du succès — un immense succès, comme comédienne — et un foyer et des enfants. J'ai eu tout cela et j'en suis heureuse. Si j'ai payé un prix trop élevé, je voudrais seulement l'avoir payé seule. Mais mes enfants ont payé, eux aussi. Leur route était balisée par une succession de foyers brisés[6]. » C'est ce qui lui vaut le sentiment de culpabilité qui la rongera jusqu'à la fin de ses jours. Cela peut nous aider à comprendre pourquoi, à l'automne de sa vie, elle se tourne avec une tendresse maternelle vers ceux ou celles, parmi ses amis ou ses collègues, qui sont solitaires.

Cet été-là, Lars engage un jeune diplômé d'université finnois possédant un génie particulier pour la gestion d'une grande maison, et le talent d'un maître-coq de première classe. Au fil des années, Paavo Turtiainen deviendra l'ami intime de Lars et Ingrid. C'est lui qui aidera cette dernière, lorsqu'elle commencera à travailler à son autobiographie, dans la tâche difficile de passer au crible ses albums de coupures de presse et ses dossiers. La discrétion de Paavo et son dévouement leur seront très utiles pendant une douzaine d'années, et il restera un confident apprécié de la famille de Lars bien après la mort d'Ingrid.

En décembre, Ingrid se rend à New York pour assister à une nouvelle cérémonie familiale : Pia épouse en secondes noces un agent de change nommé Joseph Daly. Sidney Bernstein accompagne Ingrid à l'église. Elle échange quelques mots polis avec Petter, qui conduit sa fille à l'autel. Un an plus tard, Ingrid sera pour la première fois grand-mère.

Début 1972, elle entame la tournée américaine et canadienne de *La Conversion du capitaine Brassbound*, qui doit se prolonger jusqu'à l'été, la pièce s'arrêtant quelques semaines dans chaque ville. Pendant les représentations au Kennedy Center, elle accepte de répondre aux questions de l'Association nationale de la Presse. Elle doit d'abord subir les clichés habituels. Est-ce qu'elle trouve la comédie plus difficile que le drame ? Que pense-t-elle du Kennedy Center ? Comment s'y prend-elle pour avoir l'air si jeune ? Est-ce que les acteurs doivent s'occuper de politique ? Puis un journaliste lui demande comment elle travaille ses rôles. Elle donne une réponse très franche et édifiante, à une époque où se multiplient les théories de l'art dramatique, verbeuses et suffisantes.

« Je n'ai pas lu beaucoup de ces livres sur le jeu de l'acteur. Je me repose sur mon instinct, et à la première lecture d'un script, je sais exactement comment est le personnage. C'est pourquoi je rejette ce que je ne comprends pas. Je dois comprendre totalement le personnage. Je veux dire, il doit y avoir en moi quelque chose qui appartient à ce personnage — et dans ce cas, je le sens immédiatement. C'est plus un sentiment qu'une technique[7]. »

Avant de renvoyer les journalistes, elle les fait rire en répondant à une dernière question. Puisqu'elle a passé tant de temps en Italie, peut-elle leur dire ce qu'elle pense des Italiens et du théâtre italien contemporain ? « Les Italiens ne s'intéressent guère au théâtre... Tout ce qui se passe sur scène, après tout, ils le font beaucoup mieux chez eux, dans la vie réelle ! »

La tournée connaît son point culminant après la première new-yorkaise et les bonnes critiques qui en résultent (*La Conversion du capitaine Brassbound* est la seule des cinquante-six pièces de la saison, à New York, à dégager des bénéfices). Le 19 avril, Charles Percy, sénateur de l'Illinois, adresse des excuses officielles à Ingrid Bergman pour l'injustice commise par le sénateur Johnson vingt-deux ans auparavant. Le texte de son discours, auquel il annexe onze études et comptes rendus importants consacrés à Ingrid, a été publié dans le *Congressional Record* :

« Monsieur le Président,

« Il y a vingt-deux ans, devant cette Chambre, une des femmes les plus charmantes, les plus élégantes et les plus talentueuses du monde a fait l'objet d'une violente attaque. J'aimerais rendre aujourd'hui l'hommage que mérite depuis longtemps Ingrid Bergman — une vraie star, dans tous les sens du terme[8]. »

Après avoir résumé les raisons de son voyage à Washington et rappelé les grandes lignes de sa carrière au théâtre, au cinéma et à la télévision, le sénateur continue :

« Il est évident que [Ingrid Bergman] jouit de l'admiration et de l'affection du peuple américain, à la fois pour son éclat et sa sensibilité de comédienne et pour son courage, sa grâce et sa chaleur humaine. (...) Sans son art, notre culture serait certainement plus pauvre. (...) [Elle est] une des plus grandes artistes de notre temps. »

Vient enfin le motif de ce panégyrique :

« Je sais que des millions d'Américains se joignent à moi pour déplorer les persécutions personnelles et professionnelles qui ont poussé Ingrid Bergman à quitter ce pays alors qu'elle se trouvait au sommet de sa carrière. (...) Mlle Bergman n'est pas seulement la bienvenue en Amérique. Nous sommes profondément honorés par chacune de ses visites. »

« Cher sénateur Percy, lui écrit-elle de New York, ma guerre avec les États-Unis est terminée depuis longtemps. Cependant, certaines blessures demeuraient. Mais aujourd'hui, grâce à l'esprit chevaleresque que traduit le discours généreux et plein de compréhension que vous avez adressé au Sénat, elles se trouvent guéries à jamais[9]. »

Elle profite de son séjour à New York pour apparaître dans un film hélas sans grand intérêt. Le rôle est celui d'une vieille dame riche et excentrique qui se lie avec deux enfants perdus, et le film s'intitule *Des dossiers embrouillés de Mme Basil E. Frankweiler*. Certes, l'offre financière était trop belle pour qu'elle la rejette. Mais elle a une autre raison d'accepter, comme elle l'explique à ses proches. Son personnage de recluse poudrée portant perruque lui fournit une magnifique occasion de tourner en dérision le seul rôle qu'on propose aux comédiennes de cinquante ans : la vieille bique octogénaire, amère et desséchée, qui s'avère au bout du compte une charmante vieille dame.

Ingrid passe l'été et l'automne 1972 à Dannholmen, et fait un saut à Choisel de temps en temps. Elle interrompt ses vacances plusieurs fois pour se rendre à Londres afin d'y discuter de pièces de théâtre. Mais rien n'est certain... Autant au plan professionnel que dans sa vie privée. Ses fréquents passages aux aéroports et l'inévitable publicité apportée à la vie publique d'Ingrid et de son mari alertent la presse, qui commence à penser que tout n'est pas que paradis conjugal. « Les gens me parlent tout le temps de Lars, dit-elle à un reporter. Nous sommes toujours mariés, et j'espère que nous allons faire la part des choses et que nous resterons mariés. C'est tout ce que je peux vous dire pour le moment. Je lis dans les journaux : Un ami a dit... Des amis de Mlle Bergman nous ont déclaré... Je me demande bien qui sont ces amis... Je ne pense pas que mes amis disent quoi que ce soit sur mon mariage, parce qu'ils sont comme moi : ils ne savent pas quoi en dire[10]. » Lars ne dit rien, lui non plus. Mais il n'épousera pas Kristina Belfrage.

En revanche, Ingrid sait qu'elle doit donner une réponse positive à Binkie Beaumont, qui l'appelle de Londres avec une nouvelle proposition. Il s'agit d'une reprise de *L'Épouse fidèle*, une comédie de Somerset Maugham de 1927.

Constance, une femme élégante et rusée, est mariée depuis quinze ans à John Middleton, un docteur éminent qui entretient une liaison avec sa meilleure amie. Ses proches la poussent à l'abandonner, tandis que sa mère lui recommande d'accepter l'inévitable inconstance des hommes. Constance imagine une autre stratégie qui lui permette de ménager à la fois son amour-propre et sa sécurité financière. Elle annonce à Middleton qu'elle aussi est tombée amoureuse. Mais elle a l'intention, dit-elle, de travailler pour pouvoir lui payer ses frais de subsistance. « La seule liberté vraiment importante, c'est la liberté économique. »

Un an plus tard, solvable et disponible, elle déclare à son mari scandalisé qu'elle va prendre des vacances amoureuses avec un de ses anciens soupirants. « J'ai pris la précaution d'épouser un gentleman, dit-elle, et je sais que tu ne pourras jamais me contraindre au divorce pour n'avoir rien fait de plus que ce que tu as fait. » Elle promet de lui revenir après son aventure. Il finit par accepter car elle est (selon les termes du mari) « la femme la plus exaspérante, entêtée, capricieuse, butée, la femme la plus délicieuse et la plus ravissante qu'un homme ait jamais eu le malheur d'épouser. Eh bien, oui, bon sang, reviens ! ».

Près d'un demi-siècle après sa publication, cette pièce semble cadrer parfaitement avec les revendications des années soixante-dix sur la libération de la femme. À la fin de l'automne, Ingrid lit le texte et en discute avec Lars. Elle apprend que la pièce a été créée par Ethel Barrymore, avant d'être reprise très élégamment par Katharine Cornell. Le rôle de Constance est aussi superbe que celui de Lady Cicely, et Beaumont s'engage à ce qu'Ingrid dispose d'une garde-robe raffinée. L'argument ultime, c'est que Sir John Gielgud a accepté d'assurer la mise en scène.

Elle préférerait bien entendu jouer dans des pièces modernes, inédites, et non des reprises. Mais personne n'écrit de rôles pour des femmes entre deux âges, et « il est difficile, de nos jours, de trouver de bons scripts. Il semble que la plupart des auteurs écrivent des pièces déplaisantes sur des gens désagréables qui s'expriment comme des charretiers. Je refuse de jouer dans des pièces sordides. Je veux que le public s'amuse, pas qu'il se sente mal à l'aise [11] ».

Le 20 mars 1973, Ingrid et Gielgud se rendent à Londres pour une réunion de travail chez Beaumont. « Nous l'avons trouvé au lit, souffrant d'un mal au dos, racontera Sir John. Il s'apprêtait à se rendre chez son docteur, sur Harley Street, pour se faire examiner. Ingrid et moi avons passé une demi-heure avec lui, assis de part et d'autre de son lit. Puis la voiture [de Beaumont] est arrivée. Nous sommes restés là, elle et moi, à bavarder au salon, autour d'une tasse de thé [12]. » Deux jours plus tard, Beaumont succombe à une crise cardiaque, à l'âge de soixante-quatre ans.

Fin mai, Ingrid est invitée à présider le jury du festival de Cannes. *Cris et Chuchotements*, le dernier film d'Ingmar Bergman, y est présenté hors compétition. Juste avant de quitter Choisel pour la Côte d'Azur, elle retrouve le mot où il lui promettait — plus de dix ans auparavant ! — de faire un film avec elle. Elle y attache un message (« Comme le temps passe ! ») et le glisse dans la poche de Bergman, au beau milieu de la foule des photographes du festival.

La production de *L'Épouse fidèle* suit son cours. Les répétitions se prolongent jusqu'à la fin de l'été, la première devant avoir lieu le

29 septembre au théâtre Albery. « Je l'ai trouvée merveilleusement disposée, très ouverte à mes indications », dit Gielgud. Ingrid met en parallèle la découverte de l'infidélité du mari et le désir de l'épouse d'affirmer son autonomie. C'est pourquoi elle dote son personnage de ce pragmatisme subtil et de l'ironie qui lui permettent d'exprimer la discorde conjugale sans glisser vers le simple sentimentalisme qui plaît au plus grand nombre. « Le premier soir, j'étais si nerveuse que j'ai bégayé et que j'ai été lamentable, avouera-t-elle. Au théâtre, je suis terrifiée, ce qui n'est jamais le cas devant la caméra. J'ai toujours considéré la caméra comme une amie. Et de toute façon, on peut toujours recommencer [si l'on commet une erreur]. Ce qui est impossible sur scène [13]. »

Après la première, comme d'habitude, il lui faut une semaine pour se sentir à l'aise avec son personnage. Elle fait tout de même quelques gaffes hilarantes qui semblent destinées à faire plaisir au public. À un certain point, par exemple, elle enjoint son mari de laisser leur cuisinière composer leurs menus. Au lieu de lui dire comme prévu : « Laisse-la en faire à sa tête ! », elle déclare d'une voix retentissante : « Laisse-la faire ta tête ! » Durant quelques secondes, elle se demande pourquoi ses partenaires sont pris de fou rire. Dès lors, une question circulera parmi les membres de l'équipe : « Qu'est-ce qu'elle nous réserve, *aujourd'hui* ? »

Même depuis le premier rang, elle est plus séduisante que jamais. Certes, à cinquante-huit ans, sa beauté est moins incandescente, elle s'est un peu atténuée. Mais la maturité a accentué ses rides d'expression, donné à ses traits une sorte de sagesse désabusée, et renforcé, curieusement, son élégance et sa gestuelle « européennes ». Très souvent, les gens qui la rencontrent ont tendance à rire de plaisir — non pas avec cette nervosité qu'on ressent en présence d'une célébrité, mais parce qu'elle justifie le qualificatif qu'on associe à son nom. Elle est tout simplement *rayonnante*.

Gielgud racontera comment Ingrid, un soir, fait de nécessité vertu. Juste avant d'entrer en scène, elle est en grande conversation avec Griff James, en coulisses. On lui envoie le signal, mais elle ne le remarque pas. Griff s'en rend compte, bien sûr, il ouvre la porte et la pousse sur scène. Essoufflée, perdant presque l'équilibre, Ingrid se ressaisit, se tourne vers les autres acteurs et leur déclare, comme si c'était la réplique attendue : « Oh, je suis vraiment désolée... Je parlais à Griff [14] ! »

L'Épouse fidèle sera le plus gros succès de la saison. La pièce affiche complet quasiment à chaque séance à l'Albery, ce qui fera la fortune d'Ingrid. Grâce à Laurence Evans (comme d'habitude), elle reçoit 12,50 % des recettes brutes. En dépit de quelques critiques malveillants (qui contestent encore plus bruyamment que pour la pièce de Shaw le fait qu'on ait confié à une actrice suédoise le rôle d'une Anglaise), la pièce tient huit mois à Londres, jusqu'en mai 1974.

Mais qu'importent les critiques. Ingrid est beaucoup plus contrariée en rentrant chez elle, à Mount Street, le soir du lundi 29 octobre. La porte est défoncée, l'appartement saccagé. On lui a dérobé 25 000 dollars de bijoux, son manteau de vison et plusieurs objets d'origine familiale auxquels elle attachait une grande valeur sentimentale. L'assurance couvrira les pertes financières. Mais pendant des semaines, quand elle rentrera chez elle au milieu de la nuit, Ingrid ressentira un profond sentiment d'insécurité.

Elle a des motifs de s'inquiéter beaucoup plus graves. Le 26 septembre 1973, Anna Magnani est morte du cancer à l'âge de soixante-cinq ans. Ingrid, qui entretient désormais des rapports amicaux avec Rossellini, a suivi l'épouvantable évolution de la maladie. La comédienne italienne, qui fut excentrique et indépendante, a fini sa vie dans une solitude totale — à l'exception de Roberto qui lui a rendu visite jusqu'à la fin, lui apportant des fleurs et lui soutenant le moral dans le brouillard de la douleur et des drogues.

Sur la fin, le souvenir des rancœurs, des disputes, des colères et des jalousies qui l'ont opposée à Roberto s'est évanoui. Ingrid parle avec fierté et générosité des attentions de son ancien mari à l'égard de la Magnani, durant ces terribles semaines. Toutes les cloches de Rome sonnent le jour des obsèques, et des milliers de personnes assiègent l'église. Lorsqu'on sort le cercueil, la place est silencieuse... soudain, un tonnerre d'applaudissements retentit. Pour ce peuple reconnaissant, c'est la seule manière de rendre hommage à l'une des artistes qu'il a le plus aimées. Quand il s'avérera qu'aucune provision n'a été déposée pour la tombe d'Anna Magnani, Roberto fera en sorte qu'elle soit inhumée dans son caveau de famille.

Quelques semaines plus tard, Ingrid aura l'occasion de repenser à la mort de Magnani. Un soir de fin novembre, au retour du théâtre, elle s'est allongée. Elle lit dans un journal une lettre d'une lectrice reconnaissante. Un article invitant les femmes à se soumettre aux examens préventifs du cancer du sein lui a sauvé la vie. Tout en lisant, Ingrid passe machinalement la main sur son sein droit. Pas de grosseur, rien d'anormal. Elle poursuit sa lecture, et ses doigts glissent sous son sein gauche. Ils s'arrêtent sur un petit renflement dur qu'elle n'avait jamais remarqué. Sans doute rien d'important, se dit-elle.

Elle saisit tout de même le téléphone. Bien qu'il soit beaucoup plus de minuit, elle appelle Lars à Choisel. Ils se parlent presque chaque jour. Ingrid l'interroge sur des questions de routine quotidienne qu'elle n'a jamais su maîtriser — comment trouver un bon hôtel ou un appartement correct, quel pourboire faut-il donner à un portier, que faire lorsqu'un robinet fuit, à quel moment faut-il aborder un problème avec un producteur, comment réserver un billet d'avion...

Toute sa vie, elle a compté sur ses maris et ses amants pour régler les problèmes pratiques tandis qu'elle se consacrait à son art. « Il est certain qu'elle n'était pas très terre à terre, dit Stephen Weiss. À beaucoup d'égards, en fait, c'était une vraie gamine. Ça peut paraître surprenant, mais quand elle n'était pas en scène, Ingrid dépendait beaucoup des autres. Elle était très à l'aise au travail, mais pas ailleurs [15]. » Quant aux questions de santé... Ingrid Bergman a toujours eu une constitution très solide, elle est infiniment robuste et très rarement malade. Elle a eu une pneumonie en 1943, on l'a opérée de l'appendicite en 1956, et elle a séjourné brièvement à l'hôpital quelques années plus tard pour une affection gynécologique mineure. À part cela, rien de plus grave qu'un rhume de temps à autre.

Ce soir-là, quand elle l'appelle pour lui demander conseil, Lars décèle de l'angoisse dans sa voix. Il la conjure de consulter un médecin dès le lendemain. Elle n'en fera rien. Le soir, en revanche, pendant qu'on la maquille, elle interroge Griff comme en passant. Sont-ils assurés ? Pour le cas où elle devrait interrompre les représentations... Elle est absolument calme, racontera Griff, impassible, comme si elle parlait d'un projet de voyage. « Assurés ? lui demande-t-il, étonné. Pourquoi cette question ? Tu es malade ? Tu n'en as pas l'air, en tout cas [16]. » Ingrid a compris. Elle n'est pas assurée. Si elle abandonne, la pièce quitte l'affiche. Le plus gros succès de la saison londonienne ! Pas d'Ingrid Bergman, pas de Constance Middleton, pas de pièce.

Quelques jours plus tard, elle se rend au cabinet d'un spécialiste, le docteur David Handley. Il lui donne un conseil très simple. Ces petites tumeurs sont bénignes, la plupart du temps. Mais la seule manière d'obtenir un diagnostic fiable est de se soumettre à une ponction-biopsie. Il l'engage à le faire au plus tôt. Mais Ingrid doit tenir compte du théâtre. Son art constitue 90 % de sa vie, après tout. Le reste doit s'y accorder.

Toujours optimiste, jamais encline à dramatiser son propre sort, Ingrid décide donc qu'elle fait partie de ces gens dont les maux ne prêtent pas à conséquence. Elle refuse la biopsie. « Il était inutile de la bousculer, dit Laurence Evans. C'était une femme intelligente, et elle savait parfaitement que sa tumeur pouvait être maligne. Mais elle ne voulait pas même envisager de quitter *L'Épouse fidèle*, d'abandonner ses partenaires et toute la compagnie [17]. »

Peut-être est-ce aussi une manière de se rassurer. Peut-être s'agit-il d'un banal mécanisme de défense. Quoi qu'il en soit, le cinéaste Sidney Lumet l'invite à se joindre au plateau de vedettes du *Crime de l'Orient-Express*. Et elle accepte, même si cela doit charger un peu plus encore son emploi du temps. Lumet, qui a déjà signé quelques films remarquables, comme *Long Day's Journey into Night* et *Le Prêteur sur gages*, n'a aucun mal à la convaincre. À l'origine, il voulait qu'elle incarne la princesse russe Dragomiroff. Mais Ingrid préfère Greta Ohlsson, la vieille et drôle missionnaire suédoise. Elle recevra 100 000 dollars pour quelques jours de travail.

Le tournage de ce film luxueux de pure distraction — mais plaisant et plein de suspense — se déroule sans accrocs au début du printemps 1974. La plupart des acteurs, comme Ingrid, courent chaque soir des studios d'Elstree au théâtre où ils se produisent en soirée. L'affiche exceptionnelle réunit Albert Finney, Lauren Bacall, Martin Balsam, Jacqueline Bisset, Sean Connery, George Coulouris, John Gielgud, Wendy Hiller (merveilleuse dans le rôle de la vieille princesse ratatinée), Anthony Perkins (qui n'a aucune scène avec Ingrid), Vanessa Redgrave, Rachel Roberts, Richard Widmark et Michael York. Ingrid est ravie. Comme son rôle est très court — quelques moments d'importance mineure et des plans de coupe (moins d'une minute) —, Lumet décide de tourner sa seule grande scène en un plan continu.

« Elle nous a donné une interprétation très pure, racontera-t-il. Elle n'a pas du tout essayé de se mettre en valeur, ni de rendre son personnage plus séduisant [18]. » Sa seule scène, longue de quatre minutes et demie, sera autant appréciée des critiques que du public. Ingrid y passe par toute la gamme des sentiments, de la contrariété au chagrin, de la peur à cette mauvaise humeur aigre-douce que montrent parfois les missionnaires vieilles filles. C'est un délicieux mélange de comédie et de pathos, mais les spectateurs en raffolent. Ingrid aura la surprise d'être nommée pour l'Oscar. Le film recevra quatre autres nominations.

En mai 1974, après avoir honoré ses deux engagements, sur scène et devant les caméras, Ingrid découvre que la grosseur au sein s'est développée. Elle retourne consulter le docteur Handley. Elle est prête à se soumettre à l'examen. Mais elle veut d'abord rendre visite à Pia et à son petit-fils, à New York, et elle en profitera pour demander un second avis médical.

Le médecin américain est du même avis que son confrère anglais : la grosseur est très suspecte, il faut qu'elle se soumette à la biopsie. Ingrid promet de s'en occuper dès son retour à Londres. Mais d'abord, il y a l'anniversaire de Lars, le 11 juin, et puis... « Qu'est-ce qui est le plus important, pour vous ? l'interrompt le docteur avec irritation. La soirée d'anniversaire de votre mari, ou votre vie ? » La réponse fuse, avec un air de défi : « L'anniversaire de mon mari, bien entendu [19] ! » Le lendemain, dissimulant son angoisse, elle se promène à vélo dans Central Park, et va dîner avec des amis.

Le 11 juin, elle anime la soirée organisée à Paris en l'honneur de Lars. Le lendemain, elle retourne à Londres. Quatre jours plus tard, les médecins de la London Clinic extraient un peu de tissu de la tumeur de son sein gauche. Avant même qu'elle ne s'éveille du sommeil de l'anesthésie, la biopsie confirme les pires inquiétudes. On procède sur-le-champ à l'ablation du sein.

« Je ne l'ai pas pris aussi mal que je le pensais [20] », dira-t-elle. Mais son fils et ses filles, qui se pressent avec Lars à son chevet, sont inquiets. Durant les six derniers mois de 1974, elle va se soumettre aux épreuves épuisantes de la physiothérapie et du traitement aux rayons. Seuls les membres de sa famille, plus Griff James et Laurence Evans, sont au courant et connaissent la raison de son retrait de la vie publique. Elle parvient à dissimuler sa peur — aussi violente soit-elle — derrière sa volonté de guérir.

Quelques semaines après l'opération, Ingrid a recommencé à nager, elle fait ses courses, conduit ses enfants au théâtre et monte en scène comme si elle se relevait d'une grosse angine. Elle ne fait pas la moindre allusion à ce que tout le monde a en tête : primo, son père est mort du cancer à cinquante-huit ans ; secundo, la médecine vient de mettre en évidence le rapport étroit qui existe entre le tabac et le cancer.

Ingrid insiste pour tenir sa promesse. Elle ne renoncera pas à la tournée américaine de *L'Épouse fidèle*, de janvier à la mi-mai 1975, malgré les rigueurs du voyage qui doit les conduire à Los Angeles, Denver, Washington, Boston et New York. Dans chaque ville, la pièce pulvérise les records de fréquentation. Aucun membre de la troupe ne se doute qu'elle vient d'être opérée. Au contraire, elle est d'humeur joyeuse, exaltée, sans la moindre trace de cette attitude qu'on appelle le « complexe de la star ».

Un jour, au théâtre Schubert de Century City, à Los Angeles, la compagnie passe un moment délicat. La cause : un vieux canapé de théâtre qui menace de s'écrouler, après de longues années de lutte. Croyant qu'il a été réparé comme c'était prévu, Ingrid prend ses marques et se laisse tomber sur le siège. Mais les ressorts protestent et elle s'écroule sur le sol. Passé le moment de surprise, elle éclate de rire, et la salle l'accompagne. Puis le calme revient. Mais dix minutes plus tard, elle est supposée faire le même geste. Elle a oublié sa mésaventure de tout à l'heure, et s'assied joyeusement sur le canapé récalcitrant. Les rires redoublent. « Les spectateurs se sont amusés comme des fous », raconte Griff James. Au point, ajoute-t-il, qu'il aurait pu leur faire payer leur place une deuxième fois. Beaucoup de stars du soi-disant âge d'or — des célébrités prenant leur image terriblement au sérieux — auraient sans doute déversé des torrents d'injures sur les accessoiristes, et exigé leur renvoi.

Une autre fois, à Los Angeles, un incident beaucoup plus douloureux va les obliger à improviser quelque peu. En rentrant au théâtre avec Griff et plusieurs autres, un dimanche — au retour du dîner léger que l'on prend entre la matinée et les séances de soirée —, Ingrid se tord violemment le pied. Le temps de parvenir à sa loge en boitillant, il a fort enflé. Le médecin attaché au théâtre déclare que deux petits os sont brisés. Il faut plâtrer immédiatement. Le directeur du théâtre panique, les acteurs s'inquiètent et les producteurs tiennent un conseil de guerre : la salle est pleine, et l'on n'a pas assez d'argent de caisse pour rembourser. Seule Ingrid reste calme. Ne soyez pas ridicules, leur dit-elle. Expliquez-leur ce qui se passe et suggérez-leur de boire un verre au bar. Qu'on me plâtre le pied. Le lever de rideau sera retardé, tout simplement.

« Elle refusait tout bonnement de décevoir les spectateurs, dit Gielgud. Elle a fait venir un fauteuil roulant, et on a vite modifié les mouvements de scène des personnages. Elle a joué avec beaucoup de courage, malgré ce handicap, pendant plusieurs semaines. » Lorsque le rideau se lève enfin, ce soir-là — il est un peu plus de neuf heures et demie —, pas un siège n'est vide. Tout le monde apprécie comme elle le mérite sa performance improvisée jusqu'au burlesque, et personne ne s'amuse autant qu'elle. Elle virevolte, échange ses répliques avec ses partenaires, mais les comédiens, inévitablement, se télescopent. Ingrid elle-même percute le décor à plusieurs reprises et se prend les pieds dans le tapis. Le public, racontera Griff, assiste à une sorte de pièce dans la pièce. Il n'est pas impossible que les singeries improvisées soient beaucoup plus drôles que la pièce de Maugham. Le directeur général de la production lui câble de Londres : « Tu as mis le monde à ton pied... », à quoi Ingrid rétorque : « *There's no business like toe business* [21] ! »

Ingrid est nommée pour l'Oscar du meilleur second rôle, pour *Le Crime de l'Orient-Express*. Cela lui vaut assez de publicité pour qu'on décide d'annuler quelques représentations à Boston — le temps qu'elle se rende à Hollywood pour assister à la cérémonie. Lars la rejoint à l'aéroport de Boston, et ils se rendent ensemble à Los Angeles. Elle est chargée de remettre un « prix spécial » à son ami Jean Renoir, cloîtré chez lui par la maladie.

Elle est surprise de remporter l'Oscar. C'est le troisième. Une fois de plus, elle prononce un discours de remerciement d'une extrême franchise. Comme beaucoup de gens, Ingrid ne comprend pas pourquoi *La Nuit américaine* de François Truffaut (qui a remporté l'année précédente l'Oscar du meilleur film étranger) est à nouveau nommé, cette fois dans la catégorie scénario. En outre, son amie Valentina Cortese est elle aussi désignée pour le meilleur second rôle. (Elle a joué aux côtés d'Ingrid dans *La Rancune*. Les deux femmes se connaissent depuis les premiers jours de sa période « romaine ».) En montant sur scène pour recevoir son trophée, Ingrid crée la surprise :

« Je vous remercie beaucoup, vraiment. C'est toujours agréable de recevoir un Oscar. Mais il a montré dans le passé qu'il est très distrait, et qu'il ne se manifeste pas toujours à bon escient. L'année dernière, quand *La Nuit américaine* a gagné, je trouvais déjà incroyable que Valentina Cortese ne soit pas nommée, car elle y est vraiment magnifique. Et voilà qu'aujourd'hui je suis sa rivale, et je n'aime pas du tout cela. Où es-tu, Valentina ? [Elle repère son amie dans la salle. Cortese se lève et lui envoie des baisers.] Ah, te voilà ! Pardonne-moi, Valentina, je t'en prie, je n'y suis pour rien ! »

Un tonnerre d'applaudissements éclate dans la salle. Dans le monde entier, les téléspectateurs voient une lauréate partager sa récompense avec une amie dont elle croit sincèrement qu'elle le mérite. « Vraiment, c'était très agréable, dira-t-elle de ce troisième Oscar. Mais j'ai pensé que je ne le méritais pas. On a été très impressionné par mon discours dans un plan-séquence... Alors que c'était beaucoup moins long et moins difficile que mon monologue de neuf minutes avec Hitch, dans *Les Amants du Capricorne*[22] ! »

Jusqu'à la fin de sa vie, Lars se trouvera à ses côtés à chaque occasion officielle, dans chaque situation difficile, et il aménagera toujours son emploi du temps pour pouvoir répondre à ses appels sur les petits problèmes de la vie quotidienne, voire des besoins plus sérieux. Mais leur mariage n'en a plus que le nom. Ils décident de divorcer, si discrètement qu'aucun des amis d'Ingrid n'en saura rien pendant plusieurs années. Elle continue de donner priorité à son travail « qui venait toujours en premier [c'est Lars qui parle], suivi des enfants et, enfin, de son mari[23] ». Elle ne le nie pas : « L'art dramatique a été toute ma vie. J'ai eu plusieurs maris, j'ai eu mes familles. Je les aime, je leur rends visite, mais au fond de moi, j'ai le sentiment que j'appartiens au monde du spectacle[24]. »

Lorsque *L'Épouse fidèle* arrive à New York, le 14 avril, Ingrid est épuisée et elle boite toujours un peu. Mais on lui a ôté son plâtre, et elle est débarrassée du fauteuil roulant. Comme d'habitude, les critiques ronchonnent parce qu'elle se produit dans une reprise d'une pièce qui est à leurs yeux une œuvre de troisième ordre. Mais son numéro, n'en déplaise aux rouspéteurs, est un bijou de comédie contenue. Sans jamais voler leurs scènes à ses partenaires, ni trop charger le texte, Ingrid trouve le rythme adéquat pour éclairer chaque moment dans son contexte. Dans une certaine scène, par exemple, elle tient avec Brenda Forbes (la mère de Constance) cette conversation désinvolte :

« Après tout, demande Brenda, qu'est-ce que la fidélité ? »
Ingrid se lève du sofa.
« Me permettrez-vous d'ouvrir la fenêtre, Maman ?
— Elle est ouverte.
— Dans ce cas, me permettrez-vous de la fermer ? [Elle ferme la fenêtre.] Lorsqu'une femme de votre âge pose une telle question, il me semble que je dois faire une sorte de geste symbolique. »

Normalement, ce genre de dialogue n'a aucune raison de retenir l'attention du public de 1975. Mais le jeu de scène d'Ingrid — sa manière de se lever, d'avancer, d'hésiter, de se mouvoir et de parler avec une ironie presque musicale — suscite une cascade de rires entendus.

Malgré la multitude d'interviews, de conférences de presse, de réceptions et de rendez-vous divers qui se succèdent pendant les cinq semaines qu'elle passe à New York, Ingrid trouve le temps de satisfaire une requête de Robert Anderson. Celui-ci manifeste de l'intérêt, amical et professionnel, pour un auteur qui prépare son premier livre : un long essai critique sur l'œuvre d'Alfred Hitchcock. À la demande de Bob, Ingrid essaie de le joindre chez lui. Mais il se déplace en tous sens pour recueillir les témoignages d'autres acteurs d'Hitchcock qui se trouvent à New York — dont Hume Cronyn, Jessica Tandy et Anne Baxter —, et elle n'obtient pas de réponse. (On n'a pas encore de répondeurs téléphoniques.) Après avoir insisté pendant plusieurs jours, elle finit par le toucher.
« Bob Anderson m'a dit que vous écriviez un livre sur Hitchcock, et qu'il fallait absolument que je vous parle. Voulez-vous venir à la matinée, mercredi prochain ? Nous pourrons dîner chez Sardi avant la séance du soir, d'accord ? Prenez votre bloc-notes ou votre magnétophone, et nous parlerons d'Hitchcock. Pourquoi ne viendriez-vous pas à la représentation, vous pourriez me retrouver en coulisses... »
Leur réunion et leur conversation au dîner seront agrémentées non seulement par les souvenirs d'Ingrid, très clairs, de sa collaboration avec Hitchcock, mais aussi par des récits d'une franchise remarquable sur son travail avec Rossellini et d'autres cinéastes. Cette rencontre marquera le début de relations affectueuses qui dureront jusqu'à la maladie qui emportera Ingrid[25].
« Je cherche encore à perfectionner mon jeu et ma concentration, dit-elle à propos de *L'Épouse fidèle*. Lors de la première, à Londres, j'étais loin d'être parfaite, c'est moi qui vous le dis. Les critiques me sont tombés dessus parce que je bafouillais et que je mélangeais mes répliques[26]. » Elle décrit aussi les différences qui existent dans le jeu de l'acteur, entre la scène et l'écran. Elle trouve qu'il est difficile de répéter le même rôle chaque jour, et elle déplore de devoir se surveiller toute la journée. « Attention, pas trop de vin au déjeu-

ner ! » Elle adore le contact direct avec le public, mais elle aime aussi la caméra — un œil unique au lieu de mille — et... Oui, en effet, elle a fait très peu de pièces aussi bonnes que ses meilleurs films, comme *Les Enchaînés*. Sans qu'il faille y voir une allusion à sa maladie, elle ajoute qu'un lever de rideau est le meilleur médicament du monde. Il se passe alors quelque chose de merveilleux, quels que soient vos ennuis dans la vie réelle. « Si vous ne vous sentez pas bien, ça disparaît, car vous devez vous concentrer sur votre travail, et penser à autre chose qu'à vous-même. Comme j'ai de la chance de mener cette vie-là ! »

Pendant l'automne 1975, Ingrid se trouve à Rome pour le tournage d'un film de Vincente Minnelli, *Nina*. Une fois de plus, elle incarne une vieille femme à cheveux blancs : une comtesse sénile qui fut jadis une belle et célèbre courtisane. Égarée dans ses souvenirs, elle est contrainte aujourd'hui à mener une vie dérisoire dans un hôtel minable. Ce sera le dernier film de Minnelli. Le cinéaste en a confié la vedette à sa fille Liza , qui chante ci et là sans véritable raison. Ingrid, qui a accepté le rôle pour la folie de son personnage (et un salaire de 250 000 dollars), a le plaisir de voir ses jumelles travailler sur le film. Isabella tient son premier rôle (celui d'une bonne sœur infirmière, baptisée à dessein sœur Pia), et la petite Ingrid est assistante au maquillage de Maman. Pour la troisième fois, Ingrid retrouve à l'écran son vieil ami Charles Boyer, mais pour une seule scène, très courte. Depuis la mort de son fils unique en 1965, Boyer s'est enfermé dans une dépression encore accentuée par la maladie mortelle dont souffre sa femme. (Il se suicidera deux ans plus tard, après la mort de cette dernière.)

Pour le bien de ses partenaires, Ingrid fait de son mieux pour alléger l'atmosphère de cette production qui semble vouée à l'échec dès le premier jour. [Le film disparaîtra, peu après sa sortie, sans laisser de trace.] Ingrid a peu à faire, sauf jouer celle qui refuse de prendre conscience du passage du temps et encourage Liza Minnelli à devenir une sorte de Gigi italienne. Son talent est effrontément gâché. *Nina* est presque exclusivement un documentaire touristique sur Liza à travers Rome, et une vitrine pour sa voix et sa garde-robe.

Ingrid n'a pas eu un véritable rôle de premier plan au cinéma depuis *Anastasia*, il y a vingt ans. Elle n'a rien de commun avec la comtesse de *Nina*, déclare-t-elle. « Elle est exactement le contraire de ce que je suis, car elle se détruit en ressassant les rêves de sa jeunesse. Je ne rêve pas de mon passé. J'accepte mon âge, et j'en tire le maximum [27]. »

Parlant de son passé avec Petter, Roberto et Lars, Ingrid n'a jamais prononcé en public un seul mot contre n'importe lequel d'entre eux, et personne ne l'a jamais entendue faire des commentaires en privé. Göran von Essen, Stephen Weiss, Pierre Barillet et beaucoup d'autres diront que même lorsqu'elle parle des périodes les plus noires de sa vie, elle n'exprime jamais le moindre reproche, la moindre rancune à l'adresse de ses ex-maris. « Elle n'avait pas une once de méchanceté, dit Lars. Le passé était le passé, c'était fini, et elle allait de l'avant[28]. »

Ingrid ne s'est jamais présentée autrement que comme une femme qui a fait son chemin, qui s'est parfois trompée, et qui a toujours tenu à payer le prix des souffrances que son égoïsme avait pu provoquer — ce danger omniprésent dont aucun être humain n'est à l'abri. « J'aime tous mes maris[29]. » Voilà le leitmotiv qui reviendra tout au long des dix dernières années de sa vie. « Tous mes mariages étaient sincères, et l'amour doit laisser la place à une profonde amitié. Si l'on se marie pour de bonnes raisons — la confiance, la compréhension, l'amour —, on n'a pas le droit de haïr ses ex-maris, ou de les mépriser lorsque les mariages ont vécu. »

Comme dit Lars, elle n'a jamais eu de rancune à l'égard de quiconque, elle n'entretenait pas de vieilles blessures, elle était prompte à oublier les épisodes malheureux, et elle était persuadée qu'il n'existe aucune friction qui ne puisse être neutralisée avec un peu de bonne volonté. Pia, qui est devenue une femme sage et sensible, à la grande fierté de sa mère, reconnaît que la réconciliation était le principal objectif d'Ingrid. Tout comme Pia a appris à accepter et à pardonner, sa mère a dû apprendre à accepter son pardon. La réconciliation est l'œuvre d'une vie tout entière.

Avec Roberto et Lars, Ingrid a établi un compromis, et fondé une amitié sur le respect qui était jadis à la base de leur amour et du mariage. Avec Petter, les choses sont plus difficiles. Bien sûr, il ne l'a jamais calomniée en public. Quand Ingrid tombera malade, il lui écrira au moins deux fois pour lui proposer de la mettre en contact avec des spécialistes de sa connaissance. Mais après la publication, en 1980, des mémoires d'Ingrid, il perd tout sens des proportions. Il considère de plus en plus qu'elle est indigne de son mépris. C'est ce qui apparaît dans ses lettres aux historiens, aux journalistes et aux amis. En fait, sa vision d'Ingrid est si totalement négative qu'en comparaison, les attaques du sénateur Johnson ressemblent à une béatification.

Pourtant, le livre d'Ingrid retrace leur histoire avec gentillesse et sobriété, et, d'après la quasi-totalité des personnes concernées, dans le respect de la vérité. Mais Ingrid hantera Petter à jamais, au point de devenir à la fin de sa vie une véritable obsession. Il gardera ouverte une plaie exquisément sensible — le chagrin de l'amour perdu déguisé en amertume. Même Pia, la plus innocente des victimes, a accepté la main amicale que lui a tendue sa mère, après toute la rancœur des années de jeunesse. Son père, hélas, est resté intraitable.

Rien de tel ne s'oppose au rapprochement d'Ingrid et de Roberto, à l'époque de *Nina*. Au fil des années, ils ont respecté une trêve qui a permis à leur amitié de se développer. Rossellini n'a pas eu beaucoup de succès, ces dernières années, bien que certains de ses documentaires pour la télévision aient été bien accueillis. Sur les campus américains, les étudiants font la queue pour écouter les conférences du maître du néoréalisme, qui se voit décerner, avec le temps, un statut d'*éminence grise* [30].

Mais Roberto, s'il a été un cinéaste majeur, n'est plus considéré comme quelqu'un de très important. Il voit cela comme une trahison du sens commun. Pour cet homme qui ne se sent pas à sa place, Ingrid est la compagne idéale. Ils dînent ensemble, ils s'amusent, parlent de leurs enfants et rient des excès de leur vie d'autrefois. Les paparazzi romains ne réagissent plus à la vue de ce couple qui suscita jadis tant de polémiques — de cet homme et de cette femme buvant du vin ensemble comme de vieux amis, installés tranquillement au fond d'un restaurant familial.

Chapitre dix-neuf
1976-1979

Elle s'efforça de se calmer un peu, et se repentit beaucoup.

Byron, *Don Juan*

Après *Nina*, Ingrid s'attelle à un projet qu'elle a négocié la saison précédente. Depuis plusieurs années, Kay Brown, entre autres, pousse Ingrid à écrire son autobiographie. Elle s'y est toujours opposée. Mais elle a changé d'avis lorsqu'on l'a convaincue qu'elle pouvait exercer un contrôle absolu sur le livre, même s'il était écrit par quelqu'un d'autre. C'est ainsi que la candidature d'Alan Burgess, qui se propose pour cette tâche, est acceptée. C'est lui qui a publié *The Small Woman*, qui est à l'origine de *L'Auberge du sixième bonheur*. Avant même d'être écrit, le livre trouve acquéreur dans le monde entier. Ingrid y travaillera la majeure partie de 1976.

Mais ce qui commence comme une simple biographie, autorisée et contrôlée, va très vite se modifier. Ingrid met la main sur de vieux agendas et journaux intimes ; des amis lui envoient des copies de lettres qu'ils ont reçues d'elle ; à New York, une équipe de chercheurs parcourt les archives de journaux et les bibliothèques. Surtout, Ingrid travaille avec Paavo, qui lui offre une aide inestimable dans la mise en ordre, le classement et l'organisation des monceaux d'albums de coupures de presse. Lorsque Burgess découvre ces matériaux, il décide d'adopter la voix d'Ingrid. Le récit passe donc de la troisième à la première personne, et le livre sera comme une autobiographie « racontée » à Burgess.

À la lecture des premiers chapitres, Ingrid est consternée. Burgess, qui n'est ni biographe ni historien, semble s'être affolé. Le manuscrit est embrouillé, confus, imprécis quant aux dates et rempli d'erreurs sur les faits. Qui plus est, l'alcool le met souvent dans l'incapacité de travailler. Biographie ou autobiographie, le livre d'Ingrid est bloqué. Quand son éditeur américain, Delacorte Press, exige qu'elle lui donne du texte (trois ans après la date prévue par contrat !), elle est bouleversée : « J'en suis malade d'inquiétude, dit-elle à un ami. C'est trop long, ce n'est ni mon livre ni le sien, c'est illisible, et je crains que ce ne soit un fiasco monumental[1] ». Le livre verra finalement le jour en 1980. Ce n'est pas un échec — après tout, il est signé de son nom — mais Ingrid ne s'est pas trompée. Des passages racontés avec sa voix alternent avec des fragments à la troisième personne, les données sont agencées de manière confuse, le récit brille par une remarquable absence de précision, et certains faits sont tout simplement inexacts[2].

En outre, le livre offense Petter, qui pense (à tort) qu'il y est décrit comme un scélérat. Ingrid, pourtant, lui a soumis tous les passages le concernant et fait supprimer tout ce à quoi il s'oppose.

Le 1er mai 1976, Ingrid interrompt son travail sur le livre pour se rendre à Rome. Roberto aura soixante-dix ans une semaine plus tard. Le 5, ils dînent avec les jumelles. Le 7, Ingrid vient lui dire au revoir, ce qui le déçoit. Ne sait-elle pas qu'il a soixante-dix ans le lendemain ? Si, bien sûr, mais des obligations l'appellent ailleurs... Elle s'en va. En réalité, elle a tout organisé en cachette avec son fils et ses filles. Le lendemain soir, les enfants emmènent Roberto à son restaurant favori. À sa stupéfaction, il y retrouve Ingrid, qui a réuni de nombreux amis et toute sa famille pour une grande fête surprise. Même sa première et sa troisième épouse sont là, avec les cousins, les nièces et les petits-enfants. « Ah, c'est toi qui as fait cela ! » lui dit Roberto avec un sourire, les larmes aux yeux, en la serrant contre lui. La rancune n'a pas sa place dans leurs relations.

Début 1977, Ingrid a besoin de prendre un peu de recul vis-à-vis de son travail avec Burgess, épuisant et de plus en plus frustrant. Elle rend visite à ses amis et à ses filles à New York, puis rentre à Choisel. À l'époque, Kristina est enceinte de Lars. C'est pourquoi Ingrid s'installe à l'hôtel Raphaël, à Paris, sans scène mélodramatique ni manifestation d'humeur. Tout à fait par hasard, Roberto s'y trouve au même moment. Il perçoit sa tristesse, et l'invite à dîner. « Ingrid, ma chère, tu es à bout de nerfs à force de te demander quoi faire du passé. On se fout du passé ! Regarde devant toi, et va de l'avant, comme tu l'as toujours fait[3]. »

Elle s'efforce de suivre son conseil, et cela porte ses fruits. Elle accepte l'invitation du festival de théâtre de Chichester, en Angleterre. John Clements veut reprendre une pièce de N.C. Hunter, *Waters of the Moon* (1951), qui a été représentée 835 fois avec trois grandes dames de la scène britannique — Edith Evans, Sybil Thorndike et, dans le rôle de l'ingénue, Wendy Hiller (qui reprend maintenant le rôle de Sybil Thorndike). La pièce est légère, mais il en émane une sorte de délicate mélancolie. En outre, les rôles exigent des acteurs chevronnés, et la présence de l'excellente Wendy Hiller (qui fut sa partenaire dans *Le Crime de l'Orient-Express)* est une raison suffisante pour qu'Ingrid s'y associe.

L'action de *Waters of the Moon* se déroule dans une petite maison de retraite de la campagne anglaise. La vie routinière d'un groupe de vieillards est soudain perturbée par l'arrivée de la riche Helen Lancaster (Ingrid), son mari et leur fille, qui sont bloqués par une tempête de neige. La pièce met en contraste ces vieilles gens assez simples et la frivole et indépendante Helen, qui flirte, bouleverse tous les sentiments, avant de disparaître joyeusement.

« Ce n'est pas gentil, dit une jeune fille dans la pièce, de nous faire rêver aux reflets de la lune, à toutes sortes de bonheurs qui restent hors d'atteinte. » Néanmoins, « ce qu'il faut, c'est ne jamais renoncer à l'espoir. (...) Le seul péché, dans la vie, c'est d'être malheureux ». C'est précisément cette espérance, cet appétit de vivre fondamental que représente le personnage d'Ingrid, futile et maladroit à sa façon. Le thème n'est ni très original ni irrésistible. Mais ce rôle d'une femme de quarante-cinq ans fournit à Ingrid une belle occasion de chercher un équilibre entre la comédie et l'angoisse du temps qui passe. La première a lieu le 10 mai. Le public du festival d'été est enchanté.

Il y a beaucoup de choses, dans son rôle, qu'Ingrid connaît bien, et elle en prend la pleine mesure. « Je ne reste pas en place, admet Helen, toujours en quête d'une nouvelle aventure, de nouveaux plaisirs. Je suis incapable de jouir du calme, de la méditation et de tout ce qui s'ensuit. Si je ne fonce pas toute la journée comme un train dans un tunnel, je déprime, je m'ennuie. » C'est un véritable portrait d'Ingrid, disent ses filles en riant, après la première. Mais le texte lui révèle aussi la torpeur spirituelle de la femme, pas seulement ses angoisses. Comme déjà auparavant, dans plusieurs de ses meilleurs films, elle semble penser ses mots, les autoriser à jouer sur ses lèvres avant de les laisser s'échapper.

Elle domine la pièce, comme dans la scène où son anxiété lui fait dire, le regard fixé sur le public (en dépit des indications de l'auteur, qui voudrait qu'elle déambule) : « La vie doit être une aventure perpétuelle, sans quoi elle ne vaut rien. Il faut sans cesse tout recommencer, grâce à de nouvelles expériences, dans de nouveaux décors, avec de nouveaux amis. La seule chose au monde qui m'épouvante est le risque de la stagnation, de l'ennui, de la monotonie. Et ça... jamais ! Jamais ! » Préférant l'amour non partagé à l'absence d'amour, elle déclare ensuite d'une voix intense : « J'ai pleuré d'amour dix et vingt fois. Nous avons tous connu cela. C'est la vie. » Son plaidoyer n'est ni orgueilleux ni confus. Sa franchise le rend d'autant plus émouvant, comme le mélange d'espoir et de remords qu'elle exprime en portant son toast de Nouvel An, dans le deuxième acte :

« Minuit ! Salut, et adieu ! Le monde tourne, et sous l'horizon, dans les ténèbres, le premier jour de l'année monte vers la lumière. Il ne faut pas m'en vouloir d'être sentimentale et sotte.

Au Nouvel An, je ne peux m'en empêcher. Du reste, je me sens en bonne compagnie. Que la nouvelle année vous rapproche tous des désirs de votre cœur.

« Que ceux qui ont beaucoup à espérer ne soient pas déçus, et que ceux qui ont peu trouvent satisfaction et sérénité... »

Les spectateurs qui s'attendaient à une comédie légère sont peut-être étonnés d'entendre développer une aimable philosophie de la résignation, dans cette pièce presque oubliée dont le fondement est exprimé par Wendy Hiller dans un de ses moments les plus émouvants. À celui qui se plaint que la vie peut être injuste, elle déclare avec une compassion dénuée de sentiment : « La vie n'est ni juste ni injuste, elle n'est ni tragique ni comique, ni quoi que ce soit d'autre. La vie, c'est la vie. Voilà tout. Il faut s'y résigner. »

Les premiers jours, Ingrid n'a pas seulement ses difficultés habituelles avec le texte : « Il a fallu lui faire comprendre qu'elle ne pouvait pas gesticuler en tous sens quand quelqu'un prononçait une longue tirade, racontera Wendy Hiller. Elle ne pouvait pas saisir son chapeau, faire bouffer ses cheveux, et distraire l'attention du public... Il fallait qu'elle soit discrètement présente, pas importune. Je pense que c'était pour elle une contrainte extraordinairement difficile de ne pas être en permanence au travail sur son personnage. Dès qu'elle a compris cela, elle a été parfaite. Et bien entendu, nous avons tous adoré travailler avec elle, parce qu'elle aimait apprendre[4]. »

Un peu plus tard, en mai, Ingrid reçoit un appel de Roberto, qui préside le jury du festival de Cannes. « Tu te rends compte ? Il va falloir que je voie tous ces films[5] ? » Eh bien, lui dit-elle, qui d'autre que toi... ? Mais elle sent qu'il est fatigué, pressé de regagner Rome. Ils attendent avec impatience le moment de se réunir avec les enfants, à l'automne. Une semaine plus tard, le 4 juin, Fiorella Mariani, la nièce de Roberto, téléphone à Ingrid. De retour à Rome, il a succombé à une crise cardiaque. Il avait soixante et onze ans. Ingrid doit jouer, ce soir-là. Après la représentation, dans son cottage de location à Chichester, elle passe la nuit au téléphone avec Robertino , Isabella et la petite Ingrid, et pleure avec eux. « C'était un grand cinéaste, déclare-t-elle à la presse. C'était un père merveilleux, et il a été pour moi un grand ami. »

Comme dirait Wendy Hiller dans *Waters of the Moon*, la vie, c'est la vie, il faut s'y résigner... Ingrid n'a rien d'autre à faire lorsqu'elle reçoit, quelques jours après la mort de Roberto, un autre appel embarrassant : Lars lui annonce que Kristina vient d'accoucher d'un fils, Kristian. Lars témoignera qu'Ingrid est réellement heureuse en apprenant la nouvelle, comme une tante ou une grand-mère à l'arrivée d'un nouveau-né dans sa propre famille. Mais peut-être se doute-t-il qu'elle joue un rôle...

Waters of the Moon remporte un tel succès que la pièce sera transférée à Brighton en janvier, pour deux semaines, puis au Haymarket Theatre de Londres.

Au cours de l'été 1977, Ingmar Bergman est enfin à même de soumettre un scénario à Ingrid. Lors d'une longue conversation téléphonique, il lui demande si elle accepterait d'incarner la mère de Liv Ullman, qui a trente-sept ans. Bien sûr, répond-elle. Pia est plus âgée que cela. La situation ne manque pas de piquant, car Liv Ullman et Bergman, qui ne se sont jamais mariés, ont eu une fille au cours des cinq années qu'ils ont passées ensemble. De quoi parle le film ? lui demande-t-elle. Il décrit les retrouvailles de Charlotte (Ingrid) — une pianiste de concert qui parcourt le monde depuis des années — et de sa fille, qui s'est toujours sentie abandonnée par elle. Je sais de quoi je parle, dit Ingmar. Après tout, sa première femme était pianiste de concert. Mais il est évident que le sujet évoque avec force la vie d'Ingrid.

À New York, où elle rend visite à ses filles pendant l'été, Ingrid sent une grosseur sous son bras droit. Aucun problème immédiat, lui dit un médecin. Il ne s'agit que d'une glande enflammée. Mais puisqu'elle rentre bientôt en Europe, qu'elle se soumette à des examens plus approfondis. Elle le fera à son arrivée à Londres : les tests ne révèlent aucune malignité. Puis elle rejoint Bergman sur l'île où il s'est réfugié pour discuter du scénario. Elle se réjouit surtout d'une chose : elle a enfin l'occasion de tourner un film en suédois. Jusqu'en 1977, elle a appris des rôles entiers, pour le théâtre et le cinéma, en cinq langues différentes. Un exploit rarissime dans l'histoire de l'art dramatique.

Le tournage de *Sonate d'automne* se déroule en septembre et octobre. Bergman le tourne en Norvège, car ses problèmes avec les services fiscaux suédois l'ont décidé à travailler à l'étranger. Dans un premier temps, la grande collaboration dont le cinéaste et la comédienne rêvaient depuis si longtemps s'avère peu satisfaisante. À la lecture du scénario, Ingrid est tout simplement horrifiée. Cette Charlotte est un monstre, déclare-t-elle. Elle parle trop, elle semble incapable d'amour, ses motivations sont équivoques. Quant à la fille, Eva... Elle se plaint sans arrêt, et manque tellement de maturité ! Non, mon cher Ingmar, le script est tout simplement bon à jeter. Nous devons retravailler cette scène, et celle-ci, et...

Le film a bien failli tomber à l'eau, racontera Lars. « Il y avait un problème dès le départ. La franchise naturelle d'Ingrid ne convenait pas à la manière autoritaire dont Ingmar avait l'habitude de construire ses films. En outre, elle avait une conception de la vie différente de la sienne. Elle avait un immense respect pour lui, mais il n'était pas sensible à son talent et à sa créativité, et n'aimait pas qu'elle ose être elle-même, sur le plateau comme à l'extérieur. Il n'avait pas l'habitude qu'on le contredise... En un mot, il ne l'aimait pas, et il le disait, clairement et de manière fort peu civile[6]. »

Dès les premières séances de lecture, Liv Ullman éclate en sanglots, Ingmar est pâle de colère et de consternation, mais Ingrid est inflexible. Elle ne peut pas interpréter une femme qu'elle ne comprend pas, point final. La longue scène de confrontation entre Charlotte et Eva — qui constitue le climax émotionnel du film — est si amère, si pleine d'angoisse et de ressentiment qu'Ingrid la trouve tout bonnement invraisemblable. Il lui arrive de se quereller avec ses enfants, bien sûr, « des nuits entières à se dire ses quatre vérités, entre mère et fille, mais jamais avec une telle haine que dans ce film ! J'ai eu beaucoup de chance avec mes enfants. Ils ont été très compréhensifs, vraiment ». C'est vrai. Mais cette femme, rétorque Bergman d'un air dur, possède des caractéristiques que... eh bien, que toi-même tu dois être capable d'admettre. Ingrid demande à s'isoler un week-end. Elle se demande si elle doit vraiment faire ce film, et elle veut y réfléchir.

Il se produit alors une chose extraordinaire. En relisant le scénario et les notes d'Ingmar, elle réalise avec stupeur que cette femme, Charlotte, n'est autre qu'elle-même. « Il y a beaucoup de moi dans *Sonate d'automne*, dira-t-elle. J'ai eu affreusement peur, le jour où Pia m'a annoncé qu'elle allait voir le film[7]. » Voilà une pianiste de concert — comme Ingrid dans *Intermezzo* — qui refuse de renoncer à son art, même si cela implique le sacrifice de sa vie privée. Il y a là toute l'histoire des relations entre Ingrid Bergman et Pia Lindstrom. Cette dernière en conviendra, dès qu'elle aura vu le film.

À l'issue de ce week-end de fin d'été, Ingrid sait qu'elle doit prendre une décision. Peut-être la plus cruciale de sa carrière. Charlotte et Ingrid ne font qu'une, c'est évident. Est-elle prête à accuser encore l'identification des deux femmes et avouer au monde entier — via le film — la culpabilité qui la ronge depuis vingt-huit ans ? A-t-elle envie d'expliciter le scénario de Bergman, de lui donner, justement, l'éclairage qui rendrait ses personnages vraisemblables ? Ingmar devait avoir son histoire à l'esprit, mais le script pose certaines questions universelles, comme tous ses autres films : problèmes théologiques, préoccupations sociales, réflexions spirituelles. Autant de digressions, selon Ingrid, qui affaiblissent le scénario. Le drame doit se concentrer sur l'histoire de la mère et de la fille. Une histoire qu'elle connaît bien.

Excuses, efforts, vacances ensemble, tentatives de réconciliation... Oui, tout cela a été très utile pour instaurer une sorte de trêve. Mais Ingrid et Pia sont trop intelligentes, trop sensibles, pour penser que tout va bien, que l'histoire s'efface aisément. Des rancunes très fortes demeurent. Au fil des ans, Ingrid a tenté de se décharger, de réparer le passé, mais la souffrance est toujours présente, tenaillante, embarrassante pour chacune d'elles.

Voici donc l'occasion qu'Ingrid a appelée de ses vœux. En s'exprimant dans le cadre de son art — c'est tout ce qu'elle connaît —, elle peut faire face, passer aux aveux, demander pardon. Ainsi, la nature de sa blessure la plus profonde sera claire, une fois pour toutes, aux yeux du monde. Pour la première fois, en quarante-trois ans de cinéma, elle ne va pas seulement jouer un personnage. Elle *sera* ce personnage. Comme elle le répète souvent, le monde déborde de culpabilité non résolue. Ne peut-elle faire quelque chose pour alléger la sienne, cette culpabilité qui lui vient des souffrances qu'elle a provoquées — moins par malice que par égoïsme ?

Que peut-elle faire d'autre ? Dans le monde entier, on crie à la libération de la femme — mais la seule libération qui en vaille la peine n'est-elle pas celle qui vient de l'intérieur ? Elle va enfin connaître la vérité, par le biais de son art. « Je me suis toujours sentie coupable. Toute ma vie, je me suis sentie coupable de n'avoir pas été avec ma fille quand elle grandissait. Je considérais que le plus important était de travailler. C'est peut-être égoïste. Mes enfants et moi, nous sommes ensemble, maintenant qu'ils sont adultes. Mais je suis certaine que très souvent, au cours des années, ils m'en ont voulu de ne pas être à la maison [8]. » Peut-être exagère-t-elle l'importance de son absence et la rancune de ses enfants. Mais c'est *son* remords qui va aussi loin, après tout. Elle ne veut pas mourir avec un tel fardeau.

À son retour, la semaine suivante, Ingrid déclare qu'elle désire faire quelques suggestions. Bergman inspire à fond. Il se prépare à subir une discussion intenable qui ne peut que déboucher sur l'effondrement du projet. J'ai affiné quelques-unes de mes répliques, lui dit Ingrid. J'ai cherché, au plus profond de mon âme, sur quoi faire reposer cette sinistre confrontation entre Charlotte et sa fille. Gentiment, mais fermement, elle demande à Ingmar de bien vouloir examiner ses corrections.

Il est stupéfait. Charlotte est beaucoup plus proche de ce qu'il cherchait, car elle ressemble encore plus à Ingrid. La mère et la fille doivent être séparées depuis sept ans, a-t-elle décidé. Ingrid a été loin de Pia de 1949 à 1951, puis de 1951 à 1957. La carrière de Charlotte dure depuis quarante-cinq ans, en effet. Ingrid considère que la sienne a débuté en 1933, et *Sonate d'automne* devrait sortir en 1978. Et il faut remplacer les nombreux monologues de Charlotte, interminables, parfois imprécis, par des aveux fulgurants, terribles. « Mauvaise conscience... Toujours la mauvaise conscience ? » se demandera-t-elle, songeuse. Et plus loin, à Eva : « Je me sentais coupable d'être toujours éloignée de toi et de Papa. » Ici, à ce point de l'intrigue, dit Ingrid, il faut faire allusion à des concerts à Los Angeles. Et là, pourquoi ne ferions-nous pas d'Eva une journaliste [à l'instar de Pia] ? Et Charlotte doit toujours discourir, nerveusement — sur ses vêtements, ses cheveux, les dates de ses concerts — et toujours avoir l'air d'être au centre d'une tornade. « Si elle dormait un peu plus, dit Eva, elle écraserait tout le monde ! L'insomnie est le seul moyen qu'a trouvé la nature pour épuiser son trop-plein d'énergie ! » Le portrait tout craché d'Ingrid Bergman.

À la demande d'Ingrid, Ingmar fait tenir à Liv-Eva un discours terriblement violent qui pourrait être prononcé par Pia. « Je ne sais pas ce que je détestais le plus... Que tu sois à la maison, ou que tu sois en tournée. Je réalise à présent que tu nous rendais la vie infernale, à Papa et à moi. Tu le trompais. J'étais une poupée avec laquelle tu jouais quand tu avais le temps. Tu étais toujours gentille, mais tu avais l'esprit ailleurs. »

Mais sa plus grande contribution n'est pas la réécriture de telle ou telle réplique, ni le remodelage d'une scène particulière. C'est la façon dont Ingrid s'investit totalement dans ce rôle qui est devenu un portrait d'elle-même. Cela saute aux yeux dans la séquence muette où Eva joue le *Prélude en la mineur* de Chopin. Ingrid l'écoute. La caméra s'avance, implacable, en un long gros plan, et nous déchiffrons l'histoire d'une relation complexe. Les yeux d'Ingrid, ses lèvres, l'inclinaison de sa tête bougent imperceptiblement, sous l'effet du défilement de la mémoire... Les doux souvenirs de son bébé, la culpabilité pour avoir été une mère indifférente, le remords d'avoir été absente, la position de défense, l'incompréhension de soi, l'ébahissement que seule peut entraîner la connaissance de soi, les efforts pour masquer son chagrin. La scène vaut à elle seule une douzaine des films d'Ingrid. Le fossé qui sépare l'histoire personnelle et le contenu dramatique est enfin comblé. Le sentiment simulé — qui donne une bonne interprétation — a cédé la place à une émotion réelle. Et l'interprétation, cette fois, est géniale.

« Je me sens coupée de tout, dit Charlotte à son agent [qui ne prononce pas un mot pendant tout le film]. J'ai toujours le mal du pays. Mais quand je rentre chez moi, je constate que je recherche autre chose. » Cette émotion nue est sa dernière révélation.

« Une mère, une fille... Quelle effroyable combinaison de sentiments, de confusion et de destruction ! » dit Liv Ullman un peu avant la fin. Celle-ci n'apportera aucune conclusion. Mais elle indiquera clairement — grâce à la lettre qu'Eva envoie à Charlotte après son départ — que la guérison de la mémoire est du domaine du possible. Qu'il existe peut-être un avenir pour ces deux malheureuses femmes.

Le dénouement de *Sonate d'automne*, avec sa lueur d'espoir si rare dans l'œuvre d'Ingmar Bergman, a été ajouté à la demande d'Ingrid. « À l'origine, raconte-t-elle, il voulait finir le film sur la mère quittant la maison de sa fille, *sans espoir*[9]. Mais je l'ai supplié de leur en laisser *un peu*... Alors nous avons ajouté la lettre que Liv envoie à Charlotte. Ingmar a fait cela pour moi[10]. »

« Chère Maman, écrit la fille à sa mère qui s'est humiliée et a imploré son pardon. Il existe une sorte de miséricorde, après tout. Je ne te laisserai plus jamais sortir de ma vie. Je vais m'accrocher. Je n'abandonnerai pas, même si c'est trop tard. Je ne crois pas qu'il soit trop tard. Il ne faut pas qu'il soit trop tard. » Le film s'achève sur un gros plan d'Ingrid, très long. Elle fixe la caméra d'un regard douloureux, les yeux réclamant « une sorte de miséricorde ».

La confession a amorcé le processus de régénération de l'artiste. Plus tard, les spectateurs découvriront qu'il s'agit d'une des plus grandes interprétations de l'histoire du cinéma. Ce sera mon dernier film, dit Ingrid. Elle est persuadée de ne plus jamais trouver un rôle aussi fort. Cela alimentera aussi les soupçons sur la maladie dont parle la rumeur, mais qui n'a pas été confirmée.

Durant le tournage de *Sonate d'automne*, en fait, Ingrid est en proie à une angoisse considérable, pour une raison qui dépasse les exigences de son personnage. Une semaine après le début du tournage, elle part deux jours à Londres. Là, le docteur Edward MacLellan découvre que la grosseur qu'elle a sous le bras est une résurgence du cancer dont on pensait avoir stoppé la progression en 1974.

« Elle avait l'intention de terminer le film, racontera Ingmar Bergman. Puis, un jour, l'air de rien, elle m'a demandé si nous pouvions lui faire gagner quelques jours sur son temps de tournage... Si c'était impossible, disait-elle, elle resterait le temps nécessaire. Elle a continué à travailler comme si rien ne s'était passé. Au début, elle a fait face à la maladie avec beaucoup de colère et d'impatience. Puis son corps robuste a fini par se briser, ses sens se sont érodés. Mais au studio, elle est restée absolument disciplinée[11]. »

Un jour, en fin d'après-midi, alors qu'ils attendent un réglage lumière, Bergman voit qu'elle se passe plusieurs fois la main sur le visage, puis qu'elle reprend son souffle. Son visage s'éclaire soudain de son plus beau sourire. Elle lui dit doucement : « Tu sais, je suis en sursis, désormais. » Alors qu'elle s'entend prononcer ces mots, son sourire s'efface, et — une fraction de seconde — une expression de terreur traverse ses yeux bleu-gris clair. La mise en place est terminée, on peut tourner. Elle se rue sur son travail. « Elle se conduisait de manière très professionnelle, conclut Bergman. Même si l'on tient compte de ses faiblesses évidentes, Ingrid Bergman était quelqu'un d'admirable. Une femme généreuse, magnifique, pleine de talent[12]. »

Liv Ullman est elle aussi profondément touchée par le courage d'Ingrid. « Son génie d'actrice et le fait qu'elle ait ouvert la voie à d'autres comédiennes scandinaves, y compris moi-même, ne sont rien en comparaison de sa vraie beauté... Sa vraie beauté, c'était celle d'une femme qui rendait accessibles à tous son courage face à cet horrible cancer, ainsi que son intégrité et sa franchise dans le travail. Le plus beau, c'est qu'elle ne m'a jamais dit ce que je devais faire. Elle stimulait par son exemple[13]. » *Sonate d'automne* vaudra à Ingrid Bergman sa septième nomination à l'Oscar.

Dès la fin du tournage, Ingrid repart à Londres. Avec l'aide de Mary Evans, elle trouve un appartement confortable dans une maison attenante aux maisons voisines, au 9, Cheyne Gardens, à Chelsea, près de la Tamise et à deux pas d'un petit parc. Le cadre rappelle Stockholm, le long de Strandvägen. Par beau temps, Ingrid peut flâner sur la berge, s'asseoir sur un banc et regarder les bateaux, relire le texte de *Waters of the Moon* avant sa reprise (qui est imminente) et profiter d'un moment de tranquillité. L'appartement occupe deux niveaux : cuisine, salon et salle à manger au rez-de-chaussée, deux chambres avec salles de bains et terrasse au premier. Elle décore l'endroit dans des couleurs terre, et choisit pour sa chambre un papier peint avec un motif de feuilles vertes et de branches entrelacées. « Un cadre boisé, dit-elle. Le moment venu, je serai assise ici, au milieu du feuillage, quand mes amis viendront me voir[14]. »

Le premier problème qui se pose, c'est sa santé. On extirpe la tumeur maligne qui s'est développée, dans une nodosité lymphatique, sous son bras droit. Une fois de plus, Ingrid se soumet au traitement épuisant par rayons. Griff James vient la chercher tous les matins à neuf heures. Il la conduit à l'hôpital et la suit des yeux tandis qu'elle emprunte le long couloir qui mène au service de médecine nucléaire. Une heure et demie plus tard, elle est sur scène pour répéter. Aucun de ses partenaires ne se doute de la gravité de son mal. Mais tout le monde a constaté qu'elle est épuisée en milieu d'après-midi, qu'elle a parfois besoin de s'asseoir un moment et qu'elle semble préoccupée. « Elle a été vraiment très, très admirable cette saison, dira Wendy Hiller, à qui Ingrid se confie bientôt. Lorsqu'elle m'a appris ce qui se passait, rien dans son attitude ne suggérait qu'elle demandait qu'on la plaigne[15]. »

Le 26 janvier 1978, après deux semaines à Brighton, c'est la première londonienne de *Waters of the Moon*, au Haymarket. « Ingrid Bergman s'empare du cœur de la pièce et se l'approprie totalement, dit un critique. Son effervescence, son bavardage irréfléchi, son refus du pessimisme, sa foi dans le pouvoir de l'abondance en font un personnage irrésistible[16]. » Un autre observe qu'elle est « plus assurée, plus éclatante que jamais[17] ». Tout au long des 180 représentations, la presse ne saura rien de ses problèmes de santé.

En juin, Ingrid apprend que son cancer s'est étendu à son sein droit. Elle accepte de se faire opérer en juillet, après la fin des représentations. Mais la radiothérapie l'affaiblit de plus en plus et la rend malade. Elle a souvent le visage gonflé en raison des injections de cortisone. Un genou enfle après qu'elle s'est cognée dans une table, et il faut lui faire une ponction. Elle souffre de douleurs inquiétantes au dos et aux épaules. Parfois, elle doit marcher lentement, comme si ses pas étaient mal assurés. « Elle devait lutter de plus en plus fort pour pouvoir continuer, raconte Wendy Hiller. Mais elle continuait. » À vrai dire, en six mois, Ingrid ne manquera que deux représentations. « Elle se battait, refusant d'accabler l'un de nous, même si elle vivait dans un enfer absolu. »

Patrick Garland, qui dirige *Waters of the Moon* à Brighton et à Londres, racontera qu'un producteur américain présent au Haymarket vient lui dire, après la séance, combien il admire la manière dont Ingrid est éclairée. En particulier ce point de lumière qui la suit en permanence sur scène, et forme comme un léger halo rayonnant. Garland le regarde, interdit. « Il n'y a pas de pointe de lumière sur Ingrid. Aucun éclairage spécial ! » Mais le producteur et sa femme insistent : ils l'ont bien vu ! Non, dit Garland en souriant. Ce qu'ils ont « vu », c'est un don invisible, une femme « émettant une sorte de lumière naturelle assez puissante pour duper deux habitués du théâtre et leur faire croire que cela était créé artificiellement [18] ».

Ingrid n'a pas perdu son sens de l'humour. Un soir, pendant le discours de Nouvel An de « Charlotte », elle approche du devant de la scène... Soudain prise de vertige, elle tombe sur les genoux de son partenaire, Paul Hardwick, dont le verre de champagne se renverse sur son pantalon. Ingrid improvise sur-le-champ, et glousse : « Plus près, mon cher... Mais pas à ce point [19] ! » Le public croit qu'il s'agit d'un gag prévu par l'auteur. En coulisses, on est stupéfait de sa capacité à récupérer sa maladresse et sa peur pour les placer au service de la pièce.

Le 1er juillet, après l'ultime représentation, Ingrid attend la limousine qui la ramène chez elle. Le chauffeur est en retard, et elle décide de retourner au Haymarket. Ne t'inquiète pas, dit-elle à Griff, qui attend pour l'accompagner à Cheyne Gardens. Je vais m'asseoir discrètement dans la salle, et contempler le théâtre. Seule, elle observe, tandis qu'on démonte les derniers décors, qu'on ôte les derniers meubles et accessoires. Elle n'a pas envie de s'en aller. Elle sait qu'elle n'entrera plus dans un théâtre, sinon comme spectatrice. Puis la lumière de la salle s'éteint progressivement, et Griff la ramène chez elle.

En juillet, elle entre à l'hôpital, sous le nom de Mme Schmidt. Le docteur William Slack effectue une ablation complète du sein droit.

Le 24, elle téléphone à Margaret Johnstone, l'infirmière et masseuse qui l'a souvent soulagée avec ses manipulations et ses exercices de relaxation. « Eh bien, c'est fait ! lui dit-elle gaiement. Quand venez-vous me voir[20] ? » Margaret et Griff lui rendent visite. Le public ne sait toujours rien. Mais lorsqu'elle doit se résoudre, sur l'insistance des médecins, à annuler la tournée américaine de *Waters of the Moon*, il faut bien en informer la presse. On lui dira seulement qu'une « maladie », sans plus de précisions, l'empêche de travailler. Mais il est inconcevable qu'Ingrid Bergman renonce à une tournée, et on se rend compte tout à coup qu'elle accuse largement ses soixante-trois ans. La rumeur se propage vite et très bientôt, elle ne peut plus nier la gravité de son état. Elle ne le veut plus, d'ailleurs. « Bien sûr, je n'ai pas envie de mourir, dit-elle tout net. Mais je n'ai pas peur. » Rien dans son attitude, en privé ou en public, n'indique le contraire.

En octobre, elle se sent la force d'aller à New York, pour voir ses enfants et doubler la version anglaise de *Sonate d'automne*. Elle s'intéresse de très près à la vie de ses enfants et petits-enfants, multiplie les questions et les bons conseils. Pia a deux enfants, à présent. Elle est journaliste de télévision et critique d'art à New York. Robertino, qui sera encore célibataire à l'aube de la cinquantaine, travaille dans l'immobilier à Monte Carlo. Isabella, mannequin et actrice, a été mariée plusieurs fois. Elle a trois enfants. Ingrid Isotta, professeur et chercheur, s'est mariée deux fois. Elle a deux enfants.

Sonate d'automne sort à la fin de l'année. Il lui vaut les éloges les plus exaltés de sa carrière. Finies les polémiques, les chicaneries sur le contenu. Les critiques traquent au fond de leurs dictionnaires les superlatifs réservés d'habitude aux lauréats du prix Nobel. Ingrid Bergman s'est « élevée » au rang des plus grandes actrices de l'histoire. Elle « n'avait jamais rien fait qui fût de très loin comparable à cela ». Son jeu a quelque chose de « l'éloquence parfaite ». Et il est difficile de trouver un spectateur qui ne soit ému par le film.

Ingrid passe un Noël calme à New York. Début 1979, elle rentre à Londres pour se reposer et reprendre les séances de rayons. Jamais, de toute sa vie, elle ne s'est sentie aussi constamment exténuée.

Cela ne l'empêche pas de présider la soirée de remise du Prix spécial que l'American Film Institute décerne à Alfred Hitchcock pour l'ensemble de son œuvre. La cérémonie se déroule le 7 mars 1979 à Beverly Hills. Mille cinq cents personnes participent au banquet et assistent à la projection des extraits de films du cinéaste — que son arthrite met au supplice. Vêtue d'une somptueuse robe en mousseline bleu roi qui dissimule parfaitement ses cicatrices, Ingrid assume son rôle avec une élégance magnifique.

En fin de soirée, elle doit remercier les invités, complimenter Hitch une dernière fois et conclure la cérémonie comme le prévoit le protocole. Au lieu de quoi, elle ajoute une touche finale qu'aucun des participants n'oubliera. Un geste qui donnera toute sa signification à un objet chargé d'une grande valeur sentimentale...

« Avant que nous ne mettions fin à cette soirée, j'aimerais simplement ajouter une chose : Te souviens-tu, Hitch, de ce plan atrocement difficile des *Enchaînés* — tu avais dû construire une sorte de monte-charge, une grue pour la caméra, ton opérateur et toi —, tu filmais cette immense réception, et la caméra descendait en zoomant jusqu'à ma main pour y découvrir en gros plan la clé du cellier ? Eh bien, écoute ceci ! Cette clé, Cary l'a volée ! Il l'a gardée près de dix ans. Un jour, il me l'a mise en main et m'a dit : Je l'ai depuis assez longtemps. À présent, elle est à toi, elle te portera chance. Je l'ai conservée pendant vingt ans, mon cher Hitch. À présent, cette clé est ici, dans ma main. Elle m'a porté chance, et m'a valu quelques bons films... Je te l'offre à mon tour, avec le vœu qu'elle t'ouvre quelques très bonnes portes. Dieu te bénisse, mon cher Hitch... Maintenant, je descends te donner cette clé. »

Ingrid se fraie un chemin à travers la foule vers la grande table centrale, vers Hitchcock — et vers Cary Grant, assis à gauche du metteur en scène, rayonnant de surprise et de joie. Avec une peine infinie, Hitch se lève et se tourne vers Ingrid. Elle lui tend la clé des *Enchaînés*. C'est alors qu'Alfred Hitchcock, homme peu enclin aux démonstrations d'affection, enlace Ingrid, l'attire contre lui, la serre très fort et l'embrasse sur les deux joues. « Hitch a lutté avec beaucoup de courage pour se lever vers moi, dira-t-elle plus tard dans la soirée. J'ai essayé de retenir mes larmes... Mais c'était impossible. Il n'a pas pu, lui non plus, retenir les siennes [21]. »

Sous un tonnerre d'applaudissements, ils restent dans les bras l'un de l'autre. Ces deux vieux amis, malades l'un et l'autre, qui ont refusé un amour difficile et embarrassant pour le transformer en une longue et confiante amitié. Ces deux complices qui ont donné, à eux-mêmes et au monde, tant de bonnes choses, fortes et authentiques (surtout dans le magnifique *Les Enchaînés*). Ingrid prend dans ses mains le visage du réalisateur, se baisse un peu pour le regarder tendrement dans les yeux, puis attire Cary Grant dans leur étreinte, pour cet instant d'exception. Rarement la télévision aura capturé une telle émotion, jaillissant sans artifice des sentiments intimes, enfouis au plus profond du cœur de personnages publics.

En novembre, Ingrid retourne à Los Angeles : le Variety Club lui rend hommage dans le cadre d'un gala destiné à rassembler des fonds pour la construction d'un hôpital pour enfants. La cérémonie se déroule au plateau 9 des studios de la Warner, à Burbank — là, précisément, où elle a tourné les scènes d'intérieur de *Casablanca* trente-sept ans plus tôt. Resplendissante dans sa robe de soirée blanche, elle est gaie, mais semble beaucoup plus malade qu'en mars. Pendant plus de deux heures, elle reçoit les accolades de ses anciens partenaires (Paul Henreid, Joseph Cotten, Cary Grant, Helen Hayes, Goldie Hawn...) et d'autres, encore plus nombreux, qui la connaissent à peine (comme James Stewart, Peter Falk et Jack Albertson).

Comme le soir de l'hommage à Hitchcock, elle a préparé une surprise. Elle a fait restaurer tous les fragments de films muets que son père a tournés durant son enfance. D'une voix forte et orgueilleuse, elle prononce le commentaire émouvant qui accompagne la projection de cette anthologie. L'événement est important, car elle a l'occasion de donner, comme dans *Sonate d'automne*, le résumé de sa vie telle qu'elle veut la partager avec son public.

« Mon père était si enthousiaste, quand cette nouvelle technique est arrivée — le cinéma —, qu'à chacun de mes anniversaires et autres jours importants il louait une caméra qu'il actionnait avec une manivelle. [Puis, commentant les images qui défilent sur l'écran :]

« Me voici, assise sur les genoux de ma mère. Mon grand-père et ma grand-mère sont derrière moi. C'est ma première apparition à l'écran. J'avais un an, c'était en 1916. Ici, j'ai deux ans, et l'on voit ma mère qui me pousse avec ma petite brouette — mon premier accessoire... Voici ma mère, à présent. Comme je suis heureuse de la voir bouger et sourire ! Je ne savais pas quoi faire dans ces scènes — personne ne me donnait beaucoup d'indications... Me voici, j'ai trois ans, je vais sur la tombe de ma mère. J'arrange des fleurs sur sa tombe. Vous comprenez pourquoi je suis heureuse d'avoir ces images d'avant, où je peux la voir bouger, sourire, me soulever dans ses bras... C'est si émouvant.

« Vous voyez, j'avais au moins appris à saluer le public... Il y a aussi mes cousins, et mes oncles et tantes d'Allemagne. À présent, vous voyez, mon père pensait que j'avais besoin d'une gouvernante — la voilà, qui salue le public avec empressement, tout comme moi.

« Mon père adorait l'opéra. Le voici au piano, qui me donne une leçon. Il ne savait pas en jouer, mais après tout, c'est un film muet, tout va bien. Comme vous le savez, ce projet de carrière dans l'opéra à laquelle il tenait tellement ne m'a jamais menée nulle part !

« Me voici à douze ans, dans le jardin. Mon père était tombé amoureux de ma gouvernante, c'est pourquoi il fait le point sur elle ! Je ne l'en blâme pas. Regardez comme elle est jolie !

« Sur cette dernière petite bobine, on me voit débarquer d'un bateau assez petit. Je rentrais à Stockholm après avoir passé l'été en Allemagne. Dix ans plus tard, je débarquais d'un navire bien plus gros, dans le port de New York. Et me voilà ! »

Jamais, bien sûr, les rapports d'Ingrid avec ses collègues n'ont été entachés du moindre ressentiment, de la moindre jalousie. Mais après *Sonate d'automne*, elle veut dissiper la seule vieille amertume qui reste dans sa vie. Un peu plus tôt, cette année-là, elle a envoyé à Petter une photo de Pia, avec un mot : « Je suis heureuse qu'elle porte le pendentif que tu m'as offert à sa naissance. » À l'automne, désormais très malade, Ingrid désespère de se réconcilier avec Petter et d'établir des rapports cordiaux avec sa seconde femme. Elle va s'y consacrer, tout en poursuivant ses traitements et en relisant les épreuves de son autobiographie. À Thanksgiving [début novembre], Petter et Agnes la reçoivent dans leur maison près de San Diego.

« Quelle a été ma réaction à son égard, en 1979 ? écrira-t-il plus tard. Je n'avais sûrement aucun sentiment pour elle, quel qu'il soit — sinon mon attitude habituelle vis-à-vis d'un malade gravement atteint par le cancer. Quant à mes réactions personnelles... Ce vieux proverbe suédois, que j'ai appris quand j'étais gosse, les résume parfaitement : Plus on fréquente les êtres humains, plus on aime les chiens.

« Elle-même avait une attitude plutôt sentimentale, mais il est impossible de savoir où s'arrêtait le jeu et où commençait la sincérité. Je me demandais vraiment ce qu'elle comptait retirer de cette rencontre, qu'elle avait réclamée avec tant d'insistance. Peut-être était-elle curieuse de savoir ce que j'étais devenu, [mais] j'ai adopté une attitude neutre et réservée [22]. »

Agnes, quant à elle, se trouve dans une situation embarrassante qu'elle assume avec dignité et courtoisie. Par ailleurs, elle a toujours entretenu des relations chaleureuses et amicales avec les enfants d'Ingrid.

Après ces retrouvailles bien peu exaltantes avec Petter, Ingrid rend visite à Hitchcock, à Los Angeles. Le cinéaste a fêté ses quatre-vingts ans en août, deux semaines avant le soixante-quatrième anniversaire d'Ingrid. Il décline rapidement. « Il a pris mes deux mains, raconte-t-elle, et m'a dit en pleurant : Je vais mourir, Ingrid. — Bien sûr, Hitch, que tu vas mourir, tôt ou tard... Nous allons tous mourir ! Puis je lui ai dit que moi aussi, je venais d'être très malade, et que j'avais cru mourir. Il était si gentil... Il m'a dit qu'il ne voulait pas que je souffre. Nous sommes restés assis, comme ça, et la logique de la situation... le fait que nous devions faire face à l'inéluctable... semblaient l'apaiser un peu [23]. »

Elle rentre à Londres pour la Noël 1979. Lars l'accueille à l'aéroport et l'accompagne à Cheyne Gardens, où il a tout préparé pour la réunion de fin d'année avec les enfants.

« Le temps raccourcit, n'est-ce pas ? demande-t-elle à son amie Ann Todd en buvant le champagne, le soir du Nouvel An. Mais saistu, ma chère Ann, que chaque jour où je défie ce cancer et où je survis... m'apporte une petite victoire[24] ? »

Chapitre vingt

1980-1982

Que disparaissent les meilleurs et les plus brillants !

Shelley, *L'Invitation*

« Ma mère ne s'apitoyait pas sur elle-même, dit Pia. Elle n'avait pas l'habitude de se lamenter sur son sort. Elle était courageuse en toutes circonstances. Elle disait : Il faut tenir ! Il faut tenir, tout simplement ! Et c'est ce qu'elle faisait[1]. »

Les premiers mois de 1980 s'écoulent paisiblement, au plus profond de l'hiver londonien. Lars vient souvent dans la capitale anglaise. Il accompagne Ingrid chez ses médecins, règle les problèmes de la vie quotidienne (auxquels elle est moins préparée que jamais), et l'emmène dîner. Larry Adler, qui vit en Angleterre depuis presque trente ans, dîne aussi plusieurs fois avec elle. « J'aimais énormément Lars, dit-il. Il était l'homme idéal pour Ingrid, car il réussissait de son côté. Il n'avait pas besoin d'être reconnu, et il pouvait tirer orgueil du travail d'Ingrid sans en être jaloux. Pour autant que je sache, c'était un homme généreux, ouvert, et elle comptait énormément sur lui[2]. »

En mars, Ingrid est invitée à faire sa rentrée au Théâtre royal de Stockholm, dans la pièce de son choix. Mais le docteur Edward MacLellan le lui interdit. Elle se trouve dans un état beaucoup trop précaire. Ingrid se repose de plus en plus sur Margaret Johnstone, qui fait fonction d'infirmière privée, mais aussi de cuisinière (excellente) et de dame de compagnie. De plus en plus souvent, Ingrid apprend la mort d'un de ses amis ou de ses anciens collègues — notamment, ces quinze dernières années, d'Edvin Adolphson, David Selznick, Spencer Tracy, George Sanders, Charles Boyer, Bing Crosby et Gustav Molander...

Le 29 avril, elle apprend la mort d'Alfred Hitchcock. Il avait quatre-vingts ans, et il était de santé fragile depuis plusieurs années. « Ce cher vieux Hitch est parti à son tour, déclare-t-elle le lendemain. Mais il était si malheureux et si malade, quand je l'ai vu en novembre dernier... Je suppose que c'est un soulagement, d'une certaine façon. Il a terriblement souffert[3]. »

Le décès d'Hitchcock va lui poser un curieux dilemme. Elle se trouve alors à New York, où elle travaille avec ses éditeurs aux dernières corrections de ses mémoires. Elle reçoit plusieurs communications chez Irene Selznick, à l'hôtel Pierre. On veut savoir si elle a l'intention d'assister aux obsèques d'Hitchcock à Beverly Hills ? Il y a trois problèmes à cela. D'une part, son éditeur la maintient sous pression : il est impératif d'achever son livre. D'autre part, elle est soumise à un protocole de soins expérimental qui provoque des étourdissements et des nausées. Enfin, elle sait que sa présence à la cérémonie ne manquerait pas d'affoler les médias.

« Je ne sais pas quoi faire, dit-elle le 30 avril. Si j'y vais, ils vont me tomber dessus à la sortie de l'église avec toutes sortes de questions sur les films qu'on a faits ensemble, sur mon état d'esprit, maintenant qu'il n'est plus là — est-ce que sa mort marque la fin d'une époque ? — et toutes ces bêtises. Et cela nuira à la dignité de la cérémonie... Si je n'y vais pas, ils vont penser que j'étais en froid avec Hitch, ou quelque chose de ce genre ! Je suis vraiment très embarrassée[4]. » Robert Anderson lui conseille de ne pas faire le voyage, et de ne pas tenir compte des critiques. Un autre ami va dans le même sens : elle doit faire ce qui est le mieux pour elle, comme Hitchcock lui-même l'aurait souhaité.

Elle décide donc de ne pas y aller. Mais même en son absence, tout le quartier qui entoure l'église du Bon Pasteur à Beverly Hills est le décor de scènes de foules hystériques dignes d'un film du maître. Elle aurait été consternée, vraiment, si elle était venue.

Le 15 octobre suivant, dans le cadre d'un hommage que lui rendra le Musée d'Art moderne, Ingrid fera projeter *Les Enchaînés* — en témoignage de son amitié pour Hitch. Robert Anderson sera là, avec l'auteur du livre sur Hitchcock qu'il a présenté à Ingrid en 1975. Ils bavardent avec elle avant et après la projection. « Le film tient pas mal le coup, non ? leur dit Ingrid. Peut-être tiendrai-je bien le coup, moi aussi[5] ! »

Achever sa biographie constitue une tâche épuisante, surtout parce qu'elle a exigé de superviser le moindre changement, et de vérifier chaque mot de la traduction suédoise. J'ai eu une vie longue et féconde, dit-elle, c'est pourquoi il est si difficile d'arrêter une version finale. Le travail de promotion du livre qu'elle va devoir effectuer cette année-là est aussi pénible. D'une manière ou d'une autre, elle parvient à rassembler l'énergie nécessaire pour rencontrer la presse, apparaître à la télévision et dédicacer des livres aux États-Unis, en Angleterre, en Suède, en France et en Italie.

Quand on l'interroge sur sa santé, elle avoue qu'elle a été opérée plusieurs fois du cancer. Mais elle n'est pas mourante ! Elle espère bien tenir encore un certain temps ! « Je dois être un peu fataliste, car j'accepte les choses contre lesquelles je ne peux rien. Tout ce que je peux faire, c'est essayer de rester gaie, ne pas me lamenter sur mon sort, et ne pas trop en parler[6] ! » Peut-être même, ajoute-t-elle, un producteur m'entend-il, qui cherche une actrice capable de jouer une vieille sorcière... Un rôle dont personne n'a jamais pensé qu'il conviendrait à Ingrid Bergman. « Elle voulait faire son métier, dit Göran von Essen. Sa santé venait en second[7]. »

Quelqu'un l'a entendue, en l'occurrence. Le producteur américain Gene Corman, qui a déjà fait quatre films en Israël, se passionne depuis quelque temps pour un projet de film sur Golda Meir. Celle-ci a quitté la Russie pour l'Amérique à l'âge de huit ans. Elle a enseigné, puis s'est installée en Palestine en 1921. Elle sera ministre du Travail et des Affaires étrangères, et deviendra Premier ministre d'Israël en 1969. Critiquée pour le manque de préparation de son pays à la guerre israélo-arabe de 1973, elle démissionne l'année suivante. Cette femme forte — voire cette « forte tête » — aura consacré sa vie à son pays, et toujours placé sa carrière avant son mari et sa famille. Elle est morte d'un cancer à l'âge de quatre-vingts ans, en 1978. « Le pessimisme, disait-elle, est un luxe qu'aucun juif ne peut se permettre[8]. » Une phrase qui résume peut-être au mieux sa foi — complexe, mais ferme et sans équivoque — en elle-même et en sa mission à l'égard d'Israël.

Corman a passé un accord avec Paramount Pictures. Le studio s'est laissé convaincre de financer un téléfilm de quatre heures sur Golda Meir — à condition de disposer d'une comédienne à la hauteur. Corman n'a jamais eu de doute : il lui faut Ingrid Bergman. Il contacte Laurence Evans. Celui-ci déclare qu'à cause de sa maladie, aucune compagnie n'acceptera d'assurer Ingrid. D'où un énorme risque financier, avant même de commencer. Mais Corman et la Paramount se disent prêts à prendre ce risque. Evans appelle Ingrid. Sa première réaction est d'éclater de rire : comment une grande et robuste Suédoise comme elle pourrait-elle incarner une petite juive boulotte ? Elle ne ressemble pas à Golda, leurs voix sont différentes, et chacun sait qu'Ingrid n'a jamais rien compris à la politique. La réponse est « non ». Mais Evans se dit que cela pourrait signifier « peut-être ».

À l'issue de la tournée de promotion de son livre, Ingrid s'éclipse discrètement. Elle va passer un peu de vacances en Israël avec sa cousine Britt Engstrom (une des filles de l'oncle Otto). « Je voulais marcher sur les traces de Jésus[9] », dit-elle. À son retour, début 1981, elle déclare à Evans qu'elle adore ce pays. Elle le prie tout de même de rejeter les propositions réitérées de la Paramount. Evans a de nouveau le sentiment que la porte n'est pas tout à fait fermée.

Mais il est l'ami d'Ingrid, respectueux de sa santé, et il ne cherche pas à forcer sa volonté.

Comme par hasard, Gene Corman a rejoint Ingrid à l'hôtel du Roi David, à Jérusalem. Il achève un autre film en Israël avant de s'attaquer à *A Woman Called Golda*. Leur rencontre est cordiale, mais Ingrid insiste sur ses différences physiques avec Mme Meir. Corman lui réplique gentiment : « Ingrid, c'est le style de Golda que nous voulons restituer... Ce qu'elle a donné au monde. Vous êtes comme elle. Personne ne peut égaler la stature d'Ingrid Bergman. » Il promet de lui faire parvenir quelques livres, et exprime le vœu de la revoir dès que possible.

De retour à Londres, Ingrid accepte de rencontrer Alan Gibson, le metteur en scène canadien de quarante-deux ans qui doit réaliser le film. Elle lui réserve une surprise. Elle a écouté la voix de Golda Meir, et elle a fait des essais d'enregistrement de sa propre voix. Elle imite son modèle, s'efforce de parler d'une voix un peu plus grave, d'effacer son accent suédois et de reproduire le mieux possible le ton de Golda Meir. Gibson constate que le problème qui semblait préoccuper Ingrid au premier chef — les différences de taille — s'est résolu de lui-même. « Mais c'était une grande femme ! » lui a-t-on dit plusieurs fois en Israël. Les gens ordinaires considèrent Mme Meir comme un grand personnage, elle est donc de haute taille ! À l'instar de Corman, Gibson gagne immédiatement la confiance d'Ingrid.

Elle commence à parler de ses affinités croissantes avec Golda Meir. L'une et l'autre ont lutté contre le cancer (Golda est morte d'un lymphome malin après avoir résisté pendant des années). Selon Ingrid, « [nous] aimions [toutes les deux] nos enfants, mais nous en avons été séparées périodiquement parce que nous refusions qu'ils occupent la première place, avant notre travail. Cela nous a valu un énorme sentiment de culpabilité à leur égard [10] ». « Je comprends le sentiment de culpabilité que ressentait Golda pour avoir abandonné son mari et ses enfants. J'ai vécu avec cela toute ma vie [11]. » Ces deux femmes étaient obsédées par leur vocation. Les rôles traditionnels de mère et de maîtresse de maison ne les ont jamais satisfaites. L'une et l'autre ont quitté leur pays natal, sont passées d'un endroit à l'autre et ont utilisé de nombreuses langues pour s'exprimer dans le cadre de leur travail.

Mais Ingrid a une raison beaucoup plus importante d'accepter finalement le rôle. « En 1938, quand je me trouvais en Allemagne, j'étais obstinée, dira-t-elle durant le tournage. Je dois vous avouer que je n'avais aucune raison, à l'époque, de contester Hitler [12]. » Après s'être sentie coupable si longtemps, elle veut glorifier Israël et le peuple juif en incarnant Golda Meir... Le désir de guérir une mémoire blessée, le besoin de s'amender vont l'éclairer pendant toute la préparation de ce rôle si difficile et si exigeant.

Au printemps 1981, enfin, Ingrid appelle Corman et Gibson. Elle veut qu'ils lui fassent faire un essai : si elle parvient à ressembler au rôle, elle le fera. Elle n'a pas vu une caméra depuis quatre ans. Son apparence a changé, de façon spectaculaire. Corman raconte que le jour où elle est venue pour le bout d'essai « [elle était] très, très nerveuse — elle tremblait, littéralement —, elle me l'a avoué ». Il s'efforce de la calmer : « Ingrid, il y a beaucoup de nervosité, ici, beaucoup de tension, beaucoup d'énergie. Toute cette équipe est surexcitée à cause de vous. Qu'Ingrid Bergman réclame un essai est remarquable. Tous, ils vous aiment, et ils vous veulent dans le film. »

Tandis que Corman lui parle, le regard d'Ingrid glisse derrière lui, par-dessus son épaule. Le producteur se retourne. La caméra s'approche d'eux, sur son travelling. Ingrid ébauche un sourire : « Gene, je viens de voir une vieille amie à moi. » Elle se lève, se dirige vers la caméra. Elle est prête pour l'essai. Elle tourne trois courtes scènes. Elles sont parfaites. Le lendemain, après les avoir visionnées avec Corman et Gibson, elle déclare que s'ils ont toujours envie de travailler avec elle... Eh bien, elle prend le rôle. On prépare les contrats. Le 4 septembre, Ingrid et Margaret quittent Londres pour Tel Aviv et Jérusalem, pour le tournage de *A Woman Called Golda*. « C'est merveilleux de travailler quand on est malade, dira-t-elle à un journaliste. Cela vous donne de la force [13]. » Elle va trouver la force, en effet, de réserver une ultime surprise à son public. Son allure et sa voix sont si différentes de celles qu'on lui connaît qu'elle est impatiente de découvrir la réaction des spectateurs. Cela lui rappelle *Un visage de femme* et cet affreux enlaidissement qui les a choqués, quarante ans plus tôt.

Le tournage va durer neuf semaines, à Jérusalem et alentour, à Tel Aviv, Jaffa, Lydda, Natanya et Jéricho. Son mal s'aggrave, irrémédiablement. Le cancer se généralise. Ingrid perd très vite du poids, elle s'affaiblit. Son bras droit est démesurément enflé. C'est le résultat d'une accumulation de lymphe dans le membre, provoquée par l'absence des nodosités lymphatiques (qu'on a ôtées lors de l'ablation du sein) et le traitement aux rayons. Son bras, elle l'appelle son « petit chien » — comme un animal de compagnie qu'elle doit emmener partout avec elle. Écrire deux lignes lui vaut un quart d'heure de souffrance, mais elle garde le contact avec tous ses amis, anciens et nouveaux. Désormais, Ingrid souffrira presque en permanence.

Elle ne réclame aucune considération particulière de la part du metteur en scène ou des techniciens, et ne manque aucun des jours de travail prévus au planning. Elle est à pied d'œuvre à six heures du matin pour subir ses deux heures de maquillage quotidiennes. Elle travaille douze ou quinze heures d'affilée. Elle reste là jusqu'à une heure avancée de la soirée, avec Margaret, pour ne manquer aucune réplique. Elle enregistre sa voix pour s'assurer qu'elle est bien à la hauteur de celle de Golda, et continue de lire tout ce qui lui tombe sous la main concernant son sujet. Elle consulte des dizaines de personnalités israéliennes, dont l'ancien ministre des Affaires étrangères Abba Eban et l'ambassadeur aux États-Unis Simcha Dinitz. Elle se fait projeter des documentaires sur Golda Meir et l'histoire d'Israël, et elle passe plusieurs après-midi en compagnie de la secrétaire et confidente de Golda, Lou Kaddar.

Wally Schneiderman, son maquilleur, raconte qu'Ingrid « devient » Golda dès qu'elle a revêtu les vêtements rembourrés, les bas épais qui dissimulent ses jambes minces, les perruques simples et les lourds produits de beauté. Elle doit incarner Golda de cinquante-cinq à soixante-dix-neuf ans (les scènes étant tournées comme d'habitude dans le désordre), et ses costumes sont peu commodes et inconfortables. Le temps est très souvent à la canicule, et elle doit faire beaucoup de scènes en extérieur, par des températures dépassant parfois les quarante-cinq degrés. Personne ne se rappelle l'avoir entendue se plaindre, ni demander qu'on interrompe le tournage. Un jour, pourtant, elle perd connaissance. « Nous marchons au bord du gouffre, dit le docteur présent sur le tournage, stupéfait de la voir reprendre le travail une demi-heure plus tard. J'ai bien peur qu'Ingrid ne tombe au fond, à tout moment [14]. »

Elle ne tombera pas. Lars, ami éternel et attentif, lui rend souvent visite. Il expédie les habituels problèmes pratiques et financiers, et sa présence suffit à soulager l'angoisse d'Ingrid. Il faut prévoir des robes qui camouflent son bras toujours gonflé. Mais plusieurs scènes — où l'on voit Golda Meir signer des lettres ou polir sa bouilloire, par exemple — exigent des gros plans de ses mains. Gibson, Corman et le directeur de la photo Adam Greenberg avancent prudemment qu'on pourrait utiliser une doublure. Ingrid refuse. Elle promet de trouver une solution.

La veille du tournage des gros plans sur ses mains, elle se fait apporter une potence métallique, comme celles qu'on utilise dans les hôpitaux pour les perfusions. Elle demande qu'on suspende son bras droit en hauteur toute la nuit, pour permettre au fluide de circuler. Le lendemain matin, elle fait irruption au studio : le gonflement a diminué. « Regardez ! s'exclame-t-elle avec un sourire triomphant. Vite ! Tournons ces plans ! » Elle a gagné, elle est ravie. Mais le problème se représentera. Ingrid devra passer quelques nuits le bras en l'air.

Son interprétation est un petit miracle, tant elle s'identifie à son personnage avec une furieuse énergie. Sa Golda Meir est une élégante combinaison de charme et de bravade, de dignité et d'angoisse. Comme son modèle, elle force son chemin — en fumant cigarette sur cigarette — dans les cuisines et les coulisses d'Israël, et les rouages de son cerveau tournent sans discontinuer. On a dit que sa voix était comme « du gravier moulu dans l'autorité[15] ». Trois semaines après sa mort, l'Academy of Television Arts & Sciences lui décernera l'Emmy de la meilleure actrice dans une « mini-série ». *A Woman Called Golda* sera aussi cité comme le meilleur téléfilm dramatique de l'année.

Une scène se détache au-dessus de toutes les autres : celle où Golda apprend qu'elle est atteinte d'une maladie incurable. Ingrid a eu soixante-six ans en août. Le réalisateur est inquiet, naturellement, tant la scène rappelle la vie privée de la comédienne. Elle parcourt rapidement son texte, et en vient à bout en une seule prise, sans hésiter : « Bon, j'ai soixante-six ans. Combien de temps me reste-t-il à vivre, de toute façon ? La question, c'est... les quelques années qui me restent seront-elles vraiment bien ? Et ma tête ? Je ne veux pas vivre une seule minute à partir du moment où je n'aurai plus toute ma tête. (...) Quant à savoir si quelqu'un doit être au courant... c'est moi seule qui déciderai qui, et à quel moment. Sinon, cela doit rester un secret absolu... »

Après le tournage de cette scène, Ingrid demande un verre d'eau et une cigarette, puis elle va s'allonger. Beaucoup ont pleuré, ce matin-là, sur le plateau.

Il n'est pas rare qu'Ingrid découvre dans les magazines des allusions à sa mort « imminente ». « Ingrid Bergman a un pied dans la tombe ! » selon l'un d'eux. « C'est vrai, j'avais un pied dans la tombe, dit-elle avec un humour intact. Mais la terre était trop humide et trop froide, et je souffre de rhumatismes. Alors j'en suis sortie, et je suis retournée en Israël, où il fait chaud et sec[16]. » Elle reçoit la visite d'une vieille connaissance, la journaliste Oriana Fallaci. Elle ne peut dissimuler son inquiétude. Ingrid lui dit tranquillement : « Vous savez, ma chère, j'aurai eu une vie superbe, très intéressante — et beaucoup de chance. Nous mourrons tous un jour ou l'autre. Et d'une certaine façon, je n'ai pas le sentiment de vieillir, parce que j'ignore la médiocrité, et je n'ai aucune amertume[17]. »

Le tournage s'achève début novembre, dans un studio londonien. L'avant-dernier jour, Ingrid offre un dîner à l'équipe. À la fin du repas, elle fait tinter son verre et se lève, malgré la douleur, et prononce un discours de remerciement. Producteur, réalisateur, directeur de la photo, responsables de son maquillage, de ses costumes et de sa coiffure, tous se tournent vers elle. Souriante, elle exprime sa gratitude, trouve les mots qu'il faut pour chacun d'eux. Le fils de Gene Corman, qui est étudiant en droit, lui a écrit qu'il a pour elle, depuis des années, un « béguin monumental ». Comme il en a exprimé le désir, elle lui envoie une photo dédicacée de *Casablanca*. « Merci pour le béguin monumental, écrit-elle d'une main tremblante. *Il te regarde, mon petit !* » Après le tournage, elle offrira à Margaret Johnstone un petit bouledogue en argent, avec ces mots : « À mon cher chien de garde, à mon ange gardien, très affectueusement. »

Le lendemain, dernier jour de tournage, tout semble aller de travers. Il y a des problèmes avec la caméra, un élément de décor et un accessoire qui manquent. « Vous voyez, la caméra non plus ne veut pas me dire adieu [18] ! » déclare Ingrid avec un sourire, en essuyant son front couvert de sueur. Elle s'assied, s'efforçant d'ignorer la vague de nausée que provoque son traitement. Après une courte sieste, elle tourne la dernière scène de sa carrière d'actrice. « Cela a été une expérience formidable, leur dit-elle. Pour la comédienne, mais aussi pour la femme, à qui la vie a apporté beaucoup plus qu'elle n'aurait jamais pensé [19]. » Le soir, Gene Corman offre le traditionnel dîner d'adieu à l'équipe du film. Quand elle fait le tour de l'assemblée pour les remercier tous, puis qu'elle s'en va tranquillement avec Margaret, Ingrid est la seule à ne point pleurer.

Elle ne laisse éclater son chagrin que dans la solitude. « Je suis revenue à cet appartement calme et vide, et soudain, j'ai compris... Voilà ma réalité, maintenant, c'est ainsi... Je me suis sentie vidée, très triste. Je me suis dit que la fin de ce tournage, c'était comme s'il y avait un mort dans la famille. » Elle s'approche de la fenêtre, regarde dehors. La brume d'automne monte du fleuve et enveloppe la rue tranquille, en bas... Et elle se met à pleurer. Quelques larmes, d'abord, puis d'irrépressibles sanglots. N'est-ce pas bizarre, se dit-elle. J'ai fait tant de films... Et je ne suis pas encore habituée à les voir finir ? Ce tournage a été plein de vie et d'énergie, tout du long... « Et me voilà qui pleure toutes les larmes de mon corps. Tous ces gens merveilleux qui ont été si proches de moi, et que je ne reverrai sans doute jamais... Et qui sait, peut-être ai-je fait face à ma vieille amie la caméra pour la dernière fois [20] ? »

« Adieu, dit-elle à la conférence de presse organisée pour la promotion du film, un peu avant Noël. Je m'en vais. Je ne reviendrai plus, ni au cinéma ni au théâtre. J'en ai fini avec le métier de comédienne. Maintenant je vais voyager à travers le monde et jouer avec mes petits-enfants [21]. » C'est exactement ce qu'elle va faire pendant les dernières semaines de 1981, qu'elle passe à Choisel avec Lars et sa famille.

Mais elle continue de s'affaiblir — à vue d'œil, semble-t-il. Elle est désormais incapable d'effectuer sans aide les tâches les plus simples. Avant qu'elle ne rentre à Londres, en janvier, Lars s'entretient avec Margaret Johnstone. Elle accepte sans hésiter de s'installer dans la chambre d'amis de Cheyne Gardens, en qualité d'infirmière, cuisinière et dame de compagnie à demeure. Même très malade, Ingrid n'est pas de ces patientes qui restent chez elles à contempler les murs... tant qu'elle peut sortir. Elle invite un ou deux amis à des soupers à la bonne franquette, elle continue d'aller au cinéma et au théâtre une ou deux fois par semaine, et elle fait des promenades dans le petit parc, le long du fleuve.

Dans une ultime tentative désespérée de détruire la malignité qui ravage son organisme, elle se soumet à un traitement à la chimiothérapie extrêmement dur. De février à mai 1982, elle passe une semaine par mois à l'hôpital Saint-Thomas, sur la rive sud de la Tamise. Si le résultat est négligeable, les effets secondaires sont terribles. Les deux jours qui suivent chaque étape du traitement, elle est prise de violents vomissements, et pendant encore trois jours, elle est incapable de toucher à la nourriture de l'hôpital. Margaret propose de lui faire des soupes maison et des purées dont elle raffole et qui seraient faciles à digérer, mais elle refuse : « On est si gentil avec moi, ici, que je ne voudrais pas les froisser pour une question de nourriture. »

Son bras droit est complètement inutilisable. Elle s'efforce d'écrire de la main gauche des mots de remerciement aux amis inquiets qui lui demandent de ses nouvelles. Quand on se sent si mal en point, dit-elle à Griff, ce n'est pas facile de garder son sens de l'humour. En fait, il est intact. Un jour, de la fenêtre de sa chambre, elle contemple le Parlement, de l'autre côté de la Tamise. « Après avoir fait Golda Meir, dit-elle, je vais m'installer ici et étudier Mme Thatcher, dans la perspective d'un prochain rôle ! »

Quand elle rentre chez elle, elle demande à Griff ou Margaret de réserver des places de théâtre. L'un d'eux l'y accompagne. Parfois, c'est Ann Todd. « Elle a survécu beaucoup plus longtemps que ses médecins, ou n'importe lequel d'entre nous, ne l'avaient prévu. Mais sa vie était fichue. Une seule fois, j'ai entendu quelque chose qui pouvait passer pour une plainte. Je me trouvais dans sa chambre. Je tricotais, et elle feuilletait un de ses albums de coupures de presse. Tout à coup, je me suis aperçue qu'elle regardait mes mains. C'est alors que je me suis souvenue que cela avait toujours été une de ses occupations favorites : toute sa vie, elle avait tricoté des choses, pour elle et pour les gens qu'elle aimait... Très doucement, elle m'a dit : Tu sais, Ann, je me dis parfois qu'il vaudrait mieux m'en aller, plutôt que de continuer à lutter. J'ai vraiment l'impression que je ne serai plus jamais utile à personne. J'ai fait mon temps [22]. »

En revanche, elle n'a rien perdu de sa force de caractère. Un soir, fin avril, Ann et Ingrid arrivent au théâtre. Un groupe de journalistes et de photographes se trouve au foyer. Ingrid, qui a l'air très mal en point, très abattue, est furieuse. Elle fait venir le directeur. « Qui a dit à la presse que je venais ? » Très embarrassé, le pauvre homme lui répond gentiment : « Personne ne leur a dit cela, mademoiselle Bergman. Ils attendent l'arrivée de la princesse Margaret. » Ingrid éclate de rire. Pendant toute la représentation, elle se tournera vers Ann, et les deux femmes auront du mal à réprimer des gloussements.

Elle ne parle jamais à sa famille de ce qu'elle considère désormais comme imminent. Avec ses amis, comme Ann, Margaret et Griff, elle est plus franche. Jamais sinistre ni mélodramatique, elle parle du « grand théâtre du ciel », et même si elle nie avoir une idée précise de ce qui l'attend après la mort, elle répète qu'elle est « impatiente de le savoir ». Elle pense aussi beaucoup à ses parents. Isabella remarque qu'elle a placé sur sa table de nuit des petites photos encadrées de Justus et Frieda. « Sur les photos, dit-elle, il y avait la trace des lèvres de ma mère... Comme si elle les avait embrassées [23]. »

Au mois de mai, elle fait venir Stephen Weiss. Elle lui fait part très franchement du pronostic médical, très pessimiste. Elle règle avec lui quelques questions financières importantes. Elle modifie son testament pour laisser des legs généreux à sa cousine Britt et sa fille Agneta ; à Griff et Margaret ; à Kate Barrett, sa filleule ; à Fiorella Mariani, la nièce de Roberto qui a été si serviable et si loyale à son égard ; et, enfin, à sa vieille femme de chambre, à Rome. La plus grande partie de ses biens, évalués à un peu moins de quatre millions de dollars, sera divisée à parts égales entre ses quatre enfants.

En avril, la télévision américaine diffuse *A Woman Called Golda*. Les critiques sont bouleversantes. Pouvait-il en être autrement ? « Une interprétation vraiment remarquable », écrit un journaliste vétéran dans le *New York Times*. Mlle Bergman compose son personnage avec une force inégalable et des jaillissements soudains d'une chaleur revigorante. Une actrice remarquable, qui a tiré tout l'avantage qu'elle pouvait tirer de cette splendide occasion. » « La couronne dorée d'Ingrid Bergman recelait déjà de nombreux joyaux, écrit un autre. En voici l'ultime pierre précieuse... » Car la presse sait désormais qu'il n'y aura plus jamais de nouvelles interprétations.

Il y en aura pourtant une autre, en quelque sorte — une démonstration de joie de vivre qui stupéfie son entourage. Personne ne parvient à la dissuader de donner une grande soirée à New York, le 18 juin, pour le trentième anniversaire des jumelles. Elle fait le voyage avec Margaret. Mais en dépit de ses efforts héroïques pour se montrer enjouée, ses enfants lisent dans son regard — le mot est d'Isabella — « beaucoup de douleur et beaucoup d'angoisse ».

Pourtant, dira Pia, « elle était d'excellente compagnie. Elle riait, elle plaisantait. On ne sait trop comment, elle était parvenue à tirer de sa tragédie un immense courage. C'était une femme courageuse et vaillante, et elle avait bon cœur — ce qui est, après tout, la plus belle des qualités ».

Ingrid en profite pour voir ses vieux amis, comme Kay Brown et Robert Anderson. Le lendemain de la fête d'anniversaire, elle déjeune avec ce dernier à l'Oak Room, au Plaza, juste en face de l'hôtel Wyndham où elle loge avec Margaret. Elle est très faible, elle transpire, et il est évident que le repas lui coûte beaucoup d'efforts. Mais elle tient à se rendre à son prochain rendez-vous : elle doit aller se faire coiffer chez Bergdorf, à quelques pas de là. Anderson l'accompagne.

« J'ai rendez-vous à trois heures », dit-elle à la réception.

L'employée l'a vue plusieurs fois, mais Ingrid a tellement changé qu'elle ne la reconnaît pas. Elle lui demande son nom.

« Bergman, dit-elle patiemment.

— Et votre prénom, s'il vous plaît [24] ? »

Le 3 juillet, Ingrid et Margaret rentrent à Londres. Joss Ackland, le partenaire d'Ingrid dans *La Conversion du capitaine Brassbound*, apporte des cassettes et des livres. Il y a notamment un exemplaire du *Petit Prince* d'Antoine de Saint-Exupéry, ce conte qui célèbre les vertus de l'imagination et la persistance de l'amitié.

L'été, à Londres, est très agréable, et Ingrid aime passer dehors la plus grande partie de ces longues journées. Mais ses forces déclinent rapidement. Elle reste assise au salon jusqu'à ce qu'elle soit trop faible. Alors elle doit s'allonger. Elle demande à Margaret ou à Griff de lui apporter les albums de photos ou de coupures de presse qu'elle conserve si soigneusement depuis des décennies. On peut y lire l'étonnante chronique de sa vie. Une vie formidable, comme elle le dit si souvent, placée sous le signe du succès, pleine d'êtres et d'expériences passionnants. Et personne n'en a jamais vraiment été rayé... Son exemplaire de *Of Lena Geyer* se trouve toujours dans la petite bibliothèque où sont rangés ses livres les plus précieux. Une fois de plus, il lui sert de miroir. « Sa vie a connu maints épisodes, elle s'est toujours investie à fond dans chacun d'eux. Au point que lorsqu'une nouvelle époque commençait, on croyait qu'elle oublierait ce qui avait précédé. Mais très vite, on comprenait qu'on s'était trompé. »

Tandis qu'elle passe les photos en revue, qu'elle relit les articles et les comptes rendus, Ingrid semble rayonner de bonheur. On dirait même que cela lui fait du bien, que cela provoque chez elle une irrépressible bonne humeur.

La voici, petite fille blonde et timide, sous un manteau et un chapeau d'hiver, le regard braqué sur l'appareil-photo de son père.

La voilà en Elsa, joues rouges et robe à rayures, dans *Le Comte du pont au moine*. Dans le rôle d'Anita, mélancolique, des deux *Intermezzo*. Et dans celui d'Anna, défigurée et amère dans *Un visage de femme*, qui finira par connaître la compassion et l'amour.

Elle s'attarde sur ses rôles préférés. Voici Ivy, dans *Docteur Jekyll et Mister Hyde* — d'abord insolente, puis d'une pâleur mortelle à cause des tortures qu'on lui fait subir. Il y a aussi son personnage le plus connu : Ilsa, de *Casablanca*. Ingrid rit très fort en contemplant ces photos. Elle n'a jamais compris la raison de tout le tapage qu'on a fait autour du film. L'amour éclaire brillamment son visage lorsque Bogart la laisse partir, au nom d'un idéal élevé. « *Il te regarde, mon petit !* » répète-t-elle à haute voix, en tournant la page.

La voici en Maria, dans *Pour qui sonne le glas*. Gary Cooper est magnifique, ses traits si fins immortalisés par les caméras de la Paramount. Voici une photo d'Ingrid avec l'élégant Charles Boyer, qui a été son partenaire dans trois films. *Hantise* est sûrement le meilleur. L'Oscar que ça lui a valu se dresse à côté, sur l'étagère, avec ceux d'*Anastasia* et du *Crime de l'Orient-Express*.

Beaucoup de ces pages sont des jalons de l'histoire du cinéma américain, autant que de son histoire personnelle. Elle doit admettre qu'elle a fait une sœur Bénédicte fort convenable. Même sans vraiment connaître Bing Crosby, elle a fait du mieux qu'elle a pu pour l'authenticité de l'émotion qui traverse *Les Cloches de Sainte-Marie*.

Il y a aussi des photos de famille. Ses dévoués père et mère, la tante Ellen (sévère mais affectueuse), l'extravagant oncle Otto et la sérieuse tante Mutti. Ingrid a conservé toutes ses photos préférées de Petter Lindstrom — toujours cette beauté austère et ces yeux clairs... Il y a bien entendu des tonnes de photos de Pia, de sa naissance à aujourd'hui. Elles provoquent les seuls moments tristes de ce voyage dans le passé, dit Ingrid. A-t-elle pu effacer finalement la douleur qu'elle avait causée ? Sera-t-elle un jour pardonnée ? Elle doit compter sur la maturité de Pia, maintenant, et sur la sincérité de sa propre pénitence. Après tout, si des décennies de remords, des actes de contrition concrets et — ce n'est pas le moindre — le don d'elle-même dans *Sonate d'automne* sont incapables de lui apporter le pardon...

Il y a de nombreuses photos d'Ingrid avec son ami Alfred Hitchcock, bien entendu. *La Maison du docteur Edwardes* a été très divertissant, et *Les Amants du Capricorne* lui semble aujourd'hui plutôt distrayant. Mais *Les Enchaînés*, ce grand film si plein d'eux-mêmes, de leurs propres vies, reste son préféré. Quand elle parle fièrement de ses rôles, elle n'oublie jamais de mentionner son interprétation de l'amoureuse Alicia Huberman.

D'autres encore sourient sur les pages des albums : visages d'Edvin Adolphson, de Victor Fleming, de Larry Adler, de Bob Capa, de

Robert Anderson. L'expression de l'amour évolue, mais celui-ci ne meurt pas. Elle n'a jamais cessé de tous les chérir.

Et il y a des quantités d'images d'Ingrid sous les traits de sa chère Jeanne d'Arc ! Elle n'oubliera jamais ses ultimes répliques dans la pièce de Maxwell Anderson, qui s'appliquent aussi bien à elle-même : « Personne ne peut se servir d'elle pour un autre dessein que le sien. Elle parvient toujours à ses fins. » Et les derniers mots de Jeanne, un peu plus tard : « La mort ne sera pas longue à venir. Un peu de douleur, et tout sera fini. Non. La douleur sera longue... mais ce sera fini. Et s'il fallait recommencer, je le referais. Je suivrais ma foi, même jusqu'au bûcher. » À côté de la petite bibliothèque d'ouvrages consacrés à Jeanne, se trouve un précieux souvenir, qu'elle conserve depuis des années : un petit sachet de terre française, qui lui vient d'Orléans.

Ses photos préférées de Roberto Rossellini illuminent des pages. Images de Roberto qui lui frotte la joue de son nez aquilin, tandis que leurs trois enfants trottinent autour d'eux ; photos où il la dirige, sur les rudes rochers de Stromboli. Toutes les étapes de la vie de leurs enfants se retrouvent elles aussi sur ces pages. Ce mariage, puis le travail avec Roberto ont constitué un fameux défi, mais elle n'en regrette pas un seul moment.

Les albums contiennent aussi un choix éloquent de photos d'Ingrid en compagnie de Lars Schmidt, à Choisel, à Dannholmen, à des soirées de première. Les caméras et les appareils-photo ont vraiment été ses meilleurs amis. Non seulement ils l'ont adorée, mais ils lui ont laissé des souvenirs de tous ceux qu'elle a aimés, et de la carrière qu'elle a tant chérie.

Oui, elle a eu une vie bien remplie. Dans sept pays, en cinq langues, Ingrid a interprété quarante-six films, elle a joué dans onze pièces de théâtre et cinq téléfilms, et on lui a décerné tous les prix imaginables. De l'enfant chérie des écrans et des scènes de Stockholm à la vieille Golda Meir, malade et desséchée — comment expliquera-t-on jamais la splendeur absolue d'Ingrid Bergman, comment dira-t-on la profondeur de son art ?

Durant l'été, Lars lui rend souvent visite. Le 10 août, Ingrid le prie de l'emmener à Stockholm et Dannholmen. Dans leur ville natale, au bras de Lars, elle passe lentement devant le Théâtre royal, qui fut le décor de tant de jours excitants, un demi-siècle plus tôt. Le long de Strandvägen, ou à Djurgarden, elle s'assied sur ces mêmes bancs où elle venait, étudiante, apprendre ses répliques, elle jette dans l'eau quelques pétales de fleur en souvenir de ses parents, et contemple les ferries qui traversent la baie.

À l'arrivée à Dannholmen, il faut la porter, du quai jusqu'à la maison. Pendant plusieurs jours, elle n'a pas la force de quitter son lit. « Mais son amour pour l'île était si intense, dira Lars, qu'elle est parvenue on ne sait trop comment à surmonter sa faiblesse. » Un matin, elle lui demande de l'aider à aller jusqu'à la porte d'entrée, pour respirer l'air frais de la mer et sentir la lumière du soleil. Le lendemain, elle parvient à faire quelques pas dehors, et encore un peu plus le surlendemain après-midi. Durant deux semaines, elle se force à marcher un peu plus loin chaque jour. De plus en plus loin, sur cette île, jusqu'à ce qu'elle atteigne le grand rocher plat où elle venait si souvent, seule, avec ses livres et ses scénarios. Elle contemple paisiblement la mer, et fait promettre à Lars qu'on dispersera ses cendres dans ces eaux. Il tiendra parole. Ils redescendent lentement des rochers, vers la maison, main dans la main.

Le vendredi 27 août, Ingrid rentre à Londres avec **Lars**. La cousine Britt l'accompagne. Le soir, au téléphone, elle parle à Ann Todd : « Oh, je suis si fatiguée... Je n'ai qu'une envie : dormir. » Mais elle en est incapable, et elle va vivre toute la nuit une véritable agonie. Le docteur MacLellan lui prescrit des doses généreuses de calmants. « À ce moment-là, dira Lars, elle avait le sentiment d'avoir fait son temps, et elle souhaitait mourir. » Elle reste pourtant calme, courageuse et vive. Les cartes et les bouquets commencent à arriver : dimanche, c'est son anniversaire. Lars a fait venir ses fleurs préférées, des groseilles et des mûres de leur jardin de Choisel, et le champagne est au frais.

Dimanche matin, malgré sa nuit sans sommeil, Ingrid se lève tôt. Elle est née soixante-sept ans plus tôt, jour pour jour. Un autre dimanche... Elle insiste pour s'habiller et se maquiller un peu, se mettre un peu de couleur. « Là... vous voyez ? dit-elle d'un air radieux — d'une voix faible, mais les yeux brillants, le visage éclairé d'un grand sourire. J'ai tenu une année de plus ! » Lars, Britt, Griff et Margaret passent l'après-midi avec elle, bavardent doucement, ou lisent un peu lorsqu'elle glisse dans le sommeil. Au milieu de l'après-midi, elle retrouve un peu de forces. On appelle les enfants au téléphone, et Ingrid leur parle brièvement, à tour de rôle.

À six heures du soir, ce 29 août 1982, jour de son anniversaire, elle insiste pour qu'on sable le champagne. Chacun propose un toast. L'instant rappelle la scène où Ivy fait face au terrible Mister Hyde : « Je ne prendrai qu'une petite gorgée de champagne... Et, bien sûr, je ne resterai pas longtemps. » À huit heures, épuisée, Ingrid demande la permission d'aller s'allonger.

À son chevet se trouve *Le Petit Prince*, ouvert sur un passage marqué par elle. Un paragraphe proche de la fin, juste avant la mort du héros : « Je ne peux pas emporter ce corps-là. C'est trop lourd. Mais ce sera comme une vieille écorce abandonnée. Ce n'est pas triste les vieilles écorces... J'aurai l'air d'être mort et ce ne sera pas vrai[25]. »

Quand Ingrid Bergman est venue au monde, un soleil de fin d'été illuminait Stockholm et faisait scintiller les eaux de la baie. Ce genre d'instant où chacun peut oublier qu'en hiver, les ténèbres semblent interminables. Il en est de même aujourd'hui, à Londres. La lumière du jour jette des reflets obliques sur la Tamise et fait miroiter la cime des arbres dans Cheyne Gardens. Une légère brise monte du fleuve, agite les rideaux et les fleurs fraîches qu'on a disposées dans la chambre d'Ingrid. Ses lèvres bougent en silence. Puis elle fait entendre un long et doux soupir. Le soir est calme et radieux. Les étoiles vont illuminer une nuit courte et sans nuages.

NOTES

CHAPITRE UN

1. Joseph Henry Steele, *Ingrid Bergman — An Intimate Portrait*, p. 15.
2. « An Interview with Ingrid Bergman », *Redbook*, février 1964.
3. Bill Davidson, *The Real and the Unreal*, p. 150.
4. *Ibid.*
5. Frank Law, « Life and Ingrid Bergman », *Star* (Londres), 4/12/1957.
6. Ingrid Bergman et Alan Burgess, *Ingrid Bergman. Ma vie*, pp. 30-31. Infra, ce volume est appelé simplement *Ma vie*.
7. « Ingrid Bergman, in Her Own Words », *McCall's*, novembre 1958.
8. Ingmar Bergman, *The Magic Lantern : An Autobiography*, p. 7.
9. « Why Ingrid Bergman Broke Her Long Silence », *Collier's*, 26/10/1956.
10. Dans « The David Frost Show », Metromedia Television (New York), 30/4/1971, produit par David Frost, réalisé par Royston Mayoh.
11. Cité notamment in *Collier's*, 26/10/1956.
12. Lyceum för Flicker, Katalog 1922-23 (Stockholm, Central-tryckeriet, 1923), p. 13.
13. Steele, p. 14.
14. *Collier's*, 26/10/1956.
15. D'après des notes préparées par Petter Lindstrom, en 1980.
16. Cité in *Dagens Nyheter*, 5/3/1939.
17. *Ibid.*
18. Steele, p. 15.
19. Dans l'entretien télévisé de David Frost.
20. *Ma vie*, p. 34.
21. Elisabeth Daevel, in « Härligt att vara hemma igen », *Expressen* (Stockholm), 6/10/1948.

22. Steele, p. 17.
23. Lincoln Barnett, « Ingrid of Lorraine », *Life*, 24/3/1947.
24. *Ma vie*, p. 34.
25. *Ibid.*, p. 35.
26. *Dagens Nyheter* (Stockholm), 30-31/7/1929.
27. « After Stardom and Scandal, Ingrid Bergman Tells "My Story" », *People*, 1/12/1980.
28. Pia Lindstrom, in Jenny Shields, « Bergman Musical Farewell », *Daily Telegraph* (Londres), 15/10/1982.
29. Soit cinq cent cinquante mille francs, au taux de 1997.

CHAPITRE DEUX

1. Un récit détaillé de la mort d'Ellen Bergman figure in *Ma vie*, pp. 36-37.
2. James Green, « Ingrid Bergman : Why the Permissive Society Shocks the Woman Shunned in 1950 », *London Evening News*, 6/1/1971.
3. *Ma vie*, p. 39.
4. Zoe Farmar, « Ingrid Bergman's Escape to Happiness », *Picture Post* (Londres), 30/5/1953.
5. *The Christian Science Monitor*, 17/3/1977.
6. *Ma vie*, p. 41.
7. Cité par Irving Wallace, « Smörgåsbord Circuit », *Collier's*, 21/12/1946.
8. W.H. Dietrich à l'auteur, 23/10/1995.
9. Davidson, *The Real and the Unreal*, p. 154.
10. Wallace, *art.cit.*
11. Davidson, *The Real and the Unreal*, p. 153.
12. Ingrid Luterkort à l'auteur, 13/6/1996.
13. Steele, p. 19.
14. Igor Cassini, « Ingrid's Love Story Ranks Among Great [sic] », *Los Angeles Examiner*, 5/2/1950.
15. *Ma vie*, p. 45.
16. Cité in Bill Davidson, *The Real and the Unreal*, p. 155.
17. Steele, p. 21.
18. *Ibid.*
19. Petter Lindstrom à l'auteur, 27/12/1995.
20. *Ma vie*, pp. 45-46.
21. Plus tard, les faits seront falsifiés pour publication. En 1958, l'agent de publicité d'Ingrid imaginera la fable qui fera autorité pendant plusieurs décennies. Le fleuriste Gunnar Spängberg, le vieil ami de Justus, aurait présenté Ingrid à Karin Swanström, une actrice de comédie qui était aussi chef de casting pour le studio. Selon cette version « respectable », elle aurait organisé un bout

d'essai pour Ingrid avant de l'aiguiller sur Edvin Adolphson, qui aurait soi-disant des difficultés à boucler la distribution de son nouveau film...

22. *Stockholms-Tidingen*, 22/1/1935.

23. *Social-Demokraten*, 22/1/1935.

24. D'après des notes inédites de Petter Lindstrom, reproduites ici avec son aimable autorisation.

25. Wallace, art. cit.

26. *Ma vie*, pp. 56-57.

27. *Svenska Dagbladet*, 23/2/1935.

28. Steele, p. 20.

29. *Ma vie*, p. 58.

30. *Ibid.*

31. *Ibid.*, p. 59.

32. Fritiof Billquist, in *Aret runt*, n° 10, 1962.

33. Davidson, *The Real and the Unreal*, p. 43.

34. *Ibid.*, p. 155.

35. *Ibid.*

36. *Ibid.*

37. *Ibid.*, p. 154.

38. Billquist, art. cit.

39. *Ibid.*

40. *Social-Demokraten*, 4/2/1936.

41. *Svenska Dagbladet*, 4/2/1936.

42. *Variety*, 20/8/1936.

43. *The New York Times*, 27/8/1936.

44. Ingrid Bergman à l'auteur, 6/8/1975.

45. Petter Lindstrom à l'auteur, 27/12/1995. Les mêmes remarques apparaissent à maintes reprises dans la correspondance et les documents privés de Lindstrom. Par exemple, dans une lettre à Lennart Groll, 13/3/1987 ; dans des notes manuscrites de 1988 et 1989 ; dans un texte dactylographié, « Some Comments Regarding IB » (non daté, sans doute de 1986). Et dans une lettre (non datée) à Stig Nahlbom.

CHAPITRE TROIS

1. Petter Lindstrom à l'auteur, 27/12/1995. Ces mots apparaissent souvent, notamment dans une lettre à Stig Nahlbom (1988), et dans des notes préparées à maintes reprises entre 1984 et 1990.

2. Il s'agit de la femme de Gunnar Bjornstrand.

3. Bjorn Sjö, in *Arbetet* (Malmo) 27/12/1987. Cf. aussi Lindstrom, entretien avec Kerstin Bernadotte, 21/11/1980.

4. *Ma vie*, p. 73.

5. Billquist, art. cit.

6. *Ny Tid* (Stockholm), 17/11/1936.

7. En fait, ils ont vingt-cinq ans de différence.

8. *Ma vie*, p. 72.

9. *Svenska Dagbladet*, 6/9/1938.

10. Ingrid Bergman à Petter Lindstrom, 20/6/1937, in Barbro Alving, *Saxons* (Sweden), n° 40 (29/9-5/10 1980).

11. Steele, p. 22.

12. Pia Lindstrom, dans le documentaire pour la télévision « Ingrid Bergman Remembered », production Feldman-Winters/Wombat pour Arts & Entertainment Network (1995).

13. « An Interview with Ingrid Bergman », *Redbook*, février 1964.

14. A.E. Hotchner, « The Enduring Courage of Ingrid Bergman », *McCall's*, mai 1982. Cf. aussi David Lewin, « Love... and Three Husbands », *Daily Mail* (Londres), 7/5/1974.

15. *Ma vie*, p. 60.

16. *New York Times*, 25/12/1937.

17. *Variety*, 22/12/1937.

18. *Stockholm-Tidningen*, 1/12/1937.

19. In *Nachrichten furs Ausland* (UFA), Berlin, 2/12/1937.

20. Raconté par Ingrid Bergman, émission de David Frost, 30/4/1971.

21. Ronald Haver, *David O. Selznick's Hollywood*, p. 226.

22. *Ma vie*, pp. 60-61. L'autobiographie d'Ingrid a été mise en forme par l'écrivain Alan Burgess, qui commet des erreurs nombreuses et importantes. À propos d'*Un visage de femme*, par exemple, il écrit qu'Anna Holm est jugée pour meurtre, et que le film s'achève là-dessus, laissant le public imaginer quel sera son sort. Rien de tel n'existe dans le film de Molander.

23. Deux ans plus tard, Joan Crawford fera de son mieux pour donner vie à Anna Holm dans un somptueux remake d'*Un visage de femme*. Malheureusement, ni Crawford ni le réalisateur George Cukor ne semblent avoir compris la rude intériorité de l'original suédois. À l'inverse, le film américain *Le Cottage enchanté* (écrit par DeWitt Bodeen et Herman J. Mankiewicz et réalisé par John Cromwell en 1945, avec Dorothy McGuire et Robert Young) a gardé à ce jour toute sa force émotionnelle et poétique. La raison tient au fait qu'il ne craint pas d'affirmer que l'amour ne dépend pas du charme physique. Les deux histoires abordent la question de l'enlaidissement dans un monde de plus en plus obsédé par le simple attrait cosmétique. [La pièce de Francis de Croisset *Il était une fois* avait fait l'objet, sous ce titre, d'une première adaptation réalisée par Léonce Perret en 1933, avec Gaby Morlay. Les versions de Molander et de Cukor portent les titres français, respectivement, de *Un visage de femme* et *Il était une fois*. (*N.d.T.*)]

24. *New York Times*, 11/1/1934.

25. Sur les relations germano-suédoises avant et pendant la

guerre, Cf. Steven Koblik, *The Stones Cry out : Sweden's Response to the Persecution of the Jews : 1933-1945*, et Irene Scobbie, *Historical Dictionary of Sweden*.

26. John Kobal, *People Will Talk*, p. 461.

27. Francis Sill Wickware, « The Palmolive Garbo », *Pageant*, septembre 1946.

28. Kobal, p. 467.

29. Petter Lindstrom parle d'une rencontre entre Goebbels et Ingrid Bergman. Ses affirmations sont inconsidérées. Dans une lettre qu'il lui adresse le 26 mars 1980, il admet qu'elle n'a jamais rencontré Goebbels. Plus tard, dans une lettre rédigée après la mort d'Ingrid, il écrit : « Ingrid a rencontré Goebbels par l'intermédiaire de Mutti. » En fait, elle ne l'a jamais rencontré. [Par ailleurs, Lindstrom a toujours insisté sur le fait qu'il n'avait joué aucun rôle dans les négociations pour la carrière de sa femme. Dans la lettre du 26 mars 1980, on lit pourtant : « J'ai contacté Helmer Enwall à Stockholm. »]

30. Lindstrom, « Some Comments Regarding IB », notes inédites, non datées.

31. Petter Lindstrom à Irene Mayer Selznick, mai 1984.

32. « [Il est vrai] que nous avons forgé ce prénom à partir de nos initiales, écrit Lindstrom. *Pia* est aussi le mot latin qui désigne une des membranes qui enveloppent le système nerveux central. J'étais passionné par l'anatomie du cerveau, et il me semblait que Pia ferait un second prénom parfait. » (Petter Lindstrom à Pia Lindstrom Daly et Joseph Daly, 1/11/1982). [La *pia mater* s'appelle en français la pie-mère. (*N.d.T.*)]

33. Jenia Reissar, entretien avec l'auteur, 7/6/1996.

34. David O. Selznick, *Cinéma*, p. 76.

35. *Ibid.*, p. 99.

36. Film Booking Offices of America.

37. La célèbre saga d'Edna Ferber inspire le film de Wesley Ruggles (*Cimarron*, 1931), avec Richard Dix et Irene Dunne, qui reçoit l'Oscar du meilleur film et celui du meilleur scénario. Anthony Mann en tournera un remake en 1960 (*La Ruée vers l'Ouest*), avec Glenn Ford et Maria Schell (*N.d.T.*).

38. Oriana Fallaci, « Ingrid Bergman », *Look*, 5/3/1968.

39. Signe Hasso à l'auteur, 15/7/1996.

40. David Lewin, « Ingrid Bergman Looks Back », *McCall's*, octobre 1974.

41. Essy Key-Rasmussen, « Intelligent... and beautiful ! » *WHO*, novembre 1941.

42. Laurence Evans à l'auteur, 23/9/1995.

43. Kobal, p. 474.

44. Haver, p. 228. IB à l'auteur, 8/5/1975.

CHAPITRE QUATRE

1. *Ma vie*, p. 98.

2. Joan Barthel, « Bergman : I Am the Way I Am », *New York Times*, 27/8/1967.

3. Ces quatre pièces seront adaptées au cinéma en 1940-1941, respectivement par John Cromwell *(Abraham Lincoln)*, William Wyler *(La Vipère)*, George Cukor *(Indiscrétions)* et William Keighley.

4. Le film de Molander (1936) est connu sous son seul titre original « suédois » *(Intermezzo)*. Nous désignerons dorénavant le remake américain produit par Selznick, *Intermezzo, a love story*, sous son titre français *La Rançon du bonheur*. (*N.d.T.*)

5. Irene Mayer Selznick, *A Private View*, p. 225.

6. *Ibid.*, p. 65.

7. Donald Culross Peattie, « First Lady of Hollywood », *Reader's Digest*, septembre 1943.

8. *Irene Mayer Selznick*, p. 66.

9. IB à l'auteur, 8/5/1975. Cf. aussi Kobal, p. 460.

10. Il s'agit de deux films récents de William Wyler.

11. Kobal, p. 470.

12. David O. Selznick, *Cinéma*, pp. 104-105.

13. De façon parfaitement caractéristique, Selznick va revoir sa position. Quelques jours plus tard, il prend la (sage) décision de confier à Harry Stradling la photographie, beaucoup plus difficile, de *Rebecca*.

14. David O. Selznick, p. 107.

15. *Ibid.*

16. *Ibid.*

17. *The Christian Science Monitor*, 17/3/1977.

18. IB à l'auteur, 8/5/1995.

19. Cité in *Dagens Nyheter* (Stockholm), 21/6/1939.

20. Kobal, p. 459.

21. Petter Lindstrom à Kay Brown, 28/7/1939, lettre conservée dans les Archives Selznick, Harry Ransom Humanities Research Center, Université du Texas, Austin.

22. Kay Brown à Daniel T. O'Shea, 8/8/1939, mémo interne, Selznick International Pictures (Archives Selznick, Austin).

23. *Ma vie*, p. 99.

24. Steele, p. 27.

25. *Ma vie*, pp. 99-100.

26. Sur le rôle de Lindstrom, pendant l'été 1939, sur la question des contrats avec l'UFA, cf. ses lettres à Kay Brown (Archives Selznick, Austin).

27. Kenneth Tynan, « The Abundant Miss Bergman », *Holiday*, août 1958.

28. Ingrid Bergman, câble à David O. Selznick (Archives Selznick, Austin).

29. Frank S. Nugent, in *New York Times*, 7/10/1939.

30. Howard Barnes, in *New York Herald Tribune*, 7/10/1939.

31. *Film Bulletin*, 4/10/1939.

32. *Variety*, 8/10/1939.

33. *New York Daily News*, 7/10/1939. Un journaliste demanda un jour à Greta Garbo, qui venait de voir *La Rançon du bonheur*, ce qu'elle pensait de Bergman. « Oh, je vous en prie ! » répondit-elle. Sans sourire.

34. Vivien Leigh remportera l'Oscar de la meilleure actrice. Les autres comédiennes nommées sont Bette Davis pour *Victoire sur la nuit* d'Edmund Goulding, Irene Dunne pour *Elle et lui* de Leo McCarey, Greta Garbo pour *Ninotchka* d'Ernst Lubitsch et Greer Garson pour *Au revoir, M. Chips*, de Sam Wood.

35. Steele, p. 28.

36. Kobal, pp. 473-474.

37. *Ibid.*

CHAPITRE CINQ

1. Lillian Ross, *The Player*, p. 39.

2. *Ma vie*, p. 105.

3. Kyle Crichton, « Big Girl », *Collier's*, 14/9/1940.

4. Bosley Crowther, « The Lady From Sweden », *New York Times*, 21/1/1940.

5. Cité in *Time*, 2/8/1943.

6. Ake Sandler à l'auteur, 26/11/1995.

7. Crowther, art. cit.

8. *New York Times*, 26/3/1940.

9. *New York Times*, 31/3/1940.

10. Ernest Lehman, *The Hollywood Reporter*, 26/3/1940.

11. *New York Journal-American*, 2/4/1940.

12. Sur cette promesse de Maxwell Anderson, cf. Burgess Meredith, *So Far, So Good*.

13. Laurinda Barrett à l'auteur, 12/4/1996.

14. *Ma vie*, p. 111

15. *Ibid.*

16. Essy Key-Rasmussen « Intelligent... and beautiful ! » *WHO*, novembre 1941.

17. Ingrid Bergman à Ruth Roberts, 2/9/1940. Cf. aussi *Ma vie*, p. 112.

18. *Ibid.*

19. Kay Brown à l'auteur, 10/3/1981. *Ma vie*, p. 113.

20. Aljean Harmetz, *Round Up the Usual Suspects : The Making of Casablanca — Bogart, Bergman and World War II*, p. 90.

21. Howard Barnes, in *New York Herald Tribune*, 29/3/1941.

22. *Ma vie*, p. 120.

23. Cité in *New York Herald Tribune*, 10/8/1941. Cf. aussi *Ma vie*, p. 113.

24. Cité par Sidney Skolsky, *Hollywood Citizen-News*, 20/8/1942.

25. Key-Rasmussen, art. cit.

CHAPITRE SIX

1. David O. Selznick, lettre à Kay Brown, 31/1/1942, in *Cinéma*, p. 263.

2. *Lion's Roar*, n° 1 (Bulletin de publicité des studios de la MGM), 1941.

3. Kobal, p. 479.

4. Cité in *New York World-Telegram*, 26/8/1941.

5. *Ma vie*, pp. 126-127.

6. Larry Swindell, *Spencer Tracy : A Biography*, p. 172.

7. Bill Davidson, *Spencer Tracy : Tragic Idol*, p. 80.

8. *Ma vie*, p. 126.

9. Aljean Harmetz, *The Making of The Wizard of Oz*, p. 146.

10. Peter Waymark, « Bergman in London to play Shaw's Ellen Terry role », *The Times* (Londres), 13/1/1971.

11. Davidson, p. 153.

12. Petter Lindstrom, lettre à David O. Selznick, 18/4/1941 (Archives Selznick, Austin).

13. Ses lettres de 1941 à Kay Brown et David Selznick contredisent ses dénégations énergiques et multiples après la mort d'Ingrid : « Le fait d'avoir choisi l'école de médecine de l'université de Rochester et mon admission à cet établissement n'ont rien à voir avec David Selznick » (Lindstrom à Irene Selznick, mai 1984). Des affirmations similaires apparaissent dans ses documents et sa correspondance, de 1982 à 1995. Dans ses mémoires (p. 238), Irene Selznick confirme les circonstances des interventions de Selznick pour favoriser la carrière de Lindstrom.

14. Cf. le documentaire de Feldman-Winters (1995).

15. Eugene O'Neill, *Théâtre complet*, vol. 2, p. 208.

16. John Houseman, *Run-Through : A Memoir*, p. 481.

17. *New York Post*, 26/8/1941.

18. O'Neill, p. 209.

19. *Ma vie*, p. 129.

20. O'Neill, p. 219 et 214.

21. *Ibid.*, p. 279.

22. Key-Rasmussen, art. cit.

23. Émission de télévision de David Frost, 30/4/1971. Cf. aussi Rex Reed, *Conversations in the Raw*, p. 42.

24. Steele, p. 34.

25. Ingrid Bergman à Ruth Roberts, cité in *Ma vie*, p. 131.

26. Pia Lindstrom, dans le documentaire de Feldman-Winter (1995).

27. *Ma vie*, p. 131.

28. *Ma vie*, p. 134.

29. Ingrid Bergman à Ruth Roberts, 12/1/1942. Cf. *Ma vie*, p. 135.

CHAPITRE SEPT

1. *Ma vie*, p. 137.

2. Irene Mayer Selznick, p. 237.

3. David O. Selznick, mémo à Dan O'Shea, 6/4/1942 (Archives Selznick, Austin).

4. Petter Lindstrom, lettre à Dan O'Shea, 18/8/1942 (Archives Selznick, Austin).

5. Cf. E.L. Scanlon à Peter Lindstrom, 9/3/1942 (Archives Selznick, Austin).

6. Ce film de John Cromwell est le remake hollywoodien de *Pépé le Moko* de Julien Duvivier. (*N.d.T.*)

7. IB à l'auteur, 8/5/1975.

8. Cf. notamment *Colliers*, 26/10/1956, ou *Ma vie*, p. 142.

9. IB à l'auteur, 8/5/1975.

10. *Boston Sunday Globe*, 5/9/1982. Sur la conversation d'Ingrid avec Paul Henreid (et d'autres questions relatives à la production), cf. Frank Miller, *Casablanca : As Time Goes By — 50th Anniversary Commemorative*, p. 30.

11. Vera Zorina, *Zorina*, p. 268.

12. Thomas Carlile et Jean Speiser, « Ingrid Bergman », *Life*, 26/7/1943.

13. Petter Lindstrom, lettre à Dan O'Shea, 21/8/1942 (Archives Selznick, Austin).

14. Selznick, lettre à Feldman, 24/8/1942 (Archives Selznick, Austin).

15. Cité in Davidson, p. 145.

16. Selznick à Whitney Bolton, 11/9/1942 (Archives Selznick, Austin).

17. Ingrid Bergman à Roger Lobb, printemps 1982 (Londres). Lobb à l'auteur, 20/6/1996.

18. IB à l'auteur, 8/5/1975.

19. James Agee, in *The Nation*, 20/7/1943.

20. Dans l'émission de télévision de David Frost, 30/4/1971.

21. *Ma vie*, p. 154.

22. Stuart M. Kaminsky, *Gary Cooper, ou le paladin du nouveau monde*, p. 141.

23. Sur la rencontre Lindstrom-Scanlon à New York, cf. la correspondance Lindstrom-Selznick (4/11/1942) et Selznick-Scanlon (11/11/1942) (Archives Selznick, Austin).

24. W.H. Dietrich à l'auteur, 23/10/1995.

25. Alfred Hitchcock à l'auteur, 18/8/1978.

CHAPITRE HUIT

1. *New York World-Telegram*, 23/5/1942.

2. Francis Sill Wickware, « The Palmolive Garbo » *Pageant*, septembre 1946.

3. Selznick à Joe Steele, 17/5/1943 (Archives Selznick, Austin).

4. *Ma vie*, p. 154.

5. À la fin des années soixante-dix, bien après la mort de Gary Cooper, une rumeur indélicate lui attribuera la remarque suivante : « Personne ne m'a autant aimé qu'Ingrid Bergman. Mais deux jours après la fin du tournage, je ne pouvais même plus la joindre au téléphone. » Cooper n'a jamais eu l'habitude de parler si franchement, et Ingrid est incapable d'une telle grossièreté. Cette déclaration ne repose sur aucun fait précis et n'a jamais pu être corroborée.

6. *Ma vie*, p. 162.

7. *La Vallée du jugement* sera réalisé en 1945 par Tay Garnett.

8. Il a réalisé exactement le même bénéfice en prêtant Ingrid pour *L'Intrigante de Saratoga*. Les revenus totaux de l'actrice furent de 69 562 dollars, et de 74 156 dollars pour *Hantise*.

9. *Gaslight*, de Thorold Dickinson (1940).

10. Frank Leyendecker, *Film Bulletin*, mai 1944.

11. Joseph Cotten, *Vanity Will Get You Somewhere*, p. 58.

12. « Notes sur les films et les négociations », document non daté, par Petter Lindstrom. Il évoque aussi « [notre] préoccupation majeure pour [nos] professions respectives », dans un document de deux pages, non daté (sans doute de 1986), et intitulé « Notes destinées à Lisa Winnerlid mais jamais postées, car elle n'a pas corrigé les mensonges dans *Husmodern* comme elle m'avait promis de le faire. » [Allusion à l'éditrice d'une publication suédoise, qui avait publié des déclarations qu'il contestait.]

13. Lindstrom à Ingrid Bergman, 26/3/1980.

14. Steele, p. 74.

15. En l'occurrence, le fisc enquêtera sur cette affaire, en décembre (peut-être parce que les salaires d'Ingrid sont déjà assez élevés). Mais on ne découvrira rien d'irrégulier, et Lindstrom gardera ses cinq mille dollars.

16. Ce sursis de cinq semaines se prolongera jusqu'en juillet, lorsque Ingrid entamera enfin le tournage d'un film avec Alfred Hitchcock.

17. Cité in « Bergmansucces som faltartist, *Dagens Nyheter* (Stockholm), 4/5/1944.

18. *Ma vie*, pp. 157-158.

CHAPITRE NEUF

1. Lincoln Barnett, « Ingrid of Lorraine ».

2. *Ma vie*, pp. 171 sq.

3. A.E. Hotchner, « The Enduring Courage of Ingrid Bergman », *McCall's*, mai 1982.

4. Davidson, *The Real and the Unreal*, p. 159. Cf. aussi David Lewin, « Ingrid Bergman Looks Back ».

5. Steele, p. 57.

6. *Ma vie*, p. 172.

7. *Ibid.*, p. 173.

8. Hotchner, art. cit.

9. Pia Lindstrom, entretien avec George Christy, « My Mother, Ingrid Bergman », *Good Housekeeping*, octobre 1964.

10. « A Redbook Dialogue : Ingrid Bergman/Van Cliburn », *Redbook*, janvier 1962.

11. Hotchner, art. cit.

12. Mira Avrech, « A Profile in Courage, Ingrid Bergman Plays Golda While Battling Cancer », *People*, 26/4/1982.

13. A.E. Hotchner, *Choice People : The Greats, Near-Greats and Ingrates I Have Known*, pp. 114-115.

14. Irene Mayer Selznick, p. 218.

15. Petter Lindstrom, lettre à David Selznick, 13/4/1944 (Archives Selznick, Austin).

16. David Selznick, lettre à Petter Lindstrom, 15/4/1944 (Archives Selznick, Austin).

17. *American Weekly* 21/9/1952.

18. Selznick à Margaret McDonell, mémo daté du 10/7/1943 (Archives Selznick, Austin).

19. Pseudonyme collectif de John Leslie Palmer et Hilary Aidan St. George Saunders.

20. Francis Beeding, *The House of Dr. Edwardes*.

21. Cité in Ben Hecht, *A Child of the Century*, p. 481.

22. IB à l'auteur, 8/5/1975.

23. Gregory Peck à l'auteur, 14/4/1981.

24. IB à l'auteur, 8/5/1975.

25. Gregory Peck à l'auteur, 14/4/1981.

26. Alfred Hitchcock à l'auteur, 18/7/1975.

27. IB à l'auteur, 8/5/1975.
28. Steele, pp. 48, 57.
29. *Ma vie*, p. 167.
30. *Ibid.*
31. Steele, p. 73.
32. *Ibid.* p. 75.
33. Davidson, *The Real and the Unreal*, p. 154.
34. *Ibid.*
35. *Ma vie*, p. 178.
36. Steele, p. 308.
37. *Ma vie*, p. 178.

CHAPITRE DIX

1. Les quatre décorateurs de ce film reçoivent également un Oscar.

2. Ingrid Bergman à George Cukor, 18/3/1945. Archives Cukor, Academy of Motion Picture Arts and Sciences, Beverly Hills.

3. *En route pour Singapour* (1940), *En route pour Zanzibar* (1941) et *En route pour le Maroc* (1942). (*N.d.T.*)

4. *Collier's*, 26/10/1956.

5. Dans l'histoire du cinéma, les exceptions sont rares et dignes d'attention : Deborah Kerr dans *Le Narcisse noir* (1946) et *Dieu seul le sait* (1957) ; Audrey Hepburn dans *Au risque de se perdre* (1959) et Susan Sarandon dans *La Dernière Marche* (1995). L'exemple le plus ridicule de la douce petite sœur est peut-être le téléfilm intitulé *La Nonne volante*, où la jeune et agile Sally Field n'est rien d'autre que Gidget, affublée d'un remarquable couvre-chef aérodynamique.

6. Davidson, *The Real and the Unreal*, p. 150.

7. Frank Law, « Life and Ingrid Bergman », *The Star* (Londres), 4/12/1957.

8. USO : United Service Organization.

9. *Ma vie*, p. 185.

10. Steele, p. 66.

11. Richard Whelan, *Robert Capa : A Biography*, p. 241.

12. *Ibid.*

13. *Ibid.*, p. 238.

14. IB à l'auteur, 8/5/1975.

15. Larry Adler à l'auteur, 3/6/1996.

16. *Ma vie*, p. 191.

17. Toutes les citations qui suivent : Marcia Davenport, *Of Lena Geyer*.

18. Frank S. Nugent, « That Phenomenon Named Bergman », *New York Times Magazine*, 16/12/1945.

19. La RKO paiera à Selznick 25 000 et 20 000 dollars par semaine, respectivement, pour les services d'Hitchcock et d'Ingrid. Selznick versera au cinéaste et à la comédienne leur traitement habituel, soit un peu plus de 10 % de ces montants.

20. Petter Lindstrom, lettre à John O'Melveny, 15/10/1945 (Archives Selznick, Austin).

21. Selznick à O'Melveny, 26/10/1945 (Archives Selznick, Austin).

22. *Deux mains dans la nuit* et *Ma femme est un grand homme*, qui seront interprétés, respectivement, par Dorothy McGuire et Loretta Young.

23. Autres exemples dans sa filmographie : *Downhill, Champagne, Blackmail, Murder !, Sabotage, Suspicion, Saboteur, Lifeboat, Spellbound, Rope, Vertigo* et *Frenzy. Rebecca, Psycho, Marnie* et *Topaz* sont les titres originaux de romans dont s'est inspiré Hitchcock.

24. Quatre ans plus tôt, il lui avait confié le rôle principal de *Soupçons*.

25. Alfred Hitchcock à l'auteur, 18/7/1975.

26. IB à l'auteur, 8/5/1975. Cf. aussi Ross, p. 39, et *Redbook*, janvier 1962.

27. « Ingrid Bergman », *Look*, 19/2/1946.

28. IB à l'auteur, 8/5/1975.

29. Jeunesse américaine pour la Démocratie.

30. Larry Adler à l'auteur, 3/6/1996.

CHAPITRE ONZE

1. John Gruen, « Interview with Ingrid Bergman », *Interview*, vol. 1, n° 8 (1970).

2. D'après une version inédite de la notice nécrologique de Katharine Brown Barrett, préparée par ses filles Kate et Laurinda Barrett.

3. Cité in Steele, p. 92.

4. IB à l'auteur, 8/5/1975.

5. Dans l'émission de télévision de David Frost.

6. Oriana Fallaci, « Ingrid Bergman », *Look*, 5/3/1968.

7. Par ailleurs, Shaw n'aime pas la façon dont évolue *Arc de Triomphe*. Non seulement il abandonne la production du film, mais il cédera ses actions d'Enterprise.

8. Davidson, *The Real and the Unreal*, p. 159.

9. Muriel Davidson, « Ingrid Bergman : the New Happiness in Her Life », *Good Housekeeping*, mai 1969.

10. Lawrence J. Quirk, *The Complete Films of Ingrid Bergman*, p. 29.

11. *Collier's*, 26/10/1956.

12. IB à l'auteur, 8/5/1975.

13. Cité dans une lettre de Petter Lindstrom à Stig Nahlbom, du journal *Expressen*, de Stockholm, non datée (sans doute 1987).

14. United Press, 27/10/1946, dépêche citée notamment in *New York Times*, 28/10/946.

15. Whelan, p. 247.

16. *Ibid.*

17. Howard Barnes, *New York Herald Tribune*, 19/11/1946.

18. Brooks Atkinson, *New York Times*, 19/11 et 24/11/946.

19. Cité in *Ma vie*, p. 212.

20. *New York Times*, 4/1/1947.

21. *Ma vie*, p. 234.

22. De son côté, pour des raisons fiscales, Ingrid crée sa propre compagnie qu'elle baptise « En Productions » (en suédois, « en » signifie « un »), car elle représente l'unique actif de la firme. Walter Wanger est président en titre ; Ingrid, vice-présidente ; Petter, secrétaire et, bien entendu, trésorier ; et l'avocat d'Ingrid obtient un poste de directeur.

23. A.H. Weiler, « By Way of Report », *New York Times*, 20/3/1949.

24. Steele, p. 143.

25. Petter Lindstrom à l'auteur, 27/12/1995.

26. *Ma vie*, pp. 218 et 220.

27. *Ibid.*, p. 216.

28. Charles Thomas Samuels, *Encounterinq Directors*, p. 233. Cf. aussi François Truffaut, *Hitchcock-Truffaut*, pp. 153-154.

29. Petter Lindstrom à Pia Lindstrom, lettre non expédiée (sd).

30. Davidson, *The Real and the Unreal*, p. 160, et David Lewin, « Ingrid Bergman Looks Back », *McCall's*, octobre 1974.

31. Steele, p. 235.

32. Frank Thompson, *Between Action and Cut : Five American Directors*, p. 57.

33. Laurence Stallings, « The Real Ingrid Bergman Story », *Esquire*, août 1950.

34. *Ibid.*

35. *Ibid.*

36. Petter Lindstrom, inédit, *Some Comments Regarding IB*.

37. Petter Lindstrom à l'auteur, 27/12/1995.

38. Petter Lindstrom à Pia Lindstrom, lettre non expédiée (sd).

39. *New York Journal-American*, 25/9/1959.

40. Alan Burgess, « Ingrid Bergman : Stories She Left Untold », *Good Housekeeping*, avril 1986.

41. Petter Lindstrom à l'auteur, 27/12/1995.

CHAPITRE DOUZE

1. L'anecdote a été rapportée à l'auteur par Ingrid Bergman, 8/5/1975.

2. Litt. : Hercule Grâce-aux-Dieux.

3. *New York Times*, 21/4/1948.

4. Cité in *Ma vie*, p. 13.

5. *Ibid.*, pp. 15-16.

6. Jenia Reissar, notes datées du 30/6/1948, jointes à son rapport à Selznick, 8/7/1948 (Archives Selznick, Austin).

7. Jenia Reissar à Selznick, lettre datée du 28/9/1948 (Archives Selznick, Austin). Les lettres de Le Maitre et Graziadei, citées infra, viennent des mêmes sources.

8. Cité in *Ma vie*, p. 18.

9. *Stromboli, terra di Dio* sera le titre original du film. L'auteur se réfère bien entendu à la version disponible aux États-Unis. À sa sortie, *Stromboli* fut l'objet d'un remontage de la part de la RKO, son distributeur américain (cf. infra, chapitre 13), qui l'amputa de 29 minutes et en modifia radicalement le sens. Dans la version originale exploitée en Italie, et qui est la seule à correspondre aux intentions du réalisateur, Karin Bjorsen décide de s'enfuir de l'île. Elle escalade le volcan pour rejoindre le village situé de l'autre côté, où un bateau l'attend (et non pour se jeter dans le cratère). (*N.d.T.*)

10. Cité in *Ma vie*, pp. 18-19.

11. *Ibid.*, p. 229

12. IB à l'auteur, 8/5/1975. Cf. aussi *Ma vie*, pp. 230-231, et l'émission de David Frost, 30/4/1971.

13. IB à l'auteur, 8/5/1975.

14. *Ibid.*

15. Alfred Hitchcock à l'auteur, 24/7/1975.

16. Pia Lindstrom, dans le documentaire de Feldman-Winter (1995).

17. Howard Taubman, « A Live Story », *Look*, 29/1/1952.

18. Omar Garrison, *Los Angeles Mirror*, 13/2/1950. Cf. aussi *New York Post*, 20/2/1950.

19. Taubman, art. cit.

20. *Ma vie*, p. 332.

21. Mémorandum préparé par Ercole Graziadei pour le bureau de Selznick, juin 1948.

22. Burgess, art. cit.

23. Barbara Grizzuti Harrison, « Oh, But They Were Marvelous Parents ! », *McCall's*, juillet 1979.

24. Cotten, p. 92.

25. Arthur Laurents à l'auteur, 19/10/1981.

26. *Dagens Nyheter*, 6/10/1948.

27. John Mason Brown, *The Saturday Review of Literature*, 4/12/1948.

28. *Los Angeles Daily News*, 23/12/1948.

29. Earl Wilson, édito d'agence, par exemple in *Los Angeles Daily News*, 17/11/1948.

30. Lettre publiée pour la première fois in Taubman, art. cit.

31. Petter Lindstrom à Irene Selznick, mai 1984.

CHAPITRE TREIZE

1. Trad. Marc Auchet, Livre de Poche, Paris, 1990.

2. Robert J. Levin, « The Ordeal of Ingrid Bergman », *Redbook*, juillet 1956.

3. Davidson, *The Real and the Unreal*, p. 162.

4. *Time*, 9/2/1949.

5. Isabella Rossellini, in *People*, 2/8/1982.

6. *Time*, 9/2/1949.

7. Davidson, *The Real and the Unreal*, p. 162.

8. Peter Brunette, *Roberto Rossellini*, p. 110.

9. Garrison, in *Los Angeles Mirror*.

10. Les derniers travaux de Rossellini, dans le documentaire et à la télévision, méritent une considération particulière. Il faut admettre qu'ils constituent d'excellents outils pédagogiques. Durant les dernières années de sa vie, le cinéaste a été un maître d'école de premier plan.

11. *Ma vie*, pp. 255-256.

12. Davidson, *The Real and the Unreal*, p. 163.

13. Weiler, art. cit.

14. *Los Angeles Times*, 2/11/1950.

15. Pete Martin, « Big Beautiful Swede », *Saturday Evening Post*, 30/10/1948.

16. *Ibid.*

17. IB à l'auteur, 8/5/1975.

18. Irene Mayer Selznick, p. 375.

19. Lars Schmidt à l'auteur, 19/6/1996.

20. Darr Smith, « Real Lowdown Given on Ingrid-Rossellini Romance », *Los Angeles Daily News*, 24/9/1949.

21. *Los Angeles Times*, 2/11/1950.

22. Uno Myggan Ericson, *Myggans Nöjeslexikon*, vol. 2, p. 91.

23. *Los Angeles Mirror*, 14/2/1950.

24. Åke Sandler à l'auteur, 27/11/1995.

25. George Weller, « Ingrid's Rossellini », *Collier's*, 12/11/1949.

26. *Los Angeles Mirror*, 14/2/1950.

27. *Ma vie*, p. 279.

28. Earl Wilson, édito d'agence, par exemple in *Los Angeles Daily News*, 13/8/1949.

29. Steele, p. 172.

30. *Los Angeles Times*, 20/4/1949.

31. *Los Angeles Examiner*, 5/5/1949.

32. *Ma vie*, p. 294.

33. *Hollywood Citizen-News*, 5/5/1949.

34. Ingrid Bergman, déclaration sous serment prononcée en 1952, dans le cadre de la procédure entamée par elle pour que sa fille puisse la voir en Italie durant l'été, *Dallas Morning News*, 5/6/1952.

35. Camille M. Cianfarra, « Bergman Nuptials Wait on Divorce », *New York Times*, 15/12/1949.

36. Steele, p. 173.

37. *Ibid.*, pp. 175-176.

38. Robert Conway, « Ingrid Confirms Romance With Film Director Rossellini », *Los Angeles Times*, 3/5/1949.

39. *Time*, 16/5/1949.

40. Pia Lindstrom à l'auteur, 22/10/1996.

41. Robert Levin, art. cit.

42. IB à l'auteur, 8/5/1975. Cf. aussi *Ladies' Home Journal*, décembre 1978, et *Time*, 15/8/1949.

43. Souligné par Breen.

44. Joseph I. Breen à Ingrid Bergman, 22/4/1949 ; in *Ma vie*, p. 285.

45. *Ma vie*, p. 287.

46. Earl Wilson, « Ingrid Has Big Artistic Film Dreams », *Los Angeles Daily News*, 6/8/1949.

47. *Los Angeles Herald Express*, 7/9/1949. Cf. aussi dépêche United Press, même jour.

48. Cholly Knickerbocker, édito d'agence, par exemple in *Los Angeles Examiner*, 21/9/1949. [Cholly Knickerbocker est le pseudonyme d'Igor Cassini, une personnalité mondaine de New York.]

49. Steele, p. 255.

50. *Ibid.*, p. 257.

51. *Ibid.*, p. 258.

52. *Ibid.*, p. 260.

53. *Ibid.*, p. 269.

54. Kobal, p. 472.

55. Steele, p. 270.

56. *Ibid.*

57. *The New Yorker*, 23/10/1989.

58. *Expressen* (Stockholm), 17/1/1972.

1. La loi italienne interdit d'utiliser en premier le prénom des parents s'ils sont encore en vie. Renato est celui d'un des cousins préférés de Roberto. Giusto est la forme italienne de Justus (le père d'Ingrid), et Giuseppe est le prénom du père de Roberto.

2. Le compte rendu le plus complet et le plus vivant des événements entourant la naissance de Robertino est celui que Genêt (Janet Flanner) envoya de Rome au *New Yorker*, 8/4/1950. Mon analyse des faits s'appuie essentiellement sur son récit.

3. *Expressen* (Stockholm), 4/2/1950.

4. IB à l'auteur, 12/3/1980.

5. *Collier's*, 26/10/1956.

6. Toutes les citations reprises dans ce paragraphe sont extraites du reportage d'United Press, « Pastors Blast Ingrid, Urge Screen Purge », 6/2/1950.

7. *Los Angeles Daily News*, 15/2/1950.

8. *The Boston Pilot*, 20/2/1950.

9. Marion Davies, elle-même victime de la critique moralisatrice à l'époque où elle était la maîtresse de William Randolph Hearst, est une des premières à exprimer un soutien affectueux à Ingrid Bergman.

10. Cité in *Hollywood Citizen-News*, 3/2/1950.

11. *New York Times*, 16/2/1950.

12. *New York Herald Tribune*, 16/2/1950.

13. *New York Times*, 16/2/1950.

14. En fait, le montage voulu par Rossellini existe. Cette version a été exploitée en Italie dès 1950, et circule en Europe depuis les années quatre-vingts. Cf. notre note à ce sujet, *supra*, chapitre douze. (*N.d.T.*)

15. Steele, p. 281.

16. Levin, art. cit.

17. House Un-American Activities Committee, ou HUAC. (*N.d.T.*)

18. Les Dix d'Hollywood sont les scénaristes Alvah Bessie, Lester Cole, Ring Lardner Jr., John Howard Lawson, Albert Maltz, Samuel Ornitz, Adrian Scott et Dalton Trumbo ; et les cinéastes Herbert Biberman et Edward Dmytryk.

19. IB à l'auteur, 8/5/1975.

20. Dépêche International News Service datée 31/5/1950. Cf. par exemple *Los Angeles Examiner*, 1/6/1950.

21. *McCall's*, octobre 1974.

22. Alice Hope, « Playing It For Comfort », *Daily Telegraph* (Londres), 16/10/1973.

23. *Ibid.* Cf. aussi Steele, p. 299.

24. *Hollywood Citizen-News*, 6/9/1950, et *Los Angeles Times*, 7/9/1950.

25. Le règlement du divorce a été largement relaté par la presse. Cf. par exemple *Los Angeles Times*, 2/11/1950.

CHAPITRE QUINZE

1. Steele, p. 299.

2. Melton S. David, « The New Heartbreak in Ingrid Bergman's Life », *Good Housekeeping*, janvier 1967.

3. Davidson, *The Real and the Unreal*, p. 167.

4. *New York Sunday News*, 18/4/1976.

5. David Lewin, « Joan of Arc ? My Life Will Help Me Play It », *Daily Express* (Londres), 6/10/1954.

6. *Ma vie*, p. 347.

7. *Ibid.*, p. 350.

8. *Ibid.*, p. 99.

9. David O. Selznick, lettre au juge Mildred L. Lillie, 7 et 9 juin 1952.

10. *Los Angeles Examiner*, 10/6/1952.

11. Robert Lumsden, in Procès verbal d'audience, Superior Court, juge Mildred Lillie, juin 1951. Cf. aussi Steele, p. 302.

12. Pia Lindstrom au juge Lillie, 13/6/1952. Procès verbal d'audience, Superior Court, État de Californie, comté de Los Angeles.

13. Pia Lindstrom, dans le documentaire de Feldman-Winter (1995).

14. À sa majorité, Pia décidera de se faire appeler Jenny Ann. Mais elle finira par se réconcilier avec son prénom, qu'elle réutilisera.

15. Signe Hasso à l'auteur, 15/7/1996.

16. *Ma vie*, p. 359.

17. *Ibid.*, p. 296.

18. William Safire, « As Time Goes By », *The New York Times*, 6/9/1982.

19. IB à l'auteur, 20/5/1975.

20. *Ibid.*, 8/5/1975.

21. Larry Adler à l'auteur, 12/6/1996.

22. IB à l'auteur, 8/5/1975.

23. Rossellini, p. 120.

24. *Ibid.*, p. 159.

25. IB à l'auteur, 8/5/1975.

26. Rossellini, p. 120.

27. IB à l'auteur, 8/5/1975.

28. Ingrid Bergman à Steele, 1919/1954. Cf. Steele, p. 315.

29. Steele, p. 317.

30. Stig Ahlgren, « Visa sig För pengar », *Vecko Journalen*, 20/2/1955.

31. *Stockholms Tidningen*, 28/2/1955.

32. *Daily Express* (Londres), 1/3/1955.

33. Robert Anderson à l'auteur, 13/5/1996.

34. Steele, p. 320. Cf. aussi David Lewin, « Love... and Three Husbands », *Daily Mail* (Londres), 7/5/1974.

35. Muller, art. cit.

36. Hotchner, *Choice People*, p. 113.

37. Le film sera réalisé par Bob McNaught.

38. *Ma vie*, pp. 394-395.

39. C'était l'actrice anglaise classique Helen Haye qui tenait ce rôle, à la perfection, sur la scène britannique. Le bureau new-yorkais de la Fox a donc envoyé à Litvak un câble disant ceci : « Signez contrat avec Helen Haye. » Croyant qu'il s'agissait d'une faute d'orthographe, on a envoyé un contrat à la comédienne américaine Helen Hayes !

40. Robert Anderson à l'auteur, 13/5/1996. Cf. aussi David Lewin, « Ingrid Bergman Looks Back », *McCall's*, octobre 1974. Aussi *McCall's*, novembre 1958.

41. Ingrid Bergman à Robert Anderson. Anderson, entretien avec l'auteur, 13/5/1996.

42. Davidson, *The Real and the Unreal*, p. 173.

43. Cité par Robert Anderson, entretien avec l'auteur.

44. *Histoire d'une nonne*.

45. *New York Times*, 15/12/1956.

CHAPITRE SEIZE

1. Anecdote rapportée par Robert Anderson.

2. Lars Schmidt, *Mitt Livs Teater*, p. 53.

3. Cette conférence de presse a été filmée par Movietone. Elle est relatée par Murray Schumach, *New York Times*, 20/1/1957.

4. Davidson, *The Real and the Unreal*, p. 143.

5. Nancy Nelson, *Evenings With Cary Grant*, p. 208.

6. *Ma vie*, p. 414.

7. Cathleen Young, *Isabella Rossellini : Quiet Renegade*, p. 86.

8. Pia Lindstrom à l'auteur, 22/10/1996.

9. Stephen M. Silverman, *Dancing on the Ceiling : Stanley Donen and His Movies*, p. 269.

10. *Ma vie*, p. 424.

11. Steele, p. 336.

12. John Gruen, entretien avec Ingrid Bergman, *Interview*, vol. 1, n° 8 (1970).

13. Kay Brown, dans le documentaire de Feldman-Winter (1995).

14. Phil Gersdorf à Sheilah Graham, 17/11/1957. Mémorandum interne conservé aux archives de la Warner Bros, University of Southern California, Los Angeles.

15. Gruen, art. cit.

16. Isabella Rossellini, dans le documentaire de Feldman-Winter (1995).

17. Joseph Gelmis, « A Child of the Movies Makes Movie », *Los Angeles Times* (calendrier), 23/5/1982.

18. Harrison, « Oh, But They Were Marvelous Parents ! » *McCall's*, juillet 1979.

19. Documentaire de Feldman-Winter (1995).

20. Davidson, *The Real and the Unreal*, p. 174.

21. *Ibid.*

22. *New York Times*, 4/7/1958.

23. Schmidt, p. 63.

24. *Ibid.*, pp. 63-65.

25. Rapporté à l'auteur par le baron Göran von Essen, 20/7/1996.

26. Kenneth Tynan, « The Abundant Miss Bergman », *Holiday*, août 1958.

27. *Los Angeles Herald & Express*, 27/11/1959.

28. *Ma vie*, p. 455.

29. Sidney Fields, « Ingrid Yearns to Be with Children », *Los Angeles Herald & Express*, 1/2/1961.

30. Joan Barthel, « Bergman : I Am the Way I Am » *New York Times*, 27/8/1967.

31. Équivalent de l'Oscar pour les téléfilms.

32. IB à l'auteur, 8/5/1975.

33. *Newsweek*, 19/10/1959.

34. Pia Lindstrom, « My Mother, Ingrid Bergman », *Good Housekeeping*, octobre 1964.

35. Stephen Weiss à l'auteur, 28/8/1996.

36. Lasse Lundberg à l'auteur, 18/6/1996.

37. Jon Whitcomb, « Ingrid : Older, Wiser, and Wrinkleless », *Cosmopolitan*, juillet 1961.

38. Il s'agit du personnage qu'il interprète dans *Psychose* d'Alfred Hitchcock, tourné l'année précédente. (*N.d.T.*)

39. John P. Shanley, « Ingrid and Lars Schmidt — New TV Combine », *New York Times*, 12/1/1961.

40. Schmidt, p. 162.

41. « A Redbook Dialogue : Ingrid Bergman/Van Cliburn », *Redbook*, janvier 1962.

42. *Ma vie*, p. 468.

43. Ingrid Bergman à Pierre Barillet, cité dans un entretien avec l'auteur, 18/9/1995.

44. *Ma vie*, p. 475.
45. Lars Schmidt à l'auteur, 19/6/1996.

CHAPITRE DIX-SEPT

1. « Ingrid Bergman — A Stable Romantic Ideal in the Midst of Change », *The Times* (Londres), 6/12/1965.
2. *Evening Standard* (Londres), 28/10/1965.
3. Michael Redgrave, *In My Mind's Eye : An Autobiography*.
4. *The Times* (Londres), 24/9/1965 ; *Punch*, 29/9/1965 ; *Daily Telegraph* (Londres), 24/9/1965 ; *Evening Standard* (Londres), 24/9/1965.
5. Il existe de nombreux témoignages contemporains sur la scoliose d'Isabella et les souffrances qu'elle a endurées. Cf. *Ma vie*, pp. 485 sq. ; Barbro Alving, « Mardrommen ar slut », Vand (1966) ; Ingrid Bergman, « Min flicka kan ater ga rak », *Allers* (1966) ; et Melton S. Davis, « The New Heartbreak in Ingrid Bergman's Life », *Good Housekeeping*, janvier 1967.
6. *Ma vie*, p. 489.
7. Ted Kotcheff à l'auteur, 25/9/1996.
8. Stephen Watts, « All Alone by the Telephone », *New York Times*, 15/1/1967.
9. Deux autres pièces d'O'Neill. (*N.d.T.*)
10. Elliot Martin à l'auteur, 29/8/1996.
11. Arthur Hill à l'auteur, 9/7/1996.
12. Rex Reed, « ... But Colleen Almost Does », *New York Times*, 12/11/1967.
13. *Ma vie*, p. 504.
14. *Playbill*, janvier 1968.
15. Clive Barnes, *New York Times*, 1/11/1967.
16. Une voisine de Kay Brown.
17. Schmidt, pp. 74-75.
18. *Ma vie*, p. 508.
19. Sven Rye, « After 20 Years, Ingrid Returns to Hollywood », *Film World* (Grande-Bretagne), vol. 5, n° 3 (1969).
20. *People*, 19/9/1983.
21. Muriel Davidson, « Ingrid Bergman : The New Happiness in Her Life », *Good Housekeeping*, mai 1969.
22. *Ma vie*, p. 511.
23. *Ibid.*
24. Guy Green à l'auteur, 16/1/1996.
25. *Ma vie*, pp. 515-516.
26. *Ibid.*, p. 516.
27. IB à l'auteur, 22/4/1972. Cf. aussi *Evening News* (Londres), 10/8/1973.

1. Jane McLoughlin, « Tears Make You Human — Be Grateful for That », *Daily Telegraph*, 14/1/1971.
2. *London Telegram*, 29/1/1907.
3. Kobal, p. 455.
4. *Ma vie*, p. 520.
5. Ingrid Bergman à la baronne Philippine de Rothschild. (Pierre Barillet, entretien avec l'auteur, 19/9/1995).
6. Ronald Bowers, *The Selznick Players*, p. 88.
7. Comptes rendus de l'Association nationale de la Presse, 15/3/1972. Cf. aussi *New York Times*, 18/3/1972.
8. *Congressional Record (Sénat)*, 19/4/1972.
9. *Ma vie*, p. 526.
10. Michael Thornton, « Why Gossip Makes Miss Bergman Smile », *Sunday Express* (Londres), 14/10/1973.
11. *Celebrity*, juillet 1975.
12. Sir John Gielgud à l'auteur, 18/3/1996.
13. *Evening Standard* (Londres), 22/11/1974.
14. Cité par John Gielgud à l'auteur.
15. Stephen Weiss à l'auteur, 28/8/1996.
16. Griffith James à l'auteur, 9/11/1995.
17. Laurence Evans à l'auteur, 23/9/1995.
18. Sidney Lumet à l'auteur, 27/8/1996.
19. *Ma vie*, p. 535.
20. *Ibid.*, p. 536.
21. *Daily Express* (Londres), 27/9/1982. Ce jeu de mots sur le légendaire « There's no business like show-business ! » est intraduisible. (Toe : orteil.) (*N.d.T.*)
22. IB à l'auteur, 8/5/1975.
23. Lars Schmidt à l'auteur, 19/6/1996.
24. Richard Dyer, « The Constant Stardom of Ingrid Bergman », *New York Times*, 20/4/1975.
25. L'auteur avec qui Ingrid Bergman se montre si généreuse, à partir de ce jour, n'est autre que Donald Spoto.
26. IB à l'auteur, 8/5/1975.
27. *Time*, 19/1/1976.
28. Lars Schmidt à l'auteur, 5/10/1996.
29. Cf. notamment David Lewin, « Ingrid Bergman Looks Back », *McCall's*, octobre 1974.
30. En français dans le texte. (*N.d.T.*)

CHAPITRE DIX-NEUF

1. IB à l'auteur, 6/3/1979.
2. On en donnera ici quelques exemples. *La Famille Stoddard* a

été tourné dans les studios de la Columbia, non à la MGM. On lit que Howard Hughes aurait vécu en 1949 dans un pavillon du Beverly Hills Hotel, à côté d'Arthur Miller et de son épouse Marilyn Monroe. Mais ceux-ci ne feront connaissance que beaucoup plus tard. Ils se marieront en 1956 et n'iront pour la première fois dans cet hôtel qu'en 1959. Burgess prétend qu'on ne voit jamais Ingrid danser avec Cary Grant, dans la scène (capitale) du cellier des *Enchaînés*. Et ce n'est pas parce qu'elle en a persuadé Hitchcock, que *Les Amants du Capricorne* fut tourné en Angleterre. L'accord du réalisateur avec le coproducteur Sidney Bernstein (avec qui il était associé dans Transatlantic Pictures) prévoyait très précisément que leurs films seraient produits tour à tour à Hollywood et à Londres. Comme le précédent *(La Corde)* avait été produit en Amérique, il fallait tourner *Les Amants du Capricorne* en Angleterre.

3. *Ma vie*, p. 548.

4. Dame Wendy Hiller à l'auteur, 6/12/1995.

5. *Ma vie*, p. 548.

6. Schmidt, pp. 90-91. Lars Schmidt à l'auteur, 5/10/1996.

7. Mason Wiley et Damien Bona, *Inside Oscar*, p. 556.

8. Gene Shalit, « What's Happening », *Ladies' Home Journal*, décembre 1978.

9. En français dans le texte. (*N.d.T.*)

10. McKeon, « Bergman on Bergman ».

11. Ingmar Bergman, *The Magic Lantern*, pp. 184-185.

12. Ingmar Bergman, *Images : My Life in Film*, p. 334.

13. *Boston Sunday Globe*, 5/9/1982.

14. Alan Burgess, « Ingrid Bergman : Stories She Left Untold », *Good Housekeeping*, avril 1986.

15. Dame Wendy Hiller à l'auteur, 6/12/1995.

16. Milton Shulman, in *Evening Standard* (Londres), 27/1/1978.

17. Felix Barker, *Evening News* (Londres), 27/1/1978.

18. Michael Thornton, « Bergman », *Daily Express* (Londres), 18/9/1982.

19. Hirshhorn, art. cit.

20. Margaret Johnstone à l'auteur, 5/12/1996.

21. Ingrid Bergman, entretien avec l'auteur et Teresa Wright, à l'issue de la cérémonie du 7/3/1979.

22. Petter Lindstrom, « Final Comments », texte dactylographié non daté (sans doute circa 1987).

23. IB à l'auteur, 30/4/1980.

24. Ann Todd à l'auteur, 6/1/1984.

CHAPITRE VINGT

1. Pia Lindstrom, dans le documentaire Feldman-Winter (1995).

2. Larry Adler à l'auteur, 9/6/1996.

3. IB à l'auteur, 30/4/1982.

4. *Ibid.*

5. C'est Donald Spoto qui assiste à l'événement en compagnie d'Anderson.

6. Shirley Flack, « The Woman Who Brought Bergman Back to the Screen », *Woman* (Grande-Bretagne), 2/6/1982.

7. Göran von Essen à l'auteur, 19/6/1996.

8. *The Observer* (Londres), 29/12/1974.

9. Flack, art. cit.

10. Cf. notamment Natalie Gittelson, « Caroline and Robertino : The Fated Romance », *McCall's*, juillet 1983. Aussi *New York Sunday News*, 31/1/1982.

11. Jane Friedman, « Ingrid Bergman Plays a Prime Minister », *New York Times*, 25/10/1981.

12. Joan Borsten, « Bergman as Meir : From the Newspaper to Television », *Los Angeles Times* calendrier, 11/10/1981.

13. *People*, 26/8/1982 et 13/9/1982.

14. Burgess, art. cit.

15. Je suis reconnaissant à Greg Dietrich, mon directeur de recherches, de m'avoir fait part de ses commentaires pénétrants sur *A Woman Called Golda* et autres films d'Ingrid Bergman.

16. *Aftonbladet* (Stockholm), 4/9/1982.

17. *Ibidem.* Cf. aussi *Newsweek*, 13/9/1982.

18. Gene Corman à l'auteur.

19. Hotchner, p. 117.

20. *Ibid.*

21. *New York Times*, 24/2/1982.

22. Ann Todd à l'auteur, 8/5/1992

23. Isabella Rossellini, dans le documentaire de Feldman-Winter (1995).

24. Robert Anderson à l'auteur, 13/5/1996.

25. Antoine de Saint-Exupéry, *Le Petit Prince*, Paris, Gallimard (Folio junior), p. 88.

INGRID BERGMAN
FILMS, TÉLÉFILMS ET PIÈCES DE THÉÂTRE

1934 — *Le Comte du pont au moine (Munkbrogreven)*, Edvin Adolphson et Sigurd Wallén.

1934 — *Lames de l'océan (Bränningar)*, Ivar Johansson.

1934 — *Les Swedenhielm (Swedenhielms)*, Gustav Molander.

1935 — *La Nuit de Walpurgis (Valborgsmässoafton)*, Gustaf Edgren.

1936 — *Du côté du soleil (Pä Solsidan)*, Gustav Molander.

1936 — *Intermezzo (Intermezzo)*, Gustav Molander.

1937 — théâtre : *L'Heure H* de Pierre Chaine.

1937 — *Dollar (Dollar)*, Gustav Molander.

1938 — *Une seule nuit (En Enda Natt)*, Gustav Molander.

1938 — *Un visage de femme (En Kvinnas ansikto)*, Gustav Molander.

1938 — *Les Quatre Camarades (Die Vier Gesellen)*, Carl Froelich.

1939 — *La Rançon du bonheur (Intermezzo, A Love Story)*, Gregory Ratoff.

1939 — *Une nuit de juin (Juninatten)*, Per Lindberg.

1939 — théâtre : *Liliom* de Ferenc Molnár (mise en scène : Vinton Freedley).

1940 — *La Famille Stoddard (Adam Had Four Sons)*, Gregory Ratoff.

1941 — *La Proie du mort (Rage in Heaven)*, Woody S. Van Dyke.

1941 — *Docteur Jekyll et Mister Hyde (Dr. Jekyll and Mr. Hyde)*, Victor Fleming.

1941 — théâtre : *Anna Christie* d'Eugene O'Neill (mise en scène : John Houseman).

1942 — *Casablanca (Casablanca)*, Michael Curtiz.

1943 — *Pour qui sonne le glas (For Whom the Bell Tolls)*, Sam Wood.

1943 — *Les Suédois d'Amérique (Swedes in America)*, Irving Lerner.

1944 — *L'Intrigante de Saratoga (Saratoga Trunk)*, Sam Wood.

1944 — *Hantise (Gaslight)*, George Cukor.

1945 — *La Maison du docteur Edwardes (Spellbound)*, Alfred Hitchcock.

1945 — *Les Cloches de Sainte-Marie (The Bells of St. Mary's)*, Leo McCarey.

1946 — *Les Enchaînés (Notorious)*, Alfred Hitchcock.

1947 — *Arc de Triomphe (Arch of Triumph)*, Lewis Milestone.

1946 — théâtre : *Jeanne la Lorraine (Joan of Lorraine)* de Maxwell Anderson (mise en scène : Margo Jones).

1948 — *Jeanne d'Arc (Joan of Arc)*, Victor Fleming.

1949 — *Les Amants du Capricorne (Under Capricorn)*, Alfred Hitchcock.

1949 — *Stromboli (Stromboli, terra di dio)*, Roberto Rossellini.

1952 — *Europe 51 (Europa 51)*, Roberto Rossellini.

1953 — *Voyage en Italie (Viaggio in Italia)*, Roberto Rossellini.

1953 — *Nous les femmes (Siamo donne)*, Roberto Rossellini.

1953 — théâtre : *Jeanne au bûcher*, oratorio de Paul Claudel et Arthur Honegger (mise en scène : Roberto Rossellini).

1954 — *Jeanne au bûcher (Giovanna d'Arco al rogo)*, Roberto Rossellini.

1954 — *La Peur (La Paura)*, Roberto Rossellini.

1956 — *Elena et les hommes*, Jean Renoir.

1956 — *Anastasia (Anastasia)*, Anatole Litvak.

1956 — théâtre : *Thé et Sympathie (Tea and Sympathy)* de Robert Anderson (mise en scène : Jean Mercure).

1958 — *Indiscret (Indiscreet)*, Stanley Donen.

1958 — *L'Auberge du sixième bonheur (The Inn of the Sixth Happiness)*, Mark Robson.

1959 — *Le Tour d'écrou (The Turn of the Screw)*, John Frankenheimer (NBC TV).

1961 — *Aimez-vous Brahms ? (Goodbye again)*, Anatole Litvak.

1961 — *Vingt-quatre heures de la vie d'une femme (24 Hours in a Woman's Life)*, Silvio Narizzano (CBS TV).

1962 — *La Rancune (Der Besuch)*, Bernardt Wicki.

1962 — théâtre : *Hedda Gabler* de Henrik Ibsen (mise en scène : Raymond Rouleau).

1963 — *Hedda Gabler*, Alex Segal (CBS TV).

1964 — *La Rolls-Royce jaune (The Yellow Rolls-Royce)*, Anthony Asquith.

1965 — théâtre : *Un mois à la campagne (A Month in the Country)* d'après Tourguéniev (mise en scène : Michael Redgrave).

1966 — *La Voix humaine* de Jean Cocteau, Ted Kotcheff (ABC TV).

1967 — *Stimulantia*, Gustav Molander.

1967 — théâtre : *More Stately Mansions* d'Eugene O'Neill (mise en scène : José Quintero).

1969 — *Fleur de cactus (Cactus flower)*, Gene Saks.

1969 — *Pluie de printemps (A Walk in the Spring Rain)*, Guy Green.

1971 — théâtre : *La Conversion du capitaine Brassbound (Captain Brassbound's Conversion)* de George Bernard Shaw (mise en scène : Frith Banbury).

1972 — *Des dossiers embrouillés de Mme Basil E. Frankweiler (From the Mixed-up files of Mrs. Basil E. Frankweiler)*, Fielder Cook.

1973 — théâtre : *L'Épouse fidèle (The Constant Wife)* de Somerset Maugham (mise en scène : John Gielgud).

1974 — *Le Crime de l'Orient-Express (Murder on the Orient-Express)*, Sidney Lumet.

1975 — *Nina (A Matter of Time)*, Vincente Minnelli.

1977 — théâtre : *Waters of the Moon* de N.C. Hunter (mise en scène : Patrick Garland).

1978 — *Sonate d'automne (Höstsonaten)*, Ingmar Bergman.

1982 — *A Woman Called Golda*, Alan Gibson (TV).

FILMS CITÉS

Agent secret (Sabotage), Alfred Hitchcock, 1936
À l'américaine (Champagne), Alfred Hitchcock, 1928.
À l'Ouest rien de nouveau (All Quiet on the Western Front), Lewis Milestone, 1930.
Abraham Lincoln (Abe Lincoln in Illinois), John Cromwell, 1940.
Adieu aux armes (A Farewell to Arms), Frank Borzage, 1932.
Alice au pays des merveilles (Alice in Wonderland), Walt Disney, 1951.
Allemagne, année zéro (Germania, anno zero), Roberto Rossellini, 1948.
Amour et journalisme (Kärlek och journalistik), Mauritz Stiller, 1916.
Anna Karénine (Anna Karenina), Clarence Brown, 1935.
Au revoir, M. Chips (Goodbye, Mr. Chips), Sam Wood, 1939.
Au risque de se perdre (The Nun's Story), Fred Zinnemann, 1959.
Autant en emporte le vent (Gone With the Wind), Victor Fleming, 1939.

Ben Hur (Ben-Hur), William Wyler, 1959.

Capitaine Blood (Captain Blood), Michael Curtiz, 1935.
Capitaines courageux (Captains Courageous), Victor Fleming, 1937.
Casbah (Algiers), John Cromwell, 1938.
Cendrillon (Cinderella), Walt Disney, 1950.
le Chant de Bernadette (The Song of Bernadette), Henry King, 1943.
Chantage (Blackmail), Alfred Hitchcock, 1929.
la Charrette fantôme (Körkarlen), Victor Sjöström, 1921.
Cimarron (Cimarron), Wesley Ruggles, 1931.
Cinquième colonne (Saboteur), Alfred Hitchcock, 1942.
Cléopâtre (Cleopatra), Joseph L. Mankiewicz, 1963.
les Clés du royaume (The Keys of the Kingdom), John Stahl, 1944.
la Corde (Rope), Alfred Hitchcock, 1948.

Correspondant 17 (Foreign Correspondent), Alfred Hitchcock, 1940.
le Cottage enchanté (The Enchanted Cottage), John Cromwell, 1945.
Crimes sans châtiment (Kings Row), Sam Wood, 1942.
Cris et Chuchotements (Viskningar och rop), Ingmar Bergman, 1972.

Dans la chaleur de la nuit (In the Heat of the Night), Norman Jewison, 1967.
David Copperfield (David Copperfield), George Cukor, 1935.
La Dernière Marche, Dead Man Walking, Tim Robbins, 1995.
Des souris et des hommes (Of Mice and Men), Lewis Milestone, 1939.
Deux mains dans la nuit (The Spiral Staircase), Robert Siodmak, 1946.
Dieu seul le sait (Heaven Knows, Mr. Allison), John Huston, 1957.
Downhill, Alfred Hitchcock, 1927.
Duel au soleil (Duel in the sun), King Vidor, 1946.

Elle et lui (Love affair), Leo McCarey, 1938.
En route pour le Maroc (Road to Morocco), David Butler, 1942.
En route pour Singapour (Road to Singapore), Victor Schertzinger, 1940.
En route pour Zanzibar (Road to Zanzibar), Victor Schertzinger, 1941.
l'Épreuve du feu (Ven dömer), Victor Sjöström, 1921.
l'Étau (Topaz), Alfred Hitchcock, 1969.

la Femme aux deux visages (Two-Faced Woman), George Cukor, 1941.
Fenêtre sur cour (Rear Window), Alfred Hitchcock, 1954.
la Force des ténèbres (Night Must Fall), Richard Thorpe, 1937.
Frenzy (Frenzy), Alfred Hitchcock, 1972.

Gaslight, Thorold Dickinson, 1940.
Gigi (Gigi), Vincente Minnelli, 1958.
Gunga Din (Gunga Din), George Stevens, 1939.

les Hauts de Hurlevent (Wuthering Heights), William Wyler, 1939.
Héritage (A Bill of Divorcement), George Cukor, 1932.
Horizons perdus (Lost Horizon), Frank Capra, 1937.

Il était une fois, Léonce Perret, 1933.
Il était une fois (A Woman's Face), George Cukor, 1941.
Indiscrétions (The Philadelphia Story), George Cukor, 1940.
I Never Sang for My Father, Gilbert Cates, 1970.
Ingeborg Holm (Ingeborg Holm), Victor Sjöström, 1913.

l'Insoumise (Jezebel), William Wyler, 1938.
les Invités de huit heures (Dinner at Eight), George Cukor, 1934.

Johnny Guitare (Johnny Guitar), Nicholas Ray, 1954.
la Joyeuse Suicidée (Nothing Sacred), William Wellman, 1937.

King Kong (King Kong), Ernst Schoedsack et Merian C. Cooper, 1933.

Lettre d'une inconnue (Letter From an Unknown Woman), Max Ophuls, 1948.
Leur premier-né (Thomas Graal bästa barn), Mauritz Stiller, 1918.
Lifeboat (Lifeboat), Alfred Hitchcock, 1944.
Long day's journey into night, Sidney Lumet, 1961.
Lorsque la belle-mère gouverne (När svärmor regerar), Mauritz Stiller, 1912.

Ma femme est un grand homme (The Farmer's Daughter), H.C. Potter, 1947.
la Machine à tuer les méchants (la Machina ammazzacattivi), Roberto Rossellini, 1952.
le Magicien d'Oz (The Wizard of Oz), Victor Fleming, 1939.
Major Barbara (Major Barbara), Gabriel Pascal, 1941.
la Marque (The Mark), Guy Green, 1961.
le Million, René Clair, 1931.
le Miracle (in L'amour) (Il Miracolo), Roberto Rossellini, 1948.
Murder !, Alfred Hitchcock, 1930.
My Man Godfrey, Gregory LaCava, 1936.

le Narcisse noir (Black Narcissus), Michael Powell, 1946.
New York-Miami (It Happened One Night), Frank Capra, 1934.
Ninotchka (Ninotchka), Ernst Lubitsch, 1939.
No Time for Comedy, William Keighley, 1940.
Notre village (Our Town), Sam Wood, 1940.
la Nuit américaine, François Truffaut, 1973.

les Oiseaux (The Birds), Alfred Hitchcock, 1963.
l'Ombre d'un doute (Shadow of A Doubt), Alfred Hitchcock, 1943.
Onze fioretti de François d'Assise (Francesco, giullare di dio), Roberto Rossellini, 1950.

Paisa (Paisa), Roberto Rossellini, 1948.
Pas de printemps pour Marnie (Marnie), Alfred Hitchcock, 1964.
la Passion de Jeanne d'Arc, Carl Th. Dreyer, 1928.
Pépé le Moko, Julien Duvivier, 1937.
Pilote d'essai (Test Pilot), Victor Fleming, 1938.

le Prêteur sur gages (The Pawnbroker), Sidney Lumet, 1965.
le Procès Paradine (The Paradine Case), Alfred Hitchcock, 1948.
Psychose (Psycho), Alfred Hitchcock, 1960.
Pygmalion (Pygmalion), Anthony Asquith, 1938.

les Quatre Filles du docteur March (Little Women), George Cukor, 1933.

Rebecca (Rebecca), Alfred Hitchcock, 1940.
la Reine Christine (Queen Christina), Rouben Mamoulian, 1934.
le Rideau déchiré (Torn Curtain), Alfred Hitchcock, 1966.
Rome, ville ouverte (Roma, città aperta), Roberto Rossellini, 1945.
la Route semée d'étoiles (Going My Way), Leo McCarey, 1943.
la Ruée vers l'Ouest (Cimarron), Anthony Mann, 1960.

Sea wife, Bob McNaught, 1957.
Soupçons (Suspicion), Alfred Hitchcock, 1941.
Sous les toits de Paris, René Clair, 1930.
Sueurs froides (Vertigo), Alfred Hitchcock, 1958.

Terje Vigen (Terje Vigen), Victor Sjöström, 1917.
Train de luxe (Twentieth Century), Howard Hawks, 1934.

Un coin de ciel bleu (A patch of blue), Guy Green, 1966.
Une étoile est née (A star is born), William Wellman, 1937.
Une femme cherche son destin (Now, Voyager), Irving Rapper, 1942.

Vainqueur du destin (Pride of the Yankees), Sam Wood, 1942.
La Vallée du jugement (Valley of Decision), Tay Garnett, 1945.
Victoire sur la nuit (Dark Victory), Edmund Goulding, 1939.
la Vipère (The Little Foxes), William Wyler, 1941.
la Voix humaine (La Voce humana), Roberto Rossellini, 1948.
Vulcano (Vulcano), William Dieterle, 1949.

What price Hollywood ?, George Cukor, 1932.

BIBLIOGRAPHIE

Ackland, Joss. *I Must Be In There Somewhere*. Londres, Hodder & Stoughton, 1989.

Adler, Larry. *It Ain't Necessarily So*. New York, Grove Press, 1984.

Andersson, Ingvar. *A History of Sweden*. London, Weidenfeld and Nicolson, 1956.

Barrow, Kenneth. *Helen Hayes : First Lady of the American Theatre*. New York, Doubleday, 1985.

Beeding, Francis. *The House of Dr. Edwardes*. New York : World Publishing Co., 1945.

Bergman, Ingmar. *The Magic Lantern : An Autobiography*. New York, Viking, 1987.

Bergman, Ingmar. *Images : My Life in Film*, New York, Arcade Publishing, 1994.

Bergman, Ingrid et Alan Burgess. *Ingrid Bergman. Ma vie*, traduit de l'anglais par Éric Diacon, Paris, Fayard, 1980.

Bowers, Ronald. *The Selznick Players*. New York, A.S. Barnes, 1976.

Brunette, Peter. *Roberto Rossellini*. New York, Oxford University Press, 1987.

Bruno, Michael. *Venus in Hollywood*. New York, Lyle Stuart, sd.

Casper, Joseph Andrew. *Stanley Donen*. Metuchen, N.J., Scarecrow Press, 1983.

Cotten, Joseph. *Vanity Will Get You Somewhere*. San Francisco, Mercury House, 1987.

Davenport, Marcia. *Of Lena Geyer*. New York, Grosset & Dunlap, 1936.

Davidson, Bill. *The Real and the Unreal*. New York, Harper & Bros., 1961.

—. *Spencer Tracy : Tragic Idol*. London, Sidgwick & Jackson, 1987.

441

Ericson, Uno Myggan : *Myggans Nöjeslexikon*. Höganäs (Suède), Bra Böckers Publishers, 1989-1993.

Gabler, Neal. *Winchell : Gossip, Power and the Culture of Celebrity*. New York, Alfred A. Knopf, 1994.

Harmetz, Aljean. *The Making of The Wizard of Oz*. New York, Knopf, 1977.
—. *Round Up the Usual Suspects : The Making of Casablanca — Bogart, Bergman and World War II*. New York, Hyperion, 1992.
Haver, Ronald. *David O. Selznick's Hollywood*. New York, Knopf, 1980.
Hecht, Ben. *A Child of the Century*. New York, Simon & Schuster, 1954.
Hotchner, A.E. *Choice People : The Greats, Near-Greats and Ingrates I Have Known*. New York, William Morrow, 1984.
Houseman, John. *Run-Through : A Memoir*. New York, Simon & Schuster, 1972.

Kaminsky, Stuart M. *Gary Cooper, ou le paladin du nouveau monde*, traduit de l'anglais par Suzanne Chantal, Paris, France-Empire, 1981.
Kobal, John. *People Will Talk*. New York, Knopf, 1985.
Koblik, Steven. *The Stones Cry out : Sweden's Response to the Persecution of the Jews : 1933-1945*. New York, Holocaust Library, 1988.

Lambert, Gavin. *On Cukor*. New York, Putnam's, 1971.

Meredith, Burgess. *So Far, So Good*. Boston, Little, Brown, 1994.
Meyer, Donald. *Sex and Power : The Rise of Women in America, Russia, Sweden and Italy*. Midletown, CT, Wesleyan University Press, 1987.
Miller, Frank. *Casablanca : As Time Goes By — 50 th Anniversary Commemorative*. Atlanta, Turner Publishing, 1992.

Nelson, Nancy. *Evenings With Cary Grant*. New York, William Morrow, 1991.

O'Neill, Eugene. *Selected Plays*. New York, Random House, 1969.
—. *Anna Christie*, in *Théâtre complet*, vol. 2, texte français de Charles Prost et Danièle Bernard, Paris, L'Arche, 1964.

Redgrave, Michael. *In My Mind's Eye : An Autobiography*. London, Weidenfeld and Nicolson, 1983.

Reed, Rex. *Conversations in the Raw*. New York, World Publishing, 1969.

Ross, Lillian. *The Player*. New York, Simon & Schuster, 1962.

Rossellini, Roberto. *My Method : Writings and Interviews*. New York, Marsilio Publishers, 1987.

Samuels, Charles Thomas Samuels. *Encountering Directors*. New York, Putnam's, 1972.

Sanders, George. *Memoirs of a Professional Cad*. New York, G.P. Putnam's Sons, 1960.

Schmidt, Lars. *Mitt Livs Teater*. Stockholm, Bra Bocker, 1995.

Scobbie, Irene. *Historical Dictionary of Sweden*. Metuchen, NJ, Scarecrow Press, 1995.

Scott, Franklin D. *Sweden : The Nation's History*. Minneapolis, Minnesota Press, 1977.

Selznick, David O., *Cinéma* (Textes choisis et réunis par Rudy Behlmer), traduit de l'anglais par Anne Villelaur, Paris, Ramsay, 1984.

Selznick, Irene Mayer. *A Private View*. New York, Alfred A. Knopf, 1983.

Shnayerson, Michael. *Irwin Shaw*. New York, Putnam's, 1989.

Silverman, Stephen M. *Dancing on the Ceiling : Stanley Donen and His Movies*. New York, Knopf, 1996.

Spoto, Donald. *Alfred Hitchcock*, traduit par Christian Rozeboom, Paris, Edilig, 1976.

—. *The Dark Side of Genius : The Life of Alfred Hitchcock*. Boston, Little Brown, 1983.

Steele, Joseph Henry. *Ingrid Bergman — An Intimate Portrait*. New York, David McKay, 1959.

Swindell, Larry. *Charles Boyer : The Reluctant Lover*. New York, Doubleday, 1983.

Thompson, Frank. *Between Action and Cut : Five American Directors*. Metuchen, NJ, The Scarecrow Press, 1985.

Truffaut, François. *Hitchcock-Truffaut*, Paris, Ramsay, 1983.

Whelan, Richard. *Robert Capa : A Biography*. New York, Alfred A. Knopf, 1985.

Wiley, Mason & Damien Bona. *Inside Oscar*. New York, Ballantine, 1987.

Young, Cathleen. *Isabella Rossellini : Quiet Renegade*. New York, St. Martin's Press, 1989.

Zorina, Vera. *Zorina*. New York, Farrar, Straus and Giroux, 1986.

INDEX

TABLE DES MATIÈRES

Ce volume a été composé
par Nord-Compo
et achevé d'imprimer sur presse Cameron
par **Bussière Camedan Imprimeries**
à Saint-Amand-Montrond (Cher)

N° d'Édition : 6612. N° d'Impression : 1/2793.
Dépôt légal : octobre 1997.
Imprimé en France